朱熹

주
희

만세의

종사宗師가

되다

晦菴先生遺像

## 회암 주선생 유상

고종 황제의 어진御眞을 그린 화가로 유명한 조선 말기의 인물화가 채용신
蔡龍臣(1850-1941)이 그렸다. 성균관대학교박물관 소장.

주희 화상.

복주福州 고산鼓山 수운정水雲亭 주희상.

문공선생상

주희상. 목각. 건양에서 발견되었다.

주희상. 청대 화가 상관주上官周(1665-1749)가
만년에 창작한 고대 명인 화상집畫像集『만소당
죽장화전晚笑堂竹莊畫傳』(1743년에 간행)에 수록.

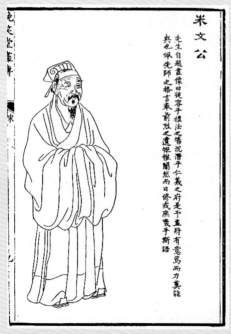

주문공朱文公. 명明 여유기呂維祺(1587-
1641)가 펴낸 숭정崇禎(1628-1644)
연간의 각본刻本『성현상찬聖賢像贊』
에 수록되어 있다.

주희상. 복건성 무이산시에 위치한 무이학원武夷學院 앞에 있다.

주희상. 복건성 무이산시에 위치한 자양루紫陽樓 앞에 있다.

회암 문공상.『정주궐리지程朱闕里志』에 수록.

주회암

주희상

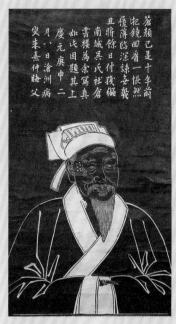

주희상.

송휘국문공주회암선생찬상宋徽國文公朱晦庵先生讚像. 청대의 주희상이다.

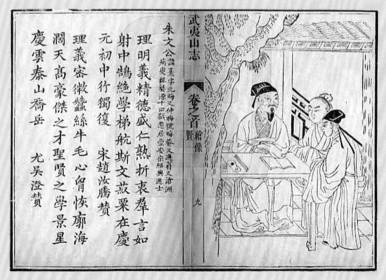

주문공 찬贊. 남송 조여등趙汝騰(?-1261)과 주희의 사전제자四傳弟子인 원元나라 오징吳澄(1249-1333)이 지었다. 『무이산지武夷山志』에 수록.

증산도 상생문화 연구총서9
주희朱熹, 만세의 종사宗師가 되다

발행일    2017년 3월 3일 초판 1쇄
발행처    상생출판
지은이    이재석
주소      대전시 중구 선화서로 29번길 36(선화동)
전화      070-8644-3156
팩스      0303-0799-1735
홈페이지 www.sangsaengbook.co.kr
출판등록 2005년 3월 11일(175호)

ISBN 979-11-86122-28-0
      978-89-94295-05-3 (세트)

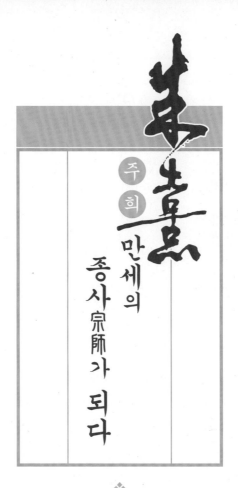

朱熹
주
희
만세의
종사宗師가
되다

❖

이재석 지음

상생출판

| | |
|---|---|
| 東周出孔丘,<br><sub>동 주 출 공 구</sub> | 동주 때는 공구가 나왔고, |
| 南宋有朱熹.<br><sub>남 송 유 주 희</sub> | 남송 때는 주희가 있네, |
| 中國古文化,<br><sub>중 국 고 문 화</sub> | 중국의 고대 문화는 |
| 泰山與武夷<br><sub>태 산 여 무 이</sub> | 태산과 무이라네. |

　현대 중국의 명망 있는 역사학자 채상사蔡尙思(1905-2008)의 시이다. 이 시에서 보면, 주희는 공자에 비견되는 사상가로 간주되고 있다. 산동성의 태산은 동주 때 태어난 공자의 고향을 상징하고, 복건성의 무이산은 남송 때 주희가 성장하고 강학한 곳이다.

　오늘날 주희의 출신지 복건은 '리학명방理學名邦'과 '해빈추로海濱鄒魯'라는 명성을 가지고 있다. 리학명방이란 '리학으로 저명한 지역'이라는 뜻이고, 해빈추로란 '바닷가의 추로'라는 뜻이다. 여기서 '추鄒'는 맹자의 출신지, '노魯'는 공자의 출신지이니 '추로'하면 공자와 맹자를 가리킨다. 즉 유가의 성인으로 일컬어지는 공자와 맹자의 출신지인 추로를 주희의 출신지 복건에 비유함으로써 공맹과 주희를 같은 반열에 올려놓은 것이다.

　청대학자 주정매朱廷梅는 주희에 대한 평가를 다음과 같이 짧은 말로 압축해서 표현하고 있다.

　주자는 공자와 맹자의 뒤를 이은 첫 번째 인물이다. 주자의 도는 위로 공자와 맹자를 계승하였고, 아래로 주돈이와 이정二程을 뛰어넘었으니

주자는 천하의 주자요, 만세의 주자이다.[1]

　주자학이 원나라 때부터 관방 사상으로 우뚝 선 후에 동아시아의 모든 독서인들이 주희를 공부하고 연구하였다고 해도 과언은 아니다. 원나라 이후 오늘날까지 중국은 물론이고 우리나라와 일본, 나아가서는 구미에서 주희에 대해 쓴 글이나 저작들은 이루 다 헤아릴 수 없을 정도로 많다. 어떤 사람은 자기 연구 분야와 관련해서 주희를 다루기도 하고, 어떤 사람은 평생을 주희를 이해하고 연구하는 데 바치기도 한다. 그들 연구의 상당 부분은 주희의 사상을 다루고 있다.

　필자가 한문을 처음 배우던 시절 『사서장구집주』를 읽으며 주희를 접했으나, 본격적으로 관심을 가지게 된 것은 박사학위 논문으로 주희가 『사서장구집주』에서 사용한 음주音註에 관한 연구를 하면서부터였다. 그때도 사상보다는 주희의 훈고 쪽에 치중했다. 그 후 20여 년의 세월이 흘렀다. 많은 사람들이 입으로는 주희를 언급하나 실제로는 주희에 대해 아는 것이 많지 않음을 알게 되었다. 사실 내 자신부터가 그랬다. 그 이유를 생각해 본 결과, 주희에 관련된 책들이 대부분 사상에 집중되어 있어 일반인의 접근이 용이하지 않았고, 또한 주로 사상에만 연구가 치우쳐 있기에 주희의 전반적인 모습에 관해서는 정보를 접하기가 쉽지 않다는 생각이 들었다. 그래서 주희를 다양한 각도에서 이해하는 데 도움이 되는 글이 나왔으면 좋겠다는 생각을 늘 갖고 있었다. 마침 다행스럽게도 미우라 쿠니오의 『인간 주자』(1996), 진영첩의 『주자강의』(2001), 기누가와 쓰요시의 『하늘天 위에는 무엇이 있는가?』(2003) 등이 번역 출간되어 주희의 생애와 여러 관련 사항을 소개함으로써 주희에 대한 인식의 지평이 크게 넓어졌다.

　수년전부터 필자가 재직하는 상생문화연구소에서는 이른바 사대종장四

---------

1 朱子者, 孔孟後一人也. 朱子之道, 旣上接孔孟, 下軼周程, 則朱子者, 天下之朱子也, 萬世之朱子也.(『무원현지婺源縣志』권64 「중수문공묘기건위재사기重修文公廟曁建韋齋祠記」)

大宗長에 관한 연구를 기획하였고, 후에 이것이 칠성령七聖靈으로 확대되었다. 후천이란 무엇인가? 증산도의 가르침에 의하면 후천이란 선천先天에 대비되는 개념이다. 우주의 시간은 12만9천6백년을 한 주기로 해서 돌아가는데, 이를 '우주1년'이라고 한다. 우주1년 중에서 5만년 동안 이어지는 우주의 봄여름을 선천이라 하고, 그 후 전개되는 5만년 동안의 가을을 후천이라고 하는 것이다. 후천으로 넘어갈 때는 이른바 가을개벽이 일어난다. 이것은 상씨름, 병겁, 지축정립에 의해 자연개벽과 문명개벽, 인간개벽 등 이른바 세 벌의 개벽이 거의 동시에 이루어져서 후천 5만년이 시작된다는 것이다.

그렇다면 사대종장과 칠성령은 또 무엇인가? 일반인들에게는 매우 생소한 개념들이 아닐 수 없다. 이것은 신도神道 차원의 개념이기 때문이다. 증산도의 제일 경전인 『도전』에 의하면, 우주의 가을 5만년인 후천세상에서, 각 족속 문화의 근원인 선도, 불도, 유도, 서도의 종장宗長 즉 최고리더로 각각 최제우崔濟愚(1824-1864, 호는 수운水雲), 진묵震默(1562-1633, 법명은 일옥一玉), 주희朱熹(1130-1200, 호는 회암晦庵)와 마테오리치Matteo Ricci(1552-1610, 한자이름 이마두利瑪竇)가 임명되었는데, 이들을 후천의 사대종장이라고 부른다. 또 칠성령이란 인류 역사상 위대한 공덕을 쌓은 최제우, 진묵, 주희, 마테오리치의 사대종장 외에 김항金恒(1826-1898, 호는 일부一夫), 전봉준全琫準(1855-1895, 초명은 명숙明淑), 관우關羽(?-220, 자는 운장雲長)를 포함한 일곱 신성神聖을 말하는데, 이들은 모두 후천 새 문화를 여는 조화정부의 주역이 되는 분들이다. 최제우는 상제님의 천명과 신교를 받고 도통을 하여 동학을 창도하였고, 진묵은 천상에 올라가 온갖 묘법妙法을 배워 내려 좋은 세상을 꾸미려 하였으며, 동양의 도통신을 거느리고 서양에 건너가서 문명 개발에 역사役事하였고, 마테오리치는 하나님의 천국을 이 땅에 건설하려고 한 신명계의 주벽主壁으로서 신명계의 영역을 개방하여 동서양의 신명들을 서로 자유롭게 넘어들게 하였고, 주희는 제이의 공자로 불리며 유가의 인물들 중에서 흠잡을 데가 없다고 평할 정도로 학문과 인품이 완성된 인물이다. 또한 김항은 『정역正易』을 완성하여 후천 세상이 오는 이치를 밝혔고, 전봉준은 만고의 명장으로서 벼슬 없는 가난한 선비로 일어나 천하의 난을 동動하게 하였고, 관우는 병마대권을 맡아 성제군聖帝君의 반열에 선 정의의 화신이다. 이렇게 보면, 주희는 사대종장의 한 사람이면서 칠성령에 포함되는 인물이다.

본서에서는 사상에 치중한 기존의 주희 관련 저작들과는 달리 주희에 관해 비교적 포괄적으로 소개하려고 노력하였으며, 주희가 어째서 후천의 유도 종장이 될 수 있었는가 하는 문제를 추적해 보았다.

이 책의 내용 대부분은 기존 연구 성과에 의존하고 있다. 출처를 밝힌 곳도 있으나 밝히지 못한 곳도 적지 않다. 양해를 바란다. 본서는 주희에 대한 전문적인 연구 저작이 아니며, 그냥 주희를 알기 위한 소소한 가이드북 정도로 생각해주면 고맙겠다.

그래서 글의 구성도 딱딱한 논문식의 서술을 지양하고, 가급적 흥미를 가지고 읽을 수 있게 주제별로 엮어 보았다. 어려운 용어는 되도록 쉽게 바꾸려 하였고, 생소한 술어는 힘닿는 대로 주석을 달았다. 또 고문헌을 인용한 경우에는 자칫 책 전체가 다소 딱딱해지겠지만, 확실한 이해를 위해서 될 수 있는 한 원문과 출처를 전부 각주로 병기하였다.

전체 구성을 보면, 맨 먼저 주희가 유도의 종장이 된 연유에 대해서 『도전』에 근거하여 비교적 자세하게 살펴보려고 노력하였다. 그 다음에 삶의 자취와 학맥, 사상, 업적 등을 서술하고 주희와 관련되어 인구에 회자되는 사항들을 정리하였다. 끝으로 다소 긴 편폭을 할애하여 주희 관련 연보를 작성하였는데, 인물을 다루는 글에서 연보의 중요성은 두 말할 나위가 없으며 연보를 통해 보다 객관적, 종합적으로 주희를 이해할 수 있을 것이라고 판단하였다.

한 가지 위안으로 삼을 것은, 주로 기존의 연구 성과를 정리하였지만 나름대로 소득이 전혀 없었던 것은 아니다. 예를 들면, 공자의 소정묘 주살 사건, 삼대출처에 관해서는 문헌 증거를 실증적으로 밝히고, 주희의 이름 이 '침랑'이 아니라 '심랑'으로 읽어야 함을 지적하였으며, 일반적으로 알 고 있는 것처럼 채침은 주희의 사위가 아님을 고찰한 점 등등은 독자에게 드리는 아주 작은 선물로 간주해 주면 고맙겠다.

끝으로, 이 글의 방향을 제시하고 관련된 많은 가르침을 주셨으며, 특히 주희에 관한 귀한 자료들을 제공하며 격려해 주신 안경전 이사장님께 심 심한 감사의 말씀을 올린다. 양재학 박사님은 집필하는 내내 주희에 관해 함께 토론하였으며 소중한 조언을 많이 해 주었다. 윤창열 교수님과 이상 원 교수님 그리고 장원연 팀장은 원고를 처음부터 끝까지 꼼꼼하게 읽으 며 잘못된 부분을 하나하나 지적해 주었는데, 이로 인해 많은 오류가 바로 잡혔다. 강경업 편집장은 난삽한 원고를 오랜 시간 정성을 들여 깔끔하게 정리해 주었다. 이 자리를 빌려 감사의 말씀을 드린다.

# 目次

## I. 유도의 종장 : 공자에서 주희로 ············· 31

# I

# 유도의 종장 :
# 공자에서 주희로

증산도의 도조道祖인 증산 상제(姜甑山, 1871-1909)는 일찍이 "유
儒는 부유腐儒니라"(『도전』 3:106:13; 5:400:6)라고 선언하였다. 여
기서 '유儒'는 '유교'를 가리키고, '부유'란 '썩은 유학자'란 뜻으
로 생각이 낡고 완고하여 쓸모없는 선비를 지칭하는 말이다. 그
렇다면 이 말은 "유교에 대해서 말한다면, 썩은 유학자들이다"
란 뜻으로서, 당시 조선말의 유학자들이 썩었기 때문에 유교가
더 이상 당면한 국가와 민족의 문제를 적극적으로 해결할 수 없
었음을 갈파한 것이다. 증산 상제는 여기에 그치지 않고 유교를
개창한 지성至聖 공자孔子(서기전 551-서기전 479)와 아성亞聖 맹자
孟子(서기전 372-서기전 289)에 대해서 매우 혹독한 비판을 한다.

# 1 증산 상제의 공자 비판과 인정

**공**자는 동주東周 때인 춘추시대 말기에 활동한 교육가이며 철학가로서, 제후국인 노魯나라에서 정부 요직인 대사구大司寇를 역임하고, 역학易學과 유가儒家를 창시하였다. 그의 학설의 핵심은 인仁이고 예禮를 강조하였다.

공자는 살아있을 때에 '하늘이 내신 성인'이라는 뜻의 '천종지성天縱之聖'[1), '하늘이 목탁으로 삼는다'고 해서 '천지목탁天之木鐸'[2)으로 찬양되었다. 전한前漢 때 동중서董仲舒(서기전 179-서기전 104)의 건의로 제7대 황제 무제武帝 유철劉徹(서기전 157-서기전 87)은 제자백가諸子百家를 모두 물리치고 유가 사상만 존중하는 이른바 '파출백가罷黜百家, 독존유술獨尊儒術' 정책을 시행하였고, 후세 통치자들은 연이어 공자를 '성인聖人', '문성文聖', '지성至聖'[3), '대성지성선사大成至聖先師'(명 세종世宗 주후총朱厚熜), '만세사표萬世師表'(청 성조聖祖 현엽玄燁)로 존칭하였다. 공자는 문화의 집대성자로 인류 문명사에 큰 공덕을 세운 인물이다.

이런 위대한 인물인 공자에 대해 증산 상제는 신도神道 차원에서 비평을 하였다. 무슨 연유인지 또 그 내용이 무엇인지 궁금하지 않을 수 없다. 여기에 대한 해답은 증산도의 제일 경전인 『도전』에 나온다. 증산 상제는 공자 신명을 불러 꿇어앉히고 다음과 같이 꾸짖었다.

> 상제님께서 꾸짖으시기를 "공자야, 네가 소정묘少正卯를 죽였으니 어찌 인仁을 행하였다 하며, 삼대三代 출처黜妻를 하였으니 어찌 제가齊家

----------
1 子貢曰: "固天縱之將聖, 又多能也."(『논어』「자한子罕」)
2 天下之無道也久矣, 天將以夫子爲木鐸.(『논어』「팔일八佾」)
3 孔子布衣, 傳十餘世, 學者宗之. 自天子王侯中國言六藝者, 折中於夫子, 可謂至聖矣!(『사기史記』「공자세가孔子世家」)

하였다 하리오. 또한 내 도道를 펴라고 내려 보냈거늘 어찌 제자들을 도적질 해먹게 가르쳤느냐. 그 중생의 원억寃抑을 어찌할까. 그러고도 성인이라 할 수 있느냐! 너는 이곳에서 쓸데없으니 딴 세상으로 가거라." 하시고 큰 소리로 "저리 물리쳐라." 하시니라.(『도전』 10:40:8-10)

위 성구에서 보면, 증산 상제는 세 가지 측면에서 공자를 비판하고 있다. 첫째는 공자 자신이 사람들에게 가르친 인仁을 스스로 실천하지 못하고 노魯나라에서 벼슬할 때 대부 소정묘少正卯(?-서기전 500)를 죽였다는 것이다. 이것은 인仁의 실천 문제이다. 인이란 무엇인가? 인은 공자 학설의 핵심이다. 공자는 인에 대해 '충서忠恕', '극기복례克己復禮' 등 다양하게 설명하였고, 인으로 천하를 다스릴 것을 제창하였다. 번지樊遲(서기전 515-?)라는 제자가 인에 대해 물었을 때에는, 인의 함의가 '애인愛人' 즉 '남을 사랑하

공자孔子(서기전 551-서기전 479). 성은 자子, 씨는 공孔, 이름은 구丘, 자는 중니仲尼. 노魯나라 추읍陬邑(지금의 산동성 곡부시曲阜市)에서 출생. 춘추시대 말기의 교육가이며 철학가로서 유가학파와 역학易學을 창시하였다.(출처:『삼재도회』)

유철劉徹(서기전 157-서기전 87). 전한의 제7대 황제. 묘호는 무제武帝. 동중서의 의견을 채용하여 제자백가 중에서 유가 사상을 국가의 정통 학문으로 인정하였다.(출처:『삼재도회』)

는 것'이라고 명확하게 설명한 적이 있다.[4]

　이것은 공자가 쉰두 살 때인 서기전 500년에 노나라에서 대사구가 되어 재상 일을 대리하면서 집정한 지 이레 만에, 당시 언변으로 이름난 소정묘의 정치적 입장이 자신과 다르다는 이유로 주살誅殺한 일을 말하는 것이다. 이 시점에 대해서는 약간의 문제가 있다. 사마천의 『사기』에 기록된 바로는, 이 일이 '정공십사년定公十四年, 공자년오십육孔子年五十六' 즉 공자 나이 쉰여섯 살 때인 정공 14년에 일어났다고 하였는데, 이 해는 서기전 496년이다. 그러나 서기전 496년은 공자가 열국으로 주유하기 시작한 해이다. 공자가 대사구가 되어 재상의 일을 대행한 것은 쉰두 살 때인 서기전 500년에 발생하였다. 그렇다면 『사기』의 기록이 오류인 것이다.

　여기서 잠깐 소정묘에 관한 이야기를 해 보자.

　소정묘는 중국 춘추시대 노나라의 대부로서, 소정은 씨氏이고, 묘는 이름이다. 춘추전국시대 사람들은 많은 경우 씨로 불리었다. 예를 들면 유명한 조돈趙盾(서기전 655-서기전 601)은 성이 영嬴, 씨가 조, 이름이 돈이다. 씨는 귀천을 구별하고 신분을 나타낸다. 소정은 주나라 때 설치된 관직이다. 그래서 소정묘라 일컫는 것이다. 소정묘와 공자는 모두 사학私學을 열고 학생들을 가르쳤다. 소정묘의 학당에는 여러 차례 공자의 제자들이 가서 강의를 들은 적이 있으나 단지 안회는 한 번도 간 적이 없다. 소정묘는 당시 노나라에서 유명한 인물이라 '문인聞人'으로 불렸다. 노 정공定公 14년인 서기전 500년에 공자는 대사구가 되었는데, 부임한 지 이레 만에 소정묘를 양관兩觀의 동관東觀 아래에서 처형하고 사흘 동안 시신을 전시하였다. 공자의 제자들이 왜 그를 죽였는지 이해하지 못하던 차에, 자공子貢(서기전 526-서기전 449)이 참지 못하고 질문을 하였는데, 공자의 대답은 아래에 인용한 『순자』에 잘 나타나 있다. 소정묘가 죽임을 당하자 그의 학설은 전해지지 않게 되었다. 전하는 바에 따르면, 현대 중국의 대학자인 '문일다聞

----------

4 樊遲問仁. 子曰: "愛人."(『논어』「안연顔淵」)

一多'(1899-1946)의 성인 '문聞'씨는 원래 복성 '문인聞人'이었는데 소정묘의 후손이 고친 성씨라 한다.

이 이야기는 원래 전국시대 순황荀況(서기전 313-서기전 238)이 쓴 『순자荀子』「유좌宥坐」편에 기록되어 있었다. 한번 확인해 보자.

공자가 노나라에서 재상 일을 대행하였는데, 정사를 맡은 지 이레 만에 소정묘를 주살하였다. 문인이 들어와 물었다. "저 소정묘는 노나라에서 명망이 있는 인사입니다. 선생님께서 정치를 맡으셔서 처음에 그를 주살하였으니 인심을 잃지 않겠습니까?" 공자가 대답하였다. "앉아라. 내가 너에게 그 까닭을 말해 주겠다. 사람에게 다섯 가지 죄악이 있는데, 도둑질은 그 속에 포함되지 않는다. 첫째 마음이 분명하나 음험한 것, 둘째 행실이 그릇되면서 완고한 것, 셋째 말이 거짓이면서 교묘한 것, 넷째 괴이한 일을 알면서 광범한 것, 다섯째 잘못된 일을 따르면서도 이를 합리화시키는 것이다. 사람이 이 다섯 가지 중에 한 가지만 가지고 있더라도 군자의 주살을 면할 수가 없을 터인데, 소정묘는 그것을 겸해서 가지고 있다. 그러므로 그의 거처에는 문도들이 모여 무리를 이루기에 충분하고, 그의 말은 사악함을 좋게 꾸며 대중을 속이기에 충분하고, 그의 강함은 옳은 것을 반대하여 홀로 서기에 충분하다. 이런 자는 소인 중의 걸출한 영웅이니, 주살하지 않으면 안 되는 것이다. 그래서 탕 임금은 윤해尹諧를 주살하고, 문왕은 반지潘止를 주살하고, 주공은 관숙管叔을 주살하고, 태공은 화사華仕를 주살하고, 관중은 부리을付里乙을 주살하고, 자산子産은 등석鄧析과 사부史付를 주살하였던 것이다. 이상 일곱 사람은 모두 살았던 시대는 다르지만 마음은 같은 자들이기 때문에 주살하지 않으면 안 되었다. 『시경』에 '내 마음이 속상한 것은 소인배들이 분노케 한 것이네'라고 하였는데, 소인들이 무리를 이루면 이는 매우 근심스러운 일이다."[5]

삼국시대 왕숙王肅(195-256)이 쓴 『공자가어孔子家語』 「시주始誅」편에도 역시 이러한 내용이 언급되어 있다. 다만 여기서는, 공자의 구체적인 벼슬이 사구司寇라는 것과 질문한 문인이 자공子貢이고, 소정묘를 죽인 장소가 양관兩觀임을 밝혔고, 다섯 가지 죄악 중 첫째가 '심달이험心達而險'이 아니라 '심역이험心逆而險'으로 약간 다르다. 또 개별 인명에 다소 차이가 있을 뿐 대의는 대동소이하다. 비교를 위해 전문을 소개한다.

공자가 노나라의 사구司寇가 되어 재상의 일을 대신하자 기뻐하는 낯빛을 하였다. 중유仲由가 물었다. "제가 듣건대, 군자는 화가 닥쳐도 두려워하지 않으며 복이 찾아와도 기뻐하지 않는다고 하였습니다. 지금 선생님께서 벼슬을 얻으셨다고 기뻐하시니 무슨 까닭이십니까?" 공자가 대답했다. "그렇다. 그런 말이 있느니라. '귀한 신분으로 남에게 몸을 낮추는 것을 즐거움으로 삼는다'라고도 하지 않더냐?" 그리하여 공자가 조정에서 정사를 한 지 이레 만에 정사를 어지럽힌 대부 소정묘를 주살하였다. 양관兩觀 아래에서 죽이고 사흘 동안 시체를 내걸었다. 자공子貢이 들어와 물었다. "소정묘는 노나라에서 명망이 있는 인사입니다. 선생님께서 정치를 맡으셔서 처음에 그를 주살하였으니 혹여 인심을 잃지 않겠습니까?" 공자가 대답하였다. "앉아라. 내가 너에게 그 까닭을 말해 주겠다. 천하에 다섯 가지 큰 죄악이 있는데, 도둑질은 그 속

---

5 孔子爲魯攝相, 朝七日而誅少正卯. 門人進問曰: "夫少正卯, 魯之聞人也, 夫子爲政而始誅之, 得無失乎?" 孔子曰: "居, 吾語女其故. 人有惡者五, 而盜竊不與焉: 一曰心達而險, 二曰行辟而堅, 三曰言僞而辯, 四曰記醜而博, 五曰順非而澤. 此五者有一於人, 則不得免於君子之誅, 而少正卯兼有之. 故居處足以聚徒成群, 言談足飾邪營衆, 强足以反是獨立, 此小人之桀雄也, 不可不誅也. 是以湯誅尹諧, 文王誅潘止, 周公誅管叔, 太公誅華仕, 管仲誅付里乙, 子産誅鄧析史付, 此七子者, 皆異世同心, 不可不誅也. 『詩』曰: '憂心悄悄, 慍於群小.' 小人成群, 足憂也."(『순자荀子』 「유좌宥坐」)

강태공姜太公(약 서기전 1156-서기전 1017). 성은 강姜, 이름은 자아子牙. 여상呂尙이라고도 부르며, 별호는 비웅飛熊. 서주西周 때의 정치가이며, 제齊나라의 개국시조.『여씨춘추呂氏春秋』「수시首時」편에 "태공망은 동이의 인사이다(太公望, 東夷之士也)"라고 하였다.(출처:『삼재도회』)

소정묘少正卯 기사.『공자가어』「시주」편에 수록되어 있다.

에 포함되지 않는다. 첫째, 마음이 거역하면서 음험한 것, 둘째, 행실이 그릇되면서 완고한 것, 셋째, 말이 거짓이면서 교묘한 것, 넷째, 괴이한 일을 알면서 광범한 것, 다섯째, 잘못된 일을 따르면서도 이를 합리화시키는 것이다. 사람이 이 다섯 가지 중에 한 가지만 가지고 있더라도 군자의 주살을 면할 수가 없을 터인데, 소정묘는 그것을 겸해서 가지고 있다. 그의 거처에는 문도들이 모여 무리를 이루기에 충분하고, 그의 말은 사악함을 좋게 꾸며 대중을 속이기에 충분하고, 그의 강함은 옳은 것을 반대하여 홀로 서기에 충분하다. 이런 자는 소인 중의 간웅이니, 제거하지 않으면 안 되는 것이다. 무릇 은나라 탕 임금은 윤해尹諧를 주살하고, 문왕은 반정潘正을 주살하고, 주공은 관숙管叔과 채숙蔡叔을 주살하고, 태공은 화사華士를 주살하고, 관중은 부을付乙을 주살하고, 자산子産은 사하史何를 주살하였는데, 이 일곱 사람이 모두 살았던 시대는 다르지만 죽을죄는 한가지였고, 일곱 사람이 살았던 시대는 다르지만 죄악은 동일했기 때문에 용서할 수가 없는 것이다. 『시경』에 '내 마음이 속상한 것은 소인배들이 분노케 한 것이네'라고 하였는데, 소인들이 무리를 이루면 이는 매우 근심스러운 일이다."[6]

사마천司馬遷(서기전 145-서기전 89)의 『사기史記』「공자세가孔子世家」편에도 이와 관련된 내용이 기록되어 있다.

----------

6 孔子爲魯司寇, 攝行相事, 有喜色. 仲由問曰: "由聞君子禍至不懼, 福至不喜. 今夫子得位而喜, 何也?" 孔子曰: "然, 有是言也. 不曰'樂以貴下人'乎?" 於是朝政七日, 而誅亂政大夫少正卯. 戮之於兩觀之下, 屍於朝三日. 子貢進曰: "夫少正卯, 魯之聞人也. 今夫子爲政而始誅之, 或者爲失乎?" 孔子曰: "居, 吾語汝以其故. 天下有大惡者五, 而竊盜不與焉. 一曰心逆而險, 二曰行僻而堅, 三曰言僞而辯, 四曰記醜而博, 五曰順非而澤. 此五者, 有一於人, 則不免君子之誅, 而少正卯皆兼有之. 其居處足以撮徒成黨, 其談說足以飾褒榮衆, 其强禦足以反是獨立, 此乃人之姦雄者也, 不可以不除. 夫殷湯誅尹諧, 文王誅潘正, 周公誅管蔡, 太公誅華士, 管仲誅付乙, 子産誅史何, 是此七子皆異世而同誅也, 以七子異世而同惡, 故不可赦也. 『詩』云: '憂心悄悄, 慍于群小.' 小人成群, 斯足憂矣." (『공자가어孔子家語』「시주始誅」)

정공 14년, 공자가 나이 쉰여섯 살에 대사구大司寇로서 재상 일을 대행하게 되자 기뻐하는 낯빛을 하였다. 문인이 물었다. "듣건대, 군자는 화가 닥쳐도 두려워하지 않고, 복이 찾아와도 기뻐하지 않는다고 하였습니다." 공자가 대답했다. "그런 말이 있다. '귀한 신분으로 남에게 몸을 낮추는 것을 즐거움으로 삼는다'라고도 하지 않더냐?" 그리하여 노나라의 대부로서 정사를 어지럽힌 자인 소정묘를 주살하였다.[7]

소정묘를 죽인 사건은 중국 문헌뿐만 아니라 조선시대의 관방 사료인 『조선왕조실록朝鮮王朝實錄』이나 『승정원일기承政院日記』를 비롯하여 수많은 우리 선조들의 문집에도 언급이 있는 것으로 보아 조선시대에도 이 사건을 기정사실로 받아들였다. 실증을 위해 예를 몇 가지 들겠다.

먼저 관방 사료를 보면, 『성종실록成宗實錄』 9년 4월 15일 조에는 남효온南孝溫(1454-1492)의 상소가 수록되어 있는데, 여기서 소정묘 주살을 언급하고 있다.

우순虞舜은 사흉四凶에게 죄를 주었고, 공자는 소정묘를 죽였으니, 완악하고 미련하여 가르침을 따르지 아니하는 자를 벌주는 것은 성인도

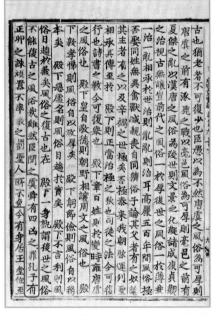

남효온의 상소. 『성종실록』 9년(1478) 4월 15일 조에 수록되어 있다.(출처: 국사편찬위원회)

---

7 定公十四年, 孔子年五十六, 由大司寇行攝相事, 有喜色. 門人曰: "聞君子禍至不懼, 福至不喜." 孔子曰: "有是言也. 不曰'樂其以貴下人'乎?" 於是誅魯大夫亂政者少正卯. (『사기』「공자세가」)

면치 못한 바입니다.[8]

또 『중종실록』과 『영조실록』에도 소정묘를 언급한 내용이 나온다.

공자 같은 성인도 노나라를 다스린 지 이레 만에 소정묘를 죽였습니다. 성인께서 어찌 사람 죽이기를 좋아해서 그랬겠습니까? 참으로 간악한 자를 제거하여 마땅히 밝게 해야 하고, 그 괴수를 제거하여 마땅히 엄하게 해야 했기 때문입니다.[9]
옛날 공자가 소정묘를 주벌한 일은 바로 악의 싹을 철저히 차단한 것이다.[10]

현재 볼 수 있는 우리 선조의 문집 중에 가장 먼저 이 사건이 언급된 것은 최치원崔致遠(857-?)의 『계원필경집桂苑筆耕集』이라 할 수 있는데, 이 책의 「하제예부상서별지賀除禮部尙書別紙」에 다음과 같은 말이 있다.

보필輔弼하는 일이 천 년에 한 번 성인이 나오는 운세에 계합하여, 간웅奸雄이 이레 만에 복주伏誅를 받는 일이 없게끔 해 주소서.[11]

다만 여기서는 소정묘를 '간웅奸雄'으로 표현하고 있을 뿐이다. 소정묘를 직접 언급한 것으로 조선 후기의 문신 허목許穆(1595-1682)의 문집인 『기언記言』「경설經說」편을 들 수 있다.

--------

8 虞舜有四凶之罪, 孔子有正卯之誅, 頑嚚不率教之罰, 聖人所不免.(『성종실록成宗實錄』 9년 4월 15일 조)
9 以孔子之聖, 爲魯國之政, 七日而誅少正卯. 聖人豈樂於殺人哉? 誠以去奸之當明, 去魁之當嚴故耳.(『중종실록中宗實錄』 32년 10월 27일 조)
10 『국역승정원일기』「영조 즉위년 11월 9일」
11 輔弼契千年之運, 奸雄避七日之誅.(『계원필경집桂苑筆耕集』「하제예부상서별지賀除禮部尙書別紙」)

형벌은, 새로 건립한 나라에서는 가벼운 형법을 쓰고, 태평한 나라에서는 중간의 형법을 쓰고, 혼란한 나라에서는 무거운 형법을 쓴다. 형벌은 세상에 따라 가볍기도 하고 무겁기도 하니, 세상이 잘 다스려지면 형벌이 가볍고, 세상이 혼란하면 형벌이 무겁다. 그러므로 요임금과 순임금 시절에 사흉은 유형을 당했고, 춘추시대 말기에 소정묘는 주륙을 당했다. 그러니 형벌에는 정도正道가 있고 권도權道가 있다.[12]

또 실학자 정약용丁若鏞(1762-1836)의 「속유론俗儒論」에도 소정묘에 대한 언급이 보인다.

사구司寇가 되어서 지체 없이 소정묘의 목을 베고, 협곡夾谷의 회맹會盟에서 군대의 위세를 성대히 진설하고, 진항陳恒에 대해서 목욕하고 나서 토벌을 청했다.[13]

다만 후세의 일부 학자들은 이러한 중요한 사건이, 공자의 어록이며 그에 관한 가장 확실한 자료인 『논어』에 일언반구도 언급되어 있지 않은 점을 들어 신빙성이 낮다는 주장을 하기도 한다.

둘째는, 공자 자신을 포함해서 아들 공리孔鯉와 손자 공급孔伋(즉 자사子思)의 조손삼대祖孫三代가 모두 아내를 내쫓아 집안을 제대로 다스리지 못했다는 것이다. 이것은 제가齊家 문제이다. 제가란 무엇인가? '제齊'는 원래 벼이삭이 가지런하게 나 있는 모양을 본뜬 글자이다. 여기서 '가지런하다'는 뜻이 생기고 다시 '다스리다'는 뜻을 갖게 되었다. '가家'는 춘추전국시대 때 많은 경우 '대부大夫의 식읍食邑'을 가리키기도 하지만 여기서는 '집

---------

12 刑新國用輕典, 刑平國用中典, 刑亂國用重典. 罰世輕世重, 世治則其罰輕, 世亂則其罰重. 故唐虞之際, 四凶流; 春秋之末, 少正卯誅. 罰有經有權.(『기언記言』「경설經說」)
13 其爲司寇, 亟誅少正卯; 其於夾谷之會, 盛陳兵威; 其於陳恒, 沐浴而請討.(『다산시문집茶山詩文集』「속유론俗儒論」)

안'을 가리킨다고 본다.[14] 그래서 '제가'는 '치가治家' 즉 '집안을 잘 다스린다'는 뜻이다. 이 말은 『대학』 「경經」에 나온다.

> 옛날에 밝은 덕을 천하에 밝히려 한 사람들은 먼저 자기 나라를 잘 다스렸고, 자기 나라를 잘 다스리려 한 사람들은 먼저 자기의 집안을 잘 단속하였고, 자기의 집안을 잘 단속하려 한 사람들은 먼저 자기의 몸을 잘 닦았고, 자기의 몸을 잘 닦으려 한 사람들은 먼저 자기의 마음을 바르게 하였고, 자기의 마음을 바르게 하고자 한 사람들은 먼저 자기의 생각을 진실하게 가졌고, 자기의 생각을 진실하게 가지려 한 사람들은 먼저 자기의 지식을 증진하였는데, 자기의 지식을 증진하는 방법은 사물의 이치를 궁구하는 데 달려 있다.[15]

앞에서 언급한 바, 『대학』 「경」에는 이른바 삼강령三綱領, 팔조목八條目이 나온다. 제가는 격물, 치지, 성의, 정심, 수신, 치국, 평천하와 함께 팔조목의 하나로서 유가에서는 매우 중요한 개념이다.

『예기禮記』 「단궁상檀弓上」편에 이 이야기와 관련된 내용이 있다.

> 자상子上의 어머니가 죽었는데 상복을 입지 않으니 문인이 자사에게 물었다. "옛날에 선생님의 선군자께서는 출모의 상복을 입으셨습니까?" "그렇다." "그런데 선생님께서는 백白으로 하여금 상복을 입게 하지 않으시니 무슨 까닭입니까?" 자사가 말하였다. "옛날 나의 선군자께서는 실도하는 일이 없으셨다. 도에 비춰 봐서 높여야 할 것이면 따라서 높이고, 도에 비춰 봐서 강쇄해야 할 것이면 따라서 강쇄하였다.

---------

14 "수레 백 승을 낼 수 있는 가家는 채지(식읍)가 있는 사람이다.(百乘之家, 有采地者也.)" (『대학장구』 「전십장」)

15 古之欲明明德於天下者, 先治其國; 欲治其國者, 先齊其家; 欲齊其家者, 先脩其身; 欲脩其身者, 先正其心; 欲正其心者, 先誠其意; 欲誠其意者, 先致其知; 致知在格物.(『대학大學』 「경經」)

그러나 나야 어찌 그렇게 할 수 있겠느냐. 나의 아내가 되는 자는 백의 어머니가 된다. 나의 아내가 되지 않는 자는 백의 어머니가 될 수 없다." 그런 까닭에 공씨가 출모의 상복을 입지 않는 것은 자사로부터 시작된 일이다.[16]

이 문헌에서 보면, 공급이 자신의 아버지, 즉 공자의 아들 공리孔鯉가 출모出母(아버지에게 버림받은 생모, 여기서는 공자의 아내)의 상복을 입었음을 긍정하고, 자신은 아버지처럼 할 수 없다고 말하여 역시 자신에게도 출모(즉 공리의 부인)가 있음을 고백하고 있다.[17] 또 자신의 아들이자 공자의 증손자인 공백孔白이 출모(여기서는 공급의 아내)의 상복을 입지 않았는데, 그 이유를 공급은 "나의 처가 되는 사람은 공백의 어머니가 되지만 나의 처가 아닌 사람은 공백의 어머니가 될 수 없다."라고 밝힌 것이다. 이어서 공씨 가문에서 출모出母의 상복을 입지 않는 것은 자사로부터 시작되었다고 분명하게 언명하였다. 결국 이 기록으로 보면, 공자, 공리, 공급 삼대에 걸쳐 모두 출처하였음을 알 수 있다. 사실 이에 관한 기록은 여기서 그치는 것이 아니

----------

16 子上之母死, 而不喪. 門人問諸子思, 曰, "昔者子之先君子喪出母乎?" 曰, "然." "子之不使白也喪之, 何也?" 子思曰, "昔者吾先君子無所失道, 道隆則從而隆, 道汚則從而汚. 伋則安能? 爲伋也妻者, 是爲白也母, 不爲伋也妻者, 是不爲白也母." 故孔氏之不喪出母, 自子思始也.(『예기禮記』「단궁상檀弓上」)

17 고대의 복제服制에 삼부팔모三父八母가 있었다. 이 제도는 『대당개원례大唐開元禮』에서 비롯되었고, 주희의 『주자가례朱子家禮』에서 삼부팔모의 상례성복제도喪禮成服制圖를 분명하게 확정하였다. '삼부'란 최복衰服을 입는 아버지와 구별해서 세 종류의 계부繼父를 총칭한 것인데, 함께 사는 계부(同居繼父), 함께 살지 않는 계부(不同居繼父), 친모가 후살이 간 데 따라가서 섬기는 계부(從繼母改嫁之繼父)를 말한다. 또 팔모란 친어머니 이외에 복제에 구별이 있는 여덟 어머니를 총칭한 것인데, 적모嫡母, 계모繼母, 서모庶母, 자모慈母, 유모乳母, 양모養母, 출모出母, 가모嫁母를 말한다. 여기에서 적모嫡母란 첩의 자식이 아버지의 정실正室을 지칭하고, 계모繼母란 재혼한 아버지의 부인을 가리키고, 서모庶母란 아버지의 첩이고, 자모慈母란 어머니를 여읜 뒤 자신을 길러 준 아버지의 첩이고, 유모乳母란 어려서 젖을 먹여준 분이고, 양모養母란 동종同宗 및 세 살 전에 버려진 자기를 길러 준 어머니이고, 출모出母란 아버지에게 쫓겨난 생모이고, 가모嫁母란 아버지가 돌아가신 뒤에 재가再嫁한 어머니를 말한다. 『원전장元典章』「예부禮部」에는 「삼부팔모복도三父八母服圖」가 있고, 『주자가례』에는 「삼부팔모복제지도三父八母服制之圖」가 실려 있다.

다. 북송 때 사마광司馬光(1019-1086)은 『가범家範』이란 책을 지었는데, 이 책에서 "옛날에 공씨가 삼대에 걸쳐 그 아내를 내쫓았다. 나머지 현사들 중에 의를 이유로 내세워 아내를 내쫓은 자가 많은데 어찌 행동에 위배되겠는가"[18]라고 하여 삼대 출처를 기정사실로 밝히고 있다.

또 우리 선인들의 문헌 속에서도 이에 관한 기록을 찾기는 그다지 어렵지 않다.

조선시대의 도학자道學者이자 정치가인 갈암葛庵 이현일李玄逸(1627-1704)이 쓴 「답김지화원섭문목答金至和元燮問目」이라는 편지에는 다음과 같은 내용이 나온다.

> 『예기』에 출모의 상복을 입지 않는다고 하였으니, 바로 이른바 "공급孔伋(자사子思의 이름)의 아내가 되지 않는 사람은 공백孔白(자사의 아들인 자상子上의 이름)의 어머니가 될 수 없다."는 것이다.[19]

이 밖에 『성종실록』 등 『조선왕조실록』은 물론이고, 조선 전기의 시인 김흔金訢(1448-1492)의 『안락당집顔樂堂集』이나 이황李滉(1501-1570)의 『퇴계집退溪集』, 조선 후기의 문신 허목許穆(1595-1682)의 『기언記言』 등에도 이 같은 내용이 나온다.

셋째는, 공자가 제자들을 도적질 해먹게 가르쳤다는 것이다. 이것은 무슨 말인가? 사실 이 문제에 대해 증산 상제의 구체적인 언명이 없는 이상 명확한 근거를 제시하기는 쉽지 않다. 그러나 공자의 어록인 『논어』 전체를 샅샅이 조사해 보면 어느 정도 단초를 찾을 수 있다. 『논어』「선진先進」편에 다음과 같은 일화가 기록되어 있다.

----------

18 昔孔氏三世出其妻, 其余賢士以義出妻者衆矣, 奚虧於行哉?(사마광司馬光, 『가범家範』)
19 禮不服出母, 正所謂不爲伋也妻者, 不爲白也母者也.(『갈암집葛庵集』「답김지화원섭문목答金至和元燮問目」)

계씨季氏가 주공周公보다 부유한데도 염구는 그를 위해 지나치게 세금을 거두어 그의 재산을 더 불려주었다. 공자께서 말씀하셨다. "염구는 우리 무리가 아니니, 너희들은 북을 울려 그를 성토하는 것이 옳다."[20]

공문칠십이현孔門七十二賢에 속하면서 공문십철孔門十哲의 한 사람이 된 염구冉求(서기전 522-?)는 본래 지나치게 소극적인 성격의 소유자였다. 그러나 천부적으로 정치적인 자질과 능력이 뛰어나고 다재다능하고 특히 이재理財에 밝았다. 그래서 노魯나라 세도가 계강자季康子(즉 계씨)가 염구에게 정치를 맡겨도 괜찮겠느냐고 물었을 때, 공자는 조금도 망설이지 않고 정치를 맡길 만한 인물이라 말했던 것이다. 훗날 공자는 정치 감각이 뛰어난 염구를 당시 실권자이던 계씨에게 추천하여 관리가 되게 하였다. 그런데 벼슬길에 들어선 염구는 공자의 가르침과 정반대의 길을 걸으면서 계씨를 위해, 아버지와 임금을 시해하는 일을 빼 놓고는 무슨 일이든지 다 했다. 세력을 믿고 군주를 안중에 두지 않고 권력을 전횡하는 계씨를 위해 행동하는 염구에 대해 공자는 숫자만 채우는 신하라는 뜻으로 '구신具臣'이라 평했다.

계씨는 춘추시기 노魯나라의 정경正卿인 계손비季孫肥(?-서기전 468)를 말하는데, 그의 시호가 '강康'이어서 역사에서는 계강자季康子라 불린다. 당시 계강자는 노나라의 제26대 군주 애공哀公(?-서기전 468, 성은 희姬, 이름은 장將)을 섬기고 있었는데, 군주의 힘이 미약하였기 때문에 계씨를 으뜸으로 하는 삼환三桓이 강성하였다. 계씨의 종주인 계강자는 지위가 높고 권세가 큰 권신權臣이었다. 삼환은 노나라 경대부인 맹씨孟氏, 숙손씨叔孫氏와 계씨季氏를 가리키는데, 이른바 삼환은 노나라 제16대 군주인 장공莊公(서기전 706-662, 성은 희姬, 이름은 동同) 시대에 시작되었다. 장공의 아버지 환공桓

---

20 季氏富於周公, 而求也爲之聚斂而附益之. 子曰: "非吾徒也. 小子鳴鼓而攻之, 可也."(『논어』「선진先進」)

公(서기전 731-서기전 694, 성은 희, 이름은 윤允 또는 궤軌)에게는 자식이 넷 있었는데, 적장자인 장공이 노나라의 군주 자리를 승계하였다. 나머지 서장자庶長子 경보慶父[21], 서차자庶次子 숙아叔牙[22], 적차자嫡次子 계우季友[23]는 모두 봉건제도에 따라 장공에 의해 경으로 봉해지고, 후대에 모두 각기 대가족을 형성하였다. 세 집안 모두 환공의 자식에게서 나왔기 때문에 '삼환三桓'이라 부르는 것이다.

주공周公은 주周나라의 작위인데, 이 작위를 얻은 자는 주나라 왕실을 보좌하여 천하를 다스린다. 역사상 첫 번째 주공은 희단姬旦[24]이다. 숙단叔旦이라고도 하는 희단은 주 문왕 희창姬昌의 넷째 아들로서 주 무왕 희발姬發의 친아우이다. 주공이라는 이름은 그의 봉토가 지금의 섬서성 보계시寶鷄市 기산岐山 북쪽에 위치한 주周였기 때문에 붙여진 것이다. 그의 이름이 단이기에 이를 덧붙여 주공단周公旦이라 부르는 것이다.

주공은 서주 초기 걸출한 정치가요, 군사가요, 사상가요, 교육가이고 유학의 선구자로서, 도통道統을 전승한 대성인으로 존숭된다.

앞의 『논어』 구절에서 공자가 염구를 파문破門시킨 이유는, 염구가 당시 실력자인 계씨의 가재家宰로 있으면서, 주 왕실을 보좌하여 천하를 다스렸던 주공보다도 훨씬 더 부유한 계씨를 위해 백성들에게 부세를 가혹하게 거두었기 때문이다. 이른바 가렴주구苛斂誅求를 했다는 것이다. 공자는 일찍이 '가정맹어호苛政猛於虎'라 해서 가혹한 정치가 호랑이보다 무섭다는 말을 한 적이 있다. 『예기禮記』「단궁하檀弓下」편에 나오는 이야기이다.

----------
21 경보는 첩의 맏아들로서 시호는 공共, 또는 공중共仲이라 불린다. 그의 후대는 중손씨仲孫氏로 일컫고, 다시 맹씨孟氏로 개칭하였다.
22 숙아는 첩의 둘째 아들로서 시호가 희僖이다. 그의 후대는 숙손씨叔孫氏라 일컬었다.
23 계우는 정실 둘째 아들로서 시호는 성成이다. 그의 후대는 계씨季氏로 일컬었다.
24 원래의 성은 희姬이나 당시에는 성을 말하지 않고 씨를 말하였기 때문에 일반적으로 희단이라 부르지 않고, 주공단, 숙단으로 부른다. 시호가 문文이므로 주문공周文公이라고도 불린다.

공자가 태산 기슭을 지나가고 있는데, 어떤 부인이 묘 앞에서 울면서 매우 슬퍼하였다. 공자가 수레의 횡목에 기대어 그 소리를 듣고 자로를 시켜 연유를 알아보게 하였다. 자로가 물었다. "부인이 이렇게 우시니 상심하는 일이 겹쳤나 봅니다." 부인이 말하였다. "그렇습니다. 예전에 제 시아버지가 호랑이에게 물려 돌아가셨는데, 제 남편도 그렇게 돌아가셨고, 지금 제 아들도 그렇게 죽었습니다." 공자가 물었다. "어째서 여기를 떠나지 않습니까?" 부인이 대답하였다. "가혹한 정치가 없기 때문입니다." 공자가 말하였다. "젊은이들은 이 일을 기억하라. 가혹한 정치는 호랑이보다 무섭도다."[25]

이 일화에서 보듯이, 공자는 제자들에게 가혹한 정치가 백성들에게 주

주공周公. 성은 희姬, 이름은 단旦. 주나라 문왕 희창姬昌의 넷째 아들이고 무왕 희발姬發의 아우. 주나라 초기의 걸출한 정치가, 군사가, 사상가, 교육가, 유학의 선구자로 일컬어지며, 원성元聖이라 불린다.(출처: 『삼재도회』)

---------

25 孔子過泰山側, 有婦人哭於墓者而哀. 夫子式而聽之, 使子路問之, 曰: "子之哭也壹似重有憂者." 而曰: "然, 昔者吾舅死於虎, 吾夫又死焉, 今吾子又死焉." 夫子曰: "何爲不去也?" 曰: "無苛政." 夫子曰: "小子識之, 苛政猛於虎也."(『예기禮記』「단궁하檀弓下」)

는 폐해가 엄중함을 가르쳤다. 그런데 제자인 염구가 오직 자기 주군인 계씨를 위해 백성들에게 세금을 가혹하게 거두어들이고 무리하게 재물을 빼앗는다면 이는 '도적질'에 해당한다고 볼 수 있다. 결국 제자의 '도적질'을 더 두고 볼 수 없었던 공자는 그를 파문시켜서 깨우치게 하였던 것이다.

위에서 살펴 본 세 가지 사건 즉 소정묘 주살, 삼대출처, 제자의 도적질을 이유로 들어 증산 상제는 '자신이 쓰기 위해서 세상에 내려 보냈다'[26]고 하는 공자를 근본에서부터 부정하고, 급기야 공자의 녹을 끊어버리기까지 하였다.

> 상제님께서 하루는 큰 소리로 공자를 불러 말씀하시기를 "공자야, 네가 천추千秋에 대접을 받았으니 내 세상에는 그 녹祿을 끊으리라." 하시더니 다시 말씀하시기를 "그러나 네가 간절히 비는 고로 물밥은 내려 주리라." 하시니라. 이어서 성도들에게 말씀하시기를 "이제 천하에 공자 신명이 머물 만한 땅이 없게 되었느니라." 하시고(『도전』 4:46:1-3)

또 증산 상제는 공자가 선천先天[27]의 한계로 말미암아 단지 72명만 도통道通을 시켰기 때문에 도통을 얻을 수 없었던 많은 사람들에게 원한을 샀다는 점도 부각시켰다.

> 공자는 다만 72명만 도통시켰으므로 얻지 못한 자는 모두 원한을 품었느니라.(『도전』 2:141:1)

---------

26 공자, 석가, 예수는 내가 쓰기 위해 내려 보냈느니라.(『도전道典』 2:40:6)
27 증산도의 가르침에 의하면, 우주는 12만9천6백 년을 한 주기로 해서 돌아가는데, 이를 '우주 일년'이라 한다. 우주 일년 중에서 봄여름이 5만 년 동안 이어지는데 이를 선천이라 하고, 그 후 가을이 5만 년 동안 전개되는데 이를 후천이라 한다. 후천으로 넘어갈 때는 이른바 가을개벽이 일어난다. 이때 상씨름, 병겁, 지축정립에 의해 자연개벽, 문명개벽, 인간개벽 등 이른바 세벌개벽이 거의 동시에 이루어져서 후천 5만 년이 시작된다.

여기서 '72명만 도통시켰다'는 말은 무슨 뜻인가? 『사기』「공자세가」편을 보면, 그 답을 알 수 있다.

　　공자는 『시』, 『서』, 『예』, 『악』을 가르쳤는데, 제자는 대개 3천 명에 이르고, 그 중에 몸소 육예六藝에 통달한 사람이 72명이었다.[28]

　이로 볼 때, 72명은 공자의 이름난 제자들로서 육예六藝에 통달하였다고 하는 이른바 '공문칠십이현孔門七十二賢'[29]을 두고 하는 말임을 알 수 있다.
　참고로, 육예란 무엇인가? 중국 고대에 유가에서 학생들에게 습득하기를 요구하는 여섯 가지 기본 재능을 가리킨다. 『주례周禮』에 기록된 육예는 서주西周 시기 이전에 귀족 자제에게 가르치는 여섯 가지 과목으로서 예禮, 악樂, 사射, 어御, 서書, 수數를 말한다.
　예는 예절로서 지금의 도덕교육에 해당하고, 길례吉禮, 흉례凶禮, 빈례賓禮, 군례軍禮, 가례嘉禮라는 오례五禮로 나뉜다. 악은 음악으로서 사람의 심

----------

28 孔子以詩書禮樂教, 弟子蓋三千焉, 身通六藝者七十有二人.(『사기』「공자세가」)
29 공문칠십이현은 다음과 같다. 민손閔損(자건子騫), 염경冉耕(백우伯牛), 염옹冉雍(중궁仲弓), 염구冉求(자유子有), 중유仲由(자로子路), 재여宰予(자아子我), 단목사端木賜(자공子貢), 언언言偃(자유子游), 복상卜商(자하子夏), 전손사顓孫師(자장子張), 증삼曾參(자여子輿), 담대멸명澹臺滅明(자우子羽), 복부제宓不齊(자천子賤), 원헌原憲(자사子思), 공야장公冶長(자장子長), 남궁괄南宮括(자용子容), 공석애公晳哀(계차季次), 증점曾蒧(석皙), 안무요顏無繇(로路), 상구商瞿(자목子木), 고시高柴(자고子羔), 칠조개漆雕開(자개子開), 공백료公伯繚(자주子周), 사마경司馬耕(자우子牛), 번수樊須(자지子遲), 유약有若(자유子有), 공서적公西赤(자화子華), 무마시巫馬施(자기子旗), 양전梁鱣(숙어叔魚), 염유冉孺(자로子魯), 조휼曹恤(자순子循), 백건伯虔(자석子析), 염계冉季(자산子産), 공조구자公祖句玆(자지子之), 진조秦祖(자남子南), 칠조치漆雕哆(자렴子斂), 안고顏高(자교子驕), 칠조도보漆雕徒父(자문子文), 양사적壤駟赤(자도子徒), 상택商澤(자수子秀), 석작촉石作蜀(자명子明), 임부제任不齊(선選), 공량유公良孺(자정子正), 후처后處(자리子里), 진염秦冉(개開), 공하수公夏首(승乘), 해용잠奚容箴(자석子晳), 공견정公肩定(자중子中), 안조顏祖(양襄), 교단鄡單(자가子家), 구정강句井疆(자강子疆), 한보흑한父黑(자색子索), 진상秦商(자비子丕), 신당申黨(주周), 안지복顏之僕(숙叔), 영기榮旂(자기子祈), 현성縣成(자기子祺), 좌인영左人郢(행行), 연급燕伋(사思), 정방鄭邦(자도子徒), 진비秦非(자지子之), 시지상施之常(자항子恒), 안쾌顏噲(자성子聲), 보숙승步叔乘(자거子車), 원항적原亢籍(자적子籍), 악해樂欬(자성子聲), 염혈廉絜(용庸), 숙중회叔仲會(자기子期), 안하顏何(염冉), 적흑적狄黑(석皙), 방손邦巽(자렴子斂), 공충孔忠(자멸子蔑), 공서여여公西輿如(자상子上).

성을 도야하는 것이고, 운문雲門, 대함大咸, 대소大韶, 대하大夏, 대확大鑊, 대무大武라는 육악六樂으로 나뉜다. 사는 활 쏘는 기술로서, 백시白矢, 참련參連, 염주剡注, 양척襄尺, 정의井儀라는 오사五射로 나뉜다. 어는 마차 모는 기술로서, 명화란鳴和鸞, 축수곡逐水曲, 과군표過君表, 무교구舞交衢, 축금좌逐金左라는 오어五御가 있다. 서는 글자의 구조 및 사용법으로서 상형象形, 지사指事, 회의會意, 형성形聲, 전주轉注, 가차假借라는 육서六書가 있다. 수는 산법으로서 방전方田, 속미粟米, 차분差分, 소광少廣, 상공商功, 균수均輸, 방정方程, 영부족瀛不足, 구고句股라는 구수九數가 있다. 또 이 육예는 중국 고대 고등교육의 과목을 총칭하는 데도 쓰인다. 또 다른 육예도 있다. 공자가 제시한 춘추시대 이후의 육예는 바로 유가의 『육경六經』을 말하며, 『시詩』, 『서書』, 『예禮』, 『악樂』, 『역易』, 『춘추春秋』를 가리킨다. 고대의 학교에서는 『육경』을 교본으로 삼았는데, 주희는 『육경』의 가르침을 이렇게 설명하였다.

옛 성인들은 『육경』을 지어 후세 사람들을 가르쳤다. 『주역』으로 유명幽明의 까닭을 통달하고, 『서경』으로 정사政事의 실상을 기록하고, 『시경』으로 성정性情의 바름을 이끌고, 『춘추』로 법계法戒의 엄정함을 보이고, 『예경』으로 바르게 행동하고, 『악경』으로 마음을 온화하게 한다.[30]

이상에서 살펴본 바에 의하면, 증산 상제가 유도의 종장을 공자에서 주희로 바꾼 것은 소정묘 주살, 삼대출처 그리고 제자의 도적질 등 세 가지 문제에 근거한 것으로 생각해 볼 수 있겠다.

----------

30 古之聖人作爲『六經』以敎後世. 『易』以通幽明之故, 『書』以紀政事之實, 『詩』以導情性之正, 『春秋』以示法戒之嚴, 『禮』以正行, 『樂』以和心.(『주문공문집』권78 「건녕부건양현학장서기建寧府建陽縣學藏書記」)

# *2* 증산 상제의 맹자 비판과 칭찬

그렇다면 아성인 맹자孟子는 어째서 유도의 종장이 되지 못했을까?

'맹모삼천孟母三遷', '성선설性善說'로 일반인에게 유명한 맹자는 중국 전국시기의 위대한 사상가요, 교육가이며, 유가학파를 대표하는 인물로서 공자와 함께 '공맹孔孟'으로 병칭된다. 맹자는 정치상으로 고대의 성명聖明한 군왕인 선왕先王의 언행과 제도를 본받자는 '법선왕法先王'을 주장하여 말할 때마다 요·순과 문왕·무왕을 언급하고, 인정仁政, '왕도王道', '덕치德治'를 주장하였다. 그가 가장 이상적으로 생각한 표준은 고대의 성왕聖王이었다. 그는 공자를 추숭하고 당시에 성행한 양주楊朱와 묵적墨翟을 반대

맹자孟子(약 서기전 372-서기전 289년). 이름은 가軻, 자는 자여子輿, 추鄒(지금의 산동성 추현鄒縣) 사람. 공자의 손자인 공급孔伋의 재전제자. 전국시대의 위대한 사상가, 정치가요, 유가학파를 대표하는 인물로서 공자와 함께 '공맹孔孟'으로 일컬어진다.(출처: 『삼재도회』)

하였다. 맹자는 공자의 사상을 계승하고 발전시켰지만 일부 사상은 과격하다는 평가를 받는다. 원나라 때는 맹자를 '아성추국공亞聖鄒國公'으로 봉하였고, 명나라 세종世宗 주후총朱厚熜(1507~1567)은 그의 봉작을 떼고 단지 '아성亞聖'이라 하여 그가 공자에 버금가는 성인임을 천명하였다. 이후로 사람들은 그를 '버금 아亞'자를 써서 '도덕과 재지才智가 성인인 공자에 버금간다'는 뜻의 '아성'으로 부르며 존칭하였다. 맹자가 제창한 인정仁政은 백성을 귀히 여기고 임금을 가벼이 여기는(민귀군경民貴君輕) 민본사상인데, 공자가 14년 동안 철환천하轍環天下를 하며 자신의 정치 주

주후총朱厚熜(1507−1567). 명나라 제11대 황제. 1521-1566년 재위. 연호는 가정嘉靖. 묘호는 세종世宗. 후세에 가정제嘉靖帝라 불림. 역사에서 '중흥지주中興之主'로 평가된다.(출처:『삼재도회』)

장을 실현시키고자 했던 것처럼, 맹자도 제齊·송宋·등滕·위魏·노魯 등 여러 나라를 돌아다니며 유세를 하였지만 그의 인정학설은 '사정에 어둡다'는 이유로 실행되지 못했다.

공자를 비판한 증산 상제는 이어서 아성인 맹자도 불러 '역적놈'이라 꾸짖고, 그 연유를 묻는 성도에게 "마음속에 임금과 신하의 의리가 있다면 임금을 임금 같지 않게 볼 수가 있겠느냐. 신하가 임금을 원수같이 보았으니 내쳐도 무방"하다는 말로써 대답하였다.

다시 큰 소리로 맹자를 부르시어 "맹자야, 이 역적놈아!" 하고 꾸짖으시니라. 이에 한 성도가 여쭈기를 "맹자를 역적이라고 꾸짖으시니 무슨 까닭입니까?" 하니 말씀하시기를 "마음속에 임금과 신하의 의리가 있다면 임금을 임금 같지 않게 볼 수가 있겠느냐. 신하가 임금을 원수같이 보았으니 내쳐도 무방하니라." 하시니라.(『도전』 4:46:4-7)

왜 이런 말을 하였을까? 그 이유는 앞에서 언급한 맹자의 정치사상에서 엿볼 수 있다. 맹자는, 민심을 저버린 임금은 내쳐도 무방하다고 주장하였다. 임금이 부덕하여 민심을 잃으면, 덕이 있는 다른 사람이 천명을 받아 왕조를 바꾸고 새로운 왕조를 세워야 한다는 것이다, 이른바 역성혁명易姓革命이다. 고대의 임금은 국가를 일성一姓의 가업家業이라 여겼으므로, '역성'이란 '성을 바꾼다'는 뜻으로 자子씨 성의 상商나라가 희姬씨 성의 주周나라 왕조로 바뀌는 것처럼 왕조를 바꾸는 것을 가리킨다. 『주역』의 「혁괘革卦」[31]에서 유래한 '혁명革命'이란 말은 '명命' 즉 '천명天命'을 바꾼다는 뜻이다. 고대에는 임금이 하늘의 명령인 천명을 받는다고 생각하였기 때문에 왕조가 바뀌는 것을 '천명이 바뀌었다'고 하고, 이를 '혁명'이라 하였던 것이다. 오늘날 '프랑스대혁명'이니, '시민혁명'이니, '4.19혁명'이니 할 때의 혁명과는 사뭇 다른 뜻이다.

물론 『맹자』에 역성혁명이라는 말이 직접 나오는 것은 아니다. 관련 내용을 살펴보자.

> 제齊나라 선왕宣王이 물었다. "탕이 걸桀을 쫓아 가두고, 무왕이 주紂를 정벌하였다고 하는데, 그런 일이 있었습니까?" 맹자가 대답하였다. "전기에 있습니다." 제나라 선왕이 물었다. "신하가 자기의 임금을 시해해도 되는 것입니까?" "인仁을 해치는 자를 적賊이라 하고, 의義를 해치는 자를 잔殘이라 하며, 인과 의를 해치는 자를 일부一夫(평범한 한 사내)라 합니다. 주紂라는 평범한 한 사내를 주벌했다는 말은 들었어도 임금을 시해했다는 말은 듣지 못했습니다."[32]

---

31 天地革而四時成, 湯·武革命, 順乎天而應乎人.(『주역周易』「혁괘革卦」)
32 齊宣王問曰: "湯放桀, 武王伐紂, 有諸?" 孟子對曰: "於傳有之." 曰: "臣弑其君可乎?" 曰: "賊仁者謂之賊, 賊義者謂之殘, 殘賊之人謂之一夫. 聞誅一夫紂矣, 未聞弑君也."(『맹자』「양혜왕하梁惠王下」)

요와 순이 역사상 성군의 대명사로 일컬어지는 것과 대조적으로, 하夏왕조 최후의 왕인 걸과 상商 왕조 최후의 임금인 주는 폭군의 대명사로 알려져 있다. 임금인 걸과 주는 신하(제후)인 탕과 무왕에게 각기 방벌을 당하였다. 이른바 '탕무방벌湯武放伐'이다. 방벌放伐이란 무력으로 포학한 군주를 토벌하고 내쫓는 것을 말한다. 요와 순이 유능한 자에게 평화롭게 양위하였다는 선양禪讓(요순선양)과는 상반된 개념이다.

탕과 무왕이 각기 걸과 주를 방벌한 것이 자기의 임금을 시해한 것이 아니냐는 제나라 선왕의 질문에 대해, 맹자는 그들이 비록 임금의 자리에 있기는 하였지만 인과 의를 해치고 포학무도하여 인심을 잃었으므로 평범한 한 사내에 불과하여 임금이라 할 수 없기 때문에 시해가 아니라 주벌誅罰이 옳다고 주장한 것이다. 또 맹자는 임금은 백성의 마음을 얻어야 천하를 얻을 수 있다고 하였다.

상탕商湯. 상나라 개국 군주. 설契의 후손으로 이름은 리履. 당초 박毫에 거점을 둔 하夏나라 방백方伯이었는데 하나라의 군주 걸桀이 무도하여 그를 정벌하고 남소南巢로 추방함으로써 천하를 얻었다. 30년(서기전 1783-서기전 1754) 동안 재위.(출처:『삼재도회』)

문왕文王(서기전 1152-서기전 1056). 성은 희姬, 이름은 창昌. 주周나라 태왕太王의 손자이며, 계력季歷의 아들. 주왕조의 기초를 닦음. 부친의 사후 서백후西伯侯 지위를 승계하여 서백창西伯昌으로 불림. 재위 50년.(출처:『삼재도회』)

무왕武王(약 서기전 1087-서기전 1043). 성은 희姬, 이름은 발發. 서주시대 청동기 명문銘文에는 무斌로 되어 있음. 아버지 주 문왕 희창姬昌과 어머니 태사太姒의 적차자嫡次子. 주왕조 개국 군주. 재위 13년.(출처:『삼재도회』)

결과 주가 천하를 잃은 것은 자기 백성을 잃어버린 것이며, 자기 백성을 잃은 것은 그들의 마음을 잃은 것이다. 천하를 얻는 데 길이 있으니, 자기 백성을 얻으면 이것이 천하를 얻는 것이고, 자기 백성을 얻는 데 길이 있으니 그들의 마음을 얻으면 이것이 자기 백성을 얻는 것이며, 백성의 마음을 얻는 데 길이 있으니, 백성이 원하는 것을 주어 모이게 하고, 백성이 싫어하는 것을 베풀지 말아야 한다.[33]

맹자는 백성을 가장 중요시했다. 백성과 사직社稷[34]과 임금 중에 그 경중을 따질 때, 백성이 가장 중요하고, 국가의 상징인 사직이 그 다음이며, 임금이 맨 마지막이라 한 것이다.

백성이 가장 귀중하고, 사직이 그 다음이며, 임금은 가볍다.[35]

이 말에 맹자의 민본사상民本思想이 잘 나타나 있다. 맹자는 심지어 신하가 반복해서 간해도 듣지 않으면 임금 자리를 바꾸어야 한다는 말도 서슴지 않는다.

제나라 선왕이 경卿에 대해 물었다. 맹자가 대답하였다. "왕은 어느 경을 물으시는 것입니까?" 왕이 물었다. "경이 같지 않습니까?" 맹자가 대답하였다. "같지 않습니다. 귀척貴戚의 경이 있고, 이성異姓의 경이 있습니다." 왕이 물었다. "귀척의 경에 대해 묻겠습니다." 맹자가 대답하

----------

33 桀紂之失天下也, 失其民也; 失其民者, 失其心也. 得天下有道: 得其民, 斯得天下矣; 得其民有道: 得其心, 斯得民矣; 得其心有道: 所欲與之聚之, 所惡勿施爾也.(『맹자』「이루상離婁上」)
34 주희는 『맹자집주』에서, "사는 땅의 신이고, 직은 곡신이다.(社, 土神. 稷, 穀神.)"라고 주석하였다. 고대에 제왕이나 제후는 반드시 토신인 사와 곡신인 직에게 제사를 지냈기 때문에 사직이란 말은 국가를 지칭하게 되었다.
35 民爲貴, 社稷次之, 君爲輕.(『맹자』「진심하盡心下」)

였다. "임금에게 큰 허물이 있으면 간하고 이를 반복하는데도 듣지 않으면 임금의 자리를 바꿉니다." 왕이 발끈하여 얼굴색이 변했다. 맹자가 말하였다. "왕께서는 이상하게 생각하지 마십시오. 왕께서 신에게 묻기에 신이 감히 바르게 대답하지 않을 수 없는 것입니다." 왕은 얼굴색이 돌아온 후에, 이성의 경에 대해 물었다. 맹자가 대답하였다. "군주에게 잘못이 있으면 간하고, 반복하는데도 듣지 않으면 떠나가는 것입니다."[36]

이와 관련해서 맹자는 군주와 신하 간에 상호 존중이 전제되어야 하는데, 만일 임금이 신하를 흙이나 풀처럼 대하면 신하 역시 임금을 원수처럼 생각하게 된다는 것이다.

맹자가 제나라 선왕에게 말하였다. "임금이 신하 보기를 자기의 손과 발같이 하면 신하는 임금 대하기를 자기의 심장과 배같이 하고, 임금이 신하 보기를 개와 말같이 하면 신하는 임금 대하기를 길가는 사람같이 하며, 임금이 신하 보기를 흙이나 풀같이 하면 신하는 임금 대하기를 원수같이 하게 됩니다."[37]

이러한 맹자의 사상은 훗날 한국과 중국 등에서 무능한 왕조에 대해 찬탈을 용인하는 혁명사상으로 발전하였다. 이렇게 본다면, 증산 상제의 의도는 민심을 저버린 군주에 대해서 역성혁명이 가능하다고 주장한 맹자를 크게 꾸짖은 것이라 할 수 있다. 이것은 오늘날 사람들이 언뜻 이해하기

--------

36 齊宣王問卿. 孟子曰: "王何卿之問也?" 王曰: "卿不同乎?" 曰: "不同. 有貴戚之卿, 有異姓之卿." 王曰: "請問貴戚之卿." 曰: "君有大過則諫, 反覆之而不聽, 則易位." 王勃然變乎色. 曰: "王勿異也. 王問臣, 臣不敢不以正對." 王色定, 然後請問異姓之卿. 曰: "君有過則諫, 反覆之而不聽, 則去."(『맹자』「만장하萬章下」)
37 孟子告齊宣王曰: "君之視臣如手足, 則臣視君如腹心; 君之視臣如犬馬, 則臣視君如國人; 君之視臣如土芥, 則臣視君如寇讎."(『맹자』「이루하離婁下」)

힘든 말일 수 있다. 이것은 증산 상제가 강조한 군사부일체君師父一體 맥락에서 이해해야 한다. 즉 임금과 스승과 어버이의 은혜는 같다는 전제하에 아버지가 비록 역할을 제대로 못한다 하더라도 천륜인 아버지를 바꿀 수 없듯이, 임금이 비록 용렬하다 할지라도 천명으로 정해진 이상, 인위적으로 바꿀 수 없다는 뜻으로 이해된다.

그러나 증산 상제가 맹자에 대해서 비판만 한 것은 아니다. 때로는 제齊와 양梁의 군주에게 유세를 잘 하였다고 칭찬하기도 하였다. 여기서 제의 군주는 제선왕齊宣王(약 서기전 350-서기전 301)[38]이고, 양의 군주는 양혜왕梁惠王[39]이라 불리는 위혜왕魏惠王(서기전 400-서기전 319)이다.

> 공자孔子는 노지대사구魯之大司寇요
> 맹자孟子는 선세제량지군善說齊梁之君이라
> 공자는 노나라에서 대사구 벼슬을 하였고 맹자는 제나라와 양나라의
> 군주에게 유세를 잘 하였느니라.(『도전』 5:347:14)

제선왕이 맹자에게 천하의 패자가 되는 방법을 묻자, 맹자는 패도覇道를 버리고 왕도王道 정치를 행해야 한다고 유세하였다. 원래 춘추시대에 주나

---

38 제선왕齊宣王의 본명은 전벽강田辟疆이고, 전국시대 제齊나라의 군주로서 위왕威王의 아들이다. 주희의 『맹자집주』 「양혜왕장구상」편 주석에서는, "제선왕은 성이 전씨이고 이름은 벽강辟彊이며, 제후의 신분으로서 왕을 참칭했다.(齊宣王, 姓田氏, 名辟彊, 諸侯僭稱王也)"고 설명하였다. 참칭僭稱이란 분수에 넘치게 자칭한 것을 말하는데, 여기서는 제후의 신분이면서 스스로 천자라 일컫는 것을 말한다. 당시는 전국시대라서 천자의 지위가 거의 유명무실할 때이지만 그래도 종주권은 천자에게 있었는데, 천자의 호칭인 황제皇帝는 진시황 때 시작된 것이고 이전 주나라 천자의 호칭은 왕王이었다. 전국시대에는 여러 제후들이 천하의 패권을 차지할 야심을 갖고 천자의 호칭인 왕을 참칭하였다.
39 위혜왕은 위나라의 제3대 임금으로서 위나라에서 최초로 왕이라고 자칭하여 천하제패의 야심을 드러냈다. 『맹자』에서는 '양혜왕'이라 칭하고, 『장자』에서는 '문혜군文惠君'으로 등장한다. 주희의 『맹자집주』 「양혜왕장구상」편 주석에서는, "양혜왕은 위魏나라의 제후인 앵罃을 말한다. 도읍을 대량大梁에 정하고 왕을 참칭하였다. 시호는 혜惠이다.(梁惠王, 魏侯罃也. 都大梁, 僭稱王, 諡曰惠.)"라고 하였다.

라 천자를 각 제후국의 공주共主(공동으로 받드는 종주宗主)로서 왕王이라 일컫고, 제후국 중의 맹주盟主를 '패霸'라 하였다. 왕도와 패도는 상대적인 개념인데, 왕도는 유가에서 제기한 것으로 인의로 천하를 통치한다는 정치 주장이고, 패도는 임금이 무력이나 형법, 권세 등으로 통치하는 것을 말한다. 당시(서기전 314년) 연燕나라의 내란을 틈타 그곳을 점령한 제선왕은 맹자의 말을 따르지 않고, 오히려 기강이 무너진 군대가 백성들의 재물을 약탈함으로써 연나라 사람들의 반란을 촉발시켰다. 3년 뒤 조趙, 위魏, 한韓, 초楚, 진秦 나라의 압력을 이기지 못하고, 제나라는 연나라 지역에서 군대를 철수하였는데,[40] 이 때 제선왕은 "내가 맹자에게 대단히 부끄럽다"라고 탄식하였다. 제선왕과 관련하여 『맹자』「양혜왕상梁惠王上」편에 나오는 '이양역우以羊易牛', '항산恒産·항심恒心'[41] 이야기는 아주 유명하다.

　양혜왕은 서기전 361년에 중원을 차지하여 패업을 도모할 요량으로 지금의 하남성 개봉시開封市 동남부인 대량大梁으로 천도하고 많은 인재들을 초빙하였다. 맹자도 그때 가서 양혜왕을 만나 부국강병의 방책에 대한 물음에 인의仁義의 정치를 해야 함을 주장하였다. 우리에게 익숙한 『맹자』「양혜왕상」편에 나오는 '불원천리不遠千里', '오십보백보五十步百步'와 『장자莊子』「양생주養生主」편에 나오는 '포정해우庖丁解牛'(포정이 소의 뼈와 살을

----------

40　전국시대에 위魏, 조趙, 한韓, 제齊, 진秦, 초楚, 연燕 등 강대한 일곱 나라를 역사에서는 '전국칠웅戰國七雄'이라 한다. 여기서 '웅雄'은 '강대한 나라'를 뜻한다.
41　'일정한 생업'이라는 뜻의 '항산恒産'과 '사람이 늘 지니고 있는 착한 마음'을 뜻하는 '항심恒心'은 『맹자』「양혜왕상梁惠王上」편에 나오는 맹자의 말이다. 제선왕에게 맹자가 다음과 같이 항산의 중요성을 강조하고 있다. "항산이 없으면서 항심을 지니는 것은 오직 선비만이 할 수 있는 것입니다. 일반 백성의 경우에는 항산이 없으면 이로 인해 항심이 없게 될 것입니다. 만일 항심이 없다면 방탕하고, 편벽되고, 사악하고, 분수에 넘치는 일을 하지 않음이 없을 것입니다.(無恒産而有恒心者, 惟士爲能. 若民, 則無恒産, 因無恒心. 苟無恒心, 放辟邪侈, 無不爲已.)" 주희는 『맹자집주』에서 이 구절에 나오는 '항산'을 '언제나 살아갈 수 있는 업(恒産, 可常生之業也.)' 즉 '일정한 생업'이라 설명하고, '항심'에 대해서는 '사람이 항상 지니는 선한 마음(恒心, 人所常有之善心也.)'이라 정의하였다. 「등문공상滕文公上」편에 보면, 맹자는 등나라 문공, 즉 등문공에게도 같은 내용의 말을 하였다. "民之爲道也, 有恒産者有恒心, 無恒産者無恒心. 苟無恒心, 放辟邪侈, 無不爲已."

발라낸다)의 고사가 모두 양혜왕과 관련된 것이다. 어쨌든 증산 상제는 맹자가 설파한 인의의 정치, 즉 왕도 정치를 매우 높게 평가한 것으로 보인다.

또한 성도들에게 『맹자』「고자告子」편에 나오는, 하늘이 장차 사람에게 큰 임무를 내릴 때에는 그 사람에게 혹독한 시련을 내려 강인하게 만든다는 내용의 구절을 일러주며 높이 평가하기도 한다.

> 하루는 성도들에게 말씀하시기를 "이 글을 잘 보아 두면 이 책에서는 더 볼 것이 없느니라." 하시고 『맹자孟子』 한 절을 외워 주시니 이러하니라.
> 천장강대임어사인야天將降大任於斯人也인대 필선노기심지必先勞其心志하고 고기근골苦其筋骨하고 아기체부餓其體膚하고 궁핍기신행窮乏其身行하여 불란기소위拂亂其所爲하나니 시고是故는 동심인성動心忍性하여 증익기소불능增益其所不能이니라
> 하늘이 장차 이 사람에게 큰 임무를 내리려 할 때에는 반드시 먼저 그 심지를 지치게 하고 뼈마디가 꺾어지는 고난을 당하게 하며 그 몸을 굶주리게 하고 그 생활은 빈궁에 빠뜨려 하는 일마다 어지럽게 하느니라. 이는 그의 마음을 두들겨서 참을성을 길러 주어 지금까지 할 수 없었던 일도 할 수 있게 하기 위함이니라.(『도전』 8:87:1-3)[42]

이 글은 증산도에서 일꾼의 심법을 강조하는 매우 중요한 잠언으로 간주되고 있다.

----------
42 『도전』에 기록된 이 글은 통행본 『맹자』와 약간의 차이가 있다. 『맹자』의 원문은 이러하다. "天將降大任於是人也, 必先苦其心志, 勞其筋骨, 餓其體膚, 空乏其身, 行拂亂其所爲, 所以動心忍性, 曾益其所不能." '是人시인'이 '斯人사인'으로, '先苦선고'가 '先勞선로'로, '空乏공핍'이 '窮乏궁핍'으로, '所以소이'가 '是故시고'로, '曾益증익'이 '增益증익'으로 다르나 의미상에는 차이가 없다. 왜 이런 현상이 발생했는지 명확하게 알 수 없으나, 두 가지 가능성이 있다. 하나는 당시 『맹자』의 필사본을 포함한 통행본 중에 『도전』에 수록된 내용과 같은 판본이 있었을 가능성이고, 또 하나는 증산 상제가 특별한 이유로 의도적으로 몇 글자를 바꾼 것이라 추정할 수 있다.

# 3 증산 상제의 유교에 대한 평가

유교에서 강조하는 충효열忠孝烈에 대해서도 증산 상제는 부정적인 견해를 제시한다. 하루는 어느 지방에서 '젊은 부인이 남편 상喪을 당한 뒤에 순절殉節하였다'는 말을 듣고 증산 상제는 이를 "악독한 귀신이 무고히 인명을 살해한다"고 규정하고 다음과 같은 글을 써서 불살랐다고 한다.

> 기유년에 하루는 어느 지방에서 '젊은 부인이 남편 상喪을 당한 뒤에 순절殉節하였다.' 하거늘 상제님께서 들으시고 말씀하시기를 "악독한 귀신이 무고히 인명을 살해한다." 하시고 글을 써서 불사르시니 이러하니라.
>
> 충효열忠孝烈은 국지대강國之大綱이라 연然이나 국망어충國亡於忠하고 가망어효家亡於孝하고 신망어열身亡於烈하니라
>
> 충효열은 나라의 큰 기강이니라. 그러나 나라는 충忠 때문에 망하고 집안은 효孝 때문에 망하며 몸은 정렬貞烈 때문에 망하느니라. (『도전』 2:135:1-3)

'충'은 '충신', '효'는 '효자', '열'은 '열녀'를 가리킨다. 조선사회를 지탱하던 유교의 충효열을 정면으로 반박한 것이다. 이것은 지금 입장에서 보면 별로 신선할 것도 없지만 당시에는 국가의 기강을 흔드는 반역적인 언사로 비추어질 수 있는 충격적인 말이다.

증산 상제의 유교 비판은 다른 분야에서도 이어진다. 증산 상제는 유교적인 전통 장례와 제례에 대해서 강하게 비판을 한다. 먼저 장례에서, 증산 상제는 도래하는 후천 세상에는 지금처럼 시신을 땅에 묻지 않고 혼을 불

러서 장례를 치르는 초혼장招魂葬으로 장사를 지낸다고 단언한다. 그 이유에 대한 증산 상제의 설명을 들어보면, 지금까지는 땅을 가려서 시신을 묻은 후에야 신명이 응기하였기 때문에 해악이 생겨났으므로 그 폐단을 없애기 위함이라는 것이다. 사실 지금은 많이 달라졌지만 과거 조선시대에는 사람들이 조상의 음덕을 받기 위해 얼마나 명당明堂을 찾았던가! 심지어 명당이라 판단이 된 혈穴 자리를 다른 사람이 먼저 차지한 경우에는, 세도가는 자신 혹은 집안의 권력이나 지위를 이용해서, 또 갑부는 막대한 돈을 써서 그 자리를 차지하기도 하고, 이도 저도 안 되면 주인 몰래 그 명당을 도적질까지 하지 않았던가! 그 폐단을 정확히 진단한 증산 상제는 땅을 가려서 시신을 묻은 후에 지운地運이 발하여 신명이 응기하던 것을 먼저 신명하게 명하여 지운을 받게 하는 것으로 바꾸었고, 세상에 살면서 지은 공덕에 따라서 복지를 내리겠다고 선언하였다. 사실 이렇게 되면 명당을 얻어 매장을 하는 것은 의미가 없어지게 된다. 땅기운에 의해 발복發福을 한다면 당연히 명당을 찾아 나서겠지만, 자신의 공덕에 따라서 발복을 하게 된다면 명당을 얻는다 해도 공덕 없이 발복을 기대할 수는 없기 때문이다.

> 내 세상에는 백골白骨을 묻지 않고 장사 지내나니 앞으로의 장례는 초혼장招魂葬이니라. 또 내가 명을 내리면 그 신명이 길한 땅을 지키고 그 자손이 복록을 누리느니라.(『도전』 3:254:12-13)

상제님께서 말씀하시기를 "선천에는 사람이 땅을 가려서 뼈를 묻은 다음에야 신명이 응기하였기 때문에 그것을 차지하기 위하여 여러 악이 함께 일어났느니라. 그러나 내 세상에는 먼저 신명에게 명하여 지운地運을 받게 하므로 백골을 묻지 아니하나니 공덕에 따라서 복지福地도 크고 작게 내리는 것이니라." 하시니라. 이에 다시 여쭈기를 "그러면 그 때는 명당을 구하여 백골을 그 혈穴에 장사하면 어떻습니까?" 하니

말씀하시기를 "혈을 얻었어도 복이 발할 수 없느니라." 하시니라.(『도전』 4:72:9-13)

선천에는 백골을 묻어서 장사지냈으나, 후천에는 백골을 묻지 않고 장사지내게 되느니라.(『도전』 7:52:10)

또 전통적인 유교의 상복제도에 대해서도 강하게 비판한다. 증산 상제는 상복이 거지 죽은 귀신이 만든 것이라 지적하고 앞 세상에는 상복을 없애겠다고 선언하였다.

하루는 한 상인喪人이 상복 입은 모습을 보시고 미워하여 말씀하시기를 "상복喪服은 거지 죽은 귀신이 만든 것이니라." 하시니 한 성도가 여쭈기를 "유가儒家에서 정한 것이 이와 같지 않습니까?" 하거늘 말씀하시기를 "추하고 험악하니 앞 세상에는 이 옷을 없애리라." 하시니라.(『도전』 4:144:6-8)

아울러 증산 상제의 종통 계승자인 태모 고 수부高首婦도 상복을 입는 것은 자기가 스스로 염殮을 하고 다니는 것이라고 강하게 비판한 적이 있다.

태모님께서 평소 유가儒家의 그릇된 상복喪服 제도를 미워하시더니 하루는 성도들에게 일러 말씀하시기를 "상복 입지 마라. 제 몸에 염殮을 자기가 하고 다니는 것이니라."(『도전』 11:190:1-2)

제수 진설법에 대해서 증산 상제는 지금 우리가 보아도 합리적이라고 수긍할 만한 언급을 한다. 지금도 우리나라의 많은 가정에서는 제사를 지낼 때 전통적인 법도를 고수하는 경우가 많다. 특히 '조율이시棗栗梨柹'니 '홍동백서紅東白西'니 해서 제수祭需의 위치나 종류는 천재지변이 없는 한

할아버지와 아버지가 하던 식을 그대로 따른다. 조선 후기 연암燕巖 박지원朴趾源(1737-1805)이 쓴 『열하일기熱河日記』「옥갑야화玉匣夜話」에 나오는 '허생許生' 이야기를 보면 주인공 허생이 돈을 버는 방법으로 매점매석하는 방법을 취했는데, 당시 전국에 있던 과일을 모두 매점하여 큰돈을 버는 장면이 나온다. 제사를 지낼 때에는 아무리 간략한 제수를 진설한다 해도 주과포혜酒果脯醯 또는 주과포란 말이 있듯이, 술·과일·육포·식혜가 기본이다. 일반 백성들이야 사정이 좀 다르지만 당시 명예와 형식, 절차 등을 중시하는 사대부 집안에서 과일을 진설하지 않고 제사를 지낸다는 것은 생각할 수조차 없는 일이기 때문에 과일값이 아무리 비싸도 사지 않을 수 없었던 것이다. 또 제수의 위치 때문에 사촌 형제지간에도 다툼을 하곤 한다. 이런 현상을 목도한 증산 상제는 제수를 진설하는 것도 선천의 묵은 하늘이 정한 것이라 잘못되었다는 진단을 하고, "찬수는 깨끗하고 맛있는 것이 좋은 것이요, 그 놓여 있는 위치로 인하여 귀중하게 되는 것은 아니"라고 바로잡으며, 그 이유로 신神은 사람 먹는 데 따라서 흠향歆饗하기 때문이라 가르쳤다.

> 또 제례진설법祭禮陳設法을 보시고 말씀하시기를 "이 또한 묵은하늘이 그릇 정한 것이니 찬수는 깨끗하고 맛있는 것이 좋은 것이요, 그 놓여 있는 위치로 인하여 귀중하게 되는 것은 아니니라. 신神은 사람 먹는 데 따라서 흠향歆饗하느니라." 하시니라.(『도전』 4:144:3-5)

또 증산 상제는 장례 때 입관入棺에 대해서도 색다른 주장을 하였다. 우리가 보통 염殮을 하고 시신을 관에 넣을 때는 손과 발을 모두 묶는다. 그런데 증산 상제는 부모의 시신을 묶어서 묻는 것은 부모를 원수로 여기는 것이라 전제하고, 묶지 말고 그대로 입관하여 흙으로 덮어두는 것이 옳다고 가르쳤다.

또 말씀하시기를 "부모의 시신을 묶어서 묻는 것은 부모를 원수로 여기는 것이라. 묶지 말고 그대로 입관하여 흙으로 덮어 두는 것이 옳으니라." 하시니라.(『도전』 4:144:9-10)

전체적으로 볼 때, 증산 상제는 기존에 세상에 전해져 온 많은 의례절차에 대해서 '묵은 하늘이 그르게 꾸민 것'이라 하여 비판적인 시각을 갖고 있었고, 앞으로 진법眞法이 나올 것임을 천명하였다.

상제님께서 세상에 전하여 온 갖가지 예식을 두루 살피시고 크게 꺼려 하시며 말씀하시기를 "이는 묵은 하늘이 그르게 꾸민 것이니 장차 진법眞法이 나오리라." 하시니라.(『도전』 4:144:1-2)

증산 상제 스스로도 '유도의 구습을 없애고 새 세상을 열어야 한다'고 탄식하였듯이, 당시에 썩을 대로 썩은 유교의 폐단은 이루 말로 다 형언할 수 없을 정도였다. 그는 이를 극복하기 위해 유교와의 철저한 단절을 선언한다. 그러면서 부모님과 문중 사람들의 만류를 무릅쓰고 집안 대대로 전하여 오던 진천군 교지敎旨와 공명첩空名帖, 족보, 문집 등 일체의 문서와 서책을 가져다 불태운다.

증산 상제님께서 객망리로 돌아오신 후, 집안 대대로 전하여 오던 진천군 교지敎旨와 공명첩空名帖, 족보, 문집 등 일체의 문서와 서책을 가져다 불사르시며(『도전』 2:13)

증산 상제가 유교를 강하게 비판했다고 해서 무조건 비판만 했다고는 할 수 없다. 증산 상제는 불교가 형체形體를 주장하고, 도교가 조화造化를 주장하고, 유교는 범절凡節을 주장한다고 규정하였다. 다시 말하면 유교에서 강조하는 범절은 취해 쓸 만한 것이라 본 것이다.

> 불지형체佛之形體요 선지조화仙之造化요 유지범절儒之凡節이니라.
> 불도는 형체를 주장하고 선도는 조화를 주장하고 유도는 범절을 주장
> 하느니라.(『도전』2:150:2)
> 유도儒道의 구습을 없애고 새 세상을 열어야 할진대 유도에서는 범절凡
> 節밖에 취할 것이 없도다.(『도전』2:13:4)

또 증산 상제는 사람이 조상에게서 몸을 받은 은혜로 조상 제사를 지내
는 것은 천지의 덕에 합한다고 언급하여 유교에서 특히 중시하는 조상 제
사에 대해서는 매우 긍정적으로 평가하였다.

> 조상은 아니 위하고 나를 위한다 함은 부당하나니 조상의 제사를 극진
> 히 받들라. 사람이 조상에게서 몸을 받은 은혜로 조상 제사를 지내는
> 것은 천지의 덕에 합하느니라.(『도전』2:26:0-10)

그리고 증산 상제는 유교에서 제창하는 도덕 신조인 이른바 인의예지
신仁義禮智信의 '오상五常'에 대해서는 새롭게 독특한 정의를 내린다. 원
래 맹자는 인의예지를 우리 마음이 본래부터 가지고 있는 선험적인 도
덕관념이라 간주하고, 측은지심惻隱之心을 인仁의 단서, 수오지심羞惡之
心을 의義의 단서, 사양지심辭讓之心을 예禮의 단서, 시비지심是非之心을
지智의 단서라 정의하였다.[43] 그런데 한대에 이르러 동중서董仲舒는 여
기에다 신을 보태 인의예지신을 통치자가 마땅히 배양해야 할, 영원히
바뀌지 않는 도덕이라 규정하여 명확하게 오상 관념을 내놓았다. 그러

---

43 惻隱之心, 仁之端也; 羞惡之心, 義之端也; 辭讓之心, 禮之端也; 是非之心, 智之端也.(『맹자』
「공손추상公孫丑上」)

면서 오상을 오행에 결부시켜서 인은 목木과 동쪽, 의는 금金과 서쪽, 예는 화火와 남쪽, 지는 수水와 북쪽, 신은 토土와 중앙에 해당한다고 주장하였다.[44] 이 오상을 증산 상제는 새롭게 정의하였다. 즉 인을 '치우치게 사랑하고 미워한다 평評 받지 않음이 참된 어짊(不受偏愛偏惡曰仁)'이라 하고, 의를 '모두 옳다거나 그르다 평 받지 않음이 바른 의(不受全是全非曰義)'라 하고, 예를 '너무 뻣뻣하거나 편의를 따른다 평 받지 않음이 옳은 예(不受專强專便曰禮)'라 하고, 지를 '방자히 총명을 뽐낸다 평 받지 않음이 성숙한 지혜로움(不受恣聰恣明曰智)'이라 하고, 신을 '함부로 낭비하고 욕심부린다 평 받지 않음이 진정한 믿음(不受濫物濫欲曰信)'이라 규정한 것이다.

불수편애편오왈인不受偏愛偏惡曰仁이요
불수전시전비왈의不受全是全非曰義요
불수전강전편왈예不受專强專便曰禮요
불수자총자명왈지不受恣聰恣明曰智요
불수남물남욕왈신不受濫物濫欲曰信이라
치우치게 사랑하고 미워한다 평評 받지 않음이 참된 어짊(仁)이요 모두 옳다거나 그르다 평 받지 않음이 바른 의義이며 너무 뻣뻣하거나 편의를 따른다 평 받지 않음이 옳은 예禮이고 방자히 총명을 뽐낸다 평 받지 않음이 성숙한 지혜로움(智)이며 함부로 낭비하고 욕심부린다 평 받지 않음이 진정한 믿음(信)이니라.(『도전』 8:94:2)

---

44 天地之氣, 合而爲一, 分爲陰陽, 判爲四時, 列爲五行. 行者, 行也, 其行不同, 故謂之五行. 五行者, 五官也, 比相生而間相勝也. 故爲治, 逆之則亂, 順之則治. 東方者木, 農之本, 司農尙仁.……南方者火也, 本朝, 司馬尙智.……中央者土, 君官也, 司營尙信.……西方者金, 大理, 司徒也, 司徒尙義.……北方者水, 執法, 司寇也, 司寇尙禮.(『춘추번로春秋繁露』「오행상생五行相生」)

# *4* 주희는 흠잡을 데 없는 인물이다

**유**교에 대해 위와 같은 평가를 한 증산 상제가 예외적으로 신유학의 집대성자라고 일컬어지는 주희에 대해서는 칭찬을 아끼지 않았다.

> 유가儒家의 인물들이 흠이 많으나 주회암朱晦庵은 흠잡을 데가 없느니라.(『도전』 4:14:3)

증산 상제는 선천의 종교 성자인 공자와 석가, 그리고 예수를 "내가 쓰기 위해 내려 보냈다."라고 하였다.

> 예수를 믿는 사람은 예수의 재림을 기다리고 불교도는 미륵의 출세를 기다리고 동학 신도는 최수운의 갱생을 기다리나니 '누구든지 한 사람만 오면 각기 저의 스승이라.' 하여 따르리라. '예수가 재림한다.' 하나 곧 나를 두고 한 말이니라. 공자, 석가, 예수는 내가 쓰기 위해 내려 보냈느니라.(『도전』 2:40:1-6)

이들 성자들은 모두 제각기 범인을 초월한 경지의 생을 살았고, 인류를 교화하는 등 많은 공헌을 하였다. 그러나 이들은 인류 역사의 기틀을 바로잡고 묵은 천지기운을 개혁할 수 있는 경지에 이르지 못하였고, 나름대로 인간으로서의 한계를 가지고 있었다.

> 세상 사람이 다 하고 싶어도 법法을 몰라서 못 하느니라. 이제 각 교 두목들이 저의 가족 살릴 방법도 없으면서 '살고 잘된다.'는 말을 하며 남

을 속이니 어찌 잘되기를 바라리오. 공자가 알고 하였으나 원망자가 있고, 석가가 알고 하였으나 원억寃抑의 고를 풀지 못하였거늘(『도전』2:95)

공자에 관한 이야기는 앞에서 이미 설명하였다. 석가에 대해서도 비판을 하였는데, 증산 상제는 석가의 가르침이 부모와 자식 사이의 윤기倫紀와 남녀 간의 음양陰陽을 끊었다고 크게 꾸짖음과 동시에 국가와 선령, 중생에 대해 본질적인 깨달음이 없었다고 비판하였다.

이어 "석가釋迦를 부르라." 하고 명하시니 즉시 석가모니가 "대령했습니다." 하고 꿇어앉아 아뢰거늘 상제님께서 꾸짖으시기를 "석가야, 너는 수음樹陰 속에 깊이 앉아 남의 자질子姪을 유인하여 부모의 윤기倫氣와 음양을 끊게 하니 너의 도가 천하에 퍼진다면 사람의 종자나 남겠느냐. 종자 없애는 성인이냐? 네가 국가를 아느냐, 선령을 아느냐, 중생을 아느냐. 이런 너를 어찌 성인이라 할 수 있겠느냐. 너도 이곳에서 쓸데없으니 딴 세상으로 가거라." 하시고 "이 자도 물리쳐라." 하시니라.(『도전』10:40:11-14)

예수에 대해서는 선령을 박대한 죄를 물었고, 또 노자에 대해서는 어머니에게 불효했다는 이유로 역시 내쳤다.

상제님께서 다시 명하시기를 "야소耶蘇 부르라." 하시니 즉시 예수가 꿇어앉아 "대령했습니다." 하고 아뢰거늘 상제님께서 꾸짖으시기를 "야소야, 너를 천상에서 내려 보낼 적에 내 도를 펴라 하였거늘 선령을 박대하는 도를 폈으니 너를 어찌 성인이라 할 수 있겠느냐! 네가 천륜을 아느냐 인륜을 아느냐. 너는 이곳에서 쓸데없으니 딴 세상으로 가거라." 하시고 큰 소리로 "이 자를 물리쳐라." 하시니라.(『도전』10:40:15-17)

이어서 "노자老子를 부르라." 하시니 즉시 노자가 "대령했습니다." 하매 상제님께서 꾸짖으시기를 "노자야, 세속에 산모가 열 달이 차면 신 벗고 침실에 들어앉을 때마다 신을 다시 신게 될까 하여 사지死地에 들어가는 생각이 든다 하거늘 '여든한 해를 어미 뱃속에 머리가 희도록 들어앉아 있었다.' 하니 그 어미가 어찌 될 것이냐. 그런 불효가 없나니 너는 천하에 다시없는 죄인이니라. 또한 네가 '이단異端 팔십 권을 지었다.' 하나 세상에서 본 자가 없고, 나 또한 못 보았노라. 그래도 네가 신선神仙이냐! 너도 이 세상에서 쓸데없으니 딴 세상으로 가거라." 하시며 큰 소리로 "당장 물리쳐라." 하시니라.(『도전』 10:40:18-23)

이렇게 선천 성자에 대한 심판을 마친 후에, 증산 상제는 다시 그들을 불러 인류에 끼친 공덕을 인정함과 동시에 차원이 다른 금후의 천하사를 하는 데에는 그들의 역량에 한계가 있음을 지적하였고, 앞으로 무극대도無極大道가 펼쳐지는 후천 세계의 틀 속에서 본분을 지킬 것을 주문하였다.

잠시 후에 상제님께서 또 명하시기를 "공자, 석가, 야소, 노자를 다시 부르라." 하시니 그들이 모두 대령하거늘 말씀하시기를 "들어라. 너희들이 인간으로서는 상 대우를 받을 만하나 너희들의 도덕만 가지고는 천하사를 할 수가 없느니라. 너희들의 도덕이 전혀 못쓴다는 말은 아니니 앞으로 나의 도덕이 세상에 나오거든 너희들 모두 그 안에서 잘 살도록 하라.(『도전』 10:40:24-26)

이렇게 해서 선천종교의 공자, 석가, 노자, 예수의 기운을 거둔 증산 상제는 선도의 종장인 최수운崔水雲, 불도의 종장 진묵震默, 서도의 종장 이마두利瑪竇(마테오리치)와 함께, 공자를 대신하여 유도(유교)의 새 종장으로 주희를 임명하였다. 그들을 새로이 사대종장四大宗長으로 삼아 선천 종교 문화의 정수를 뽑아 통일케 하는 중대한 사명을 맡겼다.

> 선도와 불도와 유도와 서도는 세계 각 족속의 문화의 근원이 되었나니
> 이제 최수운은 선도의 종장宗長이 되고 진묵은 불도의 종장이 되고 주
> 회암은 유도의 종장이 되고 이마두는 서도의 종장이 되어 각기 그 진
> 액을 거두고 모든 도통신道統神과 문명신文明神을 거느려 각 족속들 사
> 이에 나타난 여러 갈래 문화의 정수精髓를 뽑아 모아 통일케 하느니
> 라.(『도전』 4:8:1-6)

증산 상제는 무슨 연유로 이토록 주희를 칭찬하고 그를 유도의 종장으
로 삼았을까? 이는 매우 흥미로운 주제가 아닐 수 없다. 그러나 애석하게
도 이 문제에 대해서는 증산 상제에 관한 초기 기록인 『대순전경大巡典經』
을 비롯하여 여러 관련 자료는 말할 것도 없고, 기존의 모든 자료와 성도
및 그 후손들의 증언을 취재하여 증산 상제의 어록과 행적을 집대성하였
다고 평가되는 『도전』에서도 직접적인 언급은 한 마디도 찾을 수 없다. 선
도의 종장인 수운 최제우, 불도의 종장인 진묵, 서도 즉 기독교의 종장인
마테오리치(이마두)에 대해서는 비교적 상세한 설명이 있다. 그래서 무슨 까
닭으로 종장으로 삼았는지 어느 정도 이해를 할 만하다. 먼저 선도의 종장
으로 임명된 최수운의 경우를 보자.

> 그러나 조선을 비롯한 동양 각국이 서양 제국주의 열강의 폭압에 침몰
> 당해 갈 무렵, 신교 또한 권위를 잃고 그 명맥이 희미해지거늘 하늘에
> 서 동방의 이 땅에 이름 없는 한 구도자를 불러 세워 신교의 도맥을 계
> 승하게 하고 후천개벽後天開闢으로 새 세상이 열릴 것을 선언토록 하
> 셨나니 그가 곧 동학東學의 교조 수운水雲 최제우崔濟愚 대신사大神師니
> 라.(『도전』 1:8:3-5)

천주님의 성령이 그에게 임하여 말씀하시기를 "두려워 말고 겁내지 말라. 세상 사람들이 나를 상제上帝라 이르거늘 너는 상제를 알지 못하느냐!" 하시고 "너에게 무궁무궁한 도법을 주노니 닦고 다듬어 수련하여 글을 지어서 사람들을 가르치고 법을 정하여 덕을 펴면 너로 하여금 장생케 하여 천하에 빛나게 하리라." 하시니라. 이로써 수운이 인류의 새 세계를 알리라는 상제님의 천명과 신교를 받고 도통을 하였나니, 이것이 곧 우주사의 새 장을 열어 놓은 천주님과의 천상문답 사건이라.(『도전』 1:8:13-15)

수운이 아버지께 가는 생명의 길을 동방의 땅에 닦아 놓고 '인간으로 강세하시는 천주님'을 모시는 시천주侍天主 시대를 선언하였나니 이는 온 인류에게 후천 개벽세계를 여시는 아버지의 대도, 곧 무극대도無極大道가 조선 땅에서 나올 것을 선포함이니라.(『도전』 1:8:21-22)

최제우崔濟愚(1824-1864). 아명은 복술福述, 제선濟宣이고, 자는 성묵性默이며, 호는 수운水雲 또는 수운재水雲齋, 본관은 경주이다. 조선 말기 동학의 창시자. 저작으로 『동경대전東經大全』, 『용담유사龍潭遺詞』 등이 있다.

그 다음은 불도의 종장이 된 진묵 대사의 경우를 보자.

진묵이 천상에 올라가 온갖 묘법妙法을 배워 내려 좋은 세상을 꾸미려 하다가 김봉곡에게 참혹히 죽은 뒤에 원을 품고 동양의 도통신을 거느리고 서양에 건너가서 문명 개발에 역사役事하였나니 이제 그를 해원시켜 고국으로 돌아와 선경 건설에 역사하게 하

진묵震默(1562-1633). 조선 중기의 고승高僧. 속명은 일옥一玉이고, 진묵은 법호이다. 서산 대사와 쌍벽을 이룰 만큼 뛰어난 고승으로 알려져 있다.

리라.(『도전』4:14:4-6)

상제님께서 말씀하시기를 "진묵이 봉곡에게 죽음을 당하고 동방의 도통신道統神을 거느리고 서양으로 건너가 서양의 문명을 열었나니 이제 다시 진묵을 동토로 불러와서 선경을 건설하는 데 역사하게 하리라." 하시니라. 또 말씀하시기를 "내 세상에 진묵의 소임이 막중하니 장차 천하 사람들의 공경을 받으리라." 하시고 진묵대사 초혼招魂 공사를 처결하시니라.(『도전』6:103:4-6)

**서도의 종장인 이마두는 구천상제의 자리에 오르게 된다.**

마테오리치Matteo Ricci (1552-1610). 중국에 와서 활동한 예수회 선교사. 호는 서태西泰 또는 청태淸泰, 서강西江이고, 중국명은 이마두利瑪竇이다. 『천주실의天主實義』와 『기인십편畸人十篇』 등의 저작이 있음. 그는 중국인들에게 서양 문물을 전해 주고 동시에 중국 문화를 서양에 소개함으로써 동서양 문화를 교류하게 하였다.

이마두利瑪竇는 세계에 많은 공덕을 끼친 사람이라. 현 해원시대에 신명계의 주벽主壁이 되나니 이를 아는 자는 마땅히 경홀치 말지어다. 그러나 그 공덕을 은미隱微 중에 끼쳤으므로 세계는 이를 알지 못하느니라. 서양사람 이마두가 동양에 와서 천국을 건설하려고 여러 가지 계획을 내었으나 쉽게 모든 적폐積弊를 고쳐 이상을 실현하기 어려우므로 마침내 뜻을 이루지 못하고 다만 동양과 서양의 경계를 틔워 예로부터 각기 지경地境을 지켜 서로 넘나들지 못하던 신명들로 하여금 거침없이 넘나들게 하고 그가 죽은 뒤에는 동양의 문명신文明神을 거느리고 서양으로 돌아가서 다시 천국을 건설하려 하였나니 이로부터 지하신地下神이 천상에 올라가 모든 기묘한 법을 받아 내려 사람에게 '알음귀'를 열어 주어 세상의 모든 학술과 정교한 기계를 발명케 하여 천국의 모형을 본떴나니 이것이 바로 현대의 문명이라. 서양의 문명이기文明利器는 천상 문명을 본받은 것이니라.(『도전』 2:30:1-8)

이마두의 공덕을 세상 사람들이 알지 못하나 천지신명들은 그를 떠받드나니 이마두는 신명계神明界의 주벽主壁이니라. 항상 내 곁에서 나를 보좌하여 모든 것을 맡아보고 있나니 너희는 마땅히 공경할지라. 이마두가 24절節의 역력曆을 개정하여 때時를 밝히매 백성들이 그 덕德을 입어 왔으나 이 뒤로는 분각分刻이 나리니 분각은 우리가 쓰리라. 이마두는 보민신保民神이니라.(『도전』 4:12:1-6)

이마두가 천국을 건설하려고 동양에 왔으나 정교政敎에 폐단이 많이 쌓여 어찌할 수 없음을 깨닫고 죽은 뒤에 동양의 문명신文明神을 거느리고 서양으로 건너갔느니라. 이마두의 공덕이 천지에 가득하니 신명계의 영역을 개방하여 동서양의 신명들을 서로 자유롭게 넘나들게 한자가 이마두니라. 선천에는 천지간의 신명들이 각기 제 경역境域을 굳게 지켜 서로 왕래하지 못하였으나 이마두가 이를 개방한 뒤부터 지하신地下神이 천상에 올라가서 천국의 문명을 본떠 사람들의 지혜를 열어 주었나니 이것이 오늘의 서양 문명이니라. 이마두는 구천상제九天上帝이니라.(『도전』 4:13:1-7)

『도전』에 기록된 이들의 공덕을 보면, 마치 이야기책을 읽듯이 쉽고 분명하게 알 수 있다. 그러나 주희의 경우는 그렇지 않은 것이다. 얼핏 보면 참으로 난감하다 아니할 수 없다.

상황이 이렇기는 하지만 사실 이 문제를 풀 방법이 전혀 없는 것은 아니다. 그동안 중국을 위시하여 한국과 일본 및 서구의 많은 학자들이 수백 년 동안 주희에 대한 연구를 수없이 진행하였고, 『도전』에서도 어느 정도 이에 대한 실마리를 찾을 수 있기 때문이다.

# 5 주희의 역사상 공헌은 어떠한가

**주**희가 역사상 어떠한 공헌을 하였는지 살펴봄으로써 그가 유도의 종장인 된 이유를 조심스럽게 추정해 보기로 하겠다.

주희는 공자와 맹자 이래로 유가 사상을 집대성한 최고의 사상가로서 만세의 규범을 세웠다. 그는 중요 철학 범주와 사상 명제에 대해서 앞사람이 밝히지 못한 것을 밝히고, 앞사람이 보지 못한 것을 보며, 여기에다 자신의 이해와 해석을 내놓았다. 그의 학문 연구는 경학, 사학, 불학, 도학, 문학, 예학, 악률과 자연과학에 이르기까지 미치지 않은 분야가 없다. 그는 각 철학 범주와 사상 명제에 대해서 앞사람의 성과를 종합하고 이를 더욱 엄밀하고 체계적이며 자세하게 해석하고, 여러 자연현상과 사회현상을 관찰하는 데에도 더욱 심도 있고 세밀하게 이해하였다.

그리하여 주희는 유가 사상을 집대성하였고, 성현의 도를 집대성하였다. 주희는 중국 철학을 새로운 단계로 발전시켰고, 남송 말 이후로 원명을 지나 청대 말엽에 이르는 7백 년 동안 관방의 의식 형태로 받들어졌다.[45]

필자는 주희의 역사상 공헌 내지 공덕을 다음 여덟 가지로 정리해 보았다. 첫째, 중국의 최고 사상가로서 만세의 규범을 세웠다. 둘째, 거의 모든 사상을 섭렵하여 리학理學을 집대성하였다. 셋째, 『대학』을 중시하여 『중용』과 함께 『예기』로부터 독립시켜 『사서四書』를 확정하였다. 넷째, 여러 서원을 건립하고 재건하여, 서원 즉 학교 교육을 촉진하는 데 큰 역할을 하였다. 다섯째, 기민饑民(굶주린 백성)을 구제하기 위해 '생부省賦'를 강력하게 요청하고 사창社倉 제도를 제안하고 시행하였다. 여섯째, 군주에 대한

----------
45 張立文, 『朱熹評傳』, 564-565쪽.

충성심과 국가에 대한 애국심이 투철하였다. 일곱째, 학문 태도가 매우 엄격하고 신중하였으며, 행동거지行動擧止와 동정어묵動靜語默이 경건하여 후대 학자들의 표상이 되었다. 여덟째, 상제님을 지고한 존재로 인정하였다. 이제 여기에 초점을 맞추어 상술하겠다.

첫째, 중국의 최고 사상가로서 만세의 규범을 세웠다. 주희가 생전에 주장한 성리도덕학은 관방의 중시를 받지 못하고 심지어 경원당금慶元黨禁으로 금지를 당하였지만, 사후에는 지위가 점차 상승하여 정주程朱의 리학은 통치지위를 점한 관방官方 사상이 되었다. 이종理宗 조윤趙昀(1205-1264)부터는 점차 정주의 리학이 치도治道에 유익함이 있고 만세를 지나도 폐단이 없다고 느끼게 되었다. 국가를 다스리는 데 유익하여 훌륭한 준칙으로 받들어지면서 주희의 신분이 급격히 상승된 것이다. 1227년(보경寶慶 3)에 주희는 태사太師로 추증되고, 신국공信國公으로 추봉되었으며, 후에 휘국공徽國公으로 개봉되었다. 국가에서는 맹자를 제사하는 예의에 따라 주희를 제사지냈다. 1269년(함순咸淳 5)에 도종度宗 조기趙禥(1240-1274)는 주희의 본적인 무원婺源을 궐리闕里로 삼기 위해 "문공 궐리를 무원에 하사한다."는 조서를 내렸다. 궐리란 공자의 고향인데, 곡부曲阜에 있는 공자의 사당인 공묘孔廟를 의미하기도 하니, 주희의 고향 무원에 성인 공자의 고향에 맞먹는 지위를 부여했음을 알 수 있다. 이로부터 그의 사상도 더욱 중시되었다.

1271년에 대도大都에 도읍하고 세운 원나라의 초대 황제가 된 몽골의 제5대 황제 세조 쿠빌라이(忽必烈 1215-1294)는 1279년에 남송을 멸망시킨 후 중국을 통치하는 수단으로 유학을 관방 사상으로 정하였다. 쿠빌라이는 공자를 존숭하고 공자의 사당인 공묘孔廟를 세움으로써 무공武功으로는 얻을 수 없는 효과를 얻었다. 1307년(대덕大德 11)에 제2대 황제 성종成宗 테무르(鐵穆耳 1265-1307)는 공자를 '대성지성문선왕大成至聖文宣王'으로 가봉加封하였고, 주희도 이에 따라 중시되었다. 연우延祐(1314-1320) 연간에 과거가 부활되고, 제4대 황제 인종仁宗 아유르바르와다(愛育黎拔力八達 1285-1320)는 주희의 『사서장구집주』로써 관리를 선발한다고 조칙으로 정하고, 아울러 다음과 같이 규정하였다.

『시경』은 주희의 『시집전』을 위주로 하고, 『상서』는 채침의 『서집전』을 위주로 하고, 『주역』은 정이의 『역전』과 주희의 『주역본의』를 위주로 하고, 『춘추』는 『춘추삼전』 및 호안국의 『춘추전』을 쓰고, 『예기』는 고주古註를 쓴다.[46)]

이러면서 주희 도학의 통치 지위가 점차 확립되었다. 제11대 황제 혜종

쿠빌라이忽必烈(1215-1294). 몽골의 제5대 칸이면서 원元나라 개국 군주. 몽골의 존호는 '설선칸薛禪汗'. 1260년 즉위. 최초의 중국식 연호 '중통中統'을 정함. 1271년 국호를 원元으로 고치고, 1272년 대도大都로 천도. 1279년 남송을 멸망시키고 전 중국을 통일. 재위 1260-1294.(출처: 『삼재도회』)

----------

46 『詩』以朱氏爲主, 『尙書』以蔡氏爲主, 『周易』以程氏·朱氏爲主, 已上三經, 兼用古註疏, 『春秋』許用『三傳』及胡氏『傳』, 『禮記』用古註疏.(『원사元史』권81 『선거지選擧志(1)』)

惠宗 토곤테무르(妥懽帖睦爾 1320-1370)는 1335
년(지원至元 원년)에 휘국공 주희의 사당을 건립
하라는 조서를 내렸다. 이후부터 주희의 문묘
는 역대 통치자의 참배를 받았다. 1362년(지정
至正 22)에 주희는 '제국공齊國公'으로 개봉되
고, 주희의 아버지 주송도 역시 지위가 높아져
'헌정공獻靖公'에 봉해졌다가 다시 '월국공粵
國公'으로 개봉되었다. 주희의 지위가 높아지
면서 그 조상들도 영예를 누리게 된 것이다.

주원장朱元璋(1328-1398).
명明 왕조의 개국 군주. 묘호
는 태조太祖. 1368년에 칭제
하고 국호를 대명大明, 연호
를 홍무洪武라 함. 당시 생산
이 회복 발전되어 역사에서
'홍무지치洪武之治'라 함. 재
위 1368-1398.(출처:『삼재
도회』)

　　명나라는 원나라의 과거제도를 그대로 계
승하여, 오직 『사서』, 『오경』의 명제만을 취
해서 관리를 선발하였다. 태조 주원장朱元璋
(1328-1398)은 황제가 된 이듬해인 1369년(홍무
洪武 2)에 전국에 학궁을 세우라는 조칙을 내
리고 예부에 명해서 각 학궁에 12조의 규정을 새긴 비석을 세우게 하였다.
그 첫째 규정은 다음과 같다.

　　국가에서 명경明經으로 관리를 선발할 때, 경전을 설명하는 사람은 송
　　대 유학자의 전주傳註를 으뜸으로 삼고, 글을 짓는 사람은 전아하고 평
　　실하며 순정한 것을 근본으로 삼아야 한다. 금후에 『사서』, 『오경』, 『성
　　리』, 『자치통감강목』, 『대학연의』, 『역대명신주의』, 『문장정종』 및 역
　　대의 전장제도 등의 책을 반포하는 데 힘쓰고 생도들이 강해하도록 명
　　령하여 독촉할 것이로되, 이단과 사설을 표절하거나 현란하고 기특한
　　글로 다른 주장을 내세우는 자는 문장이 설사 훌륭하더라도 합격시키
　　지 않는다.[47]

---

47 國家明經取士, 說經者以宋儒傳註爲宗, 行文者以典實純正爲主. 今後務須頒降 『四書』, 『五

여기서 『자치통감강목資治通鑑綱目』은 주희의 저작이고, 『대학연의大學衍義』와 『문장정종文章正宗』은 주희의 재전제자인 진덕수의 저작이다. 『역대명신주의歷代名臣奏議』[48]는 명나라 때인 1416년(영락 14)에 제3대 황제인 성조成祖 주체朱棣(즉 영락제永樂帝, 1360-1424)의 칙명으로 양사기楊士奇(1364-1444)와 황유黃維 등이 편찬하였고, 상나라부터 원나라 때까지의 이름난 신하들의 주의奏議를 모아 놓은 책이다.

위의 규정을 보면, 이것은 법률적인 형식으로 정주 리학의 정통 지위를 확립한 것이다. 또 1384년(홍무 17)에 주원장은 관리 선발 규정을 반포하였다.

> 과거의 규정을 반포한다. 초장初場(첫날의 시험장) 시험에서, 『사서』에서는 세 가지 글제를, 『오경』에서는 네 가지 글제를 낸다. 『사서』는 주자의 『사서장구집주』를 위주로 하고, 『역경』은 정이의 『역전』과 주자의 『주역본의』를 위주로 하고, 『서경』은 채침의 『서집전』과 옛 주소註疏를 위주로 하고, 『시경』은 주자의 『시집전』을 위주로 하고, 『춘추』는 『춘추좌씨전春秋左氏傳』, 『춘추공양전春秋公羊傳』, 『춘추곡량전春秋穀梁傳』 삼전 및 호안국의 『춘추전』과 장흡의 『춘추집전』을 위주로 하고, 『예기』는 옛 주소를 위주로 한다.[49]

--------
經, 『性理』, 『資治通鑑綱目』, 『大學衍義』, 『歷代名臣奏議』, 『文章正宗』 及歷代誥律典制等書, 課令生徒講解, 其有剽竊異端邪說·炫奇立異者, 文雖工, 弗錄.(『송하잡초松下雜抄』권하卷下)

48 『역대명신주의』는 군덕君德, 성학聖學, 효친孝親, 경천敬天, 교묘郊廟, 법조法祖, 저사儲嗣, 종실宗室, 경국經國, 용인用人, 선거選擧, 고과考課, 수리水利, 부역賦役, 어변御邊 등 64부문으로 구성되어 있으며, 총 3백50권이다. 안자晏子, 관중管仲, 이사李斯, 진평陳平, 가의賈誼, 제갈량諸葛亮, 위징魏徵, 유종원柳宗元, 부필富弼, 구양수歐陽脩, 사마광司馬光, 왕안석王安石, 왕우벽王禹僻, 신기질辛棄疾, 완안소란完顏素蘭 등의 명신 주소奏疏 8천여 편을 집록하였다. 자료를 광범하게 수집하여, 역대의 정치 득실, 전장제도의 연혁, 용인用人, 상벌 등 수록하지 않은 것이 없으며, 중국 역사를 연구하는 데 중요한 사료이다.

49 頒科擧定式, 初場試 『四書』義三道, 經義四道. 『四書』主朱子 『集註』, 『易』主程 『傳』·朱子 『本義』, 『書』主蔡氏 『傳』及古註疏, 『詩』主朱子 『集傳』, 『春秋』主左氏·公羊·穀梁三傳及胡安國張洽 『傳』, 『禮記』主古註疏.(『명사明史』권70 「선거지選擧志(2)」)

과거 시험의 필독서와 글제의 범위 및 표준을 규정한 것이다. 아울러 선비들이 오로지 주희의 주석으로 『사서』의 글제를 기술할 것을 규정하였기 때문에 이로써 주자학은 명나라의 관학官學으로 확정되었다.

원나라 때 규정한 과거 제도와 비교해 보면 거의 비슷한 것을 알 수 있는데, 다만 『서경』에서 채침의 『서집전』 외에 옛 주소註疏가 추가되고, 『춘추』에서 주희의 제자인 장흡張洽(1161-1237)의 『춘추집전春秋集傳』이 추가되었을 뿐이다.

성조 주체는 1415년(영락 13)에 『오경대전五經大全』 154권, 『사서대전四書大全』 36권, 『성리대전性理大全』 70권을 찬수하게 하고 친히 서문을 쓰고, 책이 완성되자 예부에서 간행하여 전국에 반포하라고 명했다. 아울러 『성리대전』을 권위 있는 전적으로 삼아 누구를 막론하고 정주의 학설이 아닌 것은 허용하지 않았다. 당시 상황을 주이준朱彝尊(1629-1709)은 「도전록서道傳錄序」에서 이렇게 밝히고 있다.

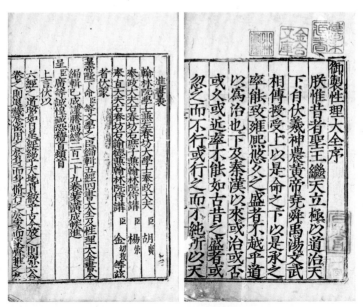

「어제성리대전서御製性理大全序」. 명나라 제3대 황제인 성조成祖 주체朱棣가 지었다.

세상에서 거업擧業[50]을 준비하는 사람들은 『사서』를 가장 중요한 것으로 삼고 『육경』을 보아 인용할 수 있다. 『시경』을 말하면서 주자가 쓴 『시집전』의 뜻이 아니면 감히 말하지 않고, 『예』를 말하면서 주자의 『가례』가 아니면 감히 행하지 않으며, 말이 주희와 부합되지 않으면 모두 북을 쳐서 그를 공격하였다.[51]

주체朱棣(1360–1424). 명 왕조의 제3대 황제. 묘호는 태종太宗이었다가 성조成祖로 바뀜. 연호에 따라 영락제永樂帝로 불림. 당시 국력이 강성해져 역사에서 '영락성세永樂盛世'라 함. 재위 1402-1424.(출처: 『삼재도회』)

이로부터 정주의 리학이 명나라에서 홀로 통치사상이 되었음을 알 수 있다. 물론 명대에도 공자는 존숭되었다. 그러나 주희의 지위는 공자에 맞먹는 수준에 이르렀다. 대선戴銑(?-1506) 같은 학자는 공자를 대성大聖, 주희를 대현大賢이라며 칭송하고, 반황潘璜은 주희와 공자가 똑같이 경술시庚戌時에 태어난 것을 빗대어 주희가 공자와 같은 지위에 있음을 설명하였다. 사정이 이렇게 되자 명나라 정부는 전국의 학궁에 주희를 제사지내라는 명령을 내렸다. 그리고 주희를 제사지내는 제도를 반포하였는데, 공자와 마찬가지로 해마다 봄가을에 두 차례 제사를 지내고 제전祭田을 하사하여 주희의 무덤, 사당, 가묘家廟와 서원 등을 확장하였다. 명대 통치자들은 주희를 존중하는 것이 공자를 존중하는 것이라 인식하여 주희의 후손까지 존중하였다. 명대 말기인 1642년(숭정崇禎 15)에 제16대 황제 의종毅宗 주유검朱由檢(1611-1644)은 "선유先儒 주자朱子를 선현先賢이라 부르고, 지위는 한·당시대 모든 유학자 위에 두라."는 칙명을 내렸다. 그리하여 주희의 고향 무원현을 기록

----------

50 '거업擧業'이란 과거 시험에 응시하기 위해 준비하는 학업을 말한다.
51 世之治擧業者, 以四書爲先務, 視六經爲可援; 以言『詩』, 非朱子之傳義弗敢道也; 以言『禮』非朱子之『家禮』弗敢行也; 言不合朱子, 率鳴鼓而攻之.(「도전록서道傳錄序」)

한 『무원현지婺源縣志』를 펴낼 때 원대에 편찬한 『송사』의 체례를 고쳐서 주희의 전기를 열전列傳에서 세가世家로 끌어올려 공자나 제후왕과 동렬에 놓았다.

명대부터 청대까지 관방에서 주희의 지위는 줄곧 올라가기만 했을 뿐 내려가지 않았다. 청나라 제4대 황제 성조聖祖 현엽玄燁[52](강희제康熙帝 1654-1722)은 주희가 친히 강학했던 고정서원에 편액을 써 주고, 주희의 지위를 십철十哲 다음으로 정했다. 또 태학사 웅석리熊錫履, 이광지李光地 (1642-1718) 등에게 『성리정의性理精義』와 『주자전서朱子全書』를 찬수하도록 명했다. 현엽은 친히 「주자전서서」를 지었는데, 여기에서 공자를 존칭해 '공부자孔夫子'라고 하듯이 주희를 '주부자朱夫子'라고 호칭한 것으로 볼 때 주희의 지위는 이미 동중서董仲舒(서기전 179-서기전 104), 한유, 주돈이 등 대유학자보다 위에 있었다. 현엽은 "주부자에 이르러 집대성하여 천백 년 동안 절전絶傳된 학문을 계승하고, 우매함을 깨우쳐 주어 억만세의 일정한 규범을 세웠다."[53]라고 하여 성인이 다시 일어나도 주희를 뛰어넘을 수 없고, 송대 유학자들이 공맹이 전하지 않은 학문을 계승하고 주희가 이를 집대성하였다고 그의 학문을 극찬하였다. 그리하여 각지에서 공자, 맹자에게 제사지내는 것처럼 주희에게 제사지냈다. 이에 따라 백성들은 공자를 으뜸으로 삼듯이 주희를 으뜸으로 삼지 않을 수 없었고, 주희를 으뜸으로 삼지 않는 것은 곧 공자를 으뜸으로 삼지 않는 것으로 여겼다. 1712년(강희 11)에 현엽은 주희의 위패를 공묘의 동무東廡 선현先賢 대열에서 대성전의 십철 다음으로 옮겨 선성先聖 공자에 배향하게 함으로써, 청 조정이 선현 주희를 표창한다는 지극한 뜻을 밝히고 주희의 문묘에서 해마다 봄가을로 두 차례 제전祭典을 거행하였다.

----------

52 청대 황제의 성은 한자로 애신각라愛新覺羅로 표기한다. 역사에서는 일반적으로 성을 빼고, 현엽이나 부의 등으로 부른다.

53 至於朱夫子集大成而緒千百年絶傳之學, 開愚蒙而立億萬世一定之規.(「어제주자전서서御製朱子全書序」)

정리하면, 후세에 미친 송명 리학의 영향이라 함은 주로 주희의 리학 사상을 말한다. 원명청 시기 유교의 전통사상은 실제로 주희의 리학 사상이다. 주희의 사상은 철학, 정치, 법률, 도덕, 예술 등의 문화 영역에서 통치 지위를 점하여, 국가의 통치를 공고히 하고 예교禮教를 유지하는데 중요한 역할을 하였던 것이다.54)

주희의 학술 사상은 조선과 일본에서도 대단히 성행하여 '주자학朱子學'으로 불렸고, 현재 동남아시아와 유럽에서도 중시되고 있어 세계문화사에 끼친 영향을 충분히 알 수 있다.

둘째, 거의 모든 사상을 섭렵하여 리학을 집대성하였다. 주희는 북송오자北宋五子의 리학 사상을 바탕으로 해서 리학을 발전시키고 집대성하였다. 주희가 리학 사상을 최고로 발전시킨 가장 위대한 사상가라는 것은 중

欽定四庫全書

御製朱子全書序

唐虞夏商周聖賢迭作未嘗不以文字為重文字之重
莫過五經四書每覽古今凡傳於世者代不乏人秦漢
以下文章議論無非因時制宜諷諫陳事繩愆糾謬絕
長補短之計耳若觀文辭之麗古人已有定
論予何敢言但不偏於刑名則偏於好尚不偏於楊墨
則偏於釋道不偏於詞章則偏於怪誕皆不近乎王道
御纂朱子全書
之純子少時頗好讀書只以廣博華麗為事剛勇武備
為用自康熙三十五年天山告警朕親擐甲冑統數萬
子弟深入不毛沙磧乏水瀚海指揮如意破敵無存未
十旬而凱旋可謂勝矣後有所悟而自問兵可窮乎武
可黷乎秦皇漢武英君也因必欲勝而無令開或至不
保者豈非好大喜功與亂同道之故耶所以宵旰孜孜
思遠者豈不柔近者豈不懷非先王之法不可用非先
王之道不可為反之身心求之經史手不釋卷數十年

「어제주자전서서御製朱子全書序」. 청나라 제4대 황제인 성조聖祖 현엽玄燁(강희제)이 지었다.(『흠정사고전서』본)

--------

54 謝祥皓·劉宗賢, 『中國儒學』, 596-597쪽. 張立文, 『朱熹評傳』, 565-571쪽 참고.

국의 사상을 공부하는 사람이라면 누구나 잘 아는 사실이다. 중국의 정사正史인 『송사宋史』 「주희전」에는 주희의 제자이자 사위인 황간黃榦(1152-1221)의 말을 인용하여 이렇게 기록되어 있다.

> 도의 정통은 적임자를 기다린 후에 전해지는데, 주나라 이래로 도를 전하는 책임을 맡은 사람은 수명에 불과하고, 이 도를 환하게 드러낼 수 있는 사람은 한두 명에 지나지 않을 뿐이다. 공자에게서 말미암은 후에 증자와 자사가 그 은미한 것을 계승하고, 맹자에 이르러 비로소 나타나게 되었다. 맹자로부터 말미암은 후에 주자(주돈이), 정자(정호와 정이), 장자(장재)가 그 단절된 것을 계승하고 주희에 이르러 비로소 드러나게 되었다.[55]

주희는 천리론天理論, 심성론心性論, 격물치지론格物致知論, 지경론持敬論을 포괄하는 엄밀한 리학 사상 체계를 세웠다. 이 체계 속의 범주와 명제는 북송 이래 전개되어 온 리학의 성과를 총결산하여 리학 사상을 더욱 엄밀하고 풍부하게 만들었다. 그는 거의 모든 부분에서 기존의 사상을 회통하고 집대성하는 모습을 보여주었다.

주희의 역학 사상을 본다면, 주돈이와 소옹 그리고 정이와 장재의 역설易說을 계승하고 종합, 발전시켜서 새로운 국면을 열었다. 소옹이 송명 시기 역학에서 상수학을 열었다고 한다면 정이는 의리학의 기초를 세웠다. 주희는 소옹과 정이가 각기 한쪽을 고집하는 폐단을 극복해서 '상수象數'와 '의리義理'를 하나로 융합시키고, 상수점학象數占學을 창도하고 도서학圖書學[56] 즉 하락학河洛學을 흥성시켰다. 주돈이의 태극학과 소옹의 선천

---------
55 道之正統待人而後傳, 自周以來, 任傳道之責者不過數人, 而能使斯道章較著者, 一二人而止耳. 由孔子而後, 曾子·子思繼其微, 至孟子而始著. 由孟子而後, 周·程·張子繼其絶, 至熹而始著.(『송사宋史』 「주희전朱熹傳」)
56 도서圖書는 하도河圖와 낙서洛書를 가리킨다.

학, 정이, 장재의 의리학과 소옹의 상수학을 회통시켜 리理, 수數, 점占의 역학체계를 수립하였다.[57]

예학에 있어서도, 주희는 성인이 제정한 『의례』의 복원을 꾀하여 편찬한 『의례경전통해』를 통해 한대 이후 제가諸家의 예설을 집대성하고, 실천을 목적으로 『주문공가례』를 편찬하여 예학의 부흥을 도모하였다.

한편 주희가 불학과 노장 사상을 융회하여 유불선 삼교를 통합하였는 가 하는 문제는 매우 민감한 문제이다. 왜냐하면 주희가 불학과 노장 사상에 큰 영향을 받았지만, 한편으로는 극렬하게 배척하였기 때문이다.

주희는 천주泉州 동안현同安縣(현재 하문시廈門市 동안구同安區)의 주부主簿로 있을 때에 고을의 수재들을 선발하여 정원을 채워 날마다 함께 성현의 수 기치인修己治人의 도리를 강론하였고, 부녀자들이 비구니와 도사가 되는 것을 금지하였다.[58] 이정의 제자들이 선禪으로 흘러 들어갔다고 배척하고, 육구연陸九淵(1139-1192)이 선禪에 통했다고 비판하기도 하였다. 또 효종 조 신趙眘에게 상소를 올려 노장과 불교를 배척하라고 간언을 하기도 하였 다.

> 노장의 허무와 불교의 적멸은 본말을 꿰뚫어 대중大中의 도를 세울 수
> 있는 길이 아닙니다. 제왕의 학문은 반드시 격물치지를 우선으로 삼아
> 야 하며 사물의 변화를 끝까지 헤아려 의리가 있는 곳을 모두 밝혀낸
> 다면, 자연히 뜻이 성실해지고 마음이 바르게 되어 천하의 일에 응할
> 수 있을 것입니다.[59]

--------

57 張立文, 『朱熹評傳』, 202쪽.
58 主泉州同安簿, 選邑秀民充弟子員, 日與講說聖賢修己治人之道, 禁女婦之爲僧道者.(『송사』「주희전」)
59 虛無寂滅, 非所以貫本末而立大中. 帝王之學, 必先格物致知, 以極夫事物之變, 使義理所存, 纖悉畢照, 則自然意誠心正, 而可以應天下之務.(『송사』「주희전」)

또 마흔일곱 살 때인 1176년에는 「잡서기의雜書記疑」를 지어 정이의 제자이면서 후에 동문 선배인 양시에게 배운 왕빈王蘋(1082-1153, 자는 신백信伯)의 불설佛說을 비평하고, 「석씨론釋氏論」 상하편을 지어 이지한李之翰과 이종사李宗思의 불교설을 비판하기도 하였다.

『주자어류朱子語類』 권126에 수록된 「석씨釋氏」편에 의하면, 주희는 일찍이 자신의 철학을 다음과 같이 불교, 도교와 구별하였다.

> 불교에서는 공空을 말하지만 유가에서는 실實을 말하고, 불교에서는 무無를 말하지만 유가에서는 유有를 말한다.(釋言空, 儒言實; 釋言無, 儒言有.)
> 석가는 허虛를 말하지만 우리 유가는 실實을 말한다.(釋氏虛, 吾儒實.)
> 석가는 오직 공空하려 하고, 우리 성인은 오직 실實하려 한다.(釋氏只要空, 聖人只要實.)

불교에서는 '공', '무', '허'를 중시하지만, 유가에서는 '실', '유'를 중시한다는 것이다. 그래서 주희는 불교의 허리虛理와 허학虛學에 반대하고, 실리와 실학을 중시하였다. 실학이란 실리實理의 학을 말한다. 주희는 『중용장구中庸章句』 서두에서 실학에 대해 다음과 같이 설명하였다.

이 책은 공문孔門에서 전수한 심법인데, 자사께서 그것이 오랜 세월이 흐르면서 차이가 생길까 염려하여 이것을 써서 맹자에게

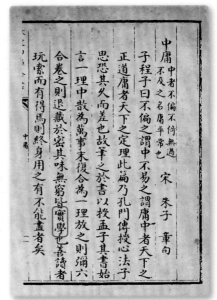

『중용장구中庸章句』 서두. 『중용』을 '실학實學'으로 정의하고 있다.

주신 것이다. 그 책이 처음에는 하나의 리를 말하지만 중간에는 흩어져 만 가지 일이 되고 끝에는 다시 하나의 리로 합해지는데, 이를 풀어 놓으면 육합六合에 가득하고 이를 거두어들이면 물러나 은밀한 데 감추어져 그 맛이 무궁하니 모두 실학이다.[60]

여기서 육합이란 천지와 사방, 즉 온 우주의 거대한 공간을 의미한다.

주희가 이론상으로 불교를 비판하는 것은 주로 다음 두 가지이다. 하나는 불교에서는 성性을 공空으로 보아 인간세상의 윤리에 관여하지 않으나 유가에서는 성을 실實로 본다는 것이고, 다른 하나는 불교의 '본성을 깨치면 부처가 된다'는 '견성성불見性成佛'과 '작용이 곧 성이다'라는 '작용시성作用是性'을 비평하고 이것이 불교와 유가의 구별이라고 주장하였다.[61]

또 주희는 성인의 도가 다시 세상에 밝아지려면 반드시 이단異端을 구별하고, 사설邪說을 물리쳐야 한다고 강조하였다. 여기서 이단이란 주로 불학과 도교를 가리키고, 사설이란 주로 당시 진량陳亮(1143-1194)[62]과 섭적葉適(1150-1223)에 의해 집대성된 공리학파功利學派의 사상을 가리킨다. 공리학파는 공리지학功利之學 또는 사공지학事功之學이라고도 부르며, 실제적인 공용功用과 효과를 중시하여 성리학파가 심心·성性·명命·리理를 공담空談한다고 반대하였다. 주희는 『근사록』에서 도가 양주학파의 창시자 양주楊朱와 묵가학파의 창시자 묵적墨翟(서기전 468-서기전 376) 및 불학과 도교의 해로움을 구별했을 뿐 아니라 「중용장구서」에서 "이단의 학설이 나날이 새로워지고 다달이 성행하여 불교와 도교의 무리가 나오기에 이르렀으니 더욱 이치에 가까워져서 크게 참뜻을 어지럽혔다"[63]라고 하였다. 이로 볼

---------
60 此篇乃孔門傳授心法, 子思恐其久而差也, 故筆之於書, 以授孟子. 其書始言一理, 中散爲萬事, 末復合爲一理, 放之則彌六合, 卷之則退藏於密, 其味無窮, 皆實學也.(『중용장구中庸章句』)
61 謝祥皓·劉宗賢, 『中國儒學』, 592쪽 참조.
62 진량은 당시에 사상이 비슷한 영가학파의 진부량陳傅良과 함께 '이진二陳'으로 불린다.
63 而異端之說日新月盛, 以至於老佛之徒出, 則彌近理而大亂眞矣.(「중용장구서」)

때, 주희는 불학과 도교(도가)를 매우 위협적인 사상으로 판단하고 힘껏 배척했음을 알 수 있다.

그러나 이와 달리 주희는 불학과 도교(도가)에 대해 깊이 영향을 받았음을 솔직히 고백하기도 하였다.

나는 과거에 배우려 하지 않은 것이 없었는데, 선禪, 도道(도가와 도교), 문장, 『초사楚辭』, 시詩, 병법 등 무엇이든 배우고자 했다.[64]

주희는 스스로 술회하였듯이 젊은 시절에 불학, 노장과 관계를 맺었고, 특히 선학禪學을 마음에 두고 연구하였다. "나는 열대여섯 살 때 이 학문(즉 선학)에 마음을 두었다."[65] 초기 스승인 호헌胡憲(1086-1162), 유면지劉勉之(1091-1149), 유자휘 세 선생이 모두 불학에 정통하였으므로 그 영향을 받았던 것이다. 주희는 예부禮部의 시험에서 선학의 뜻으로 『역』과 『논어』, 『맹자』의 의미에 회답하여 마침내 진사가 되었는데, 이것은 당시 주고관主考官 주집고周執羔(1094-1170), 초고관初考官 심해沈該, 복고관覆考官 탕사퇴湯思退(1117-1164) 등이 모두 불학, 노장을 좋아한 것과 관계가 있다. 그러나 이동李侗(1093-1163)을 스승으로 모신 이후에 주희의 학술 사상은 크게 변해서 선학과 절연을 하였다. 그러니까 주희는 열대여섯 살 때부터 이동을 만나기 전

유자휘劉子翬(1101-1147). 자는 언중彦冲, 자호는 병옹病翁. 병산선생屏山先生으로 불림. 숭안崇安(지금의 복건성 무이시에 속함) 사람. 주희의 삼선생 중 한 분. 저작 『병산집屏山集』 20권. 주희가 「발가장유병옹유첩跋家藏劉病翁遺帖」을 지음.

----------
64 某舊時亦要無所不學, 禪·道·文章·『楚辭』·詩·兵法, 事事要學.(『주자어류朱子語類』 권104 「주자(1)」)
65 某年十五六時, 亦嘗留心於此.(『주자어류』 권104 「주자(1)」)

인 스물예닐곱 살 때까지 선학에 깊은 관심을 가졌던 것이다. 주희 스스로
도 "석釋(불학), 노老(도가)에 출입한 것이 10여 년 되었다"[66]라고 술회하였다.
이때의 불학 연구는 훗날 그가 리학을 집대성하는 데 튼튼한 기초가 되었
다. 그리고 주희가 평생 섭렵한 불교 서적은 적지 않은데,『주자어류』와『주
문공문집』에서 언급된 것을 보면, 열여덟 살에 향시를 보러갈 때 유일하게
몸에 지녔다는『대혜어록大慧語錄』이외에도『사십이장경四十二章經』,『대반
야경大般若經』,『화엄경華嚴經』,『법화경法華經』,『능엄경楞嚴經』,『원각경圓覺
經』,『금강경金剛經』,『광명경光明經』,『유마경維摩經』,『심경心經』,『조론肇論』,
『화엄대지華嚴大智』,『화엄합론華嚴合論』,『경덕전등록景德傳燈錄』,『장경藏
經』,『석씨교전釋氏教典』,『선가어록禪家語錄』등이 있다.[67] 이를 보면, 주희가
불학에 대해 얼마나 깊이 연구했는지 알 수 있다.

　도가·도교와의 관계를 말한다면, 기존 학계에서는 주희가 도교와도 선
을 그었다고 규정하였다. 그러나 사실 주희는 평생 도교와 깊은 관련을 맺
었다. 젊은 시절에는 선도를 성취하려 하였고, 중년에는 열심히 도가와 도
교의 문헌을 연구하였다. 그리하여 소옹, 주돈이와 역학易學의 사상을 연구
하는 것을 계기로 해서 도가와 도교 철학 속의 내용을 자신의 학술 체계 속
으로 융합시켰다. 만년에는 도교 경전인『음부경陰符經』과『주역참동계周易
參同契』를 주석하고 한걸음 나아가 도가와 도교 사상을 자신의 사상 체계
속으로 끌어들여 자신의 철학사상을 수정하고 확정하였다. 그가 연구한
도가 문헌을 살펴보면,『노자老子』,『장자莊子』,『열자列子』,『관자管子』,『여
씨춘추呂氏春秋』,『회남자淮南子』등이 있고, 또 도교 경전으로는『단경丹經』,
『환단백편還丹百篇』,『악기경握奇經』,『화주림火珠林』,『황정경黃庭經』,『고문
용호경古文龍虎經』,『주역참동계』,『포박자抱朴子』,『음부경』,『청정경清靜經』
(『태상노군설상청정경太上老君說常清靜經』),『좌망론坐忘論』,『소재경消災經』,『탁

---

66 出入於釋老者十餘年.(『주문공문집朱文公文集』권38『답강원적答江元適』)
67 陳榮捷,『朱子新探索』, 649쪽.

인경度人經』,『북두경北斗經』,『열선
전列仙傳』,『능양자명경陵陽子明經』,
『정역심법正易心法』,『오진편悟眞
篇』,『역로신서易老新書』,『자화자子
華子』 등등이 있다.『주역참동계』에
는 고대 천문학 지식이 많이 언급
되어 있고『성경星經』도 연구한 것
으로 볼 때 주희는 천문학에도 높
은 식견이 있었음을 알 수 있다. 주
희는 여러 차례에 걸쳐 도교 궁관
의 주관主管을 하였다. 스물일곱 살
과 스물아홉 살 때 담주潭州의 남악
묘南嶽廟를 시작으로 해서 마흔네
살과 쉰네 살 때에는 태주台州의 숭
도관崇道觀, 마흔일곱 살 때에는 무

『주역참동계周易參同契』.『참동계參同契』
라고도 하며 도교의 초기 문헌이다. 주역
과 연단술煉丹術 그리고 도교의 기공氣功
을 결합한 저작으로서 '만고단경지조萬
古丹經之祖'로 불린다. 후한 때의 연단가煉
丹家 위백양魏伯陽(약 100-170)의 저작이
다.(『정통도장正統道藏』 본 제23책에 수록)

이산의 충우관冲佑觀, 쉰여섯 살 때에는 화주華州 운대관雲臺觀, 쉰여덟 살과
예순두 살, 예순네 살 때에는 남경南京의 홍경궁鴻慶宮, 쉰아홉 살과 예순
살 때에는 숭산嵩山의 숭복궁崇福宮, 또 쉰 아홉살 때에는 서태을궁西太乙宮
등에서 주관을 하였다. 물론 주희가 단지 궁관의 주관을 한다는 명의로 사
록祠祿만 받고 실제 업무를 본 것은 아니지만 어쨌든 이것도 도교와의 관계
를 반영하는 것이다. 주희는 오랫동안 산간에 살면서 강학을 하고 산수山
水를 즐기며 '운곡노인'이라고 자호하였다. 그의 생활방식은 도교 인물들
과 별반 다르지 않았고, 그의 성정도 도가와 아주 가깝다.[68] 이렇게 본다면
주희의 철학 체계가 도가와 도교의 철학의 영향을 깊이 받았다고 해도 지
나치지 않다. 결국 주희가 방대한 리학 체계를 세우는 데에는 이처럼 불학

--------
68 孔令宏,『朱熹哲學與道家·道教』, 20-22쪽 참조.

과 도가·도교 사상에 대한 깊은 이해가 선행되었던 것이다.

셋째, 『대학』을 중시하여 『중용』과 함께 『예기』에서 독립시켜 『사서四書』를 확정하였다.

증산 상제는 다른 유교 경전의 경우도 그렇지만 특히 『대학』을 중시하였다. 증산 상제가 유교 경전들 가운데서 특히 『대학』을 높이 평가한 기록은 『도전』 곳곳에 등장한다. 그런데 이 『대학』은 원래 『중용』과 함께 『예기』의 한 편이었다가 주희에 의해서 그 중요성을 인정받아 『논어』, 『맹자』와 더불어 유가의 가장 중요한 경전인 『사서』에 편입된 문헌이다. 먼저 증산 상제가 『대학』을 중요하게 인정한 내용을 좀 더 자세히 살펴보도록 하겠다.

우선 증산 상제는 『대학』을 이용해서 여러 종류의 병을 치료하였다. 증산 상제는 한 문둥병자의 병을 고쳐 주면서 성도들에게 병자를 둘러싸고 앉아 『대학』 경에 나오는 "대학지도大學之道는 재신민在新民이라"는 구절을 계속해서 외우라고 해서 병자를 치유하였다.

하루는 상제님께서 원평院坪을 지나시는데 길가에 한 병자가 있거늘, 온몸이 대풍창大風瘡으로 뒤덮여 그 흉한 형상이 차마 보기 어려운 지경이라. 그 병자가 상제님의 행차를 보고 달려와서 크게 울며 하소연하기를 "제가 이생에 죄를 지은 바가 없는데 이 같은 형벌을 받음은 전생의 죄 때문이옵니까? 바라옵건대 전생에 지은 중죄重罪를 용서하옵소서. 만일에 죄가 너무 무거워서 용서하실 수 없다면 차라리 죽음을 내려 주옵소서." 하고 통곡하며 뒤를 따르니 보는 사람들 가운데 눈물을 흘리지 않는 이가 없더라. 상제님께서 잠시 애처롭게 바라보시더니 병자를 부르시어 "내가 너를 고쳐 주리니 여기 앉으라." 하시고 성도들로 하여금 "길 위에 둥글게 병자를 둘러싸고 앉으라." 하신 후에 일러 말씀하시기를 "'대학지도大學之道는 재신민在新民이라.' 이 구절을 계속하여 외우라." 하시니라. 이에 성도들이 명을 받들어 외우는데 얼마 지나지 않아 "이제 되었으니 그만 읽고 눈을 뜨라." 하시거늘 모두 눈을 떠보니 병자가 완전히 새사람이 되어 앉아 있는지라 모두가 크게 놀라니라. 새사람이 된 병자가 기뻐 뛰고 춤추면서 "하느님, 하느님이시여! 저의 큰 죄를 용서하시어 저에게 새로운 인생을 열어 주셨습니다." 하고 울부짖거늘 이 광경을 바라보던 사람들이 모두 "만일 하느님의 권능이 아니라면 어찌 이렇게 할 수 있으리오." 하고 탄복하니라. 상제님께서 병자에게 "너는 북쪽으로 십 리를 가라. 거기에 가면 네가 살길이 있으리라." 하시고 그를 보내시니 한 성도가 상제님께 여쭈기를 "문둥병은 천형天刑이라 하여 세상에서는 치료할 방도가 없는 것인데 글을 읽게 하여 그 자리에서 고치게 하시니 어떤 연고입니까?" 하매 말씀하시기를 "나의 도道는 천하의 대학大學이니 장차 천하창생을 새사람으로 만들 것이니라." 하시니라.(『도전』 2:79:1-14)

『대학』이란 책은 잘 알려져 있듯이 경經에 해당하는 경1장과 이것을 부연 설명한 전傳에 해당하는 전10장으로 구성되어 있다.

  앞과 유사한 예가 다른 곳에도 나오는데, 여기서도 문둥병자를 고치기 위해 증산 상제가 성도들에게 "『대학』 머릿장(首章)을 소리 내어 읽으라"라고 하였다.

갑진년 12월에 구릿골에 계실 때 김자선金子善의 아들 갑진甲辰이 문둥병으로 얼굴과 손발에 부종이 나고 눈썹이 다 빠지거늘 자선이 갑진을 데리고 상제님께 와서 아들의 병을 고쳐 주시기를 울며 간청하니라. 이에 상제님께서 갑진으로 하여금 정문 밖에서 방을 향해 서게 하시고 형렬과 두서너 사람에게 "『대학』 머릿장(首章)을 소리 내어 읽으라." 하시고 잠시 후에 병인을 돌려보내시니 이로부터 갑진의 병이 차도가 있어 얼마 후에 완쾌하니라.(『도전』 9:51:1-5)

또 다른 곳에서는 창증脹症을 앓는 사람을 치료하기 위해 역시 성도들에게 "대학지도大學之道는 재명명덕在明明德하며 재신민在新民하며 재지어지선在止於至善이니라"라는 『대학』경의 첫 구절을 읽게 하여 치유하는 장면이 나온다. 이 구절은 이른바 『대학』의 '삼강령三綱領'으로서 유교에서 매우 중시하는 덕목이다. 『대학』 머릿장의 글 한 구절로 병을 치료한 연유를 묻는 성도들에게 증산 상제는 '재신민在新民'이라고 설명하였다.

하루는 성도들을 데리고 어디를 가시다가 한 주막에 드시니 그 주인이 창증脹症으로 사경을 헤매거늘 성도들에게 이르시기를 "너희가 저 병을 치료하여 주라." 하시며 "대학지도大學之道는 재명명덕在明明德하며 재신민在新民하며 재지어지선在止於至善이니라"라는 글을 읽게 하시니 금시에 아래로 물이 흘러내리고 부기가 빠지는지라 상제님께서 웃으며 말씀하시기를 "너희들의 재주가 묘하도다." 하시고 떠나시니라. 성도들이 『대학大學』 머릿장章의 글 한 절로 병을 치료한 이유를 여쭈니 말씀하시기를 "재신민在新民이라 하였으니 새사람이 되지 않겠느냐." 하시니라.(『도전』 9:186:1-6)

'백성을 새롭게 하는 데 있다'는 의미의 '재신민在新民'은 원래 '재친민在親民'이다. 즉 '백성을 친하게 하는 데 있다'는 의미이다. 그런데 주희는 이말을 정이程頤의 설을 계승해서, '친할 친親' 자는 마땅히 '새 신新' 자로 보아야 한다("親, 當作新")고 보고 '재신민'으로 읽었던 것이다. 증산 상제는 주희가 고쳐서 읽어야 한다고 말한대로 '재신민'이라 말하였다는 것을 주목할 필요가 있다. 물론 당시 유학자들도 주희의 설을 따르지 않으면 사문난적斯文亂賊으로 몰리던 시대적인 특수성이 있었기는 하지만 기존 상식에 연연하지 않는 증산 상제가 아무 비판 없이 그대로 묵수했을 리는 만무하기 때문이다.

또 증산 상제는 도통道通을 염원하는 친아우 강영학에게 학鶴 한 쌍을 그린 부채를 주며 "집에 돌아가 이 부채를 부치면서 「칠성경七星經」을 '무곡파군武曲破軍'까지 읽고 이어서 『대학大學』을 읽으라. 그러면 도술을 통하리라."라고 일러 주었다.

아우 영학永學이 항상 도술 통하기를 발원하더니 구릿골에 계실 때 하루는 객망리客望里 본댁에서 영학이 찾아와 상제님께 문후를 드리니라. 상제님께서 집안의 안부를 물으시니 영학이 무고함을 아뢴 뒤에 말하기를 "저도 공부를 하여 도통을 얻고자 하니 형님께서 가르쳐 주십시오." 하므로 상제님께서 이를 허락하시니라. 이 때 상제님께서 부채에 학鶴 한 쌍을 그려 영학에게 주시며 말씀하시기를 "집에 돌아가 이 부채를 부치면서 「칠성경七星經」을 무곡파군武曲破軍까지 읽고 이어서 『대학大學』을 읽으라. 그러면 도술을 통하리라." 하시거늘 영학이 부채를 가지고 집으로 돌아가다가 정남기의 집에 들르니라. 이 때 남기의 아들 영태榮珆가 영학의 허리춤에 있는 부채를 보고 쭉 뽑아들어 펼치니 부채가 유달리 세련되고 기품이 있는지라 영태가 갖고 싶은 욕심이 생겨 돌려주지 않거늘 영학이 부득이 그 사유를 말하고 돌려주기를 간청하니 영태가 더욱 탐내어 부채를 들고 마을로 달아나니라. 할 수 없이 부채를 빼앗긴 영학이 그 길로 집에 돌아와 여러 가지 술서術書를 읽으니라. 마침 그 때 영태는 서당에서 대학을 공부하던 중이라 우연히 그 부채를 부치면서 대학을 읽다가 무심결에 "뜨라." 하고 외치니 갑자기 몸이 공중으로 부응 떠오르며 신력神力을 통하게 되어 능히 신명을 부리고, 또 입으로 물을 뿜어 비를 오게도 하는지라 남기가 기뻐하며 상제님의 도력을 빼앗으라고 아들을 부추겨 함께 하운동을 찾아가니 마침 상제님께서 우묵실에 계시다가 하운동으로 오시는 길이라. 영태가 상제님이 오신다는 소리를 듣고 두려워 도망하려 하거늘 남기가 붙

들어 앉히고 상제님께 보이니 상제님께서 이미 그 일을 아시고 남기의 의롭지 못함을 꾸짖으시며 대파침大破鍼을 머리에 꽂아 돌려보내시고 영태는 그곳에 머물게 하여 신력을 다 거두시며 말씀하시기를 "남기의 집이 대파大破하리라." 하시더니 갑자기 남기의 제수가 미쳐서 날마다 담장 안을 빙빙 돌아다니며 '항성서'라는 이상한 소리를 하고, 이후 남기의 아들 영태는 사람 구실을 못하게 되니라.(『도전』 3:59:1-18)

이로 볼 때, 증산 상제에게 있어서 『대학』은 구체적인 이유는 알 수 없지만 도통과도 관련된 중요한 문헌임을 시사한다.

또 『대학』은 『도전』의 성편과 관련이 깊다. 증산 상제는 '진법 도운의 『도전道典』 간행 공사'를 보면서 성도들에게 『대학』「경經」의 아래에 있는 설명글을 잘 알아두라고 강조하기도 하였다.

하루는 김형렬에게 이르시기를 "도道를 전하고자 하는 자는 『대학大學』「경일장經一章」장하章下를 잘 알아 두어야 하느니라." 하시고 글을 외워 주시니 이러하니라.

우右는 「경일장經一章」이니 개공자지언蓋孔子之言을 이증자술지而曾子述之하고 기전십장其傳十章은 즉증자지의則曾子之意를 이문인기지야而門人記之也라 구본舊本에 파유착간頗有錯簡일새 금인정자소정今因程子所定하고 이갱고경문而更考經文하여 별유서차別爲序次하니 여좌如左하노라

오른쪽 글은 『대학』「경문」 일장이니 대개 공자의 말씀을 증자가 기술한 것이요 「전문傳文」 십장은 증자의 뜻을 문인이 기술한 것이니라. 옛 책에는 자못 착간이 있으므로 이제 정자程子가 정한 바에 따라 다시 경문을 상고하여 별도로 차례를 만드니 다음과 같노라.(『도전』 6:125:1-3)

증산도의 제일 경전인 『도전』 간행은 증산 상제의 말씀을 성편하는 과

정에서 기존에 잘못 기록된 것을 바로잡고, 또 누락된 내용을 보완하여 증산 상제와 종통 계승자인 태모 고 수부의 대도세계를 밝혀내는 작업이며, 인류사적으로 의의가 매우 큰 사업이다.

또 '먼저 할 일과 나중 할 일에 대한 분별의 중요성'을 강조한 『대학』 「경」의 "물유본말物有本末하고 사유종시事有終始하니 지소선후知所先後면 즉근도의則近道矣리라 기본其本이 난이말치자부의亂而末治者否矣며 기소후자其所厚者에 박薄이오 이기소박자而其所薄者에 후厚하리 미지유야未之有也니라(만물에는 본말本末이 있고 일에는 시종始終이 있으니 먼저 할 일과 나중 할 일을 가릴 줄 알면 도에 가까우니라. 그 근본이 어지럽고서 끝이 다스려지는 자는 없으며 후하게 할 것에 박하게 하고 박하게 할 것에 후하게 할 자는 없느니라.)"라는 구절에 대해서는 '인도人道의 규범'(『도전』 8:19:2)이라고 설파하였다. '인도'란 사람이 마땅히 지켜야 할 도리를 뜻하고, '규범'이란 가치판단의 기준을 의미한다. 또 '재물을 풍족하게 하는 길'을 일깨워 준 『대학』 「전십장」에 나오는 "생재유대도生財有大道하니 생지자중生之者衆하고 식지자과食之者寡하며 위지자질爲之者疾하고 용지자서用之者舒하면 즉재항족의則財恒足矣리라(재물을 생산하는 데 큰 도가 있으니 생산하는 자가 많고 먹는 자가 적으며 생산하기를 빨리 하고 쓰기를 느리게 하면 재물이 항상 풍족하리라)"라는 구절에 대해서는 "이 말이 지언至言"(『도전』 9:17:1-2)이라고 강조하기도 하였다. '지언'은 '지극히 타당한 말'로 이해할 수 있을 것이다.

또 돈을 물 쓰듯이 쓰는 것이 평생 소원이라고 한 수석성도 김형렬의 소원을 들어주면서 『대학』 「전십장」에 나오는 "**德者本也**(덕자본야), **財者末也**(재자말야)" 즉 덕은 근본이요, 재물은 말단이라는 말로써 경책을 하였다.

> 상제님께서 그만 그치게 하시고 경석에게 말씀하시기를 "너의 소원을 허락하여 장차 돈을 물 쓰듯 하게 해 주리니 덕德이 근본이요 재물은 말단末端이니라." 하시니라.(『도전』 6:31:8-9)

한편 자신의 재질이 부족하고 학식이 적다는 이유로 증산 상제의 일을 감히 대신 보지 못하겠노라고 소극적인 태도를 보이는 김형렬에게, 증산 상제는 순 임금의 예를 들어 '당국當局하면 안다'는 가르침을 내리면서 자식 기르는 법을 배우고 나서 시집가는 처녀는 없으니 당국, 즉 일을 맡으면 저절로 감당할 수 있는 능력이 생긴다고 경책을 하였다.

> 상제님께서 다시 형렬에게 물으시기를 "네가 내 일을 대신 보겠느냐?" 하시니 형렬이 "재질이 둔하고 배운 바 없으니 어찌 능히 감당하겠습니까." 하고 대답하거늘 상제님께서 꾸짖어 말씀하시기를 '미유학양자이후未有學養子而後에 가자야嫁者也라.' 자식 기르는 법을 배우고서 시집가는 여자는 없느니라. 우순虞舜이 역산歷山에서 밭 갈고 뇌택雷澤에서 고기 잡고 하빈河濱에서 질그릇 빚을 때에는 선기옥형璇璣玉衡을 알지 못하였나니 당국하면 아느니라." 하시니라.(『도전』 10:42:1-4)

여기서 '미유학양자이후未有學養子而後에 가자야嫁者也'라는 말이 바로 『대학』「전구장」에 나오는 말이다.

한 번은 태모 고 수부와 중요한 의식을 행하는 자리에서 여러 주문呪文 및 부서符書와 함께 이 『대학』을 갖다놓기도 하였다.

> 하루는 성도 수십 명을 불러 모으신 다음 『대학大學』과 여러 주문呪文과 부서符書를 수습하여 수부님 앞에 놓게 하시고 수부님으로 하여금 동쪽을 향해 앉아서 「시천주주侍天主呪」 21독을 하게 하신 뒤에 두 분이 서로 마주보고 절을 하시고 천지에 고축告祝하시니라.(『도전』 10:8:1-2)

여기서 '부서'란 부적을 가리킨다. 또 '시천주주侍天主呪'란 최수운 대신사가 상제님의 성령을 친견하고 받은 주문으로서 다음과 같다.

侍天主 造化定 永世不忘 萬事知 至氣今至 願爲大降 (『도전』 2:148:)
시천주 조화정 영세불망 만사지 지기금지 원위대강

　태모 고 수부는 성도들에게 주문의 근본정신을 알고 읽어야 주력呪力이
확고히 선다고 갈파하면서 '시천주주'에 대해 다음과 같이 설명하였다.

　　시천주주侍天主呪는 천명을 받는 무극대도無極大道의 본원주本源呪이니
　　상제님을 지극히 공경하고 내 부모와 같이 모시라는 주문이라. (『도전』
　　11:180:5)

　여기서 '시천주'란 천주 즉 상제님을 모신다는 뜻이다.
　또 태모 고 수부는 『대학』「경」을 주문으로 간주하고 그 쓰임을 이렇게
일러 주었다.

　　『대학大學』「우경장右經章」은 나라를 다스리고 집안을 거느리며 몸과 마
　　음, 의지와 지혜를 수련하는 데 요법要法이 되는 경문經文이라. (『도전』
　　11:180:10)

　'우경장'이란 말은 원래 주희의 주석에 나오는 '우경일장右經一章'이란
말에서 연유하는데, 그 뜻은 "오른쪽의 글은 경 1장이다"라는 말이다. 주
지하다시피 옛날에는 글을 지금처럼 횡으로 왼쪽에서 오른쪽으로 쓰는
것이 아니라 종으로 위에서 아래로, 또 오른쪽에서 왼쪽으로 썼기 때문에
'우'라는 말은 지금으로 치면 '위' 또는 '앞'이라는 의미이다. 즉 요샛말로
하면 "앞글은 경 1장이다" 정도의 의미인 것이다. 이 문제를 명확하게 하
기 위해 이른바 『대학』 '우경장' 전문을 소개하면 다음과 같다.

　　대학의 도는 자신의 명덕明德을 밝히는 데 있고, 백성을 새롭게 하는 데

있으며, 지선至善의 경지에 머물도록 하는 데 있다. 지선의 경지에 머무를 줄 안 뒤에야 방향이 정해지고, 방향이 정해진 뒤에야 마음이 고요해지고, 마음이 고요해진 뒤에야 편안해지고, 마음이 편안해진 뒤에야 치밀하게 생각할 수 있고, 치밀하게 생각한 뒤에야 지선의 경지를 얻을 수 있는 것이다. 사물에는 근본과 말단이 있고 일에는 시작과 끝이 있으니, 할 일의 선후를 알면 도에 가깝다고 할 수 있다. 옛날에 밝은 덕을 천하에 밝히려 한 사람들은 먼저 자기의 나라를 잘 다스렸고, 자기의 나라를 잘 다스리려 한 사람들은 먼저 자기의 집안을 잘 단속하였고, 자기의 집안을 잘 단속하려 한 사람들은 먼저 자기의 몸을 잘 닦았고, 자기의 몸을 잘 닦으려 한 사람들은 먼저 자기의 마음을 바르게 하였고, 자기의 마음을 바르게 하고자 한 사람들은 먼저 자기의 생각을 진실하게 가졌고, 자기의 생각을 진실하게 가지려 한 사람들은 먼저 자기의 지식을 증진하였는데, 자기의 지식을 증진하는 방법은 사물의 이치를 궁구하는 데 달려 있다. 사물의 이치가 궁구되어야 지식을 증진하고, 지식을 증진하여야 생각이 진실해지고, 생각이 진실해져야 마음이 바르게 되고, 마음이 바르게 되어야 몸이 닦여지고, 몸이 닦여져야 집안이 잘 단속되고, 집안이 잘 단속되어야 나라가 잘 다스려지고, 나라가 잘 다스려져야 천하를 평정할 수 있다. 천자에서부터 서민에 이르기까지 일체 모두가 몸을 닦는 일을 근본으로 삼아야 한다. 그 근본(수신)이 어지러우면서 말단(제가, 치국, 평천하)이 다스려지는 경우는 없으며, 후하게 해야 할 것(수신)을 박하게 하면서 박하게 해야 할 것(국가, 천하)을 후하게 하는 사람은 아직 없었다.[69]

---

69 大學之道, 在明明德, 在親民, 在止於至善. 知止而后有定, 定而后能靜, 靜而后能安, 安而后能慮, 慮而后能得. 物有本末, 事有終始, 知所先後, 則近道矣. 古之欲明明德於天下者, 先治其國; 欲治其國者, 先齊其家; 欲齊其家者, 先脩其身; 欲脩其身者, 先正其心; 欲正其心者, 先誠其意; 欲誠其意者, 先致其知; 致知在格物. 物格而后知至, 知至而后意誠, 意誠而后心正, 心正而后身脩, 身脩而后家齊, 家齊而后國治, 國治而后天下平. 自天子以至於庶人, 壹是皆以脩身爲本. 其本亂而

또 고 수부는 '격물格物'이 곧 도통이라는 선언을 하였다. 격물은 바로 『대학』에서 중시하는 개념이다. 곧 '명명덕', '신민', '지어지선'이라는 세 가지 강령(三綱領)에 도달하는 여덟 가지 조목(八條目) 중에서 가장 우선시되는 것이 바로 격물이다. 격물이란 '사물을 철저히 연구한다'는 뜻이다. 고 수부는 도통의 또 다른 차원을 밝히는 의미심장한 말을 덧붙인다. 고 수부는 격물을 사물의 이치를 관통하는 것이라 정의하면서, 사물의 이치를 관통하려면 먼저 마음을 닦아 심통心通을 해야 한다고 선언한 것이다.

하루는 태모님께서 여러 성도들에게 물으시기를 "너희들, 도통道通을 지극히 원하느냐?" 하시니 성도들이 대답하기를 "원이옵니다." 하매 말씀하시기를 "격물格物이 곧 도통이니라." 하시니라. 또 말씀하시기를 "격물은 사물의 이치를 관통貫通하는 것이니, 관통을 하려면 먼저 마음을 닦아 심통心通을 해야 하느니라." 하시고 "도통을 원치 말라. 모르고 짓는 죄는 천지에서 용서를 하되 알고 짓는 죄는 천지에서 용서하지 않나니 도통을 가지면 굶어죽을 수밖에 없느니라." 하시니라.(『도전』 11:284:1-4)

이 밖에도 증산 상제는 '마음을 바로 하라'는 의미의 '정심正心'을 자주 강조하였고, '수신제가치국평천하'란 말을 중시하기도 하였는데, 이 말들은 모두 『대학』 「경」에 나온다.

상제님께서 공부를 시키실 때면 항상 성도들을 둘러앉혀 몸을 움직이지 못하게 하시며 "잡념을 떼고 정심正心하라." 하시고 밤이면 닭이 운 뒤에 자게 하시니라.(『도전』 3:144:1)
천지공사를 행하실 때나 어느 곳에 자리를 정하여 머무르실 때는 반드시 성도들에게 "정심正心하라." 명하시고 혹 방심하는 자가 있으면 마

---

末治者否矣, 其所厚者薄, 而其所薄者厚, 未之有也!(『대학』 「경」)

大學音泰　今讀如字

## 大學章句

朱子章句　　後學施肇曾謹刊

子程子曰大學孔氏之遺書而初學入德之門也於今可見古人爲學次第者獨賴此篇之存而論孟次之學者必由是而學焉則庶乎其不差矣

大學之道在明明德在親民在止於至善　程子曰親當作新○大學者大人之學也明明德者人之所得乎天而虛靈不昧以具衆理而應萬事者也但爲氣稟所拘人欲所蔽則有時而昏然其本體之明則有未嘗息者故學者當因其所發而遂明之以復其初也新者革其舊之謂也言既自明其明德又當推以及人使之亦有以去其舊染之污也止者必至於是而不遷之意至善則事理當然之極也言明明德新民皆當至於至善之地而不遷蓋必其有以盡夫天理之極而無一毫人欲之私也此三者大學之綱領也

知止而后有定定而后能靜靜而后能安安而后能慮慮而后能得　后與後同○止者所當止之地即至善之所在也知之則志有定向靜謂心不妄動安謂所處而安慮謂處事精詳得謂得其所止

物有本末事有終始知所先後則近道矣　明德爲本新民爲末知止爲始能得爲終本始所先末終所後此結上文兩節之意

古之欲明明

德於天下者先治其國欲治其國者先齊其家欲齊其家者先脩其身欲脩其身者先正其心欲正其心者先誠其意欲誠其意者先致其知致知在格物　明明德於天下者使天下之人皆有以明其明德也心者身之所主也誠實也意者心之所發也實其心之所發欲其一於善而無自欺也致推極也知猶識也推極吾之知識欲其所知無不盡也格至也物猶事也窮至事物之理欲其極處無不到也此八者大學之條目也

物格而后知至知至而后意誠意誠而后心正心正而后身脩身脩而后家齊家齊而后國治國治而后天下平　物格者物理之極處無不到也知至者吾心之所知無不盡也知既盡則意可得而實矣意既實則心可得而正矣脩身以上明明德之事也齊家以下新民之事也物格知至則知所止矣意誠以下則皆得所止之序也

自天子以至於庶人壹是皆以脩身爲本　壹是一切也正心以上皆所以脩身也齊家以下則舉此而錯之耳

其本亂而末治者否矣其所厚者薄而其所薄者厚未之有也　本謂身也所厚謂家也此兩節結上文兩節之意

右經一章蓋孔子之言而曾子述之凡二百

其傳十章則曾子之意而門人記之也舊本

③

顧有錯簡今因程子所定而更考經文別為
序次如左凡千五百四十六字○凡傳文雜
引經傳若無統紀然文理接續血
脈貫通深淺始終至為精密熟
讀詳味久當見之今不盡釋也
康誥曰克明德克康誥周書太甲商書顧諟
作泰誓古是字太甲商書顧諟常目在之也諟猶
此也或曰審也天之明命卽天之所以與我而我之所以為
所以為德者也常目不明矣帝典曰克明峻德帝典堯典虞
在之則無時不明矣帝作俊○
書皆自明也自明己德之意
大也皆自明也結所引書皆言
右傳之首章釋明明德此通下三章至止於
信舊本誤在沒世不於

『대학장구大學章句』「경經」 전문.
(『민국시씨성원民國施氏醒園』본)
2백5자로 구성된 이 글은 주희
에 의하면, 공자의 말을 증자가
서술하였다.

大學章句序
大學之書古之大學所以教人之法也蓋自天降生民
則既莫不與之以仁義禮智之性矣然其氣質之禀或
不能齊是以不能皆有以知其性之所有而全之也一
有聰明睿智能盡其性者出於其間則天必命之以為
億兆之君師使之治而教之以復其性此伏羲神農黃
帝堯舜所以繼天立極而司徒之職典樂之官所由設

欽定四庫全書

大學

『대학장구大學章句』「서序」

음속을 보시는 듯 일깨워 주시며 주무실 때도 마음을 환히 들여다보시고 "마음을 거두라." 명하시니라.(『도전』 5:162:1-3)

정심正心 수신제가치국평천하修身齊家治國平天下라

위천하자爲天下者는 불고가사不顧家事니라

마음을 바로 하여야 몸을 닦을 수 있고 집안을 다스릴 수 있으며 나라를 다스릴 수 있고 천하를 평안케 할 수 있느니라. 천하사를 하는 자는 집안일을 돌볼 수가 없느니라.(『도전』 6:122:2)

'수신제가치국평천하修身齊家治國平天下'를 쓰시고 그 글자 위에 점을 찍으시며 "이것은 비복신법飛伏神法이라. 점點 한점 한점에 죽고 사는 것이 들어 있으니 각별히 조심하라." 하시니라.(『도전』 2:144:2-3)


이상에서 살펴본 바에서, 증산 상제와 태모 고 수부가 『대학』을 얼마나 중요한 문헌으로 간주하였는지 잘 알 수 있다. 앞에서 언급한 대로 이렇게 중요한 『대학』을 독립된 문헌으로, 특히 『사서四書』의 으뜸으로 확정되게 한 사람이 바로 주희인 것이다.

넷째, 여러 서원을 건립하고 재건하여, 서원 즉 학교 교육을 촉진하는 데 큰 역할을 하였다.

주희는 한천정사寒泉精舍, 동문서원同文書院, 운곡회암초당雲谷晦庵草堂, 무이정사武夷精舍와 죽림정사竹林精舍 등 다섯 서원을 세우고 백록동서원白鹿洞書院과 악록서원嶽麓書院 등 두 서원을 재건하였다.

주희는 먼저 1170년에 복건 지방의 건양에 있는 어머니의 무덤 부근에 작은 집을 짓고 한천정사寒泉精舍라는 이름을 붙였다. 이곳은 1175년에 여조겸이 방문하여 주희와 함께 『근사록』을 편찬한 곳이기도 하다. 주희는 동문서원과 운곡서원을 차례로 건립하여 제자를 양성하였다.

쉰네 살 때인 1183년에는 북부 복건 지방의 아름다운 풍광으로 유명한 무이산에 무이정사武夷精舍(자양서원, 무이서원)를 세웠다.

주희가 세운 마지막 서원은 복건의 건양에 위치한 죽림정사竹林精舍(2년 후에 확장하고 창주정사滄洲精舍로 개명함)이다. 이 서원은 예순세 살 때인 1192년에 세웠는데 무이산에서 남쪽으로 약 80킬로미터 떨어져 있다. 주희가 세운 다섯 정사 가운데 죽림정사가 가장 중요하다. 저명한 제자 대부분이 이곳에서 주희와 인연을 맺었고, 기록되어 있는 그와 제자들 사이의 대화가 대부분 이곳에서 이루어졌기 때문이다. 1225년에 건양을 다스리던 지사는 주희를 기리는 제사를 올리기 위해 사당을 세웠다. 1244년에는 이종 조윤의 명에 의해 창주정사가 고정서원考亭書院으로 이름이 바뀌었다. 한 사람이 다섯 곳에 서원을 세운다는 것은 당시로서도 아주 드문 일이었다. 주희는 역사적으로 유명한 백록동서원과 악록서원을 재건하기도 하였다. 특히 악록서원은 이른바 '천년학부千年學府'로서 역대로 수많은 인재를 배출한 곳이다.

주희가 백록동서원에서 손수 정한 학규인 「백록동서원게시白鹿洞書院揭示」는 모든 서원교육 규칙의 모범이 되었고, 후세에 서원 체제를 만들고, 서원 교육을 촉진하는 데 중요한 영향을 끼쳤다. 주희의 교육사상이 집대성되어 있는 「백록동서원게시」는 훗날 서원 정신의 상징이 되었다. 일개 서원의 게시가 마침내 천하가 함께 준수하는 학규가 되었던 것이다. 조선시대 최고의 국립교육기관이었던 성균관成均館[70]의 명륜당明倫

----------

70 성균관은 고려 시대부터 조선 시대까지, 유학을 전수하던 최고 학부이다. 고려 충렬왕 34년(1308)에 성균감成均監을 고친 것으로 조선 시대에 와서는 태조 7년(1398)에 설치하여 고종 24년(1887)에 경학원經學院으로 고쳤다가 융희 4년(1910)에 없앴다. 공자를 제사하는 문묘文廟인 대성전大成殿과 유학을 강론하는 명륜당明倫堂 등으로 이루어진다. 성균관이란 이름에서 '성成'은 '성인재지미취成人材之未就'에서, '균均'은 '균풍속지부제均風俗之不齊'에서 그 뜻을 취하였다. 즉 '이룰 성成' 자는 아직 성취하지 못한 인재를 성취시킨다는 뜻이며, '고를 균均' 자는 고르지 못한 풍속을 고르게 한다는 뜻이다. 이것은 성균관의 교육이념을 나타낸 것이다. 원래 성균成均은 요순 때의 학교였으며, 주周 나라 때의 대학 이름이었다. 성균은 본래 음률 악조樂調를 가리킨다. 고대의 학교는 예와 악을 가장 중요시하였기 때문에 오제五帝 때 대학을 성균이라고 한 것이다. 은 왕조 때의 대학인 고종瞽宗이 본래 악사와 관계가 깊은 것과 같은 이치이다. 우리나라 성균관이 취한 의미와는 좀 다르다. 어쨌든 국가 최고 교육기관으로서 국가의 동량이 될 인재를 양성하고 정치에서

명륜당明倫堂. 성균관의 정전正殿으로서 성균관 유생들을 교육하던 강당이다. 현판 글씨는 1606년(선조 39)에 명나라 사신 주지번朱之蕃이 우리나라에 왔을 때 쓴 것이라고 한다. 서울 성균관대학교 정문 오른쪽에 있다. 보물 제141호.

堂[71]에도 이 「게시」가 붙어 있다.

제자들이 주희의 훈도를 모아 개괄적으로 귀납한 주자독서법은 '차례에 따라 점차 나아가라'는 순서점진循序漸進, '자세하게 읽고 깊이 생각하라'는 숙독정사熟讀精思, '마음을 겸허하게 하고 깊이 깨달아라'는 허심함영虛心涵泳, '자신과 밀접하게 연계시키고 체험하고 관찰하라'는 절기체찰切己體察, '시간을 다그치고 정력을 들여라'는 착긴용력着緊用力, '공경하는 마음을 갖고 큰 뜻을 가져라'는 거경지지居敬持志 등 총 6조로 구성되어 있다. 이것은 중국 고대에 가장 체계적으로 집대성한 독서법으로서 영향력이 가장 큰 독서 방법론으로 평가되고 있다.

다섯째, 기민饑民(굶주린 백성)을 구제하기 위해 '생부省賦'를 강력하게 요청하고 사창社倉 제도를 제안하고 시행하였다.

---

가장 중요한 교화를 이루는 중심지로서의 역할을 수행하였다.
71 명륜당은 성균관의 정전正殿으로서 독서와 강학, 홍도弘道와 연구를 하던 곳이다. 1398년(태조 7)에 성균관을 창건할 때 건립되었다. 1400년(정종 2)에 소실되었다가 1407년(태종 7)에 중건되었다. 임진왜란 때 다시 훼멸되었다가 1606년(선조 39)에 중건되었고, 1760년(영조 36)에 보수하였다. 현재의 건물은 고종 때 크게 보수한 것이다. 전묘후학前廟後學 형식으로 공간을 배치하여 문묘인 대성전을 전면에 두고 강당인 명륜당을 후면에 두었다. '명륜明倫'이란 '인륜을 밝힌다'는 뜻으로, 『맹자』에서 유래하였다. 이 책의 「등문공 상滕文公」편에는 다음과 같은 말이 나온다. "하 왕조에서는 '교校'라 하고, 은 왕조에서는 '서序'라 하고, 주 왕조에서는 '상庠'이라 하였고, '학學'은 3대가 공동으로 사용한 것인데, 이 학교들은 모두 인륜을 밝히려는 것이다.(夏曰校, 殷曰序, 周曰庠, 學則三代共之, 皆所以明人倫也.)"

주희는 백성들이 과중한 부세로 고통받는 것을 목도하고, 백성의 고통을 걱정하는 '휼민恤民'과 세금을 감면하는 '생부'를 주장하였다.

천하 국가의 중대한 사무는 백성의 고통을 걱정하는 것보다 더 큰 것이 없습니다. 백성의 고통을 걱정하는 실제 정책은 부세를 감면하는 것이고, 부세를 감면하는 실제 조치는 군대를 다스리는 데 있습니다. 군대를 다스리고 부세를 감면하는 것이 백성의 고통을 걱정하는 근본인 것처럼, 또한 임금이 마음을 바로 하여 기강을 세우는 데 있을 따름입니다.[72]

주희는 정부에 대해서 부세를 감면해 줄 것을 요구하는 한편, 민간에서는 기민을 구제하기 위해 사창을 통해 지방공동체의 수확물을 관리하고 운용 제도를 혁신하였다.

주희가 숭안에 퇴거해 있을 때, 수재로 말미암아 작황이 너무 안 좋아서 농민 봉기가 발생하였다. 이런 문제를 고민하던 주희는 관부의 양곡을 기본으로 하는 '사창'의 설치를 제창하였다. 이것이 바로 역사에 기록된 '주자사창朱子社倉'이다. 주희는 여러 곳에 사창을 보급하였는데, 그 뜻은 널리 백성들에게 혜택을 주고, 지주 호족들이 재난 시기에 농민에게 고리대를 실행하지 못하도록 하는 데 있었다. 훗날 주희의 혜민惠民 선정善政을 기념하기 위해 마을 사람들은 원래 이름인 '오부사창'을 '주자사창'으로 개칭하였다.

오부사창이 건립된 지 10년이 지난 1181년(순희 8) 12월에 주희가 제거 양절동로상평다염공사提擧兩浙東路常平茶鹽公事(즉 절동상평다염공사浙東常平茶鹽公事)로 있었을 때이다. 황년을 만나 기민들이 온 들에 널리고 굶어죽은

---

72 天下國家之大務莫大於恤民; 而恤民之實在於省賦; 省賦之實在於治軍; 若夫治軍省賦以爲恤民之本, 則又在夫人君正其心術以立綱紀而已矣.(『주문공문집朱文公文集』권11 「경자응조봉사庚子應詔封事」)

사람도 부지기수가 되자 마침내 그는 연화전 에서 제 11대 황제인 효종孝宗 조신趙昚(1127-1194, 재위 1162-1189)에게 재난을 구제하는 대책인 이른바 「신축연화주차辛丑延和奏箚」 를 올렸다. 주희는 숭안현 오부리에서 사창 을 처음 만든 이점을 열거하고 관창의 폐해 를 통렬하게 진술하였다. 조신은 그가 과감 히 직언하는 것을 칭찬하고 즉각 주희를 절 동으로 파견하여 서둘러 구황救荒이라는 대 사를 처리하게 하였다. 주희는 조신의 뜻을 저버리지 않고 그 해에 재난 상황을 완화시 켜 기민들에게 밥을 짓지 못하는 근심을 없 애 주었다. 주희는 경험을 토대로 해서 「사창 사목社倉事目」을 제정하고, 1181년(순희 8)에

조신趙昚(1127-1194). 송의 제11대 황제, 남송의 제2대 황 제. 묘호는 효종孝宗. 연호는 융흥隆興, 건도乾道, 순희淳熙. 당시 농업 생산을 중시하고 백성의 생활이 안락하여 역 사에서 '건순지치乾淳之治'라 부름. 재위 1162-1189.(출처: 『삼재도회』)

제로諸路의 주군州軍에서 시행하게 하도록 비준해 줄 것을 요청하였다. 이 후에 사창은 농촌에서 양곡을 저장하여 황년에 대비하고 사회 구제의 주 요 형식으로 자리 잡았고, 주자사창법朱子社倉法은 점차 실물 형식으로 시 행하는 사회보장제도가 되었다. 이듬해, 남송 조정은 주희가 시행하기를 요청한 「사창법」을 제부諸府의 각주各州에서 시행하도록 조칙을 반포하였 다. 이 사창법은 중국 사회보장 방면에서 긍정적인 작용을 하여 후세 사람 들에게 '선유경제성적先儒經濟盛跡'으로 칭송되었다. 주자의 사창은 역대로 끊임없이 수정되었고, 지금까지도 완전하게 보존되어 있다.

여섯째, 주희는 군주에 대한 충성심과 국가에 대한 애국심이 투철한 충 신이었다. 주희는 부패한 정치에 대해 극도로 개탄하고 기탄없이 간신들 을 탄핵하였으며, 나라의 부강을 위해서 효종 조신에게 거리낌 없이 많은 간언을 하였다. 주희는 조신에게 1162년 임오년에 「임오응조봉사壬午應詔

封事」를 올리는 것을 시작으로 해서, 1163년 계미년에는 수공전垂拱殿에서 「계미수공주차癸未垂拱奏箚[73]」를 올리고, 1180년 경자년에는 「경자응조봉사庚子應詔封事」를 올렸다. 또 1181년 신축년에는 연화전延和殿에서 「신축연화주차辛丑延和奏箚」를 올리고, 1188년 무신년에도 6월과 11월에 「무신연화주차戊申延和奏箚」와 「무신봉사戊申封事」를 올렸다. 또 조신의 뒤를 이은 제12대 황제 광종光宗 조돈趙惇(1147-1200, 재위 1189-1194)에게도 1194년 갑인년에 행궁行宮[74]의 편전便殿[75]에서 「갑인행궁편전주차甲寅行宮便殿奏箚」를 올렸다. 주희가 관리로 있으면서 직접 입대入對하여 올린 차자箚子는 모두 7편이고, 상소도 총 1백여 차례나 하였다.[76] 이러한 일련의 상소를 통해 주희는 황제와 간신들의 눈치를 보지 않고 백성을 위하고 나라를 걱정하는 우국우민憂國憂民의 충정을 여지없이 드러내었다.

「임오응조봉사」를 예로 들면, 6천 자에 이르는 이 장문의 상소에는 젊은 시절 주희의 치국 방략이 집중적으로 들어 있는데 그 내용은 주로 세 가지 방면을 포괄한다. 첫째는 제왕의 치국을 위한 학문이다. 주희는, 시문을 외우거나 불교와 도교에 마음을 두면 나라를 제대로 다스릴 수 없다고 주장

---

73 '주차奏箚'는 '주찰奏札'이라고도 하는데, 신하가 전殿에 올라가서 황제의 물음에 대답할 때 올리는 문서를 말한다. 명나라 때 낭영郎瑛의 『칠수유고七修類稿』「각문지시各文之始」라는 글에 의하면, 상소上疏, 상서上書, 주찰奏札, 주장奏狀, 주의奏議 등의 표현을 쓴다. 내용이 누설될 것을 우려하여 주머니에 봉해서 올리므로 '봉할 봉封' 자, '일 사事' 자를 써서 '봉사封事'라 한다.(奏疏之名不一, 曰上疏, 曰上書, 曰奏札, 曰奏狀, 曰奏議. 恐其漏泄, 俱封囊以進, 故謂之封事.)
74 경성 밖에서 제왕이 출행할 때 거주하는 궁실을 '행궁行宮'이라 한다.
75 편전便殿이란 정전正殿이 아닌 별전別殿을 가리키며, 제왕이 쉬며 한가한 시간을 보내는 곳이다.
76 조선 제22대 왕 정조正祖 이산李祘(1752-1800) 때 편찬한 『양현전심록兩賢傳心錄』에는 주희와 송시열의 시문이 수록되어 있는데, 이 책의 춘책春冊(제1책) 권2에는 「봉사封事(1)」로 「임오응조봉사壬午應詔封事」와 「무신봉사戊申封事」가 수록되어 있고, 하책夏冊(제2책) 권3에는 「봉사封事(2)」로 「기유의상봉사己酉擬上封事」와 「계미수공주차癸未垂拱奏箚」, 「수공주차垂拱奏箚(2)」, 「수공주차垂拱奏箚(3)」, 「무신연화주차戊申延和奏箚(5)」, 「갑인행궁편전주차甲寅行宮便殿奏箚(1)」, 「행궁편전주차行宮便殿奏箚(2)」, 「경연유신면진사사차자經筵留身面陳四事箚子」 등 주차奏箚 7편이 수록되어 있다.

하였고, 제왕의 학문은 『대학』이라는 책 속에 집약되어 있으므로 반드시 이 경서를 특별히 중시해야 한다고 강조하였다. 이러한 견해는 당시에는 주의를 불러일으키지 못했지만 후세에 지대한 영향을 끼쳤다. 둘째는 금나라의 침략을 저지하는 방책이다. 주희는 비교적 확고한 주전파로서 여러 방면에서 적과 강화講和하자는 주장을 비판하고 반박하였다. 화의가 인심을 동요시키고, 보고 듣는 것을 현혹시켜서 자신의 투지를 잃게 만들고 적의 기세를 도우니 백 가지 해로움을 있을지언정 한 가지의 이로움도 없음은 이미 지난 일들로 증명이 되었고, 지금은 응당 그중에서 교훈을 취하여 자신의 역량을 강화시켜서 적에게 보복하고 설욕해야 한다고 주장하였다. 셋째는 백성의 우환을 해결하는 문제이다. 주희는 나쁜 일을 하는 자가 비록 관리들이라고 하지만 그 근원이 조정에 있다고 갈파하였다. 때문에 조정의 기강을 바로잡는 것이 가장 시급한 일이라고 보았다. 만일 이 근본적인 곳에서부터 착수하지 않고 단지 지엽적으로 문제를 해결하려고 한다면 설사 본의가 백성에게 은혜를 베풀려는 것이라 할지라도 결과는 거꾸로 고통과 피해를 증가시키게 된다고 하였다. 주희는 황제에게 올리는 상소에서 이처럼 대담하게 직언하여 자신의 우국우민하는 열성을 충분하게 표현하였다. 뿐만 아니라 국가의 이익을 위해서는 반드시 선대의 구법舊法을 고치고 새롭게 시행해야 한다고 지적하였다. 당시에 고종 황제가 생존해 있었지만 주희는 이에 아랑곳하지 않고 소신껏 상주하였다.

　한 번은 이런 일이 있었다. 1188년(순희 15)에 주희가 이른바 「무신연화주차」를 올리려고 입조하는데 어떤 사람이 길에서 기다렸다가 '정심성의正心誠意'라는 말을 황제가 듣기 싫어하니 주의해서 말하지 말라고 귀띔하였다. 그러자 주희는 "내가 평생 배운 것이 오직 이 네 글자뿐인데, 어찌 숨기고 말하지 않아 우리 황제를 속일 수 있겠습니까?"라고 대답하고 효종 조신을 알현하여 그대로 아뢰었다.[77]

----------
77 是行也, 有要之於路, 以爲"正心誠意"之論上所厭聞, 戒勿以爲言. 熹曰: "吾平生所學, 惟此四

일곱째, 학문 태도가 매우 엄격하고 신중하며, 행동거지行動擧止와 동정 어묵動靜語默이 경건하여 후대 학자들의 표상이 됨으로써, 세상을 떠난 지 8백 년이 넘은 오늘날에 이르기까지 최고의 유가 학자로 추앙되고 있다. 주희는 글을 쓰고 주장을 내세울 때 대단히 신중하고 엄격하였고, 원고를 완성하고 나서도 반드시 서너 번 수정을 하였다. 예를 들면, 『시경』을 해설한 『시집전詩集傳』은 원래 여러 차례 수정을 거듭하여 1177년(순희 4)에 완성한 『시집해詩集解』를 근거로 해서 다시 세 차례의 산삭과 수정을 거쳐 1186년(순희 13)에 완성한 것이다. 1159년(소흥 29)부터 『시경』에 대한 주석 작업을 시작한 것으로 치면, 완성까지 27년의 세월이 걸린 것이다. 그리고 알 수 없는 본문의 어휘에 대해서는 모두 '자세하지 않다'는 뜻의 '미상未詳'이라는 두 글자로 주석하였다. 대표작인 『사서장구집주』도 여러 차례 수정을 거쳐서 완성되었고, 특히 『대학장구』는 세상을 떠나기 사흘 전까지 수정에 수정을 거듭한 것이었다. 그리고 누구의 말이 옳은지 확실치 않은 경우에는 '누가 옳은지 알 수 없다'는 뜻의 '미지숙시未知孰是'라는 주석을 달아서, 모르는 것은 모른다고 분명하게 밝혀 놓았다. 그의 주석 작업 전반에 걸쳐서 나타난 이러한 엄격하고 신중한 학문 태도는 학술상 위대한 성취를 하는 데 유력한 보증이 되었다.

주희는 고생을 마다하지 않고 하

『시집전詩集傳』. 20권본과 8권본이 있다. 주희가 쉰일곱 살 때인 1186년(순희 3)에 완성하였다. 원元 나라 연우延祐(1314-1320) 연간에 과거의 표준텍스트로 정해졌다.

字, 豈可隱默以欺吾君乎?" 及奏.(『송사』 「주희전」)

루도 빠짐없이 독서를 함으로써 학문을 성취하였다. 주희는 하루 종일 흐트러지지 않은 단정한 자세로 방안에 앉아 경전의 뜻을 토론하였는데, 일생 동안 잠시도 그만둔 적이 없었다. 평상시에는 안색이 장중하고 말이 점잖으며 행동거지가 조용하고 경건하였다. 앉은 자세는 단정하고 곧았다. 해가 뜨기 전에 일어나서 심의深衣를 입고 복건幅巾을 쓰고 방리方履를 신고 가묘家廟에 배례를 한 다음에 공자에게 예를 올렸다. 서재에서는 책상을 바르게 하고 서책과 기물을 반드시 정돈하였다. 식사를 할 때에는 국과 밥을 놓는 위치가 반드시 정해져 있었고, 수저를 놓는 데도 일정한 장소가 있었다. 피곤해서 쉴 때에는 눈을 감고 단정히 앉아 있었고, 휴식이 끝나고 일어서서는 단정한 걸음으로 천천히 걸었다. 잠자리에는 한밤중이 되어서야 들었다. 잠을 자다가 깨면 이불을 몸에 두르고 정좌를 하였는데, 아침까지 그렇게 앉아 있기도 하였다. 위의威儀와 행동거지의 원칙은 젊은 때부터 노년에 이르기까지, 혹독한 추위와 찌는 듯한 더위, 위급할 때와 어려운 처지에서도 잠시나마 벗어난 적이 없었다. 가정에서는 어버이에게 효도를 극진히 하고, 아랫 사람들을 돌보는 데 지극히 자애로우며, 마당과 규문閨門(부녀자가 거처하는 곳) 사이에 내외 구별을 엄격히 하고, 은의恩義를 두텁게 하여 아주 기쁜 마음으로 남에게 베풀었다. 제사를 지낼 때에는 크고 작은 일을 막론하고 반드시 성심과 공경하는 마음으로 하고, 조금이라도 의례에 맞지 않으면 하루 종일 즐거워하지 않고, 제사를 마친 뒤에 예를 어긴 것이 없으면 환한 표정으로 기뻐하였다. 상을 당했을 때에는 애통하고 슬픈 마음을 극진히 하고 음식과 상복은 각기 그 실정에 맞게 하였다. 손님이 찾아오면 접대하지 않은 적이 없었고, 집안 형편에 알맞게 하되 언제나 그들이 기뻐하도록 극진히 대접하였다. 친척과 친구에게는 관계가 멀더라도 반드시 친애함을 극진히 하고, 마을 사람들에 대해서는 비록 미천할지라도 반드시 공손함을 극진히 하였다. 마을의 길흉사와 경조사에 대해서는 그 예를 빠뜨린 적이 없었고, 곤궁한 사람들을 진휼하고 버려진 사람들을 문안하는 데 은혜를 베풀지 않은 적이 없었다. 그러나 자신에 대해서는 매우 엄격하여 의복은 겨우 몸을 가릴 정도로 입고, 음식은 배를 겨우 채울 정도로 먹으며, 집은 비바람을 겨우 막을 정도면 만족하였다.

주희의 이러한 모습은 사위이며 수제자인 황간이 지은 『주문공행장』에 잘 묘사되어 있다. 주자학을 신봉하는 후인들은 『주문공행장』에 그려진 이러한 주희의 모습을 흠모하고 본받으려 노력하였다.

여덟째, 상제님을 지고무상한 존재로 인정하였다. 상제 신앙은, 요순의 도를 으뜸으로 삼고(조술요순祖述堯舜), 문왕과 무왕의 법을 지키는(헌장문무憲章文武) 유가에 계승되어 유가 경전인 『오경五經』에 두루 나타난다. 그 중에서 '상제'라는 말이 가장 이르게 나타나는 문헌은 『상서』의 「순전舜典」 편이다. 『오경』의 '상제' 출현 횟수를 보면, 『상서』가 32번, 『시경』이 24번, 『예기』가 20번, 『춘추좌씨전』이 6번, 『주역』이 2번이다. 이 밖에 『사서四書』 등 다른 유가 경전과 여러 역사 문헌에서도 상제를 언급하고 있다. 특히 『상서』「소고召誥」편에서는 '호천상제昊天上帝'라 달리 표현하였고, 『논어』「요왈堯曰」편에서는 '황황후제皇皇后帝'라 표현하였다. 상제와 호천상제, 황황후제는 모두 하늘에 계신 제왕으로서 최고의 주재자, 최고의 신 즉 지상신至上神을 의미한다. 상제는 상대 갑골문에 이미 등장하는데, 고문헌에서 '제帝' 혹은 '천天'이나 '태일太一(즉 태일신)'로도 일

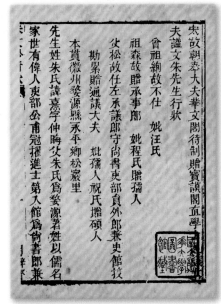

『주문공행장朱文公行狀』. 『송시강주문공행장宋侍講朱文公行狀』. 『주자행장』이라고도 한다. 주희의 수제자이자 셋째 딸 주태朱兌(1165-1221)의 남편인 황간黃榦(1152-1221)이 지었다.(『명변재총서明辨齋叢書』본)

컬어진다.

주희는 '천天'과 '제帝', '도道', '리理'를 모두 동일한 본체의 다른 호칭으로 간주하였다. 그래서 "제는 리를 으뜸으로 삼는다[78]"라고 하였다. 그렇다고 해서 '천', '도', '리'와 동일한 개념인 형이상적인 상제만 인정한 것은 아니다. 온 우주의 만물을 다스리는 절대자로서 인격적 존재로서의 하느님, 더 쉽게 말해서 인간의 형상을 한 통치자 하느님으로서의 상제를 완전히 부정했다고 볼 수는 없다. 왜냐하면 『사서』와 『오경』 등 유가의 경전에 누구보다 정통하고 그 문헌들에 대해 최고로 인정받는 주석을 단 주희가 그 문헌에 등장하는, 하늘에 계신 최고 절대자 신으로서의 상제를 인식하지 못했다는 것은 상식적으로 이해하기 힘들기 때문이다. 실제로 그의 어록집인 『주자어류朱子語類』를 보면 많지는 않지만 제자들과 상제에 관한 이야기를 나누기도 하였거니와, 주희는 자신이 직접 지어 서재 벽에 붙여서 항상 경계로 삼은 유명한 「경재잠敬齋箴」에서 '대월상제對越上帝'라는 표현을 하며 인격적 존재로서의 상제를 명확하게 밝혔다.

正其衣冠, 尊其瞻視, 潛心以居, 對越上帝.
정 기 의 관    존 기 첨 시    잠 심 이 거    대 월 상 제
의관을 바르게 하고 시선을 존엄하게 하여 마음을 가라앉히고서 상제님을 대하듯이 하라.

여기서 '월越' 자는 어조사로서 뜻이 없으니, '대월對越'이란 '대하다', '대면하다'는 뜻이다. 그래서 '상제'란 누가 보아도 인격신인 '옥황상제'로 이해되는 것이다. 이 구절에 대해 『도전』에서는 다음과 같이 풀이한다.

또 주자朱子가 말하기를 "몸가짐과 의관을 바르게 하고 공경스런 마음으로 성령의 조화세계를 바라보라. 마음을 고요히 하여 일심一心 경계

----------

[78] 帝是理爲主.(『주자어류』권1 「리기理氣(상)」)

에 머물면 상제님을 뵈올 수 있느니라."(『도전』1:5:3)

주희는 『사서』에 등장하는 '제帝' 혹은 '상제上帝'라는 말을 주석하면서 역시 직접 상제라는 표현을 썼다. 먼저 『논어』를 보면, 상제를 뜻하는 '제帝'라는 글자가 두 번 나온다.

帝臣不蔽, 簡在帝心.(『논어』「요왈堯曰」)
제 신 불 폐  간 재 제 심
상제님의 신하를 가려막지 않을 것이나 선택은 상제님의 마음에 달려 있다.

이 구절은 공자의 말이 아니라 상나라를 세운 탕왕湯王의 말로 기록되어 있다. 이 구절에 대해 주희는 『논어집주』에서 "천하의 현인들은 모두 상제님의 신하이니 자기(탕)가 가려 막을 수 없다. 선택이 상제님의 마음에 달려 있다는 것은 오직 상제님의 명령을 따른다는 뜻이다"[79]라고 주석하여 '제帝'를 '상제上帝'라 단정하였다.

그 다음으로 『맹자』에는 총 세 번에 걸쳐 '상제'라는 말이 나오는데, 그중에 두 번은 『서경』과 『시경』을 인용한 경우이다.

天降下民, 作之君, 作之師, 惟曰其助上帝, 寵之.
천 강 하 민  작 지 군  작 지 사  유 왈 기 조 상 제  총 지

(『맹자』「양혜왕하梁惠王下」)

하늘은 백성을 내리면서 그들에게 임금을 정해 주고 스승을 정해 준다.
이 임금과 스승의 책임은 상제님을 도와 백성을 사랑하는 것이다.

이 구절은 지금의 『상서』 내용과 약간 다르지만[80] 맹자가 『상서』「태서泰

---

79 天下賢人, 皆上帝之臣, 己不敢蔽. 簡在帝心, 惟帝所命.(『논어집주』「요왈堯曰」)
80 『고문상서古文尙書』「태서泰誓」편에는 "天佑下民, 作之君, 作之師, 惟其克相上帝, 寵綏四方."으로 되어 있어 『맹자』의 해당 구절 인용문과는 몇 개의 글자가 다르다.

誓」편을 인용하여 제齊나라 선왕宣王에게 한 말이다. 이 글의 내용은 선왕이 자신에게 용맹을 좋아하는 병통이 있다고 말하자, 맹자가 필부의 작은 용맹인 소용小勇을 갖지 말고 문왕과 무왕처럼 한 번 노함에 천하 백성들을 평안하게 하는 큰 용맹 즉 대용大勇을 가지라고 충고하는 이야기이다. 여기서 상제는 인격적인 모습을 하고 있다.

> 商之孫子, 其麗不億. 上帝旣命, 侯于周服. 侯服于周, 天命靡常.
> 상지손자　기려불억　상제기명　후우주복　후복우주　천명미상
>
> (『맹자』「이루상離婁上」)
>
> 상나라의 자손이 그 수가 10만에 그치는 것이 아니지만
> 상제님께서 이미 천명을 내리시니 주나라에 복종하네.
> 주나라에 복종했으니 천명은 일정하지 않도다.

이 구절은 맹자가 스스로 주나라 문왕의 일을 말한 것으로, "천리를 따르는 자는 생존할 수 있고, 천리를 거스르는 자는 멸망한다.(順天者存, 逆天者亡)"라고 언급하면서 『시경』「문왕文王」편을 인용한 것이다. 주희는 이 구절에 대해 『맹자집주』에서 "상제님께서 주나라에게 천하로써 명령하였으니 모든 이 상나라의 자손들은 주나라에 신하로써 복종하였다."[81]라고 주석하였다.

『맹자』에서 맹자가 자신의 말로

『맹자孟子』「이루상離婁上」. 『시경』을 인용하여 '상제上帝'를 표현하였다.

---

81 上帝旣命周以天下, 則凡此商之孫子, 皆臣服于周矣.(『맹자집주』「이루장구상離婁章句上」)

'상제'라 표현한 것은 한 번 등장한다.

　雖有惡人, 齊戒沐浴, 則可以祀上帝.(『맹자』「이루하」)
　수 유 악 인　재 계 목 욕　즉 가 이 사 상 제
　비록 용모가 추한 사람이라도 재계와 목욕을 하면 상제님에게 제사할 수 있
다.

『대학』에 '상제'라는 말은 한 번 등장한다.

　殷之未喪師, 克配上帝.(『대학』「전십장」)
　은 지 미 상 사　극 배 상 제
　은나라가 아직 민심을 잃지 않았을 때는 상제님과 짝할 수 있었다.

　이 구절에 대해 주희는 『대학장구』에서 "상제님과 짝한다는 것은 그가
천하의 임금이 되어서 상제님에게 짝한다는 말이다."[82]라고 주석하였다.
『중용』에도 '상제'라는 표현이 한 번 등장한다.

　郊社之禮, 所以事上帝也, 宗廟之禮, 所以祀乎其先也.
　교 사 지 례　소 이 사 상 제 야　종 묘 지 례　소 이 사 호 기 선 야
(『중용』「제십구장」)
　천지에 제사하는 예는 상제님을 섬기는 데 쓰는 것이고, 종묘에 제사하는 예
는 조상을 제사하는 데 쓰는 것이다.

　정리하자면, 주희는 자신의 학문을 집대성한 『사서장구집주』에서 총 여
섯 번에 걸쳐 상제라는 표현을 썼는데, 이로 볼 때 주희도 상제를 지상신
至上神(즉 지고신)으로 인식하고 있었음을 알 수 있다. 후에 주희의 제자들이
쓴 글에도 여전히 상제가 지상신으로 인정되었다. 결정적인 예를 하나 더
든다면, 바로 주희가 황제에게 올린 상소문에서 직접 상제를 거론한 것이

---------
82 配上帝, 言其爲天下君, 而對乎上帝也.(『대학장구』「전십장」)

다. 『송사』 「주희전朱熹傳」에 나오는 내용인데, 원문을 직접 보자.

臣恐不惟上帝震怒, 災異數出, 正當恐懼修省之時, 不當興此大役,
신 공 불 유 상 제 진 노   재 이 삭 출   정 당 공 구 수 성 지 시   부 당 흥 차 대 역
以咈譴告警動之意; 亦恐畿甸百姓饑餓流離·殞於死亡之際,
이 불 견 고 경 동 지 의   역 공 기 전 백 성 기 아 유 리   점 어 사 망 지 제
或能怨望忿切, 以生他變.
혹 능 원 망 분 절   이 생 타 변

신은, 상제님이 진노하셔서 천재지변이 자주 나타나는데 두려워하고, 수신
과 반성을 해야 할 때임을 생각지 않으시고 부당하게 이런 큰일을 일으킴으
로써 꾸짖는 뜻을 알리고 놀라 움직이게 하려는 상제님의 뜻을 어길까 두렵
습니다. 또한 기내畿內의 백성들이 굶주리고 유리걸식하여 다 죽게 된 때에
어쩌면 원망하고 분노하여 다른 변란이 생길까 두렵습니다.


이 상소의 이름은 「경연유신면진사사차자經筵留身面陳四事箚子」이다.
1194년(소희 5)에 영종寧宗 황제 조확趙擴(1168-1224)이 옛 동궁을 수백 칸으
로 수리하여 옮기려고 한다는 조서를 내리자, 주희가 이 상소를 올려 그
부당함을 아뢰는 내용이다. 여기서 주희는 분명히 '상제진노上帝震怒'라는
표현을 씀으로써 상제가 인격신임을 밝히고 있다. 여기서도 '진노'의 주체
인 '상제'를 '리'라 말하는 것은 아무래도 어울리지 않는다. 이와 유사한 내
용이 『송원학안宋元學案』 「회옹학안晦翁學案」편에도 등장한다. 비교를 위해
원문을 제시한다.

臣恐上帝震怒, 災異數出, 不當興此大役, 以咈譴告警動之意.
신 공 상 제 진 노   재 이 삭 출   부 당 흥 차 대 역   이 불 견 고 경 동 지 의
亦恐畿甸百姓殞於死亡之際, 怨望忿切, 以生他變.
역 공 기 전 백 성 점 어 사 망 지 제   원 망 분 절   이 생 타 변

신은, 상제님이 진노하셔서 천재지변이 자주 나타나는데도 부당하게 이러한
대역사를 일으킴으로써 꾸짖는 뜻을 알리고 놀라 움직이게 하려는 상제님의
뜻을 어길까 두렵습니다. 또한 기내畿內의 백성들이 다 죽게 된 때에 원망하

고 분노하여 다른 변란이 생길까 두렵습니다.

또 하나는 『주문공문집』권85에 수록되어 있는 「존덕성재명尊德性齋銘」인데, 존덕성尊德性이란 '덕성德性을 높인다'는 뜻이다. 이 존덕성은 도덕 수양과 치지致知의 방법인, '물음과 배움으로 말미암는다'는 뜻의 '도문학道問學'과 함께 리학에서 매우 중요한 개념이다. 이 말은 원래 『중용』「제이십칠장」에 나온다. 여기서 말하는 덕성은 '의리지성義理之性'으로서 지고무상至高無上한 덕성을 가리킨다. 리는 모든 사물의 근원이며, 최고의 도덕 준칙인데, 그 중에서 가장 주요한 덕성 원칙은 인의예지이다. 존덕성의 목적은 천부적인 선한 본성을 존숭하여 사상과 행위를 정리正理에 부합시키려는 것이다. 그런데 이를 설명하면서 주희는 상제님께서 백성

「경연유신면진사사차자經筵留身面陳四事箚子」. 『송사』「주희전」에 수록되어 있는데, 여기서 '상제진노上帝震怒'라고 표현하였다.(『흠정사고전서』본)

「송원학안宋元學案」「회옹학안晦翁學案」. '상제진노上帝震怒'라는 문구가 보인다.(『흠정사고전서欽定四庫全書』본)

들에게 인과 의를 내려주셨다고 전제하고, 이 인과 의는 상제님의 법칙이라 강조하였다.

維皇上帝, 降此下民. 何以予之? 曰義與仁. 維義與仁, 維帝之則.
유 황 상 제　강 차 하 민　하 이 여 지　왈 의 여 인　유 의 여 인　유 제 지 칙

위대하신 상제님께서 이 하민下民을 내리시니, 무엇을 주셨는가?

의義와 인仁이로다. 의와 인은 상제님의 법칙이다.

그러면서 전편을 상제님과 관련지어 서술하고 있다. 이 「존덕성재명」은 주희가 인격적 존재로서의 상제님을 인정하였음을 밝히는 데 아주 중요한 글이다.

또 주희는 황제를 황천皇天의 아들이라 표현하였다. 주희는 효종 조신에게 올린 유명한 「무신봉사戊申封事」에서 이렇게 말하였다.

陛下上爲皇天之所子.(『주문공문집朱文公文集』 권11 「무신봉사戊申封事」)
폐 하 상 위 황 천 지 소 자

폐하께서는 위로 황천의 아드님입니다.

황천皇天이란 말은 하늘 및 천신의 존칭으로 사용된다. 전통적으로 천자天子는 하늘의 아들 즉 천제의 아들이란 뜻으로, 하늘의 뜻을 받아 하늘을 대신하여 천하를 다스리는 사람으로 본다. 그렇다면 여기서도 직접적으로 상제라는 표현을 쓰지는 않았지만 '황천'으로써 상제를 의미하였다고 볼 수 있다.

또 1194년에 재이災異 문제를 논한 「논재이차자論災異箚子」에서 주희는 당월 5일 밤에 갑자기 검은 기운이 꽉 차고 앞이 전부 모래흙인 재이 상황을 묘사하였다. 주희는 고대의 제왕은 재앙을 당하면 덕을 닦아서 결국 재앙을 길조로 바꾸었다고 생각하였다. 그래서 상소에서, 황제가 고대의 성

왕을 모범으로 삼아서 "사욕을 이기고 스스로 자신을 새롭게 하며, 아침과 밤에 반성을 하고, 마음을 쓰고 생각을 하며, 말을 하고 행동을 할 때 항상 황천상제皇上帝가 하늘에 계시고, 종사宗社의 신령이 옆에서 지켜주는 것처럼 하여"[83], 대소 신하들과 함께 저녁에 의논을 하여 천의天意의 소재를 구해야 한다고 진언하였다. 여기서도 분명히 '황천상제'를 언명하고 있다. 조사해 보니, 『주문공문집』 전체 글 속에는 '상제'라는 말이 총 43번 등장한다.

이 밖에도 위의 「논재이차자」에서 '상제의 마음'을 '천심天心'이라 표현하였고, 1191년(소희 2)에 지은 「여조수서與趙帥書」라는 편지에서는 '상제의 뜻'을 가리켜 '천의天意'라 표현하였다. 하늘의 주재 작용에서 가장 주요한

「무신봉사戊申封事」,『주문공문집』권11에 수록되어 있으며, 여기에 '황천皇天'이 표현되어 있다.(『흠정사고전서』본)

「논재이차자論災異箚子」,『주문공문집』권14에 수록되어 있으며, 여기에 '황천상제皇天上帝'가 나온다.(『흠정사고전서』본)

---------

83 克己自新, 早夜思省, 擧心動念·出言行事之際, 常若皇天上帝臨之在上, 宗社神靈守之在旁.(『주문공문집』권14 「논재이차자論災異箚子」)

것은 명령을 내리는 것인데, 하늘이 내리는 명령이 바로 천명天命이다. '천명'에 대해서는 『사서장구집주』 곳곳에 설명되어 있다.

天命者, 天所賦之正理也.(『논어집주』「계씨季氏」)
천 명 자　천 소 부 지 정 리 야
천명이란 하늘이 부여한 바른 리이다.

　주희가 인식한 천명의 가장 중요한 내용은 사람에게 부여한 하나의 착한 본성이다. 이 착한 본성이 바로 천리天理이다.
　이상에서 볼 때, 주희는 천天, 제帝, 리理를 하나의 개념으로 보아 천, 즉 상제가 리와 같다는 생각을 하였다. 그러나 결코 상제의 신성神性을 없애지 않았고 오히려 하늘 혹은 상제에 대하여 생활 속에서 항상 경외해 왔음을 알 수 있다.
　이상 주희의 생애와 사상, 그리고 수많은 업적을 간략하게 살피면서 왜 주희가 유도의 종장이 되었나 하는 실마리를 찾기 위해 긴 여정을 지나왔다. 다만 아쉬운 점은 증산 상제가 직접적으로 이에 관해 언급하지 않은 이상, '이것이 정답이다'라고 필자가 말할 수 있는 입장은 못 된다는 것이다. 앞으로 제현의 괄목할 만한 연구를 기대해 본다.

朱熹

# Ⅱ

# 생애

주희의 생애는 사서史書를 비롯한 여러 문헌에 많이 전하고 있다. 정사로는 『송사宋史』권429의 「도학열전道學列傳」에 「주희전」이 있고, 또 『송원학안』권48의 「회옹학안晦翁學案」과 송대의 문학가 섭소옹葉紹翁의 『사조문견록四朝聞見錄』[1]에 들어 있는 사호史浩(1106-1194)의 「사문혜천사史文惠薦士」와 섭소옹의 「경원당慶元黨」이 있어서 참고할 만하다. 또 제자 황간의 『주문공행장』과 왕무횡王懋竑(1668-1741)의 『주희연보』등 역대의 여러 연보도 주희의 삶을 추적하는 데 많은 도움이 된다.

--------
1 『사조문견록』은 섭소옹이 지은 필기소설筆記小說로 남송 황제인 고종, 효종, 광종, 영종의 알려지지 않은 역사적 사실을 서술한 책이다. 갑甲, 을乙, 병丙, 정丁, 무戊 5집集으로 구성되어 총 2백9 조가 실려 있으며, 원나라에서 『송사』를 찬수할 때 모두 이 책에서 가려 뽑았을 정도로 사료 가치가 높다.

# 1 주희는 어떻게 살았나

1130년 9월 15일 오시午時(오전 11시부터 오후 1시 사이)에 지금의 중국 복건성 삼명시三明市의 속현인 남검주南劍州 우계현尤溪縣에 있는 정안도鄭安道의 초당에서 한 아이가 주송朱松(1097-1143)을 아버지로, 휘주徽州의 대족大族인 축확祝確의 딸 축오랑祝五娘(1100-1169)을 어머니로 해서 3남1녀의 셋째 아들로서[2] 고고지성呱呱之聲을 내며 세상에 나왔다. 여느 아이의 출생과 별다른 차이는 없으나 훗날 이 아이는 역사에 한 획을 그은 사상가로 성장한다. 이 아이가 바로 주희이다. 주희가 태어난 해는 건염建炎 4년인데, 건염(1127-1130)은 남송南宋의 초대황제인 고종高宗 조구趙構(1107-1187)가 통치할 때의 연호이다.

주희가 태어나기 넉 달 전인 5월에 주희의 아버지 주송은 관직을 사직하고 전란을 피하여 정안도의 초당에 우거하고 있었는데, 여기에서 주희가 태어난 것이다. 주희는 어렸을 때 이곳에서 아버지의 가르침을 받았다. 아버지가 돌아가신 후에 주희는 이곳에 우계현학尤溪縣學을 건립하였다. 훗날(1241년) 이곳에는 남계서원南溪書院이 건립된다.

심계沈溪라는 이름으로도 불리는 우계는 주희가 태어났기 때문에 고향이라는 뜻의 '고리故里'라는 말을 붙여서 '주희고리朱熹故里'라고 하며, 또 '민중명주閩中明珠'라는 아름다운 별칭도 갖고 있는데, '민閩'은 복건을 가리키니 '복건의 명주'를 뜻한다. 복건이란 명칭은 우리나라에서 경상도가 경주와 상주, 전라도가 전주와 나주로 인해 득명한 것처럼 복주福州와 건주建州가 관할 구역에 있어 얻은 이름이다.

----------

2 주희의 두 형은 어릴 때 요절하고, 여동생 주심朱心(1140-1181)은 스물한 살 때 유자상劉子翔에게 시집갔다.

주희는 무원 주씨의 시조가 되는 다원공茶院公 주괴朱瓌(약 855-937)의 9세손이며, 본관은 휘주徽州 무원현婺源縣(현재 강서성 상요시上饒市의 속현) 만안향萬安鄕 송암리松巖里이다. 주희의 조상은 대대로 이 휘주 무원에 살았으나, 아버지 주송 때 민閩(즉 복건성)으로 이사하여 정착했다.

주송은 연평延平(남검주, 현재의 복건성 남평시南平市에 속함)의 이동李侗(1093-1163)과 함께 예장豫章의 나종언羅從彦(1072-1135) 문하에서 학문을 전수받았다. 이 나종언은 바로 정호程顥와 정이程頤, 즉 이정二程의 문하인 양시楊時(1053-1135)의 제자이다. 주희는 후에 아버지와 동문수학한 이동을 스승으로 삼음으로써 이정의 사전제자四傳弟子가 되어 직접 이락伊洛 리학의 연원을 계승하였다.

여기서 잠깐 주희의 세계世系를 살펴보자. 1세 주괴의 원적은 흡주歙州 흡현歙縣 황돈黃墩인데, 이곳은 지금 안휘성에 속한다. 이 흡주는 수나라 때 설치되었다가 뒷날 북송 선화宣和 3년인 1121년에 휘주徽州로 개명을 하였다. 당나라 천우天祐(904-905) 연간에 흡주자사인 도아陶雅가 지금의 강소성에 속하는 처음 무원婺源을 점령한 바, 주괴는 도아의 명을 받들어 군사 3천 명을 거느리고 이곳에 주둔하였으며, 벼슬이 제치다원制置茶院에 이르러서 사람들은 그를 '다원공'이라고 부르게 되었다. 그 후로 주씨는 이곳 무원의 만안향 송암리에 정착을 하게 되었다. 주희의 15세손 주영朱瑩이 펴낸 『자양주씨건안보紫陽朱氏建安譜』[3]에 의하면, 1세 주괴 다음으로는 2세 주정준朱廷雋, 3세 주소원朱昭元, 4세 주유보朱惟甫, 5세 주진朱振,

---

3 명각본明刻本 『자양주씨건안보紫陽朱氏建安譜』는 1982년에 복건성 용계현龍溪縣 매산향梅山鄕 건미촌乾美村에 위치한 주희 27세손 주배청朱培淸의 집에서 발견되었다. 이 족보는 중국국가문물국과 복건성박물관의 전문가 감정을 거쳐 전국 중대문물 발견의 하나로 선정되었을 정도로 자료로서의 가치가 높이 평가되며, 원본은 현재 복건성박물관에 수장되어 있다. 이 『자양주씨건안보』는 『무원다원주씨세보婺源茶院朱氏世譜』, 『신안주씨종보新安朱氏宗譜』, 『무원주씨통종세보婺源朱氏統宗世譜』 등 초기의 세 세보世譜가 이미 실전되었기 때문에 주희의 집안을 기록한 현존하는 가장 이른 세보가 된다. 내용이 자세하고 신빙성이 높은 이 세보는 주희 가족의 흥망성쇠와 그 후손들의 분파 및 주희의 생애와 사적 등을 체계적이고 완벽하게 연구하는 데 큰 도움이 된다.

6세 주현朱絢, 7세 주삼朱森, 8세 주송朱松, 9세 주희로 이어졌다. 그러니 주희는 다원 구세손이 된다.

주희는 복건에서 태어나 복건에서 자랐으며, 그의 학문과 저술 대부분도 복건에서 이루어졌다. 이런 이유로 훗날 그의 학문을 민학閩學이라 부르고, 또 고정이라는 지방에서 강학을 하였기 때문에 그가 창립한 학파를 고정학파考亭學派라고 부른다.

주희의 가정환경은 당시 사대부 중에서 비교적 빈한한 축에 속했다. 주희의 할아버지 주삼朱森(1075-1125)이 정화政和(지금의 복건성 남평시의 속현)에서 세상을 떠났을 때, 아버지 주송이 무원으로 운구해서 돌아가 장례를 치를 형편이 되지 못했던 사실에서도 그것을 알 수 있다. 주희의 조상은 무원에서 저명한 가문이었고, 유학자 집안으로 이름이 났다. 그래서 주희도 어려서부터 집안에서 유가 사상의 교육을 받았다. 이러한 교육은 그의 일생 동안의 학문과 사업 및 세계관 형성에 대해 큰 영향을 주었다.

역사를 돌이켜 보면, 위대한 인물에게는 대체로 탄생과 관련하여 여러 가지 전해 내려오는 말이 있다. 주희도 예외는 아니다. 태어나기 하루 전인

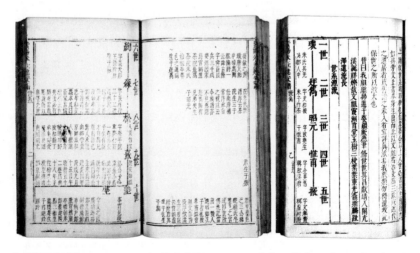

『자양주씨건안보紫陽朱氏建安譜』, 「세계원류世系源流」편에 주희가 주괴朱瓌의 9세손임을 밝히고 있다.

음력 9월 14일 밤에 정안도 관사에서 멀리 정면에 있는 태조산太祖山인 문산文山과 뒷면의 공산公山에서 동시에 불이 나서, 그 기세가 '문공文公'이라는 두 글자를 이루었다. 주송은 이를 희화喜火의 상서로운 조짐으로 여겼다. 이튿날 정오에 주희가 태어났는데, 주송은 '기쁠 희喜' 자와 '불 화火' 자를 합친 '성할 희熹' 자로 이름을 지었다. 훗날 '문文'이라는 시호가 내리자 주희를 주문공朱文公이라 불렀는데, 이것은 하늘이 희화喜火를 내린 것과 교묘하게 맞아 떨어진다.

주희대경자화상비朱熹對鏡自畫像碑 탁본. 주희의 16세손 주옥朱玉이 세웠다. 오른쪽 뺨에 일곱 개의 검은 사마귀가 선명하다.

『주문공연보사실朱文公年譜事實』에 의하면, 주희는 오른 뺨에 일곱 개의 검은 사마귀가 있는데 마치 열성列星과 같아서 당시 사람들이 기이하다고 하였다.[4] 열성이란 하늘에 떠 있는 정시에 출현하는 항성을 가리킨다. 그래서 주희는 '칠성아七星兒'라 불리기도 하였는데, 그 검은 사마귀의 형태가 마치 북두칠성과 같았다. 주희는 예순한 살 때인 소희紹熙 원년 즉 1190년에 거울을 보고 실제 모습과 똑같은 자화상을 그렸다. 이 자화상을 '대경사진제이

주희대경자화상비朱熹對鏡自畫像碑. 원 탁본에 의거하여 1987년에 새로 만들었다.

---

4 文公右側有七黑子, 如列星, 時竝稱異.(『주문공연보사실朱文公年譜事實』)

자경상對鏡寫眞題以自警像'이라 하는데 이것을 주희의 16세손인 주옥朱玉이 석각으로 제작하였다. 이 자화상을 비롯해서 지금 전하는 여러 종의 주희 상을 보면 얼굴 오른쪽에 일곱 개의 검은 사마귀가 있음을 알 수 있다. 그래서 후에 사람들은 이 일곱 개 검은 사마귀가 바로 북두칠성이고, 주희가 장차 리학의 태두가 될 것을 예시한 것이라고 말하였고, 더욱이 공자의 신체에도 북두칠성의 사마귀가 있는 것으로 볼 때 주희는 제이의 공자라고들 말하였다. 또 주희가 출생하기 사흘 전에는 멀리 천 리 밖에 있는 무원婺源의 자양산紫陽山 아래 남가南街에 위치한 주씨네 집의 오래된 우물에 자줏빛 기운이 마치 무지개처럼 나타났다고 한다.

태어난 지 사흘 뒤인 17일에는 삼조세아회三朝洗兒會를 거행하였다. 갓난아이가 태어난 지 사흘째 되는 날을 '삼조三朝'라 하고, 이 날에 아이를 씻는 것을 삼조세아회 또는 삼조례三朝禮라 한다. 속칭 '세삼단洗三旦'이라고도 하는데 이 날 주위의 이웃과 친척과 친구들이 분분히 와서 축하를 하였고, 주송은 '탕병회湯餅會' 연을 베풀었다. 탕병이란 오늘날의 '장수면長壽麵'과 유사하다.

주희는 타고난 재주와 지혜가 남보다 뛰어났고, 어릴 때부터 깊이 생각하고 묻는 것을 좋아하였다. 주희는 스스로 이렇게 말하였다.

나는 대여섯 살 때부터 고민하여 말했다. "천지 사방의 밖에는 어떤 사물이 있을까?" 이 모습을 본 사람들은 사방에 끝이 없다고 말하지만, 내 생각에 틀림없이 끝나는 곳이 있을 것이다. 만일 이 벽과 같다면 벽 뒤에도 반드시 어떤 사물이 있을 것이다. 나는 때로 생각하다가 거의 병이 날 지경이었는데, 지금까지도 그 벽 뒤에 무엇이 있는지 알지 못한다.[5]

----------
5 某自五六歲, 便煩惱道: "天地四邊之外, 是什麼物事?" 見人說四方無邊, 某思量也須有箇盡處. 如這壁相似, 壁後也須有什麼物事. 其時思量得幾乎成病, 到而今也未知那壁後.(『주자어류朱子語類』권94「주자지서周子之書」)

하늘과 땅에 끝이 있는가, 없는가? 이것은 역대 철학자들이 캐묻는 문제로서 우주 본체의 인식에 관계된다. 주희는 대여섯 살 때부터 즐겨 이러한 문제를 생각하였으니, 어릴 때부터 철학자의 기질을 갖추고 있었고, 아울러 지적인 욕구가 매우 강렬하였다고 할 수 있다.

주희는 어린 시절을 우계와 건안建安(현재의 복건성 건구시建甌市)에서 보냈다.

여덟 살 때 아버지 주송에게서 『효경孝經』을 배웠는데, 『효경』을 한 번 읽은 후에 그 핵심 내용을 알고, 아울러 『효경』 책 위에다 "만약 이렇게 하지 않는다면, 사람이 아니다."라고 썼다. 또 어린 시절 친구들과 함께 모래밭에서 놀 때 그 혼자 단정히 앉아 손가락으로 그림을 그렸는데, 가서 보니 팔괘八卦였다고 한다.[6] 이것이 지금도 유명한 이른바 '좌사획괘坐沙畫卦'라는 아름다운 이야기이다. 열 살 때부터 성현의 학문에 매진하겠다는 뜻을 가지고, 매일 미친듯이 『대학』, 『중용』, 『논어』, 『맹자』를 읽었다. 그는 훗날 다음과 같이 회상했다.

> 내가 열 살 때 『맹자』를 읽었는데, "성인은 우리와 동류이다(聖人與我同類)"라고 말하여 말할 수 없이 기뻤고, 성인도 되기 쉽다고 생각하였다. 지금에야 비로소 성인이 되기가 어렵다는 것을 깨달았다.[7]

주희가 열 살 무렵에 남송 조정에서는 화전和戰 양론이 첨예하게 대립하였다. 진회秦檜(1091-1155)를 영수로 하는 주화파主和派는 북방의 금나라 정권과 타협하고 평화를 구하라고 주장하였다. 그들은 고종 조구의 전폭적

---

6 熹幼穎悟, 甫能言, 父指天示之曰: "天也." 熹問曰: "天之上何物?" 松異之. 就傅, 授以『孝經』, 一閱, 題其上曰: "不若是, 非人也." 嘗從群兒戱沙上, 獨端坐以指畫沙, 視之, 八卦也.(『송사宋史』「주희전朱熹傳」)
7 某十歲時, 讀『孟子』, 言聖人與我同類者, 喜不可言, 以爲聖人亦易做. 今方覺得難.(『주자어류』권104「주자朱子(1)」)

인 지지를 등에 업고, 전쟁을 통해 나라를 구하자는 주전파主戰派 장수 악
비岳飛(1103-1142) 등을 살해하고 금나라와 굴욕적인 화약和約을 맺었다.

　주희 나이 열한 살 때 아버지 주송은 진회가 주장한 화의和議에 반대함
으로써 조정에서 추방당해 건안建安의 환계정사環溪精舍에 은거했다. 당시
주송은 후한後漢의 광무제光武帝 유수劉秀(서기전 5-서기 57)가 곤양昆陽(지금의
하남성 섭현葉縣)에서 왕망王莽(서기전 45-서기 23)의 대군을 격파한 모습을 노
래한 소식蘇軾(1037-1101)의「곤양부昆陽賦」를 손수 써서 주희에게 주며 고
금의 흥망성패興亡成敗를 들려주었다. 유수가 약한 세력으로 강한 적을 이
긴 역사적인 경험을 알려 주어 어린 주희에게 항금抗金 사상 교육을 했음
을 알 수 있다. 이 일은 주희에게 평생 각인되었다.

　곤양 전투는 서기 23년에 발생한 일종의 내전이다. 녹림군綠林軍이 주축
인 유수의 군대가 곤양현에서 왕망의 40여 만 명의 주력부대를 대파하였

악비岳飛(1103-1142). 남송의 항금抗金 명장. 자는 붕거鵬擧. 상주相州 탕음현湯陰縣(지
금의 하남성 안양시安陽市 탕음현) 사람. 한세충韓世忠, 장준張俊, 유광세劉光世와 함께
남송의 '중흥사장中興四將'. 시호는 무목武穆, 충무忠武이고 악왕鄂王에 봉해짐.(출처:
『삼재도회』)

다. 곤양 전투는 중국의 고대 전쟁사에서 소수
가 다수를 이긴 유명한 전사戰事로 손꼽힌다.

열서너 살 때 아버지에게 『논어』를 배웠다.
1143년 3월, 주희 나이 열네 살 되던 해에 아버
지 주송이 병으로 마흔일곱 살을 일기로 세상
을 떠났다.

주송은 건주建州(지금의 복건성 건구시)에서 임
종할 때 아들 주희를 유자휘劉子翬(1101-1147)에
게 부탁하고 주희에게 이렇게 말하였다.

유수劉秀(서기전5-서기57).
후한後漢(즉 동한東漢)의 개
국군주. 유방劉邦의 9세손.
연호는 건무建武, 건무중원
建武中元. 유도柔道(온화와
겸양의 처세의 도)로 통치
한 그의 치세를 '광무중흥光
武中興' 또는 '건무성세建武
盛世'라 함. 묘호는 세조世祖,
시호는 광무황제光武皇帝.
재위 25-57.(출처: 『삼재도
회』)

> 적계 호원중(즉 호헌)과 백수 유치중(즉 유면
> 지), 병산 유언충(즉 유자휘) 이 세 분은 학문
> 에 연원이 있어 내가 경외하는 바이다. 내
> 가 죽으면 너는 가서 그분들을 섬기고 오직
> 그분들의 말씀을 들어라.[8]

주희는 아버지의 유언에 따라 어머니를 모시고 당시 네 살인 여동생 주
심朱心(1140-1181)과 함께 숭안현崇安縣 오부리五夫里로 거처를 옮겨 유자우
劉子羽(1096-1146)에게 의탁하였다. 오부리는 현재 오부진五夫鎮으로 복건성
무이산시武夷山市 동남부에 있으며, 포성현浦城縣, 건양현建陽縣, 무이산현
武夷山縣 세 현과 접해 있다. 1144년, 주희의 의부義父가 된 유자우는 원래
항금명장抗金名將이었는데, 후에 진회秦檜의 모함을 받고 고향에 거주하고
있었다. 그는 이곳 담계潭溪의 물가이며 병산屏山의 기슭에 주희 모자를 위

----

8 籍溪胡原仲·白水劉致中·屛山劉彦沖三人, 學有淵源, 吾所敬畏, 吾即死, 汝往事之, 而惟其言之
聽.(『송사』「주희전」) 이 내용은 『숭안현신지崇安縣新志』에도 나오는데, 내용상 약간의 차이
가 있다. "籍溪胡原仲·白水劉致中·屛山劉彦沖, 此三人者, 吾友也. 其學皆有淵源, 吾所敬畏. 吾
即死, 汝往父事之, 而唯其言之聽, 則吾死不恨矣."

자양서당紫陽書堂. 자양루의 대청이다. 주희가 손님을 맞이하고 강학을 하던 곳이며, 양 옆에 위재韋齋, 경재敬齋와 의재義齋라는 이름의 서재가 있다.

주희고거朱熹故居. 주희가 살던 자양루紫陽樓이다.

「리학정종理學正宗」 편액. 자양루 안에 주희 화상畵像과 함께 걸려 있다.

주희朱熹, 만세의 종사宗師가 되다

해 집을 한 채 지어 주었는데, 훗날 주희는 이 집을 자양루紫陽樓라 명명하였다. 주희는 건양으로 옮길 때까지 장장 50년 동안 이곳에서 살았다. 역대로 여러 차례 재건된 자양루는 20세기 들어와 훼손되어 현재는 유지遺址만 남아 있다.

주희는 아버지의 뜻을 잊지 않기 위해 자양루 동편의 방을 아버지의 호를 따서 '위재韋齋'라 명명하고, 한거할 때 머무는 방을 '회당晦堂'이라 이름 지었다. 또 대청 옆에 '자양서실紫陽書室'(즉 자양서당)이라는 편액을 걸어 놓았는데, 이는 고향을 잊지 않겠다는 결심을 나타낸 것으로, 그의 원적인 휘주 무원에 있는 자양산을 대청의 이름으로 삼은 것이다. 그리고 동쪽 서재를 '경재敬齋'(『주역』을 연구하던 곳), 서쪽 서재를 '의재義齋'(『대학』을 연구하던 곳)라 명명하였다. 집 근방에는 당시 주희가 물을 긷던 우물이 있는데 '영천靈泉'이라는 이름이 붙여졌다. 거울처럼 맑은 이 우물은 오부리에서 가장 맛이 달고 차가워 지금까지도 이용되고 있으며 아무리 큰 가뭄이 들어도 마른 적이 없었다고 한다.

주희는 아울러 적계籍溪 호헌胡憲(1086-1162), 백수白水 유면지劉勉之(1091-1149)와 유자우의 아우인 병산屛山 유자휘 등 세 사람을 스승으로 삼았다. 유면지는 훗날 맏딸 유청사劉淸四(1133-1176)를 주희에게 시집보냈으니 장인이 된다. 호헌, 유면지, 유자휘 세 사람은 모두 항금을 굳게 주장하였고, 이정 리학을 신봉하였지만 유불일치론을 주장하는 등 불학에 조예가 깊었고, 노장사상을 배척하였다. 이들은 모두 지금의 복건성에 속하는 건주建州 숭안현崇安縣 사람인데 '무이삼선생武夷三先生'으로 불리고, 이들이 창립한 학파를 성을 따서 유호학파劉胡學派라 한다.

주희가 오부리에 살면서 호헌, 유면지와 유자휘 세 스승에게서 글을 배운 곳은 유자우와 유자휘의 가숙家塾인 병산서원屛山書院이었고, 당시 호헌과 유면지도 이곳에서 제자들을 가르치고 있었다. 서원에서 수업을 받은 장소는 육경당六經堂이었는데, 유자휘는 제자들을 위해 '육경당에서 공부하는 학생들이 보라'는 뜻으로 「시육경당학자示六經堂學者」를 지었다. 이 글은 실제로 바로 가숙의 학규學規였던 셈이다.

대혜종고大慧宗杲(1089-1163). 송대 선종의 대표적인 선사禪師이다.

이들의 가르침을 받고 주희는 물을 뿌려 쓸고 웃어른의 부름이나 물음에 응하여 상대하는 이른바 쇄소응대灑掃應對하는 일부터 착실히 배워 나갔다. 주희는 이때 이정 리학을 연구하는 길을 걸으며, 아울러 금나라에 대항하는 강한 항금抗金 사상을 확립하였다.

열대여섯 살 때에는 당시 선학禪學의 거두 대혜종고大慧宗杲[9](1089-1163)의 수제자인 개선도겸開善道謙(1093-1185)[10]이라는 선사禪師와 문답을 나누었다. 도겸 선사는 속성이 유游로서 건주 숭안현 오부리 출신이며, 오부리 공신산拱辰山 아래에 있는 개선사開善寺에서 출가하였다. 집안은 대대로 유학을 하였는데, 삭발 후 과근果勤 선사와 종고 선사에게서 심인心印을 전수받은 인물이다. 주희가 선학에 관심을 가진 것은 유불일치론儒佛一致論을 주창했던 유자휘 등 세 분 스승의 영향이 컸다. 이들은 성리학자이면서도 선종에 대해 호의적이었음은 물론 상당히 깊게 이해하고 있었던 것이다. 그래서 주희는 훗날 이렇게 회상하였다.

나는 열대여섯 살 때 이 학문(즉 선학)에 마음을 두었었다.[11]

----------

9 대혜大慧는 이름이 종고宗杲이고 묘희妙喜라고도 부른다. 송대 선종사에서 대표적인 인물 중의 하나로서, 남송 때에 '백세지사百世之師'와 '임제중흥臨濟中興'으로 일컬어졌다. 주요 저작으로 『종문무고宗門武庫』, 『선가잡독록禪家雜毒錄』, 『정법안장正法眼藏』, 『대혜보각선사어록大慧普覺禪師語錄』 등이 있다.

10 道謙和尙, 姓游, 五夫里人, 家世業儒……削髮, 謁果勤·宗杲二禪師, 祕傳心印. (『오부리지고五夫里志稿』「석지釋志」)

建寧府開善道謙禪師, 本郡人, 初之京師依圓悟, 無所省發. 侯隨妙喜庵居泉南, 及領徑山, 師亦詩行. (普濟, 『오등회원五燈會元』 권20)

11 某年十五六時, 亦嘗留心於此. (『주자어류』 권104 「주자(1)」)

당시 선禪에 심취한 주희에게 있어서 선과 유학은 공존하였으며, 이러한 상황은 이동을 만나 불교와 완벽한 결별을 할 때까지 지속되었다. 이 때의 선에 대한 관심은 훗날 주희가 선을 비판할 때 매우 중요한 도구가 되었다.

다른 한편으로 주희는 유가 경전 공부를 열심히 했다. 주희가 자각적으로 유가 경전을 탐구하게 된 나이는 열예닐곱 살 무렵으로, 만년에 과거를 회상하며 이렇게 말했다.

> 나는 열예닐곱 살 때부터 공부를 하고 독서를 하였는데, 그때 주위에는 모두 의지할 데가 없어 다만 이처럼 확실하게 정력을 들여서 읽어 나가기만 했다. 오늘날에 와서야 비록 말할 만한 것도 못되지만 당시에는 적지 않은 고생을 해 가며 책을 읽었다. 지금 사람들이 단숨에 내 독서 수준까지 읽기는 어렵다. 모름지기 끊임없이 정력을 들여야 가능할 것이다. 나는 지금 늙어서 장차 죽을 것이니, 친구들이 면려해서 묻고 배우기를 바랄 뿐이다.[12]

열일여덟 살 때에는 『중용』과 『대학』을 읽었는데, 매일 아침 일어나 반드시 열 번씩 읽었다.[13]

열여덟 살 되던 해(1147) 가을에 건주의 향공鄕貢[14]으로 천거되었다. 당시 시험관이었던 채자蔡玆는 "내가 한 후생後生을 뽑았는데, 세 편의 대책이 모두 조정을 위해 국가대사를 조치措置하려고 하였으니 훗날 틀림없이 범상치 않은 인물이 될 것이다."[15] 주희가 선학禪學에 조예가 있었기 때문에

---------

12 某是自十六七時下工夫讀書, 彼時四旁皆無津涯, 只自恁地硬著力去做. 至今日雖不足道, 但當時也是喫了多少辛苦, 讀了書. 今人卒乍便要讀到某田地, 也是難. 要須積累著力, 方可. 某今老而將死, 所望者, 但願朋友勉力學問而已!(『주자어류』권104「주자(1)」)
13 某年十七八時, 讀『中庸』·『大學』, 每早起須誦十遍. 今『大學』可且熟讀.(『주자어류』권16「대학大學(3)」)
14 '향공鄕貢'이란 학관의 시험을 거치지 않고 주와 현에서 과거에 응시하도록 추천한 선비를 가리킨다.
15 吾取中一後生, 三篇策皆欲爲朝廷措置大事, 他日必非常人.(『주자연보朱子年譜』권1)

선禪의 뜻으로 글을 지어 시험관의 좋은 평을 받았던 것이다. 11월에는 건주에서 실시한 해시解試[16]에 합격하여 경성京城인 임안臨安에서 실시하는 회시會試[17]에 응시할 자격을 얻었다.

1148년(소흥 18년) 정월에 열아홉 살의 주희는 스승 유면지의 맏딸인 유청사劉淸四와 혼인을 하였다. 그의 나이 마흔일곱 살에 아내가 세상을 떠날 때까지 28년 동안 매우 금슬 좋게 살았으며, 훗날 자신이 세상을 떠난 후에는 합장合葬되었다.

이 해 2월에 경성 임안에서 예부禮部의 회시에 합격하고, 이어 4월, 집영전集英殿 전시殿試[18]에 참가해서 왕좌방王佐榜 제오갑第五甲 제90명名으로

---

16 해시解試는 당·송 때 주州와 부府에서 거행한 시험이다. 명·청 때에는 향시鄕試라 하였다. 해시의 1등을 '해원解元'이라고 한다.

17 3년마다 각 성의 거인擧人들이 경성에 모여 치르는 시험을, 천하의 수재를 한 곳에 모아 시험을 본다는 의미에서 '회시會試'라 한다. 회시의 1등을 '회원會元'이라 한다. 해시의 1등인 해원解元과 회시의 1등인 회원, 그리고 전시의 1등인 장원을 합쳐 '삼원三元'이라 부른다.

18 전시殿試는 과거시험에서 최고의 등급이다. 황제가 친히 전정殿廷에서 책문策問하며, 이를 정시廷試라고도 한다. 전정이란 원래 궁전, 궁정을 말하나 황제가 전시를 거행하는 곳을 가리키며, 책문이란 경전의 뜻 또는 정사 등의 문제를 내고 대답을 요구하여 선비를 시험하는 것을 말한다. 전한 때 황제가 친히 현량賢良, 문학文學의 인사를 책문한데서 그 유래를 찾을 수 있다. 당나라 측천무후가 691년(천수天授 2)에 낙양의 궁전 앞에서 친히 책문한 것이 시작이지만 아직 제도로 정해지지는 않았다. 송나라에 들어와서 975년(개보開寶 8)에 태조 조광윤趙匡胤이 강무전講武殿에서 책시策試를 통해 거인擧人을 합격시키고, 아울러 석차를 정해 반포하였는데, 이로부터 통상적인 제도가 시작되었다. 983년(태평흥국太平興國 8)에는 전시 후의 진사를 다섯 개의 석차군인 오갑五甲으로 나누었다. 원나라 때에는 전시제도가 없었고, 명청 시대에는 전시 후에 삼갑三甲으로 나누었다. 일갑一甲 3명은 진사급제進士及第에게 하사하는데, 이들을 장원狀元, 방안榜眼, 탐화探花라 부르며 '정정鼎'의 다리가 세 개임에 비추어 '삼정갑三鼎甲'으로 총칭한다. 이갑二甲은 진사출신에게 하사하는데, 일등은 통칭 전려傳臚라 부른다. 삼갑三甲은 동진사출신同進士出身에게 하사한다. 참고로, 방안이란 말은 북송 초기에 시작되었다. 처음에는 일등을 장원이라 부르고, 2등과 3등을 합쳐서 방안이라 불렀는데 이는 이등과 삼등이 두 개의 눈처럼 장원의 좌우에 나누어 서 있다는 뜻이다. 또한 '꽃을 탐방한다'는 뜻의 '탐화探花'라는 명칭은 당나라 과거에서 이미 나타났다. 당시 진사에 합격한 사람은 동산에 놀러가 경축을 하였는데 이 잔치를 '탐화연探花宴'이라 불렀다. 진사 중에서 나이 어리고 용모가 잘 생긴 사람을 '탐화사探花使로 삼는데, 이들은 각각 이름난 동산에 가서 싱싱한 꽃을 따다가 장원을 영접하였다. 북송 초기에는 이등과 삼등을 방안으로 불렀으나, 북송 말기에 이르면 이등을 방안, 삼등을 탐화

합격하여 진사가 되었다. 전시의 제목은 「창업수문지책創業守文之策」이었다. 이때 주희는 선학禪學의 뜻으로 『역』과 『논어』, 『맹자』의 의미에 회답하여 급제하였는데, 이것은 당시 주고관主考官 주집고周執羔(1094-1170), 초고관初考官 심해沈該, 복고관覆考官 탕사퇴湯思退(1117-1164) 등이 모두 불학이나 노장을 좋아한 것과 관계가 있다.

당시 전시 합격자 총 3백30명 중에서 제일갑이 10명, 제이갑이 19명, 제삼갑이 37명, 제사갑이 1백22명, 제오갑 1백42명이었는데, 이를 계산해 보면 주희의 등수는 2백78등이니 그다지 우수한 성적이라 할 수 없다. 과거에 합격한 주희는 동진사출신同進士出身이 되었는데, 성적이 높지 않지 않기 때문에 진사 출신과 동격이라는 뜻으로 '동同' 자가 덧붙은 것이다. 그래서 관직에 나아가려면 임관의 적합성을 심사하는 전시銓試를 다시 치러야 했다. 이에 3년 동안 준비를 해서 1151년(소흥 21) 봄에, 주희는 마침내 전시에 급제하였다.

스무 살 이후 주희는 절실하게 지식을 추구하여 독서의 범위를 더욱 넓혀 나갔다. 그리하여 "나는 과거에 배우려 하지 않은 것이 없었는데, 선禪, 도道(도가와 도교), 문장, 『초사楚辭』, 시詩, 병법 등 무엇이든 배우고자 했다."[19]라고 훗날 회상하였다. 글을 배우는 데 고문운동古文運動을 제창한 당송팔대가唐宋八大家[20]의 한 사람인 증공曾鞏(1019-

---

라 불렀다. 그런데 장원이니, 방안이니, 탐화니 하는 명칭은 사회에서 습관적으로 사용하던 것이고, 정식으로 발표된 금방金榜에는 그냥 진사일갑제일명進士一甲第一名, 일갑제이명一甲第二名, 일갑제삼명一甲第三名으로 되어 있다.

19 某舊時亦要無所不學, 禪·道·文章·『楚辭』·詩·兵法, 事事要學.(『주자어류』권104 「주자(1)」)

20 중국 당나라 때의 한유韓愈(768-824)와 유종원柳宗元(773-819), 북송 때의 구양수歐陽脩(1007-1072)·소순蘇洵(1009-1066)·소식蘇軾(1037-1101)·소철蘇轍(1039-1112)·증공曾鞏·왕안석王安石(1021-1086) 등 8명의 산문작가를 총칭해서 당송팔대가라 한다. 이들 중, 소순은 아버지이고 소식과 소철은 형제 사이라서 통칭 '삼소三蘇' 혹은 '소씨삼부자蘇氏三父子'라 부른다. 고문운동古文運動이란 한유와 그의 친구인 유종원이, 육조시대 이후 산문이 사륙변려체四六駢儷體의 문장으로 정형화되면서 내용이 공허하고 화려하기만 한 데 반기를 들고, 진한秦漢 시대 이전의 소박한 고문으로 돌아갈 것을 주장한 산문운동을 말한다.

1083)[21]을 학습 본보기로 삼은 주희는 「발증남풍첩跋曾南豊帖」에서 이렇게 술회하였다.

나는 약관 이전에 남풍선생(증공)의 글을 읽었는데, 그 문사의 엄밀함과 이치의 바름을 사랑하여 평상시에 항상 외우고 읽었으며, 사람이 하는 말은 반드시 이와 같아야 한다고 생각하였다.…… 내 나이 스무 살 무렵에는 남풍선생의 글을 읽기 좋아하여 마음속으로 그를 앙모하고

유종원柳宗元(773-819). 자는 자후子厚, 하동河東(지금의 산서성 운성運城 영제永濟 일대) 사람. 당대의 문학가, 철학가. 당송팔대가唐宋八大家의 한 사람. 세상에서 유하동柳河東, 하동선생이라 부름. 유주자사柳州刺史 벼슬을 하여 유유주柳柳州라 불리고, 한유韓愈와 함께 '한류韓柳'로, 유우석劉禹錫과 함께 '유류劉柳'로, 왕유王維, 맹호연孟浩然, 위응물韋應物과 함께 '왕맹위류王孟韋柳'로 병칭됨. 저서『하동선생집河東先生集』.(출처:『삼재도회』)

--------
21 증공은 자가 자고子固이고, 지금의 강서성인 건창군建昌軍 남풍현南豊縣 출신이라 세상 사람들이 '남풍선생南豊先生'이라 불렀다. 또 '남풍칠증南豊七曾'으로도 불렸다. 남풍칠증이란 남풍 출신으로 성이 증씨인 일곱 사람을 가리키는데, 증공, 증조曾肇, 증포曾布, 증우曾紆, 증굉曾紘, 증협曾協, 증돈曾敦을 아우른다.

본받았으나, 결국에는 나의 재주와 능력이 부족하여 원하는 바를 이룰
수 없었다.[22)

증공은 문체의 풍격이 '고아하고 평이하며 바르다(古雅平正)'고 평가되며
유가 경전을 인용하는 데 뛰어났고, 그의 문장은 모방하고 배우기에 쉬운
것으로 정평이 나 있다.

주희는 특히 『초사』에 대해서 젊은 시절부터 노년에 이르기까지 끊임없
이 학습하고 연구하여, 일흔 살 때에는 『초사』에 주석을 단 『초사집주楚辭
集註』 8권을 완성하였다.

이욱李郁이 풀이한 『논어』, 『맹자』를 이 무렵에 읽었다. 이욱은 정이程
頤의 제자인 양시楊時의 제자이다. 또 사량좌謝良佐[23)(1050-1103)가 저술한
『논어해論語解』를 읽었다. 사량좌는 이정의 급문제자及門弟子[24)로 유초游
酢[25)(1053-1123, 자는 정부定夫, 호는 치산豸山), 여대림呂大臨(1044-1091, 자는 여숙與
叔), 양시楊時와 함께 '정문사제자程門四弟子' 또는 '정문사선생程門四先生'으
로 병칭되는 인물이다. 자는 현도顯道이고, 채주蔡州 상채上蔡(지금의 하남성
상채현) 출신이라 사람들이 사상채 혹은 상채선생이라 불렀다. 이 책에 대해
주희는 만년에 석홍경石洪慶이라는 제자에게 다음과 같이 말했다.

----------

22 熹未冠而讀南豐先生之文, 愛其詞嚴而理正, 居常誦習, 以爲人之爲言, 必當如此.…… 余年
二十許時, 便喜讀南豐先生之文而竊慕效之, 竟以才力淺短, 不能遂其所願. (『주문공문집朱文公
文集』 권84 「발증남풍첩跋曾南豐帖」)
23 사량좌는 상채학파上蔡學派를 창립한, 심학心學의 창시자이자 호상학파湖湘學派의 비
조이다. 그는 정주程朱 리학理學의 발전사에서 교량 역할을 하였다.
24 '급문제자及門弟子'란 정식으로 문하에 들어가서 스승에게 절을 하고 수업을 받은 학생
을 가리킨다. '급문及門'이란 말은 『논어』 「선진先進」편에서 유래한다.
25 '游유'가 성씨임에도 '遊유'의 이체자로 보고 '遊酢'로 표기하는 경우도 있는데, 이는 명백
한 오류이다. 또 '酢'에 '초'와 '작'의 두 가지 독음이 있어 '유작'이라 읽기도 한다. '작'으로
읽으면, 주인과 손님이 술잔을 주고받는 '수작酬酢'이란 뜻이다. '초'로 읽으면 '식초'를 뜻
하는데, 또 '고주苦酒'라고 해서 '맛이 쓴 술'을 가리키기도 한다. 유초는 삼형제 중 둘째이
다. 형은 '유순游醇'인데, "순醇'은 진하고 향이 강한 술을 뜻한다. 또 아우는 '유역游醳'인
데, '역醳'은 새로 빚은 백주白酒를 가리킨다. 이렇게 보면 삼형제의 이름이 모두 술과 관계
가 있음을 알 수 있다. 그렇다면 '유작'이 아니라 '유초'라 읽는 것이 옳다.

나는 젊었을 때 학문을 하였다. 열여섯 살이 되자 리학理學을 좋아했고, 열일곱 살이 되어서 지금의 학문하는 사람과 같은 지식이 있게 되었다. 훗날 사현도謝顯道(즉 사량좌)의 『논어』를 읽고 대단히 기뻐서 자세하게 읽었다.[26]

이와 같은 독서법은 『맹자』를 읽을 때에도 나타난다.

나는 열일여덟 살부터 스무 살 때까지 『맹자』를 읽었는데, 단지 구절을 따라가며 이해할 뿐 철저하게 통달할 수 없었다. 스무 살이 넘어서야 이렇게 읽어서는 안 된다는 것을 알았다. 원래 수많은 긴 문장은 모두 처음

양시楊時(1053-1135). 민학閩學의 선구자. 자는 중립中立, 호는 구산龜山. 남검南劍(지금의 복건성) 장락현將樂縣 사람. 이정二程의 제자. 공묘孔廟에 종사됨. 선유先儒로 일컬어짐. 저서 『이정수언二程粹言』, 『귀산집龜山集』.(출처: 『삼재도회』)

---------
26 某少時爲學. 十六歲便好理學, 十七歲便有如今學者見識. 後得謝顯道『論語』, 甚喜, 乃熟讀.(『주자어류』권115 「주자(12)」)

과 끝이 서로 조응하고, 맥락이 서로 관통하기 때문에 단지 이렇게 자세하게 읽으면 저절로 뜻을 알게 된다. 이로부터 『맹자』를 보고서 뜻이 막힘이 없고 속도가 빨라짐을 느끼게 되었고, 또한 이로 인해 글 짓는 법을 깨닫게 되었다.[27]

『주역본의周易本義』. 주희가 '역易은 복서卜筮'라는 관점에 입각하여 『주역』의 본래 모습을 회복하고자 하는 의도로 저술한 책이다.

이와 같은 독서 방법은 종래의 모든 경전 해석에 의구심을 갖게 했다. 예를 들면 『주역』이 그것이다. 이 무렵 주희는 정이의 『역전易傳』에 몇 가지 의문을 품고 있었다. 당시 『주역』이라 하면 정이의 주석이 대부분이었다. 스무 살의 주희는 정이의 『주역』 해석에 불만을 느꼈지만 당시로서는 그것을 대신할 말한 설득력 있는 주장을 세울 수가 없었다. 훗날 쉰아홉 살 때 주희는 마침내 『주역본의周易本義』를 저술했다. 이 책은 '역易은 복서卜筮'라는 관점에 입각하여 『주역』의 본래 모습을 회복하고자 하는 의도에서 저술한 것이다. 따라서 정이의 『역전』은 그 근저에서부터 부정되었다. 주희의 역학에 대해 좀 더 부연하면, 역학을 기본으로 해서 「태극도설太極圖說」과 「통서通書」를 쓴 주돈이, 역시 역학을 기본으로 해서 『정몽正蒙』을 지은 장재, 순수한 역학가 소옹, 낙양에서 역학을 가르친 정호와 특히 『역전易傳』을 집필한 정이 등, 이들 북송오자가 역학 사상을 기

----------

27 某從十七八歲讀至二十歲, 只逐句去理會, 更不通透. 二十歲已後, 方知不可恁地讀. 元來許多長段, 都自首尾相照管, 脈絡相貫串, 只恁地熟讀, 自見得意思. 從此看『孟子』, 覺得意思極通快, 亦因悟作文之法.(『주자어류』권105 「주자(2)」)

본으로 해서 유학 사상을 회통했던 것과 달리, 주희는 어려서부터 아버지 주송에게 영향을 받아 정이, 양시, 나종언으로 이어지는 이른바 내성內聖의 학문을 공부하였고, 그래서 『대학』과 『중용』을 특히 중시하였다. 다시 말해서 북송오자가 역학을 기본사상을 해서 유학으로 연구를 확대하였다면, 주희는 유학을 기본사상으로 해서 역학으로 연구를 확대한 것이다. 주희가 태극이나 음양을 논한 것은 전적으로 역학을 위한 것이 아니라 자신의 유학사상인 리기설을 설명하기 위한 것이었다.[28]

스물한 살 때(1150), 주희는 무원으로 돌아가 할아버지 묘소를 돌보았다. 당시에 시에 관한 생각을 다음과 같이 피력하였다.

> 『삼백편』은 성정性情의 근본이고, 『이소離騷』는 사부辭賦의 마루이다. 시를 배우면서 여기에 근본을 두지 않는다면 이 역시 천박해질 것이다.[29]

여기서 『삼백편三百篇』은 『시경』을 가리키고, 『이소離騷』는 『초사』를 가리킨다. 이 말에서 그의 시적인 심미 경향과 시를 배움에 있어서 취한 방법을 알 수 있다. 『회암시설晦庵詩說』을 살펴보면, 위와 같은 생각이 그의 시론에 부합하는 것을 알 수 있다.

1151년 전시에 급제한 주희는 좌적공랑左迪功郎이라는 최하위 종구품에 제수되고, 천주泉州 동안현同安縣 주부主簿[30]에 임명되었으나 무슨 이유에

----------
28 高懷民, 「朱熹"易爲卜筮之書"說及其影響述評」 340-341쪽 참조.
29 『三百篇』, 性情之本. 『離騷』, 詞賦之宗. 學詩不本於此, 是亦淺矣.(위경지魏慶之, 『시인옥설詩人玉屑』)
30 주부主簿는 현령을 도와 문서를 담당하고 부세賦稅와 교육 등의 사무를 처리하는 관리이다. 『문헌통고文獻通考』에 의하면, "대체로 옛날에 관부에서는 주부라는 관리를 두었는데, 위로는 삼공 및 어사부에서부터 아래로는 구시九侍·오감五監 내지 군과 현에 모두 주부를 두었다.(蓋古者官府皆有主簿一官, 上自三公及御史府, 下至九寺五監以至郡縣皆有之.)" 주부는 수당 시기 이전에 관장의 직속이었기 때문에 권세가 매우 컸으나, 수당 시기 이후로는 일부 관서官署와 지방정부의 초급 사무관리가 되었다.

선지 2년여가 지난 1153년 7월, 스물네 살이 되어서 임지로 갔다.

임지로 가다가 연평延平(즉 남검주)을 지날 때 그는 처음으로 이동李侗 (1093-1163)을 만났다. 주희는 총 여섯 번 남검주에 갔는데, 그 중 다섯 번 이동을 찾아뵈었지만, 맨 마지막은 이미 사망한 뒤라서 실제로는 네 번에 걸쳐 만남이 이루어졌다. 이 첫 번째의 만남은 스무 날 정도 지속되었다. 주희는 이동의 집 옆에 있는 서림원西林院에 머물렀는데, 오대 시기 양梁나라 때 건축된 이곳은 그가 남검주를 찾을 때 항상 머물던 곳이다.[31] 당시 주희의 짐 속에는 『맹자』와 대혜선사의 어록집인 『대혜어록大慧語錄』이 있었다. 이동은 주희가 원래 갖고 있던 학문연구 방법과 선학의 영향을 받은 것에 대해 찬성하지 않고 주희에게 "단지 일용 간에 착실하게 공부하여 처리할 뿐"이라고 가르쳤다. 당시 주희는 마음속으로 복종하지 않았으나 동안현에 부임한 이후 반복된 사고를 거쳐서야 비로소 그의 말에 이치가 있음을 깨달았다.

주희는 동안현에서 1157년까지 4년 동안 직무를 수행하였다. 그는 나라에서 부여한 임무를 최선을 다하여 수행하였다. 세금을 걷는 일도, 농민봉기를 진압하는 일에도 모두 온 힘을 다했다. 그는 교육을 매우 중시해서 현학縣學[32]을 위해 차례로 학전學田, 강좌講座, 재사齋舍(즉 학사學舍) 등을 수리하고, 1155년에는 학생들이 읽을 수 있게 서적을 보관하는 경사각經史閣을 지었다. 그는 마을의 우수한 학생들을 선발하여 그들에게 매일 성현의 수기치인修己治人의 도를 강학하는 일을 하는 외에도 『주례周禮』, 『의례儀禮』, 『대당개원례大唐開元禮』, 「소흥사령紹興祀令」 등을 참고로 해서 석전례釋奠禮와 혼례 등을 정하거나 시행하였다. 석전례는 술과

---------

31 西林(院), 在府城東南, 五代梁時建, 朱文公謁李延平受學, 嘗寓於此.(『연평부지延平府志』)
32 '현학縣學'이란 생원生員이 공부하는 학교를 말한다. 과거제도에서 동자시童子試(즉 동시)에서 선발된 후에 현학에 들어가 공부하여 한 단계 높은 고시를 준비하는데, 이를 '진학進學', '입학入學' 또는 '입반入泮'이라 하며, 그 학생을 '상생庠生', '생원生員'이라 하고, 속칭 '수재秀才'라 부른다.

음식을 차려 놓고 선성선사先聖先師[33]에게 제사지내는 예를 말한다. 그는 동안현의 학궁學宮(학교) 안에 북송 시기의 유명한 학자이자 승상을 역임한 소송蘇頌(1020-1101)을 위해 사당을 만들어 제사를 지냄으로써 학술 기풍을 장려하였다. 「소승상사기蘇丞相祠記」는 바로 이 일을 기록한 글이다. 이렇듯 주희는 동안현에서 교육과 문화를 진흥시키는 데 온 힘을 쏟았다.

3년 임기를 넘어 이듬해 1157년 10월까지도 후임이 오지 않자, 주희는 봉친奉親(여기서는 어머니를 봉양하는 일)과 강학講學[34]을 이유로 해서 스스로 사임하고 숭안현으로 돌아갔다. 이듬해(소흥 28) 정월, 주희는 숭안현으로 돌아오는 도중 다시 연평(남검주)의 검계초당劍溪草堂으로 가서 두 번째로 이동을 방문하여 정식으로 스승으로 모시고 제자의 예를 올렸다. 한 달 정도 머물렀는데, 이동은 이때부터 이정의 리학을 전수하기 시작하였다. 그때 주희는 '리일분수理一分殊'의 이치를 깨달았다.

이동은 "리는 그것이 하나가 아님을 근심하지 않으나, 어려운 것은 분수일 뿐이다"라고 하였는데, 이 말은 주희의 철학사상이 진일보하는 데 큰 도움이 되었다.

고향으로 돌아간 주희는 그해 11월에 어머니를 봉양한다는 이유로 '악묘嶽廟[35]의 차견差遣[36]'을 신청하여, 12월에 담주潭州 남악묘南嶽廟의 감監

--------
33 '선성선사先聖先師'란 본래 성현과 사표師表가 될 만한 선현을 가리킨다. 한나라 이후로 유가사상이 국가의 통치사상이 되자, 역대 왕조에서 사당을 세워 공자에게 제사지냈다. 삼국시대 위魏 나라 때부터 수나라 때까지는 공자를 선성, 안회를 선사로 삼았다. 당나라 초기부터는 주공周公을 선성, 공자를 선사로 삼았으나 얼마 후에 다시 예전대로 돌아갔다. 참고로 '지성선사至聖先師'는 명나라 세종世宗이 1530년(가정嘉靖 9)에 정한 공자의 시호이다.
34 '강학講學'이란 원래 공개적으로 자기의 학술 이론을 강술하는 것을 말한다.
35 '악묘嶽廟'는 오악五嶽의 신을 모시는 사당이다.
36 '차견差遣'이란 송대에 관원이 맡는 실제의 직무를 말한다. 조정의 대臺, 성省, 시寺, 감監, 원院 등 기구는 모두 정원定員이 없고 전문적인 직무가 없어서 비록 관명이 있더라도 그 직무를 맡지 않으며, 특수한 황제의 명령이 없으면 본 기구의 사무를 맡지 않기 때문에 기록관寄祿官이라 부른다. 별도로 차견이란 명의를 두어, 관원을 파견하여 각 부문의 사무를 주관하게 한다. 지방의 장관도 역시 경조관京朝官이 차견이란 명의로 임명된다.

이라는 사직祠職을 얻었다. 담주는 현재의 호남성 장사의 옛 이름이다. 사직이란 봉급은 받지만 의무적으로 부임해서 실제 업무를 하지 않는 명예직이다. 이를 다른 말로 보통 사록祠祿 혹은 봉사奉祠[37]라 한다. 따라서 주희는 실제로는 담주에 가지 않고 숭안에서 학문에 전념하였다.

1159년(소흥 29)에, 주희는 사량좌謝良佐의 어록인 『사상채선생어록謝上蔡先生語錄』을 교정校定하였다. 앞에서 언급하였듯이 '상채'는 사량좌의 호이다. 이 어록은 원래 사량좌의 제자인 증념曾恬과 호안국胡安國(1074-1138)이 스승의 말을 기록한 어록집이다. 이 교정은 그가 북송 리학가의 어록을 정리한 최초의 작업이다. 그해 8월, 부재상격인 참지정사參知政事 진강백陳康伯(1097-1165)의 추천으로 조정에서 주희를 경성인 임안으로 불렀으나 일부 조정 고관의 반대가 심하다는 소식을 듣고 병을 핑계로 가지 않았다. 임안은 현재의 절강성 항주이다.

이듬해인 1160년(소흥 30) 입동 전날에 그는 세 번째로 연평으로 가서 이동을 찾아뵙고 조석으로 학문을 배우고 돌아갔다. 2년 후인 1162년에 다시 건구建甌로 가서 이동을 찾아뵙고, 함께 연평으로 돌아가서 수개월 동안 서림원에 머물면서 가르침을 받았다. 이동의 가르침으로 주희는 불학과 완전히 결별한다.

이 기간에 주희는 적지 않은 시를 썼다. 오늘날까지도 사람들의 입에 오르내리는 유명한 시 「춘일春日」과 「관서유감觀書有感」은 모두 이 무렵에 쓴 것이다. 이 시들은 따로 장을 마련하여 읽어보겠다.

일찍이 주희가 건구에서 이동을 만나기 1년 전인 1161년(소흥 31)에, 송나라와 금나라 사이에는 다시 대규모의 전쟁이 발발하였다. 금나라의 제4대 황제 완안량完顏亮(1122-1161)은 대군을 거느리고 남침하여 일거에 송나

---

37 송대에는 궁관사宮觀使, 판관判官, 도감都監, 제거提擧, 제점提點, 주관主管 등의 직책을 설치하여, 사무를 맡을 수 없거나 연로하여 퇴직한 관원 등을 배치하였다. 그들은 관리의 봉금만 수령할 뿐 직무가 없다. 궁관사 등의 직무가 원래 제사를 주관하기 때문에 역시 봉사奉祠라고 일컫는 것이다.

라를 멸망시킬 작정을 하였다. 송의 고종 조구는 원래 해로를 통해 남쪽으로 달아날 생각을 하였다. 그나마 다행으로 좌상 진강백 등이 완강하게 적과 맞서자고 주장하고, 우윤문虞允文(1110-1174), 오린吳璘(1102-1167) 등이 군사를 독려하여 힘껏 싸움에 임하여 금나라 군대를 물리칠 수 있었다. 또 금나라 세종 완안옹完顏雍(1123-1189)이 처음 황제가 되었을 때 완안량이 양주揚州(지금의 강소성 양주시)에서 부장에게 살해당하면서 금나라 내부가 일시 혼란해지자 송군이 잠시 승리를 거둘 수 있었다. 주희는 감정을 억누르지 못하고 수많은 시를 잇달아 써서 자신의 뜻이 중원을 회복하는 데 있음을 토로하고 자신이 주전파 쪽에 서 있음을 확실하게 밝혔다.

조구趙構(1107-1187). 송의 제10대 황제로서, 남송의 초대 황제. 휘종의 아홉 째 아들이자 흠종의 동생. 주화파主和派를 중용하여 악비를 처형하고 주전파인 이강李綱, 장준張浚, 한세충韓世忠 등의 대신을 파면함. 묘호는 고종高宗. 연호는 건염建炎1127-1130, 소흥紹興 1131-1162.(출처:『삼재도회』)

1162년(소흥 32) 5월 담주 남악묘의 사록祠祿 임기가 끝나자 주희는 곧바로 재임을 요구하는 청을 올렸다. 6월, 조구가 태상황太上皇으로 물러나고, 조신趙眘(1127-1194)이 황제의 자리에 올랐는데, 이 사람이 바로 제11대 황제인 효종孝宗이다. 조신은 주희의 재임을 윤허하고, 조서를 내려 직언을 구하였다. 주희는 8월에 경성인 임안으로 들어가서「임오응조봉사壬午應詔封事」를 올려 조신에게 격물치지格物致知의 학문을 중시하고 강화講和를 반대하라고 건의하였다. 이듬해인 1163년(융흥隆興 1) 11월 6일, 조신은 수공전垂拱殿으로 주희를 불렀다. 이때 주희는 이른바「계미수공주차癸未垂拱奏箚」를 올려서 세 가지를 상주하였다. 첫째는 정심, 성의, 격물, 치지의 학을 논하여 도가와 불가의 이단 학문을 반대하고, 둘째는 밖으로 외적을 물리쳐 원수를 갚는 대의를 논하여 강화 회담을 반대하며, 셋째는 안으로 정사를 개혁하는 도를 논하여 효종 조신이 아첨꾼을 총애하는 것을 반대하였다. 조신은 처음에 어느 정도 진취적인 뜻을 가지고 있었으나 본시 자질이 용렬하고 우매한 데다가 진회에게 붙은 총신 탕사퇴湯思退가 화의를 주창하자, 주희가 두 차례에 걸쳐서 강력하게 표명한 항금抗金 주장을 받아들이지 않았다. 엿새 후인 12일에 주희는 무학박사武學博士에 제수되고 대차待次[38]하였다. 무학박사는 병서兵書나 궁마弓馬, 무예 등을 학생에게 가르치는 일을 관장한다. 무학은 군사軍事 인재를 배양하는 학교이다. 그는 단시간에 결원이 보충될 수 없음을 분명히 알게 되자, 다시 사당을 지켜야 한다는 이유로 숭안으로 돌아왔다.

이동이 왕응진汪應辰(1118-1176)의 초청을 받고 복주로 갔다가 10월 15일에 갑자기 병으로 세상을 떠났기 때문에 주희는 1164년(융흥 2) 봄에 친히 연평으로 가서 장례에 참가하였다.

이에 앞서 서른네 살 때인 1163년에 마음을 다지고 노력하여 차례로 『논어요의論語要義』, 『논어훈몽구의論語訓蒙口義』 등의 책을 완성하였다. 『논어요의』는 훗날 저술한 『논어집주』의 전신이다.

서른다섯 살 때인 1164년에는 『잡학변雜學辨』 4편을 지었는데, 소식蘇軾의 『역전易傳』(즉 『소씨역해蘇氏易解』) 19조, 소철蘇轍의 『노자해老子解』(즉 『소황문노자해蘇黃門老子解』) 14조, 장구성張九成의 『중용해中庸解』(즉 『장구무중용

남송중흥사장南宋中興四將. 악비岳飛(1103-1142), 장준張俊(1086-1154), 한세충韓世忠(1089-1151), 유광세劉光世(1089-1142)가 각각 시종 한 명씩을 거느리고 있다.

---------
38 '대차待次'란 관직에 제수된 후에 차례에 따라, 또한 자격과 경력에 의해 결원을 보충하는 것을 가리킨다.

해張無垢中庸解』) 52조, 여희철呂希哲의 『대학해大學解』(즉 『여씨대학해呂氏大學解』) 4조를 모두 반박함으로써 정통 리학의 관점을 옹호하였다.

항금명장이면서 명재상인 장준張浚(1097-1164)이 8월 28일 복주로 좌천되어 부임하는 도중 여간餘幹(지금의 강서성 여간현)에서 병을 얻어 사망하자, 9월 주희는 예장으로 가서 장준의 유해 앞에서 애도하였다. 이 때 장준의 아들 장식張栻(1133-1180)을 처음 만났다. 훗날 장식은 호상학파湖湘學派를 대표하는 인물로서 주희, 여조겸呂祖謙(1137-1181)과 이름을 나란히 하였는데, 당시 이들의 활동지인 동래東萊, 신안新安과 형주荊州가 모두 중국 동남부에 위치해 있기 때문에 '동남삼현東南三賢'으로 일컬어졌다. 호상학은 주희의 민학閩學, 여조겸의 무학婺學과 함께 정족지세鼎足之勢를 이루었다. 무학의 단서를 연 인물은 동래여씨東萊呂氏 출신인 북송

여조겸呂祖謙(1137-1181). 자는 백공伯恭. 무주婺州 금화金華(지금의 절강성 금화현) 사람. 학자들은 동래선생東萊先生으로 칭함. 큰할아버지 여본중呂本中(대동래선생)과 구별하여 소동래선생小東萊先生이라 칭함. 주희, 장식張栻과 함께 동남삼현東南三賢으로 병칭. 절동학파浙東學派의 선구자이며 당시 가장 영향력 있는 학파인 무학婺學을 창립함. 시호는 성成. 저서 『동래집東萊集』, 『역대제도상설歷代制度詳說』, 『동래박의東萊博議』 등.(출처: 『삼재도회』)

때의 여공저呂公著(1018-1089)인데, 그래서 무학을 달리 여학呂學, 또는 금화학파金華學派라고도 부른다. 이 학파는 남송 절동학파浙東學派의 중요한 일파이다. '무학'이라는 이름은 당송 시기에 금화의 이름이 무주였기 때문에 얻어진 것이다.

남송 건도乾道(1165-1173), 순희淳熙(1174-1189) 연간의 대유학자이며 영강학파永康學派의 대표 인물인 진량陳亮(1143-1194)이 장식의 아우 장진張枃에게 보내는 「여장정수시랑與張定叟侍郞」이라는 편지에 이 상황이 잘 설명되어 있다.

건도 연간에 동래 여백공(여조겸)·신안 주원회(주희) 및 형주(즉 장식)가 정립鼎立하여 일세 학자의 종사가 되었습니다. 저도 그분들의 가르침을 받았는데, 그 학설이 서로 필적하였습니다. 지금 신안(주희)만이 우뚝

진량陳亮(1143-1194). 자는 동보同甫, 호는 용천선생龍川先生. 무주婺州 영강현永康縣(지금의 절강성 금화金華 영강시永康市) 사람. 주희로 대표되는 리학에 반대. 영강학파永康學派를 창립. 저서『용천선생집龍川先生集』. (출처:『삼재도회』)

홀로 생존해 계시니 더욱 만년의 교제를 맺고 있습니다.[39)

진량은 장식과 여조겸 그리고 주희가 건도 연간에 정립, 즉 세발 달린 솥의 형세를 이루어 일세 학자의 종사라 말하였는데, 이는 매우 적절한 표현이다.

1165년(건도乾道 1), 주희는 정부로부터 임안으로 부임하여 무학박사 직을 수행하라는 재촉을 받았다. 당시에 정권을 장악하고 있는 대신들이 대부분 주화파였기 때문에 주희는 그들과 정치적인 견해가 맞지 않아, 다시 사당을 지켜야 한다는 이유를 들어 고향으로 돌아와서 긴 세월 동안 지속될 리학 연구와 강학 활동을 시작하였다. 이해 5월에 다시 남악묘 감독으로 차견되었다

앞에서 서술한 내용을 보면, 주희가 '민학閩學'으로 불리는 신유학을 창립할 수 있었던 까닭이 그의 가문, 사승師承 및 젊은 시절의 경력과 불가분의 관계가 있음을 알 수 있다. 만약 아버지 주송이 그에게 어려서부터 항금의식을 심어주지 않았다면, 또 유자휘, 유면지, 호헌과 특히 이동이 그를 가르치지 않았다면, 그리고 젊은 시절에 부지런히 공부하고 광범한 생활 체험을 하지 않았다면 그는 탁월한 철학가가 될 수 없었고 우수한 문학가도 될 수 없었으리라!

1165년(건도 1)부터 1179년(순희淳熙 6)까지 14년 세월 동안 조정은 수십 차례에 걸쳐 주희에게 관직을 임명하고, 임지에 나아가 일을 맡으라고 재촉하였지만 그는 언제나 되풀이하여 사양하며 관직에 나아가려 하지 않았다. 어째서일까? 첫째는 화의和議를 중단하지도, 아첨꾼을 억누르지도 못하는 조정에 거스르는 언행을 함으로써 재앙을 초래할까 두려웠고, 둘째는 고희古稀에 가까운 노모에게 효도를 다해야 하므로 멀리 떨어져 있을

---

39 乾道間, 東萊呂伯恭·新安朱元晦及荊州, 鼎立爲一世學者宗師. 亮亦獲承敎於諸公後, 相與上下其論. 今新安巍然獨存, 益締晚歲之好.(『진량집陳亮集』권21 「여장정수시랑與張定叟侍郞」)

수 없기 때문이었다. 주희의 어머니 축오랑祝五娘은 1169년(건도 5) 9월에 세상을 떠났는데, 어머니가 세상을 떠난 후 주희는 다시 상제喪制를 끝마치지 못했다거나 녹봉이 부족하여 가족을 부양하기 어렵다는 이유로 여러 차례 관직에 나아가는 것을 피했다.

건도 3년인 1167년 8월, 서른여덟 살의 주희는 제자인 범념덕范念德(주희의 손아래 동서), 임용중林用中과 함께 담주로 가서 장식張栻을 방문하여 함께 리학의 문제를 연구 토론하였다. 주희가 리학 사상을 형성하는 데 중대한 영향을 준 이 만남은 두 사람의 생애에서 사상적으로 획을 그은 대사건일 뿐 아니라 남송 사상사의 중대 사건으로 손꼽힌다. 주로 토론한 것은 '태극'에 관한 문제와 '중中'과 '화和'에 관한 문제였다. 이 두 주제는 주희의 리학 사상에서 중요한 문제이며, 특히 태극은 리학 사상의 근본 문제인 것이다. 11월 6일에 주희와 장식, 그리고 임용중은 함께 남악 형산衡山[40]에 올라갔다. 여행을 하면서 세 사람은 서로 시를 화답하여 1백49수를 지었는데 이것이 『남악창수집南嶽唱酬集』으로 편찬되었다. 지금은 57수만이 남아 있다. 그 뒤 오래지 않아 주희는 숭안으로 돌아가는 도중에 제자들과 또 2백여 수의 시를 화답하여 『동귀난고東歸亂稿』를 편찬하였다. 주희

----------

40 형산은 오악의 하나로서 남악이다. 오악이 문헌에 처음 보이는 것은 『주례周禮』「춘관春官의」'대종백大宗伯'이다. "혈제로 사직, 오사, 오악에 제사지낸다.(以血祭祭社稷·五祀·五嶽.)" 이 구절에 대해 후한 때의 경학자 정현鄭玄은 이렇게 주석하였다. "오악이란 동악은 대종(태산), 남악은 형산, 서악은 화산, 북악은 항산, 중악은 숭산을 말한다.(五嶽, 東曰岱宗, 南嶽曰衡山, 西曰華山, 北嶽曰恒山, 中嶽曰嵩山.)" 전한 때 동방삭東方朔은 「봉태산封泰山」이라는 글에서 이렇게 말하였다. "태산은 서악 화산을 삼키고, 남악 형산을 누르며, 중악 숭산을 능가하고, 북악 항산을 앞지르니 오악의 우두머리이다.(泰山呑西華, 壓南衡, 駕中嵩, 軼北恒, 爲五嶽之長.)" 이로 볼 때, 태산(동악), 형산(남악), 화산(서악), 항산(북악), 숭산(중악)을 오악으로 확정한 것은 빠르면 『주례』가 완성된 춘추 시기 또는 전국 시기이고, 늦어도 동방삭이 활동한 전한 시기라고 할 수 있다. 참고로, 역사상의 북악 항산은 현재의 하북성 대무산大茂山이었으나 청나라 순치順治(1644-1661) 연간에 하북의 항산을 지금의 산서성 항산으로 바꾸었다. 또 남악 형산도 수나라 이전에는 안휘성의 천주산天柱山을 가리켰으나 수나라 문제 때부터 지금의 호남성 형산으로 바꾸었다. 오악은 봉래산蓬萊山, 영주산瀛州山, 방장산方丈山의 삼신산三神山과 함께 삼산오악三山五嶽으로 병칭되기도 한다.

는 정이가 말한 '글을 짓는 것은 도를 해치는 것이다'는 뜻의 이른바 '작문해도作文害道'설에 찬동하지 않았다. 주희는 자신의 시 속에서 여러 차례에 걸쳐 시를 애호한다고 표현하고, 시는 대자연과 함께 아름다우며 시인은 그 속에서 유유자적하니 무한한 즐거움이 있다고 생각하였다. 주희는 숭안으로 돌아와서도 장식과 계속해서 편지를 주고받으며 학문을 토론하였다. 주희와 장식이 만난 것은 세 번 정도에 불과하지만 서신 왕래를 통해 서로 비판하고 격려한 것은 장식이 죽을 때까지 계속되었는데, 주희가 장식에게 보낸 서신 54통과 장식이 주희에게 보낸 서신 74통이 현존한다.[41] 한편 다년간의 연구와 사고를 거쳐 점차 자신의 관점을 형성해 나간 주희는 이 해에 『중화신설中和新說』을 집필하였다.

장식張栻(1133-1180). 자는 경부敬夫, 흠부欽夫, 낙재樂齋, 호는 남헌南軒. 시호는 선宣. 후세에 장선공張宣公이라고도 칭함. 한주漢州 면죽綿竹(지금의 사천성 면죽시) 사람. 중흥의 명재상 장준張浚의 아들. 주돈이로부터 시작된 호상학파湖湘學派의 집대성자. 주희가 그를 위해 「우문전수찬장공신도비右文殿修撰張公神道碑」를 지음. 동남삼현 및 석고칠현의 한 사람. 저서『남헌선생문집南軒先生文集』.(출처:『삼재도회』)

--------
41 미우라 쿠니오 지음, 김영식·이승연 옮김, 『인간주자』 108쪽 참조.

12월, 주희는 추밀원편수관樞密院編修官에 제수되고 대차代次하였다. 1168년(건도 4) 늦봄에 대기근이 들었는데, 특히 복건성 북부인 건양, 숭안, 포성浦城 일대의 재난 상황은 매우 심각하였다. 이에 숭안의 지현知縣 제갈정서諸葛廷瑞는 주희와 유여우劉汝愚를 초청하여 함께 재해를 막고 백성을 구휼할 대책을 상의하였다. 주희는 기대를 저버리지 않고, 부호들의 곳간에 저장된 양곡을 방출하여 이재민을 구제할 것을 강력하게 권유하였다. 그 후에 주희는 다시 관부에 글을 올려 오부리五夫里에 창고를 지어줄 것을 요청하여 아울러 관부의 지원을 얻었다. 주희가 숭안에 퇴거해 있을 때, 수재로 작황이 좋지 않자 농민 봉기가 발생하였다. 이런 문제에 대해 고민하던 주희는 관부의 양곡을 기본으로 하는 '사창'의 설치를 제창하였는데, 이것이 바로 역사상 유명한 '주자사창朱子社倉'이다.

서른아홉 살 때인 1168년에는 『정씨유서程氏遺書』를 편찬하였다. 이 책은 이정의 언행과 학설을 제자들이 기록한 것인데, 주희가 순서를 정하고 오류를 바로잡아서 완성한 것이다. 이때부터 약 10년 간 주희는 자신의 중요한 저술을 대부분 완성했다.

마흔 살 때인 1169년(건도 4)에는 건양 숭화리崇化里에 동문서원同文書院을 세웠고, 이듬해인 1170년(건도 5) 정월에, 주희는 한천寒泉 천호天湖 남쪽에 어머니를 장사지낸 후, 묘 옆에다 정사를 짓고 '한천寒泉'이라는 현판을 달고 여묘廬墓하면서 학문을 연구하였다. 이른바 한천정사이다. 그의 학술 체계가 초보적으로 구축되기 시작한 것은 이 한천정사를 건립한 후라고 보는데, 이때 그는 이곳에서 『태극도설해』, 『서명해』, 『논어정의』, 『맹자정의』, 『자치통감강목』, 『이락연원록』, 『근사록』, 『논어혹문』, 『맹자혹문』 등의 중요 저작을 완성하였던 것이다. 『주자어류』의 최초 기록도 한천정사에 머무를 때부터 시작되었다.

1170년(건도 6년)에 주희는 「윤화정수필변尹和靖手筆辨」을 지어 윤화정을 비판하였다. 윤화정은 이정의 대제자인 윤돈尹焞(1061-1142)을 말하는

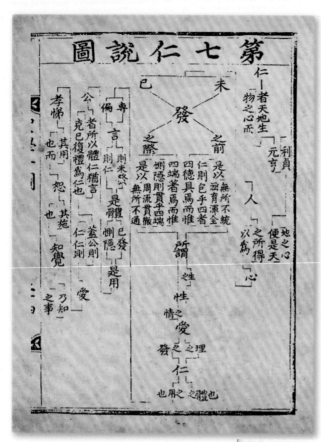

「인설도仁說圖」. 이황의 『성학십도聖學十圖』
중 일곱째 그림.

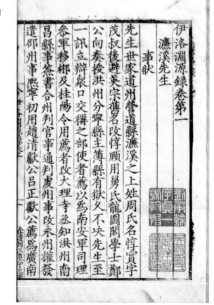

『이락연원록伊洛淵源錄』. 주희가 마흔네
살 때인 1173년(건도 9)에 북송오자인
주돈이, 정호, 정이 장재, 소옹과 그 제자
들의 언행을 기록한 책이다.

데, 아무리 윤돈이라 할지라도 이정의 학설에 맞지 않는 관점에 대해서는 가차 없이 비판을 하였다. 마흔두 살 때에는 호굉胡宏(1105-1161)의 『지언知言』을 비평한 『지언의의知言疑義』를 완성하고, 마흔세 살 때에는 사마광의 『자치통감』을 정선精選하여 강목체綱目體[42]로 엮은 『자치통감강목資治通鑑綱目』 59권, 북송시기 명신名臣의 사료를 정리한 『팔조명신언행록八朝名臣言行錄』 24권, 장재의 『서명』을 풀이한 『서명해의西銘解義』를 완성하였다. 또 「경재잠敬齋箴」을 짓고, 장식과 『수사언인록洙泗言仁錄』에 대해 토론하고 「인설仁說」과 「교언영색설巧言令色說」을 지었다. 마흔네 살 때에는 주돈이의 「태극도설」과 「통서」를 풀이한 『태극도설해太極圖說解』와 『통서해通書解』, 『정씨외서程氏外書』를 완성하고, 아울러 주돈이와 이정, 소옹과 그 제자들의 언행을 기록한 『이락연원록伊洛淵源錄』을 완성하였다. 이듬해에는 『고금가제례古今家祭禮』를 완성하였다. 마흔여섯 살 때에는 여조겸이 내방하여 공동으로 『근사록近思錄』을 편찬하였는데, 주희가 주도적인 역할을 하였다. 마흔여덟 살 때에는 『논어집주』, 『논어혹문』, 『맹자집주』, 『맹자혹문』을 완성하고 차례를 정하였다. 또 『시집전詩集傳』을 완성하고 서문을 썼으며, 『역전易傳』을 완성하였다. 이로 볼 때 그의 저작은 분량이 상당하다는 것을 알 수 있다. 주희의 저술활동을 크게 통괄해 보면, 그의 관심은 북송오자北宋五子가 남긴 저서의 편찬과 주석에서 『사서四書』의 주석으로, 그리고 다시 『오경五經』의 연구로 이행되고 있다. 따라서 북송오자에 대한 연구는 주자학 성립을 위한 기초과정이라 할 수 있다. 송대 철학의 집대성자라 할 수 있는 주희는 종합의 천재였고 그의 사상에는 반드시 전거典據가 있었다. 그리고 그 체계의 골격을 형성한 최대의 사상적

---------

42 강목체란 시간 순서에 따라 역사적 사실을 기록하는 편년체編年體 사서 체재體裁의 일종이다. 그 체례體例를 보면, 강綱은 대강大綱이란 뜻으로서 큰 글자를 써서 중요한 사건을 언급하고, 목目은 세목細目을 뜻하며 작은 글자를 써서 사건을 서술한다. 매 역사적 사실마다 강목이 분명하여 가독성이 높으며 찾기에도 편리하다. 주희의 『자치통감강목』은 강목체의 효시이다.

전거는 주돈이의 태극론太極論, 정이의 리理 철학, 장재의 기氣 철학이다. 그는 이를 기반으로 경서 연구를 추진하여 한대漢代 이래의 세계를 새롭게 해석하고 경서에 대한 새로운 주석을 성립시켰던 것이다.

한편 1169년(건도 5) 5월에 임안에 와서 추밀원편수관으로 부임하라는 성지聖旨를 필두로 해서 1170년(건도 6) 12월에 호전胡銓(1102-1180)의 추천으로 부름을 받을 때까지 여섯 차례나 조정에서 불렀으나 주희는 그때마다 다릿병 혹은 노모 부양 내지 노모의 상중喪中 등의 이유를 들어 번번이 사양하였다.

1171년(건도 7) 5월에 주희는 숭안현 오부리 적계방籍溪坊(지금의 오부진五夫鎭 흥현가興賢街)의 봉황항鳳凰巷에 사창을 만들었다. 이 밖에도 주희는 여러 곳에 사창을 보급하였는데, 그 뜻은 널리 백성들에게 혜택을 주고, 지주 호족들이 재난 시기에 농민에게 고리대를 실행하지 못하도록 하는 데 있었다. 훗날 주희의 혜민 선정을 기념하기 위해 마을 사람들은 '오부사창'을 '주자사창'으로 개칭하였다. 1171년(건도 7) 8월에 사창이 완성되어 양곡 창고가 가득 찼다. 그리하여 봄과 여름 사이 묵은 곡식을 다 먹고 난 후부터 햇곡식이 아직 수확되기 전 사이에 구휼하고, 가을 겨울에 상환償還하고 보관하게 되었다. 그리고 관창官倉인 상평창常平倉에서 쌀을 파는 것에서 민창民倉인 사창에서 구휼하는 것으로 바뀌어 백성들에게 크게 도움이 되었다.

이후에도 계속해서 조정의 부임 재촉과 주희의 사양이 이어지다가 1174년(순희淳熙 원년) 6월에 주희는 좌선교랑左宣教郎에 제수되고 태주台州 숭도관의 사록祠祿[43]을 얻었으나 역시 사양하였다. 태주는 당나라 무덕武德 5년인 622년에 설치되었으며, 경내境內에 천태산天台山이 있어서 붙여진 이름이다.

---

43 사록祠祿이란 관명으로서 '사품祠稟'이라고도 한다. 송나라 제도에서 대신이 직책을 그만두면 도교궁관道教宮觀을 관리하게 해서 예를 갖추어 대우하였는데, 직무는 없고 명의만 빌려 봉록을 받는 벼슬을 사록이라 한다.

1175년(순희 2) 4월에, 장식과 긴밀한 왕래가 있는 여조겸呂祖謙이 숭안으로 와서 주희를 방문하였다. 주희의 서재인 한천정사에서 열흘 정도 머물면서 두 사람은 주돈이와 장재, 정이 형제 등의 저작을 읽고 그들의 언행을 6백22조로 정리하여 『근사록近思錄』14권을 편찬하였다. 이 책은 도학의 입문서로서 중요한 지위를 차지하고 있다. 이 해 6월에, 여조겸은 주희의 '리학'과 육구연의 '심학' 사이에 있는 철학이론상의 차이를 조화시켜 두 사람의 관점을 하나로 귀결시키기 위해서 육구령陸九齡(1132-1180)과 육구연 형제[44]에게 주희와 만나라고 직접 나서서 요청하였다.

주자항朱子巷. '항巷'은 '골목'을 뜻한다.

흥현서원興賢書院. 오부진五夫鎭 흥현고가興賢古街에 있으며 남송 효종孝宗 조신趙昚(1163-1189) 때, 리학의 선현 호헌胡憲을 기념하기 위해서 지어졌다. 주희가 이곳에서 강학을 하였다. '흥현興賢'이란 명칭은 '흥현육수興賢育秀'의 줄임말로 '성현의 가르침을 이어 받아 후학에게 가르쳐 전한다'는 뜻을 내포한다.

---------
44 육구령과 육구연을 학자들은 '이육二陸'으로 병칭한다. 한편 청대의 전조망全祖望(1705-1755)은 『송원학안宋元學案』「사산복재학안梭山復齋學案」에서 그들의 형인 육구소陸九韶(1128-1205)를 육파심학陸派心學의 개창자로 보고 "삼육자의 학문은 사산(육구소)이 열고 복재(육구령)가 창도하였으며, 상산(육구연)이 완성하였다(三陸子之學, 梭山啓之, 復齋昌之, 象山成之)"라고 평하였다. 이 육씨 세 사람이 친형제이기 때문에 학자들은 그들을 '삼육자三陸子'라 부른다.

6월에 신주信州(지금의 강서성 상요시上饒市) 아호사에서 여조겸이 주최하고, 주희와 육구연, 육구령 등이 참가한 대토론회가 열렸다. 이것이 역사상 유명한 '아호지회鵝湖之會'이다. 서원 강회의 효시가 된 이 중국철학 대토론에는 유청지劉清之, 조경명趙景明, 반경헌潘景憲 등 강서, 절강, 복건의 관원과 학자 1백여 명이 방청하였고, 주희와 육구연의 친구 및 제자들도 참가하였다. 이 대토론에서 쌍방은 서로 자신의 학설을 강학하였는데, 주희는 '물음과 배움으로 말미암는다'는 뜻의 '도문학道問學'을 중시하여 '널리 배운 후에 간략한 데로 돌아갈 것(由博返約)'을 강조하고, 학문연구의 방법은 거경과 궁리가 가장 좋으며 양자를 서로 억제해서 운용해야 한다고 주장하였다. 반면 육구연과 육구령은 '덕성을 존중한다'는 뜻의 '존덕성尊德性'을 중시하여 '사람의 본심을 드러내어 밝힐 것(發明本心)'을 강력하게 주장하였다. 이 강회에서 연사흘 동안 격론을 벌였지만 승패가 분명치 않은 채 쌍방은 각자 쓸쓸하게 자리를 떠났다.

한 달 후인 7월에 주희는 건양현 운곡에 초당을 완공하여 회암晦庵이라 명명하고, 이듬해(1176) 3월에는 채원정과 함께 무원으로 가서 조상들의 묘지를 돌보고 비석을 세웠다. 6월 초, 숭안으로 돌아온 주희는 비서성 비서랑에 임명되었으나 사양하고, 8월에 사록을 요청하여 무이산 충우관의 주관이 되었다. 이 해 11월, 아내 유청사가 세상을 떠났다. 이듬해인 1177년(순희 4)에 건양현建陽縣 당석리塘石里의 대림곡大林谷에 아내를 장사 지내고 묘 옆에 '재여정宰如亭'과 '순녕암順寧庵'을 건립하였다. 17년이 지난 1194년(소희 5)에 영종 조확趙擴은 주희 아내의 정절과 부부의 금슬에 감동하여 그의 아내를 석인碩人으로 추봉하였다.

오십 대에 들어서면서 주희의 은거생활은 끝난다. 1178년(순희 5) 가을, 재상 사호史浩(1106-1194)의 추천으로 마흔아홉 살의 나이로 남강군南康軍(지금의 강서성 성자현星子縣)의 지군知軍, 즉 지남강군知南康軍에 임명되었기 때문이다. '군軍'은 송대에 처음 설치된 최고 행정구획이다. 송대에는 당

대唐代의 '도道'를 폐지하고 로路를 설치하였
는데, 그 아래에 부府, 주州, 군軍, 감監의 행
정단위가 속해 있다.[45] '지知'는 '주관하다'
는 뜻으로, 행정구역명 앞에 붙여 그곳의 최
고 관리를 가리킨다. 그래서 명대 이래로는
정식으로 부府의 최고 장관을 '지부知府', 주
州의 최고 관리를 '지주知州', 현縣의 최고 장
관을 '지현知縣'이라 명명하였다. 그러니 지
군知軍이란 군軍이라는 행정단위의 최고 장
관을 가리키는 것이다. 지군은 중앙에서 파
견되며, 조정 신하의 신분으로 지주知州의
일을 담당하고 아울러 해당지역의 군대를
관할한다.

조확趙擴(1168-1224). 송의
제13대 황제, 남송의 제4대 황
제. 광종 조돈趙惇의 둘째아
들. 묘호는 영종寧宗. 연호는
경원慶元1195-1200, 가태嘉
泰1201-1204, 개희開禧1205-
1207, 가정嘉定1208-1224.(출
처:『삼재도회』)

주희는 여러 차례 이를 사양하고 사록에 임명해 줄 것을 요청하였지만
받아들여지지 않아 1179년 정월 25일 임지로 출발하였다. 2월 4일에 신주
연산鉛山의 숭수사崇壽寺에서 칙명을 기다리는데, 육구령이 내방하였다. 이
에 주희는 3년 전 아호에서 지은 그들의 시에 화답하였다. 임지로 가는 도
중 네 번이나 사퇴를 요청했지만 거듭된 부임 독촉 명령으로 마침내 두 달
후인 3월 30일에 남강군에 도착했다. 이로써 주희의 지방관 시절이 시작
되었다.

----------

45 송대 초기에 당대의 제도를 모방하여 전국의 행정구획을 13도道로 설치했다가, 979년
즉 태평흥국太平興國 4년에 21로路를 설치하여 도道를 로路로 대체하였다. 송대 말에는
로路, 부府, 현縣의 삼급제三級制를 실행하였는데, 부府 아래에는 주州, 군軍, 감監이 예속
되어 있고, 현 아래에는 군과 감이 예속되어 있다. 로를 설치한 이후 여러 차례 증감을 거
쳐 1142년 소흥紹興 12년에는 16로를 설치하였는데, 즉 양절동로兩浙東路, 양절서로兩浙
西路, 강남동로江南東路, 강남서로江南西路, 회남동로淮南東路, 회남서로淮南西路, 형호남
로荊湖南路, 형호동로荊湖北路, 경서남로京西南路, 광남동로廣南東路, 광남서로廣南西路,
복건로福建路, 성도부로成都府路, 동천부로潼川府路, 이주로利州路, 기주로夔州路 등이다.

4월에 주희는 남강군의 실상을 보고토록 하고, 효제충신의 도덕과 윤리를 강조하며, 자제들을 학교에 다니게 하라는 내용의 「지남강방知南康榜」을 선포하였다. 또 군학軍學을 정돈하고, 학궁에 주돈이의 사당을 건립하고 이정을 배향配享(신주를 함께 모시고 제사지냄)하였다. 오현사五賢祠도 건립하여 도잠陶潛(365-427), 유환劉渙(1000-1080), 유서劉恕(1032-1078), 이상李常(1027-1090), 진관陳瓘(1057-1124) 등 남강 출신 및 관련 명사 다섯 분을 제사지내 해당 지역에 도덕과 윤리를 뿌리내리게 하고, 사오일四五日마다 군학軍學에 가서 강학하였다. 또 5월에는 당唐나라 때의 효자로 알려진 웅인섬熊仁贍의 묘에 사람을 보내 정중하게 예를 올리고, 또 유응지劉凝之의 묘를 다시 정비하고 장절정壯節亭을 건립하였다. 업무에 전념하면서도 한편으로 사록에 임명해 줄 것을 요청하였으나 받아들여지지 않았다. 삼국시대 촉한의 명재상 제갈량諸葛亮(181-234)을 제사지내기 위해 와룡암臥龍庵을 건립한 것도 이 무렵이다. 6월에 주희는 남강군 관할 성자현星子縣의 감세를 신청하는 「걸견감성자세전장乞蠲減星子稅錢狀」을 올리고, 사록을 청하였다. 7월에 대간臺諫에서 주희가 차자箚子를 이용해 상주를 한 것은 월권이라고 비난하자, 파면해 줄 것을 스스로 요청하였다. 8월에 부모가 생존

응천부서원應天府書院. 응천서원應天書院, 수양서원睢陽書院, 남경국자감南京國子監이라고도 한다. 하남성 상구시商丘市 수양구睢陽區의 상구고성商丘古城 남쪽의 호반에 있다. 송대 사대 서원의 하나.

함에도 호적을 나누어 재산을 분할하는 행위를 금지하는 「별적이재금령別籍異財禁令」을 선포하였다.

10월에는 피당陂塘(인공 저수지)을 순행 시찰하고, 여산廬山의 동쪽 이가산李家山에서 백록동서원白鹿洞書院의 옛터를 발견하고 수리 복원을 청원하는 소疏를 올렸고, 당시 효종 조신은 재건을 윤허하였다. 주희가 손수 제정한 「백록동서원게시」는 전국 서원교육 규칙의 모범이 되었으며, 후세에 서원 체제를 만들고, 서원 교육을 촉진하는 데 중요한 영향을 끼쳤다. 여조겸은 「백록동서원기白鹿洞書院記」를 지어 그 시말을 서술하였다. 이리하여 백록동서원은 낙양의 숭양서원嵩陽書院, 호남성 장사의 악록서원嶽麓書院, 하남성 상구商丘의 응천부서원應天府書院(원명은 수양서원睢陽書院)과 함께 사대서원四大書院의 하나가 되었다.

주희는 스스로 동주洞主가 되어 강학을 하고, 아울러 저명한 학자들을 초청하여 강학하게 하였다. 심지어 2년 후인 1181년에는 아호의 강회에서 학설의 차이가 뚜렷했던 육구연에게 이곳에서 강학해 달라고 요청하였는데, 역사에서는 이를 '남강지회南康之會'라 부른다. 육구연의 강학 제목은 『논어』에 나오는 '군자는 의에 밝고 소인은 이익에 밝다'는 뜻의 "군자유어의 소인유어리(君子喩於義, 小人喩於利)" 구절이었다. 이러한 강학 활동은 학술 사상의 교류를 촉진시키는 역할을 하였다.

쉰한 살 때인 1180년(순희 7) 4월 21일에, 「경자응조봉사庚子應詔封事」를 올려 세금을 경감시키고 소인배들을 물리칠 것을 요청하였다가 효종 조신의 분노를 샀으나 여조겸과 주필대周必大의 변호로 무사하였다. 6월에 남강군 전역에 대기근이 발생하자, 7월에 황정荒政 즉 흉년에 백성을 구하는 정책을 실시하여 큰 효과를 보았다.

1181년(순희 8) 정월에 주희는 성자현星子縣, 도창현都昌縣, 건창현建昌縣 등 세 현에 구제미를 파는 곳 35마당을 설치하여 2만7천8백80명을 구휼하였다. 아울러 조정에 경총제전經總制錢[46] 과 월장전月椿錢[47]을 면제해 줄 것을 신청하였다. 3월에, 제거강남서로상평다염공사提擧江南西路常平茶鹽公事로 제수되어 차례를 기다렸다. 강남서로는 강서성의 서부에 해당하고, 제거상평다염공사란 국가수입의 큰 부분을 차지한 전매품 소금과 차의 생산과 판매를 관리하는 직무였다. 윤삼월에 인수를 풀고 고향으로 돌아갔다가 7월에 선교랑직비각宣教郎直祕閣에 임명되고, 9월에 다시 제거양절동로상평다염공사提擧兩浙東路常平茶鹽公事에 제수되었다.

유약劉爚(1144-1216). 아우 유병과 함께 주희에게 학문을 배웠다. 황간, 채침, 진덕수와 함께 주희와 합사合祀하는 사대제자로 일컬어진다.

쉰세 살 때인 1182년 정월에 영강의 진량이 구주와 무주를 방문하고 열흘 후에 떠났는데, 주희도 영강으로 가서 진량을 방문하였다. 이후로 5년 동안 서신 왕래를 하며 서로 어려운 문제를 논변하였다. 가을에 강남서로제점형옥공사江南西路提点刑獄公事에 제수되고 9월에 직휘유각直徽猷閣에 제수되었으나 사양하고, 아울러 태주台州의 전지주前知州 당중우唐仲友의 횡령과 불법을 탄핵하는 여섯 번째 상소를 올리고 곧바로 임지를 떠나 집으로 돌아왔다.

쉰네 살 때인 1183년 정월에 태주 숭도관崇道觀의 주관主管으로 임명되

---------

46 '경제전經制錢'이란 북송 선화宣和(1119-1125) 연간에 시작된 일종의 부가 잡세雜稅를 말하고, '총제전總制錢'이란 송대에 시행된 부가세의 일종이다. 선화 연간에 군정비軍政費 지출이 막대하게 늘어나자, 동남 지역의 세금을 총괄하는 발운發運 및 경제사經制使가 매주전賣酒錢, 인계전印契錢, 두자전頭子錢 등을 증세하여 경비에 충당하자고 건의하였다. 경제사가 건의하였기 때문에 '경제전'이라 부르는 것이다. 후에 한 차례 폐지되었다가 1135년(소흥紹興 5)에 총제사總制使가 다시 법을 모방하여 징수하였는데, 그래서 다시 '총제전'이라 부르게 되었다. 『송사』「식화지食貨志」 참고.
47 월장전이란 남송 때 군비에 대처하기 위해 징수하던 세금을 말한다. 매달 돈이나 물품을 조달했기 때문에 이렇게 불렸다.

었다. 4月에 은병봉隱屛峰 아래 평림도平林渡 구곡계九曲溪에 무이정사가 완성되었는데, 사방에서 수많은 벗과 학생이 몰려들었다. 이때 수학한 유명한 제자로는 채원정, 채연蔡淵[48](1156-1236), 채침 삼부자, 황간, 보광輔廣[49], 유약劉爚[50](1144-1216)과 유병劉炳[51] 형제, 첨체인詹體仁[52](1143-1206), 반식潘植과 반병潘炳, 정가학鄭可學(?-1212), 축목祝穆(?-1255), 강묵江默, 진공석陳孔碩, 양지楊至, 여대아余大雅(1138-1189)와 강서 사람 주모周謨(1141-1202), 황의용黃義勇과 절강 사람 포정包定 등이 있다. 이로부터 1190년까지 8년 동안 주희는 대부분의 시간을 강학과 저작 활동에 종사하였다. 이때는 주희의 사상이 성숙되는 시기였고, 그는 이미 일대의 대유大儒가 되어 있었다.

---------

48 채연은 채원정의 맏아들로 채침의 형이다. 자는 백정伯靜, 호는 절재節齋, 복건 건양建陽 사람이다. 저작에 『대학사문大學思問』, 『역상의언易象意言』, 『주역훈해周易訓解』 등이 있다.

49 보광輔廣은 자가 한경漢卿, 호는 잠암潛庵이다. 황간과 동문수학하였고, 우의가 좋았다. 당시 사람들이 이 둘을 일러 '황보黃輔'라 하였다. 가태嘉泰(1201-1204) 연간에 고향에 돌아와서, 숭덕현崇德縣에 전이당傳貽堂을 지어 학생들을 가르쳤는데, 학자들은 그를 '전이선생傳貽先生'이라 불렀다. 저작에 『시동자문詩童子問』, 『회암선생어록晦庵先生語錄』, 『주자독서법朱子讀書法』, 『육경집해六經集解』, 『상서주尙書註』, 『사서찬소四書纂疏』, 등이 있다.

50 유약劉爚은 자가 회백晦伯이며, 건녕建寧 숭안崇安(지금의 복건에 속함) 출신이다. 학자들은 그를 운장선생運莊先生이라 불렀다. 건도 6년인 1170년 정월에 아우 유병과 함께 건양의 한천정사에서 주희에게 학문을 배웠는데, 후에 주희의 추천으로 두 사람은 다시 여조겸에게 배웠다. 순희 12년인 1185년에 유약은 무이정사에 와서 주희를 다시 만났고, 이후에 주희를 모시고 강학과 독서를 하였다. 운장산방을 짓고 운장거사라 자호하고 주희의 학설을 널리 전파하였다. 저작에 『주의사고奏議史稿』, 『운장외고運莊外稿』, 『운장속고運莊續稿』, 『경연고사經筵故事』, 『강당고사講堂故事』, 『동궁시해東宮詩解』, 『역경설易經說』, 『예기해禮記解』, 『사서집성四書集成』, 『문집文集』, 『유록遺錄』 등이 있다.

51 유병劉炳은 자가 도중韜仲이고, 호는 유연옹悠然翁이다. 학자들은 그를 목당선생睦堂先生이라 불렀다. 유약의 아우이다. 저작에 『사서문목四書問目』과 『목당유고睦堂類稿』가 있다.

52 첨체인詹體仁은 건도乾道(1165-1173) 초에 숭안 오부리五夫里에 와서 주희에게 학문을 물었다. 건도 6년인 1170년에 주희가 건양에 한천정사를 짓자 그도 건양에서 배웠다. 주희가 건도 8년에 『자치통감강목』을 완성하였는데, 이 책의 일부는 첨체인의 손에서 나왔다. 순희 2년인 1175년에 주희와 여조겸이 강서 아호사에서 강회를 할 때 수종하였다. 경원 연간에 건양 고정에서 주희를 따라 학문을 하였는데, 리학에 조예가 깊고 천문역법에 밝았다. 저작에 『상수총의象數總義』, 『역학계몽易學啓蒙』 등이 있다.

오십 대 후반의 학문적 성과는 『역학계몽易學啓蒙』(57세), 『효경간오孝經刊誤』(57세), 『시집전詩集傳』(57세, 改訂本), 『소학小學』(58세), 『주역본의』(59세) 등이며, 점차 연구 대상이 『사서四書』에서 『오경五經』으로 옮겨진다. 학문이 세상을 다스리는 데 실질적인 이익을 줄 수 있어야 한다는 경세치용經世致用을 주장하며 국가경제와 민생에 도움을 주어야 함을 강조한 영강학파永康學派와, 의義와 이利의 조화를 추구하며 실제의 효용 즉 공리功利를 주장하는 영가학파永嘉學派에 비판을 가하고, 심학心學의 육구연과 무극無極·태극太極의 논쟁을 벌인 것도 이 무렵의 일이다. 영강학파와 영가학파는 모두 남송 때의 중요한 유가학파이다. 영강학파는 대표 인물인 진량陳亮(1143-1194)의 출신지가 지금의 절강浙江 금화金華 영강시永康市인 무주婺州 영강永康이기 때문에 붙여진 이름이다. 같이 '사공'을 중시하는 영가학

육구연陸九淵(1139-1193). 자는 자정子靜, 호는 상산象山, 서재의 이름이 '존存'이라 '존재선생存齋先生'이라 부름. 주희와 이름을 나란히 하였으며, 송명 시기 '심학心學'의 개산조開山祖. 명대의 왕수인王守仁이 그의 학설을 발전시켜 완성한 '육왕학파陸王學派'는 후세에 영향이 컸다. 저서 『상산선생전집象山先生全集』.

파와의 구별을 위해 '영강사공학파永康事功學派'라고도 한다. 영가학파는 형성과 발전이 지금의 절강浙江 온주溫州인 영가현永嘉縣에서 이루어졌고, 대표 인물도 대부분 영가 지역 학자들이기 때문에 붙여진 이름이다. 그들 중 일부 도학가가 의리만을 공담하는 것에 반대하고 공리를 주장하였기 때문에 '공리학파功利學派' 또는 '사공학파事功學派'라고도 부른다.

쉰여섯 살 때인 1185년(순희 12년)에 주희는 진량과 여러 차례 서신을 통해 의義와 이利의 문제 및 왕도王道와 패도覇道의 문제를 논변하였다. 진량은 '의리쌍행義利雙行, 왕패병용王覇並用'의 공리 사상에서 출발하여 한漢 나라 창업 군주인 유방劉邦(서기전 256-서기전 195)과 당唐 나라 태종 이세민李世民(598-649)을 일세의 영웅이라 평가하였다. 이에 반해 주희는 의義와 이利, 천리와 인욕은 양립할 수 없음을 강조하고, 하, 상, 주 삼대는 오로지

유방劉邦(서기전 256-서기전 195). 한漢 나라의 개국 군주. 중국 역사상 최초의 평민 출신 황제. 서초패왕西楚霸王 항우項羽를 이기고 중국을 통일하였다. 묘호는 태조太祖이고, 시호는 고황제高皇帝이며, 정식 호칭은 한태조고황제漢太祖高皇帝. 일반적으로 한고조라 일컫는데 정식 호칭은 아니다. 재위 8년(서기전 202-서기전 195).(출처: 『삼재도회』)

이세민李世民(598-649). 당唐 나라의 제2대 황제. 아버지는 고조 이연李淵, 어머니는 선비鮮卑 출신의 두竇 황후. 현무문玄武門의 변變으로 태자인 맏형 이건성李建成과 넷째 이원길李元吉 및 그 자식들을 죽이고 태자가 된 후 아버지를 압박하여 퇴위시키고 자신이 등극하였다. 정관지치貞觀之治를 열어 중국 역사상 명군으로 손꼽힌다. 묘호는 태종太宗. 재위 23년(626-649).(출처: 『삼재도회』)

천리가 행해졌다 하여 높이 평가하고, 삼대 이후인 한나라와 당나라 때는 인욕이 행해졌다 하여 비평하였다. 그리하여 이상적인 성인은 요, 순, 우, 탕, 문, 무, 주공, 공자이며, 진량이 일세의 영웅으로 평가한 유방과 이세민 등은 단지 범인凡人일 뿐이라고 주장하였다.

쉰일곱 살 때인 1186년(순희 13) 3월 16일에 『역학계몽』(4권)을 완성하였는데, 이 책은 초학자들을 대상으로 『주역』의 상수象數를 설명한 것으로, 그 상수 해석은 서법筮法과 역리易理에 관한 해석인 동시에 천지의 변화와 운행에 관한 설명이기도 하다. 내용은 네 부분으로 구성되어 있는데, 「본도서本圖書」는 「하도낙서河圖洛書」에 대한 수리적인 설명이고, 「원괘획原卦畫」은 태극·양의兩儀·사상四象·팔괘八卦에 대한 설명이며, 「명시책明蓍策」은 서법筮法에 대한 설명이고, 「고변점考變占」은 각 괘에 관한 설명이다. 얼마 후에는 『효경간오孝經刊誤』가 완성되었다.

쉰여덟 살 때에는 유청지劉淸之(1134-1190)와 함께 『소학』을 편찬하고, 천고의 명문이라 일컬어지는 「소학제사小學題辭」를 지었다.

쉰아홉 살 때인 1188년(순희 15) 6월에는 병부낭관兵部郎官에 제수되었으나 족질로 인해 조정에 요양을 위한 휴가를 신청하고 잠시 직무를 맡지 않았다. 이에 임률林栗이 주희가 군주를 속이고 경시한다는 이유로 탄핵하자, 그날 차자를 올려 사록을 청하고 곧바로 임안을 떠나 집으로 돌아왔다. 7월에는 『주역본의周易本義』(12권)를 완성하였다, 앞서 편찬한 『역학계몽』에서는 역의 도식과 점서占筮에 대한 수리數理적 설명에 주력했다면, 이 책을 통해서는 점서와 의리를 융합하여 『주역』의 본래 의미를 밝히고자 하였다. 26일, 직보문각直寶文閣에 제수되고, 서경西京 숭산嵩山의 숭복궁崇福宮 주관이 되었다. 10월에는 상경하여 입대入對[53]하고, '정심성의正心誠意'를 강론하였으며, 아울러 차자 5편을 상주하였다. 이 해에 처음으로 『태극도설해』, 『통서해』, 『서명해의』를 선보여 학생들에게 가르쳤다. 또 4~5

---

53 '입대入對'란 신하가 궁궐에 들어가 임금이 낸 문제 혹은 질문에 대답하는 일을 말한다.

개월 후에는 임률과 『주역』, 「태극」, 「통서」에 대해 논변하였다. 주희와 당시 학술계가 또 한 차례 격돌한 이 논변은 원래 임률이 자신이 지은 『역해易解』를 주희에게 보내자, 주희가 이 책을 보고 큰 강령 부분에 의심스러운 것이 있다고 비평하면서 전개된 것이다.

육십 대 이후는 주희 학문의 원숙기라 할 수 있다. 예순 살이 되어서야 이미 오래 전에 완성된 『대학장구大學章句』와 『중용장구中庸章句』를 수정하고 서문을 쓴 것이 바로 그러한 점을 잘 보여준다.

예순 살 때인 1189년(순희 16) 2월에는 효종 조신이 양위하고, 광종光宗 조돈趙惇이 즉위하였다. 이 해 8월에 강남동로전운부사江南東路轉運副使에 제수되었다. 전운사轉運使란 당나라 때 만들어진, 운송 사무를 주관하는

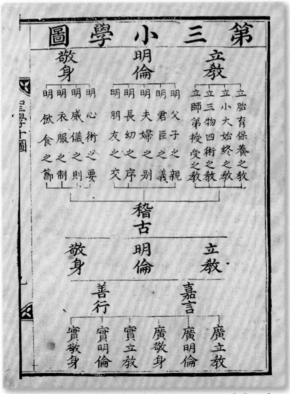

「소학도小學圖」. 이황의 『성학십도聖學十圖』 중 셋째 그림.

관직으로서 당시 중앙에도 있고 지방에도 있었다. 10월에는 장주漳州(지금의 복건성에 속함)의 지주로 전직되어 다시 사양하였으나 윤허를 받지 못하였다. 12월이 되어서야 비로소 조명을 받들었다.

예순한 살 때인 1190년(소희 원년) 4월 24일에는 장주에 가서 주현州縣의 관리 명부를 발표하였다. 6월에는 안무전운제형제거사사安撫轉運提刑提擧使司에게 「경계신제사장經界申諸司狀」을 올려 경계의 이해관계를 조목조목 진술하고, 경계의 시행법을 상세히 진술하였다. 10월에는 『시집전』, 『서경』, 『주역본의』, 『춘추』의 『사경四經』과 『대학』, 『논어』, 『맹자』, 『중용』의 『사서』를 간행하였다.

예순두 살 때인 1191년 정월 24일에 맏아들 주숙이 무주婺州에서 세상을 떠나자, 2월에 맏아들의 죽음을 이유로 사임을 요청하였다. 3월에 다시 비각수찬祕閣修撰에 제수되고, 남경 홍경궁의 주관이 되었다. 이 때 영가학파의 진부량陳傅良(1141-1203)과 학문을 논하였다. 진부량은 주희를 비평하는 한편 임률, 육구연, 진량과도 논변을 하였다. 4월 29일에 장주를 떠나 5월에 건양으로 돌아왔는데, 장주의 지주 시기 무렵은 주희 일생에서 가장 많은 제자를 둔 시기였다.

예순세 살 때인 1192년 6월에는 아버지 주송의 염원을 완성하기 위해 건양의 고정으로 이사하였는데, 오늘날 이곳을 주자고정고거朱子考亭故居라 부른다. 또 옆에 '죽림정사竹林精舍'를 지어 강학을 하였는데, 배우는 사람이 많아지자 2년 후인 1194년에 서원을 확장하고 '창주정사滄洲精舍'로 이름을 고치고, 스스로 창주병수滄洲病叟라 자호하였다. 훗날(1244년) 창주정사는 이종 조윤 명에 의해 고정서원으로 개명된다.

예순네 살 때인 1193년 12월에는 담주潭州 지주 겸 형호남로안무사荊湖南路安撫使로 제수되었다.

예순다섯 살 때인 1194년(소희紹熙 5) 5월에 담주에 부임하고, 6월에 관직에서 물러나 고향으로 돌아갈 것을 간청하였으나 윤허를 받지 못하자, 악록서원嶽麓書院을 재건하고 친히 가서 강학하였다. 이 해 8월 광종에게서 제위를 물려받은 영종寧宗 조확趙擴은 재상 조여우趙汝愚(1140-1196)가 추천을 한 데다가 일찍부터 명성을 듣고 있던 주희를 곁에 두고 싶어하여 환장각대제煥章閣待制 겸 시강侍講에 제수하여 임안으로 오게 했다. 10월에 행재소에 와서 명을 받들고 『대학』을 진강進講하였다. 이때 주희는 황제의 스승이란 의미인 '제사帝師'로 불렸다. 주희는 황제의 두터운 신임에 보답하려 했지만 활약을 그리 오래 지속하지 못했다. 주희가 상소를 올려 권신 한탁주韓侂冑(1152-1207)를 탄핵하다가 역풍을 맞아 파직되어, 중앙정부로 간지 겨우 46일 만에 쫓겨나 곧바로 고향으로 돌아왔던 것이다. 고향 고정考亭으로 돌아오는 중 강서

조윤趙昀(1205-1264). 남송의 제5대 황제. 원명은 조여거趙與莒. 친정을 한 후 중흥을 도모하여 개혁을 하였는데 역사에서 이를 '단평경화端平更化'라 함. 묘호는 이종理宗. 보경寶慶1225-1227, 소정紹定1228-1233, 단평端平1234-1236, 가희嘉熙1237-1240, 순우淳祐1241-1252, 보우寶祐1253-1258, 개경開慶1259, 경정景定1260-1264. (출처: 『삼재도회』)

옥산玉山에서 그 지방의 장관 사마매司馬邁의 청으로 강연을 했다. 이것이 그 유명한 '옥산강의玉山講義'이며, 이 강의에 주희의 만년의 사상이 집약되어 있다.

이듬해인 경원慶元 원년(1195년)에 외척 한탁주와 황족 조여우의 당쟁이 격화되었고, 조여우가 영주永州로 좌천되어 가는 도중 형양衡陽에서 세상을 떠났다. 당권을 잡은 한탁주의 도당은 도학道學을 남을 속이는 학문, 거짓된 학문 즉 위학僞學이라 공격하였는데, 역사에서는 이 사건을 '경원당금慶元黨禁' 혹은 '경원당안慶元黨案'이라 부른다.[54] 그 후 "위학의 괴수인

---

54 경원당금의 본질은 한탁주가 정적을 제거하려는 정치 사건이다. 소희紹熙 말년에 조여우와 한탁주는 영종 조확을 황제로 옹립하였다. 그런데 황족인 조여우와 외척인 한탁주

필부가 왕의 권세를 훔치려 하고 천하를 어지럽히고 있다"는 말도 안 되는 이유를 들어 주희를 무고하여 마침내 예순일곱 살 때인 1196년(경원 2) 12월에 비각수찬秘閣修撰에서 파직시켰다. 이른바 낙직파사落職罷祠이다. 이 말은 파직당하고 사록에서 해임당했다는 뜻이니 모든 관직에서 쫓겨난 것이다. 이때가 주희의 일생에서 가장 힘들던 시기였다. 이에 앞서 주희는 예순 살과 예순두 살 때에도 비각수찬에 임명되었다가 그만두었다.

육십 대 이후에 주희의 학문은 새로운 대상을 향하기보다는 이전까지의 저술을 수정하는 데 힘을 쏟았다. 예순일곱 살에 착수한 『예서禮書』의 편집은 그의 평생 숙업이었다. 주희가 세상을 떠난 후 『의례경전통해儀禮經傳

---------

는 사이가 좋지 않았다. 조여우는 재상이 되자 명사들을 불러 모았는데, 주희는 저명학자라서 경연에 불려와 황제를 위해 시강을 하였다. 당시 한탁주는 조여우를 제거할 작정을 하고 있었다. 영종 조확이 한탁주를 신임하자, 주희는 파직을 당하였고 조여우와 중서사인中書舍人 진부량陳傅良 등이 이에 맞섰으나 역부족이었다. 1195년(경원 원년) 2월에 조여우가 재상에서 쫓겨나 복주의 지주로 좌천되고, 조여우의 좌천에 반대한 인사들도 줄줄이 쫓겨났다. 이때 태학생 양굉중楊宏中, 임중린林仲麟, 서범徐範, 장행張行, 장부蔣傅, 주단조周端朝 등 6명이 5백리 밖으로 편관編管되었는데, 당시 이들을 육군자六君子로 불렀다. 이듬해(1196) 정월, 조여우가 지금의 호남성 형양衡陽인 형주衡州에서 갑자기 죽었다. 한탁주는 자기와 의견이 다른 사람들을 도학인道學人이라 불렀는데, 후에 다시 도학을 배척하여 남을 속이는 학문, 거짓된 학문이란 뜻의 위학僞學이라 규정하면서 리학가의 어록을 금지하여 소각시키고, 과거 시험에서 조금이라도 의리지학에 관련된 선비들은 일률적으로 합격시키지 않았다. 해를 넘겨 경원 3년(1197)에 한탁주는 조여우와 주희 일파 및 그들을 동정하는 사람들을 '역당逆黨'으로 규정하고, 주필대周必大를 포함한 59명의 '위학역당' 당적을 만들었다. 당적에 열거된 인사들은 각기 정도가 다른 처벌을 받았고, 그들과 관계있는 사람들도 관직에 임명되거나 과거 시험에 참가하지 못했다. 1202년(가태嘉泰 2)에 이르러서 당금이 풀렸다. 당시 '위학역당' 당적에 수록된 인물은 재집宰執 4명, 대제待制 이상 13명, 기타 관원 31명, 무인武人 3명, 사인士人 8명 등 총 59명이며 명단은 다음과 같다. 재집宰執(4명): 조여우趙汝愚, 유정留正, 왕란王藺, 주필대周必大. 대제待制 이상(13명): 주희朱熹, 서의徐誼, 팽귀년彭龜年, 진부량陳傅良, 설숙사薛叔似, 장영章穎, 정식鄭湜, 누약樓鑰, 임대중林大中, 황유黃由, 황보黃黼, 하이何異, 손봉길孫逢吉. 기타 관원(31명): 유광조劉光祖, 여조검呂祖儉, 섭적葉適, 양방楊芳, 항안세項安世, 심유개沈有開, 증삼빙曾三聘, 유중홍游仲鴻, 오렵吳獵, 이상李祥, 양간楊簡, 조여당趙汝讜, 조여담趙汝談, 진현陳峴, 범중보范仲黼, 왕규汪逵, 손원경孫元卿, 원섭袁燮, 진무陳武, 전담田澹, 황탁黃度, 첨체인詹體仁, 채유학蔡幼學, 황호黃灝, 주남周南, 오상승吳桑勝, 이식李埴, 왕후지王厚之, 맹호孟浩, 조공趙鞏, 백염진白炎震. 무인武人(3명): 황보빈皇甫斌, 범중임范仲壬, 장치원張致遠. 사인士人(8명): 양굉중楊宏中, 주단조周端朝, 장도張衜, 임중린林仲麟, 장전蔣傳, 서범徐範, 채원정蔡元定, 여조태呂祖泰.

通解』라 이름 붙여진 이 책은 『의례』를 본문으로 삼고, 『예기』 『주례』 등을 주석으로 하여 한대漢代 이래의 예학을 집대성한 것이다. 이 방대한 사업은 개인에게는 힘에 겨운 일이라서 예순다섯 살 때 「걸수삼례차자乞修三禮箚子」를 올려 국가의 원조를 요청했으나 이루어지지 않았다. 이에 주희는 황간, 오필대吳必大, 여조검呂祖儉, 이여규李如圭 등 제자들에게 작업을 할당하여 공동 편찬에 착수했다.

예순여덟 살 때에는 1197년 정월에 채원정이 도주道州의 지휘指揮에 편관編管[55]되자, 그를 정안사淨安寺에서 전별하였다. 이 해에 당대唐代의 대문장가 한유韓愈(768-824)의 전집을 교정한 『한문고이韓文考異』를 완성하였다.

일흔 살 때인 1199년(경원 5년 기미년) 3월에는 『초사집주楚辭集註』(8권)를 완성하고, 11월에는 처음으로 제자 채침에게 『서집전書集傳』을 지으라고 부탁하였다.

일흔한 살 때인 1200년(경원慶元 6) 3월 초에 병환이 심해졌으나 세상을 떠나기 사흘 전인 6일에도 『대학』 「성의誠意」장을 수정하였다. 하루 전인 8일에는 손수 황간에게 결별을 고하는 글을 써서 자신의 도道를 부탁하고, 『예서禮書』의 글을 정리하게 하였으며, 제자들에게 「태극도」, 「서명」과 『대학』 「성의」장을 설명하였다. 주희는 3월 9일 오시午時 초각初刻(오전 11시~12시)에 일흔한 살을 일기로 건양 고정考亭에서 숙환으로 세상을 떠났다. 그 해 11월 20일, 건양현 당석리唐石里(황갱진黃坑鎭) 대림곡大林谷에 부인과 함께 합장되었다. 묘지는 주희가 생전에 선정한 곳이다. 왼쪽 앞에는 이어강鯉魚崗이 있고 오른쪽 앞은 당석산唐石山이다. 앞에는 호산虎山이 웅거하고 있고 뒤에는 구룡산九龍山의 구룡강九龍崗에 의지하고 있어 '바람에 나부끼는 비단 띠'라는 뜻의 '풍표나대風飄羅帶'라 부른다. 아내를 장사지

---

55 송대에 관리가 죄를 지으면, 먼 곳의 주나 군으로 내쳐서 그곳의 호적에 편입하고, 아울러 지방관리가 관리하는데, 이를 '편관編管'이라 한다. 이러한 형벌은 일반 범죄자에게도 적용되었다.

애신각라愛新覺羅 현엽玄燁(1654-1722).
청 왕조의 제4대 황제 성조聖祖. 순치제順
治帝의 셋째 아들. 61년간 재위하여 중국
역사상 통치기간이 가장 길며, 청 왕조
흥성의 토대를 마련한 인물이다. 재위 때
의 연호인 강희康熙(1661-1722)를 붙여
강희제로 통칭한다.

애신각라愛新覺羅 홍력弘曆(1711-1799).
청 왕조의 제6대 황제 고종高宗. 옹정제雍
正帝의 넷째 아들. 재위 때의 연호인 건륭
乾隆(1736-1795)을 붙여 건륭제로 통칭한
다.

애신각라愛新覺羅 옹염顒琰(1760-
1820). 청 왕조의 제7대 황제 인종仁宗.
건륭제의 열다섯째 아들. 재위 때의 연
호인 가경嘉慶(1796-1820)을 붙여 가경
제嘉慶帝로 불린다. 강희, 옹정, 건륭 3대
134년의 시기를 '강건성세康乾盛世'라
부른다.

조기趙禥(1240-1274). 남송의 제6대 황제.
이종 조윤趙昀의 조카이며, 영왕榮王 조여예
趙與芮의 아들. 초명은 맹계孟啓, 다른 이름은
자孜, 장원長源. 조윤이 자식이 없어 그를 양
자로 삼고 건안왕建安王, 영가왕永嘉王, 충왕
忠王으로 봉했다. 즉위 후 치적이 없고, 주색
이 과도하여 35세의 나이로 단명하였다. 묘
호는 도종度宗. 연호는 함순咸淳(1265-1274).

낸 후 무덤 옆에 재여정宰如亭과 순녕암順寧庵을 지었는데 이 건축물은 명나라 가정嘉靖(1522-1566) 연간에 여러 차례 수리를 하였고, 청나라 강희康熙(1662-1722), 건륭乾隆(1736-1795), 가경嘉慶(1796-1820) 때에도 중수하였다. 아울러 산 아래에는 주자사朱子祠가 건립되었다. 윗머리 중앙에는 청나라 때인 1717년(강희 56)에 세운 묘비가 하나 있는데, 거기에 '송선현주자宋先賢朱子, 부인유씨묘夫人劉氏墓'라 새겨져 있다.

세상을 떠난 지 9년 후인 1209년(가정嘉定 2)에 '문文'이라는 시호를 하사한다는 조서가 내려진 후에 세상에서는 그를 '주문공朱文公'이라 부른다. '문文'은 문관이 받을 수 있는 최고의 시호이다. 1227년(보경 3)에 주희는 태사太師로 추증되고, 신국공信國公으로 추봉되었으며, 후에 휘국공徽國公으로 개봉되었다. 국가에서는 맹자를 제사하는 예의에 따라 주희를 제사지냈다. 1269년(함순 5)에 도종 조기는 주희의 본적인 무원婺源을 궐리闕里로 삼기 위해 "문공 궐리를 무원에 하사한다"는 조서를 내렸다. 원대에 들어와 1362년(지정至正 22)에 주희는 '제국공齊國公'으로 개봉되고, 주희의 아버지 주송도 역시 지위가 높아져 '헌정공獻靖公'에 봉해졌다가 다시 '월국공粵國公'으로 개봉되었다. 주희의 지위가 높아지면서 그의 조상들도 영예를 누리게 된 것이다.

오늘날 주희를 기념하기 위한 주희기념관이 중국에 두 곳 있다. 하나는 주희가 태어난 곳인 강서성江西省 상요시上饒市 무원현婺源縣의 문공산文公山에 있고, 다른 하나는 주희가 평생 강학과 저술 활동을 한 곳인 복건성 숭안현 남쪽 15킬로미터에 있는 무이산의 대왕봉大王峰 남쪽 기슭에 위치한 무이궁武夷宮에 있는데, 이곳은 원래 역대의 제왕이 무이신군武夷神君에게 제사지내던 곳으로 회선관會仙觀, 충우관沖佑觀, 만년궁萬年宮으로도 불린다.[56]

---------

56 무이궁은 무이산에서 가장 오래된 궁전으로서 당唐 나라 천보天寶(742-755) 연간에 창건되어 1천2백여 년의 역사를 가지고 있는데, 처음에는 현재의 위치가 아니라 일곡一曲의

주희묘朱熹墓. '주자묘朱子墓'라고도 함. 건양시建陽市 당석리唐石里(황갱진黃坑鎭) 대림곡
大林谷에 있다. 주희는 경원慶元 6년인 1200년 3월 9일에 건양 고정考亭에서 병으로 세
상을 떠나 부인 유청사와 함께 이곳에 합장되었다.

무이궁武夷宮. 무이산 대왕봉大王峰 남쪽 기슭에 위치한다. 송대에는 충우관으로 불렸
고, 현재는 주희기념관으로 쓰인다. '무이의 정화精華'라는 뜻의 '무이정영武夷精英' 현
판이 보인다.

슬하에 주숙朱塾(1153-1191), 주야朱埜(1154-1211), 주재朱在(1169-1229) 등 아들 셋에 맏딸 주손朱巽(1160-?), 요절하여 이름이 없는 둘째 딸, 셋째 딸 주태朱兌(1165-1221), 넷째 딸 주사朱巳(1173-1187), 막내딸 주소매朱小妹(1175-?) 등 딸 다섯을 두었다.[57] 아들의 이름에는 모두 오행五行의 '흙 토土' 자가 들어 있다.

맏아들 주숙은 여조겸呂祖謙에게 학문을 배웠고, 반경헌潘景憲(1134-1190)의 맏딸과 혼인을 하였다. 둘째 아들 주야는 유자휘의 집안 아우인 유복지劉復之의 딸과 혼인하였다. 셋째 아들 주재는 여조겸의 아우인 여조검呂祖儉(?-1196)에게 학문을 배웠고, 여조겸의 딸과 혼인하였다. 딸 셋은 모두 주희의 제자들에게 시집갔는데, 맏딸 주손은 유자우의 손자인 유학고劉學古[58]에게, 셋째 딸 주태는 수제자 황간黃榦에게, 막내딸 주소매는 제자 범념덕의 아들인 범원유范元裕에게 각각 시집갔다.[59] 둘째 딸은 요절하고, 넷

----

모래섬에 지어졌으며, 천보전天寶殿으로 명명되었다. 오대십국 때 남당南唐의 제2대 황제 원종元宗 이경李璟(916-961)은 보대保大 2년인 944년에 아우 이량李良을 위해 현재의 위치로 옮기고 '회선관會仙觀'이라 이름 지었다. 그 후에 선가仙家를 독실하게 믿는 통치자들이 거금을 아끼지 않고 여러 차례에 걸쳐 이 궁전을 보수하고 확장해서 '충우관沖佑觀'으로 개명하였다. 송나라 때 이르러 3백여 칸으로 확장되고 '충우만년궁沖佑萬年宮'이라는 편액이 하사되었으며 해마다 중추절에 무이군武夷君과 여신 황태모皇太姥(즉 태을부인太乙夫人)를 제사지냈다. 유명한 남송 때의 유명한 사인詞人 신기질辛棄疾과 시인 육유陸游와 그리고 주희, 섭적葉適, 여조겸이 모두 이곳의 주관主管을 한 적이 있다. 원나라 태정泰定 5년(1328)에 '관觀'을 '궁宮'으로 고치고 '만년궁萬年宮'으로 명명하였다. 명나라 때 불에 타서 여러 차례 보수하였으나 원래의 모습을 회복하지 못하였다. 가정嘉靖 4년인 1525년에 다시 화재를 당하였고, 이듬해 복구하여 무이궁이 되었다.

57 주희의 아들에 대해서는 기록이 명확하지만, 딸에 대해서는 약간의 이설이 있다. 일설에는 맏딸 주손朱巽, 둘째딸 요절, 셋째 딸 주사朱巳, 넷째 딸 주태朱兌, 막내딸 주소매朱小妹로 보기도 하고, 또 다른 설에는 맏딸 주손朱巽, 둘째딸 주태朱兌, 셋째 딸 주사朱巳, 넷째 딸 주계朱癸, 막내딸 주미朱未로 보기도 한다. 여기서는 장립문張立文이 주편한『주희대사전朱熹大辭典』(上海: 上海辭書出版社, 2013.)을 따랐다.

58 按: 先生行狀, 女壻有儒林郎·靜江府·臨桂縣令劉學古(平甫之子.), 疑卽『語類』所稱之人. 但行狀以學古爲名, 而『語類』所稱之例, 似是爲字, 更詳之.(이황李滉,『송계원명리학통록宋季元明理學通錄』) 이황은, 황간의『주자행장』에서 유학고를 이름이라 하였으나,『주자어류』의 이름 부르는 예에 의하면 학고가 자字일 것 같다는 견해를 밝혔다.

59 女五人: 儒林郎·靜江府臨桂縣令劉學古, 奉議郎. 主管亳州明道宮黃榦, 進士范元裕. 仲·季二人亦早卒.(황간,『주자행장朱子行狀』)

째 딸 주사는 서법과 음률에 뛰어났으나 불행히도 명이 짧아 15세에 세상을 떠났다.[60]

  여기서 하나 짚고 넘어가야 할 것은, 제자 채침이 주희의 사위라는 설이다. 왜 이 말이 있게 된 것일까? 주희에게 위에서 언급하지 않은 딸이 또 있는 것일까? 아니면 요절한 딸이 채침과 혼인을 하고 죽었는가? 이도 저도 아니면 혼인한 세 딸 중에 하나가 이혼을 하고 채침과 재혼을 하였는가? 대답은 모두 '그렇지 않다'이다. 채침이 주희의 사위라는 설은 출처를 가지고 있다. 바로『요산당기堯山堂紀』이다.『요산당기』의 원래 제목은『요산당외기堯山堂外紀』이고, 명나라 때 장일규蔣一葵가 지은 책이다. 요산당은 그의 서재 이름이다. 이 책은 상고시대부터 명대까지 정집正集에 수록되지 않은 1천2백23명 작가의 시詩·부賦·사詞·곡曲을 매우 풍부하게 수록하고 있어 사료적 가치가 매우 높으며, 특히 문학사를 연구하는 데 매우 유용한 것으로 평가된다. 이 책 권60에 수록된 '주희朱熹'조를 보면 다음과 같이 기록되어 있다.

  채원정의 아들 채침은 회암의 사위이다. 회옹이 채침을 방문하였다가 만나지 못하였는데, 채침의 아내인 딸이 파국과 꽁보리밥을 내와 머물러서 그것을 마시고 먹었다. 헤어질 무렵에 딸이 이 두 가지를 대접한 것이 너무 단출해 죄송하다고 말하였다. 회옹이 다음과 같은 시를 남겼다.

蔥湯麥飯兩相宜,    꽁보리밥과 파국은 둘이 서로 어울리노니,
총 탕 맥 반 양 상 의

蔥養丹田麥療飢.    파는 단전을 기르고 보리는 주림을 낫게 한다.
총 양 단 전 맥 요 기

莫謂此中滋味薄!    이 가운데 자미가 박하다고 말하지 말라!
막 위 차 중 자 미 박

----------
60 주희는 딸 주사를 위해 묘지명을 지었는데, 그것이 바로 「여사지명女已誌銘」이다. 보통 「여사매명女已埋銘」으로 알려져 있는데,『주문공문집』권93 「묘지명墓誌銘」에는 「여사지명女已誌銘」으로 수록되어 있다.

前村猶有未炊時.　　앞마을엔 오히려 밥 못 지을 때가 있노라."[61]
전 촌 유 유 미 취 시

　여기서 분명 채원정의 아들 채침이 주희의 사위라고 기록하고 있다. 그러나 사료적 가치가 높은 책이라고 해서 반드시 내용이 다 옳다고 말할 수는 없다. 조선 제22대왕 정조正祖 이산李祘(1752-1800)이 동궁東宮으로 있을때, 홍국영洪國榮(1748-1781)이 『요산당외기』를 읽지 말라고 권유하기도 한 것을 보면 이 책에는 어떤 문제가 있었던 듯하다.

　앞에서 밝힌 바 딸 다섯 중에 셋은 이름이 분명한 제자와 혼인을 하였고 둘은 요절했으니, 채침이 사위라는 설은 사실이 아니다. 확인 결과, 주희가 이때 방문한 곳은 사위 황간의 집이고, 그 딸은 바로 주태였다. 일찍이 조선 후기의 실학자 이익李瀷(1681-1763)이 『성호사설星湖僿說』에서 이 문제에 대해 명확하게 밝힌 바 있다.[62]

　『주자행장朱子行狀』을 살펴보면, 딸이 다섯이고, 사위는 유림랑儒林郎 정강부靜江府 임계현령臨溪縣令 유학고劉學古, 봉의랑奉議郎 주관박주명도궁主管亳州明道宮 황간黃榦, 진사進士 범원유范元裕이며, 두 딸은 일찍

---------
61 蔡元定之子沉, 晦庵婿也. 晦翁嘗訪沉不遇, 其女出蔥湯·麥飯, 留飮食之. 臨別, 女謂以此二者簡褻不安. 晦翁留詩曰:"蔥湯麥飯兩相宜, 蔥養丹田麥療飢.莫謂此中滋味簿, 前村猶有未炊時."(『요산당외기堯山堂外紀』권60 '주희朱熹' 조)
62 이익은 '회옹(주희)이 사위를 방문하다'는 뜻의 「회옹방서晦翁訪壻」조에서 『요산당기堯山堂記』라는 책에 기록된 채침이 사위라는 한 말이 사실이 아님을 지적하였다. 그 글은 이러하다. 『요산당기』에 의하면, 회옹이 일찍이 사위 채침을 찾아갔다가 만나지 못했는데 채침의 아내가 파국에 꽁보리밥을 내오면서 너무 단출하다고 말하자 회옹이 시詩를 지어 말했다. '총탕맥반양상의蔥湯麥飯兩相宜, 총양단전맥요기蔥養丹田麥療飢, 막위차중자미박莫謂此中滋味薄! 전촌유유미취시前村猶有未炊時.'(꽁보리밥과 파국은 둘이 서로 어울리노니, 파는 단전을 기르고 보리는 주림을 낮게 하네. 이 가운데 자미가 박하다고 말하지 말라! 앞마을엔 오히려 밥 못 지을 때가 있다네.)" 이 시는 주희가 검박한 생활을 좋아하고 자식에 대해 애틋한 정을 가지고 있었음을 증명하는 데 자주 사용된다. 시의 제목에 사위를 방문하였다고 하였으나 『요산당기』의 기록처럼 그가 채침일 수는 없다. 다만 그가 누구였는지는 아직까지 확인할 길이 없다.

죽었으니 다시 무슨 딸이 있어 채침의 아내가 되었겠는가? 중국 사람인데도 경솔함이 이와 같다.[63]

이익이 조선시대에 이미 사실을 고증하여 그것이 낭설임을 밝혔는데, 아직까지도 이 말이 전해지니 그 까닭을 알 수가 없다.

앞에서 잠깐 언급하였듯이 주희의 세 아들(2세) 이름을 보면, 숙塾, 야埜, 재在 등 모두 '흙 토土' 자가 들어가 있다. 또 손자(3세)는 주감朱鑑(1190-1260) 등 아홉 명이 있는데 모두 이름에 '쇠 금金' 자가 들어 있고, 20명의 증손자曾孫子(4세)에게는 '물 수水' 자가 들어 있으며, 33명의 현손玄孫(5세)에게는 '나무 목木' 자가 들어 있고, 43명의 내손來孫(6세)에게는 모두 '불 화火' 자가 들어 있다. 이를 보면 주희의 자손은 완전히 '오행五行' 순환으로 이름을 지었음을 알 수 있다. 주희朱熹의 이름에도 '불 화火' 자가 들어

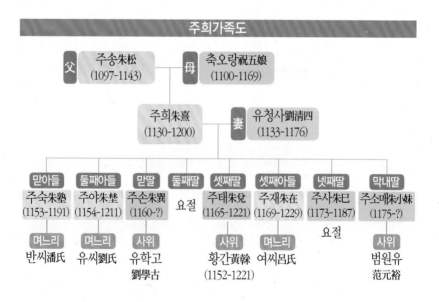

주희가족도

| 父 | 주송朱松 (1097-1143) | 母 | 축오랑祝五娘 (1100-1169) |

주희朱熹 (1130-1200) / 妻 유청사劉淸四 (1133-1176)

| 맏아들 | 둘째아들 | 맏딸 | 둘째딸 | 셋째딸 | 셋째아들 | 넷째딸 | 막내딸 |
| 주숙朱塾 (1153-1191) | 주야朱埜 (1154-1211) | 주손朱巽 (1160-?) | 요절 | 주태朱兌 (1165-1221) | 주재朱在 (1169-1229) | 주사朱巳 (1173-1187) | 주소매朱小妹 (1175-?) |
| 며느리 반씨潘氏 | 며느리 유씨劉氏 | 사위 유학고 劉學古 | | 사위 황간黃榦 (1152-1221) | 며느리 여씨呂氏 | 요절 | 사위 범원유 范元裕 |

---

63 按『朱子行狀』, 女五人. 儒林郎靜江府臨溪縣令劉學古, 奉議郎主管亳州明道宮黃榦, 進士范元裕. 有二女早卒, 豈更有女作蔡妻耶? 中國之人而魯莽若是.(『성호사설星湖僿說』 「회옹방서晦翁訪壻」)

있고, 아버지 주송朱松의 이름에는 '나무 목木'이 들어 있고 할아버지 주삼朱森의 이름에 '나무 목木'이 들어 있는 것을 보면, 주희의 아버지 주송 대부터 오행 순환으로 이름을 지었던 것으로 보인다.

주희는 50년 동안 관직에 있으면서 고종, 효종, 광종, 영종 네 황제를 섬겼으나 지방관으로 부임한 것은 겨우 9년(九考)이었고, 조정 관리로서는 병부낭관兵部郎官(59세 때), 숭정전설서崇政殿說書(59세 때), 비각수찬祕閣修撰(62세 때)에 잠깐 제수되었다가 환장각대제煥章閣待制 겸 시강侍講(65세 때)으로 고작 46일을 근무하였다.[64] 또 일생 동안 예순네 차례나 황제에게 글을 올려 다양한 구실로 관직을 사양하였다. 주희의 지방관 근무 기간이 정확하게 몇 년이었는지에 대해서는 논란이 있다. 황간黃幹의 『주문공행장』이나 『송사宋史』 「주희전朱熹傳」에서 '구고九考'라 표현한 것을 근거로 해서 우리나라뿐 아니라 중국, 일본의 주희 관련 저작들이 대부분 주희의 지방관 근무 기간을 9년이라 말하고 있다. '구고'의 '고考'는 '고과考課하다'는 뜻이다. 일정한 표준에 따라 관리의 성적을 심사하는 것을 말한다. 그런데 고대에 관리는 3년마다 치적治績을 고과하였다. 사실 이 제도는 연원이 아주 오래되었다. 『상서尙書』 「순전舜典」편을 보면 "삼재고적三載考績, 삼고출척유명三考黜陟幽明."이라 기록되어 있는데, 그 뜻은, 3년마다 관리의 치적을 고과하는데, 세 번 즉 9년 동안 고과해서 치적이 훌륭하면 승진시키고, 치적이 나쁘면 퇴출시킨다는 것이다. 그렇게 본다면, 3년에 한 번 고과하므로 '구고'는 27년이 된다. 그런데 실제로 주희의 지방관 재임 기간을 따져 보면, 동안현同安縣 주부主簿(24세 때)를 3년 지내고, 남강군南江軍 지군知軍(50세 때)을 2년, 제거양절동로상평다염공사提擧兩浙東路常平茶鹽公事(52세 때) 9개월, 그리고 장주漳州 지주知州(60세 때) 1년과 담주潭州 지주(65세 때) 2개월을 합하면 모두 6년 11개월

----

64 熹登第五十年, 仕於外者僅九考, 立朝才四十日. (『송사』 「주희전」) 여기서는 40일이라 하였으나, 이는 큰 수만을 말한 것이고 실제로는 46일이다.

정도가 된다. 즉 7년이 채 못 되는 것이다.[65]

이밖에 강남동로전운부사江南東路轉運副使(60세 때), 형호남로전운부사형호남로전운부사荊湖南路轉運副使(62세 때), 지정강부知靜江府 겸 광남서로경략안무사廣南西路經略安撫使(63세 때) 등에도 제수되었으나 대부분 곧바로 사양하였다. 어쨌든 그가 일생 동안 실제 관직에 머물렀던 기간은 손가락으로 꼽을 정도이니 그가 벼슬에 큰 뜻을 두지 않았음을 알 수 있다.

그 나머지 기간은 모두 봉사奉祠를 하며, 강학과 저술에 몰두하였다. 가정 형편이 빈한하여 늘 양식이 떨어지기도 했지만 편안하게 여겼고, 젊었을 때 생계를 위해 출판업을 하기도 하였다. 또 학생들이 먼 곳에서 오면 콩밥에 명아주국(豆飯藜羹)이나마 차려서 함께 먹곤 하였다. 늘 남에게 돈을 빌려 생활하였으나 도의에 어긋난 것은 한 푼도 취하지 않았다.[66]

---------

65 주신周辛은 「송대교육가주희宋代教育家朱熹」(『합비사범학원학보合肥師範學院學報』 1959년 제2기)에서 관직 기간을 14년이라 하였다. 즉 스물두 살 때 천주 동안현 주부 대략 5년, 마흔아홉 살 때 남강군 지군 약 4년, 쉰한 살 때 장주의 지주 약 2년, 쉰네 살때 제거절동상평다염공사 1년 미만, 예순세 살 장주의 지주 약 2년으로 계산한 것이다. 방품광方品光·진명광陳明光의 「주희의 복건 문화교육에 대한 영향 시론 試論朱熹對福建文化教育的影響」(『복건사대학보福建師大學報』1980년제3기)에서도 주희의 벼슬 기간을 14년으로 계산하였다. 이는 주희가 관직에 임명된 후 부임하기 전까지의 기간을 포함한 것으로 보인다.
66 諸生之自遠而至者, 豆飯藜羹, 率與之共. 往往稱貸於人以給用, 而非其道義則一介不取也. (『송사』「주희전」)

# 2 주희의 이름은 얼마나 많은가

주희는 그의 업적에 걸맞게 일생 동안 비교적 많은 이름과 별호를 썼다.

주희의 초명은 우랑沈郞, 심랑沈郞이고, 어릴 때 이름은 계연季延, 오이五二, 오이랑五二郞이다. 자는 원래 원회元晦인데, 후에 중회仲晦로 바꾸었다.

호는 상당히 많은데, 중회보仲晦父, 중회보仲晦甫, 목재牧齋, 졸재拙齋, 회암晦庵, 회옹晦翁, 운곡노인雲谷老人, 운곡회암노인雲谷晦庵老人, 운학노인雲壑老人, 회암통수晦庵通叟, 회암병수晦庵病叟, 백록동주白鹿洞主, 동주회옹洞主晦翁, 인지당주仁智堂主, 운대자雲臺子, 을사운대자乙巳雲臺子, 운대은리雲臺隱吏, 운대외사雲臺外史, 운대진일雲臺眞逸, 숭고은리嵩高隱吏, 홍대외사鴻臺外史, 홍경외사鴻慶外史, 자양紫陽, 고정考亭, 창주병수滄洲病叟, 창주조수滄洲釣叟, 둔옹遯翁, 다선茶仙, 공동도사추흔崆峒道仕鄒訢 등이 있다.

이밖에 시호諡號 '문文'에서 유래한 문공文公이 있고, 유종儒宗, 신국공信國公, 휘국공徽國公, 제국공齊國公, 선유주자先儒朱子, 선현先賢, 주자朱子 등의 봉호封號 및 존호가 있다. 이 이름들에 대한 의미와 유래 등에 대해서 살펴보면 주희에 대한 이해를 높이는 데 도움이 될 것이다.

## 1) 이름(名)

### • 주희朱熹

주희가 우계에서 출생했을 때는 바로 아버지 주송이 진회에게 죄를 얻어 삭탈관직을 당한 후 학당을 개설하여 글을 가르치던 때였다. 주송은 송조가 남쪽으로 천도한 이후 간신들이 정권을 잡고 정치가 부패해지는 것을 보고 아들이 성장한 후에는 밝은 세상이 되기를 희망하였기 때문에 아

들의 이름을 광명, 날이 밝다는 뜻의 '희熹' 자로 지었다. 또 주희의 집안은
오행학설을 숭상하였는데, 주희 대에는 화火에 속했기 때문에 '기쁠 희喜'
자 아래에 '불 화火'자를 덧붙인 것이다. 이름과 관련해서 『자양주씨건안
보紫陽朱氏建安譜』에는 다음과 같은 전설이 내려온다. 태어나기 하루 전인
음력 9월 14일 밤에 정안도 관사의 멀리 정면에 있는 태조산太祖山인 문산
文山과 뒷면의 공산公山에서 동시이 불이 나서, 그 기세가 '문공文公'이라는
두 글자를 이루었다. 주송은 이를 희화喜火의 상서로운 조짐으로 여겼다.
이튿날 정오에 주희가 태어났는데, 주송은 '기쁠 희喜'와 '불 화火' 두 글자
를 합친 '성할 희熹' 자로 이름을 지었다. 훗날 주희에게 '문文'이라는 시호
가 내리자 사람들은 그를 주문공朱文公이라 불렀는데, 이는 하늘이 희화喜
火를 내린 것과 교묘하게 맞아떨어진다.

• **우랑沈郎**

　『복건통지福建通志』「열전列傳」에 의하면, 주희는 건염建炎 4년(1130) 9월
15일 오시午時에 우계尤溪에 있는 정안도의 초당에서 태어났기 때문에 어
렸을 때의 이름을 '삼수변'이 붙은 '물 흐르는 소리 우沇' 자와 '사내 랑郎'
자를 써서 우랑沇郎이라 불렀다.[67]

• **심랑沈郎**

　주희의 아명은 심랑沈郎[68]이다. 주희의 출생지인 우계는 본래 심계沈溪

---------

67 熹以建炎四年九月十五日午時於尤溪之寓舍, 故幼名沇郎.(『복건통지福建通志』「열전列傳」)
68 '심沈'자의 우리 한자음을 살펴보면, 보통 성으로 쓰일 경우는 '심', 동사 '가라앉다'로
쓰일 경우는 '침'으로 읽는다. 사실 이 글자의 독음은 여러 개여서, '짐'이나 '담'으로 읽기
도 한다. 기존에는 대부분 주희의 아명을 '침랑'이라 하였다. 그러나 『건구현지建甌縣誌』
「명승名勝」편에서 오대 시기 민왕인 왕심지王審知의 휘諱를 피하기 위해 심계를 우계로 이
름을 바꾸었다고 분명하게 기록한 바, 휘를 피하려면 음이 동일하였기 때문이었을 것이
다. 즉 왕의 신분인 왕심지의 '심審'과 심계沈溪의 '심沈'이 동일한 음이었기 때문에 이를
피하여 우계라고 이름을 바꾼 것으로 보인다. 그렇다면 심계와 관련된 주희의 아명은 마
땅히 심랑으로 수정해서 읽어야 한다고 본다.

라 하는 하천인데 아버지 주송朱松이 이를 기념하는 뜻에서 아들의 이름을 심랑이라 지었다. 『건구현지建甌縣誌』「명승名勝」편에 따르면, 주희는 우계尤溪의 정씨 의재鄭氏義齋(즉 정안도의 초당)에서 태어났는데, 우계의 본래 이름이 심계沈溪였으나 오대 시기의 민왕閩王이었던 왕심지王審知(862-925)의 휘諱(이름)를 피하기 위해 우계로 이름을 바꾸었다고 한다.[69]

### • 계연季延

주희의 또 다른 아명은 계연季延인데, 남검南劍의 다른 이름이 연평延平이고 우계尤溪가 연평에 속해 있었기 때문에 '연延' 자를 썼다. 청대의 모념시毛念恃(594-1677)는 『자양주선생연보紫陽朱先生年譜』에서 "주문공은 이름이 심랑이고 아명은 계연인데 모두 그 지역을 뜻한다."[70]라고 밝혔다. 계연의 '계季'는 형제 중에서 넷째 혹은 막내를 뜻하는 말이다.

### • 오이五二, 오이랑五二郎

주희는 집안의 같은 항렬에서 순서가 쉰두 번째이기 때문에 아명을 오이 혹은 오이랑이라 했다. 『숭안현지崇安縣誌』「유림儒林」편에는 청대의 경학자 강영江永(1681-1762)의 『주자세가주朱子世家註』를 인용하여 "아명은 심랑이고, 자는 계연이며, 쉰두 번째이다."[71]라고 하였고, 『우계현지尤溪縣誌』에는 "오이랑은 문공의 아명이다."[72]라고 하였다. 일설에는, 주희가 출생했을 때 그의 할머니가 쉰두 살이었는데, 복건 지방의 풍속에 손자의 아명을 조부모의 나이로 하기 때문에 오이, 오이랑으로 불렀다고 한다.

---------

69 按文公生於尤溪鄭氏義齋, 尤溪本名沈溪, 爲避王審知諱, 更名尤溪, 故文公小名沈郎.(『건구현지建甌縣志』「명승名勝」)
70 文公名沈郎, 小字季延, 皆志其地也.(『자양주선생연보紫陽朱先生年譜』)
71 小名沈郎, 字季延, 行五二.(『숭안현지崇安縣誌』「유림儒林」)
72 五二郎, 文公乳名.(『우계현지尤溪縣誌』)

## 2) 자字

### • 원회元晦

주희의 원래 자 원회元晦는 스승 유자휘가 지어준 것이다. '회晦' 자는 '어둡다', '감추다'는 뜻을 갖는데, 유자휘는 「자주희축사字朱熹祝詞」를 지어 그 의미를 설명하였다. "나무는 뿌리에 감추었다가 봄에 아름답게 잎을 피우고, 사람은 몸 안에 감추었다가 신령스런 마음이 안에서 살을 찌우네."[73] 즉 주희가 외표에 드러내지 않고 도덕을 내적으로 축적한 사람이 돼라는 희망을 함축한 것이다. 주희는 「발가장유병옹유첩跋家藏劉病翁遺帖」에서 "나의 자 원회도 선생(유자휘)께서 명하신 것으로 그 축하말이 갖추어져 있는데, 임종할 때 손수 쓰신 것이 아니라서 별도로 다른 권에 붙였다."[74]라고 하였다.

### • 중회仲晦

주희의 자는 원래 '으뜸 원元' 자를 써서 '원회'였는데, 후에 '원元' 자가 『주역』에서 말하는 원元, 형亨, 이利, 정貞 사덕四德의 첫머리이기 때문에 감당할 수가 없다고 여기고 마침내 '버금 중仲' 자를 써서 중회仲誨로 자를 바꾸었다.[75]

## 3) 호號

### • 중회보仲晦父, 중회보仲晦甫

주희는 서발문序跋文과 논저에서 여러 차례 '중회보仲晦父' 혹은 '중회보仲晦甫'라는 서명을 하였다. 이때 '父'는 독음이 '부'가 아니라 '보'인데, '보甫'와 마찬가지로 남자의 이름 뒤에 쓰는 미칭이다.

---

73 木晦於根, 春容曄敷; 人晦於身, 神明內腴.(『병산집屏山集』권6 「자주희축사字朱熹祝詞」)
74 熹字元晦, 亦先生所命, 其祝詞具在, 以非臨終手筆, 別附他卷.(「발가장유병옹유첩跋家藏劉病翁遺帖」)
75 其後, 以元爲四德之首, 不敢當, 遂更名仲晦.(대선戴銑, 『주자실기朱子實紀』「찬술贊述」)

## • 목재牧齋

주희는 스물네 살 때인 1153년(소흥 23), 동안同安의 주부主簿를 하면서 '목재'라 자호하였다.

## • 졸재拙齋

1179년(순희 6)에 주희는 남강군 지군을 하면서 '우둔하다'는 뜻의 '졸拙' 자를 써서 '졸재'라 자호하였다.

## • 회암晦庵

마흔한 살 때인 1170년(효종 건도乾道 6)에 복건 건양현 노봉산蘆峰山의 운곡雲谷에 운곡회암초당雲谷晦庵草堂을 건립하고 집의 이름을 호로 삼아 회암晦庵이라 자호하였다. 혹자는 한천정사寒泉精舍 때부터 회암이라는 호를 썼다고 말하기도 한다.

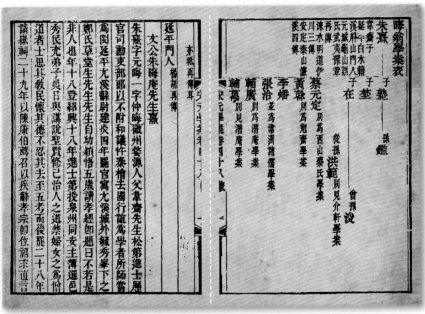

「회옹학안표晦翁學案表」(우)와 「회옹학안」(좌). 『송원학안』권48에 수록되어 있다.

## • 회옹晦翁

운곡회암초당에서 '회암晦庵'이라는 호를 쓴 후에 다시 예순 살 때 회옹晦翁이라는 이름을 사용하였다. 일설에는, 주희가 1174년(순희淳熙 1), 마흔 다섯 살의 나이에 손녀를 얻었기 때문에 처음으로 '할아버지', '늙은이'를 뜻하는 '옹翁' 자를 써서 '회옹'이라 서명하였다고 한다. 그 후 세상을 떠날 때까지 서발문이나 논저에서 '회옹'으로 20여 차례 서명하였다.

## • 운곡노인雲谷老人

청나라 제4대 황제 성조聖祖 현엽玄燁(즉 강희제康熙帝, 1654-1722) 때 나온 『무이산지武夷山志』 「명현名賢」편에 의하면, 주희는 건양현 노봉산의 운곡에 초당을 짓고 회암이라 이름 지었는데, 이로 인해 회암을 자호로 삼고 마침내 운곡노인이라 일컬었다.[76]

## • 운곡회암노인雲谷晦庵老人

주희는 건양현 노봉산의 운곡에서 거주할 때 운곡회암노인이라고도 했다.

## • 운학노인雲壑老人

운학은 운곡雲谷과 관계가 있다. 주희는 송나라 사람 심순경沈舜卿이 쓴 도연명陶淵明(365-427)의 「귀거래사歸去來辭」에 '운학'이라 서명하였다. 명나라 때 안녕晏寧의 「제회암한묵권후題晦庵翰墨卷後」에 의하면, 회암이라 하지 않고 운학이라 한 것은 당시 건양 노봉산의 꼭대기에 집을 짓고 운곡이라 불렀기 때문이고, 대개 자양서당紫陽書堂의 뒤에 초당을 지을 때부터 편액에 회옹 또는 운학노인이라 하였다.[77]

----------

76 (朱熹)嘗建廬於建陽蘆峰山之雲谷, 曰晦庵, 因以自號, 遂稱雲谷老人.(『무이산지武夷山志』 「명현名賢」)

77 不曰晦庵而曰雲壑者, 時築室於建陽蘆峰之巓, 號曰雲谷, 蓋在紫陽書堂之後, 自創草堂而匾曰晦翁, 亦曰雲壑老人.(안녕晏寧, 「제회암한묵권후題晦庵翰墨卷後」)

● **회암병수**晦庵病叟

주희는 「주심보경명서周深父更名序」에서 '회암병수'라 자서하였다. '병 병病' 자, '늙은이 수叟' 자의 '병수'는 글자 그대로 '병든 늙은이'라는 뜻이다.

● **백록동주**白鹿洞主

주희는 「백록동부白鹿洞賦」에서 '백록동주'라 서명하였다.

● **동주회옹**洞主晦翁

주희는 「백록동부白鹿洞賦」에서 '동주회옹'이라고 자칭하였다. '동주'란 명승지에 세운 서원에서 교수를 맡고 있는 사람을 말한다. 장소가 무슨 '동洞'으로 명칭이 되었기 때문에 '동주'라 하는 것이다. 산장山長이나 원장院長이란 표현을 쓰기도 한다.

● **인지당주**仁智堂主

주희는 「무이도서武夷圖序」에서 '인지당주'라 서명하였다. 인지당은 무이정사에 있는 가운데 주실主室의 이름이다.

● **운대자**雲臺子

주희는 일생의 대부분을 한거하며 학문 연구를 하였고, 여러 차례에 걸쳐 사록을 청하였다. 1185년(순희淳熙 12) 4월에 화주華州의 운대관雲臺觀 주관이 되었는데, 이 운대관은 원래 섬서陝西에 있었으나 그 지역이 금나라 사람의 손에 떨어지는 바람에 허명을 관리하게 되었다. 이리하여 주희는 마침내 '운대자'라 자호하였다.

● **을사운대자**乙巳雲臺子

1185년이 을사년이라, 주희는 또한 '을사운대자'라 자호하였다.

• **운대은리**雲臺隱吏

운대관 주관이었을 때 주희는 '은대은리'라고도 자호하였는데, '은리隱吏'란 '은퇴한 관리'를 뜻한다.

• **운대외사**雲臺外史

운대관 주관이었을 때 주희는 '운대외사'라고도 자호하였다. '외사外史'란 원래 경기 이외의 지역에 반포하는 왕명 및 지방지 등을 담당하는 고대의 관직명인데, 문인들이 별호에 많이 붙였다.

• **운대진일**雲臺眞逸

운대관 주관이었을 때 주희는 또 '운대진일'이라고도 자호하였는데, '진일眞逸'이란 이익李瀷의 『성호사설星湖僿說』「시문문詩文門」편의 '운대진일'조에 의하면, '사당을 받들며 한가히 산다'는 뜻이다. 주희는 『역학계몽』의 서문 끝에, "순희병오淳熙丙午 모춘기망暮春旣望 운대진일수기雲臺眞逸手記" 즉 1186년 음력 3월16일에 운대진일이 직접 썼다고 하여 자신을 운대진일로 표현했다.

• **숭고은리**嵩高隱吏

1188년 즉 순희淳熙 15년에 주희는 서경西京 숭산嵩山에 있는 숭복궁崇福宮 주관이 되었는데, 이 숭복관은 원래 하남에 있었으나 금나라 사람들에게 빼앗겨 허명을 관리했다. 그리하여 주희는 '숭고은리'라 자호하였다.

• **홍경외사**鴻慶外史

1191년인 소희紹熙 2년에서 1195년인 경원慶元 원년까지, 주희는 두 차례 남경南京 홍경궁鴻慶宮 주관이 되었는데, 그 지역이 금나라에 점령당하여 그 허명을 관리하였다. 이 때문에 주희는 여러 차례 '홍경외사'라 서명하였다.

## • 자양紫陽

주희의 본적은 안휘安徽 무원婺源인데, 당시 안휘를 휘주徽州라 불렀고, 그 성城 남쪽에 자양산紫陽山이 있다. 아버지 주송이 복건으로 이사한 후부터 주희는 고향을 잊지 못하고 항상 그리워하여 대청을 자양서실紫陽書室로 이름 짓고, 자신의 서재를 자양서방紫陽書房으로 명명하였다. 학자들은 주희를 자양부자紫陽夫子라 부르고, 그의 학파를 자양학파紫陽學派라 일컬었다.

## • 고정考亭

주희는 1192년(소희紹熙 3)에 건양 고정考亭으로 이사하고, 이곳에서 강학하여 고정학파考亭學派를 형성하였기 때문에 학자들이 그를 고정선생考亭先生이라 불렀다.

## • 창주병수滄洲病叟

주희는 만년에 건양 고정에 정착하였다. 1192년(소희紹熙 3)에 고정의 집 옆에다 죽림정사竹林精舍를 지었다. 2년이 지난 1194년에 학생들이 나날이 증가하여 서원을 확장하고. 마을 앞에 아름다운 물가가 있어서 이 지역이 창주滄洲라 불렸기 때문에 창주정사로 개명하였다. 창주란 말은 은자隱者가 거주하는 곳을 비유적으로 가리키기도 한다. 그는 만년에 항상 다릿병을 앓았는데, 그래서 '창주의 병든 늙은이'라는 뜻으로 창주병수라 자호하였다.

## • 창주조수滄洲釣叟

주희는 일찍이 '낚시 조釣' 자를 써서 '창주(물가)에서 낚시하는 늙은이'란 뜻의 '창주조수'라 서명한 적이 있다. 『남평현지南平縣志』 「사관寺觀」에 의하면, (남평) 당원塘源 이자갱李子坑에는 옛날에 정사가 있었는데, 주희가 피난 가서 살면서 '창주조수'라 자호하였다.[78]

---------
78 (南平)塘源李子坑, 昔有精舍, 朱子避地嘗居之, 號滄洲釣叟.(『남평현지南平縣志』「사관寺觀」)

● 둔옹遁翁

'둔遁'은 '달아나다', '세상을 피해서 숨다'는 뜻이다. 주희는 만년에 위학僞學이라는 죄를 뒤집어써서 여러 차례에 걸쳐 집권자 한탁주韓侂冑(1152-1207)의 배척을 당해 매우 곤란한 지경에 처해 있었다. 이에 그는 학생들이 있는 곳으로 은거해서는 지속적으로 강학과 저작 활동을 하며 국가의 대사에 관여하지 않았다. 이때 의기소침한 그는 은퇴해서 세상을 피하겠다는 뜻을 갖고 있었기에 스스로 '둔옹遁翁'이라 불렀다.

● 다선茶仙

경원당금慶元黨禁 때, 주희는 네 곳으로 피신하는 신세였지만 그래도 제자들을 위해 대련 편액을 써 주었다. 다만 진짜 이름으로 서명하지 않고 일찍이 무이암차武夷巖茶를 좋아하는 사람이란 뜻으로 '다선茶仙'이라는 이름을 썼는데, 예를 들면 고전현古田縣 삼양杉洋에 있는 계산서원溪山書院의 인월지引月池라는 연못에 편액을 쓸 때, '다선'이라 서명했다.

● 공동도사추흔崆峒道士鄒訢

주희는 『황제음부경주해黃帝陰符經註解』와 「서주역참동계고이후書周易參同契考異後」에 "공동도사추흔"이라는 별명으로 서명하였다. 그 뜻은 『장자』 「재유在宥」편에 나오는 공동산의 광성자廣成子에게 자신을 빗댄 것으로 볼 수 있다. '추흔鄒訢'에서 '추鄒'는 본래 오제五帝 중의 한 분인 전욱顓頊의 후예가 봉해진 땅으로 춘추시대에 '주邾' 혹은 '주루邾婁'라는 나라였으나[79] 전국시대에 와서 맹자가 활동하던 노魯 나라 목공穆公 때 '추鄒'로 국명을 바꾸었는데[80] '추鄒'는 '주루邾婁'의 합음이다. '주邾' 자에서 '우부방阝'을 빼면 '주朱' 자가 되고, '흔訢' 자는 『예기』 「악기樂記」에 나오는 '천

----------

79 鄒, 魯縣, 古邾國. 帝顓頊之後所封.(『설문해자說文解字』 「읍부邑部」)
80 鄒本春秋邾子之國, 至孟子時改曰鄒矣. 國近魯, 後為魯所並, 又言邾為楚所並, 非魯也. 今鄒縣是也.(조기趙岐, 「맹자제사孟子題辭」)

지흔합天地訢合'이라는 구절에 대해 후한 때의 경학자 정현鄭玄이 주에서 '흔訢' 자는 마땅히 '희熹' 자라고 설명한 바와 같이 '희熹' 자를 가리킨다. 그렇다고 하면 '추흔鄒訢'은 바로 '주희朱熹'를 가리키는 것이다.

## 4) 시호諡號, 봉호封號 및 존호尊號

### • 유종儒宗

남송 황제 영종 조확이 주희에게 붙인 존칭이다. 1194년(소희 5)에 재상 조여우의 추천을 받아 주희는 환장각대제 겸 시강에 임명되어 조확에게 강학을 하였다. 이때 즉위한 지 얼마 되지 않은 조확은 리학 사상에 대해 긍정적인 평가를 하고 마침내 주희를 '유학자의 종사宗師'라는 뜻으로 '유종'이라 불렀다. 사실 유종이란 호칭은 한대 이전에 유학자의 종사란 뜻으로 사용되었지만, 이후에는 널리 '학자의 종사'를 일컫는 말이다. 즉 사상 혹은 학술에 있어서 사람들에게 존경받고 사표가 될 만한 사람을 가리킨다.

### • 문공文公

주희는 일생 동안 리학을 숭상하였는데, 말년에 경원당금으로 인해 위학偽學의 괴수로 몰렸다가 사후에 복권되고 1208년 즉 남송 가정嘉定 원년에 황제가 문관이 받을 수 있는 최고의 시호인 '문文'이라는 시호를 내렸기 때문에 후세 사람들은 그를 존경하는 뜻에서 '공公'을 붙여 '문공'이라 하고 또 성을 덧붙여 '주문공朱文公'이라 존칭한다.

회암문공상晦庵文公像. 명대 조방趙滂이 집록한 『정주궐리지程朱闕里志』에 수록되었다.

- 신국공信國公

남송 황제 이종理宗 조윤趙昀이 1227년 즉 보경寶慶 3년 정월에 주희를 신국공으로 추증했다.

- 휘국공徽國公

남송 황제 이종 조윤이 1230년 즉 소정紹定 3년 9월에 주희를 휘국공으로 봉했다.

- 제국공齊國公

원元나라 황제 혜종惠宗 토곤테무르(妥懽帖睦爾)가 1362년 즉 지정至正 22년 2월에 주희를 제국공으로 개봉改封하였다.

- 선유주자先儒朱子

명나라 때에는 주희를 '선유주자'라 존칭하였다. '선유先儒'란 '선대의 유학자'란 뜻이다.

- 선현先賢

명나라 때에는 원래 주희를 '선유주자'라 불렀는데, 명대 말기인 1642년 즉 숭정崇禎 15년에 제16대 황제 의종毅宗 주유검朱由檢(1611-1644)이 "선유주자를 선현先賢이라 부르고, 지위는 한·당시대의 모든 유학자 위에 두라"는 칙명을 내렸다. 이로써 주희의 지위는 더 높아졌다. '선현先賢'이란 '선대의 현인'이란 뜻이다. 역사적으로 보면, 명나라 가정嘉靖(1522-1566) 연간에 공묘의 제례를 의논하면서 안연과 증삼 등 10인 이하와 공자의 다른 제자들을 선현이라 불렀고, 좌구명 이하는 선유라 불렀다.

- 주자朱子

후세 사람들은 주희를 높여서 주자라 부른다. '자子'는 공자孔子, 맹자孟

子, 증자曾子, 정자程子에서처럼 스승이나 일가의 학설을 세운 사람의 성 뒤에 붙여 존칭하는 데 쓰인다.

이 밖에도 주희는 책에 서명을 할 때 '추현주희鄒縣朱熹', '오군주희吳郡朱熹', '단양주희丹陽朱熹', '평릉주희平陵朱熹', '신안주희新安朱熹', '무원주희婺源朱熹', '자양주희紫陽朱熹' 등 여러 다른 표현을 쓰기도 하였다.

여기서 추현이나, 오군, 단양, 평릉, 신안, 무원, 자양 등은 모두 주희의 선조가 살던 고향이다. 주희의 시조 주자邾子가 살던 주邾나라는 산동성 남부에 위치한 추현鄒縣이었고, '흔訢'은 '희熹'와 통용되기 때문에 '공동도사추흔崆峒道仕鄒訢'이라 서명하였는데, '추흔鄒訢'은 곧 '추현주희'이다. 전국시대 말에 주邾 나라가 멸망하여 주희의 조상들은 강소성 서주徐州에 속한 패沛 땅으로 이주하였다. 후한 때에는 다시 산동성 북부의 청주靑州로 이주하였으며, 후에 남쪽으로 강을 건너 지금의 강소성 소주蘇州인 오군吳郡과 지금의 안휘성 마안산馬鞍山 동남쪽에 위치한 당도현當塗縣인 단양丹陽 등지로 옮겨 살았다. 동진 때에는 지금의 강소성 율양현溧陽縣 서북쪽인 평릉현平陵縣으로 이주하였고, 당나라 때에는 휘주 황돈黃墩으로 옮겨 살았는데, 수당 시기에는 이곳을 신안군新安郡으로 부르기도 하였다. 이곳들을 전부 고증할 수는 없지만, 어쨌든 그가 서명에서 이 지명들을 쓴 것을 보면, 주희가 조상을 그리워하는 회조懷祖 사상이 강했음을 알 수 있다.

주희의 본적을 따져보면, 원래 무원의 저명한 성씨인 주씨가 당나라 말엽부터 북송 말엽까지 휘주 무원에서 2백여 년 살았으니 본적은 휘주 무원이다. 『송사』「주희전」에도 이렇게 기록되어 있고, 남송의 도종 조기도 주희의 고향 무원을 궐리로 인정한다는 조서를 내렸다. 또 원대에도 황제의 명으로 무원에 주희 사당을 건립하였고, 청대에도 무원에 주자가 있는 것은 추현에 맹자가 있고 곡부에 공자가 있는 것과 같다는 관념이 있었다. 그러니 무원이 주희의 본적임은 틀림이 없다. 그런데 휘주가 절강성과 안휘성, 강서성의 경계에 위치하고 있다는 것이 문제였다. 청나라 강희 연간에 이곳이 안휘성에 속했기 때문에 주희의 본적을 안휘로 보는 사람이 있게 되었고, 민국 시기에 무원이 강서성에 속했기 때문에 강서로 생각하는 사람이 있게 되었다.

참고로, 신안은 휘주徽州의 옛 이름인 신안군新安郡으로서, 지금의 안휘성 황산시黃山市 둔계구屯溪區 황돈篁墩이다. 주희는 아버지 고향인 휘주 무원을 세 차례 방문하여 수개월씩 머무르면서 강학을 하였는데, 그래서 휘주에 주희의 학문을 따르는 사람이 많아져 학파가 형성되었다. 이를 '신안학파新安學派'라 하며, 그 학문을 '신안리학新安理學'이라 한다. 이 학파는 남송 말에 형성되어 원대에 발전하였다가 명대에 전성기를 누렸다. '주문적전朱門嫡傳'으로 불리고, '주자지학朱子之學'으로도 불렸다. 대표적인 학자로 오창吳昶(?-1219), 정대창程大昌(1123-1195), 호병문胡炳文(1250-1333) 등이 있다.

주희朱熹, 만세의 종사宗師가 되다

# 3 아호지회란 무슨 일인가

**아**호산鵝湖山은 중국 강서성 북부에 위치한 상요시上饒市 연산현鉛山縣에 있다. 이곳에 호수가 있었는데, 진晉나라 말엽에 공씨龔氏라는 사람이 여기서 거위를 길렀기 때문에 '거위 아鵝' 자, '호수 호湖' 자를 쓴 '아호'라는 이름을 얻었다.

아호산 위에는 아호사라는 절이 있는데, 아호지회는 여기에서 거행되었다. 아호지회는 아호에서 행해진 강회講會를 뜻하는데, '강회'란 본래 불교의 승려가 불경을 강독하고 설법하는 집회를 말한다. 이 말이 송명 리학가들에게 차용되어 학술 논변을 하는 집회를 일컫게 되었다. 그 효시가 바로 아호지회이고, 이후에 강회는 당시 서원 교학의 중요한 형식이 되었다. 이 강회제도는 청대 중엽 이후까지 지속되다가 점차 사라졌다.[81]

1175년(순희淳熙 2)에 여조겸呂祖謙은 주희의 '리학'과 육구연의 '심학' 사이에 있는 철학이론상의 차이를 조화시켜 두 사람의 관점을 하나로 귀결시키기 위해서 육구령陸九齡(1132-1180)과 육구연 형제에게 주희와 만나라고 직접 나서서 요청하였다. 주희가 정이의 성즉리性卽理 설을 계승한 데 반해 이들 형제는 정호의 심즉리心卽理 설을 계승하였다. 육씨 형제는 이상적인 도덕성이 인간의 마음에서 완전히 발휘될 수 있다고 보았는데, 명대에 이르러 왕수인王守仁(1472-1529)[82]의 양명학陽明學으로 계승 발전되었다.

---

81 역사상의 '아호지회鵝湖之會'를 우리말로 직역해서 '아호의 모임'이라 하기도 하고, 역사적 사실을 감안해서 '아호에서의 논쟁' 등으로 표현하고 있는데 적확한 표현이라 보기는 어렵다. 강회라는 말을 써서 '아호강회'라고 표현하든지, 아니면 훗날 주희와 장식의 강회를 역사에서 '주장회강朱張會講'이라 하니, 이를 본받아 '아호회강'이라 하는 것이 어떨까 하고 조심스럽게 제안해 본다.
82 왕수인王守仁은 중국 역사상 매우 드물게 문무를 겸비한 대유학자이다. 절강浙江 소흥부紹興府 여요현餘姚縣(지금의 절강성 영파寧波 여요시餘姚市) 출신으로서 명대의 저명한 사

주희의 생애 부분에서 잠깐 언급하였듯이, 이 해 6월에 여조겸이 주최하고, 주희와 육구령·육구연 형제가 논변을 벌인 이 아호지회에는 유청지劉

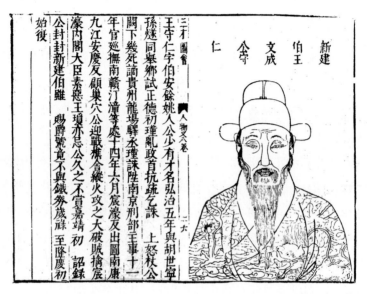

왕수인王守仁(1472~1529). 명대의 저명한 사상가로서 육왕심학陸王心學의 집대성자. 자는 백안伯安, 별호는 양명陽明. 시호가 문성文成이므로 왕문성공王文成公이라고도 불림. 유학의 창시자 공자, 유학의 집대성자 맹자, 리학의 집대성자 주희와 함께 공맹주왕孔孟朱王으로 병칭됨.(출처:『삼재도회』)

--------

상가이자 철학자이며, 서법가, 군사가, 교육가이다. 어릴 때 이름은 운雲이고, 자는 백안伯安이며, 여요현 양명동천陽明洞天에 집을 짓고 살았으므로 양명자陽明子라 자호하였기 때문에 학자들에 의해 양명선생陽明先生이라 불렸다. 시호는 문성文成이며, 오늘날에는 보통 그를 왕양명이라 부르고, 그의 학설을 양명학陽明學이라 한다. 중국과 한국은 말할 것도 없고 일본에서도 중요하고 심원한 영향을 끼쳤다. 그는 육왕심학陸王心學의 집대성자로서 유·불·도 3교에 정통했을 뿐 아니라 군사를 통솔하여 전쟁을 수행한 인물이다. 그는 육구연의 '심즉리心卽理' 사상을 계승하고 정이와 주희의 사사물물事事物物을 통해 '지리至理'를 추구하는 격물치지格物致知 방법에 반대하였다. 사리事理는 무궁무진하여 그곳에 이르려면 번거로움을 면할 수 없기 때문에 자신의 마음속으로부터 '리理'를 찾아야 한다고 제창하고, '리'는 완전히 사람의 마음(心)에 있는데 리는 우주 천지만물을 화생化生하고 사람은 그 빼어난 기를 잡았기 때문에 사람의 마음은 저절로 그 정요함을 잡은 것이라고 주장하였다. 지知(인식)와 행行(실행)의 관계에서는, 인식을 해야 하고 더욱이 실행을 해야 하는데 인식 속에 실행이 있고, 실행 속에 인식이 있다는 이른바 '지행합일知行合一'을 해야 하고 양자는 상호 표리가 되어 떨어질 수 없다고 강조하였다. 인식한 것은 반드시 실행으로 표현되어야 하고 실행되지 않으면 진정한 인식(眞知)이라 할 수 없다고 주장하였다.

清之, 조경명趙景明, 반경헌潘景憲 등 강서, 절강, 복건의 관원과 학자 1백여 명이 방청하였고, 주희와 육구연의 친구와 제자들도 참가하였다.

강회를 시작하기 전에 육씨 형제는 먼저 변론을 하여 자신들의 의견을 일치시키고 나서 주희와 의견을 조율할 작정을 하였다. 그 결과 육씨 형제는 대체적으로 근접한 관점을 갖게 되었고, 육구령의 시는 육씨 형제가 주희와 학문을 논하는 사상적 강령이 되었다.[83]

훗날 「아호시동지鵝湖示同志」라는 제목이 붙여진 육구령의 칠언율시는 다음과 같다.

孩提知愛長知欽,　　　어려서는 사랑을 알고 커서는 공경을 아니,
해 제 지 애 장 지 흠

古聖相傳只此心.　　　옛 성현들이 전한 것은 단지 이 마음뿐이로다.
고 성 상 전 지 차 심

大抵有基方築室,　　　대저 터가 있어야 집을 짓는 법이거늘
대 저 유 기 방 축 실

未聞無址忽成岑.　　　토대 없이 홀연히 잠루岑樓 지었음을 듣지 못했네.
미 문 무 지 홀 성 잠

留情傳註翻榛塞,　　　주석에 뜻을 두니 도리어 번잡하여 막히고,
유 정 전 주 번 진 색

著意精微轉陸沈.　　　뜻을 자세히 새기려 하니 오히려 매몰되네.
저 의 정 미 전 육 침

珍重友朋勤切琢,　　　벗이 있어 서로 갈고 닦음을 소중히 하고,
진 중 우 붕 근 절 탁

須知至樂在于今.　　　지락至樂은 지금 있음을 반드시 알라.
수 지 지 악 재 우 금

이 시의 첫 4구는 맹자의 학문을 강조하고, 모든 유가의 학문이 사람의 사단지심四端之心 혹은 성선性善을 기초로 삼는데 이 기초가 없으면 진정한 학문을 세울 수 없음을 지적하였다. 제5구와 제6구에서는 주희의 학문 공

--------
83 아호의 강회에 관련된 이 세 수의 시는 모두 『송원학안宋元學案』「사산복재학안梭山復齋學案」에 수록되어 있으며, 『상산선생전집象山先生全集』권34에도 육구령과 육구연의 시가 수록되어 있다.

부는 경전 주석에만 근거하기에 단지 표면적인 문자 의미만 추구할 뿐 진정한 공부가 아님을 은근히 꼬집었다. 끝의 두 구는 인사말로서 모두가 모여 학문을 논함을 소중하게 생각한다는 뜻이다.

육구연은 형의 시 속에 표현된 사상에 대해 기본적으로 동의하지만 다만 제2구를 약간 만족스럽지 않게 여겼다. 왜냐하면 그는 도덕의 본심이 반드시 성인만이 서로 전하는 것이 아니고 사람에게 모두 공유하는 것이기 때문에 형의 시가 사람들에게 오해를 불러일으킬 수 있기 때문이었다. 그래서 자신이 화답하는 칠언율시를 지었다. 이 시는 「아호화교수형운鵝湖和敎授兄韻」으로 불리는데, 다음과 같다.

墟墓興哀宗廟欽,　　　황폐한 무덤은 슬퍼하고 종묘는 공경하니,
허 묘 흥 애 종 묘 흠

斯人千古不磨心.　　　사람들의 이 마음은 천고에 갈리지 않도다.
사 인 천 고 불 마 심

「아호시동지鵝湖示同志」(오른쪽)와 「아호화교수형운鵝湖和敎授兄韻(왼쪽)」. 『상산전집象山全集』권34.

　주희朱熹, 만세의 종사宗師가 되다

涓流[84]積至滄溟[85]水,　　작은 시내 모여서 큰 바다에 이르고,
연류　적지창명　수

拳石崇成太華岑.　　작은 돌 높이 쌓여 태화산[86] 봉우리 되도다.
권석숭성태화잠

易簡工夫終久大,　　쉽고 간략한 공부는 필경에는 위대하나
이간공부종구대

支離事業竟浮沈.　　번잡한 사업은 종국에는 부침한다.
지리사업경부침

欲知自下升高處,　　낮은 데서 높은 데로 오르는 법 알려면
욕지자하승고처

眞僞先須辨只今.　　진위를 반드시 지금 먼저 가려야 하리.
진위선수변지금

　이 시의 뜻은 육구령의 시와 그다지 큰 차이가 없다. 다만 맹자학의 사상을 더욱 관철시키고 있는데, 특히 첫 두 구가 그러하다. 황폐한 무덤을 보면 슬픈 생각을 갖게 되고 나라의 종묘를 보면 공경하는 마음이 일어난다고 읊었는데, 이로 보면 도덕의 본심은 사람들이 공유하는 것임을 알 수 있다. 그밖에 제5구와 제6구를 보면, 주희의 학문 공부가 번잡하여 자기의 쉽고 간략함만 못하다고 분명하게 풍자하고 있다.

　주희는 육씨 형제 특히 아우인 육구연의 풍자에 불쾌함을 느꼈지만 당시에는 시를 지어 화답和答하지 않았다. 강회가 끝나고 3년이 지난 후에 육구령을 다시 만났을 때 시를 지어 화답하였는데, 이 시가 기실은 아호지회 때 주희와 육구연이 변론한 사상의 강령이라 볼 수 있다. 훗날 「아호사화육자수鵝湖寺和陸子壽」라는 제목이 붙은 그 시는 이러하다.

德義風流夙所欽,　　덕의와 풍류는 진즉부터 흠모한 데다
덕의풍류숙소흠

---------

84 연류涓流는 작은 시내를 가리킨다.
85 창명滄溟은 큰 바다를 가리킨다.
86 태화산은 오악 중에서 서악인 화산을 말한다. 화산은 섬서성 화음현華陰縣 남쪽에 있는데, 화음현 서쪽에 소화산少華山이 있기 때문에 이 산을 태화산이라 부르는 것이다.

別離三載更關心.
별 리 삼 재 갱 관 심
헤어진 지 삼 년 되니 더욱 마음이 기우네.

偶扶藜杖[87]出寒谷,
우 부 여 장　출 한 곡
우연히 여장을 짚고 추운 골짜기 벗어나

又枉籃輿度遠岑.
우 왕 남 여 도 원 잠
다시 외람되게 남여(작은 가마) 타고 먼 곳의 산을 넘네.

舊學商量加邃密,
구 학 상 량 가 수 밀
옛 학문은 토론할수록 더욱 정밀해지고

新知培養轉深沈.
신 지 배 양 전 심 침
새로운 지식은 배양되어 오히려 깊어지네.

卻愁說到無言處,
각 수 설 도 무 언 처
근심하노라 말 없는 곳을 말하여

不信人間有古今.
불 신 인 간 유 고 금
인간사에 고금이 있음을 믿지 못함이여.

이 시의 제목에도 앞의 육구연의 시와 마찬가지로 '화답하다'는 뜻의 '화和' 자가 들어있는데, 이러한 한시를 화시和詩라 한다. 화시는 남이 시를 지어 주면 이에 화답하여 짓는 것으로 서로 주고받는 일종의 증답시贈答詩 인데, 특히 운자韻字를 같은 운각韻脚(즉 시구의 끝부분에 다는 운자)을 모방하고 심지어는 순서까지도 동일하게 하는 것을 화운시和韻詩라 한다. 명대 서사증徐師曾(1517-1580)의 『시체명변詩體明辯』에 의하면, 화운시에는 의운依韻, 차운次韻, 용운用韻 세 가지 방식이 있다.[88]

의운이란 원운시原韻詩와 같은 운에 속한 글자로 압운하는 것이고, 차운이란 원운시의 운자를 엄격히 따르고 순서까지 동일하게 사용하는 것이며, 용운이란 원운시의 운자를 그대로 따르지만 순서가 다른 것이다. 처음 육구령의 원운시 「아호시동지鵝湖示同志」를 보면, 제1구의 '흠欽', 제2구의 '심心', 제4구의 '잠岑', 제6구의 '침沈' 제8구의 '금今'이 압운자인데, 둘째

---------

87 여장藜杖은 명아주 줄기로 만든 지팡이로 가볍고 단단하다. '푸를 청靑' 자를 써서 '청려장靑藜杖', 혹은 '청려장靑藜'라고도 한다.

88 按和韻詩有三體: 一曰依韻, 謂同在一韻中而不去用其字也; 二曰次韻, 謂和其原韻而先後次第皆因之也; 三曰用韻, 謂有其韻而先後不必次也.(서사증徐師曾, 『시체명변詩體明辯』)

육구연의 「아호화교수형운鵝湖和敎授兄韻」과 셋째 주희의 「아호사화육자수鵝湖寺和陸子壽」를 보면 압운자가 똑같을 뿐 아니라 순서까지도 완전히 같음을 알 수 있다. 즉 차운의 형식을 취한 것이다.

첫 두 구는 육구령에게 품은 정을 표현하고, 마지막 구 두 절은 아호의 강회에서 육씨 형제가 자신을 비평한 것에 대한 회답이다. 자신의 격물치지 공부가 정확함을 견지하는 한편, 육구연의 학문 공부가 최후에는 선종으로 흘러 문자가 생략되어 있고(脫略文字) 공소空疎하게 되었음을 함축적으로 표현하였다.

이 대토론에서 쌍방은 서로 자신의 학설을 강학하였는데, 주희는 '물음과 배움으로 말미암는다'는 뜻의 '도문학道問學'[89]을 중시하여 '널리 배운 후에 간략한 데로 돌아갈 것(由博返約)'을 강조하고, 학문연구의 방법은 거경과 궁리가 가장 좋으며 양자를 서로 억제해서 운용해야 한다고 주장하였다.

육구연과 육구령은 '덕성을 존중한다'는 뜻의 '존덕성尊德性'을 중시하여 '사람의 본심을 드러내어 밝힐 것(發明本心)'을 강력하게 주장하였다. 육구연은 '심즉리心卽理'로 출발하여 "요순 이전에는 무슨 책이 있어서 읽을 수 있었겠는가(堯舜之前有何書可讀)"라는 말을 하여 단지 '명심견성明心見性' 즉 마음을 밝혀서 본성을 보면 된다고 생각하였으며, 이른바 "배움에 만일 근본을 안다면『육경』은 모두 나의 주석이다"[90]라고 하였다. 이에 대해 주희는 '격물치지'를 강조하고, 격물이란 사물의 이치를 끝까지 연구하는 것이고, 치지란 자기의 앎을 미루어 궁극에 이르는 것이라 주장하였다.

또 육구연은 주희의 방법이 '번잡하다(支離)'고 비판하고, 주희는 육구연이 '선학禪學'을 한다고 꼬집으며 '너무 간략하다(太簡)'고 비평했다.

----------

89 '도문학'과 '존덕성'은 모두 『중용』「제이십칠장」에 나오는 말이다. "이 때문에 군자는 덕성德性을 존중하고 물음과 배움으로 말미암는다.(故君子尊德性而道問學.)"
90 學苟知本, 六經皆我註脚.(『상산전집象山全集』권34)

쌍방이 연사흘 동안 격론을 벌여 육구연 측이 약간 우위를 점하였지만 최후에는 승패의 결과가 분명하게 결정되지 않은 채 쌍방은 각자 쓸쓸하게 자리를 떠났다.

순우淳祐(1241-1252) 연간에 후배 리학가들이 주희와 육구연의 변론을 기념하기 위해서 '문종서원文宗書院'을 세웠는데, 명나라 정덕正德(1506-1521) 연간에 산꼭대기로 이전하고 '아호서원鵝湖書院'으로 이름을 바꿨다. 아호서원은 길안吉安의 백로주서원白鷺洲書院, 여산廬山의 백록동서원白鹿洞書院, 남창南昌의 예장서원豫章書院과 이름을 나란히 하며 '강서사대서원江西四大書院'으로 병칭된다.

후세 사람들은 아호의 강회를 기념하기 위해 이곳에 사현당四賢堂을 세워 여조겸, 주희, 육구연, 육구령 등 네 분의 위패를 설치하고 '돈점동귀頓漸同歸'라는 글이 쓰인 편액을 걸었다.

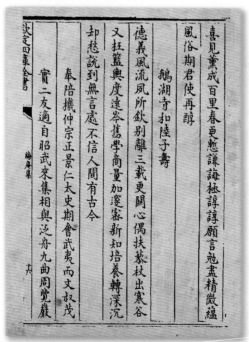

「아호사화육자수鵝湖寺和陸子壽」, 『주문공문집』 권4에 수록.(『흠정사고전서』본)

백로주서원白鷺洲書院. 강서성 길안시吉安市 내의 공강贛江 강심江心의 백로주白鷺洲 머리에 위치하고 있는 이 서원은 송대의 길주吉州 지군知軍 강만리江萬里가 순우淳祐 원년인 1241년에 창건하였다. 여산廬山의 백록동서원과 연산의 아호서원 그리고 남창의 예장서원과 함께 이름을 나란히 하였으며, 이를 합하여 고대강서사대서원이라 한다.

예장서원豫章書院. 남창시南昌市 제18중학第十八中學 소재지에 있다. 고대강서사대서원의 하나. 남송때 처음 건축되었고 청대에 강서성성서원江西省城書院이 되었다.

아호서원鵝湖書院. 강서성 상요시 연산현 아호진에 위치한 아호산 자락에 있다. 고대강
서사대서원의 하나로서, 1183년인 순희 10년에 문종서원文宗院이라는 이름이 하사
되었고, 후에 아호서원으로 이름이 바뀌었다. '아호지회'를 기념하기 위해 주희, 여조
겸, 육구령, 육구연을 모신 '사현사四賢祠'가 있다.

「아호서원도鵝湖書院圖」.『연산현지鉛山縣志』에 수록되어 있다.

| 주희朱熹, 만세의 종사宗師가 되다

# *4* 공문십철에 주희가 포함되는가

**1241**년인 남송 순우淳祐 원년에 주희는 산동성 곡부曲阜에 위치한 공묘孔廟에 종사從祀되었고, 청나라 때에는 '십이철十二哲'의 한 분으로 승격되었다. 주희의 위패가 공묘孔廟에 있는 동무東廡(동쪽의 곁채)의 선현先賢 반열에서 대성전大成殿의 '십이철十二哲' 안으로 옮겨진 것이다. 이로 볼 때, 십이철 중에서 열한 명은 공자의 제자이고 오직 주희만 공자의 제자가 아니니 주희의 위상이 얼마나 높아졌는지 알 수 있다.

공문십철孔門十哲은 『논어』를 통해 많이 알려졌는데, 십이철은 무슨 말일까?

공자에게는 제자가 3천 명이요, 그 중 뛰어난 현자가 72명이 있었다고 한다. 십철은 공자가 진陳나라와 채蔡나라를 주유할 때 수행하던 열 명의 제자들로서 일흔두 명의 제자 중에 대표적인 인물이요, 이른바 공문孔門 '사과四科' 중의 대표적인 인물을 말한다. 이에 대해서는 『논어』「선진先進」 편에 공자의 어록으로 상세하게 기록되어 있다.

> 공자께서 말씀하셨다. "진나라와 채나라에서 나를 따랐던 사람들이 모두 문에 이르지 못했구나." 덕행에는 안연(안회), 민자건(민손), 염백우(염경), 중궁(염옹)이요, 언어에는 재아(재여), 자공(단목사)이요, 정사에는 염유(염구), 계로(자로)요, 문학에는 자유(언언), 자하(복상)이다.[91]

주희는 『논어집주』에서 정자程子의 말을 인용하여, 덕행德行, 언어言語,

---

91 子曰: "從我於陳 蔡者, 皆不及門也." 德行: 顏淵, 閔子騫, 冉伯牛, 仲弓. 言語: 宰我, 子貢. 政事: 冉有, 季路. 文學: 子游, 子夏.(『논어論語』「선진先進」)

안회顔回(서기전 521-서기전 481). 자는 자연子淵. 춘추시대 말기 노나라 곡부曲阜(지금의 산동성에 속함) 사람이다. 14세에 공자를 스승으로 삼은 이후 종신토록 스승으로 모셨다. 공자의 수제자로서 공자에게 칭찬을 가장 많이 받았다. 한고조 유방이 안회를 공자에 배향하고 태뢰太牢로 제사지냈고, 삼국시대 위魏나라 정시正始(240-249) 연간에 이를 제도화시켰으며, 역대의 제왕이 봉작을 내려 그를 존숭하였다. 후세에 복성復聖으로 높이 받들어졌다.(출처:『삼재도회』)

증삼曾參(서기전 505-서기전 435). 이름은 삼參, 자는 자여子輿, 노나라 남무성南武城 사람이다. 16세 때 공자를 스승으로 삼고 부지런히 공부하여 공자의 진전眞傳을 많이 받았다. 후세에 종성宗聖으로 높이 받들었으며, 공묘에 배향配享되는 사배四配의 한 분이다. 위로 공자의 도를 계승하여 아래로 사맹학파思孟學派를 열었다.(출처:『삼재도회』)

공급孔伋(서기전 483-서기전 402). 자는 자사子思, 공자의 적손이며 공리孔鯉의 아들. 공자의 고족제자인 증삼에게 가르침을 받았다. 공자의 사상 학설은 증삼에서 공급으로, 공급의 문인을 거쳐 맹자에게 전해졌다. 공급(즉 자사)과 맹자는 사맹학파로 병칭되며, 공맹의 도통 전승에서 중요한 위치를 차지한다. 후세에 술성述聖으로 높이 받들어졌다.(출처:『삼재도회』)

언유言游(서기전 506-?). 성은 언言, 이름은 언偃, 자는 자유子游이며, '언유言游', '숙씨叔氏'라고도 한다. 춘추시대 말기 오吳나라 사람. 자하子夏, 자장子張과 이름을 나란히 하는 뛰어난 공자의 제자이다. '공문십철'의 한 사람. 공문사과 중에서 문학文學에 뛰어났다. 공자보다 45세 어림.(출처:『삼재도회』)

정사政事, 문학文學 사과四科는 공자가 진나라와 채나라에서 수행하던 사람들을 말한 것뿐이요, 문인들 중 현명한 사람들이 여기에 그치는 것이 아니라고 말한 다음, 증자曾子(증삼, 서기전 505-서기전 435)가 도를 전하였는데도 빠져 있다는 이유를 들어 이 십철이 세속의 말이라 주석하였다.[92] 어쨌든 이 열 명이 춘추시대에 공자가 정한 십철이다.

이것이 그대로 이어지다가 당대唐代에 이르면, 십철이 새로 변경된다. 720년(개원開元 8)에 민손閔損(자는 자건子騫), 염옹冉雍(자는 중궁仲弓), 단목사端木賜(자는 자공子貢), 중유仲由(자는 자로子路), 복상卜商(자는 자하子夏), 염경冉耕(자는 백우伯牛), 재여宰予(자는 자아子我), 염구冉求(자는 자유子有), 언언言偃(자는 자유子游), 증삼曾參(자는 자여子輿)으로 정한 것이다. 춘추시대의 십철과 당대의 십철이 다름을 알 수 있다. 당대 이전에 안회顔回(자는 자연子淵, 서기전 521-서기전 481)가 승격하여 배향配享되었기 때문에 십철에서 빠졌다. 그래서 춘추시대에는 빠졌던 증삼이 십철에 들어가 안회의 빈자리를 채운 것이다. 그러다가 남송 때인 1267년(함순咸淳 3)에 증삼이 다시 승격하여 배향되자, 전손사顓孫師(자는 자장子張, 서기전 503-?)가 보충되어 십철이 되었다.

> 함순咸淳 3년(1267), 조서로 증삼曾參을 성국공郕國公, 공급孔伋을 기국공沂國公에 봉하고 선성先聖에 배향한다. 전손사顓孫師를 진국공陳國公에 봉하고 십철十哲의 자리로 승격시킨다.[93]

그래서 남송에서 청나라 건륭乾隆 2년인 1737년까지 십철은 민손, 염옹, 단목사, 중유, 복상, 염경, 재여, 염구, 언언과 전손사였으며, 이것이 확정한 십철의 명단이자, 후세에 공인된 십철이다.

---

92 程子曰: "四科乃從夫子於陳·蔡者爾, 門人之賢者固不止此. 曾子傳道而不與焉, 故知十哲世俗論也."(『논어집주論語集註』「선진」)

93 咸淳三年, 詔封曾參郕國公, 孔伋沂國公, 配享先聖. 封顓孫師陳國公, 升十哲位.(『송사』「도종기度宗紀」)

이듬해인 1738년에 이 십철에다 『논어』 속에서 사람들의 주목을 끌었던 인물인 공자의 제자 유약有若(자는 자유子有, 서기전 518-?)과 공자의 제자는 아니지만 유학을 한 단계 높은 차원으로 끌어올린 주희를 포함시켜 십이 철이 된 것이다.

> 건륭 3년(1738)에 유약을 십이철로 승격시켰는데, 자리는 복상의 다음 이다. 주자는 전손사의 다음으로 옮겼다.[94]

그럼 대성전이란 어떤 곳인가?

대성전은 공묘의 정전正殿으로 핵심 건물이다. 당나라 때에는 문선왕 전文宣王殿이라 하였는데, 총 다섯 칸이었다. 북송 때인 1021년(천희天禧 5)

공묘孔廟 대성전大成殿. 산동성 곡부曲阜에 있다. 공자에게 제사지내는 중심 장소이다. 원명은 문선왕전文宣王殿. '대성大成'이란 말은 『맹자』「만장하」편의 "공자지위집대성孔 子之謂集大成" 즉 "공자 같은 이를 집대성이라 한다"라는 구절에서 나왔다. 휘종 조길은 1104년인 숭녕崇寧 3년에 공자의 사상이 공전절후하고 완전무결하게 옛 성현을 집대 성하였다고 칭송하고 '대성전大成殿'이라는 친필 편액을 하사하였다.

---

94 三年, 升有子若爲十二哲, 位次卜子商. 移朱子次顓孫子師.(『청사고淸史稿』「예지禮志」)

에 대대적인 보수를 할 때 지금의 자리로 이전하고 일곱 칸으로 확장했다. 1104년(숭녕崇寧 3)에 휘종 조길趙佶(1082-1135)은 공자가 "고대 성인과 선현을 집대성하였다(集古聖先賢之大成)"라고 존숭하여 '대성전'이라 이름을 바꾸고 아울러 친필로 편액을 썼다. 1114년(정화政和 4)년에는 다시 전국의 공묘 즉 공자사당의 명칭을 대성전으로 하라는 황제의 명령이 있었다. 원대에는 명칭이 선성전宣聖殿이었고, 명대에는 선사묘先師廟였으며, 청대에 다시 대성전이 되었다. 1724년(옹정雍正 2)에 중건하면서 제5대 황제 세종世宗 윤진胤禛(즉 옹정제雍正帝 1678-1735)이 친필로 '대성전'이라 세로로 쓴 글자를 새겨서 편액을 달았다. 대성전은 중국의 사당 중에서 가장 큰 건축물인데, 가장 등급이 높은 것은 산동성 곡부曲阜의 공묘 대성전과 북경의 공묘 대성전이다. 곡부의 공묘 대성전은 태산泰山 대묘岱廟의 천황전天貺殿, 북경 고궁故宮의 태화전太和殿과 함께 중국 삼대三大 고전古殿의 하나인데, 이 세 건축물을 동방삼대전東方三大殿이라 한다.

여기서 잠깐 대성전 안을 들여다보면, 정중앙에는 '지성선사至聖先師'라 쓴 편액이 걸려 있고 감실 내에는 공자의 소상을 모셔 두었다. 그 동쪽에는 복성復聖 안회顏回와 종성宗聖 증삼曾參이, 서쪽에는 술성述聖 공급孔伋 (즉 자사子思)과 아성亞聖 맹가孟軻가 모셔져 있는데, 이들을 사배四配라 한다. 이들이 처음 배향된 시기를 순서대로 보면, 안회는 삼국시대 위魏나라 제왕齊王(조방曹芳 232-274) 때인 241년(정시正始 2)이고,[95] 맹가는 북송 신종神宗(조욱趙頊 1048-1085) 때인 1084년(원풍元豐 7)이고,[96] 증삼과 공급은 남송 도종度宗(조기趙禥 1240-1274) 때인 1267년(함순咸淳 3)이다.[97] 원元나라에 들어와서 1330년(지순至順 1)에 이들에게 봉호가 추가되었다. 안회는 연국

---------

95 二年春二月, 帝初通論語, 使太常以太牢祭孔子於辟雍, 以顏淵配.(『삼국지三國志』「위서魏書·제왕기齊王紀」)
96 壬戌, 以孟軻配食文宣王, 封荀況·揚雄·韓愈爲伯, 並從祀.(『송사宋史』「신종기神宗紀」)
97 戊申, 帝詣太學謁孔子, 行舍菜禮, 以顏淵·曾參·孔伋·孟軻配享, 顓孫師升十哲, 邵雍·司馬光升列從祀, 雍封新安伯.(『송사』「도종기度宗紀」)

복성공兗國復聖公, 증삼은 성국종성공郕國宗聖公, 공급은 기국술성공沂國述聖公, 맹가는 추국아성공鄒國亞聖公이라는 봉호를 받은 것이다.[98] 이후로 사람들은 줄여서 안회를 복성, 공급을 술성, 증삼을 종성, 맹가를 아성이라 부르게 되었다. 복성이란 성인인 공자의 도를 실천했다는 뜻이고, 술성이란 성인인 공자의 도를 계승했다는 뜻이고, 종성이란 성인인 공자의 도를 종주로 삼았다는 뜻이고, 아성이란 도덕과 재지才智가 성인인 공자에 버금간다는 뜻이다.

---

98 戊申, 加封孔子父齊國公叔梁紇爲啓聖王, 母魯國太夫人顏氏爲啓聖王夫人, 顏子兗國復聖公, 曾子郕國宗聖公, 子思沂國述聖公, 孟子鄒國亞聖公, 河南伯程顥豫國公, 伊陽伯程頤洛國公.(『원사元史』「문종기文宗紀」)

# III

# 학맥

주희의 학문 연원은 북송오자인데, 그 중에서도 주로 정이程頤의 학통을 계승하였다. 정이의 학문은 양시楊時에게 이어지고, 양시의 적통은 나종언羅從彦이다. 나종언은 이동李侗에게 전하고, 이동은 바로 주희의 스승이다. 주희는 청소년 시절에 아버지 주송과 '무이삼선생武夷三先生'으로 일컬어지는 유면지, 호헌, 유자휘 등 세 분의 훈도를 깊이 받았다. 주희의 제자로는 채원정蔡元定, 채침蔡沈 부자, 황간黃榦과 진순陳淳 등이 있고, 그 뒤는 진덕수眞德秀로 이어진다. 여기서는 주희의 사승師承 관계를 밝히고 이와 관련하여 도통道統에 대해 알아보겠다.

# 1 북송오자와 염락관민

'**북**송오자北宋五子'란 북송 시대에 철학사상 발전에 중요한 역할을 한 다섯 분의 학자를 말한다. 이들을 '북송오현北宋五賢'이라고도 하는데, 주돈이, 장재, 소옹, 정호와 정이를 가리킨다. 이중에서 주돈이, 장재, 소옹은 리학의 이론체계를 형성하는 데 기초를 세웠고, 정호와 정이는 도교의 영향을 벗어나서 스스로 체계를 이루고 리학의 정통正統으로서 전형적인 형태를 갖추었다.

주돈이는 송대 리학의 개조開祖이다. 그의 학설은 도가의 무위無爲 사상과 유가의 중용中庸 사상을 혼합하였다. 그는 정호와 정이를 어렸을 때 가르친 적이 있어서 후세의 리학가들에게 한층 더 존숭되었다. 주희나 장식張栻 같은 리학의 대가들이 모두 이정二程에게서 나와 후세에 최고로 여겨졌기 때문이다. 소옹은 선천상수학先天象數學의 창시자이고, 장재는 '기일원론氣一元論' 사상을 발전시켜서 중국 고대의 변증법인 '양일兩一' 학설의 집대성자가 되었다. 이정二程으로 병칭되는 정호와 정이는 북송 리학의 기초를 닦았고, 체계적으로 정신적인 '리'를 핵심으로 하는 학설 체계를 세웠다. 이 북송오자는 주희와 함께 조선에서 송조육현宋朝六賢으로서 문묘에 배향되었다.

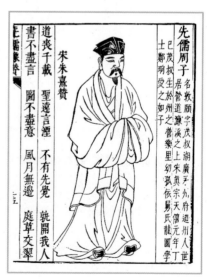

주돈이周敦頤의 찬贊. 주희가 지었다. 『육선 생화상찬六先生畵像贊』에 수록.

한편 주희는 북송 때의 사마광司馬光[1]을 리학의 중요 기초자로 보고, 그를 북송오자와 함께 '도학육선생道學六先生' 또는 '북송육선생北宋六先生'이라 부르고, 마흔네 살 때인 1173년(건도 9)에 「육선생화상찬六先生畵像贊」[2]을 지었다.

또 염락관민濂洛關閩이란 말이 있다. 이 말은 무슨 말인가? 이 명칭은 명나라 때의 사상가 이지李贄(1527-1602)가 「덕업유신전론德業儒臣前論」에서 처음 제기하였는데, 송대 리학의 네 학파를 가리킨다.

사마광司馬光(1019-1086). 북송의 정치가, 사학가, 문학가. 자는 군실君實, 호는 우수迂叟, 합주陝州 하현夏縣(지금의 산서성 하현) 속수향涑水鄉 사람. 세상에서는 속수선생이라 부른다. 중국 최초의 편년체 통사인『자치통감資治通鑑』을 편찬하였다. 시호는 문정文正. 주요 저서에『온국문정사마공문집溫國文正司馬公文集』,『계고록稽古錄』,『속수기문涑水記聞』,『잠허潛虛』 등이 있다.(출처:『삼재도회』)

---------
1 사마광은 유가의 천명사상을 계승 발전시켜 사람들이 천명에 순종할 것을 요구하였지만 천명에 대한 사람의 영향과 행위도 부정하지는 않았다. 그의 정치적 목적은 사람들이 자신의 직분을 잘 지키고 자각적으로 강상명교綱常名教를 따르게 하는 것이다. 이 사상은 후세 리학자들에게 계승 발전되었고 아울러 그들의 사변성思辨性을 확대시켰다. 그래서 사마광의 리학 사상을 북송 리학의 중요한 구성 성분으로 보는 것이다.
2 '화상찬畵像讚'이란 화상에 쓴 찬사를 말한다.

'염濂'은 염계濂溪 주돈이를 말하며, 주돈이가 원래 살던 곳이 도주道州 영도營道(지금의 호남성 도현道縣) 염계이기 때문에 붙여진 이름이다. 그 학파를 염학이라고 한다.

'락洛'은 낙양洛陽의 약칭인데, 정호程顥와 정이程頤 형제를 가리킨다. 이들이 낙양에 살았기 때문에 그 학파를 낙학이라 한다. 이들 형제가 기초를 세운 송명도학(즉 송명리학)은 선진 시기의 제자학과 양한 시기의 경학, 위진 시기의 현학, 수당 시기의 불학과 다른 새로운 형태의 유학이다. 이정은 낙학의 사상체계를 창립하는 과정에서 유가의 도통 인물로 자처하였고, 유학을 으뜸으로 삼고 불학과 도학을 겸해서 받아들여 중당 이래의 유학 부흥을 위해 기초를 세웠다. 낙학은 본디 지방 학파에 불과했지만, 주장하는 의리지학이 보편성을 띠고, 철학체계가 개방적이라서 다방면의 발전 가능성을 갖추고 있었다. 그리하여 낙학은 북송 이래로 문인과 후학들이 부단하게 발전 확대시켜서 중국 사회 주류학파의 지위를 차지하였다.

'관關'은 관중關中의 장재張載를 말한다. 장재가 관중 사람이기 때문에 그 학파를 관학이라 한다. 관중이란 여러 관關의 한 가운데 있다는 뜻으로 지금의 섬서성 위하渭河 유역 일대를 가리킨다. 동쪽에 함곡관函谷關, 남쪽에 무관武關, 서쪽에 산관散關, 북쪽에 소관蕭關이 있다.[3]

'민閩'은 복건福建에서 강학을 한 주희朱熹를 가리킨다. 그 학파를 민학이라고 한다. 민은 본래 절강 남부와 복건 일대에서 생활하던 고대의 종족 이름인데 후에 복건을 지칭하는 말이 되었다.

이로 볼 때, 염락관민에는 북송오자 중에서 소옹이 빠지고 주희가 포함되었음을 알 수 있다.

청대의 증국번曾國藩(1811-1872)은 「성철화상기聖哲畫像記」에서 "주돈이,

---------

3 『사기』「항우본기項羽本紀」의 "관중은 산하에 의해 사방이 막혀 있고 땅이 비옥하니 도읍으로 삼아 패왕이 될 만한 곳이다(關中阻山河四塞, 地肥饒, 可都以霸)."라는 구절에 대해 『사기집해』에서 서광徐廣의 말을 인용하여 "동쪽은 함곡관, 남쪽은 무관, 서쪽은 산관, 북쪽은 소관이다(東函谷, 南武關, 西散關, 北蕭關)."라고 주석을 하였다.

장재, 이정, 주희는 성문聖門에 있으니 덕행德行의 과목科目이다."[4]라고 염락관민을 규정하였다. 여기서 '성문聖門'이란 공자의 문하를 가리키며, 또한 공자의 도를 전하는 사람을 가리킨다.

염학, 낙학, 관학의 세 파 중에서 주돈이는 정식 계승자가 없는 반면에 장재의 관학과 이정의 낙학은 당시에 똑같이 흥성하여 문인 제자들이 아주 많았다.

장재는 교육을 할 때 『역』을 으뜸으로 삼고, 『중용』을 과녁으로 삼으며, 『주례』를 본체로 삼고, 공맹 즉 『논어』, 『맹자』를 궁극으로 삼았는데, 관중 지역의 인사들이 그의 교화를 깊이 받았다. 그의 제자 여대균呂大鈞(1029-1080)도 향약鄕約 운동을 보급하고, 지방을 교화하여 큰 성과를 거두었다. 그러나 애석하게도 오래지 않아 정강靖康의

증국번曾國藩(1811-1872). 초명은 자성子城, 자는 백함伯涵, 호는 척생滌生, 종성 증자의 70세 손이다. 중국 근대의 정치가, 전략가이고 리학가, 문학가이다. 상군湘軍의 창립자로서 통수였다. 호림익胡林翼(1812-1861)과 함께 증호曾胡로 합칭하며, 이홍장李鴻章(1823-1901), 좌종당左宗棠(1812-1885), 장지동張之洞(1837-1909)과 만청사대명신晚淸四大名臣으로 합칭한다. 시호는 문정文正.

난[5]이 발생하여 관중 일대가 전쟁으로 유린되고 장재의 문인 제자들이 사방으로 흩어지는 바람에 관학은 곧바로 쇠퇴하였다.

이정의 낙학은 줄곧 끊이지 않고 이어져 제자들이 각지에 퍼져서 모두 스승의 학설을 엄격하게 지켰다. 이정의 제자 중에 가장 저명한 학자로는 사량좌謝良佐, 양시楊時, 유초游酢, 윤돈尹焞(1061-1142) 등이 있다. 낙학은 네

---------

4 周·張·程·朱, 在聖門, 則德行之科也.(증국번曾國藩, 「성철화상기聖哲畵像記」)

5 정강의 난은 1127년에 북방의 여진족女眞族이 북송의 경성인 변경汴京(지금의 하남성 개봉시開封市)을 점령하고 북송의 마지막 황제 흠종欽宗 조환趙桓과 태상황 휘종徽宗 조길趙佶(1082-1135) 및 거의 모든 황족, 후비, 관원 그리고 10만 명이 넘는 경성의 백성을 포로로 잡아간 전쟁이다. 일이 발생한 해가 흠종의 연호인 정강이기 때문에 득명하였다.

갈래로 발전하였다. 첫째는 양시, 나종언羅從彦, 이동李侗, 주희로 이어지는 4대 사승師承으로서 주희로 대표되는 민학을 형성하였는데, 이들을 '민학 사현閩學四賢'으로 병칭한다. 둘째는 사량좌의 제자인 왕신백王信伯, 육구성陸九成, 임죽헌林竹軒, 장무구張無垢를 거쳐 임애헌林艾軒에 이르고, 다시 육구연陸九淵과 왕수인王守仁에 이르러 육왕陸王(즉 육구연과 왕양명)으로 대표되는 심학心學을 형성하였다. 셋째는 사량좌의 제자인 호안국胡安國(1074-1138)과 그의 아들 호굉胡宏(1105-1161) 및 장식張栻을 거쳐서 호상학파湖湘學派를 형성하였다. 넷째는 정이의 제자인 주행기周行己(1067-1125)와 허경형許景衡(1072-1128)[6]을 필두로 해서, 설계선薛季宣(1134-1173), 진부량陳傅良(1141-1203), 섭적葉適 등의 사승을 거쳐서 영가학파永嘉學派를 형성하였다.

여기서 잠깐 주희의 민학을 형성하는 데 직접 영향을 준 양시와 나종언에 대해 소개한다. 대대로 남검주 장락현將樂縣 구산龜山 아래서 살았던 양시楊時(1053-1135)는 자가 중립中立이고 호가 구산龜山인데, 세상에서는 낙학의 대가인 그를 구산선생으로 부른다. 용도각龍圖閣 직학사直學士를 지내던 29세 때 양시는 벼슬을 버리고 하남河南 영창穎昌으로 가서 정호를 스승으로 모시고 낙학을 공부하였다. 양시가 학문을 이루고 고향으로 돌아갈 때 정호가 멀리까지 전송하면서 감개하여 "우리 도학이 남쪽으로 갔구나(吾道南矣)"라고 말하였다. 그래서 양시의 계통을 도남계道南系라 부르고, 또 양시가 남검 사람이기 때문에 남검계南劍系라고도 부른다. 양시는 정호가 세상을 떠난 후에 40여 세의 나이로 다시 정호의 아우인 정이를 스승으로 섬겼다. 그는 유초游酢와 함께, 인구에 회자되는 성어인 정문입설程門立雪의 주인공이다. 문헌에 따라 이에 관한 내용이 조금씩 다른데, 『이정어록

---

6 북송 원풍元豐(1078-1085) 연간에 주행기와 허경형을 포함해서 유안절劉安節(1068-1116), 유안상劉安上, 장원중蔣元中, 심궁행沈躬行, 대술戴述, 조소趙霄, 장휘張輝 등 아홉 명은 중원의 변경에 있는 태학에 가서 공부하였는데, 이들은 모두 영가 출신들로서 낙학洛學을 연구하였기 때문에 역사에서는 '원풍구선생元豐九先生' 또는 '영가구선생永嘉九先生'이라 부른다.

二程語錄』「후자아언侯子雅言」에 의하면 다음과 같다. 유초와 양시가 정이를 처음 방문하였을 때, 정이가 마침 눈을 감고 의자에 앉아 있어서 두 사람은 깨우지 않고 옆에 서서 기다리고 있었다. 한참 후에 정이가 깨어나서 두 사람을 돌아보며 말하였다. "자네들, 아직도 여기에 있는가? 날이 저물었으니, 쉬게나!" 그러고서 정이가 문을 나가 보니 문밖에 눈이 한 자나 쌓여 있었다. 여담이지만, 이 이야기에는 몇 가지 논란이 있다. 하나는 만난 시점이 첫 번째 만남인가 아니면, 스승으로 섬긴 이후인가 하는 것이고, 또 하나는 기다린 곳이 문밖인가 아니면 집 안인가 하는 것이며, 다른 하나는 방문한 사람이 양시 혼자인가 아니면 유초와 양시 둘인가 하는 것이다.[7] 어쨌든 이것이 정문입설의 내용인데, 이 말은 스승을 존경하고 간절하게 배움을 구함을 비유하는 말로 사용된다. 당시에 도학자를 손꼽을 때 "남쪽에는 양중립이 있고, 북쪽에는 여순도가 있다(南有楊中立, 北有呂舜徒)"라는 말이 있었는데, 여기서 중립은 양시의 자이고, 순도는 여호문의 자이다. 리학가로 저명한 여호문呂好問(1064-1131)이 지금의 절강성에 속한 무주婺州 금화金華에 정착해서 살았기 때문에 이러한 말이 있게 된 것이며, 이 여호문은 북송의 저명한 정치가이면서 학자인 여공저呂公著(1018-1089)의 손자요, 교육가인 여희철呂希哲(1036-1114)의 아들이다. 또 도학가인 여본중呂本中(1084-1145)이 그의 맏아들이니 명망 있는 도학자의 집안이라 할 수 있다.

　　훗날 민학의 비조鼻祖로 일컬어진 양시는 83세를 살아 장수하였는데, 송나라가 남쪽으로 천도한 후에 남방에서 유학을 크게 전파하려고 노력하여 제자들이 아주 많다. 그 가운데 양시의 적통은 나종언이다.

　　나종언羅從彦(1072-1135)은 자가 중소仲素이고 남검주 사현沙縣에서 태어

---

7 游·楊初見伊川, 伊川瞑目而坐, 二人侍立, 既覺, 顧謂曰: "賢輩尙在此乎? 日旣晚, 且休矣." 及出門, 門外之雪深一尺.(『이정어록二程語錄』「후자아언侯子雅言」) 『송사』「양시전楊時傳」에는 다음과 같이 기록되어 있어 내용이 약간 다르다. 하루는 스승 정이를 뵈러 갔는데, 정이가 때마침 눈을 감고 앉아 있는 것을 보고 양시와 유초는 함께 시립侍立하고 돌아가지 않았다. 정이가 깨어나니 문밖에는 눈이 한 자나 내려 있었다고 한다. 一日見頤, 頤偶瞑坐, 時與游酢侍立不去. 頤旣覺, 則門外雪深一尺矣.(『송사』「양시전楊時傳」)

났다. 세상에서는 그의 조상들이 대대로 예장에서 살았기 때문에 그를 예장선생豫章先生이라 불렀다. 예장은 매우 큰 지역으로 고대에는 강서 전부와 광동 북부 등을 포괄하였다.

민학의 발전 과정은 두 단계를 거치는데, 제일 단계는 앞서 언급한 바와 같이 양시, 나종언, 이동으로부터 주희에 이르는 초기 민학 단계이고, 제이 단계는 주희 및 그의 문인이 이룬 민학 발전 단계 즉 민학의 성숙 및 분화 단계이다. 나종언은 민학 발전의 제일 단계에서 관건이 되는 인물로서, 양시의 1천여 명 제자 중에서 가장 뛰어난 성취를 하였다. 나종언은 정이의 학문을 양시로부터 전승하고 이를 다시 이동에게 전하였는데, 이동은 바로 주희의 스승이다.

민학을 창립한 주희는 어려서부터 낙학의 훈도를 받았다. 그의 부친 주송은 낙학의 숭배자로서 이정의 재전 제자인 나종언을 스승으로 따랐다. 주희도 부친의 유언으로 낙학의 영향을 받은 유면지, 유자휘, 호헌 등을 사사하였고, 후에 다시 이정의 삼전 제자인 이동에게 수업을 받았다. 이동은 백과전서식 철학가로서, 경학, 사학, 문학, 음운학, 자연과학 등에 대해 모두 연구를 하였다. 이러한 낙학의 기초 위에서 주희는 광대함에 이르고, 정미함을 다했으며, 백대를 아울러서 리학을 집대성하는 역사적 사명을 완수하였다. 그의 학설은 선진 시기의 공자, 맹자와 다르고 또 북송의 주돈이, 장재, 정호와도 다르다. 그는 정이의 학설 이론을 계승하여 발전 완성시켜서 또 하나의 큰 계통을 이루었다. 주희가 창립한 민학, 즉 주자학은 남송 말에서 원·명·청 삼대 동안 관방 철학이 되어 그 영향이 지대했다.

주희의 문인제자는 북송과 남송을 통틀어 가장 많은데, 대부분 스승 주희의 학설을 사수하였고, 창견을 낸 사람은 아주 적다. 그중에 비교적 중요한 인물로는 채원정蔡元定·채침蔡沈 부자, 황간黃幹, 진순陳淳 등이 있다. 그 후로는 위료옹魏了翁(1178-1237)과 진덕수眞德秀(1178-1235)가 있는데, 이들은 비록 주희에게 직접 배우지는 않았지만 주희의 학문을 종주로 삼았으며, 성취가 주희의 급문 제자들에 비해 나으면 나았지 조금도 뒤지지 않는다. 다만 위료옹은 후에 사상적으로 육상산에 가까워졌다.

여기서 잠깐 호상학파에 대해 좀 더 알아보면, 호안국胡安國은 사량좌의 지도를 받고 낙학의 정의精義(깊고 미묘한 이치)를 이해하여 호상학파를 열었다. 호상은 호남성 동정호洞庭湖와 상강湘江 지역을 말하며, 일반적으로는 호남湖南을 이른다. 즉 호상학파는 호안국이나 호굉胡宏, 장식張栻 등의 주요 학술 연구와 학술사상을 전파한 활동무대가 호남이었기 때문에 얻은 이름이다. 시기적으로는 남송 건염建炎(1127-1130) 연간 이후에 형성되었다. 호안국과 그의 두 아들 호인胡寅(1098-1156), 호굉 등이 건염 3년인 1129년에 남송 조정의 부패한 정치와 화친 정책에 불만을 갖고 복건에서 호남의 형산衡山 부근으로 이사해서 정착하고 리학 연구와 강학에 몰두하여 벽천서원碧泉書院과 문정서당文定書堂을 건립하고, 리학을 전파하는 일에 적극적으로 종사함으로써 형성된 것이다.

각 학파 간의 영향 관계를 보면, 이정의 낙학과 주돈이의 염학 간에는 사승師承 관계가 있다. 낙학과 관학은 각자 발전하는 과정에서 서로 영향을 주었다. 이정은 상수학을, 술수가術數家에서 중시될 뿐 유학자의 학문이 아니라고 보아 중시하지는 않았지만 그렇다고 부정하지도 않았다.

북송오자는 리학 이론 체계의 형성을 위해 기초를 놓음으로써 직접적으로 주희에게 많은 영향을 주었다. 따라서 주희를 이해하는 데 이들에 대한 지식이 필요함은 두말할 나위가 없다. 이제 이들에 대해 간략히 소개하기로 한다.

### • 주돈이

주돈이周敦頤(1017-1073)는 본적이 도주道州(지금의 호남성 도현道縣) 누전보樓田堡이다. 자는 무숙茂叔이고, 호는 염계濂溪, 시호는 원공元公이다.

리학의 개조로 평가되는 그의 학설은 도교사상과 전통 유가사상의 혼합

물이며 일부 불교사상도 섞여 있다. 『송사宋史』「도학전道學傳」에서는 주돈이가 리학을 창립하여 아주 높은 위치로 끌어올렸다고 평하였다.

　주돈이의 부친 주보성周輔成(또는 주회성周懷成)은 일찍이 하주賀州 계령현桂嶺縣(지금의 광서성 하현賀縣)의 지현知縣을 지내고, 후에 간의대부諫議大夫로 추증되었다. 주돈이는 1017년(천희天禧 1)에 계령현 관아에서 태어났다. 청소년 시절에 계령에서 독서를 한 후에 과거에 응시해 진사가 되었다. 그는 연화봉蓮花峰 아래서 염계서원濂溪書院을 열고 강학을 하였는데, 그래서 그를 염계선생이라 부른다. 그의 학설은 리학의 발전에 커다란 영향을 주었기 때문에 리학의 개산조사開山祖師로 자리매김 되었다. 그의 리학 사상은 중국철학사에서 앞사람을 계승하여 뒷사람을 위해 길을 열어주는 승전계후承前啓後의 역할을 하였다.

　그는 『역전易傳』과 일부 도가 및 도교 사상을 계승하여 간단하고 체계적

주돈이周敦頤(1017-1073). 다른 이름은 주원호周元皓, 원명은 주돈실周敦實, 자는 무숙茂叔, 호는 염계선생濂溪先生, 북송 도주道州 영도營道 누전보樓田堡(지금의 호남성 도현道縣) 사람. 유가 리학사상의 비조. 저서에 『주공원집周公元集』, 『태극도설太極圖說』, 『통서通書』가 있는데, 후인이 정리하여 『주자전서周子全書』로 펴냄.(출처:『삼재도회』)

인 우주구성론을 제출하였는데, 이것이 바로 '천하제일도天下第一圖'라 불리는 「태극도」를 해석한 2백49자의 「태극도설」이다.

그는, 성인은 또 태극을 모방하여 '인극人極'을 세웠는데, 인극이 바로 '성誠'이고, 성은 순수하고 지선至善한 오상五常의 근본이며, 백행百行의 근원으로서 도덕의 최고 경계이므로 오직 주정主靜과 무욕無慾을 통해서만 이 경계에 도달할 수 있다고 주장하였다.

「태극도설」은 주희의 우주론에 깊은 영향을 주었고, 또 그의 사후 7백여 년간 학술상 광범위하게 영향을 끼쳤다. 그가 제기한 철학 범주, 예를 들면 무극, 태극, 음양, 오행, 동정動靜, 성명性命, 선악 등은 후세 리학 연구의 과제가 되었다.

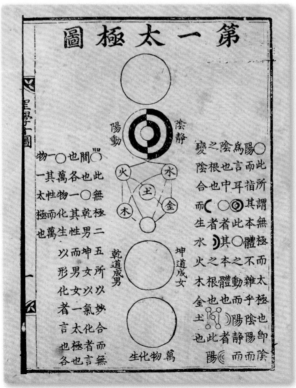

「태극도太極圖」. 이황의 『성학십도聖學十圖』 중 첫째 그림.

그러나 주돈이는 살아생전에 명성이 그다지 높지 않았고, 학술상의 지위도 높지 않았다. 그가 산림에 뜻을 두었고 선골도풍仙風道骨이 있다는 것만 알려졌을 뿐 그의 리학 사상을 아는 사람도 별로 없었다. 그러나 오직 남안통판南安通判 정향程珦만은 그가 리학에 매우 조예가 깊음을 알고 두 아들 정호와 정이를 그의 문하로 보냈고, 훗날 이들은 모두 저명한 리학가가 되었다.

남송 때의 저명한 학자 호굉도 주돈이를 존중하고 신봉하였다. 주희도 주돈이를 높이 평가하여 행장行狀을 짓고, 「태극도설」과 『역통易通』(즉 『통서』)에 주석을 했다.

장식張栻은 그를 '도학의 종주道學宗主'라 불렀다. 그의 명성은 갈수록 높아져 구강九江, 도주道州, 남안南安 등지에서 염계사당을 지어 기념하였고, 영종 조확趙擴은 주돈이에게 '원元'이라는 시호를 하사하였다. 그래서 그는 '원공元公'이라고도 불린다. 이종理宗 조윤趙昀 때에 공자의 묘정廟廷에 종사從祀함으로써 리학의 개산開山 지위를 확정하였다.

그는 평생 재물에 관심이 없었다. 비록 여러 지역에서 벼슬을 하였지만 봉록은 미미하였고, 그나마도 구강에 왔을 때 모아둔 돈을 모두 고향의 친척들에게 주었다.

주돈이의 저작은 원래 그의 초기 명성과 마찬가지로 별로 많이 전파된 것은 아니었으나 주희가 '이락伊洛의 연원淵源'을 고찰하면서 주돈이가 리학의 비조임을 인정하고, 친히 그의 저작을 수집하고 정리하는 한편 주해를 함으로써 널리 전파되었다. 원대와 명대에는 정주의 리학이 국학國學으로 받들어지면서 더욱 중시되었다. 북송오자 중에서 주돈이는 저작의 수가 가장 적으나, 저작에 대한 유학자들의 변론辯論은 가장 많다. 그의 대표작으로는 「태극도설太極圖說」과 그 자매편이라 할 수 있는 『통서通書』[8]가

--------
8 『통서』는 『주자통서周子通書』 또는 『역통易通』이라고도 하며, 1권 40장章 2천8백32 글자로 구성되어 있다. 분량은 아주 적지만 훗날 송대 리학가들이 연구 검토한 사상 범주와

있는데, 「태극도설」에서는 주로 천도天道를 말하고, 『통서』에서는 주로 인사人事를 말하였다. 「태극도설」은 태극을 핵심으로 삼고, 『통서』는 진실무망眞實無妄한 성誠을 핵심으로 삼았다.

또 연꽃을 찬양한 명문 「애련설愛蓮說」이 오늘날에도 인구에 회자되고 있다.[9] 그의 문집은 후인들이 『주원공집周元公集』 7권으로 펴냈다. 1756년(건륭乾隆 21)에는 동용董榕(1711-1760)이 『주자전서周子全書』를 편찬하여 조정에 올렸는데, 주돈이의 모든 리학에 관한 논술과 시문잡저, 서신 및 후세 유학자들의 관련 학설들을 모았기에 '전서'라는 명칭을 달았다. 후에 이를 바탕으로 해서 혹은 『주렴계집周濂溪集』으로, 혹은 『주돈이집』으로, 혹은 『주렴계선생전집周濂溪先生全集』 등의 이름으로 출간되었다.

명나라 만력萬曆(1587-1598) 연간에 주돈이는 이관李寬, 한유韓愈, 이사진李士眞, 주희, 장식, 황간黃榦과 함께 석고서원石鼓書院의 칠현사七賢祠에 모셔졌는데, 세상에서는 이들을 '석고칠현石鼓七賢'이라 부른다.

송대 말기에 형양衡陽에는 주돈이를 기념하여 일원사사一院四祠가 건립되었다. 즉 서호서원西湖書院의 일원과, 서호西湖 북쪽 기슭의 염계사濂溪祠, 봉황산鳳凰山의 염계사, 소상문瀟湘門 내의 염계사, 석고石鼓의 염계사 등 사사인데, 이 사당들은 가족이 조상을 제사지내기 위해 건립한 가사家祠가 아니라 나라에서 주돈이를 제사지내기 위해 건립한 것이다.

중국 현대문학의 개산 거장開山巨匠이라 일컬어지는 주수인周樹人(1881-1936, 즉 노신魯迅)과 아우인 문학이론가 주작인周作人(1885-1967)은 주돈이의 32세손이고, 현대의 대정치가 주은래周恩來(1898-1976)는 33세손이다.

「태극도설」은 리학을 이해하는 데 매우 중요하므로 여기에 전문을 소개

---------

기본 개념들이 모두 이 책에 논술되어 있기 때문에 '주돈이가 도를 전한 책'이라는 뜻의 '주자전도지서周子傳道之書'라 불린다. 주희는 40세 때인 1169년(건도 5) 6월에 새로 『통서』를 교정하여 건안에서 간행하고, 『태극통서太極通書』로 이름을 바꾼 바 있다.

9 1692년인 조선 숙종 18년에 창덕궁昌德宮을 건립하면서 후원에 만든 연못을 애련지愛蓮池라 하고, 정자각을 애련정愛蓮亭이라 한 것도 모두 주돈이의 「애련설」에서 유래한 것이다.

염계사濂溪祠. 악록서원 내에 있는 주돈이 사당이다.

노신魯迅(1881~1936). 본명은
주장수周樟壽, 후에 주수인周樹人
으로 개명. 현대 중국에서 가장
영향력이 거대한 문학가이다.

주은래周恩來(1898~1976). 현대
중국의 위대한 혁명가, 정치가,
군사가, 외교가.

한다.

무극이면서 태극이다.[10] 태극이 움직여 양을 낳고, 움직임이 극에 이르면 고요해지며, 고요하여 음을 낳고, 고요함이 극에 이르면 다시 움직인다. 한 번 움직이고 한 번 고요해져서 서로 그 뿌리가 되고 음과 양으로 나뉘어 하늘과 땅이 존재하는 것이다. 양과 음이 변하고 합해져서 수, 화, 목, 금, 토를 낳는다. 다섯 가지 기운이 순조롭게 펼쳐져서 사계절이 운행된다. 오행은 하나의 음양이고 음양은 하나의 태극이며 태극은 본래 무극이다. 오행이 생길 때 각기 그 성性을 하나씩 가진다. 무극의 참됨과 음양오행의 정수가 정미하고 오묘하게 결합하고 응결되어 건도乾道는 남성이 되고 곤도坤道는 여성이 되며, 이 두 기운이 서로 감응하여 만물을 변화시켜 생성한다. 만물이 끊이지 않고 번식하여 변화가 끝이 없다. 오직 인간만이 그것의 빼어난 부분을 얻어 가장 신령스럽다. 형체가 생기고 나면 정신이 지각작용을 발휘하며, 오성五性이 감응하여 움직여서 선과 악이 나뉘고 온갖 일이 나타나게 된다. 성인은 중정中正과 인의仁義로 그것을 정하고 고요함을 주로 하여 인극人極을 세웠다. 그러므로 성인은 천지와 그 덕을 합하고, 일월과 그 밝음을 합하며, 사계절과 그 차례가 합하고, 귀신과 그 길흉을 합한다. 군자는 인극을 닦기 때문에 길하고, 소인은 거스르기 때문에 흉하다. 그래서 "하늘의 도를 세워 음과 양이라 하고, 땅의 도를 세워 유柔와 강剛이라 하며, 사람의 도를 세워 인과 의라 한다."라고 하였으며, 또 "시원을 관찰

---------
10 '無極而太極무극이태극'을 '무극으로부터 태극이 생겨났다'로 해석하기도 한다. 그러나 이 말이 우주의 순역順逆, 종시終始, 변역變易의 전 과정을 개괄한 것이라 보고, 무극을 체體(본체), 태극을 용用(작용)으로 보아 하나이면서 둘이고, 둘이면서 하나이니 태극이 본디 무극이고, 무극과 태극은 본디 둘이 아니라고 한다면, '무극이면서 태극이다'라고 해석하는 것이 타당하다. 주돈이의 사상에서 이 말은 성명지리性命之理를 가리키며, 천지인 삼재의 도의 이치를 가리킨다. 주희는 무극이 태극을 형용한 것이며, 그 위에 더 이상의 본원이 없다고 보았다.

하여 끝으로 돌아가기 때문에 사생死生의 이치를 알게 된다."라고 했다. 위대하도다, 역易이여! 여기에 이르렀구나![11]

## • 장재

장재張載(1020-1077)는 봉상鳳翔 미현郿縣 횡거진橫渠鎭 사람으로 자는 자후子厚이며, 세상 사람들은 그를 횡거선생橫渠先生이라고 부른다.

1057년(가우嘉祐 2)에 진사進士가 되고, 숭문원교서崇文院校書, 지태상예원知太常禮院을 역임하였다. 후에 아우인 감찰어사監察御史 장전張戩이 왕안석王安石(1021-1086)의 변법變法을 반대하다가 벼슬이 강등되어 타지로 내쳐지자, 장재도 벼슬을 그만두었다. 집으로 돌아온 후에는 독서와 강학에 온 힘을 기울여 '관학關學'을 개창하니 명성이 일시에 떨쳤다. 1077년(신종神宗 희령熙寧 10), 태상예원을 사직하러 갔다가 고향인 미현으로 돌아오는 도중 동관潼關의 관사館舍에서 병으로 세상을 떠났다.

1220년(가정嘉定 13)에 영종寧宗 조확趙擴은 '명明'이라는 시호를 내리고, 1241년(순우淳祐 1)에 이종理宗 조윤은 그를 미백眉伯에 봉하고 공묘孔廟에 종사從祀하였다. 1530년(가정嘉靖 9)에 선유장자先儒張子로 개칭되었다.

장재는 어렸을 때 봉상 미현 횡거진에 살았기 때문에 그들의 학문을 '횡거학파'라 부르고, 장재 및 그의 제자들이 대부분 섬서 관중關中 사람이기 때문에 '관학'이라고도 부르는 것이다.

장재는 청년 시절에 병법에 대해 말하기를 좋아하고, 수많은 책을 널리 읽어 벼슬하여 공을 세우려는 뜻을 크게 가지고 있었지만, 범중엄范仲淹

---------

11 無極而太極. 太極動而生陽, 動極而靜, 靜而生陰, 靜極復動. 一動一靜, 互爲其根. 分陰分陽, 兩儀立焉. 陽變陰合, 而生水火木金土. 五氣順布, 四時行焉. 五行一陰陽也, 陰陽一太極也, 太極本無極也. 五行之生也, 各一其性. 無極之眞, 二五之精妙合而凝. 乾道成男, 坤道成女. 二氣交感, 化生萬物. 萬物生生, 而變化無窮焉. 惟人也得其秀而最靈. 形旣生矣, 神發知矣. 五性感動, 而善惡分, 萬事出矣. 聖人定之以中正仁義而主靜, 立人極焉. 故曰人與天地合其德, 日月合其明, 四時合其序, 鬼神合其吉凶. 君子修之, 吉; 小人悖之, 凶. 故曰: "立天之道, 曰陰與陽; 立地之道, 曰柔與剛; 立人之道, 曰仁與義". 又曰: "原始反終, 故知死生之說". 大哉易也, 斯其至矣.(「태극도설太極圖說」)

장재張載(1020~1077). 자는 자후子厚, 봉상鳳翔 미현鄜縣(지금의 섬서성 미현) 횡거진橫渠鎭 사람. 세칭 횡거선생橫渠先生, 장자張子로 존칭되며 선현先賢에 봉해지고 공묘의 서무西廡 제38위에 모셔짐. 북송오자의 한 사람. 저서에 『정몽正蒙』, 『횡거역설橫渠易說』이 있음. (출처: 『삼재도회』)

범중엄范仲淹(989~1052). 자는 희문希文. 북송의 저명한 사상가, 정치가, 군사가, 문학가. 시호 문정文正, 세칭 범문정공范文正公. 저서 『범문정공문집范正公文集』 「악양루기岳陽樓記」에서 "천하 사람들이 근심하는 것보다 앞서 근심하고 천하 사람들이 기뻐한 뒤에 기뻐한다(先天下之憂而憂, 後天下之樂而樂)"라고 하여 국가와 민족의 이익을 최우선으로 삼은 그의 사상은 후세에 심원한 영향을 주었다.(출처: 『삼재도회』)

(989-1052)의 면려勉勵로 학문 연구에 투신하였다. 후에 불교와 노장의 저작들을 연구하였고, 최후에는 유가의 『육경』에서 뜻을 구해 마침내 독창적인 유가사상을 형성하였다.

장재는 일생 동안 '실학實學'을 주장하고 경세치용經世致用을 강조하였으며, 연구 분야가 넓어 천문, 역산曆算, 농학農學 등 자연과학과 군사軍事와 정치 방면에 독특한 성과를 내었다.

장재는 이정二程의 '낙학洛學'과 달리, 세계의 '본원本源'은 '기氣'이지 '리理'가 아니라고 주장하였다. '기'의 개념을 통해 장재는 독특한 '일원론一元論' 철학체계를 구축한 것이다. 현대의 대철학자 풍우란馮友蘭(1895-1990)은 장재가 중국 철학을 위해 일대 독창성 있는 공헌을 하였다고 평가하였다.

장재의 철학은 천도설天道說부터 말한다면, 『역전易傳』의 해석에서 시작하여 우주의 본체가 '기'임을 논술하였다. 기의 본초 상태는 '태극'이다. 기는 음양과 같이 서로 대립적인 속성을 갖추고 있기 때문에 영원히 운동 상태에 처해 있다. 기가 모이면 만물을 이루고, 기가 흩어지면 태극으로 돌아간다. 이로 말미암아 장재는 '만물은 본래 동일하다'는 결론을 얻어 내었다. 이러한 기본체론氣本體論 사상은 『장자莊子』로부터 온 것이다.[12]

『정몽正蒙』「건칭乾稱」편의 일부분을 「서명西銘」이라고도 하는데, 그는 이 글에서 천지와 우주를 한집안으로 보고 사람은 마땅히 동류와 만물에게 친근하게 대해야 한다고 생각하여, "모든 사람들은 나의 동포이고 만물은 나의 동류이다(民吾同胞, 物吾與也)"라고 말하였다.

장재의 사상은 한마디로 말하면, 『역』을 으뜸으로 삼고, 『중용』을 과녁으로 삼으며, 『주례周禮』를 본체로 삼고, 공맹 즉 『논어』와 『맹자』를 궁극으로 삼았다.[13] 즉 공맹 사상을 주체로 해서 『역』, 『중용』, 『주례』를 결합

---------

12 孔令宏, 『朱熹哲學與道家·道教』 83쪽.
13 "以『易』爲宗, 以『中庸』爲的, 以『禮』爲體, 以孔孟爲極."(『송원학안宋元學案』「횡거학안상橫渠學案上」) 여대림呂大臨이 쓴 「횡거선생행장橫渠先生行狀」에서는 '공맹孔孟' 대신에 '논맹論孟'으로 되어 있어 공맹이 『논어』와 『맹자』를 가리킴을 알 수 있다.

하여 이루어진 것이다. 그는 『주례』의 제도를 대단히 높이 평가하고 『주례』의 제도가 후세에 반드시 시행되리라고 깊이 믿었다. 그는 항상 "천지를 위해 마음을 세우고, 생민을 위해 명命을 세우며, 과거의 성인을 위해 끊어진 학문을 잇고 만세를 위해 태평성대를 열 것"[14]을 자임하였다. 장재의 예설禮說은 훗날 주희에게 지대한 영향을 주어, 주희가 한대 이후의 예설을 집대성하여 『의례경전통해儀禮經傳通解』를 편찬하는 데 결정적인 역할을 하였다.

장재는 리학가 중에서 리를 기본 범주로 삼은 첫째 인물이다. 이정은 장재를 계승하여 리를 본체 범주로 삼았다.[15]

장재의 사상은 「동명東銘」, 「서명西銘」, 『정몽正蒙』 및 『횡거역설橫渠易說』 등의 저작 속에 산견된다. 『정몽』의 정화精華는 『역경』에서 왔는데, 『정몽』은 장재의 최후 저작으로서 일생 동안의 사상을 총결산한 작품이다.

명나라 때 심자창沈自彰이 장재의 저작을 모아 『장자전서張子全書』 15권을 펴내었는데 내용은 앞에서 언급한 저작 외에 『경학리굴經學理窟』, 『어록초語錄鈔』 등의 철학 논저를 포괄한다. 제목을 '전서全書'라 붙였지만 실제로는 『송사宋史』 「예문지藝文志」에 기재된 권수와 맞지 않는다. 그러므로 이미 많이 산일된 것으로 결코 전본全本이 아니다.

「서명」에 대해서 잠깐 소개하기로 한다. 제목 '서명'에서 '서西'는 서쪽 방위이고, '명銘'은 '좌우명座右銘'이라는 말처럼 경계하는 글을 뜻한다. 「서명」과 짝이 되는 「동명」도 있다. 이 두 편의 글은 본래 장재가 사람의 완고하고 어리석은 품성을 비평하기 위해 쓴 것인데, 유가 사상의 대의를 매우 분명하게 논술하였기 때문에 줄곧 유가경전으로 간주되었고, 평가가 아주 높다. 「서명」의 내용은 대부분 『중용』에 근거하고 공맹의 인仁을 위

--------

14 "爲天地立心, 爲生民立命, 爲往聖繼絶學, 爲萬世開太平." 이 말은 『송원학안宋元學案』 「횡거학안상橫渠學案上」에 기재되어 있다. 이를 횡거 장재의 네 구절 가르침이란 뜻으로 '횡거사구교橫渠四句教'라 한다.

15 孔令宏, 『朱熹哲學與道家·道教』, 38쪽.

주로 하였다. 이와 달리 「동명」은 주로 『중용』의 '성의誠意' 사상을 서술하였는데, 사람이 진보하는 까닭은 자기의 본심을 정성스럽게 함에 있다고 설명하였다. 그러므로 농담, 장난, 지나친 언동을 경계하였다. 전하는 바에 의하면, 장재의 학당 안에는 동서 양쪽에 창이 있는데 그 두 창에 학생에게 주는 글이 붙어 있었다고 한다. 동쪽 창에 붙은 글의 제목은 '폄우砭愚'요, 서쪽 창에 붙은 글의 제목은 '정완訂頑'이었다. 동쪽 창에 있는 '폄우'의 뜻을 보면, '폄砭'은 원래 '돌침'을 가리키고, 동사로서 '돌침을 놓아 병을 고치다'라는 뜻을 가지며 '고치다'라는 뜻으로 사용된다. '우愚'는 '어리석음' 또는 '어리석은 자'를 뜻한다. 그러니 '폄우'는 '어리석음을 고친다' 또는 '어리석은 자를 고친다'는 뜻이 된다. 서쪽 창에 있는 '정완'의 뜻을 보면, '정訂'은 '고치다', '바로잡다'는 뜻이고 '완頑'은 '완고함' 또는 '완고한 자'를 뜻하니 '정완'은 '완고함을 고치다', '완고한 자를 고치다'라는 뜻이 된다. 후에 정이가 이 두 글을 보고 제목을 고쳐 「동명」과 「서명」이라 칭했

폄우사砭愚榭. 서울 창덕궁 안에 있다. '폄우砭愚'는 장재의 서재 동쪽 창에 붙은 글의 제목으로서 '어리석음을 고친다' 또는 '어리석은 자를 고친다'는 뜻이다. 사榭는 정자를 가리킨다.

고, 『송원학안宋元學案』에서도 「동명」과 「서명」으로 이 두 글을 칭하고 있다. 그러니 「서명」의 원래 제목은 「정완」이고, 「동명」의 원래 제목은 「폄우」인 것이다. 참고로 서울 창덕궁昌德宮에도 폄우사砭愚榭란 이름의 건물이 있는데, 이 역시 장재의 「동명」에서 유래한 것이다.

「서명」은 도학道學 즉 성리학의 강령綱領과 같은 저작으로서 이정二程(정호와 정이) 등 리학가들에게 극찬을 받았다. 특히 주희는 이 글이 주돈이의 「태극도설太極圖說」과 함께 "한 글자도 사사로운 뜻에서 나온 것이 없다"라고 높이 평가하였다. 그리하여 주희는 『정몽』「건칭乾稱」편에서 「서명」을 분리하고, 여기에다 주석을 달아 『서명해의西銘解義』라 이름 붙여 독립적인 글로 만들었는데, 이 때문에 「서명」은 장재의 대표 저작으로 인식되어 널리 전파되어 후세에 영향이 매우 컸다.

「서명」은 주로 공자가 쓴 『역전易傳』(즉 십익十翼)의 천도天道 사상을 분명하게 서술한 것으로, 건곤乾坤이 일체一體(한 몸)이고 천지天地가 일가一家(한 집안)임을 설명하고 이를 '효孝'로 귀결시켰다. 주희의 설명에 귀를 기울일 필요가 있는데, 이를 옮겨보면 다음과 같다.

> 글 속에서 구절과 구절, 단락과 단락이 오직 어버이를 섬기고 하늘을 섬기는 것을 말하고 있다. 한집안으로부터 말한다면, 부모는 한집안의 부모요, 천하로부터 말한다면 천지는 천하의 부모이다. 이것은 하나의 기이며 처음에는 간격이 없었다. "모든 사람들은 나의 동포이고, 만물은 나의 동류이다." 만물은 모두 천지가 낳은 것이지만 사람만은 천지의 정기正氣를 얻었기 때문에 사람이 가장 신령하고, 그래서 모든 사람들은 나의 동포이고 만물도 나의 동류이다.[16]

---------
16 中間句句段段, 只說事親事天. 自一家言之, 父母是一家之父母. 自天下言之, 天地是天下之父母. 這是一氣, 初無間隔. '民吾同胞, 物吾與也.' 萬物皆天地所生, 而人獨得天地之正氣, 故人爲最靈, 故民同胞, 物則亦我之儕輩.(『주자어류』권98 「장자지서張子之書」)

이 글은 성리학의 강령으로 중시되며[17] 장재의 사상을 이해하는 데 매우 중요하므로 여기에 전문을 소개한다.

하늘을 아버지라 일컫고, 땅을 어머니라 일컫는다. 나는 이처럼 미미한 존재이지만 오히려 혼연히 천지 안에서 살고 있다. 그래서 천지에 가득 찬 것(즉 氣)이 나의 몸이 되고, 천지 만물의 통수(즉 理)가 나의 본성이 되었다. 모든 사람은 나의 동포이고, 만물은 나의 동류이다. 천자는 우리 천지부모의 맏아들이고, 천자의 대신은 맏아들의 가신이다. 노인을 존경하는 것은 자기의 어른을 존중하기 때문이고, 고아를 동정하는 것은 자기의 아이를 사랑하기 때문이다. 성인은 그 중에 덕이 천지부모의 요구에 부합하는 사람이고, 현인은 그 중에 덕이 빼어난 사람이다. 무릇 천하의 병 많은 노인과 다치고 병든 사람, 의지할 데 없어 외로운 사람과 홀아비·과부는 모두 견딜 수 없이 고달프지만 하소연할 데가 없는 나의 형제들이다. 이에 천명을 보전하는 것은 천지부모를 자식으로서 돕는 것이고, 그들이 천명을 즐기고 빈천을 근심하지 않게 하는 것은 천지부모에 대한 순수한 효도이다. 천리를 거스르는 것을 패덕이라 하고, 인을 해치는 것을 적賊이라 한다. 악행을 하도록 돕는 사람은 못난 자식이고, 하늘이 부여한 본성을 구체적으로 실천하는 사람이라야 오직 천지부모를 닮은 효자이다. 천지의 화육化育을 알면 천지부모의 사업을 잘 이을 수 있고, 신명의 오묘함을 궁구하면 천지부모의 뜻을 잘 계승할 수 있다. 어두운 곳에서도 부끄러운 일을 하지 않으면 천지부모에게 욕되지 않게 되고, 마음을 보존하고 본성을 기르면 천지부모의 뜻을 받드는 데 게으르지 않게 된다. 맛좋은 술을 싫어한 것은 숭백崇伯의 아들 우禹가 부모를 섬긴 방법이고, 영재를 기른 것은 영곡穎谷의 봉인 영고숙穎顧叔이 남에게 덕을 베푼 방법이다. 부모 섬기는 일

---------
17 풍우란 저·박성규 옮김, 『중국철학사』 493쪽 각주.

을 게을리하지 않고 계속 노력하여 마침내 부모를 기쁘게 한 것은 순舜이 이룬 공이고, 도망가지 않고 죽음을 기다린 것은 신생申生의 공손함이다. 부모에게 받은 몸을 온전하게 돌려드릴 수 있는 사람은 증삼曾參이고, 용감하게 천명에 순종하여 아버지의 명령을 그대로 따른 사람은 백기伯奇이다. 천지부모가 내려주신 부귀와 복록은 장차 나의 삶을 풍족하게 해 줄 것이요, 빈천과 근심은 그대를 갈고 다듬어 옥으로 완성시킬 것이다. 살아서 나는 천리에 따라 일을 할 것이요, 죽어서도 나는 평안하리로다.[18]

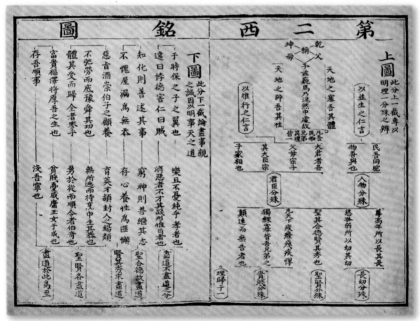

「서명도西銘圖」. 이황의 『성학십도聖學十圖』 중 둘째 그림.

18 乾稱父, 坤稱母, 予茲藐焉, 乃渾然中處. 故天地之塞吾其體, 天地之帥吾其性. 民吾同胞, 物吾與也. 大君者, 吾父母宗子, 其大臣, 宗子之家相也. 尊高年, 所以長其長, 慈孤弱, 所以幼其幼. 聖其合德, 賢其秀也. 凡天下疲癃殘疾, 惸獨鰥寡, 皆吾兄弟之顚連而無告者也. 于時保之, 子之翼也. 樂且不憂, 純乎孝者也. 違曰悖德, 害仁曰賊, 濟惡者不才, 其踐形, 惟肖者也. 知化則善述其事, 窮神則善繼其志. 不愧屋漏爲無忝, 存心養性爲匪懈. 惡旨酒, 崇伯子之顧養; 育英才, 穎封人之錫類; 不弛勞而底豫, 舜其功也; 無所逃而待烹, 申生其恭也; 體其受而歸全者, 參乎; 勇於從而順令者, 伯奇也. 富貴福澤, 將厚吾之生也; 貧賤憂戚, 庸玉女於成也. 存, 吾順事; 沒, 吾寧也.(「서명西銘」)

• 소옹

소옹邵雍(1011~1077)은 청대의 학자 전조망全祖望(1705-1755)이 『송원학안』에서 평했듯이, 확실히 별도로 일가를 이룬 인물이다.

자가 요부堯夫인 소옹은 선조가 하북 범양范陽(지금의 하북성 탁주涿州) 사람이다. 아버지 소고邵古가 형장衡漳으로 이사했다가 다시 공성共城(지금의 하남성 휘현輝縣)으로 이사하였다. 소옹은 서른일여덟 살에 하남 낙양에 은거하여 종신토록 벼슬하지 않으며, 하남 서부에 위치한 이천伊川(하남성 경내의 남쪽을 흐르는 낙수洛水의 지류支流)가에 아버지를 장사지내고 마침내 하남 사람이 되었다. 공성 백원百源에 있는 소문산蘇門山에 살았기 때문에 후인들이 그를 '백원선생'으로 부르고, 그의 학파를 '백원학파百源學派'라 한다.

소옹은 어릴 때부터 재주가 뛰어났고, 공명功名을 세울 요량으로 읽지 않은 책이 없다고 할 만큼 수많은 책을 읽으면서 각고의 노력을 하였다. 수년

소옹邵雍(1011-1077). 자는 요부堯夫. 이지재李之才에게 「하도」, 「낙서」와 복희팔괘伏羲八卦를 배우고 대성하였다. 자호는 안락선생安樂先生. 시호는 강절康節. 상수의 이치로 천인天人과 성명性命을 설명한 유가의 인물로서, 그의 선천학, 성론 및 경세설은 후세 리학에 대해 중요한 영향을 끼쳤다.(출처:『삼재도회』)

동안 추위도 화롯불을 쬐지 않고, 더위도 부채질을 하지 않으며, 밤에도 자리에 앉지 않을 정도였다. 아버지 소고는 인품과 학문이 뛰어났으나 벼슬을 하지 않았고, 성운학聲韻學(즉 음운학)에 상당한 조예가 있었는데, 소옹의 성운학 지식은 대부분 가학家學에서 얻어진 것이다. 후에 소옹은 배움을 넓히기 위해 황하와 분수汾水(산서성 중부에 위치)를 건너고, 회수淮水와 한수漢水를 건너며, 제齊, 노魯, 송宋, 정鄭 나라의 옛터를 둘러보고 돌아왔다. 이지재李之才(980-1045)가 공성령으로 부임하여 그에게 물리성명학物理性命學을 배우고, 하도와 낙서, 복희팔괘와 육십사괘 도상을 전수하였다. 소옹은 이를 기초로 삼아 은미하고 심오한 이치를 탐색하여 신묘한 깨달음을 얻고 많은 것을 스스로 터득하여 선천상수학先天象數學을 완성하였다. 만년에는 30여 년 동안 낙양에 거주하면서 사마광, 장재, 정호, 정이 등과 교류하였다. 사마광, 부필富弼(1004-1082), 여공저呂公著(1018-1089) 등은 소옹을 존경하여 그에게 전원주택을 선사하고 '편안하고 즐거운 집'이라는 의미로 '안락와安樂窩'라는 이름을 붙였고, 소옹은 이로 인해 '안락선생'이라 자호하였다. 또 시호가 강절康節이라 '소강절'로 불린다.

소옹은 성격이 호탕하여 평생 벼슬을 하지 않았고, 정치적으로도 왕안석王安石의 변법에 찬동하지 않았다.

소옹의 학문도 주돈이와 마찬가지로 도가를 이끌고 유가로 들어갔는데, 그가 상수象數를 말했기 때문에 주돈이의 학문보다 더욱 신비스럽다. 그러나 주된 뜻은 '내성외왕內聖外王'설에서 벗어나지 않기 때문에 유가를 잃은 것이 아니다. 내성외왕은 유가의 사상으로서 안으로 성인의 덕을 갖추고 밖으로 왕도정치를 펴라는 뜻이다. 즉 인격의

여공저呂公著(1018-1089). 자는 회숙晦叔. 북송의 정치가, 학자. 동래여씨東萊呂氏 출신으로 송대 학술사에서 여학呂學(즉 무학婺學)의 단서를 열었다.

이상과 정치의 이상을 결합하는 것이다. 여기서 내성은 기초이고, 외왕은 목적이 된다..

저작에 『황극경세皇極經世』 12권이 있는데, 그 중에 자신이 지은 「관물내편觀物內篇」과 제자가 기술한 「관물외편」이 요지이다. 이 밖에 「선천도先天圖」와 「어초문대魚樵問對」가 있고, 또 『이천격양집伊川擊壤集』 20권이 있다.

『황극경세』에서는 소옹의 선천학을 주로 논술하였는데, 즉 상수로 천지만물 및 인사의 변화를 추론하여 천시天時로 인사를 증험하고, 인사로 천시를 증험하여 천인합일의 뜻을 천명하였다.

소옹의 선천학은 「선천도」로 우주 원리를 설명한다. 이른바 「선천도」란 팔괘 및 육십사괘의 순서를 부연 설명한 것이다. 「선천도」는 「팔괘차서도」, 「팔괘방위도」, 「육십사괘차서도」, 「육십사괘원도방위도六十四卦圓圖方位圖」, 「방도사분사층도方圖四分四層圖」, 「괘기도卦氣圖」를 포괄한다. 이 그림들은 주돈이의 「태극도」와 본래 하나의 근원에서 나온 것으로 상수로써 『역전易傳』을 해석하였다. 선천학은 바로 상수로 「선천도」를 해석하여 우주 발생의 도식을 만들어낸 것이다.

선천학에 따르면, 우주만물은 하나의 총체적인 본체인 '태극'으로 말미암아 진화되어 나온 것이고, 태극이 만물을 낳는 것은 '하나가 나뉘어져 둘이 되고, 둘이 나뉘어져 넷이 되는(一分爲二, 二分爲四)' 방식에 근본을 두고 진화된 것이며, 선천학은 심법으로서 마음을 태극으로 삼는다.

소옹은 유가의 전통적인 경세 이론을 밝혔지만 그의 경세론 역시 선천학의 우주생성 도식으로부터 결론지어진 것이다. 소옹은 상수 이론을 써서 자연사와 인류사를 그려 내었는데, 전 우주의 시간 경과를 '원元, 회會, 운運, 세世'라는 4개 순환 과정의 단계로 나누었다. 세계가 시작부터 소멸할 때까지의 한 주기를 '원'이라 했다. 1원은 12회. 1회는 30운, 1운은 12세, 1세는 30년이며, 이렇게 해서 1원은 총 12만9천6백 년이며, 끊임없이 왕복 순환한다. '원, 회, 운, 세'의 세계역년표로 역사를 구분하고 예로부터

지금까지 치란治亂과 성쇠盛衰의 운명을 추산해 내었다.[19]

소옹은 중국의 역사가 황皇, 제帝, 왕王, 패覇의 네 단계로 전개되었다고 보았다. 삼황 시기는 도로써 백성을 교화하였고, 오제 시기는 덕으로써 백성을 가르쳤으며, 삼왕 시기는 공으로 백성을 인도하였고, 오패 시기는 힘으로 백성을 이끌었다고 생각하였다. 역사상의 황, 제, 왕, 패는 통치에서 도道, 덕德, 공功, 력力의 특징을 나타냈다. 그는 「관물내편」에서 춘하추동으로 역사상의 각 시대를 비유하기도 했다.

> 삼황 시기는 봄이고, 오제 시기는 여름이고, 삼왕 시기는 가을이고, 오패 시기는 겨울이다.[20]

아울러 황, 제, 왕, 패의 통치 방법을 각기 유가의 경전인 『주역』, 『서경』, 『시경』, 『춘추』의 내용에 맞추었다. 즉 삼황이 도로써 백성을 교화하고, 오제가 덕으로써 백성을 가르치고, 삼왕이 공으로 백성을 인도하고, 오패가 힘으로 백성을 이끈 것은 모두 성인의 도이며, 비록 시대가 다르고 방법에 차이가 있지만 세상을 다스리는 보물은 『주역』, 『서경』, 『시경』, 『춘추』에 간직되어 있다고 생각하였다.

소옹은 한나라 때 양웅揚雄(서기전 53-서기 18)의 뒤를 이어서 상수의 이치로 천인과 성명을 설명한 유가의 인물로 평가되며, 그의 선천학, 성론 및 경세설은 후세 리학에 중요한 영향을 끼쳤다. 특히 소옹이 제기한 "천하의 만물에는 리가 있지 않은 것이 없다"[21]라는 명제는 이정에게 큰 영향을 주었다.

--------

19 증산 상제는 소옹이 밝힌 12만9천6백 년이 인류 역사 전개의 일주기를 정확하게 규명한 우주 일 년의 개벽 도수로 인정하였다. "수운가사에 새 기운이 갊아 있으니 말은 소장蘇張의 구변이 있고, 글은 이두李杜의 문장이 있고, 앎은 강절康節의 지식이 있나니 다 내 비결이니라."(『도전』2:32:1-2)
20 三皇春也, 五帝夏也, 三王秋也, 五伯冬也.(「관물내편觀物內篇」)
21 天下之物, 莫不有理.(「어초문대漁樵問對」)

## • 정호

정호程顥(1032-1085)는 자가 백순伯淳이고 정이의 친형인데, 사람들은 명도선생明道先生이라 부른다. 아우 정이와 함께 이정二程이라 불리며, 정호를 대정大程, 정이를 소정小程으로 구분한다.

대대로 지금의 하북성 정현定縣인 중산中山 박야博野에서 살았는데, 후에 하남 낙양으로 이사하였다. 이정은 어렸을 때 함께 주돈이에게서 학문을 배우고 후에 오랫동안 낙양洛陽(즉 이락伊洛)에서 강학하였기 때문에 그들의 학설 혹은 학파를 '낙학洛學' 또는 '이락지학伊洛之學', '하락지학河洛之學'이라 불렀고, 또 하남이 중국의 중원이라 '중주中州'라 하기 때문에 '중주정학中州正學'이라 보면 부른다. 여기서 '정학'이란 정도正道에 부합하는 학설을 말한다. 역사적으로 보면, 전한 무제武帝 때 백가百家를 물리치고 유학만을 존숭할 때 처음으로 유학을 정학으로 삼았다.

이정의 집안은 대대로 벼슬을 하였다. 증조부 정희진程希振은 상서우부

정호程顥(1032-1085). 자는 백순伯淳. 학자들은 명도선생明道先生이라 부름. 북송의 철학가, 교육가, 시인. 아우 정이와 함께 주돈이에게서 배웠고 북송 리학의 기초자이다. 후에 주희에게 계승 발전되어 세칭 정주학파程朱學派라 불림.(출처:『삼재도회』)

원외랑尚書虞部員外郞, 조부 정휼程遹은 개부의동삼사開府儀同三司 이부상서吏部尚書, 부친 정향程珦은 태중대부太中大夫로 벼슬을 마쳤다. 정향은 왕안석의 신법에 반대한 것으로 유명하다.

정호는 1057년(가우嘉祐 2)에 진사가 되고, 경조부京兆府 호현鄠縣의 주부主簿, 강녕부江寧府 상원현上元縣의 주부, 택주澤州 진성령晉城令을 거쳐, 신종神宗 황제 초에 어사御史에 임명되었다. 신종 조욱趙頊은 대내외적으로 어려움이 동시에 나타나자 일을 해결할 요량으로 때때로 정호를 불러 의견을 물었다. 정호는 알현할 때마다 반드시 임금의 도는 지성至誠과 인애仁愛를 근본으로 삼아야 한다고 진언할 뿐 공리功利를 말한 적이 한 번도 없었다. 신종 조욱은 그가 현실에 너무 어두운 것이 아닌가하고 의심하였지만 예우를 낮추지는 않았다. 공리를 언급하지 않은 것은 왕안석이 변법을 말할 때마다 공리를 말한 것과 정반대였다. 그래서 정이는 『명도선생행장明道先生行狀』에서 자신의 형 정호가 왕안석의 신법을 격렬하게 반대하느라 남은 힘이 없었다고 말하였다.

1069년(희령熙寧 2)에 감찰어사이행監察御史里行으로 있던 정호는 「논왕패찰자論王霸札子」라는 글을 올려, 왕안석의 신법을 '패도'에 비유해서 이단異端이며 사설邪說이라 공격하였다. 철종哲宗 조후趙煦(1077-1100)가 즉위하면서 집정한 사마광이 정호를 종정사승宗正寺丞으로 천거하였으나 실행되지 못하고 병으로 세상을 떠났다.

영종寧宗 조확趙擴은 1220년(가정嘉定 13)에 정호에게 '순공純公', 정이에게는 '정공正公'이라는 시호를 내리고. 이종理宗 조윤은 1241년(순우淳祐 1)에 다시 정호를 '하남백河南伯', 정이를 '이양백伊陽伯(또는 이천백伊川伯이라 함)'으로 추봉하고, 아울러 공자의 묘정廟庭에 배향하였다. 원대에 들어와 제9대 황제 명종明宗 쿠살라(和世剌)는 1330년(지순至順 1)에 다시 조서를 내려 정호를 '예국공豫國公', 정이를 '낙국공洛國公'에 가봉加封하였다. 명나라 제7대 황제 대종代宗 주기옥朱祁鈺(1428-1457, 재위 1449-1457)은 1455년(경태景

泰 6)에 조서를 내려 이정의 사당인 양정사兩程祠를 안자顔子(즉 안연顔淵)의 경우에 준해서 건립하게 하였는데, 규모와 구조는 궐리闕里[22]에 견줄 정도로 전전前殿과 후전, 무재실廡齋室 등 총 60여 칸으로 구성되어 있다. 대종 주기옥은 제문에서 이정을 "정학을 드러내어 밝혀서 유학을 일으켰도다. 선철에 근본을 두어 우리 후인들이 사숙私淑케 하도다(闡明正學, 興起斯文. 本諸先哲, 淑我後人)"라고 칭송하였다. 청나라 제4대 황제 성조聖祖 현엽玄燁 (즉 강희제康熙帝, 1654-1722)은 1685년에 이정을 현인賢人으로 인정하여 공자의 급문제자 아래이면서, 한당시대 유학자들의 위에 자리매김했다. 이듬해 현엽은 다시 양정사에 '학달성천學達性天'이라는 편액을 하사하였다.

학달성천學達成天 편액. 강희제의 친필로서 백운동서원에 걸려 있다.

지금의 하남성 부구현扶溝縣 성내에 있는 대정서원大程書院은 정호가 1075년(희령熙寧 8)에서 1080년(원풍元豐 3)까지 부구의 지현으로 재임할 때 건립한 것이다. 명나라 때인 1546년(가정嘉靖 25)에는 명도서원明道書院으로 이름을 바꾸고, 청나라 건륭乾隆(1736-1795) 연간에 대정서원으로 다시 이름을 바꿨으며, 마지막에는 '입설강당立雪講堂'이 되었다.

'양정고리兩程故里'는 하남성 숭현嵩縣 전호전田湖鎭 정촌程村에 있는데, 낙양에서 70킬로미터 떨어진 곳이다. 옛집은 1103년(휘종 숭녕崇寧 2)에 처음 건축되었고, 정이가 세상을 떠난 후 후인들이 이곳에 사당을 세웠다. 명나라 때인 1454년(경태景泰 6)에 황제가 조서를 내려 정촌을 '양정고리'로 명명하고 아울러 마을 동쪽 5백 미터 되는 곳에 석패방石牌坊을 세우게 하였는데, 위에는 '성지聖旨', 아래에는 '양정고리'라 쓰여 있다.

---------

22 궐리闕里는 공자의 고향으로서, 지금의 산동성 곡부曲阜 성내城內 궐리가闕里街에 있다. 두 개의 석궐石闕이 있어서 이런 이름이 생겼는데, 석궐이란 돌로 쌓은 궐문으로서 대부분 종묘나 능묘 앞에 세우며 관작과 공적 등을 새기거나 장식용으로 사용한다. 공자는 이곳에서 강학을 하였고, 후에 건립된 공묘孔廟는 성 전체의 절반을 차지하고 있다.

정호 사후에 문언박文彦博(1006-1097)이 중론을 받아들여 그의 묘에 '명도선생明道先生'이라 썼다. 아우 정이가 다음과 같이 서문을 썼다.

주공周公이 돌아가시자 성인의 도가 행해지지 않고, 맹가孟軻가 돌아가시자, 성인의 학문이 전해지지 않게 되었다. 도가 전해지지 않으니 백세 동안 선정善政이 없었고, 학문이 전해지지 않으니 천년 동안 진유眞儒가 없었다. 선정이 없었으나 선비들은 오히려 선정의 도를 밝혀서 사람들을 착하게 하여 후세에 전하였는데, 진유가 없으니 어리석어져 갈곳을 몰라서 사람들은 제멋대로 하고 천리가 없어졌다. 선생은 1천4백년 뒤에, 전해내려 온 경전에서 전해지지 않은 학문을 터득하여 유학을 일으키는 것을 자신의 임무로 삼고, 이단을 변별하고 사설邪說을 물리

문언박文彦博(1006-1097). 자는 관부寬夫, 호는 이수伊叟. 분주汾州 개휴介休(지금의 산서성 개휴) 사람. 북송의 저명한 정치가. 서법가. 개휴 출신의 명사인 춘추시대의 개자 추개자推, 후한의 교육가 곽태郭泰와 함께 개휴삼현介休三賢의 한 사람. 시호는 충렬忠烈. 1722년 강희康熙 61년에 역대제왕묘에 종사됨. 저서『문로공집文潞公集』40권이 있음.(출처:『삼재도회』)

쳐 성인의 도로 환연히 세상을 다시 밝게 하였으니, 대개 맹자 이후로
한 사람일 따름이다.[23]

이정의 묘는 이천현伊川縣 서쪽 1.5킬로미터에 위치한 백호산白虎山 아래
에 있다. 정호, 정이 형제의 원적은 지금의 하북성 여현蠡縣인 중산中山 박야
博野인데, 증조부 정희진이 사후에 이천에 장사지내면서 가족들이 마침내
지금의 낙양인 하남부河南府로 이사하여, 송나라 1104년(숭녕崇寧 3)에는 숭
현嵩縣 정촌程村에 살게 되었고, 이정의 사후 선영에 장사지낸 것이다.

선천적으로 남보다 자질이 뛰어난 정호는, 부모를 극진히 봉양하였고
순수한 기운이 전신에 꽉 차 있었다. 문인과 친구들은 수십 년 동안 그를
따르면서 그가 화내는 모습을 본 적이 없었다. 열대여섯 살 때에 아우 정이
와 함께 주돈이의 학문을 배우면서 마침내 과거 공부에 싫증을 느끼고 성
현이 되려는 뜻을 갖게 되었다. 후에 각 학파를 두루 섭렵하고 불가와 도
가에 수십 년 동안 드나들었지만 유가의 『육경六經』에서 해답을 찾는 것으
로 돌아온 후에 학문이 대성하였다.

정호는 '하늘은 리이다.(天者, 理也)'라는 명제를 제기하였고, 리를 우주의
본원으로 보았다. 또 천도의 내용을 '낳는다'는 의미의 '생生'으로 보고 하
늘은 오직 생을 도道로 삼기 때문에 천지의 대덕大德을 생이라 하였다. 그
는 '생'을 천도요, 천지의 마음으로 생각하기 때문에 천도를 인仁이라 불렀
다. 천도 아래서 음양 두 기의 화생化生을 통해 천지의 만물을 낳으며, 사람
은 단지 천지의 중정中正한 기에 불과하다고 본 그는, 사람은 천지와 일물
一物이라 주장하였다. 이에 도를 배우고자 하면 먼저 천지 만물이 나와 한
몸이라는 이치를 인식해야 하고, 이 이치가 분명해져서 이러한 정신세계에

---

23 周公沒, 聖人之道不行; 孟軻死, 聖人之學不傳. 道不行, 百世無善治; 學不傳, 千載無眞儒. 無
善治, 士猶得以明夫善治之道, 以淑諸人, 以傳諸後; 無眞儒, 則貿貿焉莫知所之, 人欲肆而天理滅
矣. 先生生於千四百年之後, 得不傳之學於遺經, 以興起斯文爲己任, 辨異端, 辟邪說, 使聖人之道
煥然複明于世, 蓋自孟子之後, 一人而已.(『송사宋史』「정호전程顥傳」)

도달하면 '인자仁者'가 된다고 보았다. 그래서 인자는 혼연히 만물과 동체라 말하였다.

정호 철학의 주된 내용은 도덕 수양에 관한 학설이다. 정호는 육왕학파의 심학이 태동하는 계기를 마련해 주었고, 그의 '식인識仁'과 '정성定性'에 관한 학설은 후세의 리학, 특히 육왕의 심학에 지대한 영향을 주었다.

정호의 철학 전문 저작은 많지 않다. 주요한 것으로는 제자 여대림呂大臨이 '식인'에 관한 어록을 기록한 것이 있는데, 후세 사람들은 이를 「식인편識仁篇」이라 불렀다. 또 장재와 '정성定性' 문제를 토론한 「답횡거선생서答橫渠先生書」가 있는데, 이를 「정성서定性書」라 부른다. 명대 말엽에 서필달徐必達이 그의 강학 어록 및 서신, 시문을 정리하고 정이의 저작과 함께 『이정전서二程全書』로 편찬하였는데, 중화서국에서 이것을 『이정집二程集』이라는 이름으로 출판하였다.

## ● 정이

정이程頤(1033-1107)는 정호의 친아우이며, 자는 정숙正叔이고, 사람들은 이천선생伊川先生으로 부른다. 어렸을 때 형 정호와 함께 주돈이에게 학문을 배웠다. 열여덟 살 때 태학으로 유학 가서 호원胡瑗(993-1059)의 인정을 받았다. 치평治平(1064-1067), 희령熙寧(1068-1077) 연간에 대신들이 여러 차례 추천하였으나 모두 응하지 않았다. 제7대 황제 철종哲宗 조후趙煦(1077-1100) 즉위 초에 사마광, 여공저가 그의 품행과 도의를 상주하여 서경국자감교수西京國子監教授로 삼는다는 조서를 내렸으나 극력 사양하였다. 얼마 후에 불러 비서성祕書省[24] 교서랑校書郎으로 삼고, 숭정전설서崇

---

24 비서성祕書省은 경적經籍·도서圖書를 관리하던 관청으로 남북조 이후에 처음으로 설치되었다. 비서성 내에 비서감祕書監(황실도서관관장, 종삼품) 1명, 비서소감祕書少監(부관장, 난대시랑蘭臺侍郎이라고도 함. 종사품從四品) 2명, 비서승祕書丞 1명, 비서랑祕書郎 4명, 교서랑校書郎 8명, 정자正字 4명, 주사主事 1명, 영사令史 4명, 서령사書令史 9명, 전사典書 4명, 해서楷書 10명, 정장亭長 6명, 장고掌固 8명, 숙지장熟紙匠 10명, 장황장裝潢匠 10명, 필장筆匠 6명 등 총 88명이 있다.

정이程頤(1033-1107). 자는 정숙正叔, 세칭 이천선생伊川先生. 친형 정호와 함께 '낙학洛學'을 창립하여 리학의 기초를 세웠다. 이정二程으로 합칭한다. 명대 후기에 정호의 조작과 합편한 『이정전서二程全書』가 있다.(출처: 『삼재도회』)

호원胡瑗(993-1059). 자는 익지翼之. 리학의 선구자이며 사상가, 교육가. 대대로 섬서로陝西路 안정보安定堡에 살았기 때문에 안정선생安定先生이라 부름. 리학의 '안정학파安定學派'를 창립. 손복孫復, 석개石介와 함께 수도존왕守道尊王을 창도하여 '송초삼선생宋初三先生'으로 불려졌다. 그의 명체달용지학明體達用之學은 송대 리학에 큰 영향을 주었다. 저서 『주역구의周易口義』, 『홍범구의洪範口義』, 『논어설論語說』, 『춘추구의春秋口義』.(출처: 『삼재도회』)

政殿說書[25]로 발탁하였다. 그의 문하로 들어간 유생들이 대단히 많았고, 정이도 스스로 소임을 감당하여, 조정을 포폄하는 논의도 피하지 않았다. 당시 소식蘇軾도 한림翰林에서 명망이 아주 높아 많은 문인들이 따랐는데, 소식의 문인들은 구속받는 것을 좋아하지 않아 정이가 사정에 어둡다고 헐뜯었다. 이에 양가의 문하가 번갈아 세를 과시하면서 낙학과 촉학蜀學으로 당이 나누어졌다. 1096년에 당론으로 인해 사천四川 부주涪州로 좌천당하였다. 휘종徽宗 조길趙佶이 즉위하여 협주峽州로 옮겨지고 원래의 관직을 회복하였다. 1103년(숭녕 2)에 다시 당화黨禍로 학도들이 모두 쫓겨났고, 후에 집에서 세상을 떠났다. 낙양에서 근 30년 동안 강학과 저술을 하였다.

정이는 읽지 않은 책이 없었다. 학문은 성誠에 근본을 두고, 『대학』, 『논어』, 『맹자』, 『중용』을 준칙으로 삼아서 『육경』에 이르렀다. 동정어묵은 오로지 성인을 스승으로 삼았다. 평생 남을 가르치는 데 게을리 하지 않았기 때문에 북송오자 중 그의 문하에서 학자들이 가장 많이 나왔다.

정이의 교육에 대한 주장과 사상은 후세에 영향이 지극히 컸다. 후세 사람들은 그가 강학했던 곳에 서원을 건립하여 기념하였는데, 예를 들면 하남의 숭양서원嵩陽書院과 이천서원伊川書院 등이다. 하남성 이천현伊川縣 성의 남쪽에 위치한 명고촌鳴皐村에는 이천서원이 있는데, 정이가 1082년(원풍 5)에 창건한 것이다. 정이는 여기에서 20여 년 동안 글을 가르쳤다. 원나라 때인 1316년(연우延祐 3)에 재건하면서 제4대 황제 인종仁宗 아유르바르와다(愛育黎拔力八達)가 '이천서원'이라는 이름을 하사하였다. 청나라 때인 1688년(강희康熙 27)에 숭현嵩縣의 지사知事 서사눌徐士訥이 수리하고 확장하여 새로 대전大殿 세 칸을 지어 전적으로 정호, 정이 형제를 제사지내고

--------

25 숭정전설서는 송나라 때의 벼슬 이름으로, 황제를 위해 서사書史(서적)를 강설하고, 경의經義를 해석하며 고문의 역할을 하였다. 한림학사翰林學士 중에서 학문이 깊은 사람은 시강侍講, 시독侍讀이 되고, 품계가 낮고 학문이 좀 낮은 사람은 설서說書가 된다.

'양정사兩程祠'라 명명하였다.

정이의 학문은 '리'를 요체로 삼았다. 리는 만사와 만물을 창조하는 근원으로서, 사물 속에도 있고, 사물 위에도 있다고 생각하였다. 도는 바로 리로서 형이상形而上이고, 음양의 기는 형이하形而下인데, 음양을 떠나면 도가 없지만 도는 음양과 동등한 것이 아니고 음양의 소이연所以然(그렇게 된 까닭)이라 하였다. 그는 형이상과 형이하를 명확하게 구분하고, 형이상인 리를, 형이하인 기가 존재하는 근거로 보았다. 또한 체용體用의 관계로 리와 사물의 관계를 논증하여 리는 체이고 사물은 용이라 인식하였다. 정이는 모든 사물에는 규율이 있는데, 하늘이 높고 땅이 깊으며 만사 만물이 그리 된 까닭은 모두 리가 있기 때문이라 보았다. 한 사물에는 모름지기

소식蘇軾(1037-1101). 자는 자첨子瞻 또는 화중和仲, 호는 동파거사東坡居士. 자호 철관도인鐵冠道人, 해상도인海上道人. 세칭 소선蘇仙. 북송 미주眉州 미산眉山(지금의 사천성 미산시) 사람. 송대 문학의 최고봉으로 평가됨. 시의 제재題材가 광범하고 과장과 비유를 잘하여 독특한 풍격을 이루어 황정견黃庭堅과 함께 '소황蘇黃'으로 병칭되며, 사詞에 있어서는 호방파豪放派를 열어 신기질辛棄疾과 함께 '소신蘇辛'으로 병칭됨. 저서 『동파칠집東坡七集』, 『동파역전東坡易傳』, 『동파악부東坡樂府』 등. 당송팔대가의 한 사람이며, 아버지 소순蘇洵, 아우 소철蘇轍과 함께 삼소三蘇의 한 사람.(출처:『삼재도회』)

하나의 리가 있지만 한 사물의 리는 바로 만물의 리이고, 만물은 모두 하나의 천리일 뿐이며, 하늘과 땅 사이에는 단지 하나의 리가 있고, 이 리는 영원히 존재한다고 주장하였다.

정이는 또 천지간에는 짝이 있다고 하여, 음이 있으면 양이 있고, 선이 있으면 악이 있다고 하였다. 인성人性 문제에서 정이는 사람의 본성은 바로 사람이 선천적으로 받은 리라 하여 "성즉리야性即理也"라는 명제를 제출하였다. 그리하여 정이와 주희의 정주程朱 리학을 '성명의리지학性命義理之學'이라 하고, 이를 줄여서 성리학性理學이라 부르는 것이다. 그는 성에는 선하지 않음이 없는데 사람에게 선善과 불선不善이 있는 까닭은 재주의 다름 때문이라 보았다. 재주는 기로부터 온 것인데, 기에는 청탁의 다름이 있기 때문에 재주에도 선과 불선의 구분이 있다는 것이다. 본연의 선한 본성을 강조하면 사람에게 어째서 악이 있는지 설명할 수 없고, 기품지성氣稟之性만 강조하면 인성이 본래 선하다는 것을 설명할 수 없다고 보았다.

정이는 학문의 방법을 논술할 때 자신의 격물치지설을 제출하였다. 격물은 바로 궁리窮理로서 사물의 이치를 궁구하는 것이며, 맨 끝에 이른바 활연관통豁然貫通의 경지에 이르면 직접 천리를 깨달을 수 있다고 보았다. 그가 강조하는 궁리 방법은 책을 읽고, 고금의 인물을 논하며, 일을 처리하고 외물을 접촉하는 것이었다. 또 독서를 하면 생각을 해야 하며, 깊게 생각하지 않으면 그 학문에 나아갈 수 없다고 주장하였다.

지행 관계의 문제에 관해서 정이는 앎을 근본으로 삼아 먼저 알고 나중에 행하는 선지후행先知後行을 주장하였는데, 알면 행할 수 있고 행함은 앎의 결과로 본 것이다.

정이의 철학은 몇몇 새로운 개념과 명제를 제출하여, 송명 철학에 대해 매우 큰 영향을 끼쳤다. 비록 정호와 정이 모두 리를 철학의 최고 범주로 삼았지만 정호는 마음을 리로 해석하여 훗날 육왕학파陸王學派의 심학을 열고, 정이는 일반적으로 리와 기를 서로 짝하여 논술함으로써 훗날 주자학파를 열었다.

『역전易傳』(4권)은 『정씨역전程氏易傳』 또는 『이천역전伊川易傳』이라고도 하는데, 정이가 『주역』을 주해한 저작이다. 정이는 거의 필생의 정력을 쏟아 연구하였고, 만년에 고향으로 돌아가거나 부주涪州로 편관編管되었을 때에도 『역전』을 집필하였다. 이 밖에도 정이가 쓴 『역』에 관한 글이 많이 있다. 이로부터 알 수 있듯이, 『주역』은 이정 사상의 주요한 경전 근거이다. 이정의 『주역』에 대한 깊이 있는 연구 성과는 송대 초기 이래로 이 방면의 사상을 총결산한 것이다.

『정씨유서程氏遺書』(『하남정씨유서河南程氏遺書』 25권)는 이정의 문인이 스승 이정의 어록을 기록한 것으로 후에 주희가 편찬하였다. 『정씨외서程氏外書』(12권)는 주희가 펴낸 『정씨유서』의 속편이라 할 수 있는데, 내용은 대부

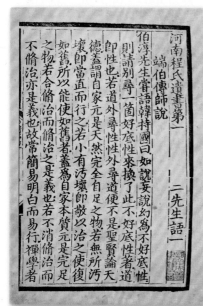

『하남정씨유서河南程氏遺書』. 제자들이 기록한 이정의 어록을 주희가 편찬하였다. 명나라 가정嘉靖 3년(1524) 광서제학부사廣西提學副使 이중李中 간본.

『하남정씨문집河南程氏文集』. 이정의 시문과 잡저를 수록한 책으로서 주희와 장식이 편찬하였다.(『동치구아재총서同治求我齋叢書』본)

분 전문傳聞과 잡기雜記이다. 『정씨문집』(12권)은 이정의 시문과 잡저인데, 남송에 와서 장식과 주희 등이 편집하였다.

『정씨경설程氏經說』(『하남정씨경설』, 8권)에는 이정이 전면적으로 전통 경학에 대해 계승하고 발전시킨 정황이 드러나 있다. 제1권은 「역설易說·계사繫辭」, 제2권은 「서해書解」, 제3권은 「시해詩解」, 제4권은 「춘추해春秋解」, 제5권은 「예기禮記」(「대학大學」으로 고침), 제6권은 「논어해論語解」, 제7권은 「맹자해孟子解」, 제8권은 「중용해中庸解」이다.

북송 초기 이래로 유가학자들이 가장 중시한 것은 『주역』, 『춘추』, 『주례』에 대한 연구이다. 이중에서 특히 『주역』에 대해 밝힌 것이 가장 많았다. 송학이 처음 일어났을 때 호원胡瑗, 석개石介(1005-1045), 범중엄范仲淹(989-1052), 구양수歐陽脩(1007-1072) 같은 학자들처럼 『주역』에 정통한 이도 있고, 『주역』으로 제자들을 가르친 이도 있었는데, 주돈이와 소옹 같은 송대 중기의 학자들은 한 걸음 나아가 『역전』으로 우주와 인생을 논증하는 근거로 삼았다. 이정 역시 『주역』에 대한 연구를 중시하였다. 『정씨경설』에서 「역설·계사」가 첫 편에 놓인 것은 이 점을 드러낸 것이다.[26]

『수언粹言』 2권은 양시가 이정의 어록에 근거해서 핵심을 간추리고 문사수식을 해서 완성한 것으로, 후에 다시 장식이 새롭게 순서에 따라 편성한 것이다. 이 중 『정씨유서』, 『정씨외서』, 『정씨경설』, 『정씨문집』 4종은 송대에 단독으로 간행되었고, 또 『정씨사서程氏四書』란 이름으로 한데 합쳐서 간행되기도 하였다. 명대 말엽에 서필달徐必達이 이정의 모든 저작 6종을 모아 『이정전서二程全書』라는 이름으로 간행하였다. 청대 강희 연간에 여류량呂留良(1629-1683)이 다시 교감을 하여 새롭게 간각하고 후에 도종영塗宗瀛(1812-1894)이 다시 교정하여 인행하였는데, 이것이 바로 오늘날 중화서국에서 발행하여 통행되는 『이정집二程集』이 근거로 삼는 판본이다.

『이정집』은 중요한 리학 저작으로서, 책에서 최초로 '리'를 우주본체로

---

26 謝祥皓·劉宗賢, 『中國儒學』, pp.449-550 참고.

보고, 천지만물의 생성과 심신, 성명性命 등의 문제를 설명하여 '리'를 중심으로 하는 철학 체계를 세웠다. 그 중에 정호의 식인識仁, 정성定性, 정이의 성즉리性卽理, 주경主敬, 체용일원體用一源 등 수많은 주요 철학 개념과 명제는 모두 중국철학사상 최초로 제기된 것들로서 후에 수많은 철학가들이 그대로 사용하였고, 송명 철학에 대해 중대한 영향을 끼쳤다.

『이정유서』는 총 25권인데, 그 중 1권에서 10권까지는 명도선생의 말이고, 15권부터 25권까지는 이천선생의 말이다. 『정씨문집』에는 『이천문집』 8권이 포함되어 있고, 또 『정씨경설程氏經說』, 『춘추전』 등이 있는데, 모두 『이정전서』에 수록되어 있다.

# 2 주희의 스승은 누구인가

**역**사적인 한 인물을 이해할 때 그를 이끌어준 스승에 대해 살펴보는 것은 매우 중요하며, 주희의 경우도 예외가 아니다. 그는 리학자인 아버지 주송의 영향을 어릴 때부터 받았고, 아버지의 유훈으로 유면지, 호헌, 유자휘 등 세 분의 훈도를 받았으며, 또한 아버지와 동문수학한 이동에게서 깊은 가르침을 받았다. 이들은 리학이 이정으로부터 발전하여 주희로 이르는 중간에서 징검다리 역할을 하였다. 주희에게 깊은 영향을 준 이들의 면면을 살펴보자. 제일 먼저 언급할 인물은 주희의 성장에 절대적인 영향을 준 아버지 주송이다.

## • 주송

주송朱松(1097-1143)은 휘주徽州 무원婺源에서 태어났는데, 무원은 지금의 강서성 무원이다. 자는 교년喬年이고, 호는 위재韋齋이며, 다원茶院 주씨의 제7세손인 주삼朱森의 맏아들이다. 주송은 어릴 때부터 재주가 뛰어났고 이동과 친한 친구 사이였다. 열여덟 살 때 축확祝確의 외동딸 축오랑祝五娘을 아내로 맞이하였다. 1118년(정화政和 8)에 진사가 되고 적공랑迪功郎에 임명되었으며, 4월에 탁지원외랑度支員外郎이 되었다. 얼마 후 정화현政和縣의 현위縣尉[27]를 맡으면서 솔가하여 정화로 이사하였다. 2년 후인 1120년 5월에 아버지 주삼이 세상을 떠나자 삼년상을 치루고 1123년(선화宣和 5) 8월에 우계현尤溪縣의 현위가 되었다. 1130년(건염建炎 4) 5월에 관직을 사직하고 전란을 피해 정안도의 초당에 우거하였으며, 넉 달 후에 이곳에

---

27 현위縣尉는 현의 치안을 담당하는 관리이다. 진한秦漢 때 현령縣令과 현장縣長 아래에 위尉를 두어 현의 치안을 맡게 하였으며 원나라 때까지 지속되었다.

서 주희가 태어났다.

후에 사극가謝克家(?-1134)의 추천으로 비서성 정자正字, 교서랑校書郎에 임명되었고, 좌승의랑左承議郎, 상서탁지원외랑尙書度支員外郎 겸 사관교감 史館校勘을 역임하였다. 진회秦檜(1091-1155)가 정권을 잡고 화의和議를 하기로 결정하자 동료들과 함께 황제에게 글을 올려 불가함을 강력하게 간언하였다. 이에 화가 난 진회는 어사御史를 사주해 주송이 이상한 마음을 품고 스스로 현인賢人인 척한다면서 공격하게 하여 1140년에 요주饒州의 지주知州로 좌천시켰다. 그는 부임을 원치 않아 사당 관리직을 자청하고, 건주建州에서 한거하며 매일 독서하는 것을 즐거움으로 삼았다.

하루는 주송이 어린 주희에게 "일 년 계획은 곡식을 심는 것 만한 것이 없고, 십 년 계획은 나무를 심는 것 만한 것이 없으며, 종신 계획은 사람을

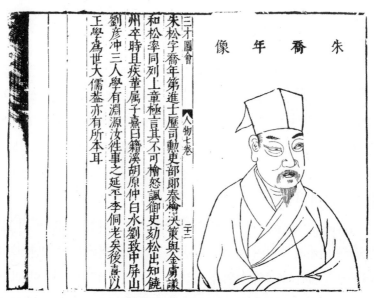

주송朱松(1097-1143). 자는 교년喬年, 호는 위재韋齋. 휘주徽州 무원婺源사람. 주희의 아버지. 정문程門의 제자 나종언羅從彦에게 하락河洛의 학문을 묻고, 주희의 스승인 이동과 동문수학함. 주희에게 항금 사상을 심어줌. 그의 리학 사상은 주희에게 깊은 영향을 주었다. 시호는 헌정獻靖. 저서『위재집韋齋集』12권.(출처:『삼재도회』)

기르는 것 만한 것이 없다"[28]라는 『관자管子』「권수權修」편의 말을 가르쳐 주었다. 이에 주희는 그 말을 깊이 깨닫고 정안도의 관사 옆 공터에 세 그루의 향장목香樟木을 심었는데, 아직까지도 두 그루가 살아 있다. 사람들은 이 향장목을 주희의 자를 따서 '심랑장沈郎樟'이라 부른다. 그래서 주희의 고향을 '식장고리植樟故里'라 부르기도 한다.

주송은 1143년(소흥紹興 13) 3월 24일에 건주 수남水南의 환계정사環溪精舍에서 세상을 떠났고, 숭안현崇安縣 상매리上梅里 중봉사中峰寺 북쪽에 장사지냈다. 원나라 때인 1361년(지정至正 21)에 '헌정獻靖'이라는 시호를 받았다. 명나라 가정嘉靖 9년(1530)에는 공자의 아버지 숙량흘叔梁紇 등 성현의 아버지를 제사지내는 계성사啓聖祠에 종사從祀되었다. 계성사는 계성묘啓聖廟라고도 하는데, 조선 중기 실학의 선구자 지봉芝峰 이수광李睟光(1563-1628)이 편찬한 『지봉유설芝峰類說』「궁실부宮室部」편의 '학교學校'조에 의하면, 공자의 아버지 숙량흘을 '계성공啓聖公'이라 불렀으며, 안자의 아버지 안무요顏無繇, 증자의 아버지 증점曾點, 자사의 아버지 공리孔鯉, 맹자의 아버지 맹손씨孟孫氏(맹격孟激)를 '선현先賢'으로 부르고 좌우에 배향하였으며, 이정의 아버지 정향程珦, 주희의 아버지 주송朱松, 채침의 아버지 채원정蔡元定을 '선유先儒'라 부르고 양무兩廡[29]에 종사하였다.[30]

주송은 건주에서 임종할 때 아들 주희를 유자휘에게 부탁하고는 주희에게 이렇게 말하였다.

적계 호원중(즉 호헌)과 백수 유치중(즉 유면지), 병산 유언충(즉 유자휘) 이세 분은 나의 친구이다. 그들의 학문은 연원이 있어 내가 경외하는 바

---------

28 一年之計, 莫如樹穀; 十年之計, 莫如樹木; 終身之計, 莫如樹人.(『관자管子』「권수權修」)
29 '양무兩廡'란 문묘文廟 안에 있는 동무東廡와 서무西廡를 총칭한 것이다.
30 嘉靖九年, 別立啓聖廟, 以叔梁紇稱啓聖公. 以顏無繇·曾點·孔鯉·孟孫氏稱先賢, 左右配享. 程珦·朱松·蔡元定稱先儒, 兩無從祀(『지봉유설芝峯類說』「궁실부宮室部」) 해당 구절의 원문에 약간의 착오가 있는 듯하다. 원문에서 '정란程瓓'은 '정향程珦', '양무兩無'는 '양무兩廡'가 옳다.

이다. 내가 죽은 후 네가 가서 그분들을 아버지로 섬기고 오직 그분들의 말씀을 따른다면 나는 죽어도 한이 없을 것이다.[31]

처음에는 시를 잘 짓는 것으로 이름이 났으며, 후에 이정의 제자인 나종언羅從彦으로부터 하락河洛(이정)의 학문을 전수하였다. 나종언은 그가 재주가 뛰어나고 지혜가 밝으며, 성품이 굳세서 세상에 굴하지 않는다고 칭찬하였다. 평생 『주례』를 연구하였다.

주송은 이정과 나종언의 학문이 주희에게 이어지도록 교량적 역할을 했다. 저서에 『위재집韋齋集』 12권과 『위재외집韋齋外集』 10권이 있다.

다음으로 소개할 인물은 주송이 아들 주희에게 스승을 삼으라고 유언한 유면지, 유자휘, 호헌이다. 이들은 궁극적으로 주희에게 입신출세나 허명을 위한 공부 즉 위인지학爲人之學이 아니라 자신을 성장시키고, 자신을 수양하는 '위기지학爲己之學'을 공부하도록 가르쳤다. 여기서 잠깐 위기지학과 위인지학에 대해 알아보면, 이 말은 『논어』 「헌문憲問」편에서 유래한다. 「헌문」편에 보면, 공자는 고금의 학자들이 학문 태도가 다름을 역설하면서 '위기爲己'와 '위인爲人'을 명확하게 구별하였다.

옛날의 학자들은 자신을 위하였으나, 오늘날의 학자들은 남을 위한다.[32]

여기서 '자신을 위한다'고 함은 자신의 수양을 위해서 공부를 한다는 말이다. 옛날의 학자들은 자아를 완성시키기 위해 공부를 하여 결국에는 남에게 이름이 알려졌다는 것이다. 반대로 '남을 위한다'고 함은 남에게 잘보이기 위해서 공부를 하였다는 것이다. 공자 당시의 학자들은 남에게 알려지기 위해서 공부를 하지만 결국에는 자아를 상실하게 된다는 것이

---------

31 "籍溪胡原仲·白水劉致中·屛山劉彦冲, 此三人者, 吾友也. 其學皆有淵源, 吾所敬畏. 吾卽死, 汝往父事之, 而唯其言之聽, 則吾死不恨矣."(『숭안현신지崇安縣新志』)
32 古之學者爲己, 今之學者爲人.(『논어』 「헌문憲問」)

다.[33] 훗날 주희는 이 말이 학자를 논한 성현의 말씀 중에 가장 절실하고 중요한 것이라 지적하고, 이를 밝게 변별하여 나날이 반성해야 한다고 강조하였다.[34]

## • 유면지

유면지劉勉之(1091-1149)는 자가 치중致中이고 호는 초당草堂이며, 숭안현 오부리五夫里 백수白水(지금의 상매향上梅鄕에 속함) 사람이다. 주희의 장인이 므로 당시에 빙군聘君으로 불렸고, 학계에서는 그를 백수선생白水先生이라 불렀다. 과거를 싫어하여 일생동안 벼슬을 하지 않았다. 어려서 향공鄕貢이 되어 태학에 들어갔다. 당시 이정의 학문이 금지되었는데, 유면지는 호헌과 함께 정씨의 책을 숨겨 두고 베껴 써서 연구에 몰두하였다. 후에 초정譙定(1023-?)이 정이에게서 배워 역학에 정통하다는 말을 듣고 마침내 초정을 스승으로 섬겨 그의 학문 전체를 얻었다. 또 유안세劉安世(1048-1125), 양시를 만나 가르침을 청했다. 집으로 돌아와 건양 근교에 초당을 짓고 공부하며 스스로 밭갈이하여 생활하였다. 호헌, 유자휘와 함께 강학을 하고 도를 토론하며 리학을 연구하였다.

소흥紹興(1131-1162) 연간에 추천에 의해 조정에 나아갔으나 당시 진회가 권력을 장악한 것을 보고 곧바로 병으로 사퇴하고 돌아와 10여 년 동안 호헌, 유자휘 등과 함께 무이산에서 강학을 하였다. 그에게 배우려는 사람들이 잇달았고 유면지는 성현의 말씀으로 그들을 가르쳤다.

주송이 임종 때 아들 주희를 부탁하자, 유면지는 마음을 기울여 주희를 교육하고 딸을 주어 사위로 삼았다. 저서로 『초당문집草堂文集』이 전한다.

---------

33 程子曰:「爲己, 欲得之於己也. 爲人, 欲見知於人也.」 程子曰:「古之學者爲己, 其終至於成物. 今之學者爲人, 其終至於喪己.」(『논어집주』「헌문憲問」)
34 愚按: 聖賢論學者用心得失之際, 其說多矣, 然未有如此言之切而要者. 於此明辨而日省之, 則庶乎其不昧於所從矣.(『논어집주』「헌문憲問」)

• 유자휘

유자휘劉子翬(1101-1147)는 자가 언충彦沖 또는 언중彦仲이고, 호는 병산屛山 또는 병옹病翁이다. 학자들은 그를 병산선생이라 불렀다. 유겹劉韐의 아들이며, 유자우劉子羽의 아우이다.

유자휘의 아버지 유겹은 정강靖康의 난(1127년) 때 북송의 마지막 황제 흠종欽宗 조환趙桓(1100-1156)의 명을 받들어 금나라 진영을 사신으로 갔다가, 금나라 사람의 항복 권유를 거절하고 스스로 목을 매어 죽었다. 유자휘는 당시 서른 살이었는데 비보를 듣고 비분悲憤이 교차하였다. 형인 유자우, 유자익劉子翼과 함께 영구를 메고 고향으로 돌아와 삼년상을 치렀다. 후에 부친의 음보蔭補로 승무랑承務郞이 되고, 흥화군興化軍(지금의 복건성 포전莆田) 통판通判을 지냈으나, 몸이 약하고 병이 많다는 이유로 스스로 사직하였다. 무이산으로 돌아가 충우관沖佑觀 주관을 하며 강학에 전념하고 『주역』을 깊이 연구하였다.

주송은 건주에서 임종 때 유자휘에게 아들 주희를 가르쳐 달라고 부탁하였다. 주희는 유자휘에게 도에 들어가는 방법과 순서에 대해 가르침을 청했는데, 유자휘는 『주역』으로부터 도에 들어가는 방법을 얻을 수 있다고 말하고 그중에서도 「지뢰복地雷復」괘의 초구初九(맨 아랫자리의 양효陽爻) 효사爻辭[35]에 나오는 '불원복不遠復'이라는 세 글자로 주희를 가르쳤다.

---------

35 효사란 효의 뜻을 설명한 글이다. 매 괘마다 여섯 개의 효사가 있어서 육효六爻라 한다. 『역경』에는 원래 —과 =의 두 부호만 있고, 음양이란 두 글자가 없었는데, 나중에 『역전易傳』이 나오면서 —을 양효, =를 음효라 부르게 되었다. 『주역』의 육십사괘는 매 괘마다 여섯 개의 효가 있으니 모두 3백84효가 되는데, 여기에 건괘乾卦와 곤괘坤卦의 두 괘에는 각기 하나씩 용효用爻가 있어서 총 3백86개가 되기 때문에 3백86효사라 하는 것이다. 효마다 먼저 효제爻題가 열거되어 있고 뒤에 효사가 있다. 효제는 모두 두 글자로 되어 있으며, 양효(—)는 '구九', 음효(--)는 '육六'으로 표시한다. 효의 순서와 위치는 아래로부터 위로 올라가는데, 맨 아래서부터 초初, 이二, 삼三, 사四, 오五, 상上이라 표현한다. 효사는 각 괘의 내용을 구성하는 주요 부분이다. 건괘(䷀)를 예로 들면, 초구初九는 맨 아랫자리에 있는 양효를 뜻하고, 구이九二, 구삼九三, 구사九四, 구오九五는 각기 아래서부터 두 번째, 세 번째, 네 번째, 다섯 번째에 있는 양효이고, 상육上六은 맨 윗자리에 있는 양효를 뜻한다. 마찬가지로 곤괘(䷁)를 보면 모두 음효로서, 초육初六, 육이六二,, 육삼六三, 육사六四, 육오

삼현사三賢祠. 주희의 스승 유자휘(가운데)와 주희(오른쪽)와 유보劉甫(왼쪽)를 모신 사당. 유보는 주희, 채원정과 교유하며 의리義理를 중시한 인물이다. 삼현사는 무이산 북쪽에 위치한 유명한 명승지 수렴동水簾洞 옆에 있다. 1147년 소흥 17년에 처음 건립하였다. 주희가 친히 쓴 편액 '백세여현百世如見'(백세 동안 영원히 뵙는 듯하다)이 한가운데 걸려 있다.

유씨가사劉氏家祠. 주희의 의부 유자우劉子羽와 은사 유자휘劉子翬를 모신 가사家祠이다. 유씨 가족은 주희가 성장하는 데 특별한 공헌을 하였기 때문에 향민들이 이곳을 보호하고 있다.

--------
六五, 상육上六으로 되어 있다. 한편 건괘에만 용구用九가 있고, 곤괘에만 용육用六이 있다.

'불원복'이란 '머지않아 회복한다'는 뜻이다. 유자휘는 주희를 조카처럼 대하며 주희의 의부義父가 되었고, 주희에게 원회라는 자를 지어주어 그가 겉으로 드러내지 않고 도덕이 속에 축적된 사람이 되기를 희망하였다. 후에 주희는 '원元'이 사덕四德 즉 원형리정의 처음이므로 감당하지 못함을 부끄러이 여겨 스스로 중회仲晦로 자를 바꾸었다.

유자휘는 아들이 없어 형 유자우의 막내아들 유평劉玶을 후사로 삼고 마흔일곱 살에 병으로 세상을 떠났다. 시호는 문정공文靖公이다. 그의 유작은 후사인 유평이 『병산집屛山集』 20권으로 펴내고 주희가 서문을 썼다.

병산서원屛山書院은 주희가 어렸을 때 공부하던 학당이다. 이 서원은 오부리五夫里 병산 기슭에 있으며 1130년(건염建炎 4)에 유자휘가 세웠다.

## • 호헌

호헌胡憲(1086-1162)은 자가 원중原仲이고, 호는 적계籍溪이며, 시호는 간숙簡肅이다. 지금의 복건성에 속한 건주建州 숭안현崇安縣 사람이다. 호안로胡安老의 아들인데, 호안로는 남송 때의 저명한 경학자이자 호상학파湖湘學派의 창시자 중의 한 사람인 호안국胡安國(1074-1138)의 아우이다. 그러니까 호헌은 호안국의 조카가 된다.

호헌은 일생 동안 과거를 보지 않았다. 조정의 신하인 범충范冲(1066-1141), 주진朱震(1072-1138), 여본중呂本中(1084-1145) 등이 그의 품행이 훌륭하다고 조정에 천거하여 황제가 특별히 조서로 불러 좌적공랑左迪功郎, 건주학교수建州學教授에 임명하였으나 어머니가 연로하다는 이유로 사퇴하였다. 후에 부득이 잠깐 출사하였다가 간신 진회가 권력을 잡자, 세상일에 관심을 두지 않았다. 진회가 죽은 뒤 비서정자祕書正字에 임명되었다가 좌선교랑左宣敎郎으로 옮겼다.

어렸을 때 호안국에게서 배워 이정의 학설을 깊이 깨달았다. 소흥(1131-1162) 연간에 향공鄕貢이 되어 태학太學에 들어갔다. 당시 조정에서는 이정의 학설을 금하였다. 후에 다시 초정譙定으로부터 『주역』을 배우지만 오래되어도 터득하지 못했다. 은거하여 밭갈이를 하고 약을 팔아 어버이를 봉양하였다. 제자들에게 위기지학爲己之學을 하도록 가르쳤다. 『논어론論語論』을 편찬하면서 수십 명의 학설 중 그 요점을 뽑고 자신의 말을 덧붙였다. 제자들에게는 옛사람의 좋은 행실 또는 사람에게 유익한 시문을 쪽지에 써서 방에 붙여두고 오가면서 외우게 하였다. 몸소 실천하고, 자기 수양, 어버이 봉양, 손님접대 등 언행이 일치하여 세인의 존경을 깊이 받았다. 주요 제자로는 주희, 유무劉懋, 소경지邵景之, 방래方來 등이 있다. 주희는 호헌, 유면지, 유자휘 세 스승 중에 호헌을 가장 오랫동안 스승으로 모셨다고 술회하였다.

끝으로 주희의 사상에 가장 깊은 영향을 준 스승인 이동에 대해 살펴본다.

## • 이동

지금의 복건성 남평시南平市는 송대에 남검주南劍州 검포현劍浦縣이었다. 이곳 출신인 이동李侗(1093-1163)은 자가 원중愿中이고, 학자들은 그를 연평延平선생으로 불렀다. 양시楊時, 나종언羅從彦, 이동은 '남검삼선생南劍三先生'으로 병칭되는데, 이는 이들이 모두 남검주 사람이기 때문이다. 양시의 장락현將樂縣, 나종언의 사현沙縣, 이동의 검포현이 모두 남검주에 속한다. 학술 전승에서 이들 세 사람은 일맥一脈 상승相承하는 사제관계이다. 그들은 모두 이정의 낙학을 밝히고

이동李侗(1093-1163). 주희의 스승. 이정의 낙학洛學과 주희의 민학閩學을 이어주는 교량 역할을 하였다.

전파하는 데 온 힘을 다 해, 후계자인 주희가 민학을 창건하고 리학을 집대성하는 데 기초가 되고, 이정의 낙학과 주희의 민학을 이어주는 교량이 되었다. 그들을 남검삼선생이라 일컬은 최초의 문헌은 남송 때의 문헌학자이자 판본학자인 진진손陳振孫(1183-1262)의 『직재서록해제直齋書錄解題』이다. 그는 이 책에서 나종언의 『존요록尊堯錄』을 기록하면서 이렇게 말하였다.

> 『존요록』은 연평 나종언 중소가 지었다. 나종언은 양시를 스승으로 섬겼고, 이동은 또한 나종언을 스승으로 삼았으니 이른바 남검삼선생이다.[36]

이동의 학문은 예장豫章선생이라 불리는 나종언에게서 나왔는데, 나종언은 양시에게 수학하고 또 낙양으로 가서 정이를 만나 정문程門의 제자가 된 인물이다.

청대의 학자 전조망全祖望(1705-1755)은 리학의 발전에서 나종언의 역할을 이렇게 말하였다.

> 한 번 연평(이동)에게 전해져서 심오해졌고, 다시 회옹(주희)에게 전해져서 대성하였다.[37]

이동은 스물네 살 때부터 나종언으로부터 『춘추』, 『중용』, 『논어』, 『맹자』를 배웠다. 또 스승으로부터 정좌靜坐를 배우고 이렇게 말하곤 했다.

> 학문의 도는 많은 말에 있는 것이 아니고, 다만 잠잠히 앉아서 마음을 깨끗이 하여 천리를 체험하고 인식하는 것이다.[38]

---------

36 延平羅從彦仲素撰. 從彦師事楊時, 而李侗又師從彦, 所謂南劍三先生者也.(『직재서록해제直齋書錄解題』)
37 "一傳爲延平, 則邃矣; 再傳爲晦翁則大矣."(『송원학안宋元學案』「예장학안서록豫章學案序錄」)
38 學問之道不在多言, 但默坐澄心, 體認天理.(『송사宋史』「이동전李侗傳」)

또 남검삼선생에다 주희를 더하여 '연평사현延平四賢'이라 병칭한다. 주희가 남검주의 우계현에서 출생하였기 때문인데, 남검주의 다른 이름이 연평이다. 더 중요한 이유는 주희가 학술 전승에서 남검삼선생인 양시, 나종언, 이동과 일맥 상승의 관계를 갖고 있기 때문이다. 남송 때 이미 많은 학자들이 그들 네 분을 합해서 이야기하였는데, 연평의 지부 진복陳宓(?-1230)이 「신청연평서원사액찰申請延平書院賜額札」이라는 글에서 이렇게 말하였다.

> 본조의 정치가 흥성함으로 말미암아, 염계 주돈이, 명도 정호, 이천 정이가 연이어서 우뚝 나와 공맹의 학통을 이었는데, 이정이 양시에게 그것을 전하고, 양시가 나종언에게 전하고, 나종언이 이동에게 전하고, 이동이 그것을 문공 주희에게 전했다.[39]

『연평이선생사제자답문延平李先生師弟子答問』. 주희가 스승 이동과 문답을 주고받은 서신을 묶어 편찬하였다.(1879년 광서光緒 5년 각본刻本)

---------

39 皇朝之盛治, 有濂溪周敦頤, 明道程顥, 伊川程頤相繼挺出, 而孔孟之統以續, 二程傳之楊時, 楊時傳之羅從彦, 羅從彦傳之李侗, 李侗傳之朱文公熹.(『복재선생용도진공문집復齋先生龍圖陳公文集』「신청연평서원사액찰申請延平書院賜額札」)

이동은 퇴거하여 40여 년 동안 세상살이를 끊고 평생 벼슬을 하지 않았다. 일찍이 나부산羅浮山에 들어가 정좌를 하였고, 주정主靜을 으뜸으로 삼았다. 그는 제자를 가르치고 강학을 할 때 질문에 답하는 데 싫증을 내지 않았다. 주송은 이동과 동문수학 하였는데 그를 매우 높이 평가하였다.

이동은 비록 몸이 산야에 있었지만 마음은 천하에 있어 시대를 슬퍼하고 나라를 걱정하였다. 그는 당시의 폐단이 삼강三綱이 떨쳐지지 못하고 의리義利가 구분되지 못한 데 기인한다고 여기고 임금은 이 문제에 뜻을 두어야 한다고 주장하였다.

이동은 불교와 도교를 이단으로 물리치고 유학이야말로 공부할 의미가 있는 학문이라 하였다. 여기서 유학이란 주돈이로부터 시작된 리학을 말한다. 그는 정이의 '리일분수'설이 유학이 불교, 도교와 다름을 구분하는 요지라 생각하였다.

주희는 스물네 살에 이동을 처음 만나, 서른한 살부터 수학하며, 그간에 네 차례 이동을 만났다. 주희의 학문이 비록 이동에게서 나와 직접 정이를 계승했다고 전적으로 말할 수는 없으나 정씨의 학맥을 가지고 말한다면, 양시가 나종언에게 한 번 전하고 나종언이 다시 이동에게 전했으니, 주희는 양시의 삼전 제자요 이정의 사전 제자가 되는 셈이다. 그리고 나종언과 양시는 주희로 인해 이름이 알려지게 되었다.

이동은 일생 동안 책을 쓰지 않고 글을 짓지 않으며 시골의 촌로처럼 살았다. 훗날 주희가 스승 이동과 문

나종언羅從彦(1072~1135). 예장학파의 창시인으로서 양시, 이동, 주희와 함께 민학사현으로 병칭된다.

답을 주고받은 서신을 묶어서 『연평이선생사제자답문延平李先生師弟子答問』이란 책을 펴냈는데, 이를 줄여서 『연평답문』이라 한다. 이 책은 이동의 언행과 사상을 기록한 주요 저작일 뿐 아니라, 이동과 주희가 주고받은 심법이자 주희가 받은 의발衣鉢이 되었다.

1209년(가정嘉定 2)에 연평으로 부임한 진복陳宓은 온화하고 순수한 이동의 도덕과 문장을 앙모하여 한나라 때의 백록관白鹿觀을 본받아 담계鐔溪의 남쪽 구봉산九峰山[40] 아래에 연평서원延平書院을 건립하여 이동을 제사지내고 강학하는 장소로 삼았다. 1147년(이종 순우淳祐 7)에 이동은 문정文靖이라는 시호를 받았다. 원나라에 들어와 제11대 황제 혜종惠宗 토곤테무르(妥懽帖睦爾 1320-1370)는 1368년(지정至正 28)에 태사太師를 추증하고

연평사현延平四賢의 소상. 연평 출신의 학자들인 이동, 양시, 나종언, 주희를 연평사현이라 병칭한다.

---------

40 구봉산은 현재 남평시南平市 남쪽에 자리 잡고 있으며, 민강閩江이 시작되는 첫째 산이다. 주위의 다른 봉우리들보다 우뚝한 아홉 봉우리가 첩첩이 쌓여 있어 구봉산이라고 부른다. 산속에는 남평의 옛 팔경인 '구봉월랑九峰月朗', '원동추풍猿洞秋風' 등 빼어난 경관이 있다. 이동과 주희는 이곳에서 강학을 하면서 구봉의 경치를 아홉 떨기 부용꽃이라는 뜻으로 '구타부용九朵芙蓉', 아홉 개가 첩첩이 쌓인 비취 병풍이란 뜻으로 '구첩취병九疊翠屏'이라 찬미하였다.

월국공越國公으로 추봉하였다. 명나라 제13대 황제 신종神宗 주익균朱翊鈞 (1563-1620)은 1617년(만력萬曆 45)에 이동을 공묘孔廟에 종사하였다. 청나라 제4대 황제 성조聖祖 현엽玄燁(즉 강희제康熙帝 1654-1722)은 1706년에 어서御書 편액 '정중기상靜中氣象'을 하사하여 연평부 도남사道南祠에 걸었다.

# 3 주희의 수제자는 누구인가

주희의 제자는 북송과 남송을 통틀어 어느 누구보다도 많다. 주희의 문인은 명대의 대선戴銑(?-1506)이 지은 『주자실기朱子實記』에 3백19명을 기록하고 있으며, 청대 만사동萬斯同(1638-1702)이 집록한 『유림종파儒林宗派』에는 4백7명을, 청대 1730년(옹정雍正 8)에 주옥朱玉이 펴낸 『주자문집대회유편朱子文集大會類編』「주희급문인성씨朱熹及門人姓氏」편에는 4백43명을 기록하였다. 또 현대에 들어와 미국 국적의 화교학자 진영첩陳榮捷(1901-1994)은 『주자문인朱子門人』에서 4백88명(그 중 사숙私淑한 사람 20명 포함)으로 고증하였고, 1993년 유수훈劉樹勛이 주편한 『민학원류閩學源流』에서는 5백11명을 수록하였으며, 2007년에 고령인高令印과 고수화高秀華가 공저한 『주자학통론朱子學通論』에서는 5백14명을 고증해 내었다[41]. 이렇게 사람 수로 보면 이정의 제자나 왕양명의 제자는 비교가 되지 않는다. 공자 이후에 가장 많은 제자를 둔 학자가 주희라는 것은 의심할 여지가 없다.

참고로 현존하는 가장 오래된 세보世譜인 『자양주씨건안보紫陽朱氏建安譜』에는 「주자문인朱子門人」이라는 항목이 있다. 여기서는 주희의 제자를 총 3백21명으로 기록하고 있는데, 그 중에 성씨와 고향을 고증할 수 있는 사람은 2백88명이다. 이들은 복건성, 절강성, 강서성, 호남성, 호북성, 사천성, 하남성 등지에서 배우러 온 사람들인데, 당시 남송이 강남 한 구석에 치우쳐 있었던 점을 감안해 보면 그야말로 전국적인 분포라 아니할 수 없

---

41 『주자학통론朱子學通論』에는 「주희문인일람표朱熹門人一覽表」가 수록되어 있는데, 이 표에 의하면, 문인과 사숙인私淑人 5백14명 중에 복건 출신이 1백75명으로 가장 많고, 그 다음이 강서 출신 81명이며, 그 다음으로 절강 75명, 호남 31명, 안휘 13명, 강소와 사천 각 7명, 호북 6명, 광동 4명, 산서 2명, 하남 1명이며, 이름만 있고 출신 지역을 알 수 없는 사람이 1백12명이다.

다. 그 중에 복건성 출신이 1백21명으로 가장 많고 나머지 다른 성 출신이 2백 명이다.

　이들 대부분은 스승 주희의 학설을 사수하였고, 독창적인 견해를 낸 경우는 매우 드물다. 주희의 제자 중 한 권이라도 저작을 남긴 사람은 69명인데, 복건 출신이 가장 많다. 그중에 중요한 사람으로는 채원정蔡元定, 채침蔡沈 부자, 황간黃榦과 진순陳淳 등이 있다. 조금 뒤에는 위료옹魏了翁과 진덕수眞德秀가 있다. 다만 위료옹은 진덕수와 함께 리학의 발전에 커다란 공헌을 하였지만 후에 사상적으로 육구연에게 가까워져 여기서는 설명을 생략하겠다. 인재를 양성하고 학풍을 변화시키는 주희의 사상은 그의 제자 및 재전 제자들에 의해 실천되었다고 할 수 있다. 제자들의 면모를 살펴보는 것은 주희를 이해하는 데 큰 도움이 된다.

주희상. 은병봉 아제 평림도 구곡계에 위치한 무이정사武夷精舍 앞에 있다.

## • 황간

황간黃榦(1152-1221)은 주희의 사위이자 주자에 의해 도통 계승인으로 인정되었다. 주자학의 진정한 뜻을 가장 잘 이해한 사람으로 평가되며, 주희의 리학이 통치지위를 확립하는 데 중요한 역할을 하였다.

복주福州 민현閩縣(지금의 복건성 복주시福州市) 출신이며, 자는 직경直卿이고, 호가 면재勉齋라서 세상 사람들은 그를 면재선생이라 부른다. 시호는 문숙文肅이다.

황간은 어려서 아버지를 여의고, 청강淸江 유청지劉淸之(1134-1190)를 만났고, 훗날 그의 권유로 주희에게서 학업을 전수하였다. 주희를 만난 후부터는 밤에도 침상을 쓰지 않고 허리띠를 풀지 않으며, 피곤해지면 조금 앉곤 하였는데, 기댄 채로 밤을 새우기도 하면서 열심히 책을 읽었다. 주희는 셋째 딸 주태朱兌를 그에게 시집보냈다. 안풍군安豐軍의 통판通判, 한양군

황간黃榦(1152-1221). 자는 직경直卿. 호는 면재勉齋. 주희의 사위. 주자의 도통 계승인. 황간은 주자학을 전파하고 보급한 첫째 인물이다. 황간의 제창과 설명을 통해 주자학은 통치계급의 정통사상이 될 수 있었다.(출처:『삼재도회』)

漢陽軍의 지군知軍을 역임하였다. 안경부安慶府의 지부知府를 맡았을 때 금나라 군대가 황주黃州와 사와沙窩의 관문을 돌파하여 회동淮東과 회서 사람들이 모두 놀랐지만, 오직 안경부는 이전처럼 평안하였고 선정을 많이 베풀어 안경 사람들이 그를 '황부黃父'라 불렀다. 격렬하고 절실한 언사로 금나라에 저항해야 한다고 극력 주장하였는데, 반대파의 시기를 받아 여러 차례 관직을 사직하였다. 수차례 조서를 내려도 벼슬길에 나아가지 않고 승의랑承議郞을 끝으로 세상을 떠났다. 1233년(소정紹定 6)에 조봉랑朝奉郞에 추증되고, 1236년(단평端平 3)에 '문숙文肅'이라는 시호를 받았다. 원대에 들어와 1359년(지정至正 19)에 복주에서는 면재서원勉齋書院을 건립하여 그를 기념하였고, 청나라 때인 1724년(옹정雍正 2)에는 공묘孔廟에 종사되고, 부학府學에 황면재사黃勉齋祠를 건립하였다.

황간은 자신이 주자의 적전嫡傳이라 말하였기 때문에 도통을 중시하고 주희의 도통관을 발전시켜서, 도통의 탄생과 발전을 모두 천리의 필연으로 귀결시켰다. 그는 도통 전수의 순서를, 요, 순, 우, 탕, 문왕, 무왕, 주공, 공자, 안자顔子, 증자, 자사, 맹자, 주돈이, 장재, 이정, 주희로 보고, 도통을 전승한 것을 스승 주희의 최대 성취로 간주하였다. 황간의 제창과 설명을 통해 주자학은 통치계급의 정통사상이 될 수 있었다. 황간은 주자학을 전파하고 보급한 첫째 인물이다. 황간이 절강에서 벼슬을 할 때 주자학을 금화金華 사람 하기何基(1188-1268)[42]에게 전했는데, 후에 하기가 다시 제자들에게 전함으로써 주자학이 절강에서 성행하였다. 또 강서에서 벼슬을 할

----------

42 하기何基(1188-1268)는 자가 자공子恭, 호가 북산北山이라 학자들은 북산선생北山先生으로 부른다. 남송 무주婺州 금화金華(지금의 절강성에 속함) 사람이다. 왕백王柏(1197-1274), 김리상金履祥(1232-1303), 허겸許謙(1269-1337)과 함께 '금화사선생金華四先生' 혹은 '북산사선생北山四先生'으로 병칭된다. 오직 독서와 강학으로 평생 일관하고, 제자를 양성하는 데 여념이 없었다. 금화학파를 위해 공헌을 많이 하여 금화학파를 중흥시켰다고 평가된다. 저서에 『대학발휘大學發揮』, 『중용발휘中庸發揮』, 『역계사발휘繫辭發揮』 등이 있었는데, 대부분 없어지고 지금은 『하북산유집何北山遺集』 4권이 전한다. 시호는 문정文定이고, 금화현 공묘孔廟에 종사되었다.

때는 제자 요로饒魯에게 전수하였다. 요로는 강서에서 강학을 하며 널리 제자들을 거두어 강서의 주자학 원류가 되었다. 황간이 한양에서 벼슬을 할 때는 서원에서 리학을 강의하였는데 제자들이 아주 많았다. 후에 원나라 군대가 한양에 쳐들어와 리학가 조복趙復을 북방으로 붙잡아가서 태극서원太極書院에서 강학을 시켰는데, 이로 말미암아 주자학이 북방에서 급속도로 전파되어 마침내 최고의 학문이 되었다.

한편 주희는 『예서』를 펴내면서 「상喪」, 「제祭」의 두 편은 황간에게 부탁하였다. 병세가 위급해지자 심의深衣[43]와 저술한 책을 황간에게 주면서 "내 도의 위임이 여기에 있으니 나는 여한이 없다"라고 말하였다.

명나라 만력萬曆(1587-1598) 연간에 이관李寬, 한유韓愈, 이사진李士眞, 주돈이, 주희, 장식과 함께 석고서원의 칠현사七賢祠에 모셔졌는데, 세상에서는 이들을 '석고칠현石鼓七賢'이라 부른다.

황간은 일생 동안 수많은 저술을 남겼는데, 『주역계사전해周易繫辭傳解』 1권, 『의례경전통해속儀禮經傳通解續』 29권, 『효경본지孝經本旨』 1권, 『논어주어문답통석論語註語問答通釋』 10권, 『면재선생강의勉齋先生講義』 1권, 『송시강주문공행장宋侍講朱文公行狀』(즉 『주자행장』) 1권, 『면재시초勉齋詩鈔』 1권, 『황면재선생문집黃勉齋先生文集』 8권, 『회암선생어속록晦庵先生語續錄』 46권, 『면재집勉齋集』 40권 등이 있다.

• 진순

진순陳淳(1159-1223)은 주희 문하에서 중요한 제자로서 황간과 병칭된다. 주희는 남쪽으로 와서 기쁘게도 진순을 얻었다고 여러 차례 사람들에게 말하곤 했다. 자는 안경安卿이고, 호가 북계北溪라서 학자들은 북계선생이라 부른다. 지금의 장주시漳州市인 복건 용계龍溪 사람이다. 시호는 문안文安이

---

43 '심의'란 상의上衣와 하의가 연결된 옷으로 고대에 제후나 대부, 선비들이 집에서 평상시에 입었다. 서민들의 일상 예복이기도 했다.

다. 어렸을 때 거자업擧子業[44]을 익혔는데, 후에 『근사록』을 읽고 나서 거자업을 포기하였다. 1190년(소희 1)에 장주로 가서 주희에게 배움을 청하였다. 주희는 그에게 '근원根源'이라는 두 글자를 전수하면서 의리를 보려면 반드시 그 근원을 궁구해야 한다고 말했다. 10년 후에 다시 주희를 만나서 이른바 '하학지공下學之功'을 들었는데, 석 달 후에 주희가 세상을 떠났다. 오랫동안 고향에 살면서 아이들을 가르치는 일로 생계를 삼았다. 1216년(가정嘉定 9)에 경성에서 시험을 기다렸고, 돌아올 때 엄릉嚴陵을 지나다가 군학郡學[45]에서 강학해 달라는 요청에 응했다. 이듬해 특주特奏[46]로 인해 적공랑迪功郞, 천주泉州 안계安溪의 주부로 임명되었으나 부임하지 못하고 세상을 떠났다. 그는 스승의 학설을 조금도 위배하지 않고 엄격하게 지키고, 주희와 육구연의 논쟁에 있어서는 육학을 강력하게 비판하였다.

진순은 평생 육구연의 심학을 배척하고 주자학을 선양하는 데 힘썼고, 영강학파永康學派의 대표 학자인 진량陳亮의 공리학功利學도 배척했다. 만년에 강학한 내용을 제자 왕준王雋이 직접 써서 정리하여 완성한 『북계자의北溪字義』는 정주의 리학을 밝힌 중요한 저작으로서, 원래 이름은 『자의상강字義詳講』이고 『사서자의四書字義』, 『사서성리자의四書性理字義』 등으로도 불린다. 『북계자의』는 리학의 주요 범주 중에서 명命, 성性, 심心, 정情, 재才, 지志, 의意, 인의예지신仁義禮智信, 충신忠信, 충서忠恕, 일관一貫, 성誠, 경敬, 공경恭敬, 예악禮樂 등 15조를 상권에, 도道, 리理, 덕德, 태극太極, 황극皇極, 중화中和, 중용中庸, 경권經權, 의리義利, 귀신鬼神, 불로佛老 등 11조를 하권에 수록하여 주희 학설의 요지를 설명하였다. 이 책은 특출한 견해는 적지만 융회 관통한 '리학의 사전'으로서 『사서장구집주』 및 주희 사상을 이해하는 데 중요한 입문서이자 참고서가 되었다.

---------

44 '거자업擧子業'이란 과거에 응시하기 위해 준비하는 학업을 말하며, '거업擧業'이라고도 한다. '거자擧子'는 과거시험에 응시하는 사람을 이른다.
45 군郡과 국國에 있는 최고학부를 '군학郡學'이라고 한다.
46 직접 황제에게 상주上奏하는 것을 '특주特奏'라 한다.

이 밖에 저서로 『엄릉강의嚴陵講義』, 『논맹학용구의論孟學庸口義』, 『예시여학禮詩女學』, 『북계문집北溪文集』 등이 있다.

## • 채원정

채원정蔡元定(1135-1198)은 주희와 가장 가까이 있었던 제자이자 친구이며, 주자학의 주요 창건자 중의 한 사람이다. '주희 문하의 우두머리'란 뜻의 '주문영수朱門領袖', '주자학 지킴이'란 뜻의 '민학간성閩學干城'으로 알려져 있다.

자는 계통季通이고 지금의 복건성 건양현인 건주建州 건양建陽 출신이다. 서산에서 서산정사西山精舍를 창건하였기 때문에, 학자들은 그를 서산선생西山先生이라 불렀다.

어려서 아버지 채발蔡發에게 글을 배웠다. 채발은 수많은 책을 읽은 인물

채원정蔡元定(1135-1198). 자는 계통季通, 학자들은 서산선생西山先生으로 부름. 남송의 저명한 리학가, 율려학가律呂學家, 감여학가堪輿學家, 주자학의 창건자 중의 한 사람으로 '주문영수朱門領袖', '민학간성閩學干城'으로 평가됨. 일생 동안 벼슬길에 나아가지 않고 학문에 몰두하였다.(출처: 『삼재도회』)

로 호를 목당노인牧堂老人이라 하였는데, 이정의 『어록』, 소옹의 『황극경세서』, 장재의 『정몽』을 그에게 주면서 "이것이 공맹의 정통이다"라고 일러주었다. 채원정은 그 말의 함의를 깊게 이해했다. 장성하면서 분석하고 이해하는 능력이 더욱 강해지자 서산 정상에 올라가서 굶주림을 참고 채소만 먹으면서 독서에 전념하였다. 채원정은 주희가 명망이 있다는 말을 듣고 곧바로 찾아가서 스승으로 섬겼다. 주희는 그의 학문 깊이를 재어보고는 크게 놀라며 "이 사람은 나의 오랜 친구이지 제자의 반열에 있어서는 안 된다."[47]라고 말하였다.

주희에게 가장 오랫동안 배우고, 견해가 정확하고 견문이 넓어 주희 문인 중에 우두머리가 되었다. 사방에서 주희에게 배우러 온 사람들은 반드시 먼저 채원정을 찾아뵈었을 정도였다. 태상소경太常少卿 우무尤袤(1127-1194), 비서소감祕書少監 양만리楊萬里(1127-1206)가 연달아 조정에 소를 올려 그를 추천하여 불렀으나 병을 핑계로 완강히 사양하였다.

채원정은 읽지 않은 책이 없고 연구하지 않은 것이 없다고 말할 정도로 수많은 책을 읽고, 다방면에 걸쳐 연구하여, 특히 천문과 지리, 악률樂律과 역수曆數, 병진兵陣 등에 뛰어났다. 많은 사람들이 이해하지 못하는 고서의 문장, 어휘도 그는 한 번 보면 곧바로 알았다. 그래서 주희는 "사람들은 쉬운 책을 읽을 때도 어려워하지만, 채원정은 어려운 책을 읽을 때도 쉽게 여긴다."라고 칭찬하였다. 또 "조화의 오묘함은 오직 리를 깊이 이해하는 사람만이 알 수 있는데, 나는 채원정과 토론해도 싫증이 나지 않는다."[48]라고 인정하였다.

주희는 『논어』, 『맹자』, 『대학』, 『중용』에 주소註疏를 하고, 『주역본의』, 『시집전』과 『자치통감강목』을 저술할 때 채원정과 반복해서 상의한 후에

----------

47 此吾老友也, 不當在弟子列.(『송원학안宋元學案』 「서산채씨학안西山蔡氏學案」)
48 文公嘗曰: "人讀易書難, 季通讀難書易." 又曰: "造化微妙, 惟深于理者能識之, 吾與季通言而不厭也."(『송원학안』 「서산채씨학안」)

붓을 들었다. 주희의 『역학계몽』은 처음에 채원정이 기초한 것이었다.

1195년(경원 1)에 도학이 위학僞學으로 몰려 금지되자, 이에 연좌되어 도주道州로 유배되었다. 그는 의연하게 유배 길에 올라 지팡이를 들고 아들 채침과 함께 도보로 3천 리를 걸었다. 건양建陽을 지날 때 주희와 그를 따르며 학문을 하는 사람 1백여 명이 전송하였다. 용릉舂陵에 도착하자 원근에서 따르는 사람이 점점 많아지게 되어, 누군가가 생도를 사절하자고 건의하자 채원정이 말하였다. "저들이 배우러 왔는데, 어떻게 차마 거절한단 말인가? 만약 화가 미친다면 문을 닫고 막아도 피할 수가 없을 걸세." 그의 뜻과 절조가 이와 같았다. 1198년(경원 4)에 유배지에서 세상을 떠났다. 시호는 문절文節이다.

남을 가르칠 때는 성과 천도를 우선으로 하였고, 학문은 의리와 상수를 겸하였다.

채원정의 저서 중에 『황극경세지요皇極經世指要』와 『율려신서律呂新書』가 이름이 높다. 『황극경세지요』는 소옹의 학술을 전면적으로 개괄한 저작이고, 『율려신서』에서는 상수 원리를 율려에 적용하고, 아울러 악률에 대해 새로 만들어낸 것도 들어 있다. 이 밖에 『대학설大學說』, 『대연상설大衍詳說』, 『율려본원律呂本源』, 『연악원변燕樂原辨』, 『증악원변蒸樂原辨』, 『태현잠허지요太玄潛虛指要』, 『홍범해洪範解』, 『팔진도설八陣圖說』, 『가인경인의家引經引義』, 『지리발미론地理發微論』, 『음부경주해陰符經註解』, 『옥수진경발휘玉髓眞經發揮』, 『기운절략氣運節略』, 『맥서脈書』, 『옹계록翁季錄』 등 17종이 있다. 주희는 그가 집필한 모든 책에 서문을 써 주었다.

채원정은 스승 주희가 『근사록近思錄』, 『역학계몽易學啓蒙』, 『태극도설해太極圖說解』, 『자치통감강목資治通鑑綱目』, 『주역참동계고이周易參同契考異』 등의 중요한 저작을 집필할 때 참여했다.

참고로 『채씨구유서蔡氏九儒書』라는 책이 있다. 채씨구유란 채원정의 부자와 조손祖孫 등 아홉 명의 건양채씨建陽蔡氏 유학자를 지칭한다. 즉 채원정, 부친 채발蔡發, 아들 채연蔡淵, 채항蔡沆, 채침蔡沈, 채연의 아들 채격蔡格, 채침의 아들 채모蔡模, 채항蔡杭, 채권蔡權 등 4대 아홉 명이다. 이들의 정주 리학에 대한 연구 성취는 매우 탁월하여, 리학을 전문 분야로 해서 대대로 이어온 가족이라는 뜻으로 '리학세가理學世家'라 불릴 만하다. 이들은 저서와 학설로 주자의 도가 비상하도록 하고, 학생을 모아 강학을 하여 민학의 맥을 이었다. 이들의 논저는 후손 및 문인들에 의해 한데 모아져 발행됨으로써 중국학술사상 아름다운 일이 되었다. 채씨구유는 총 48종의 저술을 남겼는데, 내용이 광범위하여 리학, 역상易象, 천문, 지리, 예악, 병제兵制, 역수曆數 등 다루지 않은 것이 없었다. 이 저술들의 총집은 7백여 년의 편집과 전승 과정을 거쳐서 지금까지도 『채씨구유서』로 전해지는데, 이는 민학사상 대작으로서 중국문화학술사상 확실히 기이한 일이다. 한 가족 아홉 명이 연속 4대에 걸쳐 리학을 중심 내용으로 해서 깊이 연구하여 방대한 학술 체계를 형성한, 이러한 학술 현상은 학술사, 출판사, 인재 발전 역사상 대단히 독특한 것이다.

『주역참동계고이周易參同契考異』. 주희가 예순여덟 살 때인 1197년에 공동도사추흔崆峒道士鄒訢이라는 별명을 사용하여 편찬하였다.(『흠정사고전서』본)

## • 채침

　건양에서 태어난 채침蔡沈(1167-1230)은 채원정의 셋째 아들로서, 아버지와 함께 '주자학 지킴이'라는 '주학간성朱學干城'으로 평가된다. 자는 중묵仲默이다.

　가학家學의 연원이 있었고, 어려서 주희에게 배우며, 책을 많이 읽어 깊은 학문적 기초를 쌓았다. 1196년(경원 2) 한탁주가 경원당금을 일으켜서 아버지가 당의 수괴로 지목되어 멀리 도주道州로 귀양 가자, 채침도 따라갔다. 도주는 편벽한 곳이라 물자가 궁핍하여 생활이 매우 고되었으나 채원정 부자는 항상 경서의 의미를 탐구하는 것으로 기뻐하며 그 즐거움을 바꾸지 않았는데, 이리하여 채침의 학문은 더욱 정심하게 되었다. 1198년에 아버지가 세상을 떠나자 채침은 아버지의 영구를 모시고 도보로 고향으로 돌아왔다. 오는 도중에 사람들이 노자를 보태 주려 하였지만 채침은

채침蔡沈(1167-1230). 자는 중묵仲默, 호는 구봉九峰. 채원정의 셋째아들. 일생동안 벼슬을 구하지 않고 학문에 전념하였으며, 백록동서원에서 주희에게 배우고 구봉산 아래에 은거하며 주희의 부탁으로 『상서』에 주註를 달아 『서집전書集傳』을 지었는데, 이 책은 원대 이후에 과거의 필수 교재가 되었다.(출처: 『삼재도회』)

곤궁함을 지켰고 길을 가다가 도중에 죽는 한이 있어도 아버지의 명성에 누가 되는 것을 원치 않았다. 건양으로 돌아온 후에, 채침은 구봉산九峰山에 은거하며 여봉정사廬峰精舍를 세우고 저술에 심혈을 기울였는데, 학자들은 산 이름을 따서 그를 구봉선생이라 불렀다.

채침은 일생 동안 과거에 뜻을 두지 않았는데 아버지가 작고한 삼십 대 초반에 출사하라는 천거를 여러 차례 거절하고 오직 일심으로 성현의 책을 읽었다. 주희는 만년에 여러 제자들과 공동으로 경서에 대해 전傳을 집필하려고 생각하고, 『주역』과 『시경』에 대해서는 『주역본의』와 『시집전』을 썼으나, 『상서』만은 완성을 하지 못하여 임종 전에 『상서』의 집전集傳을 완성하라고 채침에게 부탁하였다. 또 「홍범洪範」의 수는 오래 전에 실전되어 대개의 학자들이 그 뜻에 밝지 못하였는데, 유독 채원정이 이 책에 대해 조예가 깊었으므로, 책을 완성하지 못하던 차에 그 희망을 아들 채침에게 맡겼다. 채침은 아버지와 스승의 부탁으로 『상서』와 「홍범」에 대한 연구에 몰두하였다. 이후로 채침은 여러 차례 원고를 고치면서 10년의 공을 들여 마침내 『서집전書集傳』과 『홍범황극내편洪範皇極內篇』을 완성하였다. 채침의 리학 관념은 『서집전』 속에 구체적으로 나타나 있다.

주희의 상서학은 주돈이, 소옹, 장재, 이정의 리학 체계를 계승하였는데, 주희는 『상서』를 당요唐堯와 우순虞舜 이제二帝와 하夏나라의 우왕禹王, 상商나라의 탕왕湯王, 그리고 주周나라의 문왕文王과 무왕武王 등 삼왕三王이 천하를 다스린 대경대법大經大法으로 보고, 『상서』를 연구하는 것이 성군현신의 덕德, 인仁, 경敬, 성誠의 마음을 찾아 수신, 제가, 치국, 평천하의 경계에 도달하는 것으로 간주하였다. 주희가 『상서』를 연구하는 구체적인 방법은 한당 시대의 전장제도典章制度와 고거考據, 훈고訓詁를 중시하는 동시에, 송대 유학자들의 의심과 위서 변별을 중시하며, 의리의 방법을 해석하고, 기존 학설과 다른 것을 최대한 찾고 천착부회하지 않는 것이었다.

주희의 이러한 관점은 채침이 『상서』의 집전 작업을 하는 데 근본 원칙이 되었고, 그 결과 『서집전』은 비교적 전면적으로 주희가 『상서』를 연구하는 이념, 방법과 성취를 반영하였다. 이로써 채침은 주자학파의 형성과 발전 과정 중에 중요한 역할을 하였다.

채침은 「서집전서書集傳序」(「서전서문書傳序文」이라고도 함)에서, 『상서』가 어렵고 심오한 것은 이제와 삼왕이 천하를 다스린 원칙과 방법이 모두 이 책 속에 갖추어져 있어서 일반 사람들이 이를 이해하기가 매우 어렵기 때문이고, 더구나 송대는 이제 삼왕의 시대와 이미 멀리 떨어져서 이 책의 본 뜻을 찾기가 더욱 어렵기 때문이라고 지적하였다. 채침은 『상서』에 대해 상세하게 고찰하고 고문경과 금문경의 차이를 변별하며, 「대서大序」(「공안국상서서孔安國尙書序」)와 「소서小序」(「서서書序」)의 오류를 고찰 연구하여 「대서」는 후인의 위작임을 밝혔으며 「소서」가 공자의 작품이라는 설을 부정하였고, 그 뜻을 깊이 생각하고 여러 학설을 참고하여 융회관통한 후에 다시 자신의 견해를 논술하였는데, 글이 간명하면서 해석이 정확하고 타당하였다.

채침은 이제 삼왕이 천하를 다스린 근본 원칙은 '도道'에 있으며, 도는 이제 삼왕의 본심에 근원한다고 생각하였다. 이 때문에 만일 이제 삼왕이 치도에서 중시했던 본심을 탐구할 수 있다면 천하를 다스리는 원칙과 방법은 자연히 명확해질 수 있다. 채침의 이 책은 확실히 이제 삼왕이 마음 쓴 바를 밝히는 것을 종지로 삼고, '오직 정밀하게 살피고 오직 한결같이 하여야 진실로 그 중을 잡을 수 있다'는 '정일집중精一執中'은 요, 순, 우가 서로 주고받은 심법이고, '중정의 도를 세우고, 인륜의 표준을 세운다'는 '건중건극建中建極'은 상탕과 주 무왕이 서로 전수한 심법이라고 보았다. 참고로, '정일집중'은 『상서』의 「대우모大禹謨」편에 나오고, '건중'은 「중훼지고仲虺之誥」편, '건극'은 「홍범洪範」편에 각각 나온다.

덕德, 인仁, 경敬, 성誠은 말이 비록 다르지만 내재하는 이치는 모두 본심을 찾으려는 것으로 같다. 예악교화禮樂敎化와 전장문물典章文物은 본심의

황건유극皇建有極. 자금성紫禁城 삼대전三大殿 중 셋째 대전 보화전保和殿 정중앙에 걸린 청나라 고종高宗 홍력弘曆(즉 건륭제乾隆帝 1711-1799)의 친필 편액. '황건유극'은 천자가 중정中正의 최고준칙을 세우라는 뜻으로, 『서경』「홍범洪範」편에 나온다. 여기서 '황皇'은 천자, '극極'은 치국의 최고 준칙을 뜻한다. 편액 한 가운데 '건륭어필乾隆御筆'이라는 붉은 글씨가 있다.

건극수유建極綏猷. 자금성紫禁城의 삼대전三大殿 중 첫째 대전 태화전太和殿 정중앙에 걸린 청나라 고종高宗 홍력弘曆(즉 건륭제乾隆帝 1711-1799)의 친필 편액. '건극수유'는 천자가 천명을 받들어 치국의 최고 준칙을 세우고, 천도에 순응하여 중정中正의 치국 법칙으로 백성을 안무하라는 뜻이다. '건극建極'은 『서경』「홍범洪範」편에 나오고, '수유綏猷'는 『서경』「탕고湯誥」편에 나온다. 여기서 '극極'은 치국의 최고 준칙, '수綏'는 안무하다, '유猷'는 법칙을 뜻한다. 편액 한 가운데 '건륭어필乾隆御筆'이라는 붉은 글씨가 있다.

외재적 표현 형식이다. 만약 천하가 잘 다스려지려면 본심이 바르게 되어야 한다. 천하를 잃는 것은 본심이 어지러워졌기 때문이다. 그래서 천하 치란治亂의 근원은 바로 본심을 드러내어 밝히는 데에 달려 있는 것이다. 이제 삼왕의 도에 뜻을 두면 그 마음을 탐구하지 않을 수 없고, 마음을 구하는 방법은 『상서』를 연구해야 하는데, 이것이 바로 『상서』의 진정한 가치이다. 채침의 이러한 관점은 오래된 규칙을 묵수하지 않고, 널리 고찰하고 남과 소통함으로써 새로운 지식을 담고 있어 확실히 다른 유학자들의 성과를 뛰어 넘었다. 그리하여 대부분 선유先儒들이 밝히지 못한 것을 밝히고, 성리학을 이끌어다가 『상서』로 들어간 전형을 보여주었다. 송대 말기부터 청대 말기까지 채침에 대한 옹호와 반대, 수정과 비난 등 『서집전』을 둘러싼 논쟁은 줄곧 『상서』 연구의 주요 내용이 되었다.

요컨대 『서집전』은 송대 상서학의 대표작으로서 '성현의 마음을 구하는' 구도求道 저작이다.

이 책은 주희의 『주역본의周易本義』, 『시집전詩集傳』, 호안국胡安國의 『춘추전春秋傳』과 함께 오늘날의 국정교과서에 해당하는 지위를 얻어 과거의 표준 텍스트가 됨으로써, 원, 명, 청 3대에 걸쳐 선비들의 필독서가 되었다. 조선과 일본에서도 같은 지위를 인정받아 과거시험에서는 반드시 이 주석서들의 내용을 기술해야 했다.

채침은 형 채연蔡淵과 함께 조상이 남긴 무이산의 목당牧堂을 수리하고 확장하여 '남산서당南山書堂'이라 명명하고, 제자들을 가르치고 도를 논하며 저술하는 장소로 삼았다. 무이정사와 서로 가까운 곳에 위치하여 수시로 오가며 서로 절차탁마할 수 있었기 때문이다. 앞에서 언급하였듯이, 채침은 아버지의 명을 받들어 남산서당에서 『홍범황극』을 저술하였다. 이 책은 상수학의 사상 전통을 계승하여 소옹의 선천상수학으로 『상서』「홍범」편을 강론한 것이다. 그는 서문에서 이렇게 말하였다.

천지의 일을 체득한 것은 『역』의 상象이요, 천지의 일을 기록한 것은 「홍범」의 수數이다. 수는 1에서 시작하고, 상은 2에서 이루어지는데, 1은 기수요, 2는 우수이다. 기수는 수가 행하는 바요, 우수는 상이 성립하는 바이다. 그러므로 2에서 4, 4에서 8이 되니, 8은 팔괘의 상이요, 1에서 3, 3에서 9가 되니, 9는 구주九疇의 수이다. 이로 말미암아 수를 중첩시키면 8에서 64, 64에서 4,096이 되어 상이 갖추어질 것이고, 9에서 81, 81에서 6,561이 되어 수가 완비될 것이다.[49]

그는 수가 우주의 근본이라서 천지와 인물(사람과 사물)이 모두 수에서 파생되었다고 보았다.

하늘과 땅이 시작한 원인도 수요, 사람과 사물이 생겨난 원인도 수이며, 만물의 잃고 얻은 원인도 역시 수이다. 수의 본체는 형체에 나타나고, 수의 작용은 리보다 오묘하다.[50]

채침의 이 말은 『역대전易大傳』과 『상서』 「홍범」편의 원리에 근거해서 기수의 수리數理로 일체의 현상을 설명한 것으로서, 소옹이 우수의 수리로 설명한 것과 다르다.

채침은 서원에서 멀지 않은 무이구곡武夷九曲에 있는 유건석儒巾石에 '천애만학千崖萬壑'이라는 글자를 남겼다. 유건석은 유학자의 두건처럼 생겨서 얻은 바위의 이름이다. 1230년(紹定 3)에 병으로 세상을 떠나자 진덕수眞德秀가 그를 위해 묘지명을 지었다.

---------

49 體天地之撰者, 『易』之象. 紀天地之撰者, 「範」之數. 數者始於一, 象者成於二, 一者奇, 二者耦也. 奇者數之所以行, 耦者象之所以立. 故二而四, 四而八, 八者八卦之象也; 一而三, 三而九, 九者九疇之數也. 由是重之, 八而六十四, 六十四而四千九十六, 而象備矣; 九而八十一, 八十一而六千五百六十一, 而數周矣.(「홍범황극서洪範皇極序」)
50 天地之所以肇者, 數也; 人物之所以生者, 數也; 萬事之所以失得者, 亦數也. 數之體著於形, 數之用妙乎理.(「홍범황극서」)

스승의 가르침과 가학의 훈도로 리학의 수양이 매우 깊은 채침은 구봉학파九峰學派를 창건하였다. 주요 제자로는 진광조陳光祖, 유흠劉欽, 하운원何云源 및 자신의 아들 채모蔡模, 채항蔡杭, 채권蔡權 등이 있다. 명나라 정통正統(1436-1449) 연간에 문정文正이라는 시호가 추증되고, 숭안백崇安伯에 봉해졌다. 그밖에 『채구봉서법蔡九峰筮法』등의 저서가 있다.

## • 진덕수

건주 포성浦城(지금의 복건성 남평시 포성현浦城縣 선양진仙陽鎭) 출신인 진덕수眞德秀(1178-1235)는 주희의 제전제자再傳弟子로서 첨체인詹體仁(1143-1206)으로부터 주희를 사숙私淑하여 주희 다음 세대의 대유大儒가 되었다. 본래의 성은 신愼이지만 동음자인 효종의 이름 조신趙脣의 '신'을 피해서 진眞으로 고쳤다. 자는 경원景元이었는데, 후에 경희景希로 고치고 다시 희원希

진덕수眞德秀(1178-1235). 자는 희원希元, 호는 서산西山. 주희 이후 리학의 정통계승자. 위료옹魏了翁과 함께 리학의 정통지위를 확립하는 과정에서 중대한 역할을 하여 서산진씨학파西山眞氏學派를 창립하였다.(출처: 『삼재도회』)

元으로 고쳤다. 호가 서산西山이라 후세 사람들은 그를 서산선생西山先生이라 불렀다.

그는 이종 황제 조윤 때 두 차례에 걸쳐 천주泉州와 복주福州의 지주를 역임하여 치적을 쌓고 후에 호부상서로 영전되었다가 다시 학림학사로 옮겼으며 최후에는 참지정사에 올랐다.

그는 간신 사미원史彌遠과 어울리지 않음으로써 더러움을 함께하지 않고 아첨함이 없이 정직하게 행동하고, 청렴한 관리 생활을 하며 황정荒政을 강화하고 탐관오리를 징벌하여 선대 스승인 주희와 같은 길을 걸었다. 그의 학설은 주자학의 정종正宗이 되었다. 그는 훗날 사상적으로 육구연에게 가까워진 위료옹魏了翁과 함께 리학이 정통 지위를 확립하는 과정에서 중대한 역할을 한 남송 후기의 대표적인 리학가로서, 서산진씨학파西山眞氏學派를 창립하였다.

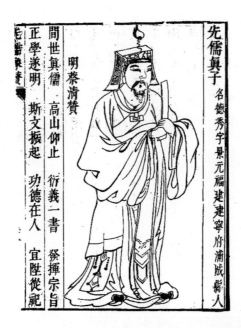

진덕수眞德秀의 찬贊. 명대 채청蔡淸(1453-1508)이 지었다.(『선유상찬先儒像贊』에 수록)

그는 시와 사詞에 뛰어난 작가이기도 하다. 시호는 문충文忠이다.

진덕수의 저작은 매우 많은데 주요한 것으로는 『서산선생진문충공문집 西山先生眞文忠公文集』, 『독서기讀書記』, 『사서집편四書集編』과 『대학연의大學 衍義』가 있고, 이 밖에 『서산갑을고西山甲乙稿』, 『대월갑을집對越甲乙集』, 『경 연강의經筵講義』, 『단평묘의端平廟議』, 『한림사초사륙翰林詞草四六』, 『헌충집 獻忠集』, 『강동구황록江東救荒錄』, 『청원잡지清源雜誌』, 『성사집지星沙集志』, 『당서고의唐書考疑』, 『문장정종文章正宗』 등이 있다.

『대학연의大學衍義』. 진덕수의 정치철학 저작이다. 『대학』의 사상을 충분하게 해설하였 다 해서 '연의衍義'라는 이름을 달았다. 1874년(동치同治 13년)에 간행된 금릉서국金陵 書局본이다.

# *4* 도통관을 확립한 사람은 누구인가

**황**간은 『주문공행장朱文公行狀』에서 장인 주희를 이렇게 평가하였다.

紹道統, 立人極, 爲萬世宗師.
소도통　입인극　위만세종사

즉 "도통을 계승하고, 인극人極을 세워 만세의 종사가 되었다"라는 뜻이다. 인극이란 인도의 표준이란 뜻으로 도덕의 최고 경계를 의미하고, 종사란 사표師表가 될 만한 사람을 뜻한다. 도통道統이란 성인의 도가 전수된 정통 계보를 말한다.

도학가 중에서 '도통'이란 말을 처음 사용하고, 철학적인 기반 위에서 도통 개념을 체계적으로 확립시킨 사람은 바로 주희이다. 그렇지만 도통 관념을 제일 먼저 제기한 사람은 따로 있다. 문헌상으로는 맹자로 알려져 있다. 이보다 앞서 『논어論語』에서는 비록 도통의 관념이 제기된 것은 아니지만 이른바 이제삼왕二帝三王 즉 요에서 순으로, 순에서 우로, 우에서 탕으로, 탕에서 문왕과 무왕, 다시 이것이 주공으로 전해지는 도통의 순서를 은연중에 드러내고 있다. 『논어』「요왈堯曰」편의 첫째 장을 보자.

요가 말하였다. "아! 그대 순이여. 하늘의 역수曆數가 그대에게 있으니 진실로 그 중中을 잡아라. 온 천하의 백성이 곤궁하면 천록天祿이 영원히 끊어지리라." 순임금도 이 말씀으로써 우에게 명하셨다. (은나라 탕왕이) 말하였다. "소자 이履는 검은 수소를 제물로 올리고, 감히 거룩하신 상제님께 밝게 아뢰옵니다. 죄 있는 자는 감히 용서하지 않고, 상제님의 신하는 감추지 않고 등용하겠으니 선택은 상제님의 마음에 달려 있습니다. 저에게 죄가 있으면 만방의 백성을 탓하지 마시고, 만방의 백성이 죄를 지으면 그 책임은 저에게 있는 것입니다." 주나라가 크게 베푸니, 선한 사람들이 부유하게 되었다. "비록 (은나라의 주왕에게는) 아주 가까운 친척들이 있었으나 (주나라의) 어진 사람이 많은 것만 못하며, 백성에게 잘못이 있다면 그 책임은 나 한 사람에게 있는 것이다." 주나라는 도량형을 바로잡고 예악과 제도를 정비하고 폐지된 관직을 복구하였는데, 이리하여 사방의 정사가 제대로 행해졌다. 또 멸망한 왕손들의 나라를 다시 일으키고, 끊어졌던 후세를 다시 이어주고, 숨은 인재들을 찾아 등용하였더니, 천하의 민심이 모두 그에게로 돌아왔다. 특히 중시한 것은 백성의 양식과 상례喪禮와 제례祭禮였다. 관대하면 백성의 마

한유韓愈(768-824). 자는 퇴지退之, 하남河南 하양河陽(지금의 하남성 맹주시孟州市) 사람. 군망창려군望昌黎로 자칭하였고, 세상에서는 한창려韓昌黎 또는 창려선생昌黎先生으로 불렸다. 당대唐代의 뛰어난 문학가, 사상가, 철학가로서 당송팔대가의 첫째 인물이며, 고문운동의 창도자. 유종원柳宗元과 함께 '한류韓柳'로 병칭되며, 문장거공文章巨公과 백대문종百代文宗이라는 칭호를 얻었다. 그와 유종원, 구양수와 소식을 '천고문장사대가千古文章四大家'로 합칭한다. 저서에『한창려집韓昌黎集』40권,『한창려외집』10권 등이 있다.(출처:『삼재도회』)

음을 얻고, 신의가 있으면 백성들이 그를 신임하며, 민첩하게 하면 공적이 있게 되고, 공평하면 모두 기뻐할 것이다.[51]

　요가 순에게 제위를 선양하면서 전한 말에서 핵심은 '진실로 그 중中을 잡아라'라는 '윤집기중允執其中'이다. 여기서 '중中'은 과불급過不及이 없는 중용의 도이다. 이 말은 요순선양堯舜禪讓 때 요가 순에게 전하고, 다시 순우선양舜禹禪讓 때 순이 우에게 도를 전한 원칙이다. 비록 도통이란 말을 하지는 않았지만 이 사상은 맹자에게 큰 영향을 주었다.

　맹자는 역사적으로 볼 때, 5백 년마다 왕도로써 천하를 다스리는 왕자王者가 반드시 일어난다는 관점에 근거하여, 『맹자』「진심하盡心下」편에서 요와 순으로부터 공자에 이르는 전수 연원 계통을 제기하고 아울러 '당금의 세상에서 나 아니면 또 누가 있겠는가' 하는 기개로 자신이 이 계통을 계승하였다고 자부하였다.

　요순으로부터 탕에 이르기까지가 5백여 년이니, 우와 고요皐陶 같은 이는 요순의 도를 친히 보고 알았고, 탕 같은 이는 들어서 알았다. 탕으로부터 문왕에 이르기까지가 5백여 년이니, 이윤伊尹과 내주萊朱 같은 이는 탕의 도를 친히 보고 알았고, 문왕은 들어서 알았다. 문왕으로부터 공자에 이르기까지가 5백여 년이니, 태공망太公望과 산의생散宜生 같은 이는 문왕의 도를 친히 보고 알았고, 공자는 들어서 알았다. 공자 이래로 오늘에 이르기까지가 1백여 년이니, 성인의 시대와 떨어진 것이 이처럼 멀지 않고, 성인이 살았던 곳과도 이처럼 아주 가깝다. 그런데도

----------

51 堯曰: "咨! 爾舜! 天之曆數在爾躬. 允執其中. 四海困窮, 天祿永終." 舜亦以命禹. 曰: "予小子履, 敢用玄牡, 敢昭告于皇皇后帝: 有罪不敢赦. 帝臣不蔽, 簡在帝心. 朕躬有罪, 無以萬方; 萬方有罪, 罪在朕躬." 周有大賚, 善人是富. "雖有周親, 不如仁人. 百姓有過, 在予一人." 謹權量, 審法度, 修廢官, 四方之政行焉. 興滅國, 繼絶世, 擧逸民, 天下之民歸心焉. 所重: 民 食 喪 祭. 寬則得衆, 信則民任焉, 敏則有功, 公則說.(『논어』「요왈堯曰」)

공자의 도를 친히 보고 안 사람이 아무도 없으니, 그렇다면 장래에 공자의 도를 듣고서 아는 사람이 아무도 없겠구나.[52]

그러다가 9백 년이 지나서 당 왕조 때 다시 이 문제가 부각되었다. 바로 고문운동古文運動을 제창한 당송팔대가唐宋八大家의 한 사람이며, 유가의 사상을 수호하기 위해 도교와 불교를 격렬하게 배척하여 성리학의 선구자가 된 한유韓愈(768-824)이다. 그는 당시 불교 선종에서 사용하는 '불법의 전통'이라는 '법통法統'과, '등을 전한다' 즉 '불법의 정통 맥을 주고받는다'라는 '전등傳燈'의 영향 아래, 맹자 사상을 흡수하여 정식으로 유가의 도통설을 제기하였다.

요는 이것을 순에게 전하고, 순은 이것을 우에게 전하고, 우는 이것을 탕에게 전하고, 탕은 이것을 문왕, 무왕, 주공에게 전하고, 문왕, 무왕, 주공은 이것을 공자에게 전하고, 공자는 이것을 맹가(맹자)에게 전했다. 맹가가 죽으면서 그것이 전해지지 못하였다.[53]

한유의 주장에 근거하여 유가는 하나의 핵심적인 도통을 갖게 되었고, 이 전통이 대표하는 핵심 가치인 도는 성현이 서로 잇는 전승 과정을 갖게 되었으며 이에 따라 하나의 전통이 성립되었다. 이 도통의 전수 방식은 두 가지가 있는데, 하나는 요, 순, 우, 탕, 문, 무, 주공 등의 '성군聖君' 계통이고, 또 하나는 공자, 맹자와 같은 지식인 계통이다. 전자 특히 요, 순, 우의 경우는 직접 전수하였고, 후자의 경우는 더 많은데 일종의 내재 정신이 연

---------

52 由堯舜至於湯, 五百有餘歲, 若禹 皐陶, 則見而知之; 若湯, 則聞而知之. 由湯至於文王, 五百有餘歲, 若伊尹 萊朱則見而知之; 若文王, 則聞而知之. 由文王至於孔子, 五百有餘歲, 若太公望 散宜生, 則見而知之; 若孔子, 則聞而知之. 由孔子而來至於今, 百有餘歲, 去聖人之世, 若此其未遠也; 近聖人之居, 若此其甚也, 然而無有乎爾, 則亦無有乎爾.(『맹자』「진심하盡心下」)

53 堯以是傳之舜, 舜以是傳之禹, 禹以是傳之湯, 湯以是傳之文武周公, 文武周公傳之孔子, 孔子傳之孟軻, 軻之死, 不得其傳焉.(「원도原道」)

속되는 것이다.

도통은 맹자 이후로는 실전되었다. 그 원인은 한유에 의하면, 순자荀子와 양웅揚雄 등의 대유학자가 유가의 도를 택하기는 하였으나 정밀하지 못했고, 설파하였지만 상세하지 못했기 때문이다. 게다가 진시황秦始皇 영정嬴政(서기전 259-서기전 210)의 '분서갱유焚書坑儒'로 인해 훼손되고, 한나라 때 유학자들이 '대의大義'를 밝히지 못한 것도 한 원인이다. 그리하여 한유는 도통 계승자로 자임하고 유가의 도가 자신으로 말미암아 전해지게 되었으니 비록 죽더라도 한이 남지 않을 것이라 했다. 한유의 '도통론' 및 도통이 실전되게 된 원인 분석은 한대 유학자 전체에 대한 기본적인 평가를 포괄하고 있어 뒷날 송대 유학자들에게 전반적으로 받아들여지게 되었다. 그리고 스스로 도통을 잇겠다는 그의 적극적인 정신은 송대 리학가의 모

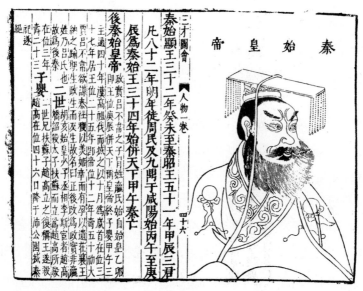

진시황秦始皇(서기전 259-서기전 210). 성은 영嬴, 씨는 조趙, 이름은 정政, 장양왕莊襄王의 아들이다. 13세에 진왕의 자리에 오르고, 39세에 최초로 황제라 칭했다. 황제제도를 창건하고 삼공구경三公九卿을 실행하였다. 분봉제分封制를 폐하고 군현제郡縣制로 대체하였고, 동시에 문자와 수레 및 도량형을 통일하였다. 명대의 사상가 이지李贄는 그를 '천고일제千古一帝'라 칭송하였다.(출처:『삼재도회』)

범이 되었다.

북송 초기의 유개柳開(948-1001)는 스스로 '나의 도는 공자, 맹가, 양웅, 한유의 도'라고 실토한 적이 있고, 북송 경력慶歷(1041-1048) 연간의 석개石介는 자신의 스승 손복孫復(992-1057)을 한유 이후의 도통 계승자로 추대하였다. 북송 희령熙寧(1068-1077), 원풍元豊(1078-1085) 연간에는 한유 등이 도통 명단에서 제외되었고, 정호, 정이와 장재, 왕안석 같은 당시의 사상가들은 모두 직접 자신이 맹자의 뒤를 이으려 했다.

남송 때에 와서, 주희는 도통의 명단을 새로 배열하였는데, 주돈이와 정호, 정이 그리고 자신을 공자와 맹자 다음의 도통으로 연결시켰다. 그렇지만 육구연은 이와 달리 북송의 학자들을 배제시키고 오직 자신을 진정 위로 맹자를 이은 도통 계승자라 여겼다.

위에 소개한 많은 학자들이 분분하게 도통을 다툰 원인은 자신이 창립한 사상을 송대 신유학의 정통으로 만들려는 의도였다. 그러나 역사에서 최종 선택된 것은 정주의 리학이다. 1212년(가정嘉定 5)에 국자사업國子司業 유약劉爚(1144-1216)이 주희의 『논어맹자집주』를 관방官方의 학문으로 상주하여 허락을 받은 것이다. 32년 뒤인 1244년(순우淳祐 4)에는 당시 이종 조윤이 조서를 내려 주희를 표창함으로써 정식으로 관방의 입장에서 리학 중의 정주 일파가 공맹의 도통을 잇게 되었고, 후에 마침내 이것이 정론定論이 되었다.

진영첩은 주희의 제자들과 훗날의 신유학자들이 인정한 도통을 다음과 같이 정리하였다.

1. 복희 2. 신농 3. 황제 4. 요 5. 순 6. 우 7. 탕 8. 문왕 9. 무왕
10. 주공 11. 공자 12. 안자 13. 증자 14. 자사 15. 맹자 16. 주돈이
17. 정호 18. 정이 19. 주희

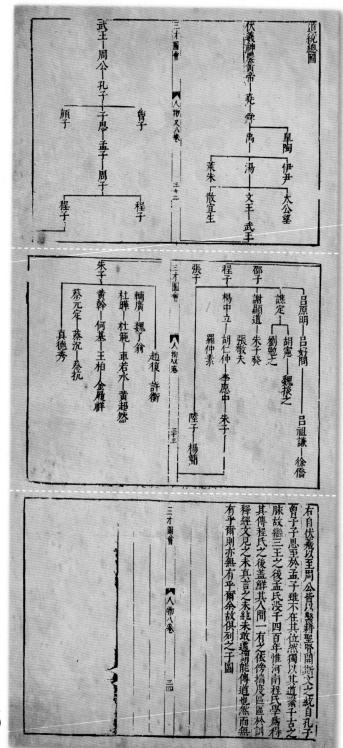

「도통총도道統總圖」.
(출처:『삼재도회』)

주희朱熹, 만세의 종사宗師가 되다

주희가 '도통道統'이라는 두 글자를 처음 사용한 것은 1179년(순희 6)에 지은 「지남강방문知南康榜文」이라는 글이다.

> 염계 선생 우부 주공이 마음으로 도통을 전하여 세상의 선각이 되었다[54].

주희는 1189년에 지은 「중용장구서中庸章句序」에서 상고시대의 성신聖神 때부터 도통이 있어왔다고 강조하였다. 게다가 도통의 핵심을 본래적인 순수한 마음인 도심道心과 사사로운 욕구로 흐르기 쉬운 인심人心으로 간주하면서, 요堯는 순舜에게 '윤집궐중允執厥中' 즉 '진실로 그 중中을 잡아라'라는 말로 도를 전하고, 다시 순은 여기에다 세 마디 열두 자를 덧붙여 우禹에게 "인심유위人心惟危, 도심유미道心惟微, 유정유일惟精惟一, 윤집궐중允執厥中" 즉 "인심은 위태롭고 도심은 미묘하니, 오직 정밀하게 살피고 오직 한결같게 하여야 진실로 그 중을 잡을 수 있다."라는 말로 도를 전했다고 하였다. 이 말은 『상서尙書』「대우모大禹謨」편에서 인용한 것으로, 열여섯 자로 구성된 도통 전수 심법이므로 '십육자심전十六字心傳'이라 하는데, 개인의 도덕 수양과 나라를 다스리는 원칙이라 할 수 있다. 십육자심전의 연원은 「중용장구서」에 비교적 상세히 서술되어 있다.

> 『중용』은 무엇 때문에 지었는가? 자사자께서 도학이 제대로 전승되지 못할 것을 우려하여 지은 것이다. 대개 상고시대부터 성신聖神이 천명을 잇고 표준을 세워 도통의 전승이 저절로 내려왔다. '진실로 그 중을 잡아라'라는 것은 요가 순에게 전수한 바요, "인심은 위태롭고 도심은 미묘하니 오직 정밀하게 살피고 오직 한결같게 하여야 진실로 그 중을 잡을 수 있다"라는 것은 순이 우에게 전수한 바이다. 요의 한마디 말이 지극하고 다 하였으나, 순이 다시 세 마디 말을 덧붙인 것은 저 요의 한

---

54 濂溪先生虞部周公, 心傳道統, 爲世先覺.(『주문공문집』권99 「지남강방문知南康榜文」)

마디 말을 밝히려면 반드시 이처럼 된 이후에 거의 가깝게 될 수 있기 때문이다.[55]

    주희는 십육자심전이 마음으로써 전한 것일 뿐 아니라 도로써 전한 것으로 간주하고, 천하를 다스리는 대법大法을 전한 것으로서 그 원칙은 '집중執中', 즉 '중을 잡는 것'이라고 보았다. 여기서 '중中'은 '도道'이고, '마음(心)'이며 '천하를 다스리는 큰 법'이다. 중도의 원칙이 요, 순, 우, 탕, 문왕, 무왕에게 서로 전해졌기 때문에 일맥상통하는 유학의 도통이 형성된 것이다. 주희는, 상고시기에 성왕이 천하를 다스릴 수 있었던 것이 이 심법의

요堯(약 서기전 2447-서기전 2307). 성은 이기伊祁, 이름은 방훈放勳. 존호는 제요帝堯, 당요唐堯, 제요도당씨帝堯陶唐氏. 곡루의 아들. 어머니는 진봉씨陳鋒氏의 딸 경도慶都. 오제五帝의 한 사람. 후세의 유가에서 순舜과 함께 성왕聖王의 전형으로 받들어짐. 13세에 형인 지摯 임금에게 도陶 땅에 봉해지고, 15세에 당唐 땅에 개봉되어 그를 도당씨陶唐氏라 부른다.(출처:『삼재도회』)

순舜. 성은 요姚 또는 규嬀, 이름은 중화重華, 자는 도군都君. 존호는 제순帝舜(순제舜帝), 대순大舜, 우순虞舜, 제순유우씨帝舜有虞氏.(출처:『삼재도회』)

우禹. 성은 사姒, 이름은 문명文命. 우禹가 이름이라고도 함. 자는 고밀高密. 역사에서는 대우大禹, 제우帝禹라 칭함. 하夏 왕조의 개국 군주.(출처:『삼재도회』)

55 『中庸』何爲而作也? 子思子憂道學之失其傳而作也. 蓋自上古聖神繼天立極, 而道統之傳有自來矣. 其見於經, 則 '允執厥中' 者, 堯之所以授舜也; '人心惟危, 道心惟微, 惟精惟一, 允執厥中' 者, 舜之所以授禹也. 堯之一言, 至矣, 盡矣! 而舜復益之以三言者, 則所以明夫堯之一言, 必如是而後可庶幾也.(「중용장구서中庸章句序」)

대요를 잡았기 때문이라 생각하고, 군주에 대해 엄격한 도덕적인 요구를
하였다. 그리하여 황제의 권력이 제멋대로 쓰이는 것을 경책하고, 여러 차
례 상소를 올려 군주의 독단을 반대하였는데, 그 사상의 뿌리가 바로 여기
에 있다.

　주희는 앞사람들이 말하는 것처럼 도통을 4천3백여 년 전의 요와 순에
서 시작하지 않고, 그보다 훨씬 이른 상고시대의 성인인 복희伏犧로부터
시작하고, 여기에다 신농神農과 황제黃帝를 추가하였다. 또 자신이 정씨 형
제로부터 직접 도통을 계승하였음을 내세워 도통의 맥에 자신을 추가하였
다. 그가 도통에 각별한 관심을 기울인 것은 진영첩이 언급하였듯이, 다만
자신이 이끈 리학 사상의 철학적 발전이 적어도 송대와 관련하여 새로운

복희伏犧. 성은 풍風.『사기』
에서는 복희伏犧로 썼고, 또
복희宓犧, 포희庖犧, 포희包
犧, 복희伏戲 등 다양하게 동
음자를 사용하기도 한다. 희
황犧皇, 황희皇犧, 태호太昊,
태호복희씨太昊伏犧氏라고도
부르며, 청제靑帝로도 칭한
다. 오제의 한 사람. 인문人文
의 시조始祖이다. 팔괘八卦를
처음으로 그렸다.(출처:『삼
재도회』)

신농神農. 신농씨, 괴외씨
魁隗氏, 연산씨連山氏, 열
산씨列山氏라고도 하며,
또한 염제炎帝. 염제신농
씨炎帝神農氏, 적제赤帝, 농
황농황農皇, 신농대제神農大
帝, 오곡신농대제五穀神農
大帝로도 부른다. 농업과
공업의 시조이고, 의약의
비조이다.(출처:『삼재도
회』)

황제黃帝(약 서기전 2717-
서기전 2599). 본성은 공손
公孫이었으나 후에 희姬로
바꾸었기 때문에 희헌원姬
軒轅이라 칭한다. 헌원의 언
덕에 살았기 때문에 헌원씨
軒轅氏라고도 하고, 유웅에
도읍을 정했기 때문에 유
웅씨有熊氏라고도 한다. 토
덕土德의 상서로움을 지녔
기 때문에 황제黃帝라 부른
다.(출처:『삼재도회』)

도통 개념이 필요했기 때문이었다.[56]

유가 도통의 전수는 마음으로 전하는 심전心傳이고, 그것은 『논어』「요왈」편에 나오는 '윤집기중'과 『상서』「대우모」편에 나오는 십육자심전, 그리고 『중용』의 '공문전수심법'과 불가분의 관계를 가지고 있는데, 이것은 주희의 사서학과 도통론의 중요한 구성 부분이다.

---

56 진영첩 지음, 표정훈 옮김, 『진영첩의 주자강의』 188쪽.

# 5 도학, 송학, 리학, 신유학은 같은가

우리는 일반적으로 이정의 학문과 이를 계승한 주희의 학문을 합해서 '정주학程朱學'이라 부르고 주희의 학문을 '주자학朱子學'이라 부른다.

이 외에도 학계에서는 중국의 송대, 원대, 명대의 주류 사상에 대해서 여러 가지 명칭을 쓰고 있다. 어떤 이는 리학理學이라 부르고, 또 어떤 이는 도학道學이라 부른다. 또 송학宋學이나 신유학新儒學이라는 명칭을 쓰기도 한다. 이제 이 명칭에 관련된 이야기를 하고자 한다.

도학이니, 리학이니, 송학이니 하는 명칭은 중국 역사상 오래 전부터 있어 왔다. 이를 개괄해서 말한다면, '도학'이라는 명칭이 가장 일찍 출현하여, 북송 때 이미 운용되었다. 그러나 그것이 가리키는 범위는 비교적 좁으며, 더욱이 양송 시기에는 대부분 단지 주돈이, 장재, 이정(정호, 정이)과 주희의 학만을 가리켰다.

'도학'이라는 말은 '성인의 도를 전하는 학문'이라는 뜻이다. 이 명칭은 송나라에서 명나라까지 7백 년간의 사상 주류를 지칭하는 데 사용한다. 그러나 도학이라는 명칭이 출현한 시간이 리학보다 이르다 할지라도, 실제로 그 범위는 리학보다 상대적으로 좁다. 북송의 리학을 당시에 도학이라 불렀지만, 남송 때 리학이 분화되면서 도학이라는 명칭은 남송 리학의 주류파에만 적용되었다. 명대에 이르면 도학이라는 명칭은 점차 드물게 사용되고, 리학이라는 명칭이 주로 사용되었다.

청대 학자 모기령毛奇齡(1623-1716)에 의하면, 도학은 원래 '도교의 학문'이란 뜻으로 본래 도교에서 만들어 낸 개념인데, 후에 주돈이, 주희 등이 이를 유가의 개념으로 바꾸었다고 지적하였다. 사실 도학이라는 말은 유가의 도통과 관계가 깊다. 당나라 한유韓愈가 유가의 도통론을 제창함으로써 비롯된 이 용어는 북송 중기 때 왕개조王開祖(1035-1068)가 처음으로 사용하였고, 조금 뒤 장재, 정이 등에 와서야 비로소 이 개념을 정식으로 사용하였다. 북송 때 도학이라는 명칭을 비교적 많이 사용한 사람은 정이 이고, 이정이 세상을 떠난 후 도학은 점차 이정이 제창한 학문의 명칭이 되었다. 남송의 주희는 도학의 계승자로 자처하였다. 주희가 말하는 도학에는 광의와 협의의 두 가지 의미가 있다. 광의의 도학은 옛 성인들이 서로 전한 유가의 정신 도통을 가리키고, 협의의 도학은 공맹의 도통을 계승하고 이정의 낙학을 주체로 삼는 사상 체계를 가리킨다.

일반적으로 남송의 유학자들은 협의의 도학 개념을 사용하였다. 즉 이정의 낙학을 주체로 삼는 사상 체계로서, 이정의 스승인 주돈이, 장재, 이정의 제자와 재전 제자들도 포괄한다. 원대에 들어와 탈탈脫脫(1314-1355)은 『송사宋史』를 편찬하면서 열전 부분에 「도학전道學傳」을 신설하고 기본적으로 주희의 정의에 따라 주돈이, 정호, 정이, 장재, 주희 등의 전기를 수록하였다. 그리하여 도학 개념은 정식으로 학술 유파의 의미를 갖게 되었다. 종합하면, 도학이라는 명칭은 정주학파의 리학만을 지칭하는 것으로, 육왕학파의 심학이나 다른 유가학파를 포함시키지 않는다.

송학宋學은 송대의 리학을 가리킨다. 한대의 유학인 한학漢學에 상대해서 부르는 명칭으로서 전 시대의 유학처럼 장구章句나 훈고訓詁, 주소註疏 등에 치중하지 않고 '성명의리性命義理'의 학을 중시한다. 송학의 유파에는 정주의 리학파, 육구연(1139-1192)의 심학파, 섭적葉適(1150-1223)의 영가학파永嘉學派, 진량陳亮(1143-1194)의 영강학파永康學派 그리고 여조겸의 금화학파金華學派 등이 있다. 이들 유파간 학술사상의 차이, 원류의 정황 등은 『송원학안』에 상세하게 기록되어 있다.

'송학'이라는 명칭은 청대 고증학자考證學者들이 자주 사용하였는데, 그들이 연구하는 '한학漢學'의 대칭으로 삼았다. 이 명칭은 비록 정주학程朱學과 육왕학陸王學을 포용할 수 있지만 왕조로써 명명하는 것이 약간 타당하지 못한 점이 있다. 또 송학은 철학만을 전적으로 지칭하는 것이 아니라 널리 사학이나 문학 등의 다른 학문을 가리키는데, 이 또한 약간 지나치게 광범위한 감이 있다.

'신유학'은 '새로운 유학'이라는 뜻으로 영어로는 Neo-Confucianism으로 표기한다. 어떤 사람은 현대에 홍콩 대만 등지에서 출현한 현대신유학[57]과 구별하여 '송명신유학宋明新儒學'이라고 명명하거나 혹은 '중고신유학中古新儒學'이라 부르기도 한다. 신유학은 선진 시기의 원시유학原始儒學, 한당 시기의 경학經學와 구별되는 새로운 유학 형태로서 송대에 출현하기 시작하였다.

신유학이라는 명칭을 채용한 사람은 지난 세기 30~40년대의 학자 풍우란, 진인각陳寅恪(1890-1969) 등이었다. 이 명칭은 서양 학계에서 광범위하게 사용되었으나, 중국학자들의 논저에는 1980년 이후에야 비로소 나타난다. 이 명칭이 가리키는 것은 기본적으로 '리학'이나 '도학'의 의미이다.

'리학'은 선진 시기의 유가사상 학설이 송명 시기에 표현된 형태로서, 송

풍우란馮友蘭(1895-1990). 중국 철학의 일대 종사이자 교육가로서, 중국 철학사상과 문화의 집대성자로 평가된다. 젊었을 때와 노년의 모습.

---------

57 이를 신유가新儒家, 또는 현대신유학現代新儒學, 당대신유학當代新儒學, 근현대신유학이라고도 부르는데, 민국 초기에 웅십력熊十力(1885-1968), 양수명梁漱溟(1893-1988) 등이 제창하였으며 '정주의 리학'을 잇는 문화운동이다. 특히 웅십력, 양수명, 장군매張君勱(1887-1969), 풍우란馮友蘭(1895-1990), 방동미方東美(1899-1977), 당군의唐君毅(1909-1978), 모종삼牟宗三(1909-1995), 서복관徐復觀(1904-1982) 등 대표적인 당대 신유가 여덟 명을 '신유학팔대가新儒学八大家'라고 부른다.

명 시기 7백 년에 걸쳐 중국의 사상과 학술의 주류였다. 본래 리학이라는 명칭은 위진남북조 때 불교도가 '의리義理의 학문'이라는 뜻으로 사용하였는데, 남송 때부터 리학은 송대부터 형성되기 시작한 새로운 유학 형태를 가리키는 용어로 점차 사용되었다.

리학은 학파의 각도에서 협의와 광의로 구분된다. 협의의 '리학'은 단지 '정주의 리학'을 가리키고, 좀 더 확대하면 '정주의 리학'과 '육왕陸王의 심학心學'을 가리키는데, 이것은 명대 이래의 전통 설법이다. 현대의 학자들은 더욱 광의로 해석을 하고 있는데, 그것은 바로 정주와 육왕의 양대파 외에 장재, 나흠순羅欽順(1465-1547), 왕부지王夫之(1619-1692)로 대표되는 '기학氣

진인각陳寅恪(1890-1969). 역사학자, 고전문학연구가, 언어학자로서 근대 중국에서 가장 위대한 학자의 한 사람으로 평가된다. 양계초梁啓超(1873-1929), 왕국유王國維(1877-1927), 조원임趙元任(1892-1982)과 함께 청화대학淸華大學 국학연구원國學硏究院의 '사대도사四大導師'로 불렸다. 1950년대에 집 앞에서 부인과 산책을 하고 있다.

學'과 소옹邵雍으로 대표되는 '수학數學', 여조겸呂祖謙으로 대표되는 '무학婺學'(여학呂學이라고도 함), 장식張栻으로 대표되는 '호상학湖湘學' 등을 포괄한다. 또 심지어 어떤 학자들은 북송 중후기 왕안석王安石으로 대표되는 '신학新學'과 소식蘇軾과 소철蘇轍 형제로 대표되는 '촉학蜀學', 그리고 사마광으로 대표되는 '삭학朔學'을 리학에 포함시킨다.[58]

----------
58 촉학이니, 낙학이니, 삭학이니 하는 말들은 모두 지역에서 유래되었다. 촉학은 사천, 낙학은 낙양, 삭학은 산서 지역 출신의 학파란 뜻이다. 한편 이들은 정치적인 당파의 성격을 가졌다. 신학(신당)으로 대표되는 왕안석의 변법變法을 반대하는 사마광 등의 반변법파가 여러 정치적인 역량을 잠시 연합해서 변법파를 축출하자, 내부적으로 사천의 촉학(촉당), 낙양의 낙학, 산서의 삭학 등 지방색을 띤 파벌 투쟁이 일어났는데, 이를 역사에서는 촉락삭당쟁蜀洛朔黨爭이라 부르며, 당시 철종의 연호가 원우(1186-1194)였기 때문에 원우삼당元祐三黨이라고도 부른다. 송대 왕응린王應麟의『소학감주小學紺珠』

성질로 볼 때도 협의와 광의가 있다. 성질상 협의의 '리학'은 전적으로 '성리지학性理之學', 즉 '리', '기', '심', '성' 등의 개념 범주를 탐구하는데 치중하는 학문인데, 어떤 때에는 '심성지학心性之學'이라고도 한다. 광의의 '리학'은 '의리지학義理之學'으로서 한나라 때나 당나라 때 유학자들이 경전을 연구하는 데 중시한 장구훈고학章句訓詁學과 구별되며, 유가 경전 속에 내포된 대의와 도리를 찾는 데 뜻을 둔 학문이다. '리학'이 시작된 남송 때에는 '리학'이 '의리지학'을 가리킬 수도 있고, '성리지학'을 가리킬 수도 있으며, 또 양자를 겸해서 가리킬 수도 있어서 '의리지학'과 '성리지학'은 상호 통용될 수 있었다. 요컨대, '리학'은 훈고를 벗어난 '의리지학'이고, '의리지학'의 출현은 '성리지학'보다 이르며 '성리지학'을 포함할 수 있고, '성리지학'은 '의리지학'의 정수 부분이 된다고 말할 수 있다.[59]

위의 내용들에 정통한 중국의 학자들은 '리학'이라는 명칭이 현대적 의미의 학술 시기 구분에 좀 더 부합하는 것으로 판단하여, 특히 반세기 전부터 중국의 철학사와 사상사 분야에 '리학'이라는 명칭을 대부분 사용하고 있다. 이에 비해 우리나라에서는 전통적으로 성리학이나 주자학이란 용어를 많이 사용한다.

---------

「명신名臣(하)」편의 '원우삼당元祐三黨'조에는, "낙당은 정이가 영수이고, 주광정(1037-1094)과 가역 등이 우익이다. 촉당은 소식이 영수이고, 여도 등이 우익이다. 삭당은 유지가 영수이다.(洛黨: 程頤爲領袖, 朱光庭·賈易等爲羽翼; 蜀黨: 蘇軾爲領袖, 呂陶等爲羽翼; 朔黨: 劉摯爲領袖.)"라고 하였다.
59 潘富恩·徐洪興 주편, 『中國理學』(제4권) 3-13쪽 참조.

# IV

# 사상

주희의 사상은 철학 사상, 교육 사상, 정치 사상, 경제 사상 등
여러 각도에서 고찰해 볼 수 있겠으나, 이 글에서는 그의 사상의
핵심이라 할 수 있는 리기론과 심성론, 격물치지론을 중심으로
살펴보도록 하겠다.

# *1* 우주의 본원은 리이다

宋대에 들어와서 장재는 처음으로 리를 기본 범주로 간주하였고, 이정
二程은 리를 본체 범주로 삼았으며, 이것이 주희에게 계승되었다. 주희는
리의 범주가 『장자』「양생주養生主」편에 나오는 '포정해우庖丁解牛'라는 우
언寓言에서 왔음을 분명히 밝혔다.

이 '리理'는 본래 어떤 뜻이며 그 의미가 어떻게 변천했는지 시기적으로
간략하게 살펴보겠다.

후한 때 허신許愼은 중국 최초의 종합 자전인 『설문해자說文解字』「옥부玉
部」에서 "理, 治玉也(리, 치옥야)"라고 하여, 본래 '옥을 가공하다'라는 뜻이
라 하였다. 여기에서 '다스리다'는 뜻이 나왔다. 또 리는 '옥석의 결'이라는
뜻을 가지고 있다.

'리理' 자는 갑골문이나 금문에는 보이지 않으며, 춘추 시기의 문헌인
『시경』(4곳), 『춘추좌씨전』(5곳), 『국어國語』(3곳)에 보이는데 모두 본래의 의
미로 사용되었다. 아울러 옥공이 옥을 가공한다는 뜻에서 발전하여, 옥옥獄
을 다스리는 관리를 이관理官, 명을 받들고 사신으로 가는 사자使者를 행리
行理라 하였다. 춘추 시기 유가를 창시한 공자나 도가를 창시한 노자가 직
접 '리理' 자를 언급한 적은 한 번도 없었다.

전국시대에 오면 백가百家가 쟁명爭鳴을 하였는데, 그들이 말하는 리에
는 차이가 있다. 유가의 리는 주체적 행위규범과 현상 방면의 인식에 중점
을 두므로, 의義, 예禮, 성명性命과 서로 연계되어 있다. 맹자는 리를 주체적
인 사람 마음의 의리義理로 보았는데, 이러한 의리가 바로 인의예지 사단四
端(네 가지 실마리)으로서 측은지심惻隱之心, 수오지심羞惡之心, 사양지심辭讓之
心, 시비지심是非之心이다. 도가에서 말하는 리는 객체적 자연과 현상 방면

의 인식에 중점을 두므로 도道, 기氣와 서로 연계되어 있다. 장자는 객관세계에 자연의 리가 갖추어져 있다고 생각하였다. 이러한 자연의 리는 사물사이의 필연적인 연계이며, 이를 천리天理라 부를 수 있다. 즉 사물 자신이 본래부터 가지고 있던 규율이며, 천리와 인위人爲의 관계에 있어서는 천리에 의거함으로써 주체적 인위의 작용을 홀시하였다. 이러한 리는 천리의 자연성을 강조한 것이다. 『장자』의 리는 이미 구체적으로 말할 수 있는 리에서 철학적 의미를 갖춘 리로 변화된 것이다.

선진 시기에 철학적 범주로서의 '리理'는 주로 도가의 범주였다. '리理'가 『장자』에는 40여 차례나 등장하는 반면, 『맹자』에서는 7번 나오고, 도가의 영향을 받은 『순자荀子』에는 1백 번이나 등장한다. 그 후에 유가에서도 '리理'를 말하였으나 윤리도덕 규범으로서 '예의'를 가리켰을 뿐 형이상形而上의 의미는 없었다.

진한 시기에 통일 국면이 나타남에 따라 사상에서도 만물 통일의 근거를 찾으려는 사조가 출현하였다. 한대漢代 초기에 황로학黃老學을 반영한 『경법經法』에서는 '명칭과 이치를 자세히 살핀다'는 '심찰명리審察名理'와, '명칭에 따라 이치를 연구한다'는 '순명구리循名究理'의 사상을 제기하였다. 한대 사상가들은 진나라가 멸망한 교훈을 되새기면서 진나라가 '실리失理'하여 나라를 잃었다고 하였는데, 이때의 '실리'란 예의禮儀를 어기고 윤리를 저버렸다는 뜻이다. 또 『회남자淮南子』에서는 '일지리一之理'의 사상을 제기하였는데, '일一'은 '도道'라고도 하니 '일지리'는 바로 '도지리道之理'로서 진한 시기에 통일이라는 시대적인 요구를 반영한 것이다.

위진남북조 시기에는 현학玄學이 발달함으로써 여러 학파가 각기 리에 대한 주장을 하였지만 현학의 현리玄理(즉 허리虛理)를 초월하는 것은 없었고, 리는 무無를 의거로 삼기도 하고, 유有를 의거로 삼기도 하였다.

수당 때에는 불교와 도교가 위세를 떨쳤다. 불교에서는 리가 본체, 사事가 현상을 가리킨다. 화엄종華嚴宗에서는 '이사원융理事圓融', 즉 본체와 현상이 서로 방애하지 않고, 본체가 현상을 포함하며, 현상은 본체를 따라 원만하게 융통한다고 주장하였다. 법상종法相宗에서 말하는 본체인 리는 객관 세계를 가리키는 것이 아니라, 주체의식을 가리키는 것이다. 천태종天台宗에서는 진공眞空의 리를 말하고, 선종에서도 마음으로 리를 해석해야 한다고 주장하였다. 당시 유가에서 말하는 리에는 치리治理, 궁리窮理 외에도 본체本體, 무위無爲라는 함의가 있었다.

송대에는 리를 천리天理로 보아, 리로써 우주 자연의 최고 본체와 인륜 도덕의 최고 준칙으로 삼았다. 송명 리학가들은 불교의 공리空理와 도교의 현리玄理(즉 허리虛理)를 반대하는 동시에 천리와 공리, 현리에 선을 분명하게 그었다. 천리는 바로 실리實理이다. 이정二程은 "리는 실재하는 것이다(理者, 實也)"라고 하였는데, 그것은 유와 무의 통일이며, 구체적인 사물을 초월하는 형이상이고, 만물의 소이연所以然(그렇게 된 까닭)이며, 사물 현상의 배후에 있는 본체이다. 또 각각의 사물에 존재하여 구체적인 재능才能을 통해 그 존재와 기능을 표현한다. 주희는 이러한 실리의 학문을 실학實學이라 불러서 불교와 도교의 공허한 리인 공학空學과 선명한 대조를 이루었다.

송명 리학 중에서, 리를 천리로 삼는 정이와 주희 같은 도학가에 필적하는 육구연과 왕수인이라는 리를 심心(마음)으로 삼는 심학가心學家가 있다. 육구연은 "심이 바로 리이다"라는 이른바 '심즉리心卽理'설을 창도하고, 진헌장陳獻章(1428-1500)[1]은 "심(마음)과 리는 하나"라는 '심여리일心與理一'을 주장하여 본체인 리와 주체인 심을 하나로 합하였다. 왕수인은 이러한 심학을 집대성하여 "내 마음의 양지良知가 바로 이른바 천리"라고 하여, 리

---------

1 진헌장은 명대의 저명한 사상가요, 영남학파嶺南學派의 창시자로서, 자가 공보公甫, 호는 실재實齋이다. 세인들은 그가 백사향白沙鄕에서 살았기 때문에 '백사선생白沙先生'이라 불렀다. 그는 영남에서 유일하게 황제의 어명으로 1584년(만력 12)에 공묘孔廟에 종사從祀한 학자로서 '영남제일인嶺南第一人', '광동제일대유廣東第一大儒'라는 영예를 얻었다. 시호는 문공文恭이다.

는 마음속의 고유한 양지 즉 마음의 기능, 속성 혹은 본체라 주장하여 정주程朱가 심과 리를 둘로 분리하는 것에 반대하였다.

명대부터 청대에 이르는 시기에는 리학을 비판적으로 총결산하는 사조가 일어났다. 정주의 천리론을 비판하는 동시에 육왕陸王(육구연과 왕수인)의 심즉리설도 공격하고, 리는 기에서 떨어질 수 없으며 리는 기의 조리條理라 하였다. 나흠순羅欽順, 왕정상王廷相(1474-1544), 오정한吳廷翰(1491-1559)은 모두 리가 기의 리(氣之理)임을 강조하였고, 유종주劉宗周(1578-1645)와 황종희黃宗羲(1610-1695)는 리·기·심을 합일하는 관점에서 송명 리학의 리본론, 기본론, 심본론 등 각파의 철학을 총결산하려는 시도를 하였다. 왕부지王夫之는 "리는 기에 의존한다(理依乎氣)"라고 하여, 리는 기의 속성 내지 기와 만물 운동의 속성임을 강조하였다.

아편전쟁 이후로 천리의 파멸이 선포되고, 리는 공리公理가 되었다. 무술유신戊戌維新의 사상가 강유위康有爲(1858-1927)는 인의예지신의 천리를 자유·평등·박애의 공리公理로 개조하였다. 그리하여 자유는 '하늘이 정한 공리公理(天定之公理)'이고, 민주는 '천하의 공리'이며, 인류평등·대동大同·인권은 '실로 천하 공리의 지극함'이라 주장하였다. 이른바 공리란 본질적으로 '인리人理'로서 남 사랑하기를 자기 몸처럼 하는 도덕 행위의 준칙이며, 박애이다. 그는 박애의 내용을 인이라 생각하고, 박애의 공리를 척도로 삼아 일체의 구도덕舊道德을 비판하였다.[2]

왕부지王夫之(1619-1692). 자는 이농而農, 호는 강재姜齋, 석당夕堂, 일표도인一瓢道人, 쌍계외사雙髻外史, 선산병수船山病叟, 남악유민南嶽遺民 등 다수. 학자들은 선산선생船山先生으로 부른다. 고염무顧炎武(1613-1682), 황종희黃宗羲(1610-1695)와 함께 명말청초의 3대 사상가로 평가된다. 73종의 저서를 남겼는데, 그 중 『주역외전周易外傳』, 『황서黃書』, 『독통감론讀通鑑論』 등이 유명하다.

--------
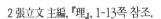

2 張立文 主編, 『理』, 1-13쪽 참조.

그렇다면 주희가 말하는 리는 무엇일까?

주희 사상체계의 핵심은 천리론天理論이고, 그 천리론은 리기설理氣說을 중심 내용으로 한다. 이것은 이정 특히 정이의 리기설을 계승한 데다가 주돈이, 장재의 사상을 종합하여 완성한 것이다. 주희는 리 혹은 천리를 우주의 근원 내지 근본이라 생각하였다. 리는 우주의 근본으로서, 천지와 인간과 사물은 모두 리로 인해 있는 것이고, 가장 근본이 되는 리에 의해 만들어지고 포괄된다. 리가 있어야 기가 있고, 기가 널리 퍼지면서 만물이 발육된다. 이 리는 '도', '태극'이라고도 한다. 주희가 말하는 리는 여러 방면에서 서로 연계된 함의를 가지고 있다. 첫째 리는 자연현상과 사회현상에 앞서는 형이상의 원리이다. 그는 리는 기보다 근본적이고 논리상 리가 기보다 먼저라 하고, 동시에 기에는 변화의 능동성이 있으며 리는 기를 떠날 수 없다고 주장하였다. 또 만물에는 각자의 리가 있고, 만물의 리는 결국 하나로 돌아가는데 이것이 바로 '태극'이다. 둘째, 리는 사물의 규율이다. 셋째, 리는 윤리도덕의 기본 준칙이다.

주희는 리를 핵심으로 하여 중국 철학상 가장 치밀한 리본론理本論 철학을 구축하였다. 그는 리가 우주의 본체이므로 천·지·만물은 모두 리를 존재의 근거로 삼는다고 생각하였다.

> 우주 사이는 하나의 리일 뿐이다. 하늘은 이를 얻어서 하늘이 되고, 땅은 이를 얻어서 땅이 되었다. 그리고 무릇 천지 사이에서 태어난 것은 또한 각기 이를 얻어서 성性이 되었다. 그것을 펼친 것이 삼강三綱이고, 그것을 벼리로 삼은 것이 오상五常인데, 대개 모두 이 리가 널리 퍼진 것이며 어디를 가더라도 있지 않은 데가 없다.[3]

----------

3 宇宙之間, 一理而已. 天得之而爲天, 地得之而爲地. 而凡生於天地之間者, 又各得之以爲性. 其張之爲三綱, 其紀之爲五常, 蓋皆此理之流行, 無所適而不在.(『주문공문집朱文公文集』권70 「독대기讀大紀」)

리는 우주의 본체로서 있지 않은 곳이 없고, 있지 않을 때가 없다. 만물이 생겨나기 전에 리는 이미 존재했고, 지금도 존재하며, 만물이 다 사라진 후에도 리는 여전히 존재한다. 리는 천·지·인을 포괄하며, 시時와 공空을 초월한 존재로 본 것이다.

# 2 리는 태극이다

**주**희는 리를 태극이라 규정하였다. 태극이란 무엇인가?
먼저 '태극太極'이란 말이 언제 시작되었는지 살펴보겠다. 중국 철학사에서
태극이라는 범주는 『시경』이나 『상서』, 『논어』 등에 등장하지 않는다. 태극
이란 말이 처음 보이는 문헌은 『주역周易』 「계사전繫辭傳」이다.

> 역易에 태극太極이 있으니, 태극이 양의兩儀를 낳고 양의가 사상四象을
> 낳고 사상이 팔괘八卦를 낳으니, 팔괘가 길흉吉凶을 정하고 길흉이 대
> 업을 만들어 낸다.[4]

그런데 중국 북송 때 구양수歐陽脩(1007-1072)가 「계사전」이 온전히 공자
의 손에서 나온 것이 아니라고 의심하기 시작한 이래로, 오늘날에는 「계사
전」을 전국시대 말기가 되어서야 완성된 것으로 보는 학자들이 많다. 그
렇게 되면, 태극이란 말이 등장하는 최초의 문헌은 『장자』가 된다. 『장자』
「대종사大宗師」편에는 도를 설명하면서 태극이라는 말이 등장한다.

> 무릇 도란 …… 태극의 앞(위)에 있으나 높지 않고, 육극의 아래에 있으
> 나 깊지 않다.[5]

그런데 『장자』에서 '태극'이란 '최고의 극한'을 의미하지만 아직 우주 만
물의 본원을 의미하지는 않았다. 육극은 상하上下와 사방四方을 가리키는

----------

4 易有太極, 是生兩儀, 兩儀生四象, 四象生八卦, 八卦定吉凶, 吉凶生大業.(『주역周易』 「계사전繫
辭傳」)
5 夫道……在太極之先而不爲高, 在六極之下而不爲深.(『장자』 「대종사大宗師」)

구양수歐陽脩(1007-1072). 자는 영숙永叔, 호는 취옹醉翁, 육일거사六一居士. 시호는 문충文忠. 당송팔대가의 한 사람. 산문 「취옹정기醉翁亭記」와 「추성부秋聲賦」가 유명하며, 송기宋祁와 함께『신당서新唐書』를 찬수하고, 단독으로『신오대사新五代史』를 편찬하였다. 또 금석학의 비조로서 금석문자를 수집하여『집고록集古錄』을 편찬. 저서『구양문충공집歐陽文忠公集』153권.(출처:『삼재도회』)

장자莊子(약 서기전 369-서기전 286). 성은 장莊, 이름은 주周, 자는 자휴子休. 전국시대 중기의 저명한 사상가, 철학가, 문학가. 도가학파의 중요 대표인물로서 노자老子와 함께 노장老莊으로 불림. 저서『장자莊子』. 그의 작품은 '문학적 철학, 철학적 문학'이라 일컬어진다. 남화산에 은거하였기 때문에 당 현종玄宗 이륭기李隆基는 그를 남화진인南華眞人에 봉하고『장자』를『남화진경南華眞經』으로 불렀다.(출처:『삼재도회』)

데, 이 글에서 태극과 육극은 대구로 사용되었으므로, 태극은 공간적인 최고의 극한을 의미한다. 이렇게 본다면, 우주의 본원 및 그 무한성 내지는 만물의 본원을 상징하는 철학 범주로서의 '태극'은 『주역』「계사전」에 처음 등장한다고 할 수 있다.

송대 리학에서는 우주 존재의 원리를 연구 토론하면서 기본적으로 일원론一元論을 근거로 삼고 있다. 주돈이는 태극을 말하고, 소옹은 선천先天을 말하며, 장재는 태허지기太虛之氣를 말하였는데, 이들은 모두 우주 만물을 하나의 본원으로 귀결시켰다.

주희는 리를 우주의 근원으로 보고 천지만물이 모두 하나의 천리라 주장하였는데, 이는 대체적으로 주돈이의 '태극이 우주본체'라는 사상을 계승한 것이다. 주희는 '상천上天이 하는 일은 소리도 없고 냄새도 없다'[6]는 말로 태극을 해석하고 우주의 본체는 인간의 인식을 넘어서는 것이라 생각하였다. 또 '조화의 핵심이요, 만물의 뿌리'[7]를 태극이라 말하고, 이 본체는 엄연히 존재하며, 조금도 의심할 것 없이 실체實體라고 설명하였다.

태극은 바로 우주의 본체인 리

『근사록집해近思錄集解』. 주희의 제자 섭하손葉賀孫(1167-1237)의 아들인 섭채葉采가 『근사록』에 대한 여러 학설을 모아 편찬한 책이다. 섭하손의 아버지는 주희의 친구인 섭적葉適(1150-1223)이다.

----------

6 上天之載, 無聲無臭.(『근사록집해近思錄集解』권1) 원래 이 말은 『시경詩經』「문왕文王」편에 나오며, 『중용장구』「제삼십삼장」에서도 인용되어 있다.
7 造化之樞紐, 品彙之根柢.(『근사록집해近思錄集解』권1)

인데, 그것은 본체로서 시간과 공간을 초월하고 널리 가득 차 있는 것이다. 그래서 주희는 방소方所(방향과 처소)가 없고 형상形狀이 없으며, 없는 곳이 없고 전체를 관통하는 것이라 하여 태극의 성질과 상태를 묘사하였는데, 사실 이것은 바로 리의 함의와 같은 것이다.

태극에 관한 주희의 논술은 『주자어류』권94 「주자지서周子之書」와 주돈이의 「태극도설」을 풀이한 『태극도설해』에 잘 나타나 있다.

어떤 사람이 태극에 관해 묻자, 주희는 다음과 같이 설명하였다.

> 태극이란 지극히 좋고 지극히 선한 도리일 뿐이다. 사람마다 하나의 태극이 있고, 사물마다 하나의 태극이 있는 것이다. 주자(주돈이)가 말하는 태극은 천지·사람·사물이 만선萬善하고 지극히 좋다는 의미의 별호이다.[8]

즉 천지 만물은 각기 태극을 가지고 있으며, 이 태극은 지극히 좋고 선한 이치라 규정한 것이다. 또한 음양과 오행을 말하고, 만물에는 단지 하나의 리가 있을 뿐이라고 설명하였다.

> 태극은 별도로 하나의 물체가 아니고, 음양에 나아가면 음양에 있고, 오행에 나아가면 오행에 있으며, 만물에 나아가면 만물에 있으니 단지 하나의 리일 뿐이다. 그것이 지극하기 때문에 태극이라 부르는 것이다.[9]

주희는 태극이 천지만물의 총명總名이 아닌가 하는 제자의 질문에 이렇게 대답하였다.

---------

8 太極只是個極好至善底道理, 人人有一太極, 物物有一太極. 周子所謂太極, 是天地人物萬善至好底表德.(『주자어류』권94 「주자지서周子之書」)
9 太極非是別爲一物, 即陰陽而在陰陽, 即五行而在五行, 即萬物而在萬物, 只是一箇理而已. 因其極至, 故名曰太極.(『주자어류』권94 「주자지서」)

태극은 단지 천지 만물의 리일 뿐이다. 천지에서 말한다면 천지 중에 태극이 있는 것이고, 만물에서 말한다면 만물 중에 각기 태극이 있는 것이다.[10]

또 태극은 단지 하나의 리理라는 글자일 뿐이라 단언하고, 만약 태극이 없다면 천지가 뒤집어질 것이라고 말하였다.[11] 즉 주희의 철학 체계 속에서 태극은 리 혹은 천리와 동의어인 것이다. 태극이 천지 만물의 리라 함은 바로 태극이 천지 만물의 질서라는 뜻이다.[12]

사실 이러한 주희의 형이상학形而上學은 주돈이의 「태극도설」을 근본으로 삼고 있다. 주희는 「태극도설」을 해설한 『태극도설해』를 통해 자신의 우주관을 밝혔다. 여기서 주희는 '극極' 자의 의미에 대해 '도리의 지극함(道理之極至)'이라 설명하고, '천지 만물의 리를 통괄한 것이 바로 태극(總天地萬物之理, 便是太極)'이라 규정하였다.

또 '무극이면서 태극이다(無極而太極)'의 의미를 다음과 같이 설명하였다.

태극이라 말하는 것은 천지만물의 리를 합해서 하나로 이름 지은 것일 뿐이다. 그것이 그릇이 없고 형체가 없이 천지만물의 리를 갖추고 있기 때문에 무극이면서 태극이라 말하는 것이며, 그것이 천지만물의 리를 갖추고서 그릇과 형체가 없기 때문에 태극은 본디 무극이라 말하는 것이다.[13]

여기서 알 수 있듯이, 태극은 천지 만물의 궁극 원리이며, 천지 만물이 갖추고 있는 리의 총체인 것이다.

----------

10 太極只是天地萬物之理. 在天地言, 則天地中有太極; 在萬物言, 則萬物中各有太極.(『주자어류』권1「리기理氣(상)」)
11 若無太極, 便不翻了天地! 太極只是一箇'理'字.(『주자어류』권1「리기(상)」)
12 候外廬 외, 『宋明理學史』, 334쪽.
13 太極云者, 合天地萬物之理而一名之耳. 以其無器與形, 而天地萬物之理, 無不在是, 故曰無極而太極; 以其具天地萬物之理, 而無器與形, 故曰太極本無極.(『태극도설해太極圖說解』)

# 3 리는 근본이고 기는 현상이다

리와 기는 본래 정이의 사상에서 취한 것이지만 주희는 한걸음 나아가 양자의 관계를 명확하게 밝혀 내었다.

여기서 잠깐 기氣에 관한 일반적인 의미를 살펴보기로 하겠다. '기'라는 글자는 원래 '연기' 혹은 '운기雲氣'를 가리키는 말이다. 갑골문이나 소전小篆의 '기' 자를 보면 구름이 뭉게뭉게 피어오르는 모습을 본뜬 상형자이다. 허신의 『설문해자』에서도 '기는 운기이다(氣, 雲氣也)'라고 해설하였다.

그럼 기의 관념은 시대별로 어떻게 변화하였을까? 은대부터 춘추시대까지는 대체로 기를 운기, 음양의 기, 충기衝氣 정도로 인식하였다. 노자는 기를, '도가 만물을 낳는다'는 이른바 도생만물道生萬物하는 과정 속에 있는 하나의 중간고리로 보았다. 즉 모든 만물에게 갖추어진 음과 양이 서로 대립하고 통일하며 부단하게 운동하면서 충돌하고 화합하여 만물을 화생시키는데, 노자는 여기서 음과 양의 두 기가 충돌한다는 의미에서 '충기'라 표현하였다.

전국시대에 오면, 기는 맹자가 말한 이른바 호연지기浩然之氣와 장자가 말한 음양의 기 및 『관자』에서 말하는 정기精氣로 인식되었다.

맹자의 호연지기는 지대지강至大至剛 즉 지극히 정대하고 강직한 기이며 의義와 도道가 배합된 기로서 사람의 몸에 내재하는 주체적인 도덕 수양이다. 장자는 노자의 충기 개념을 발전시켜 음양의 기가 사람을 포함해서 천지 만물을 구성하는 근본 물질이라 간주하고, 사람의 생사와 만물의 생멸은 모두 기의 취산聚散과 변화의 결과라 보았다. 『관자』는 백가의 사상을 포용해서, 오곡五穀이나 군성群星, 형체, 정신 등이 모두 정기로 구성되었고, 정기는 만물의 기초를 구성한다고 주장하였다. 순자는 선진 시기의 여

관중管仲(서기전 719-서기전 645). 성은 희姬, 씨는 관管, 이름은 이오夷吾, 자는 중仲, 시호는 경敬이며 춘추시기 법가의 대표인물로서 법가선구法家先驅로 평가된다. 관자管子, 관이오管夷吾, 관경중管敬仲 등으로 불린다. 저서『관자管子』.(출처:『삼재도회』)

노자老子(약 서기전 571-서기전 471). 성은 이李, 이름은 이耳, 자는 담聃. 초楚나라 고현苦縣 여향厲鄉 곡인리曲仁里 사람. 존호는 태상노군太上老君, 태상현원황제太上玄元皇帝. 도가학파의 창시자. 당나라 황제는 그를 이씨의 시조로 인정하였다. 저서.『도덕경道德經』(즉『노자老子』). 도교의 시조로 존숭되며 장자와 함께 노장老莊으로 병칭된다.(출처:『삼재도회』)

러 사상을 종합해서 기가 세계 만물의 근원이라 보았다.

진한 시기에 이르러 기는 원기元氣와 자연의 기로 간주되었다. 동중서는 기를 본초적인 기라는 의미에서 원기 범주를 제기하여 기 범주의 내포를 풍부하게 하였다. 원기는 천지의 음양 중화中和의 기로서 만물을 낳는 본초적인 물질이다. 왕충王充과 장형張衡 등은 동중서의 천인감응론天人感應論을 비판하면서 원기론을 보다 완벽하게 만들었다. 왕충은 원기를 무위, 자연적인 것이라 보아 원기자연론을 제기하고, 장형은 천문학의 실험지식으로 도→원기→만물의 우주 만물의 생성 모형을 논증하여 기를 우주생성 모형 중의 중간고리로 만들었다.

위진남북조 때에는 현학가들에 의해, 기는 무無로 해석되기도 하고, 유有로 해석되기도 하였다. 왕필王弼(226-249)은 무를 근본으로 보고, 기는 무가 체현된 것에 불과하다고 보았다. 장담張湛은 형체와 소리, 색깔과 맛은 저절로 생겨날 수 없고 무로부터 생기며, 무는 형기形氣의 근본이라 주장했다. 곽상郭象(252-312)은, 기는 본디 자신을 근본으로 삼아 스스로 있는 것으로 보고, 일기만형一氣萬形을 주장함으로써 사물의 천변만화를 하나의 기로 귀결시켰다.

수당 때에는 현학이 한대 유학의 사상통일 국면을 깬 이후여서 유학, 불교, 도교, 현학이 서로 논쟁하고 융합하면서 제각기 발전하였다. 천태종과 함께 중국 불교의 쌍벽을 이루는 화엄종의 오조五祖 종밀宗密(780-841)은 원기가 팔식八識[14] 중에 제팔식第八識인 아뢰야식阿賴耶識[15]이 변해서 나타

---

14 법상종 등 대승불교에서 마음을 구성한다고 보는 안식眼識, 이식耳識, 비식鼻識, 설식舌識, 신식身識의 5식과 의식意識, 말나식末那識, 아뢰야식阿賴耶識의 3식을 합해서 팔식이라 한다.

15 아뢰야식은 산스크리트어를 음역한 것인데, 구번역에서는 무몰식無沒識이라 하고, 신번역에서는 장식藏識이라 하였다. 또는 제팔식第八識, 본식本識, 택식宅識이라고도 한다. 무몰식은 모든 법을 잡아 심성을 잃지 않는다는 뜻이고, 그것이 모든 법의 근본이 되기 때문에 본식이라고도 하며, 그것이 모든 식의 작용 중에서 가장 강한 것이기 때문에 식주識主라고도 한다. 이 식은 우주 만유의 근본으로서 만유를 포함하고 그것을 보존하여 잃지 않게 하기 때문에 '감출 장藏' 자를 써서 장식이라 부르는 것이다. 또 그것의 만유의 종자

난 경계라 주장하였다. 근본은 심心이고, 심이 경境을 만들어내며 심과 경
이 화합하여 천지인을 이룬다고 보았는데, 여기서 경이란 마음의 대상이
되는 세계를 가리킨다. 당시 도교의 기 사상은 도사 성현영成玄英과 『운급
칠첨雲笈七籤』으로 대표된다. 성현영은 기를 만물을 화생하는 본원으로 간
주하고, 도인신기導引神氣를 주장하였다. 도인신기란 호흡을 조절하여 묵
은 것을 토해내고 새 것을 들이마셔서 혈액순환을 촉진하고 신체 각 부분
의 기능을 동원시켜 면역력과 생명력을 증강시켜 수명을 늘이는 것을 가
리킨다. 이 도인신기는 중국 기공의 발전에 큰 공헌을 하였다.

　송대에 들어와서, 기는 태허太虛와 리의 기로 인식되었다. 이구李覯(1009-
1059), 왕안석, 장재 등은 기를 자연의 본원 혹은 본체로 보고, 기는 만물의
시작이고, 태극은 기보다 앞서지 않으며, 도와 기는 일체라 주장하였다. 특
히 장재는 기를 본체 범주로 승화시켰다. 정호와 정이는 기화氣化 이론을
리본체론으로 끌어들여, 기를 리의 운동 변화의 과정으로 보았다. 주희는
장재의 기본체론과 이정의 리본체론을 결합시켜서 리는 근본이고 기는 현
상이라는 이른바 '리본기말'의 틀에서 기와 리의 성질, 지위와 작용을 상
세하게 논술하였다. 기를 만물을 이루는 재료材料로 보고, 리와 만물 사이
에서 중요한 매개체로 간주한 것이다. 원명 때에 왕수인은 육구연의 심학
을 계승하고, 기를 심본체心本體의 양지良知가 널리 퍼지는 과정으로 보았
으며, 이러한 과정이 기의 표현이라 생각하였다. 양지란 선천적으로 갖추
어진 도덕의식을 말한다. 명청 때에 왕부지王夫之는 기를 본체 혹은 실체라
주장하였다.

　근대에 들어와서는 서양의 근대 과학기술 관념을 흡수하여 물리학, 화
학, 생물학 등으로 기를 해석함으로써 중국 전통 기 범주를 개조하였는데,
기를 전기 혹은 질점質點 등과 결합하여 기의 운동 변화 기능을 발전시켰
다. 질점이란 물체의 운동 상태를 설명할 때, 만약 물체의 크기를 고려하지
를 포함하고 생장시키기 때문에 종자식種子識이라고도 부른다.

않는다면 물체는 단지 질량을 갖춘 점이라 보는데 바로 이 점을 말한다. 또 여러 기본 입자의 체적이 극히 작으므로 이러한 기본입자를 질점이라고도 한다. 강유위康有爲(1858-1927)는 기가 열습熱濕, 중력, 광전光電(빛의 작용으로 만들어진 전기) 등의 속성을 갖추었다고 보고 아울러 전광電光을 기로 규정하여 전기電氣라 불렀다. 엄복嚴復(1854-1921)은 기를 질점이라 규정하였는데, 기를 화학원소처럼 형체가 있고 질량이 있으며 우주 간에 있는 가장 일반적인 물질형태로 간주하였다. 담사동譚嗣同(1865-1898)은 기를 우주 간에 꽉 차 있는 색깔과 소리와 냄새가 없는 물질 매개체로 간주하고 이것을 이태以太(aether에테르의 음역)라 불렀다. 다만 그는 유가의 인仁이나 원元, 성性, 묵가의 겸애兼愛, 불가의 자비慈悲, 기독교의 영혼 등을 모두 이태의 작용으로 보았다. 신해혁명(1911년) 시기에 장병린章炳麟(1869-1936), 손문孫

엄복嚴復(1854-1921). 중국 근대의 계몽 사상가, 번역가. 토머스 헉슬리의『천연론天演論(진화와 윤리)』, 아담 스미스의『원부原富(국부론)』, 몽테스키외『법의法意(법의 정신)』, 스펜서의『군학이언群學肄言(사회학연구)』등 수없이 많은 번역을 통해 서양 근대사상의 소개에 힘썼다.

장병린章炳麟(1869-1936). 근대 중국의 국학대사國學大師, 혁명가, 사상가. 초명은 학승學乘, 호는 태염太炎. 유월愈樾, 소이양孫詒讓에게 배우고, 경사經史에 정통하였으며, 불학도 깊이 연구하였다. 전통 소학小學(문자학, 성운학, 훈고학)을 경학의 부용 지위에서 벗어나 독립적인 언어학으로 만드는데 큰 기여를 하였다.『국고논형國故論衡』등 저작이 매우 많다.

文(1866-1925) 등은 아톰atom(원자)으로 기를 해석하기도 하고, 물질로 기를 대체하기도 하였는데, 이로써 기는 현대 중국 철학에서 지위를 상실하게 되었다.

이러한 기는 대체로 여섯 가지의 의미를 내포하고 있다. 첫째, 자연 만물의 본원 혹은 본체이며, 둘째, 객관적으로 존재하는 질료質料(본바탕이 되는 재료) 혹은 원소元素이며, 셋째, 운동 변화의 기능을 갖춘 객관적 실체이며, 넷째, 우주를 꽉 채우고 있는 물질의 매개체이며, 다섯째, 사람의 성명性命이며, 여섯째, 도덕 경계라고 말할 수 있다.[16]

본론으로 돌아와서, 주희는 리와 기의 관계를 논하면서 리를 근본으로 삼고서 기는 리에 붙어 있는 것으로 보았으며, 리는 형이상形而上이고 기는 형이하形而下라고 주장하였다. 다만 양자는 본질적인 다름이 있다. 그는 리가 먼저인가, 기가 먼저인가 하는 제자의 질문에 다음과 같이 대답하였다.

> 리는 기에서 떨어진 적이 없다. 그러나 리는 형이상의 것이고, 기는 형이하의 것이다. 형이상과 형이하로 말하면 어찌 선후가 있겠는가! 리는 형체가 없지만, 기는 거칠어서 찌끼가 있다.[17]

형이상은 형질形質이 없는 것이고, 형이하는 형질이 있는 것이다. 리는 형체가 없는 일종의 정신적인 실체이고, 기는 찌끼가 모여서 형체를 이루는 물질적인 재료材料이다. 여기서 주희는 형이상과 형이하로 선후를 나누고, 리는 형이상으로서 기보다 먼저 있고, 기는 형이하로서 리보다 나중에 있다고 보았다. 이것은 리가 기를 낳고, 리가 기의 근본임을 말해 준다. 그

---------
16 張立文 主編, 『氣』, 1-13쪽 참조.
17 理未嘗離乎氣. 然理形而上者, 氣形而下者. 自形而上下言, 豈無先後! 理無形, 氣便粗, 有渣滓.(『주자어류』권1 「리기(상)」)

는 또 음양을 가지고 이를 설명하였는데, 음양은 기로서 형이하의 것이고, 한 번 음 운동하고 한 번 양 운동하는 것 즉 일음일양一陰一陽은 리로서 형이상의 것이라 하였다. 일음일양은 음과 양을 낳는 원인 혹은 근거를 가리킨다. 주희는 형이상의 리를 형이하의 기를 존재하게 하는 근거로 간주하여, 리와 기의 관계를 본체와 작용의 관계로 보았다.

이와 함께 그는 리는 근본이요, 기는 현상이라는 이른바 리본기말理本氣末을 주장하였다.

> 이 리가 있으면 이 기가 있지만, 리가 근본이다.[18]
> 천지 사이에는 리가 있고 기가 있다. 리는 형이상의 도로서 사물을 낳는 근본이다. 기는 형이하의 기器로서 사물을 낳는 도구이다.[19]

리는 사물을 낳는 근본이고, 기는 사물을 낳는 도구, 즉 사물을 낳는 재료로서 현상이라 한 것이다.

> 음양과 오행은 하늘이 만물에 품부하여 낳게 한 것이다. 그 현상으로부터 근본을 말미암으니 오행의 다름은 음양의 실체에 근본을 두고, 음양의 실체는 다시 한 리의 지극함에 근본을 둔다. 이것은 만물을 합하여 말한 것으로서 한 태극이 될 뿐이다. 그 근본으로부터 현상으로 가는 것이 한 리의 실체이며, 만물은 이것을 나누어 본체로 삼는다. 그러므로 만물 중에 각기 한 태극이 있고, 크고 작은 사물에는 각기 일정한 구분이 있지 않음이 없는 것이다.[20]

---------

18 有是理便有是氣, 但理是本.(『주자어류』권1 「리기(상)」)
19 天地之間, 有理有氣. 理也者. 形而上之道也, 生物之本也: 氣也者, 形而下之器也, 生物之具也.(『주문공문집』권58 「답황도부答黃道夫」)
20 二氣五行, 天之所以賦受萬物而生之者也. 自其末以緣本, 則五行之異, 本二氣之實, 二氣之實, 又本一理之極. 是合萬物而言之, 爲一太極而已也. 自其本而之末, 則一理之實, 而萬物分之以爲

여기에서 그는 리를 근본, 기를 현상으로 보고, 리와 기의 관계를 본本과 말末의 관계로 설명하였다. 즉 리는 본체로서 음양오행과 만물을 파생시킬 수 있고 만물은 다시 리로 돌아간다. 리는 만물의 생산자일 뿐 아니라 사람과 사물이 소멸한 뒤에도 영원히 순환왕복하며 운동하지만, 기는 단지 만물을 형성하는 재료이며, 이차적인 것이다. 리는 만물을 낳을 수 있기 때문에 만물보다 앞서 존재하며, 천지보다 이전에 있었던 것이다.

이른바 본本이란 본체, 본원, 근본을 가리키고, 말末이란 작용, 파생, 현상을 가리킨다. 리본기말은, 리를 우주의 본체로 간주하고, 기 및 기 범주가 갖고 있는 내포, 기능, 속성을 리본체론의 철학 체계 속으로 받아들인 것이다. 기는 비록 음양의 소장消長과 변화 및 사람과 만물을 낳는 기능과 속성을 갖추고 있지만 기 자체는 우주의 본원이 아니고, 사람과 사물을 낳고 사물 운동 변화의 근거는 기 위의 리에 있는 것이다. 리는 주희 철학 논리구조의 최고 범주이고, 기는 리에 종속된 사물의 범주이므로, 리본기말은 주희 철학의 성질이 리를 절대 정신으로 삼는 절대적인 리철학임을 말해 준다. 주희가 장재의 기화氣化 사상을 자기 철학의 중요 내용으로 삼았다 할지라도 이정과 마찬가지로 기화만을 말했을 뿐 기를 근본이라 말하지 않았다. 또 이정의 리본기화理本氣化론을 발전시키고 기 범주에 대해 더욱 상세히 논술을 하였지만 최종적으로는 리본기말론으로 장재의 기본체론 철학을 개조하여 중국철학에서 리기 관계 학설의 집대성자가 되었다.[21]

----------

體. 故萬物之中, 各有一太極, 而小大之物, 莫不各有一定之分也.(『주돈이집周敦頤集』권2 「통서通書·리성명理性命」주)
21 張立文 主編, 『氣』, 177-178쪽 참조.

# 4 리가 먼저이고 기가 나중이다

**주**희는 리와 기의 선후에 관해서 언급하였다. 이 문제에서 그는 일생 동안 세 단계를 거쳤다. 초기에는 리 본체론으로 출발하여 리와 기는 선후가 없다고 보았고, 남강 시절 이후에는 장식과의 논변 및 육구연과의 태극에 관한 논변을 거치면서 점차 리가 기보다 먼저 있다는 쪽으로 기울었다. 만년에는 논리상에서 리가 기보다 먼저라고 보았다.

주희는 우주론을 토론할 때 장재와 이정의 사상을 종합하여, 우주와 만물은 모두 리와 기로 구성되어 있고, 기는 모든 사물을 구성하는 재료이며, 이는 사물의 본질이자 규칙이라 주장하였다.

우주의 본원으로 본다면, 먼저 리가 있고 나중에 기가 있다고 주장하였다. 이는 리선기후理先氣後, 즉 리가 있은 연후에 기가 생겨났다는 것이다.

> 사람과 사물이 생길 때 반드시 리를 품부 받은 연후에 성性이 있고, 반드시 기를 품부 받은 연후에 형체가 있는 것이다.[22]

이러한 인식의 기초 위에서 주희는 한 걸음 더 나아가, 현실세계를 가지고 말한다면 리와 기는 분리할 수 없는 것이므로 리 없는 기가 없고, 기 없는 리도 없다고 지적하였다. 그러나 본원의 차원에서 말한다면 리는 기보다 우선해서 존재하는 것이라 하였다.

> 천지가 생겨나기 전에는 반드시 리뿐이었다. 이 리가 있어서 바로 이 천지가 있게 되었다. 만약 이 리가 없었다면 천지도, 사람도, 사물도 없

---

22 人物之生, 必稟此理, 然後有性; 必稟此氣, 然後有形.(『주문공문집』권58 「답황도부答黄道夫」)

어서 모두 받아들이지 못했을 것이다. 리가 있으면 곧 기가 생겨나며 이것이 널리 퍼져서 만물을 발육시킨다.[23]

우주 만물은 리와 기가 합해져서 생성되었는데, 리는 만물에 통해 있어서 오직 하나이고, 기는 사람과 사물, 현명함과 우둔함에 따라 다르다. 주희는 기가 굽혀졌다 펴졌다 하고, 줄어들었다가 늘었다가 하기 때문에 동動과 정靜의 두 방면에서 보면 이를 음양이라 하고, 음양오행의 기가 널리 퍼지는 것은 리의 지배를 받는 것이며, 널리 퍼지는 작용을 통해서 만물을 낳고 자라게 한다고 생각하였다.

대저 음양은 단지 하나의 기일 뿐이다. 음의 기가 널리 퍼지면 곧 양이 되고, 양의 기가 모이면 곧 음이 되며, 도에 두 가지 사물이 있어서 서로 마주 대하는 것이 아니다.[24]

주희는 리가 근본인 이상 리는 기보다 먼저 있고, 기는 리를 따르므로, 기가 널리 퍼지는 것은 바로 천리가 널리 퍼지는 것이라 생각하였다. 그는 『대학혹문大學或問』에서 천리가 널리 퍼져서 만물을 낳아 기르는 이치를 설명하였다.

천도가 널리 퍼지면서 만물을 생장시키지만 그것이 조화를 짓는 것은 음양오행일 뿐이다. 이른바 음양오행도 또한 반드시 이 리理가 있은 뒤에 이 기가 있는 것이다. 그것이 사물을 낳는 것도 반드시 이 기가 모여진 뒤에 이 형체가 있는 것이다. 그러므로 사람과 사물이 생기는 것은

----------

23 未有天地之先, 畢竟也只是理. 有此理, 便有此天地; 若無此理, 便亦無天地, 無人無物, 都無該載了! 有理, 便有氣流行, 發育萬物.(『주자어류』권1 「리기(상)」)
24 大抵陰陽只是一氣, 陰氣流行卽爲陽, 陽氣凝聚卽爲陰, 非道有二物相對也.(『주문공문집』권50 「답양원범答楊元範」)

반드시 이 리를 얻은 뒤에야 건순健順(즉 음양)과 인의예지로 여겨지는 성性이 있게 되고, 반드시 이 기를 얻은 뒤에야 혼백과 오장五臟과 백해百骸(사람의 모든 골격)로 여겨지는 몸이 있게 되는 것이다. 주자周子(즉 주돈이)가 말한 '무극의 참(眞)과 음양오행의 정精이 오묘하게 합하여 뭉친다' 함은 바로 이것을 말하는 것이다.[25]

사람과 만물은 기가 모여 생겨나며 또한 그 속에 리가 필연적으로 부여되어 '건순健順(즉 음양)과 인의예지仁義禮智'를 얻는데, 이것이 곧 '천리가 널리 퍼진다'는 뜻이다. 여기서 '건순'이란 『주역』 「계사하」에서 말하는 '건乾의 강건함과 곤坤의 유순함', 즉 천지의 덕성을 뜻하니, 곧 음양을 가리키는 것이다.[26]

주희가 말한 리선기후는 결코 시간 혹은 공간상의 선후 관계를 강조한 것이 아니고, 논리상의 선후 관계를 강조한 것이다.

즉 어느 것이 우주의 최종 근원인가 하는 차원에서 말한 것이며, 만약 현실에 존재하는 사물을 가지고 말한다면 리와 기는 뒤섞여 있어 나눌 수가 없다는 리기불리부잡理氣不離不雜을 말하였다. 어떤 사람이 '리가 먼저 있고, 기가 나중에 있다'는 문제

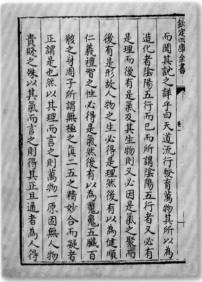

『대학혹문大學或問』.(『흠정사고전서』본)

---

25 天道流行, 發育萬物, 其所以爲造化者, 陰陽五行而已. 而所謂陰陽五行者, 又必是理而後有是氣. 及其生物, 則又必因是氣之聚而後有是形. 故人物之生, 必得是理, 然後有以爲健順仁義禮智之性; 必得是氣, 然後有以爲魂魄五臟百骸之身. 周子所謂 "無極之眞, 二五之精, 妙合而凝"者, 正謂是也.(『대학혹문』)

26 夫乾, 天下之至健也. …… 夫坤, 天下之至順也.(『주역』 「계사하繫辭下」)

에 대해 물었더니 주희는 다음과 같이 대답하였다.

> 리와 기는 본디 선후를 말할 것이 없다. 다만 미루어 올라갔을 때는 오
> 히려 리가 먼저 있고 기가 나중에 있는 듯하다.[27]

또 이렇게도 말하였다.

> 본래 리와 기의 선후를 말할 수 없다. 그러나 그 소종래所從來를 추측하
> 면 먼저 리가 있다고 해야 한다.[28]

논리상 앞에 있다는 이러한 사상은 실제적으로는 여전히 리가 근본이고
본체이며 일차적인 것이고, 기는 현상이고 작용이며, 이차적인 것이라 본
것이다.

여기서 언급해야 할 것은, 우주의 본원으로 보면 리가 기에 앞서지만, 만
물이 품부한 문제에서 보면 기가 먼저 있고 리가 나중에 있다고 한 것이다.

> 만약 품부를 논한다면 이 기가 있은 후에 리가 이를 따라서 갖추어진
> 것이므로 이 기가 있고 나서 이 리가 있는 것이며, 이 기가 없으면 이 리
> 가 없었을 것이니, 이 기가 많으면 이 리가 많았을 것이고, 이 기가 적으
> 면 이 리도 적었을 것이다.[29]

개개의 사물은 음양이라는 두 기를 품부 받아 생성되며, 천지도 처음에
는 단지 음양의 기였으니, 기가 만물을 구성한 후에야 만물의 리가 있게 되

---------

27 理與氣本無先後之可言. 但推上去時, 卻如理在先, 氣在後相似.(『주자어류』권1 「리기(상)」)
28 此本無先後之可言. 然必欲推其所從來, 則須說先有是理.(『주자어류』권1 「리기(상)」)
29 若論稟賦, 則有是氣而後理隨以具, 故有是氣, 則有是理, 無是氣, 則無是理, 是氣多則是理多,
是氣少即是理少.(『주문공문집』권59 「답조치도答趙致道」)

는 것이다. 이 리는 기의 뒤에 있으며, 기가 있어야 리가 있고, 기의 많고 적음이 리의 많고 적음을 결정하는 것이다. 여기서 말하는 리는 주로 사물의 규율을 가리키며, 사물이 규율을 결정하니 규율인 리가 사물인 기에 종속되는 것이다. 주희는 비록 리를 우주의 본체로 삼았지만, 절대적 리의 철학 체계 속에서 최대한 기화론氣化論의 내용을 받아들였다. 만물을 화생化生하는 기의 중요성을 인정하고 사물의 규율에 대한 주도 작용을 강조하여 규율인 리가 기를 떠나서 존재할 수 없음을 지적한 것이다.[30]

앞에서 잠깐 언급하였지만, 주희는 리기불리理氣不離, 즉 리와 기는 떨어질 수 없다고 주장하였다. 리와 기는 혼연일체이며 대립하는 두 물체가 아니다.

리 없는 기는 존재하지 않고, 또 기 없는 리도 존재하지 않으며, 리가 있으면 반드시 기가 있고 기가 있으면 반드시 리가 있다.

> 천하에는 리 없는 기가 있은 적이 없고, 기 없는 리가 있은 적도 없다.[31]
> 리는 별도로 하나의 물체가 아니고 이 기 속에 존재한다. 이 기가 없으면 이 리도 의지할 곳이 없다.[32]

즉 리는 기에 내재하므로 기를 떠난 독립된 존재가 아니라는 것이다. 리와 기는 우주 자연계의 모든 현상을 설명하는 기본 범주로서 서로 의존하는 관계인 것이다. 그러면 리와 기는 두 물체인가? 주희는 리와 기가 이물二物 즉 두 물체라 단언하였다.

이른바 리와 기, 이것은 결단코 두 물체이다. 그러나 물체로 본다면 두

---

30 張立文 主編, 『氣』, 175-176쪽 참조.
31 天下未有無理之氣, 亦未有無氣之理.(『주자어류』권1 「리기(상)」)
32 理又非別爲一物, 卽存乎是氣之中; 無是氣, 則是理亦無掛搭處.(『주자어류』권1 「리기(상)」)

물체는 혼연일체라서 분리되어 각기 한 곳에 있을 수가 없지만, 두 물체가 각기 한 물체가 되는 것을 방해하지 않는다. 만약 이치로 본다면, 비록 이 물체가 있기 전에 이미 물체의 리가 있었지만 그러나 단지 그 리가 있었을 뿐이며, 실제로 이 물체가 있었던 적은 없었다.[33]

즉 리와 기는 합해지기도 하고 떨어지기도 하는 것이다. 물체로 보면 합해져 있고, 이치로 보면 떨어져 있는 것이다. 그렇다고 하더라도 리는 근본으로서 결정적인 작용을 하고, 기는 현상으로서 리로 말미암아 결정되는 것이다.

---------

33 所謂理與氣, 此決是二物. 但在物上看, 二物渾淪不可分開各在一處, 然不害二物之各爲一物也. 若在理上看, 則雖未有物, 而已有物之理; 然亦但有其理而已, 未嘗實有是物.(『주문공문집』권59 「답유숙문答劉叔文」)

# 5 리는 하나이나 분은 다르다

주희는 또 철학사에서 유명한 명제인 '리일분수理一分殊'설을 주장하였다. '리일분수'는 일체와 만물의 관계를 말하는 것으로서, 하나의 확정된 의미가 아니라 개별과 일반, 보편성과 특수성, 동일성과 다양성 등의 관계를 설명하는 말이다. 이 명제는 리와 기의 관계를 이해하는 데 매우 중요하다.

리에는 전체 만물의 '일리一理'가 있고, 또한 사물마다 각기 갖추고 있는 '만리萬理'가 있는데 그들 사이의 관계가 리일분수이다.

원래 이 명제는 당대唐代의 화엄종華嚴宗과 선종禪宗에 근원을 두고 있다. 화엄종에는 본래 "만물은 하나의 이理로 귀결한다"는 '만물귀어일리萬物歸於一理' 사상이 있고, 또 사법계四法界[34] 중에서 이법계理法界와 사법계事法界를 설명할 때 "이理는 두루 편재하는 것이지, 나뉘어 편재하는 것이 아니다"[35]라고 말한다. 선종의 현각선사玄覺禪師(665-712)는 「영가증도가永嘉證道歌」에서 "하나의 성性은 원만하여 모든 성을 두루 통하고, 하나의 법은 모든 법을 두루 포함한다. 하나의 달은 모든 물에 두루 나타나고, 물에 비

---------

34 사법계四法界란 모든 존재를 현상과 본체의 두 측면에서 관찰하고 그 상관관계를 사법계, 이법계, 이사무애법계, 사사무애법계의 네 가지 영역으로 분류한 화엄종의 우주관을 말한다. '사事'는 차별적인 현상으로서 범부가 미혹한 눈으로 볼 수 있는 차별적인 현상계의 사상事相을 말하고, '이理'는 보편적인 진리, 평등한 본체로서, 성자가 지혜의 눈으로 투시하는 보편적인 구경究竟의 진리를 말한다. 그래서 사법계事法界는 모든 사물이 각기 그 한계를 지니면서 대립하고 있다는 차별적인 현상의 세계를 가리키고, 이법계理法界는 진리의 세계를 가리키며, 이사무애법계理事無礙法界는 진리와 현상이 둘이 아니라 하나이며, 서로 원인이 되어 융합하는 세계를 가리키고, 사사무애법계事事無礙法界는 현상과 현상 즉 모든 현상이 서로 원인이 되어 밀접하게 융합하는 세계를 가리킨다.
35 能遍之理, 性無分限. 所遍之事, 分位差別. 一一事中, 理皆全遍, 非是分遍.(『화엄법계관문華嚴法界觀門』)

친 모든 달은 하나의 달을 대신한다"[36]라고 노래하였다. '수월水月' 즉 물에 비친 달의 비유는 '월인만천月印萬川'으로 개괄된다. 이것은 하나가 일체이고, 일체가 하나라는 화엄종의 '일즉일체一卽一切, 일체즉일一切卽一' 사상과 비슷하다. 허공에 떠 있는 달은 수많은 강과 호수에 비치므로 무수한 달을 볼 수 있고, 무수한 달은 마침내 하나의 달로 돌아간다. 동일한 본체는 형형색색의 사물로 나타나고, 천 가지 만 가지 다른 사물의 본질은 또한 같은 것이다.

이러한 사상을 송대의 리학가가 흡수하여 리일분수로 발전시킨 것이다.

리일분수를 처음 제기한 사람은 정이이다. 장재의 「서명西銘」에 나오는 '만물일체萬物一體'설이 전국시대 초기의 사상가인 묵자墨子의 '겸애兼愛'설

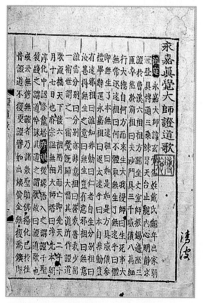

「영가증도가永嘉證道歌」. 현각선사의 오경悟境을 기록하였다. 『대정신수대장경大正新脩大藏經』 제48책에 수록되었다.

현각선사玄覺禪師(665~712). 영가永嘉(현 절강성에 속함) 출신이라 영가 현각선사라 하고, 또 진각선사眞覺禪師라고도 한다. 선종과 천태종의 큰 스님이다. 서른한 살 때 육조六祖 혜능慧能을 방문하여 제자가 되었다.

---------

36 一性圓通一切性, 一法遍含一切法, 一月普現一切水, 一切水月一月攝.(「영가증도가永嘉證道歌」)

과 혼동된다는 제자 양시의 질문에 대해 정이는 "「서명」은 리일理一이면서 구분이 다름을 밝혔고, 묵자는 근본이 두 개이면서 구분이 없다"[37]라고 대답하였다. 원래 「서명」에는 리일분수라는 명제를 제기하지 않았는데, 정이가 이를 발전시킨 것이다. 주희는 스승 이동의 말을 전술하면서 이렇게 말하였다.

> 우리 유가의 학문이 이단과 다른 것은 리일분수이다. 리는 그것이 하나가 아님을 근심하지 않으나 어려운 것은 분수일 뿐이다.[38]

그러나 정이부터 이동까지, 이들이 모두 본체론의 시각에서 체계적으로 '리일분수'의 이론을 설명한 것은 아니다.

주희는 한편으로 정이와 이동의 관점을 받아들여서 「서명」 전체가 하나의 리일분수이고, 한 구절이 하나의 리일분수라 생각하였다. 다른 한편으로 불교의 '일즉일체, 일체즉일'과 월인만천의 사상을 융합하여 리일분수를 리일원론 철학의 중요 명제로 만들었다. 정이가 설명한 리일분수의 의미를 확충하고 나아가 여기에 보편 철학적 의미를 추가시킨 것이다.

주희는 본체론의 각도에서, 천지만물을 총합하는 리는 단지 하나의 리이고, 이것이 나누어져서 사물마다 모두 각자 하나의 리가 있는 것이며, 천가지 만 가지 다른 만물은 모두 리일理一이 체현된 것이라 지적하였다.

> 만물에는 모두 이 리가 있으며, 리는 모두 같은 하나의 근원에서 나오지만 처한 위치가 다르면 리의 쓰임이 같지 않다.[39]

---------

37 「西銘」明理一而分殊, 墨氏則二本而無分.(『이정집二程集』 「답양시논서명서答楊時論西銘書」)
38 吾儒之學, 所以異於異端者, 理一分殊也. 理不患其不一, 所難者分殊耳.(『이연평선생답문후록李延平先生答問後錄』)
39 萬物皆有此理, 理皆同出一原, 但所居之位不同, 則其理之用不一.(『주자어류』권18 「대학大學(5) 혹문或問(하)」)

예를 들면, 가옥이나 초목, 혹은 사람은 단지 하나의 도리인데, 대청도 있고 안채도 있고, 복숭아나무도 있고 자두나무도 있으며, 장씨도 있고 이씨도 있다. 하나의 이치가 바로 리일이고, 대청이나 안채, 복숭아나무나 자두나무, 장씨와 이씨의 차별은 만수인 것이다. 주희는 이를 개괄하여 "「서명」에서 말한 리일분수 또한 이와 같다(「西銘」言理一分殊, 亦是如此.)"라고 하였다.

윤리적 측면에서 말한다면, 사람과 사물은 천지를 부모로 삼고, 천지는 사람과 사물을 자녀로 삼는다. 이 때문에 건도乾道는 아버지, 곤도坤道는 어머니가 되며, 생명이 있는 종류라면 모두 다 그러하니 이것이 리일이다. 사람마다 각자 자기 어버이를 어버이로 여기고, 각자 자기 자식을 자식으로 여기는 것이 바로 분수이다. 주희는 이것을 다음과 같이 표현하였다.

천지 사이에 있는 사람과 만물의 무리는 그 리가 본래 하나이나 등분은 다르지 않은 적이 없었다.[40]

여기서 말하는 '분分'은 '나누다'는 뜻이 아니라 '본분本分' 혹은 '등분等分'을 가리키고 '일一'과 '수殊'는 공동성과 차별성을 가리킨다.

그 리가 하나이기 때문에 추기급인推己及人 즉 자기의 마음을 미루어 남을 헤아리게 되고, 그 등분이 다르기 때문에 사랑을 반드시 친한 이로부터 시작하게 되는 것이다. 즉 천지 사이에 사람과 만물의 리는 하나이지만, 분分은 다르다. '리일'이기 때문에 자기를 미루어서 다른 사람에게 나아간다. 즉 '리일'이 되기 때문에 자기의 부모를 섬겨서 다른 사람의 부모에게 미루어 나가고, 자기의 아이를 보살피는 것으로부터 다른 아이에게 미치는 것이다. '분수'가 되기 때문에 사랑의 순서가 가까운 사람에게서부터 시작한다는 것이다. 이것을 주희는 '하나로 통일되지만 만 가지로 다르다'는 '일

----------
40 天地之間, 人物之衆, 其理本一, 而分未嘗不殊也.(『맹자혹문孟子惑問』권1)

통만수一統萬殊'라는 말로 표현하기도 한다.

앞에서 언급했듯이, 주희는 천지만물을 총괄한 리를 태극이라 말하였다. 태극은 가장 근본적인 리이니, 리일분수란 바로 태극이 만물의 리를 포함하고, 만물이 나누어서 완정하게 전체 태극을 체현한다는 것이다. 그러므로 "사람마다 하나의 태극이 있고, 사물마다 하나의 태극이 있는 것이다."[41] 이렇게 보면, 만물의 리와 태극은 마치 보편적인 리와 특수한 리의 관계인 것 같으나, 실질적으로는 리일과 만물의 관계이다.

어떤 사람이 리와 기에 대해 묻자, 주희는 "이천(정이)이 '리일분수'에 대해서 설명을 잘 하였다. 천지만물을 합하여 말하면 단지 하나의 리일 뿐이다. 사람에게도 또한 각자 하나의 리가 있다."[42]라고 말하였다. 천지만물을 종합하여 그 궁극에 있는 것, 곧 근원에 있는 것은 보편적인 하나의 리이다. 리가 사람에 내재할 때에는 사람마다 각자 하나의 리를 갖는다. 이때 사람이 각자 가진 리는 그 신분 입장에 따라서 다르지만 근원으로서의 리는 동일하다.

주희는 천지와 사람의 관계를 통해 '리일분수'를 설명하였다. 천지와 사람은 둘이 아니다. 동일한 기와 동일한 리일 뿐이다. 따라서 천지의 작용과 사람의 작용은 동일하고, 천지와 사람 간에는 차이가 없다. 단지 사람에게는 사욕이 있으므로 천지와 사람이 다르고, 천지의 작용과 사람의 작용도 다른 것이다. 그러나 사욕이 없는 성인聖人은 순수한 천지의 마음을 가질 수 있기 때문에 천지와 동일한 리이고 동일한 기이다. 따라서 성인의 작용은 천지의 작용과 다르지 않다.

주희는 '리일분수'의 '분'을 '분할' 혹은 '부분'이라는 의미가 아니라고 강조하고, '체용體用'의 관계로 '분'을 설명하기도 하였다. '분수'는 사물 사

---------

41 人人有一太極, 物物有一太極.(『주자어류』권94「주자지서周子之書」)
42 問理與氣. 曰: "伊川說得好, 曰: '理一分殊.' 合天地萬物而言, 只是一箇理; 及在人, 則又各自有一箇理."(『주자어류』권1「리기理氣(상)」)

이의 본질적인 차이가 아니라 단지 처해 있는 지위, 수량의 많고 적음, 작용과 장소의 다름을 가리킨다.[43]

'분'은 '나누어져 있다'는 뜻의 '분유分有'가 아니라 리일의 서로 다른 작용 혹은 기능(功用)을 가리킨다. 분은 리의 작용일 뿐 아니라 지위의 다름을 뜻하기도 한다.

----------

43 張立文, 『朱熹評傳』, 107쪽 참조.

# 6 성이 바로 리이다

'성性'이라는 글자는 본래 사람의 본성을 뜻한다. 그래서 허신의 『설문해자』에서는 "성은 사람의 양기의 바탕으로서 선한 것이다(性, 人之陽氣性善者也.)"라고 설명하였던 것이다.

주희는 '성이 바로 리'라 주장하였는데, 이는 그의 사상에서 가장 중요한 개념의 하나로서, 정이의 이른바 '성즉리性卽理'설을 계승한 것이다. 주희는 "성은 리이다. 심에 있는 것을 성이라 부르고, 사물에 있는 것을 리라 부른다"[44]라고 말했다. 이로 볼 때, '성즉리'의 '성'은 리가 심에 내재한 것을 말한다. 리는 인간의 마음과 사물에도 있지만, 그것은 동일한 리로서 다른 점은 없다. 단지 있는 곳에 따라서 혹은 성이라 하고 혹은 리라 하는 것이다. 그는 한 제자가 천天과 명命, 성과 리의 구별에 대해 묻자, '성이 바로 리'라고 인정하였다.

> 물었다. "천과 명, 성과 리, 이 네 가지의 구별에서, 천은 그것의 스스로 그러함을 가지고 말하는 것이고, 명은 그것이 널리 퍼져서 사물에 부여된 것을 가지고 말하는 것이며, 성은 그것의 전체이면서 만물이 얻어서 생겨나게 한 것을 가지고 말하는 것이고, 리는 그 사물마다 각기 법칙이 있음을 가지고 말하는 것입니다. 이를 합해서 말한다면 천은 리이고, 명은 성이며, 성은 리인데, 이것이 맞습니까?" 주희가 대답하였다. "그렇다."[45]

---------

44 性卽理也. 在心喚做性, 在事喚做理.(『주자어류』권5 「성리性理(2)」)
45 問: "天與命, 性與理, 四者之別: 天則就其自然者言之, 命則就其流行而賦於物者言之, 性則就其全體而萬物所得以爲生者言之, 理則就其事事物物各有其則者言之. 到得合而言之, 則天卽理也, 命卽性也, 性卽理也, 是如此否?" 曰: "然."(『주자어류』권5 「성리(2)」)

주희는 성性을 논하면서 본연지성本然之性과 기질지성氣質之性으로 나누었는데, 이는 장재와 정이의 사상을 계승하여 발전시킨 것이다.

본연지성은 천지지성天地之性, 천명지성天命之性이라고도 하며 리성理性이라고도 한다. 순전히 선한 본성을 말한다. 이와 달리 기질지성은 선한 것도 있고 불선한 것도 있다. 장재는 철학사상 가장 먼저 사람의 본성을 천지지성과 기질지성으로 나누었다. 그 후 이정은 의리지성義理之性이 리 즉 천리에 근본을 두고 있으니, 인의예지신과 사람이 품부한 성은 불선한 것이 없다고 주장하였다.

주희는 선진 시기 이래로 전해 내려온 유가의 인성人性에 관한 논란을 총결산하고 나서 장재와 정이의 학설만이 본연과 기질의 두 방면에서 인성의 선악 내원을 설명하였다고 생각하였다.

주희는 정이가 주장한 '성즉리性卽理'의 견해를 계승하여 리와 기의 두 방면에서 성의 문제를 설명하고, 장재가 주장한 '천지지성'과 '기질지성'의 사상을 발전시켰던 것이다.

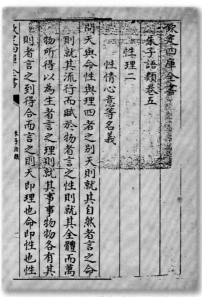

『주자어류朱子語類』.(『흠정사고전서』본)

주희에 의하면, 사람과 사물의 생겨남은 리와 기라는 두 개의 대립된 방면에서, 기가 모여 형체를 이루고 리가 그것을 부여하는 것이다. 리로부터 말한다면, 만물은 하나의 근원이지만 사람과 사물의 구별이 있다. 기로부터 말한다면, 생겨난 것에는 사람과 사물의 구별이 있고, 리에도 통함과 막힘의 구별이 있어서 그 바른 것을 얻어서 통한 것은 사람이 되고, 그 치우친 것을 얻어서 막힌 것은 사물이 된다. 즉 오직 사람만

이 그 바른 것을 얻은 이유는 리가 통함으로써 막히는 바가 없어서인데, 이 때문에 사람의 본성이 바로 천리인 것이다.

주희는 『맹자집주』에서 "성은 천리이며 선하지 않은 것이 없다"[46], 또 "성은 사람이 태어나면서 품부稟賦한 천리이다"[47]라고 하였고, 『대학장구』에서는 이 성을 '천명지성'이라 부르고, 신성하고 지선한 것이라 생각하였다. 이것은 장재의 '천지지성'을 발전시킨 것이다.

또 「옥산강의玉山講義」에서는 "하늘이 이 사람을 낳음에 인의예지의 리를 그에게 주지 않음이 없으니, 또한 어찌 선하지 않은 것이 있겠는가?"[48]라고 하였다. 사람은 태어나면서부터 의리지성을 갖추었지만 사람의 생겨남은 리와 기가 합해진 것이며, 기에는 맑은 것과 흐린 것, 어두운 것과 밝은 것이 있는데, 사람은 품부한 기가 같지 않기 때문에 성인과 바보, 현명한 사람과 못난 사람의 구별이 있는 것이라 설명하였다. 그는 또한 의리지성은 기질을 통해 나타난다고 보았다.

그러나 주희는 '성'이 이미 리와 기를 겸하고 있어서, 천명지성은 순수하고 지선하지만 기질이 없으면 우거寓居할 곳이 없다고 보았다. 즉 기질을 통해 나타나는데, 사람의 기품氣稟 즉 타고난 기질과 성품은 어둡고 밝음, 맑음과 탁함의 다름이 있기 때문에 리와 기가 뒤섞여 있어서 선악이 가지런하지 않다고 본 것이다.

그래서 주희는, 사람은 모름지기 기품의 해害를 알고 힘껏 공부해서 이를 극복하고 다스려야 한다, 즉 기질을 변화시키는 공부를 해야 한다고 주장하였다.

---------

46 性卽天理, 未有不善者也.(『맹자집주孟子集註』「고자장구상告子章句上」)
47 性者, 人生所稟之天理也.(『맹자집주』「고자장구상」)
48 天之生此人, 無不與之以仁義禮智之理, 亦何嘗有不善?(『주문공문집』권74 「옥산강의玉山講義」)

# 7 심은 성과 정을 통솔한다

'**심**'이란 무엇인가? '심'에 대해서 먼저 살펴보자.
'마음'을 나타내는 '심心'은 중국 전통철학 범주 중에서 가장 보편적이고,
가장 기본적이며, 가장 일반적인 범주이다. 그러므로 중국철학의 시종을
꿰뚫고 있으며, 어느 학파를 막론하고 모두 이 심이라는 범주를 계승하고
운용하였다.

심은 원래 심장을 가리키는 말이다. 갑골문이나 소전 등에 보면, '심' 자
는 가운데에 심장을 그리고, 바깥에 심장을 싸고 있는 막을 그렸다. 그래
서 허신도 『설문해자』에서 "심은 사람의 심장으로서, 토土에 속하는 장기
臟器이며, 몸속에 있다. 상형이다"[49]라고 설명하였다. 심장은 간장, 심장,
비장, 폐장, 신장의 다섯 가지 내장인 오장五臟과 두 팔과 두 다리의 사지四
肢를 주재하는 기능을 갖고 있다. 인체의 활동을 유지하는 외에도, 심은 생
각을 할 수 있기 때문에 '마음'이란 뜻으로 발전되었다. 즉 사람이 정신활
동을 하는 장소를 가리키며, 또 도덕관념이라는 뜻을 갖고 있는 것이다.

이 심은 『맹자』나 『관자』에서는 주체 의식이 되기도 하였고, 한대 동중
서에게는 천심天心으로 쓰이기도 하였으며, 위진시대 현학가들에게는 유
有 또는 무無의 의미가 되기도 하였다. 또 불가에서 심은 만유의 본체 혹은
근거로서, '유식唯識'이나 '유심唯心'의 의미로 사용되기도 하였다. 유식종
唯識宗에서는 세계의 만유는 마음속에 존재한다고 주장하였다. 이른바 '만
법유식萬法唯識'이나 '일체유심一切唯心'은 심을 우주 만유의 본체인 법성法

---

49 心, 人心, 土藏, 在身之中. 象形.(『설문해자說文解字』「심부心部」) 여기서는 오장을 오행에
대비시켰을 때, 심이 토에 속하는 장기임을 말한 것이다. 일반적으로 토장土藏은 비장脾臟
을 가리키며, 우리말로는 '지라'이다. 의학적으로 심장과 비장은 다르다.

性 혹은 법본法本으로 인식하는 것이다.

송대에는 심을 리로 간주하기도 하였는데, 정주리학에서는 리가 형이상의 본체이나, 육왕심학에서는 심이 형이상의 본체이다. 그래서 '심은 바로리' 즉 '심즉리心即理'라는 명제는 심을 리의 지위에 끌어올려 심이 리의 본체적 성질을 갖게 하였다.

주희는 장재와 이정 등 이전의 심학사상을 계승하고 발전시켜서 논리적으로 엄밀하고 내용이 풍부하며 자세하고 깊이 있는 '심통성정心統性情'의 사상체계를 세웠다. 여기서 '정情'이란 사람의 사상 감정, 정감, 정서 및 도덕의식과 생활 속의 욕망 등을 가리킨다. 또 '거느릴 통統' 자의 의미는 매우 중요한데, 여기서는 주로 '주재하다' 또는 '통솔하다', '관통하다'와 '겸하다'는 뜻을 가진다.

심통성정 사상은 주희 심론心論의 강령이자 핵심이며, 수많은 범주와 명제나 이론이 모두 이것과 연계되어 있다. 주희는 앞 사람들의 성과를 총결산하고 흡수한 기초 위에서 심과 성性·정情의 관계에 대해 깊이 있게 논술하고, 자세하고 체계적인 견해를 내었다. 주희의 심론과 리 철학의 연계로인해 중국 철학에서 심의 범주가 최고봉에 도달했다고 말할 수 있다.

심통성정은 심이 동動과 정靜을 겸하고, 체體와 용用을 겸하며, 이발已發과 미발未發을 겸한다는 사상을 종합하고 개괄한 것으로, 그것들을 기본내용으로 삼는다. 주희의 심통성정 사상은 정이의 '심에는 체와 용이 있다'는 '심유체용心有體用'론과 장재가 주장한 동일한 명칭의 '심통성정' 명제를 각기 흡수하고 양자를 결합하였으며 아울러 자신의 해석을 구체적으로 덧붙인 것이다.

주희의 '심통성정'론은 『주자어류』권98에 수록된 「장자지서張子之書」에 상세하게 나온다. 그는 '심통성정'의 뜻을 묻는 제자의 질문에 다음과 같이 대답하였다.

성이란 리이다. 성은 본체이고, 정은 작용이다. 성과 정은 심에서 나오므로 심은 그것들을 통솔할 수 있다. 통이란 군사를 통솔한다는 '통'으로서 그것들을 다스리는 것을 말한다. 또 인의예지는 성이니, 맹자가 "인의예지는 심에 뿌리는 둔다"라고 하였고, 측은, 수오, 사양, 시비는 본디 정이니, 맹자가 "측은지심, 수오지심, 사양지심, 시비지심"을 말하였다. 이것을 가지고 말한다면 심이 성과 정을 통솔한다는 것을 알 수 있다. 하나의 심 속에는 저절로 움직임(動)과 고용함(靜)이 있고, 고요함은 성이고, 움직임은 정이다.[50]

그는 심의 본체를 성이라 하고, 심의 작용을 정이라 하였으며, 심은 두 끝을 관통하여 성과 정을 관할하고 통섭한다고 주장하였다. 주희의 '심통성정' 사상은 또 호굉의 성체심용性體心用 사상을 개조한 것이다. 이것은 그가 장식과 함께 호굉의 『지언知言』에 대해 토론할 때 제기한 것이다. 즉 호굉이 『지언』에서 본체를 성이라 하고, 작용을 심이라 한 것을, 주희는, 본체는 그대로 성이지만 작용을 심 대신에 정으로 바꾸어 성체정용性體情用으로 만든 것이다. 이것은 주희가 창안한 것이다. 또한 장식이 '주재하다'는 뜻의 '주主' 자를 써서 심이 성과 정을 주재한다는 심주성정心主性情 관점을 받아들여 심통성정을 완성한 것이다.

그럼 이 심통성정에서 '통統' 자의 뜻은 무엇인가? 주희는 이 '통' 자를 두 가지로 의미로 해석하였는데, 하나는 '겸하다'는 뜻의 '겸兼' 자로, 또 하나는 '주재하다', '통솔하다'는 뜻으로 보았다.

주희는 "심통성정에서, 통은 '겸兼' 자와 같다"[51]라고 하였는데, 여기서

----------

50 性者, 理也. 性是體, 情是用. 性情皆出於心, 故心能統之. 統, 如統兵之'統', 言有以主之也. 且如仁義禮智是性也, 孟子曰: "仁義禮智根於心." 惻隱·羞惡·辭遜·是非, 本是情也, 孟子曰: "惻隱之心, 羞惡之心, 辭遜之心, 是非之心." 以此言之, 則見得心可以統性情. 一心之中自有動靜, 靜者, 性也; 動者, 情也.(『주자어류』권98 「장자지서張子之書」)
51 心統性情, 統猶兼也.(『주자어류』권98 「장자지서張子之書」)

말하는 '겸'은 성과 정을 모두 심 속에 포괄한다는 것이다. 그는 또 다음과
같이 분명하게 언급하였다.

성은 그 리이고, 정은 그 작용이다. 심은 성과 정을 겸하여 말한 것이
다. 성과 정을 겸하였다는 것은 성과 정을 포괄한다는 뜻이다.[52]

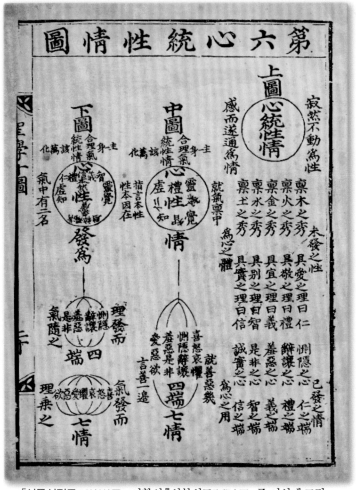

「심통성정도心統性情圖」. 이황의 『성학십도聖學十圖』 중 여섯째 그림.

---------

52 性, 其理; 情, 其用. 心者, 兼性情而言. 兼性情而言者, 包括乎性情也.(『주자어류』 권20)

여기서 심이 성과 정을 겸한다고 하는 것은, 성이 심의 본체이고, 정은 심의 작용이며, 심은 이 양자를 포괄하며 하나라도 없어서는 안 된다는 것이다. 이것은 심만을 논하고 정을 말하지 않은 호굉의 관점을 발전시킨 것이다. 심겸성정에서 성은 고요함(靜), 본체, 미발을 대표하고, 정은 움직임(動), 작용, 이발을 대표하며, 심은 이 성과 정을 속에 내포하고 있는 것이다.

한편 주희는 '심통성정'에서 '통' 자의 뜻을 묻는 제자에게 다음과 같이 대답하였다.

> 통은 '주재하다'는 뜻이니 백만 군을 통솔한다는 뜻과 같다. 심은 혼연한 물건인데, 성은 이 리가 있는 것이고, 정은 움직이는 곳이다.[53]

여기서 그는 '주재主宰'라는 표현을 써서 심이 성과 정을 통솔함을 표현하였다. 이것은 사람의 이성이 본성과 감정을 파악하고 제어함을 가리킨다. 심이 아직 발현되지 않아서 성이 심 속에 있을 때 통솔해야 하는데, 만약 사물을 아직 느끼기 전에 통솔하지 않으면 그 고요한 상태를 안정시킬 수 없어 천성을 어둡게 한다. 천성은 본래 선하므로 주경主敬 즉 경을 지켜서 함양하지 않으면 방해를 받아 본성을 잃는 것이다. 이때 심이 통솔한다는 것은 존양存養을 주재하는 것을 가리킨다. 존양이란 존심양성存心養性 즉 심을 보존하고, 성을 기르는 것을 말한다. 또 심이 이미 발현되어서 성이 정으로 표현될 때도 통솔해야 한다. 심이 사물을 느껴 움직여서 정을 생기게 하였을 때 정을 통솔하여 그것을 성선의 원칙에 부합하게 해야 하는데, 만약 심이 통솔하지 못하여 정이 스스로 움직이면 장차 인욕으로 흘러 그 바름을 얻을 수가 없다. 이때 심이 통솔한다는 것은 성찰省察 즉 마음을 분명하게 살펴서 식별함을 가리킨다. 마음을 분명하게 살펴서 식별하면

---

53 統是主宰, 如統百萬軍. 心是渾然底物, 性是有此理, 情是動處.(『주자어류』권98 「장자지서張子之書」)

일에 임해서 도덕 원칙에 따라 일을 처리하여 성性의 규범을 벗어나지 않도록 하는 것이다. 주희는 미발·이발과 존양·성찰을 서로 결합할 것을 주장하였는데, 이것은 곧 심의 통솔을 통하여 성과 정을 통일시키는 것이다. 이것은 모두 윤리도덕의 문제이다.[54]

앞에서 언급하였듯이, 성과 정의 관계에서 주희는 성을 본체, 정을 작용으로 보는 이른바 성체정용性體情用을 주장하였다. 즉 그 본체를 형이상의 성으로 보고, 그 작용을 형이하의 정으로 본 것이다. 그렇다면 심의 본체(心體)는 성의 본체(性體)가 되고, 이 성은 본연지성이 되며, 정은 이 성의 본체 즉 성체의 작용이 되는 것이다. 성은 바로 리로서 심에 갖추어져 있으며 심의 본체이고, 성이 발현되면 정이 되고 심의 작용이 되는데, 본체와 작용이 결합된 것이 바로 심통성정인 것이다.

주희 철학의 논리 구조 속에서 심은 리, 성, 정情, 기氣, 지각知覺·사려思慮, 인仁, 도道, 욕欲, 동動·정靜, 체體·용用, 이발·기발, 음·양, 형形·기器 등의 범주들과 긴밀하게 연계되어 있다. 이들 범주는 다시 태극 등 다른 범주들과 종횡으로 서로 연계되어 공동으로 주희 철학의 논리 구조 범주를 구성한다. 그래서 주희 철학에서 심이라는 범주는 매우 중요한 위치를 점하고 있다.

---

54 張立文 主編, 『心』, 209-218쪽.

# 8 사람의 마음과 도의 마음

**사**람의 마음 즉 '인심人心'과 도의 마음 즉 '도심道心'은 송명 리학에서 심성론心性論에 관한 개념이다. 이 말은 원래 『상서尚書』 「대우모大禹謨」편에 등장하는 "인심유위人心惟危, 도심유미道心惟微, 유정유일惟精惟一, 윤집궐중允執厥中."이라는 열여섯 글자에 기원을 두고 있다. 그 뜻은 보통 "인심은 위태롭고 도심은 미묘하니, 오직 정밀하게 살피고 오직 한결같이 하여야 진실로 그 중을 잡을 수 있다"라고 해석한다.

여기서 '인심'은 지각으로 사람의 자연적인 속성에 근원한 생리 욕망을 말하며, 주희에 의하면 기질지심氣質之心으로 선善도 되고 불선不善도 될 수 있다.[55] '유위惟危'와 '유미惟微'의 '유惟' 자는 동사로서 '-이다'라는 뜻이다. '위危'는 '위태롭다'는 뜻이다. '도심'은 천리로서, 사람 마음의 본래 그러한 선한 본성을 말한다. '미微' 자는 보통 '은미하다', '희미하다', '정미하다' 등으로 해석하는데 주희는 '미묘하다', '미회微晦하다'로 풀이하였다.[56] '유정유일惟精惟一'에서 두 '유惟' 자는 앞에서와 달리 부사로서 '오직'이라는 뜻이다. '정밀할 정精' 자는 '정밀하게 살피다'라는 동사로 사용되었으며, 주희는 '유정惟精'을 '정밀하게 살펴서 섞이지 않게 하다'로 설명하였다.[57] '한 일一' 자는 '전일하다', '한결같이 하다'는 동사로 사용되었으며, 주희는 '유일惟一'을 '처음부터 끝까지 전일하다', '처음부터 끝까지 변하지 않다'로 풀이하였다.[58] '윤允' 자는 부사로서 '진실로'라는 뜻이고,

---------

55 人心者, 氣質之心也, 可爲善, 可爲不善.(『주자어류』 권78 「상서尚書(1)」

56 "微, 亦微妙之義." "微, 是微妙, 亦是微晦."(『주자어류』 권78 「상서尚書(1)」)

57 惟精者, 精審之而勿雜也.(『주자어류』 권78 「상서(1)」) 惟精是無雜.(『주자어류』 권78 「상서(1)」)

58 惟一者, 有首有尾, 專一也.(『주자어류』 권78 「상서(1)」) 惟一是終始不變.(『주자어류』 권78 「상서(1)」)

'집執'은 '잡다', '지키다'라는 뜻이다. '궐厥' 자는 '그'라는 뜻의 제삼인칭 대사이다. '중中'은 중용의 도로서 중정中正, '치우치지 않는다'는 '불편불의不偏不倚', '지나침이나 미치지 못함이 없다'는 '무과불급無過不及'의 뜻으로 이해하며, 주희는 도의 본체로 보았다. 또 주희는 '정일'을 '치지격물致知格物'로 보고, '집중'을 '정심성의正心誠意'로 풀이하였다.

대개 치지·격물은 요와 순의 이른바 정일이요, 정심·성의는 요와 순의 이른바 집중이다. 예로부터 성인이 말로 가르치고 마음으로 전해서 행

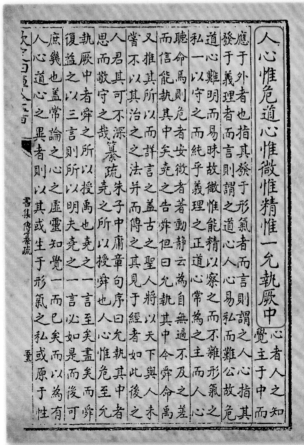

십육자심전十六字心傳. 『상서』「대우모」편에 기록되어 있다. (『흠정사고전서』본)

동에 드러난 것은 오직 이것일 뿐이다.[59)]

　다시 말하면, 사람의 심리 지각 활동은 도덕 이성과 생리 본능이라는 두 가지 의식에서 나오는데 이성에서 출발하여 도덕 원칙에 부합하는 지각 내용이 도심이고, 감성에서 출발하여 개인의 정욕을 위주로 하는 지각 내용이 인심이다. 인심은 외물에 쫓겨 불선으로 흐르기 쉽기 때문에 위태롭고, 도심은 속마음 깊은 곳에 감추어져 있어 나타나지 않기 때문에 미묘하다. 인심이 제멋대로 흘러가지 않고, 도심이 사라져 버리지 않게 하기 위해서 '유정유일' 공부를 해야 하는데 반드시 정밀하게 하고 한결같이 한 후에야 중을 잡을 수 있다. '정精' 공부는 도심과 인심의 경계를 정밀하게 살펴서 섞이지 않게 하는 것이고, '일一' 공부는 도심을 일신의 주재로 삼는 것으로, 한결같이 하면 본심의 바름을 지킬 수 있는 것이다. 즉 수양을 통해 인심을 도심과 일치시켜 도덕 이성이 사람의 행위를 주재하게 하는 것이다.

　이 열여섯 글자에 대해 한당漢唐 시기에는 문자적으로만 해석을 하였을 뿐 심오한 뜻을 부여하지는 않았다. 그러다가 송대 리학가들이 의리義理로 유가의 경전을 해석하면서 이 열여섯 글자를 요와 순이 마음으로 전한 글이라 하여, 이것을 가지고 천리와 인욕을 토론하였던 것이다. 앞에서 잠깐 언급하였듯이, 이것은 열여섯 자로 구성된 도통 전수 심법이므로 '십육자심전十六字心傳'이라 부르며, 유학의 도통과 유학 정신이 담겨 있기 때문에 송명 시기의 유학자들에 의해 극히 중시되었다. 특히 주희는 이 글을 요가 순에게, 순이 우에게 전한 밀지密旨라고 규정하였다.

　이른바 '인심은 위태롭고 도심은 미묘하니, 오직 정밀하게 살피고 오직

----------

59 蓋致知格物者, 堯舜所謂精一也; 正心誠意者, 堯舜所謂執中也. 自古聖人口授心傳而見於行事者, 惟此而已.(『주문공문집』 권11 「임오응조봉사壬午應詔封事」)

한결같이 하여야 진실로 그 중을 잡을 수 있다'라는 말은 요, 순, 우가 서로 전한 밀지이다.[60]

그렇다면 인심과 도심은 무엇을 말하는 것일까? 주희에 의하면, 단지 하나의 마음인데, 인욕을 가지고 있으면 인심이고, 순전하게 천리인 마음은 도심이다.

마음은 하나인데 방촌方寸 사이에 인욕이 섞여 있으면 그것을 인심이라 하고, 순전한 천리는 도심이다.[61]

주희는 「중용장구서中庸章句序」에서 인심과 도심을 비교적 상세히 구별하였다.

마음의 허령虛靈과 지각知覺은 하나일 뿐인데 인심과 도심이 다르다고 여기는 까닭은, 어떤 것은 형기의 사사로움에서 나오고, 어떤 것은 성명의 바름에 근원함으로써 알아서 깨닫는 것이 같지 않기 때문이다. 그래서 어떤 것은 위태로워서 불안하고, 어떤 것은 미묘해서 보기가 어려울 뿐이다. 그러나 이 형체가 없는 사람은 없기 때문에 비록 가장 지혜로운 사람이라 할지라도 인심이 없을 수 없고, 또한 이 성性이 없는 사람은 없기 때문에 비록 가장 어리석은 사람이라 할지라도 도심이 없을 수 없다. 이 둘이 마음속에 섞여 있어서 이를 다스릴 줄 모르면 위태로운 것은 더욱 위태로워지고, 미묘한 것은 더욱 미묘해져서 천리의 공평함이 인심의 사사로움을 끝내 이기지 못하게 된다. 정밀하게 하면 그

----------

60 所謂'人心惟危, 道心惟微, 惟精惟一, 允執厥中'者, 堯舜禹相傳之密旨也.(『주문공문집』권36 「답진동보答陳同甫」)
61 心一也. 方寸之間, 人欲交雜, 則謂之人心; 純然天理, 則謂之道心.(『주자어류』권118 「주자 (15)」)

둘(인심과 도심) 사이를 살펴서 섞이지 않게 할 것이요, 한결같이 하면 그 본심의 바름을 지켜서 떠나지 않을 것이니, 이것에 종사하여 조금이라도 끊어짐이 없이 하여 반드시 도심으로 하여금 항상 한 몸의 주인이 되게 하고, 인심으로 하여금 매번 천명을 듣게 하면 위태로운 것은 안정되고, 미묘한 것은 드러나기 때문에 움직임과 고요함, 말하고 행동함에 저절로 지나침과 미치지 못함의 차이가 없게 될 것이다.[62]

마음은 본래 하나인데, 도심과 인심으로 구분하는 것은 주희의 리와 기를 구분하는 사상에 근원을 두고 있다. 그는 사람이 태어날 때 품부한 기는 형체가 되고, 품부한 리는 성性이 된다고 보았다.

정이程頤는 마음은 도가 있는 곳이고, 정미精微한 것은 도의 본체이며, 이른바 '도심'이란 '마음과 도가 혼연히 하나인 것(心與道渾然一也)'이라 주장하였다. 또 도심이 바로 양심良心인데 그 양심을 놓으면 위태로워지며 그래서 인심이라 말하는 것이라 하였다. 그는 천리와 인욕으로 도심과 인심을 해석하고 아울러 양자를 대립시켜서 인심은 사욕이기 때문에 위태롭고, 도심은 천리이기 때문에 정미하다"[63]라고 말하고, 또 이로 말미암아 인욕을 멸하고, 천리를 밝혀야 한다는 '멸인욕滅人欲, 명천리明天理'를 주장하였다. 이는 그의 형 정호의 생각과도 유사하다.

주희는 정이의 말을 발전시켰지만 정이와는 약간 차이가 있다. 주희는, 리와 기가 합해져서 지각知覺하는 마음이 있게 되는데 아주 고요하여 움직임이 없는 이른바 '적연부동寂然不動'한 것은 마음의 본체 즉 성性이 되고,

---------

62 心之虛靈知覺, 一而已矣, 而以爲有人心·道心之異者, 則以其或生於形氣之私, 或原於性命之正, 而所以爲知覺者不同, 是以或危殆而不安, 或微妙而難見耳. 然人莫不有是形, 故雖上智不能無人心;亦莫不有是性, 故雖下愚不能無道心. 二者雜於方寸之間, 而不知所以治之, 則危者愈危, 微者愈微, 而天理之公, 卒無以勝夫人欲之私矣. 精則察夫二者之間而不雜也, 一則守其本心之正而不離也. 從事於斯, 無少間斷, 必使道心常爲一身之主, 而人心每聽命焉, 則危者安, 微者著, 而動靜云爲, 自無過·不及之差矣. (「중용장구서」)
63 人心私欲, 故危殆; 道心天理, 故精微.(『이정전서二程遺書』권24「이천선생어伊川先生語(10)」)

사물에 감응하여 움직이는 것은 마음의 작용 즉 정情이 된다고 주장하였다. "성은 고요한 것이고, 정은 움직이는 것이며, 마음은 고요함과 움직임을 겸해서 말한 것"[64]이라고 보고, 마음은 하나의 마음이지만 때로는 리에서 깨닫고, 때로는 욕심에서 깨닫는다고 하였다. 이것이 바로 도심과 인심의 구별이다.

> 이 마음의 신령함이 리에서 깨닫는 것은 도심이고, 욕심에서 깨닫는 것은 인심이다.[65]
> 단지 하나의 마음일 뿐인데, 이목의 욕구로부터 지각하는 것이 바로 인심이고, 의리로부터 지각하는 것이 바로 도심이다. 인심은 위태로워서 빠지기 쉽고, 도심은 미묘해서 드러나기 어렵다. '미'는 또한 '미묘하다'는 뜻이다.[66]

즉 사람의 지각이 이목耳目이나 구복口腹의 욕망에 만족하는 것은 인심이고, 사람의 지각이 인의예지나 의리義理에 복종하는 것은 도심이다. 주희는 제자 임공보林恭甫의 "도심은 단지 인의예지일 뿐입니까?"라는 질문에 다음과 같이 음식과 의복의 예를 들어 설명하였다.

> 인심은 배고프면 먹을 것을 생각하고, 추우면 입을 것을 생각하는 마음이다. 배고파서 먹을 것을 생각한 후에 먹어야 하는 것과 먹지 말아야 하는 것을 생각하고, 추워서 입을 것을 생각한 후에 입어야 할 것과 입어서는 안 되는 것을 생각하는 것이 바로 도심이다.[67]

---------
64 性是靜, 情是動, 心則兼動靜而言.(『주자어류』권62「중용中庸(1)」)
65 此心之靈, 其覺於理者, 道心也; 其覺於欲者, 人心也.(『주문공문집』권56「답정자상答鄭子上」)
66 只是這一箇心, 知覺從耳目之欲上去, 便是人心; 知覺從義理上去, 便是道心. 人心則危而易陷, 道心則微而難著. 微, 亦微妙之義.(『주자어류』권78「상서(1)」)
67 人心便是饑而思食, 寒而思衣底心. 饑而思食後, 思量當食與不當食; 寒而思衣後, 思量當著與

주희는 인심을 인욕으로 본 정이의 말에 찬동하지 않고 "인심이 완전히 인욕은 아니다"[68]라고 하였다. 또 "인심이 완전히 좋지 않은 것은 아니다"라고 강조하고, 다만 위태롭다고 지적하였다.

> 인심 역시 완전히 좋지 않은 것은 아니기 때문에 흉구凶咎(재앙)라 말하지 않고 단지 위태롭다고 말하는 것이다.[69]
>
> 도심은 도리를 지각하는 것이고, 인심은 소리, 색깔, 냄새, 맛을 지각하는 것이니, 인심이 완전히 좋지 않은 것은 아니다. 만약 인심이 완전히 좋지 않다면 단지 '위태로울 위危' 자 하나만을 써서 응하지 않을 것이다. 대개 인심은 나쁜 곳으로 달려가기 쉽기 때문에 '위태로울 위危' 자 하나만을 쓰는 것이다.[70]
>
> 인심은 또한 완전히 좋지 않은 것은 아니다. 인욕은 단지 배고프면 먹으려 하고, 추우면 입으려 하는 마음일 뿐이다.[71]
>
> 인심은 지각으로서 입으로 맛을 보고, 눈으로 색깔을 보고, 귀로 소리를 듣는 것이니 좋지 않은 것은 아니고 단지 위태로울 뿐이다.[72]

　그리하여 인심은 지나침도, 미치지 않음도 없으며, 그 바름을 얻어서 치우치지 않는 것이 바로 도심이므로 양자 사이에 넘을 수 없는 경계는 없다고 하였다. 그는, 도심은 단지 사물과 서로 접촉하는 인심 속에 있어야만 나타날 수 있다고 주장하였다. 그래서 비록 상지上智(최고의 지혜를 가진 사람)

---

不當著, 這便是道心.(『주자어류』권78 「상서(1)」)

68 人心不全是人欲.(『주자어류』권118 「주자(15)」)

69 人心亦不是全不好底, 故不言凶咎, 只言危.(『주자어류』권78 「상서(1)」)

70 道心是知覺得道理底, 人心是知覺得聲色臭味底, 人心不全是不好, 若人心是全不好底, 不應只下箇'危'字. 蓋爲人心易得走從惡處去, 所以下箇'危'字.(『주자어류』권78 「상서(1)」)

71 人心亦未是十分不好底. 人欲只是饑欲食·寒欲衣之心爾.(『주자어류』권78 「상서(1)」)

72 道心是知覺得道理底, 人心是知覺, 口之於味, 目之於色, 耳之於聲底, 未是不好, 只是危.(『주자어류』권78 「상서(1)」)

라도 인심이 없을 수 없고, 하우下愚(가장 어리석은 사람)라도 도심이 없을 수 없는 것이다. 그러나 도심은 미묘하여 보기 어렵고, 인심은 인욕으로 흐르기 쉽기 때문에 사람마다 양자 사이를 정미精微하게 살펴야 하며, 본심의 바름을 지켜서 인심으로 하여금 도심의 명령을 따르게 해야 한다. 이것이 바로 '유정유일惟精惟一, 윤집궐중允執厥中'의 수양 공부이다. 이를 줄여서 '정일집중精一執中'이라 한다. 그래서 주희는 도심과 인심의 개념을 매우 중시하여, 천하의 리는 요순의 십육자심전에 지나지 않는다고 주장하였다.

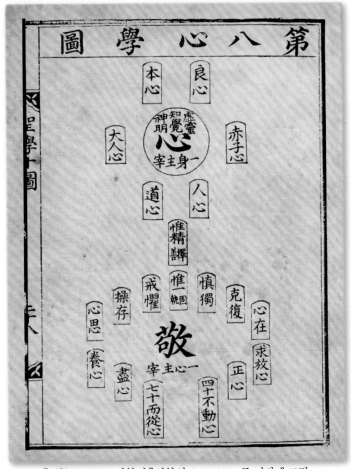

「심학도心學圖」. 이황의 『성학십도聖學十圖』 중 여덟째 그림.

인심과 도심은 결코 두 개의 마음이 아니라 한 마음의 두 가지 경계이고,[73] 또한 범부凡夫와 성인의 경계이다. 그러나 범부와 성인은 본질적인 차별이 있는 것이 아니고, 도심을 항상 지니고 털끝만큼도 벗어나지 않으면 성인이 되고, 그 반대는 범부가 되는 것이다.

> 도심은 의리로부터 나온 것이고, 인심은 사람의 몸으로부터 나온 것이다. 비록 성인이라도 배고프면 먹고 목마르면 마시는 것과 같은 인심이 없을 수 없고, 비록 소인이라고 하더라도 측은지심 같은 도심이 없을 수 없다. 다만 성인은 이것을 정미하게 선택하고 철두철미하게 지키는 것이다.[74]

도심은 천리에서 나오므로 리를 안에 내포하고 있으며, 도심이 곧 천리이다. 도심은 지극히 선한 것으로 성인만이 갖추고 있는 마음이고 '성명의 바름(性命之正)'을 얻은 마음이다. 도심은 '의리義理'에서 생겨난 것으로 인, 의, 예, 지의 마음이다.

인심은 '형기의 사사로움(形氣之私)'에서 나온 마음으로서 기와 피가 화합되어 만들어진 마음이며, '인욕의 사사로움'이라서 선한 것도 있고 악한 것도 있다.

> 사람에게는 인심과 도심이 있는데, 하나는 혈기血氣에서 생겨나고, 하나는 의리에서 생겨난다. 굶주리고, 춥고, 아프고, 가려운 것, 이것은 인심이고, 측은, 수오, 시비, 사양, 이것은 도심이다. 비록 상지上智라도 마찬가지이다. 하나는 위태로워서 안정되기 어렵고, 하나는 미묘해서

---

73 大抵人心·道心只是交界, 不是兩箇物.(『주자어류』 권78 「상서(1)」)
74 道心是義理上發出來底, 人心是人身上發出來底. 雖聖人不能無人心, 如饑食渴飮之類; 雖小人不能無道心, 如惻隱之心是. 但聖人於此, 擇之也精, 守得徹頭徹尾.(『주자어류』 권78 「상서(1)」)

보기가 어렵다. 반드시 도심으로 하여금 항상 일신의 주인이 되게 하여 인심이 매번 명을 따르게 해야 선한 것이다.[75]

인심은 선과 악을 겸하고, 도심은 지극히 선한 것이라 양자는 서로 대립하면서도 서로 연계되어 있다. 서로 대립한다는 점에서 양자는 세 가지가 다르다. 첫째, 내원이 다르다. 도심은 성명의 바름에서 나오고, 인심은 형기의 사사로움에서 나온다. 둘째, 지각知覺을 하는 방법이 다르다. 도심은 의리로부터 지각하고, 인심은 이목耳目의 욕구로부터 지각한다. 셋째, 선이 되고 악이 되는 것이 다르다. 도심은 선하지만, 인심에는 선도 있고 악도 있다. 이러한 차이 때문에 도심과 인심의 모순이 조성된다. '도둑 도盜'자가 들어 있는 도천盜泉의 물을 마시고, 무례하게 던져주는 차래지식嗟來之食을 먹는 것은 인심이 도심을 이긴 것이다. 그러나 도심을 일신의 주인으로 삼아 본마음의 바름을 지켜서 떨어지지 않게 하면 도심이 인심을 이긴 것이다. 어느 마음이 이기는가 하는 것은 사람의 수양으로 결정된다.

서로 연계되어 있다는 점에서 말하면, 도심과 인심은 사방 한 치 즉 방촌方寸이라는 아주 작은 공간 사이에 섞여 있으며 서로 통일되어 있다. 또 도심과 인심의 관계를 배(船)와 키(舵)의 관계에 비유한다. 인심은 배와 같고, 도심은 키와 같아서, 배에 키가 없으면 갈 곳을 정해서 그리로 향하지 못하게 되고, 키만 있고 배가 없으면 아무 쓸모가 없다.[76] 양자는 모두 상대방의 존재를 조건으로 삼으므로 어느 하나라도 없어서는 안 된다. 즉 도심과 인심은 서로 의뢰하는 것이다. 그렇더라도 도심과 인심은 주객主客의 평등관계가 아니고, 주종主從의 예속 관계이다. 즉 도심은 인심을 주재하고, 인

---------

75 人自有人心·道心, 一箇生於血氣, 一箇生於義理. 饑寒痛癢, 此人心也; 惻隱·羞惡·是非·辭遜, 此道心也. 雖上智亦同. 一則危殆而難安, 一則微妙而難見. '必使道心常爲一身之主, 而人心每聽命焉, 乃善也.'(『주자어류』권62「중용中庸(1)」)

76 蓋人心倚靠不得. 人心如船, 道心如柁. 任船之所在, 無所向, 若執定柁, 則去住在我.(『주자어류』권78「상서尚書(1)」)

심은 도심을 준칙으로 삼는다. 그래서 인심은 도심에 의해 절제된다. 주희는 또 마음을 본체와 작용으로 나누고, 마음의 본체를 도심, 마음의 작용을 인심으로 보기도 하였다.

주희는, 도심은 천리天理이고 '천명지성天命之性'이며, 인심은 천리와 인욕이 서로 섞여 있는 '기질지성氣質之性'이라 선도 있고 악도 있으므로 "인욕을 모두 고쳐서 천리를 모두 회복해야 한다."[77]라고 주장하였다.

주희의 리본체론 철학과 상통하는 '도심인심'설은 실제로 천명지성과 기질지성 및 성과 정의 구분이 심에 있다는 문제 속에서 체현된 것이다.[78] 주희의 이 사상은 사람의 본래 순수한 본성을 회복하는 길을 찾으려는 것이라 말할 수 있다.

윤집궐중允執厥中. 자금성紫禁城 삼대전三大殿 중 둘째 대전 중화전中和殿 정중앙에 걸린 청나라 고종高宗 홍력弘曆(즉 건륭제乾隆帝 1711-1799)의 친필 편액. '윤집궐중'은 '진실로 그 중도를 잡아라'는 뜻으로『서경』「대우모大禹謨」편에 나온다. 편액 한 가운데 '건륭어필乾隆御筆'이라는 붉은 글씨가 있다.

---------

77 革盡人欲, 復盡天理.(『주자어류』권13「학學(7)」)
78 李甦平,『朱熹評傳』, 52-56쪽 참조.

# 9 천리를 밝히고 인욕을 없애라

정호와 정이, 이정이 주장한 '천리를 보존하고 인욕을 없애라'는 '존천리存天理, 멸인욕滅人欲'은 리학의 핵심이다. 즉 마음속의 천리를 보존하고 사람의 욕망을 없애라는 말이다. 사람의 물질 욕망인 인욕人欲과 서로 대응하는 천리天理는 기본적으로 윤리 도덕을 말하며, 실질적으로는 인의예지의 강상 윤리를 가리킨다.

> 천리는 단지 인의예지의 총칭일 뿐이고, 인의예지는 곧 천리의 가짓수이다[79].

'천리'라는 말이 가장 이르게 등장하는 문헌은 『장자』이다. 이 책의 「양생주養生主」편에 보면 "천리에 따라 근육의 간격을 쳐서 뼈의 틈을 따라 가되 소의 자연 구조에 따라 칼을 쓴다.(依乎天理, 批大郤, 導大窾, 因其固然.)"라는 말이 나온다. 여기서 '천리'는 '천연적인 주리腠理'를 가리키는데, 주리는 살가죽 곁에 있는 작은 결을 말한다. 천리와 인욕이 짝이 되어 등장한 최초의 문헌은 『오경』의 하나인 『예기禮記』이다. 이 책의 「악기樂記」편에 보면 천리와 인욕이 함께 언급되어 있다.

> 무릇 외물이 사람에게 느끼게 하는 것이 끝이 없고, 사람의 좋아하고 싫어하는 감정에 절제가 없으면 외물이 이르러서 사람이 외물에게 동화될 것이다. 사람이 외물에게 동화되면 천리가 없어지고 인욕이 다할

---

79 天理只是仁義禮智之總名, 仁義禮智便是天理之件數.(『주문공문집』권40「답하숙경答何叔京」)

것이다[80].

여기서 말하는 천리는 '천성'으로, 송대 리학가들이 말하는 천리와는 다르다. 그렇기는 하지만 「악기」에서 말한 천리와 인욕 사상이 송대 리학의 리욕관理欲觀에 대해 선구자적 역할을 하였음은 부인할 수 없다. 주희가 쓴 「악기동정설樂記動靜說」에는 그의 리욕관이 「악기」편과 연원 관계를 가지고 있음이 잘 나타나 있다. 이 글에서 주희는 '성性'을 직접 순수純粹 지선至善한 '리'로 해석하였다.

대개 사람은 천지의 중을 받아 태어나는데, 사람이 외물에 감촉하기 전에 순수하고 지극히 선하며 만리萬里가 갖추어져 있는 것이 이른바 성이다[81].

주희는 앞에서 언급한 이정의 말을 바탕으로 '천리를 밝히고, 인욕을 없애라'는 '명천리明天理, 멸인욕滅人欲' 혹은 '천리를 보존하고, 인욕을 없애라'는 '존천리存天理, 거인욕去人欲'을 주장하였는데, 이는 주희 리학의 중심 문제이다.

공자가 말한 '자기의 사욕을 이기고 예로 돌아가라(극기복례)', 『중용』에서 말하는 '중과 화의 경지를 완전히 이루다(치중화)', '덕성을 높인다(존덕성)', '물음과 배움으로 말미암는다(도문학)', 『대학』에서 말하는 '밝은 덕을 밝힌다(명명덕)', 『서경』에서 말하는 '인심은 위태롭고(인심유위), 도심은 미묘하니(도심유미), 오직 정밀하게 살피고 오직 한결같이 하여야

---------

80 夫物之感人無窮, 而人之好惡無節, 則是物至而人化物也. 人化物也者, 滅天理而窮人欲者也.(『예기禮記』「악기樂記」)
81 蓋人受天地之中以生, 其未感也, 純粹至善, 萬理具焉, 所謂性也.(『주문공문집』권67「악기동정설樂記動靜說」)

(유정유일), 그 중을 잡을 수 있다(윤집궐중)' 등 성현의 천만 마디 말씀이 다만 사람들에게 천리를 밝히고 인욕을 없애라는 것일 뿐이다[82].

주희가 말하는 '명천리'는 등급等級 제도와 강상綱常의 질서를 유지 보호하자는 것이고, '멸인욕'은 사람의 물질 욕망이나 욕구를 제한하고 부정하는 것이다.

주희는 이정의 사상을 계승하여 천리와 인욕이 대립한다는 관점을 제출하였다.

> 인욕이라 말하는 것은 바로 천리의 반대일 뿐이다. 천리로 인해 인욕이 있다고 말하면 옳지만, 인욕 역시 천리라 말한다면 옳지 않다. 대개 천리 중에는 본래 인욕이 없으나 오직 그 흐름에 차이가 있어서 마침내 인욕이 생겨 나오는 것이다[83].

주희는 마음에 도심과 인심의 다름이 있다면 천리와 인욕의 구별이 있다고 생각하였다. 그는 리, 즉 천리를 마음의 본연함(心之本然)으로 보았는데, 마음의 본연함이란 마음이 사물을 만나서 느끼기 전의 중화中和 상태를 가리킨다. 그래서 본연의 마음(本然之心)을 천리라 불렀다. 반면에 인욕은 사람의 결점이요, 악한 마음이요, 기호와 욕망 즉 '기욕嗜欲'에 미혹된 마음이다. 물질의 욕망에 가려지거나 미혹되어 생겨나는 나쁜 생각이다.

주희가 말하는 인욕은 인심이 곧 사욕이라는 이정의 관념을 두 가지 점에서 보충하고 수정한 것이다. 첫째, 인심이 완전히 인욕인 것은 아니다.

---------

82 孔子所謂'克己復禮',『中庸』所謂'致中和', '尊德性', '道問學',『大學』所謂'明明德',『書』曰'人心惟危, 道心惟微, 惟精惟一, 允執厥中', 聖賢千言萬語, 只是教人明天理, 滅人欲.(『주자어류』권12「학(6)」)
83 人欲云者, 正天理之反耳. 謂因天理而有人欲則可, 謂人欲亦是天理則不可. 蓋天理中本無人欲, 惟其流之有差, 遂生出人欲來."(『주문공문집』권40「답하숙경答何叔京」)

인심에는 선도 있고, 악도 있어서 성인도 갖고 있지만, 인욕은 악한 것이라서 성인이 갖고 있지 않다. 둘째, 인욕이 '욕欲'과 완전히 같은 것은 아니다. '욕'이란 물질생활에 대한 사람의 정당한 요구와 욕망을 가리킨다. 예를 들면 배가 고파서 음식을 먹으려 하거나 목이 말라 물을 마시려 하는 것은 없을 수 없는 것이다. 주희가 생존을 유지하기 위해 추구하는 물질적 욕망을 부인한 것은 아니다. 뿐만 아니라 사람들의 일상적인 먹고 마시려는 요구를 천리라 말하고, '맛좋은 음식'을 요구하는 것을 인욕이라 말하였다. 그러니까 먹고 마시는 것은 '욕欲'으로서 천리에 부합하는 정당한 요구이므로 천리에 포함시킨 반면에, 맛좋은 음식은 인욕으로서 합리적이지 못한 요구이며 천리와 서로 대립한다는 것이다.

마시고 먹는 것은 천리이고, 좋은 맛을 찾는 것은 인욕이다[84].

그는 선과 악이라는 두 글자가 바로 천리와 인욕의 실체라 지적하였다.

선과 악이라는 두 글자는 천리와 인욕의 실체이다[85].

천리는 인의仁義 도덕으로서 선천적으로 선하며 사람이 되는 근본이지만, 인욕은 사욕私欲을 포함하며 악이 되는 근원이다. 사욕은 사람의 정당한 욕망과 달리 정당한 요구를 넘어서거나 사회 규범을 위반하는 욕망을 말한다.

주희는 천리와 인욕의 대립을 강조하였다.

천리와 인욕은 병립을 용인하지 않는다[86].

---------
84 飮食者, 天理也; 要求美味, 人欲也.(『주자어류』권13 「학(7)」)
85 善惡二字, 便是天理人欲之實體.(『주문공문집』권53 「답호계수答胡季隨」)
86 天理人欲, 不容竝立.(『맹자집주』「등문공장구상滕文公章句上」)

천리와 인욕은 항상 서로 대립한다[87].

사람에게는 천리와 인욕의 두 길이 있을 뿐인데, 천리가 아니면 곧 인욕이다[88].

인욕이 아니면 곧 천리이고, 천리가 아니면 곧 인욕이다[89].

천리와 인욕이 서로 대립하는 성질을 가지고 말한다면, 시비是非 즉 옳고 그름 중에서 옳음에 속하는 것은 모두 천리이고, 그름에 속하는 것은 모두 인욕이다.

옳은 것은 천리이고, 그른 것은 인욕이다[90].

좋은 것은 천리이고, 좋지 않은 것은 인욕이다[91].

그래서 천리를 '공公', 인욕을 '사私'라 생각하여, 천리와 인욕의 대립을 공과 사의 대립으로 보았다.

무릇 하나의 일에는 두 끝이 있으니, 옳은 것은 천지의 공평함(公)이고, 그른 것은 인욕의 사사로움(私)이다[92].

천리와 인욕을 설명하는 좋은 예가 『논어』 「안연顔淵」편에 나온다.

안연이 인에 대해서 물었다. 공자께서 말씀하셨다. "자기의 사욕을 이

---

87 天理人欲常相對.(『주자어류』권13 「학學(7)」)
88 人只有天理·人欲兩途, 不是天理, 便是人欲.(『주자어류』권38 「논어(20)」)
89 不是人欲, 便是天理; 不是天理, 便是人欲.(『주자어류』권99 「장자서張子書(2)」)
90 是者便是天理, 非者便是人欲.(『주자어류』권38 「논어(20)」) 이 말은 다른 곳에서도 보인다. 是底便是天理, 非底便是人欲.(『주자어류』권38 「논어(20)」) 是底是天理, 非底是人欲.(『주자어류』권132 「본조本朝(6)」)
91 好底是天理, 不好底是人欲.(『주자어류』권117 「주자朱子(14)」)
92 凡一事便有兩端: 是底卽天理之公, 非底乃人欲之私.(『주자어류』권13 「학(7)」)

기고 예로 돌아가는 것이 인이다. 하루라도 자기의 사욕을 이기고 예로 돌아가면 천하 사람들이 인으로 돌아갈 것이다. 인을 행하는 것이 자기에게 말미암은 것이지 남에게 말미암은 것이겠는가?" 안연이 물었다. "그 세목을 여쭙겠습니다." 공자께서 대답하였다. "예가 아니면 보지 말 것이며, 예가 아니면 듣지 말 것이며, 예가 아니면 말하지 말 것이며, 예가 아니면 행동하지 말아야 한다." 안회가 말하였다. "제가 비록 총명하지 못하나 이 말씀을 따르겠습니다."[93]

여기서 '네 가지 하지 말라'는 '사물四勿'이 나오는데, 예에 부합하지 않아서 보지도, 듣지도, 말하지도, 행동하지도 않는 것은 천리이고, 예에 부합하지 않는데도 보고, 듣고, 말하고, 행동하는 것은 바로 인욕인 것이다. 또 '자기의 사욕을 이기고 예로 돌아간다'는 '극기복례克己復禮'에서 '기己'는 인욕의 사사로움이고, '예禮'는 천리의 공평함이다.

예를 들면 보고, 듣고, 말하고, 행동하는 것은 사람들이 함께 하는 바인데, 예가 아니면 보지도, 듣지도, 말하지도, 행동하지도 않는 것은 천리이고, 예가 아닌데도 보고, 듣고, 말하고, 행동하는 것은 인욕이다[94].

주희는 천리가 보존되면 인욕은 없어진다고 보았으며, 그래서 배우는 사람들에게 인욕을 다 버리고 천리를 회복할 것을 요구하였다.

사람의 한 마음은 천리가 보존되면 인욕이 없어지고, 인욕이 이기면 천

---------
93 顔淵問仁. 子曰: "克己復禮爲仁. 一日克己復禮, 天下歸仁焉. 爲仁由己, 而由人乎哉?" 顔淵曰: "請問其目." 子曰: "非禮勿視, 非禮勿聽, 非禮勿言, 非禮勿動." 顔淵曰: "回雖不敏, 請事斯語矣." (『논어』「안연顔淵」)
94 如視聽言動, 人所同也. 非禮勿視聽言動, 便是天理; 非禮而視聽言動, 便是人欲.(『주자어류』권 40 「논어(22)」)

리는 소멸되며, 천리와 인욕이 섞여 있는 사람은 보지 못했다[95].
사람에게는 단지 천리와 인욕이 있을 뿐이라, 이것이 이기면 저것이 물러나고, 저것이 이기면 이것이 물러나서 가운데 서서 나아가거나 물러나지 않는 이치는 없다. 무릇 사람은 나아가지 않으면 물러난다[96].
배우는 사람은 모름지기 인욕을 다 없애고 천리를 다 회복해야 비로소 배운 것이다[97].

인욕을 없애면 천리를 보존하고 인욕이 적어질수록 천리는 더욱 밝아지게 된다. 천리를 밝히고 인욕을 없애는 것은 성인의 경지에 도달하는 것이고, 이것이 바로 리학가가 요구하는 이상인격이다.

한편 천리는 삼강오상三綱五常을 가리키는데, 주희는 삼강오상을 운용하여 국난에 직면한 나라와 민족을 구하려 하였고, 또 간신에게 채찍질을 하고 군주를 비평하였고, 선악을 분별하였다. 삼강오상은 주희의 윤리 사상의 중심 내용인데, 『논어집주』「위정爲政」편에서 삼강오상을 다음과 같이 정의하였다.

삼강은 군위신강, 부위자강, 부위처강을 말하고, 오상은 인의예지신을 말한다[98].

삼강에서, 군위신강君爲臣綱은 임금은 신하의 벼리가 되고 즉 신하는 임금을 섬기는 것이 근본이고, 부위자강父爲子綱은 아버지는 아들의 벼리가 되며 즉 아들은 아버지를 섬기는 것이 근본이며, 부위처강夫爲妻綱은 남편

---------

95 人之一心, 天理存, 則人欲亡; 人欲勝, 則天理滅, 未有天理人欲夾雜者.(『주자어류』권13 「학(7)」)
96 人只有箇天理人欲, 此勝則彼退, 彼勝則此退, 無中立不進退之理. 凡人不進便退也.(『주자어류』권13 「학(7)」)
97 學者須是革盡人欲, 復盡天理, 方始是學.(『주자어류』권13 「학(7)」)
98 三綱, 謂: 君爲臣綱, 父爲子綱, 夫爲妻綱. 五常, 謂: 仁·義·禮·智·信.(『논어집주』「위정爲政」)

은 아내의 벼리가 된다, 즉 아내는 남편을 섬기는 것이 근본이라는 뜻이다. 주희는 오상을 리라 하고, 리가 바로 인의예지仁義禮智로 보았다.

> 오상은 리이고, 음양은 기이다.[99)]
> 리는 바로 인의예지이다.[100)]

주희가 오상에서 인의예지만을 말하고 '신信'을 생략한 까닭은, 리는 '진실무망眞實無妄' 즉 진실하여 속이지 않는 '신'의 내용을 포함하기 때문이며, '성誠'의 범주로 리를 설명하였다.

> 성이란 진실무망의 이름이요, 천리의 본연이다.[101)]

주희가 제창한 삼강오상은 도덕규범으로서 사람이 실천해야 할 뿐 아니라 정치 통치술로서 제왕이 시행해야 하는 것이다. 주희는 예순다섯 살 때인 1194년 5월에 광종 조돈에게 올리려고 쓴 「갑인의상봉사甲寅擬上封事」에서 자기 학설의 종지를 이렇게 말하였다.

> 제가 읽은 것은 『효경』, 『논어』, 『맹자』, 『육경』의 책에 지나지 않고, 배운 것은 요, 순, 주공, 공자의 도에 지나지 않으며, 아는 것은 삼대(하, 상, 주)와 양한(전한과 후한) 이래의 치란 득실의 원인에 지나지 않습니다. 연구해서 밝힌 것은 인의예악과 천리 인욕의 분별에 지나지 않고, 따르고 지킨 것은 국가의 조례 법규에 지나지 않습니다. 그 귀추歸趨를 살펴보면, 신하된 자는 충성하려 하고, 아들 된 자는 효도하려 하는 것이 아님

---------
99 五常是理, 陰陽是氣.(『주자어류』권94 「주자지서周子之書」)
100 理便是仁義禮智.(『주자어류』권3 「귀신鬼神」)
101 誠者, 眞實無妄之謂, 天理之本然也.(『중용장구』「제이십장」)

이 없을 따름입니다. 이제 이것을 취하여 말을 한다면 조정에 있는 신하들이 다 말했을 것이고, 폐하께서도 익숙하게 들으셨을 것입니다. 이것을 버리고 말을 한다면 예로부터 천하 국가에서 이것을 벗어나서 다스릴 수 있었던 자는 없었습니다.[102]

이 글을 보면, 주희가 일생동안 읽고, 배우고, 따르고 연구해서 밝힌 것이 삼강오상 하나로 귀결됨을 알 수 있다. 주희는 삼강오상의 관념을 통해 신하의 군주에 대한 절대 복종 관계를 강조한 동시에 특히 등급 차별을 침범할 수 없음을 강조하였으며, 삼강오상을 국가 사회의 치란을 결정하는 근본 법규로 간주하였다.

삼강오상은 천리로서 인륜의 기본 법칙이고, 치도의 본원이다.[103]

주희는 또 "덕을 닦는 실질은 인욕을 없애고 천리를 보존하는 데 있다"[104]라고 지적하였다.

'중용中庸의 도'는 리학의 중요한 부분이다. 주희는 『중용장구』 서두에서 중용의 의미를 다음과 같이 해석하였다.

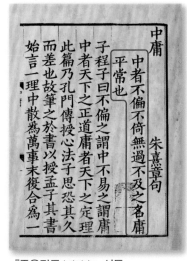

『중용장구中庸章句』 서두

---

102 臣所讀者, 不過『孝經』、『語』、『孟』、『六經』之書, 所學者不過堯, 舜, 周, 孔之道, 所知者不過三代兩漢以來治亂得失之故, 所講明者不過仁義禮樂, 天理人欲之辨, 所遵守者又不過國家之條法, 考其歸趣, 無非欲爲臣者忠, 爲子者孝而已. 今者取此以爲言, 則在廷之臣言之悉矣, 陛下聽之亦熟矣. 捨此以爲言, 則自古天下國家未有可以外此而爲治者.(『주문공문집』권12 「갑인의상봉사甲寅擬上封事」)

103 蓋三綱五常, 天理民彝之大節, 而治道之本根也.(『주문공문집』권14 「무신연화주차戊申延和奏劄」)

104 蓋修德之實, 在乎去人欲, 存天理.(『주문공문집』권37 「여유공보與劉共父」)

중이란 한쪽으로 치우치거나 기울지 않고 지나침과 모자람이 없는 것의 이름이요, 용이란 항상을 말한다.[105]

　'중'이 정치상에서 체현된 것이 바로 '예'이고, '용'은 '평상平常' 즉 불변不變을 말하니, 중용은 정도正道의 불변을 말하는 것이다. 주희가 중용을 '한쪽으로 기울지 않고, 지나치거나 모자람이 없는 것'이라 해석한 목적은 천리를 보존하고 인욕을 없애려는 데 있는 것이다.

---------

105 中者, 不偏不倚·無過不及之名. 庸, 平常也.(『중용장구』)

# *10* 사물의 이치를 궁구하여 지식을 증진하다

'**사**물의 이치를 궁구하여 지식을 증진한다'는 격물치지格物致知는 고대 유가사상에서 중요한 개념으로서 원래 『예기』「대학」편의 팔조목八條目인 격물格物, 치지致知, 성의誠意, 정심正心, 수신修身, 제가齊家, 치국治國, 평천하平天下를 말하는 다음의 구절에서 비롯되었다.

> 자신의 뜻을 진실되게 가지려 하는 사람들은 먼저 자신의 지식을 증진
> 하는데, 자신의 지식을 증진하는 방법은 사물의 이치를 궁구하는 데에
> 달려 있다. 사물의 이치가 궁구되어야 지식이 증진하고, 지식이 증진해
> 야 생각이 진실해진다.[106]

　그러나 「대학」에는 이 구절에서 '격물치지'를 언급할 뿐, 그 뒤에 어떠한 해석도 하지 않았다. 또 선진 시기의 어떤 고문헌에서도 '격물'과 '치지'라는 이 두 어휘를 사용한 적이 없어 정확한 의미를 알 수 없었기 때문에 마침내 '격물치지'의 진정한 의미는 유학사에서 난해한 수수께끼가 되었다.
　후한 시기에 이르러 정현鄭玄이 최초로 '격물치지'에 대해 주해를 하고,[107] 송대 유학자들이 「대학」을 『예기』에서 독립시켜 『사서』의 하나로 만든 후부터 '격물치지'도 점차 후세 학자들의 논쟁이 끊이지 않는, 주목받는 의제가 되어 현재에 이르고 있다.
　'사물의 이치를 궁구하여 지식을 증진한다'는 '격물치지'에 대한 해석은

----------
106 欲誠其意者, 先致其知; 致知在格物. 物格而後知至, 知至而後意誠.(『대학』「經經」)
107 鄭玄註: "格, 來也; 物猶事也. 其知於善深, 則來善物; 其知於惡深, 則來惡物; 言事緣人所好來也, 此致或爲至."

대체로 주희의 학설을 기본적으로 채택하고 있으나 일치되는 것은 아니다.

주희는 이정의 학설에 따라 『대학장구』를 다시 정하였다. 그는 원문의 「전사장傳四章」에서 '본말本末'을 해석하고 「전육장」에서 '성의誠意'를 해석하였는데, 중간에 궐문闕文(빠진 구절)이 있다고 보고 「전오장」을 두어 '격물치지'를 해석하여 보충해 넣었다. 그 글은 다음과 같다.

> 이른바 '자신의 지식을 증진하는 방법이 사물의 이치를 궁구하는 데 달려 있다'는 것은, 나의 지식을 증진하려면 사물을 접촉해서 그 이치를 궁구하는 데 있다는 말이다. 대개 사람의 마음은 신령하여 지각이 있지 않음이 없고, 천하의 사물에는 이치가 갖추어지지 않음이 없다. 오직 이치에 있어서 궁구하지 못한 것이 있기 때문에 그 지식이 다 증진되지 못하는 것이다. 이 때문에 대학에서 처음 가르침에 반드시 배우는 자들로 하여금 모든 천하의 사물을 접촉하여, 자신이 이미 알고 있는 이치로 인해 더욱 궁구하여 그 궁극에 이름을 추구하도록 하지 않음이 없었던 것이다. 오랫동안 힘을 씀에 이르러서 단번에 환하게 이치를 깨치게 되면 모든 사물의 겉과 속, 정교한 부분과 거친 부분이 도달되지 않음이 없을 것이고, 내 마음의 온전한 본체와 위대한 작용이 밝혀지지 않음이 없을 것이다. 이를 두고 '사물의 이치가 궁구되었다'고 하는 것이며, '지식이 증진되었다'고 하는 것이다.[108]

주희는 '격格'을 '이르다'는 뜻의 '지至'로, '물物'을 '일'이라는 뜻의 '사事'로 해석하여 '격물'을 '사물의 이치에 끝까지 이르러 그 지극한 곳에 이

---

108 所謂致知在格物者, 言欲致吾之知, 在卽物而窮其理也. 蓋人心之靈莫不有知, 而天下之物莫不有理, 惟於理有未窮, 故其知有不盡也. 是以大學始敎, 必使學者卽凡天下之物, 莫不因其已知之理而益窮之, 以求至乎其極. 至於用力之久, 而一旦豁然貫通焉, 則衆物之表裏精粗無不到, 而吾心之全體大用無不明矣. 此謂物格, 此謂知之至也.

르지 않음이 없도록 하고자 함이다'[109]라고 설명하였다. 또 '치致'를 '끝까지 미루어 찾다(推極)', '지知'를 '지식'으로 해석하여 '치지'를 '나의 지식을 지극한 곳까지 미루어 그 아는 바를 극진히 하지 않음이 없고자 하는 것이다'[110]라고 규정하였다. 그는 격물과 치지를 주인과 손님의 관계라 하였는데, 격물과 치지는 병행하거나 고립된 것이 아니고 실제로는 한 가지 일일 뿐이라는 것이다. 사물과 나는 하나의 리理이기 때문에 지식의 내원도 사물 자체에 있는 것이 아니라 선천적인 리에 있는 것이며, 인식은 선천적인 고유한 지식을 발전시켜 사물에서 인증을 얻기 위한 것이다.

격물과 치지는 다른 방면에서 한 가지 일을 보는 것인데, 하나는 사물의 리를 가지고 말하는 것이고, 또 하나는 내 마음을 가지고 말하는 것이다. 그것들이 말하는 것은 동일한 과정이다. 격물은 치지를 목적으로 삼고, 치지는 격물을 하는 과정 중에 저절로 실현되는 것이다.

주희는 격물을 궁리로 보아, '치지격물'을 '즉물궁리卽物窮理'로 이해하였다. 즉 구체적인 사물에 접촉해서 사물의 이치를 궁구한다는 것이다. 이에 궁리하는 방법의 요점을 다음과 같이 개괄하였다. 첫째, 개개 사물에 대해 모두 궁극에 이르러야 하며, 주도면밀하게 힘써야 한다. 둘째, 자신과 밀접하게 관계있는 곳에서 시작해서 점점 미루어 나가 소원疏遠한 곳에 이르러야 하며, 마음의 이치로부터 일신一身의 이치에 이르고, 다시 인륜이 행해야 할 이치에 이르며, 맨 끝에는 천지 귀신과 산천초목 그리고 하나의 티끌, 한 번 호흡의 이치에 이르러야 한다. 셋째, 궁리는 독서를 중요 수단으로 삼아야 하며, 궁리의 요점은 반드시 독서에 있다. 넷째, 궁리를 순서에 따라 점진적으로 해서 최종적으로 활연관통의 경지에 이르게 되면, 철저하게 깨닫고 전지전능한 지식을 구할 수 있다.[111]

---------

109 格, 至也. 物, 猶事也. 窮至事物之理, 欲其極處無不到也.(『대학장구大學章句』「경장經章」)
110 致, 推極也. 知, 猶識也. 推極吾之知識, 欲其所知無不盡也.(『대학장구』「경장」)
111 謝祥皓·劉宗賢,『中國儒學』, 587-588쪽 참조.

심지어 주희는 예순다섯 살 때인 1194년 10월에 행궁行宮의 편전便殿에서 영종 조확趙擴에게 다섯 편의 「갑인행궁편전주차甲寅行宮便殿奏箚」를 올린 바 있는데, 그 중 둘째의 주차에서도 "학문을 하는 방법은 이치를 궁구하는 것보다 앞서는 것이 없고, 이치를 궁구하는 요체는 반드시 책을 읽는데 있다"[112]라고 하여 궁리의 중요성을 강조하였다.

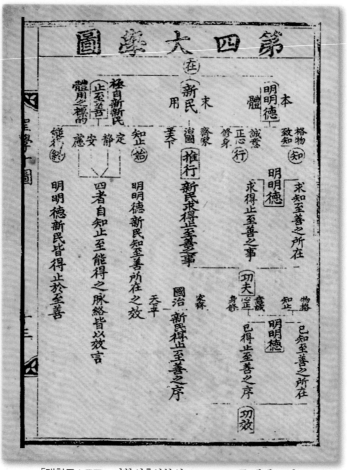

「대학도大學圖」, 이황의 『성학십도聖學十圖』 중 넷째 그림.

---------
112 爲學之道, 莫先於窮理; 窮理之要, 必在於讀書.(『주문공문집』 권14 「갑인행궁편전주차甲寅行宮便殿奏箚(2)」)

# V

# 업적 및 기타

이 장에서는 주희의 업적을 중점적으로 언급하고, 주희와 관련
되어 인구에 회자되는 문제들을 다루어 보겠다.

# *1* 송대 최고의 주석가이자 경학자

**북**송과 남송을 통틀어 유가 경전에 대한 주석을 가장 많이 한 최대의 경학자로는 단연 주희를 손꼽는다. 분량이 방대할 뿐 아니라 거의 『사서오경』 전반에 걸쳐 주석을 하였다.

유가 경전에 대한 주석은 주희가 일생 동안 가장 공들인 분야라 할 수 있다. 『춘추』에 관한 저작이 없고, 『서집전』을 제자 채침蔡沈이 저술하게 한 것을 제외하고, 『사서오경』 전반에 주석을 하였으며 특히 『사서』의 주석에 집중적으로 노력하였다. 일부는 제자나 후손 또는 후대의 학자가 주희의 학설을 모아 편찬한 것도 있는데, 주희의 경학 관련 저작을 살펴보면

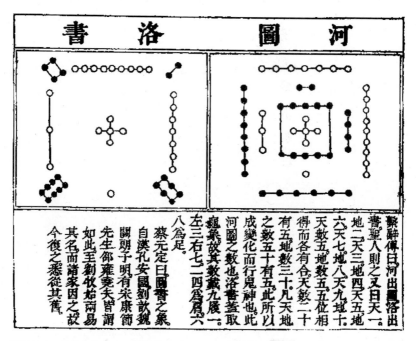

「하도河圖」와 「낙서洛書」. 주희의 『주역본의』에 수록되어 있다.

다음과 같다.

## (1) 『주역』 방면

『주역본의周易本義』(12권): 주희의 역학 대표작인 이 책은 상경과 하경 각 1권, 십익十翼 10권으로 구성되어 있다. 1188년(순희 15)에, 여조겸이 교정校 定한 고문 『역경』 경전經傳 12편에 근거하여 지었다. 주희는 『주역』을 복서 卜筮 즉 점치는 책으로 간주하고, 『주역』을 본래의 면목으로 돌려놓으려 하 였다. 정이의 의리파義理派와 소옹의 상수파象數派의 학설을 융합하였는데, 다만 괘효卦爻를 해석할 때 점복의 각도에서 들어가는 등 후자의 입장이 강하다. 그래서 그를 본질적으로 상수파로 간주하기도 한다. 권수에 「역도 易圖」 아홉 그림이 있는데, 이는 「하도河圖」, 「낙서도洛書圖」, 「복희팔괘차 서도伏羲八卦次序圖」, 「복희팔괘방위도伏羲八卦方位圖」, 「복희육십사괘차서

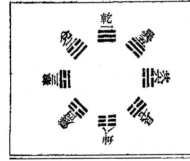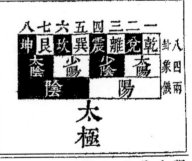

「복희팔괘차서도伏羲八卦次序圖」와 「복희팔괘방위도伏羲八卦方位圖」. 주희의 『주역본의』 에 수록되어 있다.

도伏羲六十四卦次序圖」, 「복희육십사괘방위도伏羲六十四卦方位圖」, 「문왕팔괘차서文王八卦次序」, 「문왕팔괘방위文王八卦方位」, 「괘변도卦變圖」를 포괄하는데, 이것도 본질적으로 그가 상수파 쪽에 치중함을 보여주는 것이다.

명나라 영락永樂(1403-1424) 연간에 『오경대전五經大全』을 찬수할 때 주희 책의 권 순서를 분할하여 정이의 『역전易傳』에 붙였는데, 후에 독서인들이 정이의 책이 번다하다고 느끼고 『주역본의』만을 사용하게 되었다. 그리하여 마침내 정이 책의 권 순서가 주희 책의 권 순서가 되어 4권으로 합쳐졌다. 간본이 아주 많은데, 청대 내부內府(즉 내무부)에서 교간校刊한 송본宋本, 조인曹寅의 간본, 유단림劉端臨이 번각飜刻한 송본 등이 있다.

『역학계몽易學啓蒙』(4권): 의리義理와 상수象數의 융합을 주장한 이 책은 1186년(순희 13)에 완성되었다. 이 책은 한 권당 1편으로 총 4편인데, 「본도서本圖書」, 「원괘획原卦畫」, 「명시책明蓍策」, 「고변점考變占」의 순서로 되어 있다. 『송사宋史』 「예문지藝文志」에는 3권으로 되어 있고, 마단림馬端臨의 『문헌통고文獻通考』에는 1권으로 되어 있다. 『주자유서朱子遺書』본이 있다.

『고역음훈古易音訓』(2권): 이 서목은 『송사』 「예문지」에는 보이나, 주이준朱彝尊(1629-1709)의 『경의고經義考』에는 이 책이 보이지 않는다고 하였고, 사계곤謝啓昆의 『소학고小學考』에는 이미 일실되었다고 하였다.

『시괘고오蓍卦考誤』(1권): 시초점 치는 법으로서 『대전大傳』에 나오며, 곽옹郭雍은 『시괘변오蓍卦變誤』 3권이라고 하였다. 주희에 의하면, 소가疏家[1] 들이 시초점이 가리키는 바를 작게 잃고, 이를 분별하는 사람들이 다시 크게 잃었으며, 설이 많아질수록 법이 어지러워지기 때문에 『고오考誤』를 지었다고 하였다. 이 책은 『송사』 「예문지」에 기록되어 있지 않고 주이준의

---------

1 '소疏'는 '주註'에 대한 주해이다. '주註'는 경서의 자구에 대한 주해로서, 전傳, 전箋, 해解, 장구章句 등으로도 불린다. '소疏'는 '주註'에 대한 주해로서 의소義疏, 정의正義, 소의疏義로도 불린다.

『경의고』권31에 보인다.

『역전易傳』(12권): 1177년에 완성한 이 책은 주희의 「답손경보서答孫敬甫書」와 「여섭언충서」에 보이며, 또 육유陸游(1125-1210)의 『위남문집渭南文集』권28에 수록된 「발주씨역전」이라는 글에 기록되어 있으나 현재 일실되었다. 『송사』「예문지」에 12권, 진진손陳振孫(1183-1262)의 『직재서록해제直齋書錄解題』 및 『문헌통고』에는 11권으로 되어 있으니 당시에는 실제로 전본이 있었다. 『사고전서총목제요四庫全書總目提

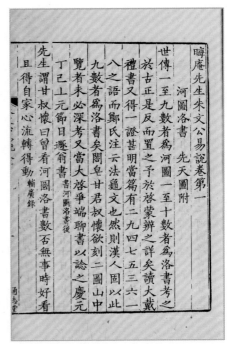

『주문공역설朱文公易說』. 주희의 적장손嫡長孫 주감朱鑑(1190-1260)이 23권으로 편찬하였다.

要』에 수록된 '주문공역설,' 조에는 "주자의 『역전』은 지금 이미 산일되었다. 아마도 확정되지 않은 설이라 스스로 그 원고를 없앴기 때문에 더 유포되지 않은 것 같다"라고 하였다. 혹자는 『주역본의』의 초고라 말하기도 한다.

　『손익상설損益象說』(1권)

　『역답문易答問』(2권)

　『주문공역설朱文公易說』(23권)

## (2) 『시경』 방면

　『시집해詩集解』(8권): 『시경』의 대서大序와 소서小序를 모두 후인의 작이라 간주하고 모두 없앴다. 3백5편 중에 24편이 남녀 간의 애정을 그린 작품이라 주장하였다. 1177년(순희 4)에 완성하였으나 실전되었다.

『시집전詩集傳』(20권): 이 책은 자신이 저술한 『시집해』에 근거해서 세 차례의 수정을 거쳐 1186년(순희 13)에 완성한 것이다. 이 책의 특징은 절대적인 권위를 가졌던 「시서詩序」를 버리고, 훈고학의 새로운 국면을 연 것이다. 알 수 없는 어휘에 대해서는 모두 '자세하지 않다'고 하여 '미상未詳'이라는 두 글자로 주석하였다. 다만 「시서」를 연용한 곳이 아직 적지 않고, 때로 리학가의 '존천리存天理, 멸인욕滅人欲'으로 『시경』을 해석하여 왜곡을 면하지 못했다. 또 『시경』 속의 많은 작품을 '음란한 시'란 뜻의 '음시淫詩'로 배척하였다. 이 책은 소철蘇轍의 『시집전』과 범처의范處義의 『시보전詩補傳』의 기초 위에서, 왕숙王肅, 구양수歐陽脩, 장재張載 등의 성과를 흡수하고, 정초鄭樵의 『시전변설詩傳辨說』에서 제기한 '의서疑序'('「시서」를 의심한다'는 뜻) 정신을 계승하여 이를 발전시키고 완성시켰다. 집전체集傳體 『시경』 연구의 최고 수준을 대표하는 이 책은 여러 학자의 학설을 겸비하고 한대와 송대 시경학의 한계를 타파하고 새로운 길을 열었다. 최초로 완성하여 간행하였을 때에는 20권이었고 말미에 「시서변설詩序辨說」이 붙어 있었는데, 후에 이 「시서변설」은 일실되었다. 원元 나라 연우延祐(1314-1320) 연간 이래로 『시집전』은 조정에서 관리를 선발하는 표준이 되었다.

『시풍아송詩風雅頌』(4권)


(3) 『상서』 방면

『서고경書古經』(4권)

『서전집설書傳輯說』(7권)

『서설書說』(30권)

『문공서설文公書說』

『서경문답書經問答』(1권)

### (4) 『예』 방면

『의례경전통해儀禮經傳通解』(37권): 『의례』를 경으로 삼고 『예기』 및 경서와 사서에서 예에 관해 언급한 것을 취하여 모두 본경 아래에 붙이고, 여러 학자들의 주석을 나열하여 1196년(경원 2)에 엮었다. 초명은 『의례집전집주儀禮集傳集註』이다. 「가례家禮」 5권, 「향례鄕禮」 3권, 「학례學禮」 11권, 「방국례邦國禮」 4권, 「왕조례王朝禮」 14권을 포괄한다. 이 책은 주희가 충분한 문헌자료의 기초 위에서 독특한 분류를 통해 예학의 자료를 조리 있게 나열한 것이다. 후세에 끼친 영향이 매우 크고, 주희와 경학을 연구하는 사람이 반드시 읽어야 할 저작이다.

『의례경전통해속儀禮經傳通解續』(29권): 「상례喪禮」 15권과 「제례祭禮」 14권을 제자 황간이 주희의 초고를 바탕으로 하여 완성하였다.

『의례경전도해儀禮經傳圖解』

『주자정전보朱子井田譜』

『예기변禮記辯』

『주자예찬朱子禮纂』(5권)

### (5) 『오경』 방면

『주자오경어류朱子五經語類』(80권)

### (6) 『대학』 방면

『대학집전大學集傳』

『대학상설大學詳說』

『대학계몽大學啓蒙』

### (7) 『중용』 방면

『중용집략中庸輯略』(2권): 1189년(순희 16)에 친한 벗 석돈石墪(1128-1182)이

집록한 주돈이, 장재, 이정의 『중용』에 관한 글을 새로 산정刪定한 것이다. 초명은 『중용집해』이고, 주희가 서문을 지었다. 이 해에 새로 산정하여 이름을 『중용집략』으로 바꾸었다.

『중용상설中庸詳說』

### (8) 『논어』 방면

『논어요의論語要義』: 먼저 고금에 걸쳐 여러 학자들의 학설을 두루 구하고, 후에 정호와 정이 및 문인과 친구들의 학설을 취하여 1163년에 엮었다.

『논어훈몽구의論語訓蒙口義』: 『논어요의』 중에서 계몽에 필요한 내용을 추려서 1163년(융흥 원년)에 엮었다.

『논어정의論語精義』(10권): 아홉 학자의 학설을 취하고 자신의 의견을 덧붙여서 1172년(건도 8)에 엮었다.

『논어집의論語集義』

『논어약해論語略解』

『논어강령論語綱領』

『논어주의문답통해論語註義問答通解』

『논어상설論語詳說』

### (9) 『맹자』 방면

『맹자정의孟子精義』(14권): 아홉 학자의 학설을 취하고 자신의 의견을 덧붙여서 1172년(건도 8)에 엮었다.

『맹자집의孟子集義』

『맹자요략孟子要略』(5권): 『맹자지요孟子指要』 또는 『맹자요지孟子要指』라고도 하며 1192년(순희 3)에 완성하였으나 일실되었다.

『맹자집해孟子集解』

『맹자문변孟子問辨』(11권)

## (10)『사서』방면

『사서장구집주四書章句集註』(19권): 이 책은『대학장구大學章句』1권,『논어집주論語集註』10권,『맹자집주孟子集註』7권,『중용장구中庸章句』1권으로 구성되어 있으며, 주희가 평생 평생의 정력을 모은 책으로서 판본이 매우 많다.

『사서혹문』(39권):『대학혹문大學或問』2권,『중용혹문中庸或問』3권,『논어혹문論語或問』20권,『맹자혹문孟子或問』14권이다.『논어혹문』과『맹자혹문』은『주자유서』본에 수록되어 있다.

『사서음훈四書音訓』

『주자사서어류朱子四書語類』(52권)

『어맹정의語孟精義』

## (11)『효경』방면

『효경간오孝經刊誤』(1권): 자신의 생각대로『고문효경』을 경 1장과 전 14장으로 나누고 이전의 글을 삭제하여 1186년(순희 13)에 완성하였다. 문자의 잘못을 교정한다는 뜻에서 '간오刊誤'라는 이름을 달았다. 그는『금문효경』의 앞 6장과 고문의 앞 7장이 본래『효경』의 경문이라 주장하고, 전 14장은 본래 경문과 직접적인 연계가 없으며 언어가 더 정확하고 간략하다고 지적하였다. 주이준은『경의고』에서 "한대 이후로 주소가들은 경문의 한 글자도 산삭하지 않았는데, 산삭한 것은 주자의『효경간오』로부터 시작되었다"라고 평하였다.[2]

『효경존이孝經存異』

## (12) 경설 방면

『주자경설朱子經說』(14권)

----------
2 自漢以來註疏家莫能刪削經文隻字者, 刪之自朱子『孝經刊誤』始也.(주이준朱彛尊,『경의고經義考』)

『회암경설晦庵經說』(30권)

『무이경설武夷經說』

## (13) 소학 방면

『교정급취편校定急就篇』

『소희주현석전의도紹熙州縣釋奠儀圖』(1권)

『석전의식釋典儀式』

『사가예범四家禮範』(5권)

『제례祭禮』

『가례家禮』: 『주자가례』 혹은 『주문공가례』라고도 한다. '명분名分을 삼가고, 애경愛敬을 숭상하는 것'을 근본 취지로 삼아 1170년(건도 6)에 완성하였다.

『고금가제례古今家祭禮』(16권): 1174년(순희 원년)에 엮었다.


완벽한 통계가 아니라 하더라도 위에서 열거한 저작들을 보면, 주희가 경학에서 어떠한 성취를 하였는지 충분히 알 수가 있다. 이 저작들 중에서 영향이 가장 큰 것은 의심할 바 없이 『사서장구집주』이다. 주희는 필생의 정력을 쏟아 『사서』를 연구하였는데, 젊었을 때에는 『논어』와 『맹자』에 힘을 쏟았고, 만년에는 『대학』과 『중용』에 더욱 치중하였다. 이로 볼 때, 『주역본의』와 『시집전』보다 『사서』를 훨씬 더 중시했음을 알 수 있다.

주희는 경학을 연구하면서 한당漢唐 시대의 주소註疏를 중시하면서도 무턱대고 떠받들지는 않았다. 그 방법은 『논어훈몽구의』에서 말한 바와 같다.

> 주소註疏에 근본을 두고서 훈고訓詁를 통하게 하고, 『석문釋文』을 참고해서 그 음독音讀을 바로잡은 후에 여러 노선생들의 학설을 모아 정미한 것들을 밝혔다.[3]

---

3 "本之註疏以通訓詁, 參之『釋文』以正其音讀, 然後會之于諸老先生之說, 以發其精微."(『논어훈

여기서 '주소'란 한당 시대 주석가들의 저작을 말하고, 훈고는 '자구를 해석하다'는 뜻이다. 또 『석문』이란 당대의 경학가 육덕명陸德明(550?-630) 이 지은 『경전석문經典釋文』을 가리킨다. 30권으로 구성된 이 책은 유가의 경서와 『노자』, 『장자』 등 14종의 문헌에 대해 음의音義를 해석한 저작이 다.[4] 『경전석문』은 경문經文과 주문註文 모두에다 반절反切 등의 음주音註 를 다는 방법을 써서 위진 시기 이래로 혼란해진 주음注音을 통일시켜 독 자가 그 어휘를 이해하는 데 편리하도록 하였다. 당대 이후로 『십삼경주소 十三經注疏』와 함께 경전을 읽는 근거가 될 정도로 중요한 문헌이다.

의리지학이 흥기하면서 송대의 유학자들은 대부분 공자와 맹자가 전하지 않은 도통을 얻었다고 여기고, 한대漢代 유학자들의 주석을 아주 경시하는 태도를 보였는데, 주희는 이것이 타당하지 않다고 생각했다. 그래서 그는 훈고와 의리를 결합시켰는데, 이것이 경학에 대한 주희의 일대 공헌이다.

주희는 한당 시대의 주소를 위주로 하고 북송 시대 유학자들의 학설을 채택하였다. 또 리학가의 말을 채택하고 동시대인들의 학설도 받아들였 다. 그럼으로써 그는 고금을 융회관통하여 모든 학설을 포용하고, 그 중 정수를 뽑아내어 새로운 학설을 만들어 내려 하였다. 주희는 새로운 경학 을 만들어 내려 했을 뿐 아니라 실제로는 경학을 통해서 새로운 리학을 발 전시키려 하였다. 그리하여 경학과 리학을 서로 결합시키고 여기에 모든 문학과 사학을 보태었다.

---

몽구의論語訓蒙口義』)
4 『경전석문』에서는 음과 뜻을 설명했다고 해서 대상 문헌에 '음의音義'라는 말을 붙였는 데, 그 목록은 다음과 같다. 『주역음의周易音義』, 『고문상서음의古文尙書音義』, 『모시음의 毛詩音義』, 『주례음의周禮音義』, 『의례음의儀禮音義』, 『예기음의禮記音義』, 『춘추좌씨음의 春秋左氏音義』, 『춘추공양음의春秋公羊音義』, 『춘추곡량음의春秋穀梁音義』, 『효경음의孝經 音義』, 『논어음의論語音義』, 『노자음의老子音義』, 『장자음의莊子音義』, 『이아음의爾雅音義』.

# 2 중국 역사상 최대의 저술가

주희의 저작은 대단히 많아서 중국 역사상 저작이 가장 많은 사상가라 할 수 있다. 진영첩陳榮捷의 통계에 의하면, 주희가 일생 동안 쓴 저술, 주석서 편저를 모두 합하면 80여 종에 달하고, 어록은 1백40편에 달하는데, 이것은 한 사람의 대화록으로는 중국 역사상 최대의 분량으로 알려져 있다. 그가 쓴 편지는 현재 전해오는 것만도 2천 편에 이르고, 시는 1천2백여 편에 이른다. 이것은 역사상 대학자도 도달하기 어려운 대기록이다.[5] 또 황간, 채원정, 채침, 유청지, 조사연趙師淵(1150-1210) 등의 고족제자高足弟子와 여조겸 같은 학자들도 주희의 저술 활동에 참여하였다.

『사부총간四部叢刊』[6]에 포함된 『회암선생주문공문집晦庵先生朱文公文集』 1백 권만 보아도 그의 작품이 얼마나 많은지 알 수 있다.

사詞·부賦·시詩 1천1백67수(권1-10), 봉사封事 6편(권11-12), 주차奏箚 91편(권13-19), 신청申請[7] 53편(권20-21), 사면辭免[8] 1백45편(권22-23), 서書 1천6백63편(권24-64), 잡저雜著 1백53편(권65-74), 서序 69편(권75-76), 기記 81편(권77-80), 발跋 2백84편(권81-84), 명銘[9]·잠箴·찬贊·제문祭文·비碑·묘표墓

----------

5 陳榮捷 지음, 표정훈 옮김, 『진영첩의 주자강의』, 80쪽 참조.
6 『사부총간四部叢刊』은 장원제張元濟가 주편한 총서로서, 고대의 주요한 경사經史 저작, 제자백가의 대표작, 역대 저명 학자와 문인의 문집을 주로 수집하였다. '사부'란 경사자집 經史子集의 전통적인 4대 도서 분류법을 말하고, '총간'이란 총서를 뜻한다. 『사부총간』은 작은 『사고전서四庫全書』로서 당시 목록학계目錄學界에 주도적인 작용을 하였다. 『사부총간』은 초편初編, 속편續編, 삼편三編으로 총 5백2종의 책이 나왔다. 20세기 초기 중국의 출판사상 규모가 가장 큰 총서이다.
7 '신청申請'이란 상급이나 유관 부서에 이유를 설명하고 청구하는 것을 말한다.
8 '사면辭免'이란 사관면직辭官免職을 말하며, 벼슬자리에서 물러나기를 청한다는 뜻이다.
9 '명銘'이란 영구적 또는 공개적으로 기록을 확립하기 위해 새기거나 쓴 글을 말하는데, 고대에는 대부분 종鐘과 정鼎에 새겼고, 진한 시기 이후에는 석비에 새겼다. 예를 들면 상왕조의 개창자 상탕商湯의 「반명盤銘」이나 공자의 7대조 정고보正考父의 「정명鼎銘」이 있다.

表[10]·묘지명墓誌銘·행장行狀·공이公移[11] 3백32편(권85-100) 등.[12]

중국에서는 전통적으로 도서를 경사자집經史子集 4부로 분류한다. 이 사부분류법四部分類法은 중국 삼국시대 때 위魏나라의 정묵鄭默(213-280)이 엮은 『중경부中經簿』와 진晉나라 때 학자 순욱荀勗(?-289)이 엮은 『신부新簿』에서 채택한 '갑甲·을乙·병丙·정丁'이 효시인데, 이 갑을사분법甲乙四分法의 주제 순서는 경·자·사·집이었다. 이 갑을사분법이 4세기 초인 동진東晉 원제元帝 때의 시인이자 목록학자인 이충李充이 엮은 장서목록에서 비로소 경·사·자·집으로 되었다.

'경'은 '경부經部'로서 유가 경전에 관한 저작을 가리키고, '사'는 '사부史部'로서 역사에 관한 저작을 가리키고, '자'는 '자부子部'로서 제자백가諸子百家의 저작을 가리키고, '집'은 '집부集部'로서 여러 장르의 문학 저작을 가리킨다.

주희의 저작은 경부와 사부, 자부와 집부 등 모든 방면에 걸쳐 있다. 경부 관련 저작은 앞에서 상술하였기에 여기서는 그 나머지 저작을 소개하고자 한다.

## (1) 사부四部 방면

『자치통감강목資治通鑑綱目』(59권): 사마광의 『자치통감』을 정선精選한 책이다. 강목체綱目體로 편찬하였는데, 강은 『춘추』를 모방하고, 목은 『춘추좌씨전』을 모방하였다. 주희가 강綱 부분을 완성하고 제자 조사연趙師淵이 목目 부분을 편찬하여 1172년(건도 8)에 완성하였다. 후세에 『자양강목紫陽綱目』이라고도 불리는 이 책이 명저가 된 까닭은 의례義例와 서법書法

---------

10 '묘표墓表'는 묘비墓碑와 같다. 무덤 앞에 혹은 묘도墓道 안에 세워서 죽은 이를 표창하기 때문에 묘표라 부른다.
11 통괄하거나 예속되지 않은 관서官署 사이에 사용하는 공문을 총칭해서 '공이公移'라 부른다.
12 王瑞明·張全明, 『朱熹集導讀』, 71쪽 참고.

이 『춘추』의 전통을 계승함으로써 그 시비와 포폄褒貶이 후세의 모범이 되었기 때문이다. 이 책의 정신은 「자치통감강목범례」에 보이는데, 「범례」에 등장하는 통계統系, 세년世年, 명호名號, 찬시簒弑, 은택恩澤, 조회朝會, 봉배封拜, 정벌征伐, 폐출廢黜 등 19개 항목이 모두 제왕의 입장에서 말한 것이다. 첫째는 정위正位(정통)와 윤위閏位(비정통)를 변별하여, 주 왕조로부터 오대에 이르기까지 역사상의 정통正統을 확인하였다. 둘째는 순역順逆을 밝혀서 역사상의 의義와 불의不義의 표준을 수립하였다. 셋째는 찬탈자와 시해자의 주벌을 엄격히 하였다. 넷째는 존귀한 사람과 현자賢者, 그리고 절개를 위해 죽은 자를 기렸다. 다섯째 『춘추』의

『자치통감강목資治通鑑綱目』. 우리나라에서 보물 552호로 지정되었다. 1438년, 세종 20년에 인쇄되어 현재 유일하게 남아 있는 활자본으로, 서애 유성룡 선생의 서재인 옥연재玉淵齋에 수장되었던 책이다. 주희의 『자치통감강목』은 강목체綱目體의 효시이다.

대의大義를 취하는 방면에서 『자치통감』에서 부족하다고 느끼는 부분이 있으면 개정을 하였다.

『자치통감강목제요資治通鑑綱目提要』(59권): 이 서목은 『송사』 「예문지」에 보인다.

『이락연원록伊洛淵源錄』(14권): 북송의 리학가인 주돈이, 정호와 정이, 장재, 소옹 및 그 제자들의 언행을 수록한 책으로 1173년(건도 9)에 완성되었다. 『송사』의 「도학전道學傳」과 「유림전儒林傳」은 대부분 이 책을 원본으로 삼아 작성된 것이다. 이락은 이천伊川과 낙수洛水를 가리키는데, 정이가 숭현嵩縣의 서북쪽인 이천에 산 적이 있고, 또 이정과 소옹 등도 오랫동안 낙수의 북쪽에 있는 낙양에 거주하고 강학하였다. 주희는 그들의 행장, 묘지

조광윤趙匡胤(927-976). 자는 원랑元朗. 송조宋朝의 개국 군주. 재위 960-976. 향년 49세. 묘호는 태조太祖.(출처:『삼재도회』)

조광의趙光義(939-997). 자는 정의廷宜. 북송의 제2대 황제. 본명은 광의匡義인데, 형인 태조 광윤匡胤의 항렬자 이름 '광匡' 자를 피하여 광의光義로 고쳤다가 즉위 후에 다시 경炅으로 바꾸었다. 재위 976-997. 향년 59세. 묘호 태종太宗.(출처:『삼재도회』)

조항趙恒(968-1022). 송조의 제3대 황제. 태종 조광의의 셋째 아들. 처음 이름은 덕창德昌인데, 후에 원휴元休, 원간元侃으로 고쳤다가 태자가 되면서 다시 항恒으로 고쳤다. 재위 997-1022. 향년 55세. 묘호는 진종眞宗.(출처:『삼재도회』)

조정趙禎(1010-1063). 북송의 제4대 황제. 진종 조항의 여섯째 아들. 초명은 수익受益인데 황태자로 책봉되면서 이름을 정禎으로 고쳤다. 그의 통치 기간을 역사가들은 '인종성치仁宗盛治'라 부른다. 재위 1022-1063. 향년 54세. 묘호는 인종仁宗.(출처:『삼재도회』)

명, 유사遺事 등의 전기傳記 자료를 가지고 리학의 계보를 배열하고 아울러 이정을 중심으로 하여 연원을 밝혀 놓았다.

『팔조명신언행록八朝名臣言行錄』(24권): '팔조'란 북송의 여덟 황제, 즉 북송의 태조太祖, 태종太宗, 진종眞宗, 인종仁宗, 영종英宗, 신종神宗, 철종哲宗과 휘종徽宗을 말하며, 북송의 아홉 황제 중에 흠종欽宗 부분만 빠졌다. 주희가 이 책을 펴낸 목적은 흩어져서 통일되어 있지 않은 북송 시기 명신名臣의 사료를 정리하여 믿을 만한 부분을 보존하는 데 있었다. 아울러 북송 황제의 언행 및 일부 소인과 간신의 언행을 기록하여 후세 사람들에 대한 경계의 역할도 겸했다. 초고는 1172년(건도 8)에 완성되었고, 오래지 않아 건양에서 판각하였다.

『증자고연보曾子固年譜』(1권)

『무원다원주씨세보婺源茶院朱氏世譜』

『삼선생논사록三先生論事錄』

『대우록臺寓錄』(3권)

## (2) 자부子部 방면

『사상채선생어록謝上蔡先生語錄』(3권): 1159년(소흥 29)에 교정校定하였다.

『연평답문延平答問』(원명 『연평이선생사제자답문延平李先生師弟子答問』)(1권): 스승 이동과 문답을 주고받은 서신을 묶어서 펴냈다.

『정씨유서程氏遺書』(25권): 주희의 집에 여러 편이 소장되어 있었는데, 후에 이정二程의 문인이 기록한 것을 정리하여 1168년(건도 4)에 완성하였다.

『정씨외서程氏外書』(12권): 『정씨유서』에 수록되지 않은 잡문이나 출처를 알 수 없는 글을 모은 것으로, 1173년(건도 9)에 완성하였다.

『서명해의西銘解義』(1권): 이정은 장재가 지은 「서명」의 요체가 '리일분수理一分殊'를 밝힌 것이라 말한 바 있는데, 주희가 '리일분수'로 「서명」에 대해 주석을 한 것이다. 주희는 풀이에서 "천지 사이에는 리 하나일 뿐이다.

그러나 건도가 남성을 이루고, 곤도가 여성을 이루어 두 기가 교감해서 만물을 화생시키니, 그 대소의 구분과 친소의 등급은 십, 백, 천, 만 배에 이르러 가지런할 수가 없다"라고 주장하였다.[13] 주희는 양시楊時의 편지 때문에 쓴 것이라 스스로 말하였지만 실제로는 육구연의 심학 일파가 「서명」을 깎아내리는 주장에 맞서서 지은 것이다. 이 글은 1172년(건도 8)에 완성되었으나, 「서명」을 제대로 이해하지 못하고 낮게 평가하는 유학자들에게 가볍게 떠들 수 없는 글임을 알게 해 주기 위해서 공개하지 않고 있다가 1188년(순희 15)에 이르러서야 공개하였다. 후인이 다시 『서명해의』와 주희의 발문跋文을 합쳐 『서명론西銘論』을 만들었다.

『태극도설해太極圖說解』(1권): 도학의 창시자인 주돈이의 「태극도설」을 해설한 책이다. '무극이태극無極而太極'은 형체가 없으면서 리가 있는 것이고, 음양은 기라 하여, 태극과 음양이 리와 기의 관계임을 밝혔다. 1173년(건도 9)에 지었다.

『통서해通書解』(2권): 주돈이의 주요 저작인 『통서』는 『역경』의 큰 뜻을 말하였으나 경에 얽매이지 않았는데, 그 말이 아주 간단하여 총 40장章으로 2천8백32자에 불과하였다. 그래서 초학자가 읽으면 그 요지를 파악하기가 매우 어렵다. 주희 자신도 어렸을 때 이 책을 읽고서 무슨 말인지 몰랐다가 스승 이동을 만난 후에야 한두 가지의 의미를 알게 되었다고 고백하였다. 고증을 통해 『통서』에 편차를 정하고 아울러 주석을 달아 1173년(건도 9)에 지었다.

『근사록近思錄』(14권): 1175년(순희 2)에 여조겸이 절강 동양東陽에서 복건에 있는 주희를 만나러 와서, 두 사람이 함께 한천정사에서 주돈이, 장재, 정호, 정이 등의 저작을 읽고서 이들의 저작이 매우 방대하여 초학자가 쉽게 요점을 파악할 수 없음을 느끼고 6백22조를 정선하여 14권으로 집록

---

13 天地之間, 理一而已. 然乾道成男, 坤道成女, 二氣交感, 化生萬物, 則其大小之分, 親疏之等, 至於十百千萬而不能齊也.(『서명해의』)

하였다. 목차는 도체道體, 위학爲學, 치지致知, 존양存養, 극기克己, 가도家道, 출처出處, 치체治體, 제도制度, 정사政事, 교학教學, 경계警戒, 이단異端, 성현聖賢과 후서後序, 제요提要로 구성되어 있다. 책 이름 '근사'는 『논어』「위영공衛靈公」편에 나오는 "博學而篤志(박학이독지), 切問而近思(절문이근사), 仁在其中矣(인재기중의) (널리 배우고 뜻을 돈독히 하며, 절실하게 묻고 가까운 데서부터 생각하면 인은 그 가운데 있다)"에서 따온 것이다. 이 '근사'라는 말을 취한 뜻은, 네 선생의 저작은 『육경』을 학습하는 계단이니, 『근사록』을 네 선생의 저작을 학습하는 계단으로 삼아, 이로써 '비근한 것을 싫어하고 고원한 데로 질주하려는(厭卑近而鶩高遠)' 잘못을 바로잡기 위함이었다. 네 선생의 저작 총14종이 수록되어 있는데 다음과 같다. 『염계선생태극통서濂溪先生太極通書』, 『명도선생문집明道先生文集』, 『이천선생문집伊川先生文集』, 『주역정씨전周易程氏傳』, 『정씨경설程氏經說』, 『정씨유서程氏遺書』, 『정씨외서程氏外書』, 『횡거선생정몽橫渠先生正蒙』, 『횡거선생문집橫渠先生文集』, 『횡거선생역설橫

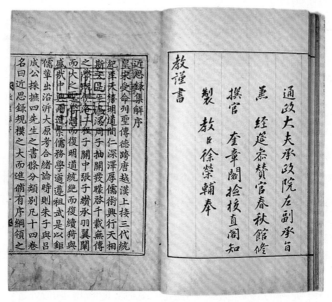

『근사록近思錄』

渠先生易說』, 『횡거선생예악설橫渠先生禮樂說』, 『횡거선생논어설橫渠先生論語 說』, 『횡거선생맹자설橫渠先生孟子說』, 『횡거선생어설橫渠先生語說』.

『소학小學』(6권): 아동에게 어버이를 사랑하고(愛親), 어른을 공경하며(敬 長), 스승을 존숭하고(隆師), 벗과 친하게 지내는(親友) 도를 가르치기 위하 여 1187년(순희 14)에 완성하였다. 「입교立敎」, 「명륜明倫」, 「경신敬身」, 「계 고稽古」의 내편과 「가언嘉言」, 「선행善行」의 외편 등 총 6편으로 구성되어 있다. 경사자집에서 32명의 말 3백82조를 모아, 제자인 유청지劉淸之(1134- 1190)와 함께 편찬하였다. 주희가 머리글로 사언四言의 운어韻語를 사용하 여 지은 「소학제사小學題辭」는 『소학』의 핵심 내용을 개괄한 것으로 천고 의 명문으로 알려져 있다.

『잡학변雜學辨』(1권): 당시 유학자 들이 불학과 노장에 물든 것을 배척 하여 지은 것이다. 소식蘇軾의 『역전 易傳』(즉 「소씨역해蘇氏易解」) 19조, 소 철蘇轍의 『노자해老子解』(즉 「소황문노 자해蘇黃門老子解」) 14조, 장구성張九 成의 『중용해中庸解』(즉 「장구무중용해 張無垢中庸解」) 52조, 여희철呂希哲의 『대학해大學解』(즉 「여씨대학해呂氏大學 解」) 4조에 대해 모두 원문을 수록하 고 각기 아래에다 반박하였다. 끝에 1166년(건도2)에 하호何鎬가 쓴 발문 이 있다.

『중화구설中和舊說』

『정자미언程子微言』

『음부경고이陰符經考異』(1권): 『황

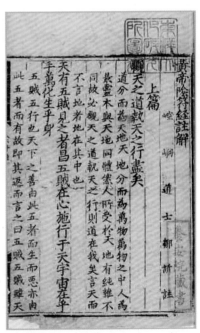

『황제음부경주해黃帝陰符經註解』. 『음부경 고이』라고도 하며, 주희가 마흔여섯 살 때인 1175년(순희 2)에 지었다. '공동도사 추흔峏峒道士鄒訢'이라는 별명을 사용하 였다.(동경대학 동양문화연구소 소장본)

제음부경주해黃帝陰符經註解』라고도 하며, 줄여서 『음부경주』, 『음부경주해』라고도 한다. '고이'란 서적 판본의 글자 혹은 기록된 사실의 같고 다름을 고증하여 교정하는 것을 뜻한다. 당나라 때 간행된 이전李筌의 『음부경집주』와 장과張果의 『음부경주』가 송나라에 전해지면서 송대 유학자들의 『음부경』에 관한 논란이 일어났는데, 논쟁의 초점은 바로 『음부경』의 진위 문제이다. 어떤 이는 『음부경』이 상나라 말기가 아니라 주대 말기의 책이라 주장하고, 어떤 이는 전국 시기의 책이라고 주장하였다. 또 어떤 의견은 문자의 기상으로 본다면 틀림없이 고서일 리가 없지만 만일 도학道學에 깊은 사람이 아니면 이 책을 지을 수가 없는데, 이전이 도학에 깊이 통한 사람이 아니므로 이 책은 이전보다 앞선 사람이 지은 것이라 주장한 반면, 다른 의견은 이전이 지은 책이지만 황제가 지은 것이라 가탁하고 숭산嵩山의 석실石室 속에서 얻었다고 거짓으로 일컬었다고 주장하였다. 주희는 「음부경고이서」에서 여러 의견을 찬찬히 분석한 후에 당나라 때의 장과가 비록 『도장道藏』 속에서 『음부경』을 얻었다고 말하지만 필경 이전의 뒤에 나온 것이니 『음부경』도 원서가 아니라고 여러 학자의 말을 인용하여 부정하였다. 또 『음부경』은 당나라 이전이 지은 것으로 추측하고, 이전이 노력을 하였기에 『음부경』이 세상에 퍼질 수 있다고 주장하였다. 주희는 총 4백61자로 구성된 이 책을 도道·법法·술術 즉 신선포일神仙抱一의 도, 부국안민富國安民의 법, 강병전승强兵戰勝의 술에 따라 상중하 세 편으로 나누고 편명은 달지 않았다. 주문註文 이외에 원대元代 황서절黃瑞節의 부록이 있는데 대부분 주희와 유진옹劉辰翁(1232-1297, 자는 회맹會孟, 호는 수계須溪)의 말을 인용하여 경을 해석하였다. 주문 속 많은 곳에 안어按語를 덧붙여 여러 경문의 이동異同을 대조하였다. 후세에 『음부경』을 연구한 학자들은 주희의 『음부경』에 대한 고이考異를 일가의 학설로 간주하지만, 경문 속의 주문과 안어는 실로 후세에 『음부경』 경문의 대조와 성립 연대의 고증에 도움을 준다. 1175년(순희 2)에 지었으나, 『주희연보』에는 기록되지 않았다. 명대의 『도장道藏』본과 청대의 『사고전서四庫全書』본 등이 현존한다.

『주역참동계고이周易參同契考異』(1권): 경원慶元 3년인 1197년에 완성하였으며, 『주역참동계주周易參同契註』라고도 한다. 주희의 주문註文 뒤에 황서절黃瑞節이 부록으로 주희의 논술과 황서절 자신의 말을 실었다. 후한 때의 연단가鍊丹家 위백양魏伯陽(약 100-170)의 저작으로 전해지는 『주역참동계』는 도교의 초기 문헌이다. 이 책은 주역과 연단술鍊丹術 그리고 도교의 기공氣功을 결합한 저작으로서 '만고단경지조萬古丹經之祖'로 불린다. 오대五代 시기에 저명한 도사道士 팽효彭曉(?-955)가 지은 『주역참동계분장통진의周易參同契分章通眞義』에 따랐지만 장章을 나누지 않았다. 주희는 "『주역참동계』는 문장이 아주 좋으며, 후한 때의 능문자能文者가 지은 것이다. 이 책에 사용된 글자가 모두 고서에 의거한 것이라서 오늘날의 사람들이 해석할 수 있는 것이 아니다."[14]라고 평했다. 권말의 낙관落款에는 '공동도사 추흔崆峒道士鄒訢'이라는 별명을 사용하였다. 주희가 스스로 솔직하게 말했듯이 『주역참동계』 속의 많은 의문점들을 풀지는 못했지만, 이 책의 주문은 간단하고 명료하여 이해하기 쉽고 취할만한 곳이 많아서 후세 학자들이 높이 평가하지만, 도사들에게는 그다지 중시되지 않는다. 현재 명대의 『도장道藏』본과, 청대의 『사고전서四庫全書』본, 1990년에 상해고적출판사에서 출간된 『주역참동계고주집성周易參同契古註集成』본이 있다.

『교정비정서校正裨正書』(3권)

## (3) 집부集部 방면

『초사집주楚辭集註』(8권): 『초사』는 전국시대의 위대한 시인 굴원屈原(약 서기전 342-서기전 278)이 창조한 부체賦體의 작품으로, 호남과 호북인 당시 초 땅의 문학양식과 방언 및 성운聲韻을 운용하여 초 땅의 산천, 인물과 역

---

14 文章極好, 是後漢能文者爲之. 其用字皆根據古書, 非今人所能解.(「참동계고이서參同契考異序」)

사, 풍속을 묘사하여 농후한 지방 특색을 갖추고 있다. 북방을 대표하는 『시경』을 이어 남방을 대표하는 시가집 『초사』에는 주석본이 아주 많으나 주희의 『초사집주楚辭集注』가 『초사』를 연구하는 데 가장 훌륭한 선본으로 정평이 있다. 『초사후어楚辭後語』(6권)와 『초사변증楚辭辨證』(2권)이 부록으로 있다. 주희가 일흔 살 때인 1199년에 완성되었다.

『한문고이韓文考異』(10권): 주희가 예순여덟 살 때인 1197년에 당대唐代의 대문장가 한유韓愈(768-824)의 전집을 교정하여 완성하였다. 이 책은 교감 학교勘學 전문서이면서 주희의 한유 연구 학술서이다. 제자 정문진鄭文振에 의해 조주潮州에서 간각되었다.

『목재정고牧齋淨稿』(1권): 주희가 스스로 편성한 최초의 시집이다. 스물두 살 때인 1151년부터 스물여섯 살인 1155년까지 쓴 1백9수의 시가 수록되어 있다.

『남악창수집南嶽唱酬集』(1권): 서른여덟 살 때인 건도 3년, 1167년 8월에 주희는 제자 임용중林用中과 함께 담주潭州(호남성 장사시)로 가서 장식張栻을 방문하고, 11월 6일에 그들 세 사람과 함께 남악 형산衡山에 올라갔다. 여행을 하면서 세 사람은 서로 시를 화답하여 1백49수를 지었는데 이것이 『남악창수집』으로 편찬되었다. 지금은 57수만이 남아 있다.

『동귀난고東歸亂稿』(1권): 주희와 제자의 수창酬唱 시집이다. 1167년에 담주로 가서 장식과 만난 후에 동쪽인 숭안으로 돌아오는 도중에 제자 범념덕, 임용중과 2백여 수의 시를 지었다. 이 시집은 『남악창수집』의 자매편이라 할 만하다.

『구증문수歐曾文粹』(6권)

『회암시화晦庵詩話』(1권)

『유예지론遊藝至論』

『문설文說』(1권)

『곤학공문困學恐聞』: 동안 주부 시절과 그 후 수년간의 시문을 모아서

1164년(융흥 2)에 엮었다.

이 밖에 제자나 후인이 편찬한 전집, 전서, 초록, 어록, 시문 등이 수십 종 있다.

『주문공문집朱文公文集』(100권): 전체 이름은 『회암선생주문공문집晦庵先生朱文公文集』이고, 『회암집晦庵集』, 『주자문집朱子文集』, 『주자문집대전朱子文集大全』 또는 『주자대전朱子大全』, 『주자대전문집朱子大全文集』이라고도 한다. 『주문공문집속집朱文公文集續集』(11권)과 『주문공문집별집朱文公文集別集』(10권)이 있다. 주희의 아들 주재朱在가 편집한 것이다. 그 속에는 주희의 시, 주장奏章의 초고, 서찰, 논문이 수집되어 있으며, 주희의 철학 관점과 정치사상을 비교적 전면적으로 반영하였다. 『별집別集』은 주로 여사로余師魯의 손에서 나왔고, 『속집續集』은 편자가 누구인지 밝혀져 있지 않다.

전본傳本이 비교적 많고 책명과 권수도 일치하지 않는다. 이를 살펴보면

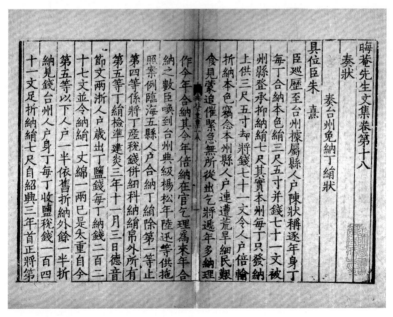

『회암선생문집晦庵先生文集』. 송宋 순희淳熙 소희紹熙 연간의 복건福建 간본刊本.(대만 고궁박물원 소장)

다음과 같다. 송각대자본宋刻大字本에는 『회암선생문집晦庵先生文集』으로 되어 있는데, 이것은 주재朱在의 원본으로서 1백 권이다. 1688년(강희 27) 채방병蔡方炳(1626-1709)이 각각刻한 민소자본閩小字本에는 『회암집晦庵集』으로 되어 있고, 『정집正集』 1백 권, 『속집續集』 5권, 『별집別集』 7권이며, 『사고전서』에는 이 판본에 의거해서 기록되었다. 1876년(광서光緒 2) 『서경청록총서西京淸麓叢書』와 광서光緒(1875-1908) 연간의 『유씨전경당총서劉氏傳經堂叢書』 두 판본에는 『주자대전문집朱子大全文集』으로 되어 있고, 아울러 모두 하단린賀端麟의 「문집정위文集正僞」, 「기의記疑」, 「정위기의보유正僞記疑補遺」 각 1권이 붙어 있다. 송각명수보본宋刻明修補本에는 『주문공집朱文公集』으로 되어 있고, 정집 1백 권, 『속집』 11권, 『별집』 10권이다. 『사부총간四部叢刊』에는 『주자대전집朱子大全集』, 『사부비요四部備要』에는 『주자대전朱子大全』, 청 함풍咸豐(1851-1861) 연간에 서수명徐樹銘(1824-1900)의 간본刊本에는 『주자문집대전유편朱子文集大全類編』으로 각각 되어 있다.

『주자전서朱子全書』(66권): 청대 이광지李光地 등이 편찬하였고, 『주자어류』와 『주자문집』에서 뽑아서 완성한 책이라 참고할 만하지만 사료를 인용할 때에는 원서를 대조해야 한다.

『주자어류朱子語類』(140권): 주희가 강학한 어록이다. '어류語類'란 분류해서 모은 어록을 말한다. 제자 황사의黃士毅가 1백 명 제자의 기록을 수집하여 편집하였고, 다시 남송 말에 여정덕黎靖德이 1백40권으로 보완해서 편찬하였다. 그 중에서 『사서』가 51권을 점하고, 『오경』이 29권, '리기'와 '지행' 등 전문적인 철학 문제와 주돈이, 이정, 도교, 불학 및 치학 방법 등을 언급한 것이 약 40권, 역사, 정치, 문학 등이 약 20권을 점하고 있다. 어록은 문인의 기록이라 주희의 원말과 차이가 있음을 면할 수는 없지만 주제별로 분류한 것이 분명하고 이해하기 쉽다. 이 책에는 주희가 만년에 한 정묘하고 긴요한 말이 많아 초기 저작 속의 미성숙한 의견을 바로잡을 수 있으며, 그의 문집에서 지극히 간략하거나 아예 없는 내용들도 실려 있어서 매우 중요하다. 다른 리학가들의 어록에서는 대부분 성리 문제만을 말하고 있는데, 이 『주자어류』에서는 위로는 천지가 높고 두터운 까닭부터 아래로는 한 사물의 미미함까지 말하지 않은 것이 없어 범위가 매우 넓다.

『주자어록朱子語錄』(43권): 주희를 사숙私淑한 이도전李道傳(1170-1217)이 1215년에 지주池州에서 주희의 어록을 최초로 편찬하였다.

『주자어류요朱子語類要』: 황간의 제자 섭사룡葉士龍이 편찬하였다.

『회암주자어록유서晦庵朱子語錄類書』(18권): 황간의 제자 섭사룡이 편찬하였다.

『주자어략朱子語略』(20권): 주희의 제자 양여립楊與立이 편찬하였다.

『주자대동집朱子大同集』(13권): 남송 진리용陳利用이 편찬하고, 명대 임희원林希元이 증집增輯하였다.

『문공주선생감흥시文公朱先生感興詩』(1권): 남송 채모蔡模(1188-1246)가 편찬하였다.

『유편표주문공선생경제문형類編標注文公先生經濟文衡』(전집 25권, 후집 25권, 속집 22권): 남송 때 마괄馬括이 편찬하였다.

『주자성서朱子成書』(10권): 원대 황서절黃瑞節이 편찬하였다.

『주자감흥시朱子感興詩』: 원대 호병문胡炳文(1250-1333)이 편찬하였다.

『주자경설朱子經說』(14권): 명대 진룡정陳龍正이 편찬하였다.

『문공선생경세대훈文公先生經世大訓』(16권): 명대 여우余祐가 편찬하였다.

『주자초석朱子鈔釋』(2권): 명대 여남呂柟(1479-1542)이 편찬하였다.

『주자절요朱子節要』(14권): 명대 고반룡高攀龍(1562-1626)이 편찬하였다.

『주자주의朱子奏議』(15권): 명대 주오필朱吾弼이 주석해서 편찬하였다.

『회암문초晦庵文鈔』(7권): 명대 오눌吳訥(1372-1457)이 집록하였다.

『회암선생오언시초晦庵先生五言詩鈔』(1권): 명대 오눌이 집록하였다

『회암문초속집晦庵文鈔續集』(4권): 명대 최선崔銑이 집록하였다.

『회암선생주문공시집晦庵先生朱文公詩集』(12권): 명대 정거程璩가 편찬하

였다.

『신각자양오언시선新刻紫陽五言詩選』(전·후집 2권): 명대 정운죽鄭雲竹이 간행하였다.

『당형천선집주문공전집唐荊川選輯朱文公全集』: 명대 당순지唐順之(1507-1560)가 편찬하였다.

『주자문집대전유편朱子文集大全類編』(110권): 주희의 16세손인 청대 주옥朱玉이 편찬하였다.

『주자어류일초朱子語類日抄』(5권): 청대 진례陳澧(1810-1882)가 편찬하였다.

『주자논정문초朱子論定文抄』(20권): 청대 오진방吳震方이 편찬하였다.

『주자오경어류朱子五經語類』(80권): 청대 정천程川이 편찬하였다.

『주자언행록朱子言行錄』(8권): 청대 서경정舒敬亭이 편찬하였다.

『주자강습집요편朱子講習輯要編』(10권): 청대 용계원龍啓垣이 편찬하였다.

『주자백록동조목朱子白鹿洞條目』(20권): 청대 왕주王澍가 편찬하였다.

『주자학귀朱子學歸』(23권): 청대 정단鄭端(1639-1692)이 편찬하였다.

『주자어류찬朱子語類纂』(13권): 청대 왕월王鉞이 편찬하였다.

『주자어류집략朱子語類輯略』(8권): 청대 장백행張伯行(1651-1725)이 편찬하였다.

『주자만년전론朱子晩年全論』(8권): 청대 이불李紱(1675-1750)이 편찬하였다.

『주자문어찬편朱子文語纂編』(14권): 청대 엄홍규嚴鴻逵가 집록하였다.

『주자시집朱子詩集』(10권): 청대 강희제 때 내부정초본內府精鈔本이다.

『주자시초朱子詩鈔』(4권): 청대 두정주杜庭珠가 편찬하였다.

『주자문초朱子文鈔』(20권): 청대 두정주가 편찬하였다.

『주자분류문선朱子分類文選』: 청대 두택운杜澤澐이 편찬하였다.

이중에서 특히 『사서장구집주』와 함께 『주자어류』, 『주문공문집』, 『태극도설해』는 주희 사상을 대표하는 주요 저작이라 할 수 있다.

여기서 짚고 넘어가야 할 것은, 조선시대에도 통치 이념인 주자학을 진흥하기 위하여 다양한 주자서 선본善本을 편찬하였다는 사실이다. 예를 들면 주희의 저작을 신명처럼 떠받들었다고 하는 이황李滉(1501-1570)은 주자학의 핵심이 된다고 인정되는 성리학 경전 연구, 정치와 사상 등에 관한 내용의 편지글만을 추린 『주자서절요朱子書節要』(20권)를 편찬하였다. 정경세鄭經世(1563-1633)는 『주자대전朱子大全』(즉 『주문공문집朱文公文集』)에서 긴요한 글을 뽑아 『주문작해朱文酌海』(16권)를 편찬하였다. 또 송시열宋時烈(1607-1689)은 1683년에 『주자대전』에서 발췌하여 숙종肅宗 이순李焞(1661-1720)의 경연용 교재로 『주문초선朱文抄選』(4권)을, 1686년에 『주자서절요』와 『주문작해』를 통합하고 주석을 달아 『절작통편節酌通編』(36권)과 『절작통편보유節酌通編補遺』(7권)를 편찬하였다.

특히 일평생 주희의 저작을 애독하고 주자학을 크게 진흥시킨 조선 제22대왕 정조正祖 이산李祘(1752-1800) 때에는 『주자대전』을 요약한 『주자회선朱子會選』(48권), 주희와 송시열의 시문을 가려 뽑은 『양현전심록兩賢傳心錄』(9권), 이황의 『주자서절요』를 재분류한 『자양자회영紫陽子會英』(3권), 『주자어류』의 핵심 구절을 뽑은 『주자선통朱子選統』(3권), 주희가 여러 학자 및 제자들과 나눈 성리학에 관련된 편지 1백 편을 모아 펴낸 『주서백선朱書百選』(6권), 『주자대전』의 중요 구절에 비점批點과 권점圈點[15]을 친 『주문수권朱文手圈』(10권), 주희의 시를 뽑아 엮은 『아송雅誦』(8권)[16]과 『주부자시朱夫子詩』(12책), 『주자대전』과 『주자어류』에서 핵심 구절을 뽑아 내용에 따라 분류한 『주자서절약朱子書節約』(20권) 등 많은 선본이 편찬되었다.

---------

15 비점批點이란 시문 등을 비평하고 주석하여 아주 잘된 곳에 찍는 둥근 점을 말하고, 권점圈點이란 글이 잘된 곳 또는 중요한 곳을 표시하기 위하여 찍는 동그라미 혹은 점을 말한다. 비점과 권점 모두 자구字句 옆에 덧붙인다.

16 1799년(정조 23)에 8권 2책의 활자본으로 간행된 『아송』에는 사詞·부賦·금조琴操(시체의 일종)·고근체시古近體詩·명銘·찬贊·제사題辭·권학문 등 모두 4백15편의 글이 수록되어 있다.

# 3 『사서장구집주』의 지위

**네** 가지 책이란 뜻의 『사서四書』는 『논어』와 『맹자』, 그리고 『대학』과 『중용』을 총칭하는 말이다.

『대학』과 『중용』은 원래 『예기禮記』에 들어 있던 두 편의 이름이다. 『대학』은 『예기』의 제42편으로, 글의 완성은 대략 전국시대 말엽에서 전한前漢 사이로 본다. 저자는 증자라고도 하고, 일설에는 공문孔門 70제자의 후학이라고도 하지만, 아직까지 정론이 없다. 일반적으로 이정二程(정호와 정이)의 학설을 계승한 주희의 『대학장구大學章句』에 의거하여 증자가 지었다고 본다.

> 오른쪽 글은 대학의 경문 1장이니 대개 공자의 말씀을 증자가 기술한 것이요 전문傳文 10장은 증자의 뜻을 문인이 기술한 것이다.[17]

남송 시기 이전에는 단독으로 간행된 적이 없었다. 당나라 때 한유韓愈와 이고李翱(772-841)가 도통을 유지 보호하기 위하여 『대학』과 『중용』을 추앙하기 시작하였고, 북송 때에 이르러서 『자치통감資治通鑑』으로 유명한 사마광(1019-1086)이 『대학광의大學廣義』를 지었는데, 이것이 『대학』을 단독으로 처음 간행한 것이다. 이정은 한 걸음 나아가 『중용』과 함께 『대학』을 따로 연구하고 처음으로 『대학』의 착간錯簡을 바로잡는 데 노력하였으며, 『대학』 원문의 장절章節을 구분하여 『대학정본大學定本』을 편찬하였다. 이정에 의하면, 『대학』의 「경經」 부분은 공자의 제자인 증삼曾參이 기술한 공자의 말이고, 「전傳」 부분은 증삼의 제자가 기술한 증삼의 설명이

---------
17 右經一章, 蓋孔子之言, 而曾子述之. 其傳十章, 則曾子之意而門人記之也.(『대학大學』「경經」)

다. 『중용』은 '공문에서 전수한 심법'으로서, 공자의 손자 자사子思가 기록하고, 맹자에게 전해진 것이다. 이렇게 증삼과 자사를 통해 공자와 맹자를 연결시켜 완정完整한 유가의 도통道統을 구성하였다. 이정은 유가 도통의 계승자임을 자처하고 『사서』를 지고무상의 지위로 끌어올려서 자기의 리학 사상을 설명하였다.

주희는 이정의 이 방법을 받아들여 『사서』에 주석을 달고, 아울러 원래 장절이 구분되지 않았던 『대학』을 「경經」과 「전傳」으로 나누고 새롭게 장절을 편성하였다. 게다가 심혈을 기울인 연구 끝에 「격물格物」 장을 보충하여 『대학장구』를 완성하였다. 주희는 『사서』의 주석 작업을 대단히 중시하여, 30여 년 동안 공부를 하여 반복해서 수정하고 임종하기 사흘 전까지도 깊이 생각하여 문자를 주석하였으니 온 힘을 다해 전심으로 연구하고 죽고 나서야 그쳤다고 말할 만하다.

일반적으로 『사서집주』로 약칭하는 『사서장구집주四書章句集註』는 『대학장구』, 『중용장구』, 『논어집주』, 『맹자집주』를 포괄하며 네 가지 책을 모은 것이다. 『대학』과 『중용』을 『논어』와 『맹자』 앞에 둔 것은 주희가 깊

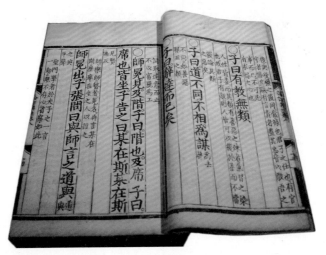

『사서장구집주四書章句集註』. 명나라 성화成化 16년(1480) 길부각본吉府刻本.

이 연구한 끝에 확정한 것이다. 주희는 『대학』이 '초학자가 덕으로 들어가는 문(初學入德之門)'으로, 그 속에서 옛 사람들의 공부하는 순서를 알 수 있으며, 배우는 사람이 반드시 이로 말미암아 배우면 틀림이 없을 것이라 하고,[18] 『중용』은 '공문에서 전수한 심법(孔門傳授心法)'으로서 잘 읽은 사람이 생각하여 찾아서 얻는 것이 있으면 죽을 때까지 써도 다할 수 없을 것이라 하였다.[19] 『육경』 위에 『대학』과 『중용』을 놓는 이러한 방법은 후세 유학자들에게 매우 큰 영향을 주었다.

책이름에서 알 수 있듯이, 주희는 주로 선인들과 당시 학자들의 『논어』와 『맹자』의 주석을 선택해서 드러내어 밝혔기 때문에 '주석을 모았다'는 '집주集註'라는 명칭을 달았다. 『대학』과 『중용』은 주희가 주로 자기의 인식으로 강해를 하였기 때문에 '장구章句'라는 이름을 단 것이다. 장구란 말에서 '장章'이란 시문의 뜻을 완전히 갖춘 한 단락을 뜻하고, '구句'는 의미

『논어집주』와 『맹자집주』

---------

18 子程子曰: "『大學』, 孔氏之遺書, 而初學入德之門也." 於今可見古人爲學次第者, 獨賴此篇之存, 而『論』·『孟』次之. 學者必由是而學焉, 則庶乎其不差矣.(「대학장구서인大學章句序引」)
19 此篇乃孔門傳授心法, 子思恐其久而差也, 故筆之於書, 以授孟子. 其書始言一理, 中散爲萬事, 末復合爲一理, '放之則彌六合, 卷之則退藏於密', 其味無窮, 皆實學也. 善讀者玩索而有得焉, 則終身用之, 有不能盡者矣.(「중용장구서인中庸章句序引」)

가 완전한 구절을 뜻하는데, 일반적으로 문자의 장절章節과 구두句讀를 분석하는 것을 '장구'라 한다. 사실상 주희는 『사서장구집주』를 통해서 명확하게 자기의 철학사상을 드러내어 밝혔다. 예를 들면 그는 『중용』의 "천명지위성天命之謂性"이라는 말에 대해 이렇게 해석하였다.

> 명은 명령이고, 성은 리이다. 하늘은 음양오행으로 만물을 변화 생성시키는데, 기로써 형체를 이루고 리 또한 거기에 부여하니 명령하는 것과 같은 것이다. 그래서 사람과 사물이 생겨남에 각기 그에게 부여된 리를 얻음으로 인해 건순健順(즉 음양)과 오상五常의 덕을 삼으니 이른바 성이다.[20]

이 말은 그의 리일원론 우주관에 대한 통찰력 있는 개괄이라 말할 수 있다. 주희의 인식론과 도덕론은 책 속에 아주 분명하게 반영되어 있다.

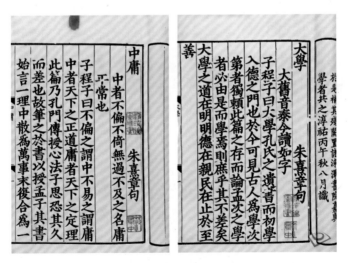

『대학장구』와 『중용장구』

--------

20 命, 猶令也. 性, 卽理也. 天以陰陽五行化生萬物, 氣以成形, 而理亦賦焉, 猶命令也. 於是人物之生, 因各得其所賦之理, 以爲健順五常之德, 所謂性也.(『중용장구中庸章句』)

주희는 장주의 지주知州로 있으면서, 예순한 살 때인 1190년(소희 1)에 관청 비용으로 『사서장구집주』를 간행하였고, 그 후 여러 차례 수정을 하였는데, 최후의 정본定本은 세상을 떠난 후에 간행되었다. 원나라 연우延祐(1314-1320) 연간에 『사서장구집주』는 과거 고시의 텍스트로 정해졌고, 이리하여 세상에 크게 유행되었다.

후에 주희는 『대학』의 연구에 많은 정성을 들였다. 고본古本 『대학』에 착간이 많음을 알고 이정의 뜻을 이어 본문을 교정하고, 편차를 일부 바꾸어 「경經」 1장章과 「전傳」 10장으로 나누고 주석을 달아 『대학장구大學章句』라 명명하였다.

「경」에서는 명덕을 밝히는 명명덕明明德, 백성을 새롭게 하는 신민新民, 지극한 선에 머무는 지어지선止於至善을 대학의 삼강령三綱領이라 하고, 격물格物·치지致知·성의誠意·정심正心·수신修身·제가齊家·치국治國·평천하平天下를 팔조목八條目으로 정리하여 유교의 윤곽을 제시하였다. 실천과정으로서는 팔조목에 삼강령이 포함되고, 격물 즉 사물의 이치를 구명究明하는 것이 그 첫걸음이라 하였다. 이것이 평천하의 궁극 목적과 연결된다는 것이 『대학』의 논리이다.

전傳은 경에 대한 설명이다. 주희는 본문에 착간과 오탈誤脫이 있다 하여 교정하고, 또 '격물'의 전을 보충하였다. 훗날 명대의 왕양명王陽明이 주자학을 비판하면서부터 주희의 『대학장구』, 특히 그 보전補傳은 유학자간 논쟁의 중심 문제가 되었다.

글자 수가 총 1천7백53자의 적은 분량으로 구성된 이 책을 앞에서도 말했지만 정이는 '초학입덕지문初學入德之門', 즉 처음 학문을 배우는 사람이 덕에 들어가는 문이라 규정하였고, 주희는 주周나라 때의 최고 교육기관이던 태학太學에서 사람들을 가르친 방법으로서 '대인지학大人之學' 즉 대인의 학문이라 했다.

사자四子는 유가에서 가장 이른 시기에 저술이 있는 네 명의 성철 즉 공자, 맹자, 증자, 자사자子思子를 가리킨다. 그래서 『사서』를 사자의 책이란 뜻으로 『사자서四子書』라고도 부른다.

주희가 『사서』를 중시한 것은 공자와 맹자의 가르침으로 직접 거슬러 올라가려 했기 때문이다. 주희의 입장에서 볼 때 『오경』은 비록 공자가 직접 산삭刪削을 통해 정리한 것이지만 이차적인 문헌이라 공자와 맹자의 사상을 명확하게 알기 어렵다. 그러나 『사서』는 공자와 맹자의 언행을 직접 기록한 것이라 그들의 사상을 분명하게 이해할 수 있다. 또 『사서』에는 성性이나 심心, 그리고 인仁이나 의義 같은 리理를 이해하는 데 필요한 요소들이 풍부하다. 더욱이 『사서』를 통해서 리학 공부의 체계적인 방법론을 세울 수 있다. 주희는 『사서』의 공부 순서를 『대학』, 『논어』, 『맹자』, 『중용』 순으로 정했다. 먼저 『대학』에서 공부의 큰 틀을 정하고, 그 다음 『논어』에서 견실한 기초를 세우며, 그리고 『맹자』에서 더욱 자세하고 면밀하게 이해하며, 마지막으로 엄밀하고 규모가 방대한 『중용』에서 리학의 미묘하고 심원하며 근본적인 부분을 철저하게 이해할 수 있다고 보았기 때문이다. 어쨌든 이처럼 주희가 『사서』를 중시함으로 말미암아 『오경』의 권위는 결정적인 타격을 입었다.[21]

주희는 『사서』의 공부에 대해 다음과 같이 말하였다.

> 무릇 독서란 먼저 『논어』와 『맹자』를 읽은 후에 역사서를 보면 마치 밝게 비추는 거울이 여기에 있는 것과 같아 아름다움과 추함을 숨길 수 없다. 만약 『논어』, 『맹자』, 『대학』, 『중용』을 읽지 않고 역사서를 본다면 가슴 속에 아무런 기준이 없어 미혹되는 바가 많을 것이다.[22]

나는 어릴때부터 『사서』를 읽었는데 매우 힘들었다. 여러분이 지금 읽

---------

21 진영첩 지음, 표정훈 옮김, 『진영첩의 주자강의』, 206쪽 참조.
22 凡讀書, 先讀『語』『孟』, 然後觀史, 則如明鑑在此, 而妍醜不可逃. 若未讀徹『語』『孟』『中庸』『大學』便去看史, 胸中無一箇權衡, 多爲所惑.(『주자어류』권11「학學(5)」)

을 때는 비교적 쉽게 공부할 수 있다.[23]

『중용해』는 매번 보았는데 의심처가 많지 않다. 『대학』은 한편으로 보면서 한편으로 의심을 해서 그다지 만족스럽지 못하기 때문에 부득이 고치고 삭제한 것이다.[24]

오인보에게 말하였다. "나의 『논어집주』와 『맹자집주』는 한 글자를 더해도 안 되고, 한 글자를 빼도 안 되니, 그대가 자세하게 읽어라." 또 말하였다. "한 글자가 많지도 않고 한 글자가 적지도 않다."[25]

학문을 하는 데에는 『대학』을 우선하고, 다음에는 『논어』, 다음에는 『맹자』를 해야 한다. 『중용』은 공부가 엄밀하고 규모가 방대하다.[26]

사람은 먼저 『대학』을 읽어 그 규모를 정하고, 다음으로 『논어』를 읽어 그 근본을 정하며, 다음으로 『맹자』를 읽어 그 발월처發越處를 보고, 다음으로 『중용』을 읽어 고인古人의 미묘한 곳을 찾아야 한다.[27]

책을 읽는 데는 이해하기 쉬운 것부터 읽어 나가야 한다. 『대학』, 『중용』, 『논어』, 『맹자』의 『사서』는 이치가 분명하다. 사람들이 단지 보기만 해서는 안 된다. 만약 이 『사서』를 제대로 이해한다면 어떤 책인들 읽지 못할 것이며, 어떤 이치인들 궁구하지 못할 것이며, 어떤 일이든 처리하지 못하겠는가![28]

『논어』, 『맹자』는 공부가 적지만 효과는 많다. 『육경』은 공부가 많지만

---------
23 某自卯讀『四書』, 甚辛苦. 諸公今讀時, 又較易做工夫了.(『주자어류』권104 「주자(1)」)
24 『中庸解』每番看過, 不甚有疑. 『大學』則一面看, 一面疑, 未甚愜意, 所以改削不已.(『주자어류』권19 「논어論語(1)」)
25 語吳仁父曰: "某『語』『孟』集註, 添一字不得, 減一字不得, 公子細看." 又曰: "不多一箇字, 不少一箇字."(『주자어류』권19 「논어(1)」)
26 學問須以『大學』爲先, 次『論語』, 次『孟子』, 次『中庸』. 『中庸』工夫密, 規模大.(『주자어류』권14 「대학大學(1)」)
27 某要人先讀『大學』, 以定其規模; 次讀『論語』, 以立其根本; 次讀『孟子』, 以觀其發越; 次讀『中庸』, 以求古人之微妙處.(『주자어류』권14 「대학(1)」)
28 讀書, 且從易曉易解處去讀. 如『大學』『中庸』『語』『孟』四書, 道理粲然. 人只是不去看. 若理會得此四書, 何書不可讀! 何理不可究! 何事不可處!(『주자어류』권14 「대학(1)」)

효과는 적다.[29]

『사서장구집주』는 후세에 심원한 영향을 주었다. 이 책의 간행으로 말미암아 『대학』, 『중용』, 『논어』, 『맹자』가 비로소 『사서』라 일컬어지고, 『오경』과 함께 가장 중요한 경전이 되었다.

주희가 일생 동안 저술한 수많은 책이 세상에 전해졌지만, 가장 중요한 것은 역시 『사서장구집주』이기 때문에 이 책은 주희의 제자들은 물론이고 역대 학자들에 의해 대단히 중시되었다. 유가의 책을 주석한 사람들은 수백 수천 명에 달하는데 오직 『사서장구집주』만이 장기적으로 전해지고 시간이 오래 흘러도 시들지 않았다. 황간의 『논어통석論語通釋』, 진순의 『사서성리자의四書性理字義』(즉 『북계자의』), 진덕수의 『사서집편四書集編』, 『대학연의大學衍義』, 원대 웅화熊禾의 『사서표제四書標題』, 『사서소학집소四書小學集疏』, 『대학광의大學廣義』, 청대 이광지의 『대학고본설大學古本說』, 『중용장단中庸章段』 등 민학閩學 학자들의 『사서』에 관한 저작은 1백50여 종에 달한다.

주희의 사서학은 중국사상사에서 중요한 지위를 차지하는데, 그는 의리와 리학을 지도사상으로 삼고 이정의 기초 위에서 유가 경전에 대해 완전히 새롭게 해석하고 '사서'라는 두 글자를 처음으로 창시하여 사서 의리지학을 주체로 하는 신경학新經學 사상 체계를 구축하였다. 즉 경학, 리학, 철학의 삼자를 관통시켜 경전을 주석하는 형식을 취하여 경학을 리학화하고 철학화한 것이다.

『사서장구집주』는 역대 통치자들에게 높이 평가되었다. 주희가 세상을 떠난 지 12년 후인 1212년(가정嘉定 5)에 『논어집주』와 『맹자집주』는 학관學官에 들어가 법정 교과서가 되었다. 1227년(보경寶慶 3)에 이종 조윤은 조서를 내려 『사서장구집주』가 '치도治道에 도움이 된다'고 격찬하였다. 남

---

29 『語』 『孟』 工夫少, 得效多; 六經工夫多, 得效少.(『주자어류』 권19 「논어(1)」)

송 이후로 원, 명, 청대에 모두 이 책을 학관의 교과서와 과거 시험의 표준 답안으로 삼았다. 리학은 관방 철학이 되어 봉건사상의 통치적 지위를 점하였는데 『사서장구집주』는 리학의 중요 저작으로서 통치자에게 한 구절 한 글자가 모두 진리 수준으로 떠받들어졌고, 중국뿐 아니라 조선과 일본의 근대 사상에 심원하고 거대한 영향을 미쳤다.

# 4 주희가 세운 서원은 어디인가

**역**사상 주희만큼 정사와 서원에 깊이 관련된 사람은 없다. 주희는 고향인 복건 무이산에서 한천정사寒泉精舍, 동문서원同文書院, 운곡회암초당雲谷晦庵草堂, 무이정사武夷精舍와 죽림정사竹林精舍 등 다섯 곳에 서원을 세웠고, 또 백록동서원白鹿洞書院, 악록서원岳麓書院, 상서정사湘西精舍 등 여러 곳에 서원을 재건 또는 확장하였다. 그는 수십 곳의 서원을 유력하며 강학을 하였으므로 학문 연구의 대부분은 서원에서 완성되었다.

여기서 잠깐 정사와 서원에 대해서 살펴보자.

정사란 무엇인가? 문헌상 '정사精舍'라는 말이 제일 처음 사용된 것은 『관자管子』이다. 이 책의 「내업內業」편을 보면, "마음을 안정시켜 속에 두면 눈과 귀가 밝아지고 사지가 견고해져 정精의 집이 될 수 있다."[30]라는 말이 있고, 그 주석에 "마음이란 정精이 머무는 곳이다(心者, 精之所舍)"라고 설명하였다. 즉 본래는 '마음'을 가리켜서 정사라 한 것이다.

학자들이 강학하는 곳을 일컬어 정사라 한 것은 한대漢代에 들어온 이후이다. 정려精廬[31]라고도 부르는 정사는 한대에 경학자 개인에 의해 설립되었다. 필자가 조사한 바에 따르면, 『후한서後漢書』에서 정사를 세워 강학을 한 사람은 4명인데, 바로 유숙劉淑, 단부檀敷, 포함包咸, 이충李充이다. 그들은 스스로 정사를 세우고 학생들에게 강학을 하였는데, 학생들이 천리를 멀다 하지 않고 스승을 찾아와서, 많게는 수백 명에 달하기도 하였다.

----------

30 定心在中, 耳目聰明, 四技堅固, 可以爲精舍.(『관자管子』「내업內業」)
31 『후한서後漢書』「강굉전姜肱傳」: "도둑이 그 말을 듣고서 감동을 받아 뉘우치고 훗날 정려에 가서 징군(출정하는 병사)을 만나기를 청하였다.(盜聞而感悔, 後乃就精廬, 求見徵君.)"라는 구절에 나오는 '정려'에 대해 이현李賢은 "정려는 바로 정사이다.(精廬即精舍也.)"라고 주석하였다.

삼국시대에 들어와서는 도교에서 이 정사를 도사들이 수련하고 거주하는 장소로 사용하기 시작하였다. 당시에 낭야琅邪 출신 우길于吉이라는 도사가 있었는데, 이전에 동쪽 지역에서 살다가 오회吳會[32] 지역에 와서 정사를 세우고, 향을 사르고 도교 서적을 읽으며 부수符水(부적을 태운 재를 넣은 물)를 만들어서 병을 고쳤더니 오회 지역 사람들이 대부분 그를 섬겼다.[33] 『삼국지』「손책전孫策傳」의 배송지裴松之(372-451) 주註에 나오는 말이다.

4세기에 이르러 승려들이 '조용히 은거하여 수도에 정진한다'는 뜻의 산스크리트어 '비하라vihara'의 번역어로 정사라는 말을 사용하였다. 본래 유학자의 용어였는데 도교와 불교에서 보다 널리 사용한 것이다. 그러다가 남송 때에 와서 주희와 육구연 등이 정사를 건립하여 자기 학설을 강의함으로써 그 이름이 다시 유학자들에 의해 사용되었다.

서원의 명칭이 쓰이기 시작한 것은 당대이니 정사보다 그 사용이 훨씬 늦고, 그 발상지는 낙양이다.

청나라 때 시인이며 산문가인 원매袁枚(1716-1797)는 『수원수필隨園隨筆』에서 서원의 기원에 대해 이렇게 말하였다.

서원의 명칭은 당 현종 때 시작되었는데, 여정서원과 집현서원은 모두 중서성中書省 밖에 세워졌으며, 서적을 편찬하는 곳이다.[34]

당나라 개원開元(713-741) 연간은 나라가 부유하고, 경제와 문화가 전에 없이 창성하여 역사에서는 '개원성세開元盛世'라 부른다. 717년(개원 5)에 당

---

32 후한 때 회계군會稽郡을 오군과 회계군의 두 군으로 나누었는데 이를 병칭해서 '오회吳會'라 한다. 그래서 훗날 이 두 군의 옛 지역을 일반적으로 오회라 부르게 되었다.
33 時有道士琅邪于吉, 先寓居東方, 往來吳會, 立精舍, 燒香讀道書, 制作符水以治病, 吳會人多事之.(『三國志』「손책전孫策傳」의 '건안오년建安五年'조에 대한 남조 송 사람 배송지裴松之의 주註에서 진晉나라 우부虞溥의 「강표전江表傳」을 인용)
34 "書院之名, 起於唐玄宗之時, 麗正書院·集賢書院皆建於省外, 爲修書之地."(『수원수필隨園隨筆』)

나라 제6대 황제 현종玄宗 이륭기李隆基(685-762)는 학사 마회소馬懷素(659-718)를 수도서사修圖書使로 임명하여 국가의 도서를 전담하게 하고 아울러 문사들을 구성하여 건원전乾元殿에서 국가의 장서를 정리 편집하게 하였다. 또한 민간에서 유전되는 이본異本을 빌려와 초록하게 하여 도서를 더욱 풍부하게 하고 관원을 파견하여 관리하게 하였다. 뿐만 아니라 건원원乾元院을 설립하였고, 이듬해인 718년에 건원원을 여정수서원麗正修書院으로 명칭을 바꾸었다. 723년(개원 11)에는 경성인 장안長安의 광순문光順門 밖에 여정서원을 설립하고, 724년(개원 12)에는 동도東都인 낙양洛陽의 명복문明福門[35] 밖에 여정서원麗正書院[36]을 또 설립하였다. 725년(개원 13)에는 여정서원을 집현전서원集賢殿書院으로 그 명칭을 바꿨다.[37] 우리나라에서는 조선 제4대왕 세종 이도李祹(1397-1450)가 설치한 집현전이 유명한데, '현사들을 모았다'는 뜻의 집현전은 여기에서 유래하였다. 고려 때부터 조선 초기까지 학문 연구 기관으로 설치된 집현전은 원래 장서를 보관한 곳이었던 것이다.

이 해에 당 현종 이륭기는 장열張說(667-730)과 학사들을 불러 연회를 열고 음주를 하였는데, 매우 즐거워하며 신하들에게 선포하였다. "짐과 여러 현사들이 여기에서 술을 마시고 즐거우니 집현이라 부르라."

그리하여 여정서원의 이름이 바뀌어 집현전서원이 된 것이다. 장열은 집현원학사로 임명되어 서원의 업무를 관리하였다. 당시 수장된 도서는 5만 3천9백15권에 달하고, 당나라 학자들의 저작도 2만8천4백69권이나 되었

---

35 당나라 때 동도인 낙양 궁성의 정남문이 응천문應天門이고, 응천문의 서쪽에 있는 문은 장락문長樂門, 장락문의 북쪽에 있는 문은 광운문廣運門, 광운문의 북쪽에 있는 문은 명복문明福門인데, 문 안에 중서성中書省이 있었다.
36 '여정麗正'이란 말은 '정도正道에 붙는다'는 뜻으로, 원래 『주역』 「리괘離卦」의 "日月麗乎天, 百穀草木麗乎土, 重明以麗乎正, 乃化成天下."라는 말에서 나왔다.
37 十一年, 置麗正院脩書學士; 光順門外, 亦置書院. 十二年, 東都明福門外亦置麗正書院. 十三年, 改麗正脩書院爲集賢殿書院, 五品以上爲學士, 六品以下爲直學士, 宰相一人爲學士知院事, 常侍一人爲副知院事, 又置判院一人·押院中使一人.(『신당서新唐書』 「백관지百官志」)

다고 하니 정말 엄청난 분량이다. 모든 서적은 정본正本과 부본副本 2부를
초사抄寫해서 장안과 낙양에 있는 집현전서원에 나누어 수장하였다. 집현
전서원에서는 도서를 보관하는 업무 말고도 조정에 인재를 천거하고 정책
과 문화 방면에 건의를 하기도 했다.

　이에 앞서 북위北魏(386-534) 때에 숭산嵩山 남쪽 기슭에 숭양사嵩陽寺가 창
건되었는데, 당나라 제3대 황제 고종高宗 이치李治(628-683) 때 태을관太乙觀
으로 이름이 바뀌었다. 오대五代 때 후당後唐 청태淸泰(934-935) 연간에 진사
방식증龐式曾이 태을관에서 강학을 하였다. 후주後周 세종世宗 시영柴榮(921-
959) 때 이곳에 태을서원太乙書院을 설치하였고, 북송 때에는 태종이 태실서
원太室書院이라는 이름을 하사하고 아울러 『구경九經』[38]의 일부를 하사하였

숭양서원嵩陽書院. 중국의 사대서원 중 하나.

----------

38 여기서의 『구경九經』은 『상서』, 『시경』, 『주역』, 『논어』, 『맹자』, 『춘추좌씨전』, 『예기』,
『효경』을 말한다.

다. 북송 제4대 황제 인종仁宗 조정趙禎(1010-1063) 때에는 당시 서경西京인 낙양洛陽의 수즙서원修葺書院을 확장하라는 조명을 내리고 '숭양서원嵩陽書院'이라는 이름을 하사하였다. 아울러 학전學田 1경頃(100이랑)을 하사하여 경비에 쓰도록 하였다. 사마광이나 정호와 정이 형제, 그리고 범중엄范仲淹 등이 모두 이 서원에서 강학한 적이 있어서 사대서원의 첫째로 자리매김 되었다. 여조겸呂祖謙은 송초의 서원 상황에 대해 이렇게 묘사하였다.

> 유생들이 왕왕 산림에 의지하고 한광閑曠한 곳에 나아가 강학을 하였는데, 대체로 많게는 수십 명에서 백 명에 이르렀다. 숭양서원, 악록서원, 수양서원과 이 백록동서원이 더욱 유명한데 세상 사람들이 말하는 사대서원이다.[39]

종합하면, 정사는 본래 글자 그대로 조용히 은거하는 곳이고, 서원은 본래 서적을 편찬하고 보관하는 곳이었다. 이 두 장소는 시간이 지나면서 배우고 가르치는 장소로 발전되었다. 이러한 공통된 기능 때문에 정사와 서원이 혼용되었던 것이다. 그러나 유학자들은 서원을 가리켜 정사라고도 하였지만 도교와 불교에서는 그런 적이 없었다.

남송 때까지 정사는 사적인 장소였던 반면에 서원은 사적인 곳도 있었지만 원래 공적인 정부기관이었다. 서원은 책임자가 있어 독자적인 교학 행정 조직을 갖추었고, 경비에 충당하는 학전學田이 있어서 경제적으로도 독립되어 있었다.

주희는 교육을 통해 민족의 우환을 극복하고자 하여 일생 동안 교육을 중시하였으며, 교육을 하는 데 가장 좋은 장소를 서원이라 생각하였다. 자신의 학문이 여러 차례 '금학禁學' 운동의 대상이 되었지만 주희는 학문을

---------

39 儒生往往依山林·即閑曠以講授, 大率多至數十百人, 嵩陽·岳麓·睢陽及是洞爲尤著, 天下所謂四書院者也.(여조겸, 「백록동서원기白鹿洞書院記」)

창조하겠다는 초심을 바꾼 적이 없었다. 주희는 평생 대부분의 시간을 정치의 변두리 지대에 있으면서, 서원을 기지로 삼아 학문을 연구하고 전파하겠다는 결심을 더욱 굳게 하였다.

그럼 이제 주희가 세운 다섯 곳의 서원에 대해 간략하게 살펴보겠다.

## • 한천정사

한천정사寒泉精舍는 건양시建陽市 마복馬伏 천호天湖 남쪽에 주희가 세운 첫 번째 서원이다. 당시에는 숭태리崇泰里 후산포後山鋪 동쪽에 속하여 '한천오寒泉塢'라 불렸다. 한천정사는 주희의 어머니 축오랑의 묘와 연계되어 있다. 1170년 정월, 주희는 한천寒泉 천호天湖 남쪽에 어머니를 장사지낸 후, 묘 옆에다 정사를 짓고 '한천寒泉'이라는 현판을 달고 여묘廬墓하면서 학문을 연구하였다.

그의 학술 체계가 초보적으로 구축되기 시작한 것은 한천정사를 건립한 후라고 보는데, 이때 이곳에서 『태극도설해』, 『서명해의』, 『논어정의』, 『맹자정의』, 『자치통감강목』, 『이락연원록』, 『근사록』, 『논어혹문』, 『맹자혹

한천정사寒泉精舍

문』등 중요 저작을 완성하였던 것이다. 그 후에는 무이정사와 죽림정사에서 그 이론체계를 계속 구축하는 한편 이를 널리 알리고 설명하였다. 『주자어류』의 최초 기록도 이 기간에 시작되었다.

여조겸으로 대표되는 금화학파는 경세치용을 처음으로 제창하였는데, 주희와 육구연의 리학 논쟁에 대해 조화하고 절충하는 태도를 취했다. 여조겸과 주희는 개인적인 교분이 매우 도탑다. 주희가 집에 머물면서 사록에 임명되었을 때인 1175년(순희 2) 4월에 여조겸은 건양에 와서 주희와 함께 여러 차례 무이산과 인접한 한천정사에서 강학을 하였다. 특히 두 사람이 함께 한천정사에 모여서 『근사록』 14권을 합편하였는데, 『근사록』이 널리 퍼져 영향력이 대단했기 때문에 한천정사도 이에 따라 매우 유명해졌다. 지금도 무이산 구곡의 극락원 부근 바위에는 '동래선생강학처東萊先先講學處'라는 마애석각이 남아 있다.

채원정, 유약, 유병, 양방楊方(1133-1208), 조사연趙師淵 등 20여 명이 한천정사에서 주희에게 배웠다. 원나라 말엽에 무너졌다가, 명나라 정통正統 10년인 1445년에 주희의 8세손 주주朱澍가 옛터가 낮고 습해서 지금의 장소로 이전하고 가운데에 사당을 지어 주희의 어머니 축오랑과 아버지 주송을 모셨다.

## • 동문서원

동문서원同文書院은 1169년(건도 5)에 건양 숭화리崇化里 즉 지금의 서방향書坊鄉에 주희가 서적을 보관할 목적으로 세웠다. 서원 이름은 진시황이 육국六國[40]을 멸망시키고 천하를 통일한 후 '글은 문자를 같게 했다'는 뜻의 '서동문書同文'에서 취했는데,[41] 이 말은 『중용』에 나온다. 1168년(건도

---

40 전국시대에 강대했던 일곱 나라인 이른바 '전국칠웅戰國七雄' 중에서 진시황의 진秦나라를 제외한 위魏, 조趙, 한韓, 제齊, 초楚, 연燕 등 여섯 나라를 역사에서는 '육국六國'이라 부른다.
41 『중용』「제이십팔장」에 "今天下車同軌, 書同文, 行同倫."이라는 말이 나온다. 뜻은 이러

4)에 숭안과 건양에 대기근이 들자, 주희는 부府에서 양곡을 빌려 기민을 구할 것을 청하였다. 이듬해 어머니가 세상을 떠나자, 주희는 여묘를 하면서 여가를 이용하여 글을 짓는 한편, 서방향으로 가서 동문서원을 세우는 데 앞장섰다. 주희의 이름이 높았기 때문에 서원의 명성은 널리 퍼졌다.

후에 동문서원은 전란으로 말미암아 소실燒失되었다. 원나라 대덕大德(1297-1307) 연간에 중건되었다가 세월이 오래되어 다시 훼멸되고, 명나라에 들어와 홍무洪武 27년인 1394년과 정통正統 3년인 1438년, 그리고 만력萬曆 21년인 1593년 등 세 차례에 걸쳐 허물어진 건물들을 다시 복구, 확장하였다. 청나라 광서光緖 27년인 1901년에 황제의 명령으로 전국의 모든 서원이 신식학당으로 개편되면서 동문서원은 마침내 폐지되었다.

## • 운곡회암초당(운곡서원)

운곡회암초당雲谷晦庵草堂은 주희가 두 번째로 건립한 서원으로 건양 숭태리崇泰里(지금의 거구진苫口鎭 동산촌東山村) 노봉蘆峰 꼭대기에 있다. 1170년(건도 6)에 주희가 이곳에 노닐면서 산수가 깊음을 사랑하여 '운곡雲谷'이라 이름 짓고 채원정의 도움으로 초당을 건립하여 '회암晦庵'이라는 편액을 달았다. 5년 후인 1175년(순희 2)에 완공하고「운곡기雲谷記」를 지었다.

외부에서 온 사람들은 이곳의 빼어난 경치를 보고 인간 세상과 다르다고 느낀다. 운곡 서남쪽에는 서산西山이 있는데 두 산이 대치하여 서로 바라본다. 1175년(순희 2)에 채원정이 이곳에 서산정사西山精舍를 세웠다. 의혹이나 난해한 문제가 있으면 등을 높이 걸고 서로 바라보았고, 주희와 자주 내왕하였다.

이 서원에서 유약劉爚, 유병劉炳, 축목祝穆 등이 배웠다.

----------

하다. "지금 천하가 수레는 바퀴 규격을 같게 하고 글은 문자를 같게 하며, 행동은 차례를 같게 하였다." 여기서 특히 거동궤車同軌, 서동문書同文은 '천하를 통일하다'는 뜻을 비유적으로 나타낸다.

주희가 지은 「운곡기」에는 "당 뒤에 풀을 엮어 오두막을 지었다(堂後結草爲廬)"는 말이 있는데, 여기서 '당堂'은 독서하고 강학하는 곳이고, '려廬'는 침실, 주방 같은 곳이다. 서원은 원나라 후기에 없어졌으나, 명나라 때인 1481년(성화成化 17)에 첨사僉事 담준談俊이 녹봉을 희사하여 주희의 9세손 주격朱格에게 중건하게 하고, 운곡서원雲谷書院으로 이름을 바꾸었다. 청대 이후에 폐지되었다.

## • 무이정사(자양서원, 무이서원)

무이정사武夷精舍는 1183년(순희淳熙 10)에 주희가 세웠다. 은병봉隱屛峰 남쪽 기슭의 평림도平林渡 구곡계九曲溪에 위치한 무이정사는 '자양서원紫陽書院', '무이서원武夷書院', '주문공사朱文公祠'라고도 불리는데, 글을 쓰고 학설을 세우며 도를 주창하고 강학을 하는 곳이었다. 인지당仁智堂, 은구실隱求室, 지숙료止宿寮, 석문오石門塢, 관선재觀善齋, 한서관寒棲館, 만대정晚對亭, 철적정鐵笛亭 등의 건물이 있어서 당시 사람들은 이곳을 '무이의 거관

무이정사武夷精舍

(武夷之巨觀)'이라 불렀다. 낙성된 후에 주희는 「정사잡영십이수精舍雜詠十二首」를 짓고 아울러 시서詩序를 써서 그 상황을 기록하였다.

주희는 이곳에서 8년 동안 강학을 하였다. 채원정, 채연, 채침 삼부자, 황간, 보광, 유약과 유병 형제, 첨체인, 반식과 반병, 정가학, 축목, 강묵, 진공석, 양지, 여대아, 이굉조李閎祖, 이방자李方子, 정단몽程端蒙(1143-1191), 양도부楊道夫, 포양包揚, 만인걸萬人傑 등과 강서 사람 주모, 황의용과 절강 사람 포정 등 수십 명의 제자가 이곳에서 학문을 연마하여 일시에 흥성하였으며, 주희의 별호가 자양이기 때문에 '자양부자강습무이紫陽夫子講習武夷'라는 말이 있게 되었다.

이곳에는 원대 초기의 저명한 리학가이며 교육가인 웅화熊禾[42](1247-1312)가 쓴 다음과 같은 대련對聯이 걸려 있다.

宇宙間三十六名山, 地未有如武夷之勝;
우 주 간 삼 십 육 명 산　 지 미 유 여 무 이 지 승

孔孟後千五百餘年, 道未有如文公之尊.
공 맹 후 천 오 백 여 년　 도 미 유 여 문 공 지 존

우주 안에 서른여섯 명산이 있는데, 땅에는 무이 만한 승경이 없고,
공맹 이후 천오백여 년이 지났는데, 도에는 문공만큼 높은 이가 없네.

이 글은 무이의 뛰어난 산수와 주자의 리학 지위를 하나로 잘 결합하여 표현하였다.

원나라 지정至正 25년인 1365년에 전란으로 훼멸되었다가, 명나라 정통正統 13년인 1448년에 주희의 8세손 주순朱洵과 주주朱澍가 새로 지은 후

--------

42 웅화는 원대 초기의 저명한 리학가이자 교육가로서, 주희의 제자인 황간과 동문이면서 그와 함께 '황보黃甫'라 일컬어질 정도로 뛰어난 보광輔廣의 제자이다. 자는 위신位辛 또는 거비去非이고, 호는 물헌勿軒이며, 만호는 퇴재退齋이다. "주희는 성문을 위해 공이 있고, 웅화는 주희를 위해 공이 있다(朱熹有功於聖門, 熊禾有功於朱熹)"라고 할 정도로 웅화는 주희의 리학을 계승하고 널리 알리며 발전시킨 인물이다.

에 '주문공사朱文公祠'로 이름을 바꾸고, 주희를 받들어 제사지내고, 아울러 황간, 채원정, 유약, 진덕수를 종사하였다. 청나라 성조 현엽은 친필로 쓴 '학달성천學達性天' 편액을 하사하고 다시 대대적으로 보수하였다. 지금 남아 있는 유적은 강희 56년인 1717년에 중수한 것이지만 대부분 훼멸되고 양무兩廡 만이 남아 있다.

무이정사 기간에 주희는 『역학계몽』, 『소학』, 「소학제사」, 『효경간오』 등을 저술하고, 『서명해의』를 수정 완성하였으며, 처음으로 태극, 통서, 서명해의를 강술하였다. 또 「대학장구서」와 「중용장구서」를 지었는데, 두 책은 이미 오래 전에 완성하였지만 이때 서문을 써서 미언대의微言大義를 밝혔다.

무이정사는 『사서장구집주』를 완성하고 이 책을 교재로 삼아 교육을 했던 성공한 사립대학으로서 중국 교육사상 중요한 위치를 점하고 있다.

## • 죽림정사(창주정사, 고정서원)

건양시 삼계리三桂里 고정촌考亭村 옥침봉玉枕峰에 위치한 죽림정사 역시 주희가 세웠다. 1192년(소희 3), 주희는 선친의 뜻에 따라 복건 건양성 서쪽 교외 고정촌에 집을 짓고 머물렀다. 1194년(소희 5), 배우려는 사람들이 더욱 많아지자, 주희는 집의 동쪽에 정사를 짓고 '죽림정사竹林精舍'라 이름 지었다. 준공을 기념해서 채소를 바쳐 선성과 선사에게 제사지내는 의식인 석채釋菜를 거행하였는데, 이때 북송의 주돈이, 정호, 정이, 장재, 소옹, 사마광과 함께 스승 이동을 종사從祀하였다. 그로부터 2년 후인 1194년에 마을 앞에 창주滄洲 즉 물가가 있어서 이름을 '창주정사滄洲精舍'라 고치고, 자신의 호를 '창주의 병든 늙은이'라는 뜻으로 '창주병수滄洲病叟'라 지었다. 창주라는 말에는 또 다른 의미가 있는데, 바로 은자隱者가 거주하는 곳을 가리킨다. 이로 볼 때 당시 주희의 심정을 어느 정도 짐작할 수 있겠다. 그는 이 창주정사에서 8년 동안 강학을 하면서 매우 많은 책을 집필하였고, 리학 사상의 최후 체계를 완성하였다. 당시 사방에서 수많은 학자들이 불원천리하고 고정에 와서 도를 물었는데, 이리하여 학술사에서 가장 중대한 영향을 끼친 고정학파가 형성되었다. 이 기간에 채원정이나 황간 등 전부터 있었던 제자 이외에 진순, 채침, 보광, 섭미도葉味道(1167-1237)[43] 등 많은 제자가 배웠다. 이때의 주요 저술로는 『초사집주』, 『초사변증』, 『초사후어』, 『의례경전통해』, 『주역참동계고이』, 『한문고이』 등이 있다.

건양은 "곡부는 공자를 낳고, 건양은 주희를 낳았다(曲阜出孔子, 建陽出朱熹)"라는 말이 있을 정도로 주희로 인해 학문의 요람이 되었다. 건양은 '남부 복건의 궐리'라는 뜻으로 '남민궐리南閩闕里'라 불렸다. 주희와 그의 아버지 주송이 복건에서 세운 여러 서원 중에서 이곳이 가장 영향이 컸다. 이로 말미암아 건양은 '리학의 지방'을 뜻하는 '리학지방理學之邦'이라는 명예도 함께 얻었다. 사실 창주정사는 송대의 사대서원에 포함시켜도 전혀 손색이 없다. 물론 당시 규모의 측면에서 보면, 백록동서원이나 악록서원, 수양서원(응천부서원), 숭양서원에 비해 훨씬 못 미친다. 하지만 중국 교육사에 미친 영향을 가지고 논한다면 중국 역사상 어느 서원에도 뒤지지 않는다.

주희가 세상을 떠난 뒤, 1225년(보경寶慶 1)에 건양의 지현 유극장劉克莊 (1187-1269)이 원래 창주정사가 있었던 자리에 주희 사당을 짓고 제사지냈다. 1244년(순우淳祐 4), 이종理宗 조윤은 주희의 학문을 표창하기 위해 '고정서원考亭書院'이라는 편액을 손수 써서 하사하여 당 위에 걸었는데, 후에 이 편액은 서원의 정문 위로 옮겨졌다. 또 주희를 묘정廟廷에 종사하였는데, 이것이 주자사朱子祠이다.

명나라 때인 1447년(정통正統 12), 참정參政 팽삼彭森이 고정로考亭路 입구에 '도학의 연원 마을'이라는 뜻인 '도학연원방道學淵源坊'이라는 패방牌坊

----------

43 섭미도는 이름이 하손賀孫이고 자가 미도인데, 자로 행세하였다. 또 다른 자는 지도知道, 시호는 문수文修. 학자들은 계산선생溪山先生으로 불렀다. 지금의 절강성 온주溫州인 영가永嘉 사람이다. 어려서부터 고학古學에 뜻을 두었다. 섭미도는 주희 만년의 주요 제자로서 진식陳埴과 함께 영가주자학永嘉朱子學 즉 목종학파木鍾學派를 개창하였다.

을 세웠다. '패방'이란 인물을 표창하고 기념하거나 미관美觀을 나타내기 위하여 세우는 건축물이다. 문짝이 없고 대부분 돌로 되어 있는데, 돌로 만들어진 것은 석패방石牌坊이라 부른다. 청나라 제4대 황제 성조聖祖 현엽 玄燁(즉 강희제康熙帝 1654-1722)은 1705년(강희 44)에 고정서원에다 '대유학자가 남긴 은택'이라는 뜻인 '대유세택大儒世澤' 편액과 함께 '성심정의는 공자와 맹자의 진실한 학문을 밝혔고, 주경궁리는 주돈이와 이정의 적전嫡傳을 계승했다'라는 뜻인 '성의정심誠意正心, 천추로지실학闡鄒魯之實學; 주경궁리主敬窮理, 소염락지진전紹濂洛之眞傳' 대련을 직접 써서 하사하였다.

　서원은 여러 차례 보수되고 중건되었는데, 『건양현지建陽縣志』「예문지藝文志」에 의하면, 청대 도광道光(1821-1850) 연간의 전체적인 모습은 이러하다. 앞에는 명륜당明倫堂이 있고, 또 전연거묘前燕居廟가 있어 선성先聖을 받들었다. 가운데는 집성전集成殿이 있어서 채원정, 황간, 유약, 진덕수 등 네 명을 배향하고, 좌우 양무兩廡가 고정서원이다. 집성전 앞에는 문이 두 군

고정서원考亭書院. 즉 죽림정사, 창주정사. 1244년(순우淳祐 4)에 남송의 이종 조윤이 주희의 학문을 표창하기 위해 '고정서원考亭書院'이라는 편액을 손수 써서 하사하였다.

데 있다. 문밖의 오른쪽은 도원당道源堂이고, 왼쪽은 보덕사報德祠인데 이곳은 역대 유공자를 제사지내는 사당이다. 집성전 뒤가 헌정공사獻靖公祠이다. 위에는 누각이 있는데 주희의 조상인 다원공茶院公 주괴朱瓌를 제사지낸다. 또 가장 높은 층을 십현루十賢樓라 하는데, 이곳에서는 주렴계, 정호, 정이, 소옹, 장재, 사마광, 양시, 나종언, 이동 등 열 분의 학자를 제사지낸다.

사당 안 기둥 위에는 다음과 같이 4구로 된 주희의 치가治家 명언이 걸려 있다. "독서기가지본讀書起家之本, 화순제가지본和順齊家之本, 순리보가지본循理保家之本, 근검치가지본勤儉治家之本." 그 뜻은 이러하다. 독서는 집안을 일으키는 근본이요, 화목과 순종은 집안을 가지런하게 하는 근본이요, 이치를 따름은 집안을 보존하는 근본이요, 근면과 검약은 집을 다스리는 근본이다. 이 말은 『명심보감明心寶鑑』「입교立教」편에도 수록되어 있는 유명한 격언이다.

20세기에 들어와서도 고정서원이 건재했지만 지금은 쇠락하여 고정서원이라는 석패방과 남송 이종 조윤이 쓴 편액과 청나라 성조 현엽이 쓴 대련만이 서원의 문 앞에 남아 있어[44] 과거의 영광을 짐작할 수 있을 뿐이다.

---------
44 潘富恩·徐洪興 주편, 『中國理學』제4권 305쪽 참고.

# 5 백록동서원과 악록서원

주희는 백록동서원과 악록서원을 재건하였다. 이 두 곳은 북송 때 숭양서원, 응천서원과 함께 사대서원四大書院[45]으로 일컬어졌고, 송명 시대의 리학가들이 강학 활동을 했던 중요한 서원들이다. 하나는 강서성에, 또 하나는 호남성에 있다.

원래 호남성 장사의 악록산 아래에 있는 상서정사湘西精舍도 중수하려 하였으나 임지를 떠나는 바람에 완공하지 못하였으므로 여기서는 다루지 않고, 백록동서원과 악록서원에 대해서만 살펴보기로 한다.

## • 백록동서원

강서성 여산廬山을 가면 동남쪽에 오로봉五老峰이 보이고, 그 남쪽 산기슭에 후병산後屛山이 있는데, 백록동서원白鹿洞書院은 이곳에 자리 잡고 있다. 일찍이 천하제일의 서원이라는 칭송이 자자했다. 서원이 산에 세워졌기 때문에 사방이 하늘을 찌를 듯한 나무들로 둘러싸여 있었다.

이곳은 당나라 정원貞元(785-805) 연간에 이발李渤이라는 사람과 그의 형 이섭李涉이 은거하며 독서를 하던 곳이다. 이발은 흰 사슴 한 마리를 기르며 스스로 즐거움을 찾았기 때문에 사람들은 그를 '백록 선생白鹿先生'이라

----------

45 남송 때의 경사학자經史學者 왕응린王應麟(1223-1296)은 『옥해玉海』에서, 백록동서원, 악록서원, 응천부서원, 숭양서원을 '송조사서원宋朝四書院'으로 불렀다. 송말원초의 사학자 마단림馬端臨(1254-1323)은 『문헌통고文獻通考』에서 백록동서원, 석고서원, 응천부서원, 악록서원을 송대 초기의 '천하사서원天下四書院'이라 규정하였다. 한편 청대의 사학자 전조망全祖望(1705-1755)은 북송과 남송의 사대서원을 구별하였는데, 북송시대의 사대서원은 왕응린의 말이 옳다고 하고, 남송시대의 사대서원은 악록서원, 백록동서원, 여택서원麗澤書院, 상산서원象山書院이라 하였다. 어떤 학자의 말이든 간에, 백록동서원과 악록서원은 송대의 사대서원에 반드시 포함되었음을 알 수 있다.

불렀다. 후에 그가 강주江州 자사刺史[46]로 임명되었을 때 암석 동굴에 누각과 정자를 짓고, 아울러 자신의 별명인 백록선생을 따서 '백록동'이라 명명하였다. 남당南唐 때인 940년(승원昇元 4)에 백록동은 정식으로 학관을 열고 이름을 '백록동국상白鹿洞國庠'이라 하였으며, 또한 '여산국학廬山國學'이라고도 불렀다. '국상國庠'이나 '국학國學'은 모두 '국가에서 개설한 학교'란 뜻이다.[47]

이러한 백록동서원이 흥성하여 천하에 명성을 떨치게 된 것은 실로 주희때문이다. 1179년(순희淳熙 6)에 주희가 지남강군知南康軍에 임명될 당시 백록동서원은 이미 허물어져 옛 모습을 찾을 수 없었다. 주희는 수리 복원을 청원한다는 소疏를 올렸고, 당시 효종 조신은 재건을 윤허하였다. 재건된 서원은 규모가 방대하여 3백60여 칸이나 되었는데, 성례전聖禮殿을 중심으로 해서, 어서각御書閣, 명륜당明倫堂, 종유사宗儒祠, 선현사先賢祠, 충절사忠節祠 등의 건물이 포함되었다. 성례전은 '대성전大成殿'이라고도 하는데, 공자와 그의 제자들에게 제사를 지내는 곳이었다. 또 문회당文會堂에는

----------

46 자사는 지방 관직의 명칭이다. 수隋 양제煬帝와 당唐 현종玄宗 때 각각 한 번씩 주州를 군郡으로 바꾸고, 자사刺史를 태수太守로 고쳤다. 후에 다시 군이 주로 바뀌면서 자사라 불렸고, 이후에는 태수와 자사가 혼용되었다. 송대에는 주州에 지주知州를 두고 자사의 직임을 없앴기 때문에 자사라는 명칭은 단지 무신의 승진 단계가 되었다.

47 고대에 학교라는 명칭은 시대마다 달랐다. 『맹자』「등문공상滕文公上」편에 이에 대해 상세히 기록되어 있다. "상庠, 서序, 학學, 교校를 설치하여 백성들을 가르쳤는데, '상庠'은 '봉양한다'는 뜻이고, '교校'는 '가르친다'는 뜻이며, '서序'는 '활쏘기를 익힌다'는 뜻입니다. 하夏 나라에서는 교校, 은殷 나라에서는 서序, 주周 나라에서는 상庠이라 하였고, 학學은 삼대三代가 함께 썼는데, 이것들은 모두 인륜을 밝히려는 것입니다.(設爲庠序學校以教之: 庠者, 養也; 校者, 教也; 序者, 射也. 夏曰校, 殷曰序, 周曰庠, 學則三代共之, 皆所以明人倫也.)" 그러나 『설문해자說文解字』에서는 "'상庠'은 예관이 노인을 봉양하는 곳인데, 하나라에서는 '교校', 은나라에서는 '상庠', 주나라에서는 '서序'라 하였다.(庠, 禮官養老, 夏曰校, 殷曰庠, 周曰序.)"라고 하여, 은나라와 주나라 때의 명칭이 뒤바뀌어 있다. 또 『예기』에는 "유우씨有虞氏는 상상上庠에서 국로國老(은퇴한 관리)를 봉양하고, 하상下庠에서 서로庶老(일반 퇴직자)를 봉양하였다.(有虞氏養國老於上庠, 養庶老於下庠.)"라고 하여 상상과 하상의 구분이 있었음을 기록하였는데, 이에 대해 정현鄭玄은 "상상은 우학右學이요 태학으로서 서쪽 교외에 있었고, 하상은 좌학이요 소학으로서 나라의 중앙에 위치한 왕궁의 동쪽에 있었다.(上庠, 右學, 大學也, 在西郊. 下庠, 左學, 小學也, 在國中王宮之東.)"라고 설명하였다. '국로'란 은퇴한 경卿, 대부大夫를 가리키고, '서로'란 은퇴한 사士를 가리킨다.

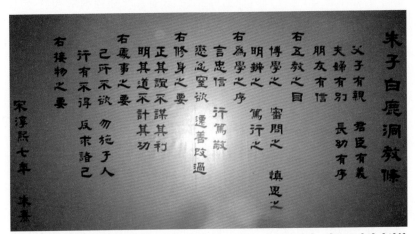

「주자백록동교조朱子白鹿洞教條」. 남송 순희淳熙 7년은 1180년이다. 백록동서원서원학규는 훗날 서원 정신의 상징이 되었다.

백록동서원白鹿洞書院 정문

주희가 직접 쓴 "사슴과 돼지가 함께 뛰놀 듯 만물과 내가 서로 잊는 곳(鹿豕與游, 物我相忘之地)", "봉우리와 샘물이 서로 비추듯 지와 인을 얻는 하늘(峰泉交映, 知仁獨得之天)"이라는 뜻의 대련이 걸려 있다.

그가 손수 제정한 「백록동서원게시」는 전국 서원교육 규칙의 모범이 되었고, 후세에 서원 체제를 만들고, 서원 교육을 촉진하는 데 중요한 영향을 끼쳤다. 여조겸은 「백록동서원기白鹿洞書院記」를 지어 그 시말을 서술하였다. 이리하여 비로소 사대서원 중의 하나가 되었다.

주희는 스스로 동주洞主가 되어 강학을 하고, 아울러 저명한 학자들을 초청하여 강학을 하게 하였다. 1175년에 주희와 육구연은 학술적인 관점이 달라 일찍이 강서성 연산현鉛山縣 경내에 있는 아호鵝湖에서 격렬한 논변을 한 적이 있다. 그렇지만 주희는 학설이 다르다고 해서 배척하지 않고, 1181년에 형의 묘지명을 부탁하러 남강에 온 육구연에게 이곳에서 강학해 달라고 요청하였는데, 역사에서는 이를 '남강지회南康之會'라 부른다. 육구연의 강학 제목은 『논어』에 나오는 "군자유어의 소인유어리(君子喩於義, 小人喩於利)" 구절이다. 이 '의리지변義利之辨'은 육구연의 학문 종지인데, 원래는 맹자로부터 시작되었다. 여기서 '의義'는 도덕 원칙이나 규범을 가리키고, '이利'는 물질 이익이나 욕구를 가리킨다. 유가에서는 의와 이로써 군자와 소인을 판단하는데 그 핵심 문제는 뜻이 향하는 바를 변별하는 '변지辨志'이다. 사람의 인식은 일상생활 속의 고착된 습관에서 비롯되는데 고착된 습관의 결과가 의지를 결정한다. 이익에 뜻을 둔 사람은 반드시 이익에 쫓기고, 의에 뜻을 둔 사람은 의를 행위의 준칙으로 삼는다. 학문을 하는 요점은 입지立志 즉 뜻을 세우는 것이다. 세속을 따라 명리를 좇지 말고, 성현에 뜻을 두어 치국, 평천하를 자기 임무로 삼는 것이 정학正學이라고 하였다. 육구연의 강의는 백록동서원의 선생과 학생들의 환영을 받았으며 참석자 중에는 감동하여 눈물을 흘린 사람도 있었다. 강의가 끝나자, 주희는 곧바로 자리에서 일어나 "저는 제생諸生과 함께 지켜서 육 선생의 가르침을 잊지 않을 것입니다"라고 감사의 뜻을 표하고, 육구연에게 강의 내용을 써 달라고 요청하고 이를 돌에 새겨 기념으로 삼았다. 이러한 강학 활동은 학술 사상의 교류를 촉진하는 데 적극적인 작용을 하였다.

한국 서원의 효시가 된 경북 영주시 순흥면에 있는 백운동서원白雲洞書院 (즉 소수서원紹修書院)은 바로 이 백록동서원을 본떠서 세운 것이다.

## • 악록서원

호남성湖南省 장사시長沙市 상강湘江 서쪽 기슭의 악록산嶽麓山에는 천 년 세월 동안 최고 학부를 유지한 서원이 있다. 바로 악록산에서 이름이 유래한 악록서원嶽麓書院이다. 이 서원은 주희가 재건하여 강학을 한 것으로도 유명하고, 그 이전에 주희가 당시의 산장山長[48] 장식張栻과 함께 학문을 토론하여 서원 강회講會의 선구가 되었기 때문에 역사적인 의미가 깊은 곳이다.

1167년(건도乾道 3) 9월에, 주희는 장식을 만나러 복건에서 호남의 악록서원으로 와서, 강학을 하고 장식과 『중용』의 뜻에 대해 토론하였는데, 역사에서는 이를 '주장회강朱張會講'이라 부른다. 이 때 주희는 손수 '충忠, 효孝, 염廉, 절節' 네 글자를 썼다. 11월에 두 사람은 함께 남악南嶽을 유람하였다.

1194년(소희紹熙 5)에, 주희는 호남안무사湖南安撫使에 임명되어 담주潭州의 지주知州를 지냈는데, 이때 악록서원에서 강학을 하고 서원을 재건하였으며 여귀신黎貴臣을 초빙하여 강서집사講書執事로 삼았다.

호남성 장사의 악록서원, 강서성 구강九江의 백록동서원, 하남성 등봉登封의 숭양서원, 하남성 상구商丘의 수양서원은 중국 고대의 사대서원으로 병칭되는데, 이 중에서 숭양서원은 근래에 이미 복구되었고, 수양서원은 사라진 지 오래되며, 백록동서원은 옛 형태가 아직 남아 있으나 학업은 오

----------

48 수당 때부터 산에서 살며 강학하는 사람을 경칭해서 산장이라 불렀는데, 송나라 때에는 관립 서원에 산장을 두고 강학 및 서원 업무를 관장하게 하였다.

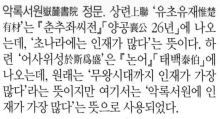

악록서원嶽麓書院 정문. 상련上聯 '유초유재惟楚有材'는 『춘추좌씨전』「양공襄公 26년」에 나오는데, '초나라에는 인재가 많다'는 뜻이다. 하련 '어사위성於斯爲盛'은 『논어』「태백泰伯」에 나오는데, 원래는 '무왕시대까지 인재가 가장 많다'라는 뜻이지만 여기서는 '악록서원에 인재가 가장 많다'는 뜻으로 사용되었다.

충효염절忠孝廉節. 주희의 친필로서 악록서원 내 충효염절당忠孝廉節堂에 있다. 청대에 산장山長 구양후균歐陽厚均(1766-1846)이 대형 석각으로 만들었다.

문묘文廟 대성전大成殿. 악록서원 내에 있는 공자의 사당이다.

래 전에 중단되었다. 오직 악록서원만이 창건 이후 현재의 전국중점대학인 호남대학에 이르기까지 줄곧 고등교육학부로서 1천여 년 동안 면면히 학업이 중지되지 않고 이어져 왔다. 이러한 경우는 중국 내에서 유일무이하며 다른 나라에서도 좀처럼 찾기가 쉽지 않다. 세계 최초의 대학이라고 감히 일컫는 일부 대학들, 예를 들면 프랑스 최초로 설립된 대학인 파리대학의 전신 소르본느 신학교나 영국의 옥스퍼드 대학도 그 성립시기를 악록서원과 비교해 보면 많이 늦다.

악록산은 예로부터 문화 명산이었다. 서진西晉 이전에는 도사들의 활동 거점으로서 만수궁萬壽宮, 숭진관崇眞觀 등이 건립되었다. 서진 때인 268년(태시泰始 4)에는 녹산사麓山寺가 창건되고, 동진東晉 때 도간陶侃(259-334)은 이곳에 삼암杉庵을 짓고 글을 읽었다. 육조 시대에는 도림사道林寺가 창건되었다. 당나라 때에는 마수馬燧가 '도림정사道林精舍'를 세우고, 당대 말엽에 지선智璇 등 두 승려가 집을 짓고 학교를 세워 서원의 모습이 형성되었다. 북송 때인 976년(개보開寶 9)에는 담주태수潭州太守 주동朱洞이 이를 확장하여 악록서원을 창건하였고, 1015년(대중상부大中祥符 8)에 진종 황제가 산장 주식周式을 불러 '악록서원嶽麓書院'이라는 편액을 하사함으로써 악록서원은 마침내 전국 사대서원의 하나가 되었다. 남송 시기에 들어와 장식張栻이 교육을 맡으면서 호상학파湖湘學派는 최전성기로 발전하였다. 1167년(건도乾道 3)에 주희가 방문하여 장식과 학문을 논하였는데, 이는 서원 회강會講에 선구적 역할을 하였다. 이로부터 주희와 장식의 학문이 악록서원의 정통 학술로 자리 잡았다. 원나라가 송나라의 제도를 계승함으로써 서원의 학업은 계속 발전되었고 학칙이 나날이 완비되어 갔다. 그러나 원대 말기에 전란으로 인해 파괴되었다.

명대에 들어와 선덕宣德(1426-1435) 연간부터 지방 관원인 진강陳鋼, 양무원楊茂元, 왕도王韜, 오세충吳世忠 등이 복구와 확장을 하여 주축선 앞이 상강湘江의 서쪽 기슭에 이르고 뒤가 악록산 정상에 이르게 되어 웅장하고 미려한 경관을 갖추게 되었다. 이리하여 서원의 강학, 장서, 제사라는 3대 기능이 전면적으로 회복 발전되어 현존하는 건축의 기본 구조가 정해졌다.

명대에 악록의 학술은 여전히 주희와 장식의 학문이 정통이었다. 정덕正德(1506-1521) 연간 이후에는 왕양명王陽明과 그의 제자들이 차례로 이곳에서 강학을 하며 심학心學을 전파하였다. 명나라 말기에 동림학파東林學派 고세태高世泰가 서원에서 강학을 하면서 악록의 학술은 새롭게 발전을 하였다.

청나라 조정은 악록서원의 공을 기리기 위해 차례로 '학달성천學達性天', '도남정맥道南正脈'이라는 편액을 하사하고, 내탕금內帑金(황제의 개인 돈)과 서책을 하사하여 악록서원을 대서원으로 확대시켰다.

여기서 잠깐 '학달성천'과 '도남정맥'이라는 편액에 대해 알아보자. 원래 청나라 정부에서는 서원 억제 정책을 실시하였다. 제3대 황제 세조世祖 복림福臨(즉 순치제順治帝 1638-1661)은 순치 9년인 1652년에 "별도로 서원의 건립을 허락하지 않는다(不許別創書院)"라는 조칙을 반포하였다. 그러나 통치기반이 공고해지면서 순치順治(1644-1661) 말년에 이르러 이러한 정책은 필요성 면에서 크게 중시되지 못한 채 흐지부지되고, 강희 연간과 옹정雍正

학달성천學達性天과 도남정맥道南正脈. 학달성천은 청나라 강희제의 친필 편액이고, 도남정맥은 건륭제의 친필 편액으로서 모두 악록서원 내에 있다.

(1722-1735) 연간에는 오히려 서원을 지지하고 격려하는 정책으로 바뀌었다. 강희 7년인 1668년에 순무巡撫 주소남周召南은 악록서원의 재건을 추진하여 원래의 면모를 회복시켰는데 1674년에는 오삼계吳三桂(1612-1678)의 반란으로 인해 재건한 지 4년밖에 안된 악록서원이 다시 훼멸되었다. 10년이 지난 후, 순무 정사공丁思孔(?-1694)은 다시 악록서원을 재건하고 황제에게어서 편액을 요청하였다. 이에 제4대 황제 성조聖祖 현엽玄燁(즉 강희제)은 서원에서 리학을 전승하고 인재를 배양한 공헌을 표창하기 위해서 강희 26년인 1687년에 악록서원과 백록동서원을 비롯한 주돈이, 장재, 정호, 정이, 소옹, 주희의 사당 등에 '학달성천'이라는 어서 편액을 하사하였다.[49]

'학달성천'이라는 말은 학달과 성천으로 구성되어 있다. '학달'은 『논어』「헌문憲問」편에 나오는 공자의 말인 '하학이상달下學而上達'을 가리키는데, 이를 직역하면 '아래를 배워 위에 도달한다'는 뜻으로, 쉬운 지식을 배워 어려운 이치를 깨닫는 것을 말한다. 좀 더 구체적으로 말하면, 인정人情과 사리事理를 배우고 나아가서 자연의 법칙을 안다는 뜻이다. 이에 대해 주

교학재教學齋. 선생과 학생이 기거하던 곳으로서 악록서원 내에 있다. 북송 때 처음으로 재사齋舍 52칸을 지었고, 현재는 1903년에 서원이 학당으로 바뀔 때 지은 것이다. 교학재라는 이름은 『예기』「학기學記」편에 나온다.

49 (康熙)二十五年, 頒發御書'學達性天'四字匾額於宋儒周敦頤·張載·程顥·程頤·邵雍·朱熹祠堂及白鹿洞書院·嶽麓書院, 竝頒日講解義經史諸書.(『황청문헌통고皇清文獻通考』권73)

희는 『논어집주』에서 정자程子의 말을 인용해서 다음과 같이 설명하였다.

배우는 사람은 모름지기 하학상달이라는 말을 지켜야 하는데, 이것이 배움의 요체이다. 무릇 아래로 인사人事를 배우면 위로 천리에 이를 수 있다. 그러나 익히고서도 살피지 않으면 위로 도달할 수가 없다.[50]

그리고 '성천'은 『중용』의 '천명지위성天命之謂性' 즉 '하늘이 명한 것은 성이다'라는 말에서 나왔다. 학달성천은 배움과 양성養性을 통해 '본성과

악록서원학규嶽麓書院學規. 청나라 때 산장山長 왕문청王文淸(1688-1779)이 지은 글을 건륭 13년(1748)에 돌에 새겼다.

----

50 學者須守下學上達之語, 乃學之要. 蓋凡下學人事, 便是上達天理. 然習而不察, 則亦不能以上達矣.(『논어집주』「헌문」)

천명의 합일(性命合一)'에 이르고, 본성과 하늘의 통일에 이르는 것을 가리킨다. 이것이 바로 유가에서 추앙하는 이상 인격이며, 수천 년간 변함없이 내려온 교육의 목표이다.

또 건륭 9년인 1744년에 제6대 황제 고종高宗 홍력弘曆(즉 건륭제乾隆帝 1711-1799)은 다시 '도남정맥'이라는 어서 편액을 하사하였다.

'도남'이란 앞에서 언급하였듯이 정호의 깊은 사랑을 받은 양시가 남쪽으로 돌아갈 때 정호가 떠나는 양시를 바라보면서 "우리 도학이 남쪽으로 갔구나(吾道南矣)"라고 말한 것에서 연유한다. '정맥'은 '정통正統' 혹은 '정종正宗'을 뜻한다.

천 년의 세월이 흐르는 동안 악록서원은 역사상 수많은 경세제민 經世濟民의 인재들을 길러내어 상초湘楚(지금의 호남성 일대) 지역의 인재를 배출하는 요람이 되었다. 청대만 보더라도 대철학자 왕부지 王夫之(1619-1692), 어사御史 도주陶澍(1779-1839), 계몽사상가 위원魏源(1794-1857), 군사가 좌종당左宗棠(1812-1885), 상군장령湘軍將領 증국번曾國藩(1811-1872), 외교가 곽숭도郭嵩燾(1818-1891), 유신운동의 리더 당재상唐才常(1867-1900), 심신沈藎(1872-1903) 그리고 모택동의 첫째 부인 양개혜楊開慧의 아버지인 교육가 양창제楊昌濟(1871-1920) 등이 있다.

『해국도지海國圖志』. 계몽사상가 위원魏源(1794-1857)이 지은 중국근대사상 최초의 종합적이고 체계적으로 세계 역사 지리를 소개한 대작이다. 1842년에 50권 본이 처음 간행되었고, 5년 후에 60권 본이 간행되었으며, 다시 5년 후인 1852년에 1백 권으로 증보되었다. '해국'은 해외의 나라를 뜻한다.

# 6 사창은 과연 주희가 처음 만들었는가

**사**창社倉은 과연 주희가 처음 만들었는가? 이 문제에 대해서 많은 사람들은 그렇다고 알고 있다. 그러나 사실 사창은 주희가 만들기 21년 전인 1150년(소흥 20)에 위섬지魏掞之(1116-1173)가 만들었다. 위섬지가 사창을 만든 동기는 농촌의 식량 문제로 인해 사회불안이 조성되었기 때문인데, 농민들이 사창에서 양곡을 대여한 후로는 사회도 안정을 되찾았다. 주희는 1171년(건도 7) 5월 건녕부 숭안현에 사창을 설치하였다. 그 규모는 대략 위섬지의 사창을 모방하였는데, 다만 해마다 대여하여 거둔 이자가 약간 다를 뿐이다. 두 사람은 동문으로서 절친한 친구였기 때문에 때때로 이 문제에 관해 토론을 하기도 하였다. 그래서 『송사宋史』에서 "모든 향리의 사창은 위섬지로부터 시작되었다"[51]라고 기록한 것이다. 그러나 위섬지가 1173년(건도 9)에 세상을 떠나자, 그가 창설한 사창의 형태는 생전에 보급되지 못하였고, 그를 이어서 관리할 사람이 없어서 원래의 효과를 상실하게 되었다. 그의 명성도 주희에 미치지 못하였기 때문에, 후세의 사창은 실제로 대부분 주희에 근본을 두고 있는 것이다.

주희는 일생 동안 비록 실제 벼슬을 한 기간이 길지 않았지만, 벼슬하는 동안에는 간신들을 징계해 줄 것을 요청하고, 항상 백성들이 굶주리지 않고 잘 살 수 있도록 온 힘을 다 했다. 주희가 처음 만든 '주자사창'은 빈민을 구제하는 데 선구적 역할을 하여 '선유경제성적先儒經濟盛跡'으로 칭송되었고 고대 사회보장의 한 모델로서 후세에 심원한 영향을 끼쳤다.

1168년(건도 4) 주희는 오부리五夫里 병산屏山으로 가서 살면서 사록祠祿을 하며 어머니를 모시고 있었다. 그런데 늦봄에 복건성 북부인 건양, 숭

---

51 諸鄕社倉自掞之始.(『송사宋史』「위섬지전魏掞之傳」)

안, 포성浦城 일대의 재난 상황은 매우 심각하였다. 이에 숭안의 지현 제갈
정서諸葛廷瑞는 주희와 유여우劉汝愚를 초청하여 함께 재해를 막고 백성을
구휼할 대책을 상의하였다. 주희는 기대를 저버리지 않고, 부호들의 곳간
에 저장된 양곡을 방출하여 이재민을 구제할 것을 강력하게 권유하였다.
이듬해 어머니가 세상을 떠나자, 집에서 삼년상을 치르는 동안 주희는 건
녕의 지부로 부임해 온 왕회王淮, 심탁沈度에게 여러 차례 글을 올려 오부리
에 양곡 창고를 세워 줄 것을 청하였다. 주희의 이러한 혜정惠政 주장은 관
부의 지원을 얻었다. 이렇게 해서 탄생한 것이 바로 역사에 기록된 '주자사
창朱子社倉'이다. 주자사창의 원래 명칭은 '오부사창五夫社倉'이다. 1171년
(건도 7)에 주희가 처음으로 만들고 명명한 민영 사창은 그 건립된 장소가

주자사창朱子社倉. 1171년(건도 7)에 주희가 건녕부建寧府 숭안현崇安縣 오부리五夫里 적
계방籍溪坊에 세웠다. 지금의 오부진五夫鎭 흥현가興賢街의 봉황항鳳凰巷 안에 있다.

숭안현 오부리 적계방籍溪坊(지금의 오부진五夫鎭 홍현가興賢街)의 봉황항鳳凰巷이었기 때문에 얻어진 이름이다. 이밖에 주희는 여러 곳에 사창을 보급하여 널리 백성들에게 혜택을 주고, 지주 호족들이 재난 시기에 농민에게 고리대를 실행하지 못하도록 하였다. 훗날 주희의 혜민 선정을 기념하기 위해 마을 사람들은 '오부사창'을 '주자사창'으로 개칭하였다.

사창이 준공된 후, 주희는 마을에 사는 덕망 높은 유복劉復, 유덕여劉德興, 유기劉琦, 유평劉玶 등 네 명을 공동 관리자로 추천하고, 사창의 규칙인 「창규倉規」를 제정하여, 승상을 지낸 복주의 지부 진준경의 대대적인 지원을 얻었다. 1171년(건도 7) 8월에 사창이 완성된 후에 양곡 창고가 가득 찼다. 이로부터 봄과 여름 사이 묵은 곡식을 다 먹고 난 후부터 햇곡식이 아직 수확되기 전 사이에 구휼하고, 가을 겨울에 상환償還하고 보관하게 되었다. 이리하여 관창官倉인 상평창常平倉에서 쌀을 팔던 것이 민창民倉인 사창에서 구휼하는 것으로 바뀌어 백성들에게 크게 도움이 되었다. 주희는 「건녕부숭안현오부사창기建寧府崇安縣五夫社倉記」를 지은 후에 이 내용을 비에다 새겨 기록하였다.

오부사창이 건립되어 성과가 알려지자, 건녕부에서는 다투어 모방하여 사창을 건립하였는데, 건양의 장탄사창長灘社倉과 대천사창大闡社倉은 이때 건립된 것이다. 광택光澤, 순창順昌 등지에서도 사창이 건립되어 양곡을 저장하였다.

오부사창이 건립된 지 10년이 지난 1181년(순희 8) 12월에 제거양절동로상평다염공사提擧兩浙東路常平茶鹽公事로 있었을 때이다. 황년을 만나 기민들이 온 들에 널리고 굶어죽은 사람도 부지기수가 되자 마침내 주희는 연화전에서 효종 조신에게 재난을 구제하는 대책인 이른바 「신축연화주차辛丑延和奏箚」를 올렸다. 주희는 숭안현 오부리에서 사창을 처음 만든 이점을 열거하고 관창의 폐해를 통렬히 진술하였다. 조신은 그가 과감히 직언하는 것을 칭찬하고 즉각 그를 절동으로 파견하여 서둘러 구황救荒의 대사를 처리하게 하였다. 주희는 조신의 뜻을 저버리지 않고 그 해에 재난 상황을 완화시켜 기민에게 밥을 짓지 못하는 근심을 없애 주었다. 주희는 경험을 토대로 해서 「사창사목社倉事目」을 제정하고, 1181년(순희 8)에 제로諸路의 주군州軍에서 시행하도록 비준해 줄 것을 요청하였다. 이후에 사창은 농촌에서 양곡을 저장하여 황년에 대비하고 사회를 구제하는 주요 형식으로 자리 잡았고, 주자사창법朱子社倉法도 점차 실물 형식으로 시행하는 사회보장제도가 되었다. 이듬해, 남송 조정은 주희가 시행하기를 요청한 「사창법」을 제부諸府의 각주各州에서 시행하도록 조칙을 반포하였다. 중국 사회보장 방면에서 긍정적인 작용을 한 주자의 사창은 역대로 끊임없이 수정되어, 지금까지도 완전하게 보존되어 있다.

1889년(광서光緒 15)에, 주희의 후손이자 지방 관리인 주경희朱敬熙(1852-1917)가 주자사창을 맨 마지막으로 중수하였다. 사창의 대문 바깥 편액에는 '오부사창五夫社倉'이라 적혀 있고, 둘째 문의 편액에는 '주자사창朱子社倉'이라 적혀 있다.

남송 때 사창법의 기본 내용을 보면 다음과 같다. 첫째, 사창은 향리에 설치하고, 관부에서 감독하고 민간에서 경영한다. 둘째, 대여한 이자는 자동적으로 자금으로 적립한다. 셋째, 사창의 양곡은 흉년에는 구휼하는 데 쓰고, 평년에는 빈자를 돕는 데 쓴다. 넷째, 해당 지방의 소속 관원과 선비에게 관리를 맡긴다. 사창법은 중국 고대의 사회보장 중에서 재난을 구휼하고 빈자를 도우며, 생산력을 보호하고 재생산을 진행하는 역할을 하였다. 사창의 실시로 국가의 재정 부담이 경감되고, 또 재난을 당한 백성은 단순히 국가에서 양곡을 내어 구제한다는 생각에서 벗어나, 농민 스스로 자신을 보호한다는 의식을 배양할 수 있게 되었다.

주희는 「상주의흥현사창기常州宜興縣社倉記」에서 다음과 같이 술회하였다.

처음에 내가 숭안에 살 때, 일찍이 백성들이 굶주려 군수 서공철徐公矗에게 청해서 쌀 6백 휘를 얻어 대여하였는데, 이로 인해 사창이 만들어졌다. 지금 거의 30년이 지났는데, 적립된 것이 5천 휘에 이르렀고, 해마다 같은 마을 사람들에게 거두어들이고 내보내 마침내 흉년이 없어지게 되었다.[52]

30년이 채 못 되어 오부사창의 기금이 5천 휘(斛)[53]가 된 것이다. 이것은 오부사창이 진휼의 범위를 넘어서 전면적인 사회보장을 향해 매진하여, 고대 사회보장 제도의 모델이 되었음을 충분히 설명해 준다.

----------

52 始予居建之崇安, 嘗以民饑, 請於郡守徐公矗, 得米六百斛以貸, 而因以爲社倉. 今幾三十年矣, 其積至五千斛, 而歲斂散之里中, 遂無凶年.(『주문공문집朱文公文集』 권80 「상주의흥현사창기常州宜興縣社倉記」)
53 '휘'는 한자로 '곡斛'이라 하는데, 원래는 양을 측정하는 그릇 이름이다. 주로 용량 단위로 사용한다. 『의례儀禮』에 의하면, 열 말을 휘라 한다.(十斗曰斛)

# 7 주자독서법은 몇 가지인가

**앞**에서도 언급한 바 있지만, 주희는 책을 통해 이치를 궁구할 것을 강조하여, "학문을 하는 방법은 이치를 궁구하는 것보다 앞서는 것이 없고, 이치를 궁구하는 요체는 반드시 책을 읽는 데 있다"라고 주장하였다. 한편 주희는 '배워서 익힌다'는 '학습學習'을 이렇게 구분하였다.

> '학學'이란 알지 못해서 앎을 구하는 공부功夫이고, '습習'이란 능하지 못해서 능함을 구하는 공부이다. 모름지기 널리 배우고 자세히 묻는 것을 학으로 삼고, 신중하게 생각하고 명확하게 분별하며 독실하게 실행하는 것을 습으로 삼아야 한다.[54]

주희는 평소에 제자들에게 독서를 하는 방법에 대해 많은 이야기를 하였는데, 이것을 '주자독서법朱子讀書法'이라 한다. 『주자어류』권10과 권11, 그리고 『주문공문집』권74에는 주희의 '독서법'에 대한 내용이 집중적으로 수록되어 있다.

주자독서법은 고대에 가장 영향력이 있는 독서 방법론이다. 주희의 제자들이 스승의 훈도를 모아 개괄적으로 귀납한 것으로 순서점진循序漸進, 숙독정사熟讀精思, 허심함영虛心涵泳, 절기체찰切己體察, 착긴용력着緊用力, 거경지지居敬持志 등 총 6조로 구성되어 있다. 이 주자독서법은 중국 고대에 가장 체계적인 독서법이요, 고대의 독서법을 집대성한 것으로서 자세히 연구하고 참고할 가치가 있다.

----------
54 學是未知而求知底功夫, 習是未能而求能底功夫. 須以博學·審問爲學, 慎思·明辯·篤行爲習.(『주문공문집』권42「답석자중答石子重」)

여섯 가지 조항은 고립적인 것이 아니라 서로 연계되어 유기적으로 하나로 결합된 것으로 내재적인 논리를 갖고 있다. 그래서 책을 읽거나, 학문을 탐구하거나 학업을 증진시키는 데 완정한 순서요 단계가 된다.

첫째, 순서점진循序漸進, 즉 차례에 따라 점차 나아가라.

근 50년 동안 학문을 가르친 주희는 독서에 대해 이렇게 말하였다.

> 학문을 하는 방법은 이치를 궁구하는 것보다 앞서는 것이 없고, 이치를 궁구하는 요체는 반드시 책을 읽는 데 있으며, 책을 읽는 방법은 차례에 따라 깊은 곳에 이르는 것보다 귀한 것이 없고, 깊은 곳에 이르는 근본은 공경하는 마음을 갖고 큰 뜻을 가지는 데 있다.[55]

'차례에 따라 점차 나아가라'는 순서점진은 주희가 반복해서 강조하고 시종 견지한 학문연구 방법이다. 주희는 "소학이란 그 일을 배우는 것이고, 대학이란 그 소학에서 배운 바의 까닭을 배우는 것이다"[56]라고 생각하였다. 소학에서는 단지 학생들에게 글자를 알게 해 주고 구체적으로 일하는 것을 가르쳐 주어, 글자를 알고 일을 하는 가운데 간단하고 기본적인 지식을 얻게 한다. 대학에서는 이치를 이해해야 하는데, 대학에서 규정한 필수 과정인 『사서』를 차례대로 읽을 것을 엄격하게 규정한다. 먼저 『대학』을 읽고, 그 다음에 『논어』와 『맹자』를 읽으며, 그리고 나서 『중용』을 읽는다. 문장은 일정한 차례에 따라 한 편 한 편씩 읽고, 책도 일정한 차례에 따라야 하는데, 그 내용을 가지고 말하면 반드시 내재적인 연계를 가지고 있어서, 얕은 데에서 깊은 데로 들어가고, 겉에서 속으로 미치며, 개별적인 것에서 일반적인 것에 이르고, 현상으로부터 본질에 이르러야 한다.

----------

55 爲學之道, 莫先於窮理; 窮理之要, 必在於讀書; 讀書之法, 莫貴於循序而致精; 而致精之本, 則又在於居敬而持志.(『주문공문집』권14「갑인행궁편전주차甲寅行宮便殿奏箚(2)」)
56 小學者, 學其事; 大學者, 學其小學所學之所以.(『주자어류』권7「학學(1)」)

이것은 사람의 인지 규율에 부합하므로 그 마땅함을 알고서 반드시 따라야 하는 것이다.

주희는 한걸음 나아가, 독서는 쉬운 것에서 어려운 것으로, 얕은 것에서, 깊은 것으로, 가까운 것에서 먼 것으로 해야 하며, 급하게 서둘러서도 안 되고, 너무 천천히 읽어도 안 된다고 지적하였다.

특히 주희는 순서를 따르지 않고 등급을 건너뛰는 '엽등躐等'과 자세하지 않게 대강하는 '초솔草率'을 극히 경계하고 순서에 따라 독서할 것을 강조하였다.

> 배움은 등급을 건너뛰어서는 안 되고, 자세하지 않게 대강해서는 안 되니, 한갓 마음과 힘만 낭비할 뿐이다. 모름지기 순서에 따라서 하고 법대로 이해해야 한다. 한 경전에 통해서 익숙해지면 다른 책도 쉽게 볼 수 있다.[57]

둘째, 숙독정사熟讀精思, 즉 자세하게 읽고 깊이 생각하라.

주희는, 글은 반드시 반복해서 읽어야 하고, 자신에게 독서의 횟수를 엄격하게 요구하고 조금이라도 줄여서는 안 된다고 강조하였다. 제자 오백영吳伯英이 처음 주희를 만났을 때 독서는 어떻게 해야 하느냐고 질문하였다. 주희의 대답은 아주 간단하였다.

> 독서에 대단히 교묘한 방법은 없고 단지 자세하게 읽을 뿐이다.[58]

무릇 사람이 책을 읽으면 반드시 겸허하게 그 속으로 들어가서 이치를 잘 생각하며 음미해야 하고, 단지 피부상에 있는 것만을 말해서는 안

---------
57 學不可躐等, 不可草率, 徒費心力. 須依次序, 如法理會. 一經通熟, 他書亦易看.(『주자어류』권11, 「학學(5)」)
58 讀書無甚巧妙, 只是熟讀.(『주자어류』권120 「주자(17)」)

된다. 예를 들면, 음식물의 맛은 속에 다 있는데, 만약 겉만 핥거나 씹으면 그 맛을 알 수가 없어 무익하다.[59]

여기에서 주희가 오백영에게 일러준 것은, 책은 자세하게 읽어야지 얕게 맛만 보고 그치면 안 된다는 것이다. 주희는 건양의 고정에서 글을 지어 창주정사의 학생들에게 "책이 기억되지 않을 경우, 자세하게 읽으면 기억할 수 있다"[60]라고 일깨워 주었다. 책은 외워서 책 속의 내용을 손바닥 가리키듯 해야 할 뿐 아니라 책 속의 내용을 말할 때에도 자기 마음속에 있는 말을 하는 것처럼 해야 한다. 이것은 바로 학생들에게 책을 읽을 때 저자의 사상 감정을 깊이 있게 탐구하고 저자의 뜻을 체험할 것을 요구한 것이다.

자세하게 읽는 '숙독'은 깊이 생각하는 '정사'의 기초인데, 책 속에 등장하는 사물의 명칭이나 해석에 대해서도 하나하나 깨닫고 이해해야 한다. 이 기초 위에서 한 걸음 나아가 문장의 깊은 의미와 사상의 진제眞諦(가장 진실한 의미)를 깊이 있게 이해해야 한다. 숙독정사의 목적은 성현의 글 속에서 성리性理와 관련된 진제를 깊이 있게 이해하는 것이다. 주희는 이렇게 말하였다.

> 대저 독서란 모름지기 먼저 자세하게 읽어서 책 속의 말이 모두 내 입에서 나온 것처럼 하고, 뒤이어 깊이 생각해서 그 뜻이 모두 내 마음으로부터 나온 것처럼 한 후에야 얻는 것이 있게 된다.[61]

주희는 건양 고정에 있는 창주정사의 「교유敎諭」에서 "뜻이 깊지 않을

---------

59 凡人讀書, 須虛心入裏玩味道理, 不可只說得皮膚上, 例如, 食物滋味盡在里面, 若只舔噬其外, 而不得其味, 無益也.(『주자어류』권120 「주자(17)」)
60 書不記, 熟讀可記.(『주문공문집』권74 「우유학자又諭學者」)
61 大抵觀書, 須先熟讀, 使其言皆若出於吾之口, 繼之精思, 使其意皆若出自吾之心, 然後可以有得爾.(『주문공문집』권74 「독서지요讀書之要」)

경우, 자세히 생각하면 깊어질 수 있다"[62]라고 하고, 또 "대저 읽은 경서와 사서는 반복해서 정밀하고 상세하게 읽어야 점차 취지를 알 수 있다", "작더라도 의문이 있으면 곧 다시 사색을 하고, 사색해도 통하지 않으면 곧 작은 노트를 마련해서 날마다 베껴 적어서, 보는 시간을 줄여야 한다"[63]라고 말하였다.

셋째, 허심함영虛心涵泳, 즉 마음을 겸허하게 하고 깊이 깨달아라.

주희는, 독서를 할 때는 반드시 마음을 겸허하게 하고 깊이 깨달아야 한다고 주장하였다.

> 배우는 사람은 모름지기 몸을 수렴하고 바르게 앉아 천천히 보면서 낮은 소리로 읊조리며, 마음을 겸허하게 하고 깊이 깨달아야 한다.[64]

주희는 일반인의 독서에 존재하는 선입견을 나쁜 버릇으로 보았다. 그래서 독서는 원작을 존중하여 원래의 의미를 명백하게 알아야 한다는 점을 제기하였다.

> 글자를 보면 모름지기 마음을 겸허하게 해서 읽어야 하며 먼저 자신의 뜻을 세우지 말라.…… 무릇 책을 보면 모름지기 마음을 겸허하게 해서 보아야 하며 먼저 자기의 주장을 내세우지 말라.[65]

만일 미리 고정된 틀을 갖고 자기의 주장을 먼저 내세우면, 답보 상태로 자신을 가두게 되어 자연히 책의 본래 뜻을 철저하게 이해할 수 없고, 자신

---------

62 義不精, 細思可精.(『주문공문집』권74「우유학자又論學者」)
63 大抵所讀經史, 切要反復精詳, 方能漸見旨趣.…… 小有疑處, 即更思索, 思索不通, 即置小冊子, 逐日抄記, 以時省閱.(『주문공문집』권39「여위응중與魏應仲」)
64 學者讀書, 須是斂身正坐, 緩視微吟, 虛心涵泳.(『주자어류』권11「학(5)」)
65 看文字須是虛心, 莫先立己意.…… 凡看書須虛心看, 不要先立說.(『주자어류』권11「학(5)」)

의 주관적인 억측에 이르게 된다. 그래서 주희는 또 이렇게 말하였다.

> 마음을 겸허하게 하고 자신과 밀접하게 연계해야 하는데, 마음을 겸허
> 하게 하면 도리를 분명하게 볼 수 있고, 자신과 밀접하게 연계시키면
> 자연히 체득하고 인식하게 된다.[66]

그러나 독서를 하는 중에 마음속에 편견을 갖고 기존의 통설에 구애되
는 것을 겨냥해서, 독서를 할 때는 공정한 태도를 지니고, 독립적인 사고를
해야 하며, 새로운 견해를 견지해야 함을 제기하였다.

> 오늘날 사람들은 책을 보면 먼저 스스로 생각을 정하고 난 후에 비로
> 소 책을 읽는다. 옛 사람의 언어를 모두 따르지만 자기의 생각 속으로
> 들어가 만들어 낸다. 이와 같이 단지 자기의 생각을 미루어 확장하기만
> 하면 어떻게 옛사람의 생각을 알 수가 있겠는가?[67]
> 책을 읽는 것은 바로 소송을 듣는 것과 같아서 마음속에 미리 을의 주
> 장을 생각하고 있으면 오직 갑의 옳지 않음만 찾게 되고, 미리 갑의 주
> 장을 생각하고 있으면 오직 을의 옳지 않음만 찾기 마련이다. 이는 갑
> 과 을의 말을 잠시 두고, 천천히 관찰하여 반드시 그 옳고 그름을 변별
> 해 내는 것만 못하다.[68]

그는 함영 공부를 더욱 중시하였다.

> 과실을 먹는 것과 마찬가지로, 처음에 깨물기 시작하면 맛을 보기도 전

---------
66 虛心切己, 虛心則見道理明, 切己自然體認得出.(『주자어류』권11 「학(5)」)
67 今人觀書, 先自立了意, 後方觀. 盡率古人語言, 入做自家意思中來. 如此, 只是推廣自家意思,
如何見得古人意思?(『주자어류』권11 「학(5)」)
68 讀書正如聽訟, 心先有主張乙底意思, 便只尋甲底不是; 先有主張甲底意思, 便只見乙底不是.
不若姑置甲乙之說, 徐徐觀之, 萬能辨其曲直.(『주자어류』권11 「학(5)」)

에 먹어 버리는데, 모름지기 꼭꼭 씹어서 천천히 삼키면 맛이 저절로 나서 이것이 단지 쓴지 맛있는지 매운지 인식하게 되어 비로소 맛을 알게 되는 것이다.[69]

독서를 할 때는 마땅히 읽으면서 생각을 해서 성인의 사상을 이해하려고 마음을 써야 하고, 반복적으로 성인의 말을 잘 음미해야 하며, 이와 같아야 진정으로 책 속의 깊은 뜻을 깨달을 수 있는 것이라 생각하였다.

넷째, 절기체찰切己體察, 즉 자신과 밀접하게 연계시키고 체험하고 관찰하라.

이른바 절기체찰을 주희는 이렇게 생각하였다. 우선 독서는 반드시 자기의 생각과 생활경험 등을 결합해야 한다. 즉 독서할 때는 지면상에서만 공부할 수는 없으니 반드시 책 속의 이치와 자기의 생활을 결합시킬 것을 요구한 것이다.

독서와 궁리는 자신에게서 그것을 체득해야 한다.[70]
독서는 반드시 자신과 밀접하게 연계시켜서 체험해야지 단지 글자만을 보아서는 안 되며 또 무리하게 지식을 넓히려고 해서는 안 된다.[71]
독서는 오로지 종이 위에서 이치와 뜻을 구해서는 안 되고, 모름지기 자기의 몸에서 추구해야 한다.[72]

그래서 주희는 진한 시기 이래의 역사로부터 현재로 미루어서 절기체찰하지 않는 독서 방법에 대해 강력하게 반대하였다.

---------
69 如喫果子一般, 劈頭方咬開, 未見滋味, 便喫了. 須是細嚼敎爛, 則滋味自出, 方始識得這箇是甛是苦是甘是辛, 始爲知味.(『주자어류』권10 「학(4)」)
70 讀書窮理, 當體之於身.(『주자어류』권11 「학(5)」)
71 讀書, 須要切己體驗, 不可只作文字看, 又不可助長.(『주자어류』권11 「학(5)」)
72 讀書, 不可只專就紙上求理義, 須反來就自家身上推究. (『주자어류』권11 「학(5)」)

진한 이후로 아무도 이것을 말한 사람이 없으며, 또한 단지 줄곧 서책 상에서 구할 뿐 자신의 몸에서 이해하지 않았다.[73]

그 다음, 주희는 읽은 책의 도리로 자기의 실천을 지도하고, 때로 그것으로 하여금 실천 속에서 검증받도록 해야 한다고 강조하였다. 다시 말해서 독서는 지식을 획득하고, 의리를 탐구해야 할 뿐 아니라 더 중요한 것은 자신의 수양을 제고시키는 것이다. 만약 배운 의리가 단지 지면상에 머무르거나 혹은 남을 가르치는 데만 사용된다면 그것은 학습의 의의를 잃는 것이다. 절기체찰은 바로 절실하게 자기와 연계시켜서 성현의 글 속의 도리를 체험하고 관찰하여 자기를 성장시키는 동력으로 바꾸는 것이다. 독서법의 각도에서 볼 때, 주희는 독서를 할 때엔 반드시 자기를 연계시키고 실제를 연계시켜, 배운 이론을 행동으로 바꿀 것을 강조하였는데, 이 관점은 매우 중요하다.

'경敬'은 존양存養 즉 존심양성存心養性의 요법要法이면서 또한 절기체찰의 근본 공부이다. '허심'은 독서의 전제 조건이고, '절기'는 독서의 궁극적인 목적이다.

다섯째, 착긴용력着緊用力, 즉 시간을 다그치고 정력을 들여라.

독서를 할 때는 반드시 시간을 다그치고, 정신을 진작시켜서 느슨하거나 해이해서는 안 된다는 것이다.

주희는 독서를 배 젓는 것에 비유하고, 또 병을 치료하고 불을 끄는 것에 비유하였다. 그러므로 독서 시간을 다그쳐야 하고 일각이라도 지체해서는 안 된다고 강조하였다.

독서할 때는 비록 속성을 추구해서는 안 되지만 반드시 다그쳐서 조금이라도 게을리해서는 안 되며, "막대기로 한 번 치니 한 줄기의 흔적이 남

---

73 秦漢以後, 無人說到此, 亦只是一向去書冊上求, 不就自家身上理會.(『주자어류』권11 「학(5)」)

고, 주먹으로 한 대 때리니 한 움큼의 피를 쏟는다"[74]라는 정신이 있어야 한다고 강조하였다. 한편으로 주희는 "반은 올라가고 반은 내려가며(半上半落)", "반은 가라앉고 반은 떠오르는(半沉半浮)" 이치에 닿지 않는 행위를 가장 꺼렸다. 이런 태도는 틀림없이 어떤 일도 이루지 못한다고 생각하였다. 다른 한편으로, 독서는 세심한 공부라서 무리하게 할 수 없다. 이 때문에 그는 '기한은 넉넉하게 하고, 과정은 다그쳐라(寬着期限, 緊着課程)'라는 독서 원칙을 제기했다. 즉 숙독정사의 필요를 고려해서 전체 독서 계획 목표를 지나치게 높이 정하지 말고, 기한을 너무 빈틈없이 빡빡하게 설정해 놓아서는 안 되며, 구체적으로 실시할 때, 예를 들면 책 한 권을 읽을 때 절대 느슨하게 해서는 안 되고 반드시 시간을 다그쳐야 일정한 순서에 따라 임무를 완성할 수 있는 것이다.

여섯째, 거경지지居敬持志, 즉 공경하는 마음을 갖고 큰 뜻을 가져라.

이른바 거경지지는 책을 읽을 땐 반드시 정신을 집중하고 심혈을 기울여야 하고 또 원대한 뜻과 굳센 의지를 가져야 한다는 것이다. 이것도 주자독서법의 가장 기본적인 정신이다. 주희는 학문을 하는 요체는 이치를 궁구하는 궁리보다 앞서는 것이 없고, 궁리의 요체는 반드시 독서에 있으며, "독서는 실로 그 이치를 궁구하는 것이고, 처신은 실로 그 자취를 밟는 것"[75]이라고 생각하였다.

순조롭게 학습을 하느냐 마느냐 하는 관건은 학자의 뜻과 양호한 심리상태에 있기 때문에 '거경지지'는 독서법의 맨 마지막 조목이고, 근본적으로 보증을 하는 조목이다. 주희가 말하였다.

경자敬字 공부는 바로 성문聖門(공자의 문하)의 첫째 도리이니 처음부터

---------

74 一棒一條痕, 一摑一掌血.(『주자어류』권10「학(4)」)
75 讀書則實究其理, 行己則實遷其迹.(『성리정의性理精義』권8「학류學類(2)」)

끝까지 철저하게 하고, 눈 깜빡할 사이라도 중단해서는 안 된다.[76]

'경敬'이라는 한 글자는 참된 성문聖門의 강령綱領이요, 존심양성의 요법이다.[77]

주희는 정이의 "함양(수신양성)을 하려면 경을 써야 하고, 학업을 진보하게 하는 것은 지식을 증진하는 데 있다(涵養須用敬, 進學則在致知)"라는 말을 계승하여 다음과 같이 학문의 원칙을 제기하였다.

지식을 증진하려면 반드시 이치를 궁구해야 하고, 공경하는 마음을 고수하려면 모름지기 전심해야 한다.[78]

또 공경하는 마음을 고수하는 것은 이치를 궁구하는 근본이라 하였다 (持敬又是窮理之本). '경敬'의 본의는 '공경하다'인데 여기서 말하는 '경'은 단정한 마음가짐이다. 다시 말해서 성심성의와 근면 성실은 일을 하는 기본이므로 독서 역시 예외가 아니다. '거경'은 마음속으로 엄격하게 예법을 존숭하고 하나로 집중함에 지속적으로 해야 하며 일각이라도 자기에 대한 요구를 느슨하게 해서는 안 된다는 말이다. '지지持志'는 뜻이 확고해야 한다는 것이다. 그래서 주희는 "뜻을 세운 것이 확고하지 않으면 어떻게 책을 읽겠는가(立志不定, 如何讀書)"라고 갈파하였다. 성현의 도를 배우고, 자신을 수양하며 본성을 회복하겠다는 뜻을 확고하게 세워야 진정한 효과를 얻을 수 있다는 것이다.

이상의 여섯 가지 조목은 모두 독서 학습의 기본 규율과 요구를 반영하고 있어 본보기로 삼을 만한 가치가 높다.

----------
76 敬字功夫, 乃聖門第一義. 徹頭徹尾, 不可頃刻間斷.(『주자어류』권12 「학(6)」)
77 敬之一字, 眞聖門之綱領, 存養之要法.(『주자어류』권12 「학(6)」)
78 致知必須窮理, 持敬則須主一.(『주자어류』권9 「학(3)」)

주희의 독서 방법은 단지 여기에 그치는 것이 아니지만 주요한 것을 개괄하면 이상의 여섯 가지라는 것이다. 그것은 확실히 주희 자신의 경험담으로서 자구마다 질박하고 실재적이며, 쉽고도 적절하다. 각 조목은 긴밀하게 연계되어 있다. 서로 보충하면 더욱 이로우며, 전후가 완정한 체계를 갖추고 있고, 지식 구조와 사람의 심리, 인식 및 교학 활동 등의 객관적인 규율에 부합하고 비교적 엄밀한 논리와 과학성을 갖추고 있다. 그것은 주희가 일생 동안 각고의 노력으로 한 학문 연구이며 근 50년 동안 근면하게 교편을 잡은 체험이자 실천 경험을 결산한 것이다. 물론 주희가 말하는 독서의 대상은 주로 성현의 경전을 가리키는 것이지 일반 서적을 가리키는 것이 아니다. 성현의 책은 자연히 구구절절 모두 진리이고, 독서의 목적은 바로 이치를 궁구하는 것이며, 이치를 궁구하는 목적은 윤리도덕교육을 진행하는 것이다. 그래서 오늘날 독서에서 중시하는 질의와 토론의 원칙을 언급할 수 없었는데, 이것은 고대 정통 교육의 한계로서 다른 학파의 비평을 받기도 하였다. 그렇다고 하더라도 주자독서법이 고대의 가장 체계적인 독서법이자 고대의 독서법을 집대성한 것으로 진지하게 연구하고 참고할 가치가 있음은 분명하다.

# 8 『주문공가례』는 가짜인가

『주문공가례』로 알려진 『주자가례』는 『문공가례文公家禮』, 『가례』라고
도 하는데, 총 5권으로 구성되어 있다. 첫째 권은 통례通禮로서 백성들이
일상의 예의범절을 다루었는데, 사마광의 『서의書儀』를 직접 채택하게 뽑
아서 쓰고 있다. 둘째 권은 관례冠禮, 셋째 권은 혼례婚禮, 넷째 권은 상례喪
禮, 다섯째 권은 제례祭禮이다. 이 책은 『의례儀禮』를 모범으로 삼았으나 간
략하게 뽑아서 실천하기 쉽게 만든 것이다. 『의례』는 고대의 예를 보존하
고 있으나 『가례』는 현재 통행되는 것이고, 『의례』는 예에 대해 상세하게
갖추고 있으나 『가례』는 예의 핵심만 다루었다.

그런데 과연 『주자가례』는 주희가 직접 찬술한 것인가? 이 문제는 아직
명확하게 해결이 되지 않았다. 주희의 제자들의 말에 따르면, 1169년(건도
乾道 5)에, 어머니가 세상을 떠나자 주희는 고금의 설들을 참작하여 상례와
장례, 제례를 집필하고 나중에 다시 이를 확대하여 관례와 혼례를 다루었
다. 그런데 남이 훔쳐가 버린 이 책은 주희 만년의 글과 부합하지 않기 때
문에 세상에 전해지지 않았다.

그러나 주희의 문집 속에는 『가례』가 수록되어 있지 않고, 보존되어 내
려오는 주희의 서신과 『주자어류』 어느 곳에도 『가례』가 언급되어 있지
않기 때문에 이 책이 주희의 저작인지 아닌지에 대해 원나라 때부터 이미
회의가 나타났다. 응씨應氏 같은 사람은 『가례변家禮辨』을 지어 이 문제를
제기하였고, 청나라 때 왕무횡王懋竑(1668-1741)은 『가례고家禮考』를 지어
『주자가례』가 주희의 저작임을 명확하게 부정하였다. 왕무횡이 제시한 논
거는 이러하다. 주희의 문집, 어록에서 「가례서」를 제외하고는 단지 「채
원정(계통)에게 보내는 서신(與蔡季通書)」에 "이미 『가례』 4권을 얻었다"라

고 언급되어 있으나, 이 편지에서 말하는 『가례』는 『의례경전통해儀禮經傳通解』 다섯 권 중의 넷째 권을 말하는 것이지 지금 전하는 『가례』가 아니라는 것이다. 그리고 『주자연보』에 기록된 『가례』에 관한 제자의 말도 일치하지 않으며 내용상으로 봐도 주희의 사상에 거의 부합하지 않는다. 왕무횡은 또 『가례후고家禮後考』와 『가례고오家禮考誤』를 지어 논박하여 이 책이 주자의 이름을 의탁해서 지은 것으로 보고 있다. 『가례』가 주희의 저작이든 아니든 간에 그의 예학 의지가 후세 사람들에게 매우 큰 영향을 주었음은 인정해야 할 것이다. 이 책은 『사고전서四庫全書』 경부經部에 수록되어 있다.

　『가례』의 판본으로는 급고각유송간본汲古閣有宋刊本, 효자당목유송판본孝慈堂目有宋板本, 동호총기유송간찬도집주본東湖叢記有宋刊纂圖集注本, 홍씨간송본洪氏刊宋本, 망삼익재간본望三益齋刊本, 일본 수원옥무병위須原屋茂兵衛 등의 간본, 원간본찬도집주元刊本纂圖集註, 어이태씨간본御爾台氏刊本, 강희신사康熙辛巳(1701년) 왕씨간본汪氏刊本, 명대 구문장간본邱文莊刊本, 등종악방송간본鄧鍾嶽仿宋刊本(『흠정사고전서』본) 등이 있다.

　이 책은 고려 말에 주자학과 함께 전래되었고, 특히 조선시대에는 예학의 바이블로 중시되었다.

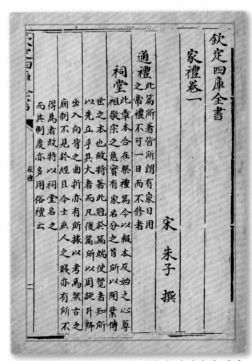

『가례家禮』. 이 책은 조선 예학의 바이블이 되었다.(『흠정사고전서』본)

# 9「백록동서원게시」는 어떤 내용인가

**1180**년(순희 7)에 백록동서원을 재건한 주희는 남강군南康軍의 지군으로서 소속 관리 및 서원의 교사와 학생들을 이끌고 개학례開學禮를 행하였는데, 당에 올라가 『중용』의 제1장을 강설하고, 성현들이 사람을 가르치고 학문을 하는 주요한 단서를 취해 문미門楣 사이에 게시해서 서원의 학생들이 공동으로 준수해야 할 학교 규칙으로 삼았다.

주희가 제정한 「백록동서원게시白鹿洞書院揭示」는 '학교의 규칙 규정'이라는 뜻인 '학규學規'라는 말을 써서 「백록동서원학규」라 하기도 하고, 또 고대의 학교에서 반포한 권유성의 규칙 규정을 '교조教條'라 하는데, 이 말을 써서 「백록동서원교조」, 또는 「주자교조朱子教條」라고 한다.

「백록동서원게시」는 훗날 서원 정신의 상징이 되었다. 먼저, 1194년(소희紹熙 5)에 주희는 담주潭州의 지주로 부임하여 악록서원을 재건하고 이 「게시」를 그 안에다 옮겨 적어 이것이 호상湖湘 지역에 전해졌는데, 역사에서는 이를 '주자교조'라 부른다. 1241년(순우淳祐 1)에 남송의 이종 황제 조윤은 태학을 시찰하고 손수 「백록동서원학규」를 써서 학생들에게 고지하였다. 그 후로 모사하기도 하고, 돌에 새기기도 하고, 모방하기도 해서 전국의 서원과 지방의 관학에 골고루 퍼졌다. 그리하여 일개 서원의 게시가 마침내 천하가 함께 준수하는 학규가 된 것이다. 조선시대 성균관成均館의 명륜당明倫堂에도 이 「게시」가 붙어 있다.

주희가 의도한 교육의 목적은 천하 사람들의 기질氣質을 변화시켜 모두 본성을 잃지 않고 윤리 즉 삼강오상을 어지럽히지 않는 것인데, 「백록동서원게시」는 주희의 교육사상이 집대성되어 있다고 할 수 있을 정도로 중요하므로, 이제 전문을 살펴보기로 하겠다.

父子有親이며 君臣有義며 夫婦有別이며 長幼有序며
부자유친　　군신유의　부부유별　　장유유서

朋友有信이니라
붕우유신

아버지와 아들 사이에는 친애함이 있어야 하고, 임금과 신하 사이에
는 도의가 있어야 하고, 남편과 아내 사이에는 내외의 구별이 있어야
하고, 어른과 아이 사이에는 순서가 있어야 하고, 벗과 벗 사이에는
믿음이 있어야 한다.

― 右는 五教之目이니라 堯舜使契爲司徒하야
　　우　오교지목　　　　요순사설위사도

　敬敷五教하시니 即此是也니라 學者는 學此而已니
　경부오교　　　즉차시야　　　학자　학차이이

　而其所以學之之序 亦有五焉하니 其別如左니라
　이기소이학지지서　역유오언　　기별여좌

위는 다섯 가지 가르침의 세목이다. 요임금과 순임금이 설을 사도로
삼아 오교를 펴게 한 것이 바로 이것이다. 배우는 사람은 이것을 배울
뿐이다. 그것을 배우는 순서에도 다섯 가지가 있으니 그 구별은 아래
와 같다.

여기서 '오교五教'란 다섯 가지 윤리 도덕의 교육을 말하며, '오륜五倫'이
라고도 하는데, 오륜은 교육의 근본 종지이다. 오교란 말이 처음 등장하는

「백록동서원규白鹿洞書院規」, 즉 「백록동서원게시」이다. 이 학규는 전국 서원교육 규칙
의 모범이 되었으며, 후세에 서원 체제를 만들고, 서원 교육을 촉진하는 데 중요한 영
향을 끼쳤다.

것은 『상서』「순전舜典」편인데, 순임금이 여러 신하들에게 벼슬을 임명하면서 설契에게 이렇게 명하였다.

汝作司徒하야 敬敷五教하되 在寬이니라
여 작 사 도   경 부 오 교   재 관
그대를 사도에 임명하니, 공경히 오교를 시행하되 관대하게 하라.

『상서』에서는 '오교'란 말만 나올 뿐 그 세목은 나오지 않는데, 후에 『맹자』「등문공상滕文公上」편에 세목이 등장한다.

聖人有憂之하야 使契爲司徒하야 教以人倫하시니 父子有親이며
성 인 유 우 지   사 설 위 사 도   교 이 인 륜   부 자 유 친
君臣有義며 夫婦有別이며 長幼有序며 朋友有信이니라
군 신 유 의   부 부 유 별   장 유 유 서   붕 우 유 신
성인 순舜 임금이 이를 걱정하여 설契을 사도司徒로 삼아 인륜을 가르치도록

설契. 성은 자子, 이름은 설契. 곡곡嚳 임금의 아들. 당요唐堯의 배다른 아우. 생모는 간적簡狄. 상탕商湯의 조상이다. (출처: 『삼재도회』)

하였는데, 아버지와 아들 사이에는 친애함이 있어야 하고, 임금과 신하 사이에는 도의가 있어야 하고, 남편과 아내 사이에는 내외의 구별이 있어야 하고, 어른과 아이 사이에는 순서가 있어야 하고, 벗과 벗 사이에는 믿음이 있어야 한다.

다시 말해서, 아버지는 자애로워야 하고, 자식은 효성스러워야 하며, 임금은 인을 행해야 하고, 신하는 충성을 해야 하며, 남편은 의로워야 하고, 아내는 순종해야 하며, 어른은 은혜로워야 하고, 아이는 따라야 하며, 친구 간에는 서로 믿음을 중시해야 한다는 말이다.

博學之하며 審問之하며 愼思之하며 明辨之하며 篤行之니라
박학지        심문지      신사지        명변지        독행지

널리 배우고, 자세히 묻고, 신중히 생각하고, 명확하게 분별하고, 독실하게 실행하라.

— 右는 爲學之序니라 學·問·思·辨四者는 所以窮理也며
  우   위학지서      학 문 사 변 사 자    소 이 궁 리 야

  若夫篤行之事는 則自修身으로 以至于處事·接物히
  약 부 독 행 지 사   즉 자 수 신      이 지 우 처 사 접 물

  亦各有要하니 其別如左니라
  역 각 유 요      기 별 여 좌

위는 학문을 하는 순서이다. 배우고, 묻고, 생각하고, 분별하는 네 가지는 이치를 궁구하는 것이다. 독실하게 실행하는 일을 말하면 몸을 수양하는 것으로부터 일을 처리하고 남과 교제하는 일까지 또한 각기 요결이 있으니 그 구별은 아래와 같다.

이 글은 『중용』 「제이십장」에 나온다.

言忠信하고 行篤敬하라 懲忿窒慾하며 遷善改過하라
언 충 신      행 독 경      정 분 질 욕      천 선 개 과

> 말은 충성스럽고 믿음이 있어야 하며, 행실은 독실하고 공손해야 하며, 분노를 억누르고 욕망을 억제해야 하며, 선행으로 향하고 허물을 고쳐야 한다.
>
> — 右는 修身之要니라
>   　 우　　수 신 지 요
> 위는 몸을 수양하는 요결이다.

앞의 두 구절은 『논어』「위영공衛靈公」편에 나오는데, 공자의 제자 자장子張이 '행함'에 대해 질문하자, 이렇게 대답하였다.

言忠信하고 行篤敬이면 雖蠻貊之邦이라도 行矣어니와
언 충 신　　 행 독 경　　 수 만 맥 지 방　　　 행 의
言不忠信하고 行不篤敬이면 雖州里나 行乎哉아
언 불 충 신　　 행 부 독 경　　 수 주 리　 행 호 재
말이 진실되고 미디우며, 행동이 독실하고 공경스러우면 비록 오랑캐 나라라 하더라도 행할 수 있지만, 말이 진실되지 못하고 미덥지 못하며, 행동이 독실하지 못하고 공손하지 못하면 비록 마을인들 행할 수 있겠느냐?

셋째 구절은 『주역』「손괘損卦」의 상전象傳에 나온다.

君子以하야 懲忿窒欲하나니라
군 자 이　　 징 분 질 욕
군자는 이를 본받아 분노를 억누르고 욕망을 억제한다.

넷째 구절은 『주역』「익괘益卦」의 상전에 처음 나온다.

君子以하야 見善則遷하고 有過則改하나니라
군 자 이　　 견 선 즉 천　　 유 과 즉 개
군자는 이를 본받아 선행을 보면 바꾸고, 허물이 있으면 고친다.

그러나 이 말이 하나의 성어로 등장하는 것은 삼국시대 위나라 왕필王弼 (226-249)의 주석이다.

遷善改過는 益莫大焉이니라
천 선 개 과  익 막 대 언
선으로 향하고 허물을 고치면 유익함이 이보다 큰 것이 없다.

正其義하고 不謀其利하며 明其道하고 不計其功이니라
정 기 의  불 모 기 리  명 기 도  불 계 기 공

정의를 바로 잡고 개인의 이익을 꾀하지 말아야 하며, 도를 밝히고 자신의 공을 따지지 말아야 한다.

── 右는 處事之要니라
우  처 사 지 요

위는 일을 처리하는 요결이다.

이 말은 『한서』「동중서전董仲舒傳」에 나오는데, 원래는 '의義' 자가 '의誼' 자로 되어 있다.

夫仁者는 正其誼하고 不謀其利하며 明其道하고 不計其功이니라
부 인 자  정 기 의  불 모 기 리  명 기 도  불 계 기 공

무릇 어진 사람은 정의를 바로 잡고 개인의 이익을 꾀하지 않으며, 도를 밝히고 자신의 공을 따지지 않는다.

동중서는 실제로 『춘추번로春秋繁露』「대교서왕월대부부득위인對膠西王越大夫不得爲仁」편에서 "仁人者(인인자)는 正其道(정기도)하고 不謀其利(불모기리)하며 修其理(수기리)하고 不急其功(불급기공)이니라.(어진 사람은 도를 바로 잡고 개인의 이익을 꾀하지 않고, 이치를 따르고 자신의 공을 서두르지 않는다.)"라고 하였는데, 『한서』의 저자가 「동중서전」에서 이를 수정했을 가능성을 배제할 수 없다.

己所不欲을 勿施於人하라 行有不得이어든 反求諸己하라
기 소 불 욕　　물 시 어 인　　행 유 부 득　　　반 구 저 기

자기가 원하지 않는 일을 남에게 강요하지 말라. 행위가 기대한 효과
를 얻지 못하거든 돌이켜 자신한테서 그 원인을 찾아야 한다.

— 右는 接物之要니라
　　우　　접 물 지 요

위는 남과 교제하는 요결이다.

앞 구절은 『논어』 「안연顔淵」편에 나온다.

仲弓이 問仁한대 子曰 出門如見大賓하며 使民如承大祭하고
중 궁　　 한 대　　 자 왈 출 문 여 견 대 빈　　 사 민 여 승 대 제

己所不欲을 勿施於人이면 在邦無怨하며 在家無怨이니라
기 소 불 욕　　물 시 어 인　　재 방 무 원　　 재 가 무 원

중궁이 인仁에 대해 여쭈었다. 공자께서 말씀하셨다. "문을 나서면 귀한 손
님을 만난 듯이 하고, 백성을 부리는 것은 큰 제사를 받들 듯이 하라. 자기가
원하지 않는 일을 남에게 강요하지 말라. 그러면 나라에서도 원망하는 사람
이 없고, 집안에서도 원망하는 사람이 없을 것이다."

뒤 구절은 『맹자』 「이루상離婁上」편에 나온다.

愛人不親이어든 反其仁하고 人不治어든 反其智하고 禮人不答이어든
애 인 불 친　　　반 기 인　　 인 불 치　　　반 기 지　　 예 인 부 답

反其敬이니라 行有不得者어든 皆反求諸己니 其身正而天下歸之니라
반 기 경　　 행 유 부 득 자　　 개 반 구 저 기　 기 신 정 이 천 하 귀 지

남을 사랑하되 그가 친하게 대하지 않거든 나의 인을 되돌아보고, 남을 다스
리되 제대로 다스려지지 않거든 나의 지혜를 되돌아보며, 남에게 예우를 다
했는데도 그가 답례를 하지 않거든 나의 공경을 되돌아봐야 한다. 행위가 기
대한 효과를 얻지 못하거든 돌이켜 자신한테서 그 원인을 찾아야 한다. 자신
이 바르면 천하 사람들이 돌아올 것이다.

熹竊觀古昔聖賢所以教人爲學之意, 莫非使之講明義理以修其身,
희 절 관 고 석 성 현 소 이 교 인 위 학 지 의　막 비 사 지 강 명 의 리 이 수 기 신

然後推以及人. 非徒欲其務記覽爲詞章, 以釣聲名·取利祿而已也.
연 후 추 이 급 인　비 도 욕 기 무 기 람 위 사 장　이 조 성 명　취 이 록 이 이 야

今人之爲學者, 旣反是矣. 然聖賢所以敎人之法具存於經,
금 인 지 위 학 자　기 반 시 의　연 성 현 소 이 교 인 지 법 구 존 어 경

有志之士, 固當熟讀深思而問辨之. 苟知其理之當然,
유 지 지 사　고 당 숙 독 심 사 이 문 변 지　구 지 기 리 지 당 연

而責其身以必然, 則夫規矩禁防之具,
이 책 기 신 이 필 연　즉 부 규 구 금 방 지 구

豈待他人設之而後有所持循哉! 近世於學有規, 其持學者爲已淺矣;
기 대 타 인 설 지 이 후 유 소 지 순 재　근 세 어 학 유 규　기 지 학 자 위 이 천 의

而其爲法, 又未必古人之意也. 故今不復以施於此堂,
이 기 위 법　우 미 필 고 인 지 의 야　고 금 불 부 이 시 어 차 당

而特取凡聖賢所以敎人爲學之大端, 條列如右, 而揭之楣間.
이 특 취 범 성 현 소 이 교 인 위 학 지 대 단　조 열 여 우　이 게 지 미 간

諸君其相與講明遵守而責之於身焉. 則夫思慮云爲之際,
제 군 기 상 여 강 명 준 수 이 책 지 어 신 언　즉 부 사 려 운 위 지 제

其所以戒謹而恐懼者, 必有嚴於彼者矣. 其有不然,
기 소 이 계 근 이 공 구 자　필 유 엄 어 피 자 의　기 유 불 연

而或出於此言之所棄, 則彼所謂規者必將取之, 固不得而略也.
이 혹 출 어 차 언 지 소 기　즉 피 소 위 규 자 필 장 취 지　고 부 득 이 략 야

諸君其亦念之哉!
제 군 기 역 념 지 재

내가 옛날 성현이 사람들에게 학문을 하도록 가르친 뜻을 가만히 살펴 보니, 사람들에게 의리義理를 설명함으로써 자신을 수양한 후에 이를 미루어 남에게 미치도록 하지 않음이 없었으며, 한갓 기억하고 책을 읽으며 글을 짓는 데 힘써서, 명예를 낚고 이익과 녹봉을 취하도록 한 것이 아니었다. 오늘날 학문을 하는 사람들은 이미 이와는 반대가 되었다. 그러나 성현께서 사람을 가르친 방법이 경전에 다 갖추어져 있으니, 뜻있는 선비는 마땅히 경전을 자세하게 읽고 깊이 생각해서 묻고

以極甲爲事故自飲食居處洒掃應唾之間皆有儀節
聞之若不厭行之若瑣碎而不綱然愈早故愈約與
所謂極崇之智殆未可以差殊觀也夫如是故成性存
存而道義出矣此諸君其聽之毋忽新

安朱熹云

白鹿洞書院揭示

君臣有義

父子有親

夫婦有別

長幼有序

朋友有信

欽定四庫全書　晦庵集　卷七十四　三十八

右五教之目堯舜使契爲司徒敬敷五教即此是也
學者學此而已而其所以學之之序亦有五焉其別
如左

博學之

審問之

慎思之

明辨之

篤行之

右爲學之序學問思辨四者所以窮理也若夫篤行
之事則自修身以至于處事接物亦各有要其別如
左

言忠信行篤敬

懲忿窒慾遷善改過

右修身之要

正其義不謀其利　明其道不計其功

右處事之要

己所不欲勿施於人　行有不得反求諸己

右接物之要

熹竊觀古昔聖賢所以教人爲學之意莫非使之
講明義理以修其身然後推以及人非徒欲其務

欽定四庫全書　晦庵集　卷七十四　三十九

記覽爲詞章以釣聲名取利祿而已也今人之爲
學者既反是矣然聖賢所以教人之法具存於經
有志之士固當熟讀深思而問辨之苟知其理之
當然而責其身以必然則夫規矩禁防之具豈待
他人設之而後有所持循哉近世於學有規
學者爲已淺矣而其爲法又未必古人之意也故
今不復以施於此堂而特取凡聖賢所以教人爲
學之大端條列如右而揭之楣間諸君其相與講

明遵守而責之於身則夫思慮云爲之際其所
以戒謹而恐懼者必有嚴於彼者矣其有不然而
或出於此言之所棄則彼所謂規者必將取之固
不得而畧也諸君其亦念之哉
玉山講義
先生曰熹此來得觀學校鼎新又有靈芝之瑞足見賢
宰承流宣化興學誨人之美意不勝慶喜又承特設講
座俾爲諸君誦說雖不敢當然區區所聞亦不得不爲

「백록동서원게시白鹿洞書院揭示」. 『주문공문집』 권74에 수록되어 있다.(『흠정사고전서』본)

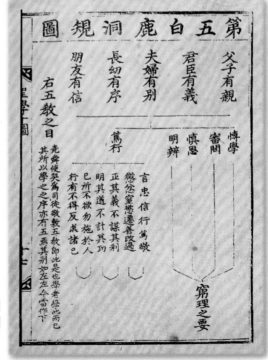

「백록동규도白鹿洞規圖」. 이황의 『성학십도聖學十圖』 중 다섯째 그림.

분별해야 한다. 만일 이치의 당연함을 알아서 반드시 그렇게 하도록 자신에게 요구한다면 법도와 금지 규정을 어찌 남이 마련해 주기를 기다린 후에 지키고 따르겠는가! 근래에, 학교에 학규는 있지만 학문을 하는 사람들이 너무 천박하고, 그 규정 또한 반드시 옛사람의 뜻은 아니다. 그러므로 이제 이 학당에서는 더 이상 그런 학규를 시행하지 않고, 특별히 모든 성현이 사람들에게 학문하는 것을 가르친 주요 부분을 취하여 위와 같이 조목조목 열거하여 문미門楣 사이에 게시한다.

제군이 서로 함께 그 의미를 서로 설명하여 밝히고 준수하여 이것을 자신에게 요구한다면, 생각하고 말하고 행동할 때에 경계하고 삼가며 두려워하는 바가 반드시 저 학규보다 엄격하게 될 것이다. 만약 그렇게 하지 못하고 혹 이 말을 잊는 일이 생기면 저 이른바 학규를 반드시 취해야 하리니, 진실로 소홀히 해서는 안 된다. 제군은 또한 이 점에 유의해야 할 것이다.

# *10* 주희의 「권학문」

우리 선조들이 고문古文을 공부할 때 많이 보던 책이 바로 『고문진보古文眞寶』이다. 이 책의 전집前集과 후집後集에는 각각 옛 글 중에 모범이 될 만한 시와 문장이 수록되어 있는데, 발분해서 학문에 힘쓰도록 권하는 권학문勸學文 여덟 편이 전집의 맨 처음을 장식한다.[79) 여기에 주희의 것은 「주문공권학문」이란 제목으로 수록되어 있다. 참고로 이 글은 고려 말부터 조선시대에 걸쳐 광범위하게 읽혀졌던 초등 한문 학습교재인 『명심보감明心寶鑑』에도 수록되어 있다. 한번 읽어 보자.

### 「주문공권학문朱文公勸學文」

勿謂今日不學而有來日하고
물 위 금 일 불 학 이 유 내 일
오늘 배우지 않아도 내일이 있다 말하지 말고,

勿謂今年不學而有來年하라
물 위 금 년 불 학 이 유 내 년
올해 배우지 않아도 내년이 있다 말하지 말라.

日月逝矣라 歲不我延이니
일 월 서 의    세 불 아 연
시간은 흘러가도다! 세월은 나를 기다려 주지 않나니,

嗚呼老矣라 是誰之愆고
오 호 노 의    시 수 지 건
아 늙었도다! 이것이 누구의 잘못인가.

여기서 '물勿'은 금지를 나타내는 부사로서 '-하지 말라'로 해석하고, '위謂' 자는 '설說'과 같은 뜻으로 사용되어 '말하다'는 뜻이다. 오늘 배워야

---

79 『고문진보』에는 「진종황제권학眞宗皇帝勸學」, 「인종황제권학仁宗皇帝勸學」, 북송 때 사마광의 「사마온공권학가司馬溫公勸學歌」, 유영柳永의 「유둔전권학문柳屯田勸學文」, 북송 때 왕안석王安石의 「왕형공권학문王荊公勸學文」, 당나라 때 백거이白居易의 「백락천권학문白樂天勸學文」, 주희의 「주문공권학문朱文公勸學文」, 당나라 때 한유韓愈의 「부독서성남符讀書城南」 등 총 8편의 주옥 같은 권학문이 수록되어 있다.

할 내용은 내일이 있음을 핑계로 게으름을 피우지 말고, 반드시 오늘 목표를 완수하라는 말이다. 왜냐하면 오늘의 공부가 밀리면 내일은 해야 할 분량이 더 많아지는 것은 분명한 사실이고, 그렇게 되면 이틀 분이 되어 배우기가 더 힘들어질 뿐 아니라, 내일이 되면 또 다시 모레가 있음을 핑계로 그날 해야 할 공부를 하지 않게 될 것이며, 이것이 자꾸 습관이 되어서 몸에 배면 결국은 평생 공부를 제대로 하기가 어렵기 때문이다. 오늘과 내일의 문제를 미루어 확대하면 올해와 내년이 된다.

'일월日月'은 원래는 '해와 달'이고, 또 '날과 달'을 말하는데, 여기서는 '세월', '시간'이란 뜻으로 사용되었다. '서逝'는 '가다'는 뜻이다. '세불아연歲不我延'은 '세불연아歲不延我'이다. 한문에서는 술어가 목적어 앞에 나오는 것이 정상이나, 부정문에서는 대명사가 목적어일 때 술어와 도치를 한다.

이 말은 원래 『논어』에 나온다. 「양화陽貨」편 첫머리에 보면, 양화라는 인물과 공자의 이야기가 나온다. 양화는 이름이 호虎라서 양호陽虎라 하기도 하며, 원래 노나라의 실권자 계씨季氏의 가신家臣으로서 한때 계씨 일가의 대권을 장악하였고, 나아가서 노나라의 대권을 장악하기도 했던 인물이다. 그 양화가 자기의 세력을 확장하려는 목적을 갖고, 공자를 자기편으로 끌어들이기 위해 정치 참여를 종용하자, 공자는 그를 도울 생각이 없어 이리저리 회피한다는 내용이다. 여기서 양화가 공자에게 "일월서의日月逝矣, 세불아여歲不我與."라고 말한다. '여與'는 '기다리다'는 뜻의 동사로 사용되었으며, 주희의 권학문에 나오는 '연延'과 같은 의미이다.[80]

맨 마지막 구절의 '건愆'은 '허물', '잘못'을 뜻한다.

이 글에서 주희는 공부를 하는 데 있어서 시간의 중요성을 강조하고 있다. 공부는 때가 있고, 세월은 덧없이 흐른다. 지위가 높다고 해서, 신분이

----------
80 陽貨欲見孔子, 孔子不見, 歸孔子豚. 孔子時其亡也, 而往拜之, 遇諸塗. 謂孔子曰: "來! 予與爾言." 曰: "懷其寶而迷其邦, 可謂仁乎?" 曰: "不可." "好從事而亟失時, 可謂知乎?" 曰: "不可." "日月逝矣, 歲不我與." 孔子曰: "諾. 吾將仕矣."(『논어』 「양화陽貨」)

고귀하다고 해서, 재산이 많다고 해서, 누구의 사정을 봐 주지 않는다. 한 평생 벼슬도 마다하고 세상을 떠나기 사흘 전까지 『대학장구』를 수정할 정도로 칠십 평생을 학문 연찬研鑽에만 심혈을 기울인 주희의 가르침이기에 더없이 가슴에 와 닿는다.

주희의 권학문 중에는 또 「우성偶成」이란 명시가 있다. '우성'이란 '우연히 느낀 바가 있어 쓴 시'를 말한다. 주희가 얼마나 배움의 중요성을 강조했는지 「우성」을 통해 보기로 한다.

「우성偶成」

少年易老學難成하니　소년은 쉽게 늙고 학문은 이루기 어려우니,
소 년 이 로 학 난 성

一寸光陰不可輕하라　짧은 순간이라도 헛되이 하지 말라.
일 촌 광 음 불 가 경

未覺池塘春草夢이나　연못가의 봄풀은 꿈을 깨지 않았는데,
미 각 지 당 춘 초 몽

階前梧葉已秋聲이라　섬돌 앞 오동잎은 가을바람에 떨어진다.
계 전 오 엽 이 추 성

앞의 두 구절에서 주희는, 젊은 시절은 쉽게 가는데 학문을 구하는 것은 오히려 매우 성취하기 어려우니, 자신의 아름다운 청춘 시절을 아깝게 여겨 배우는데 힘쓰고 일촌의 짧은 순간이라도 헛되이 낭비하지 말라고 젊은 학인들에게 간곡하게 훈계를 하고 있다.

뒤의 두 구절에서는, 봄이 와서 연못에 푸른 풀이 막 돋아나는데 사람들은 이를 깨닫지 못하고 여전히 봄꿈에 취해 있고, 집 앞 섬돌에서는 이미 오동나무 잎사귀가 가을바람에 떨어지는 소리가 들리니 가을이 이미 닥쳤다고 노래하고 있다.

이 권학시에서 주희는 간곡하고 의미심장하게 젊은 학인들에게 이렇게 타이르고 있다. 세월은 잠시도 멈추지 않고 흘러서, 봄이 온 듯 싶은데 어

느덧 가을이 닥쳤으니 젊은이는 금세 늙는다. 세월은 그렇게 덧없이 흐른다. 그렇지만 학문을 구하는 것은 너무 힘들고 성취하기도 매우 어렵다. 그러니 젊은 날에는 아주 짧은 시간이라도 아껴서 배우는 데 힘써야 한다. 만일 나이가 들어서야 이를 깨닫고 배움을 시작하려고 하면 너무 늦다고.

권학이 나왔으니 말인데, 『예기』「학기學記」편에도 유사한 말이 있다.

**時過然後**에 **學則勤苦而難成**이라
시 과 연 후      학 즉 근 고 이 난 성

즉 "시간이 지난 후에 배우면 수고롭고 힘드나 성취하기는 어렵다"라는 뜻인데, 주희의 권학문과 일맥상통하다고 할 수 있다.

도연명陶淵明(352-427)의 유명한 시 「잡시雜詩」에도 이런 구절이 나온다.

도연명陶淵明(352-427). 자는 원량元亮, 다른 이름은 잠潛, 시호는 정절靖節. 세칭 정절선생. 동진 때의 위대한 시인. 중국 최초의 전원시인田園詩人으로서 '고금은일시인의 으뜸(古今隱逸詩人之宗)'으로 불린다. 저서『도연명집陶淵明集』. (출처:『삼재도회』)

**盛年不重來**하고 　　한창때는 거듭 오지 않고,
성 년 부 중 래

**一日難再晨**이니 　　하루에 새벽이 두 번 오지는 않으니,
일 일 난 재 신

**及時當勉勵**하라 　　제때에 부지런히 힘써야 할 것이며,
급 시 당 면 려

**歲月不待人**이니라 　　세월은 사람을 기다리지 않는다.
세 월 부 대 인

　이 말도 권학을 할 때 자주 인용하는데, 시간은 소중한 것으로 한 번 지나가면 다시 오지 않으니, 젊었을 때 부지런히 공부하라는 뜻으로 활용한다.

# *11* 『주자가훈』의 저자는 주희인가, 주용순인가

주희의 「주자가훈朱子家訓」은 전문이 3백17자인데, 수신修身과 치가治家의 도를 확실하게 천명하여 천고의 '치가治家 경전'으로 존중되었다. 방대한 주희의 저작 속에서 「주자가훈」은 치가 방면의 중요 저작이다.

주희는 유학의 일대종사로서 친히 입신 행세할 준칙들을 모아 자손들이 「가훈」의 가르침을 따라 실천하여 훌륭한 인물이 되기를 바랐다.

이 글은 가정과 사회에서 개인이 담당해야 할 책임과 의무를 정련된 언어로 포괄하고 있다. 깔끔한 대구를 사용하여 어투가 분명하고 유창하며, 강력한 호소력과 깊은 인생의 지혜를 담고 있다.

『대학』의 삼강령 팔조목의 내용이 전부 안에 포함되어 있으며, 『논어』, 『맹자』와 『중용』의 정수도 모두 「주자가훈」 속에 구체적으로 표현되어 있다. 이 글은 유가의 인, 의, 예, 충, 신 사상을 계승하고 선양하여 현대인들도 일독할 가치가 있다.

그런데 또 하나의 「주자가훈」이 있다. 호가 백려柏廬인 명말청초의 정주 학자 주용순朱用純(1627-1698)이 수신과 제가를 종지로 삼고, 유가의 바른 인간과 처세에 관한 방법을 집대성하여 5백6자로 구성한 글이다. 이 글은 문장이 쉽고 내용이 간명하며 대구를 많이 활용하여 낭송하기에 편하면서도 사상적인 깊이가 깊고 함의가 광대하고 정심하다. 그래서 자녀 교육과 치가治家의 경전 가훈이 되어 3백여 년간 인구에 회자되었고 가가호호 누구나 알 정도로 영향력이 컸다. 그런데 두 글의 제목이 같아서 많은 사람들이 혼동을 일으킨다. 원래 주용순의 글 제목은 「치가격언治家格言」으로서 「주자치가격언」 또는 「주백려치가격언朱柏廬治家格言」이라고도 부르며, 성을 따서 「주자가훈朱子家訓」이라 부르는 것이다. 그러니 「주자가훈」이라 하면 누구의 것을 말하는지 혼동할 수밖에 없다.

중국에서는 예로부터 "나라에 국법이 있고, 가정에 가규가 있다(國有國法, 家有家規)"라는 말이 있다. 다른 성씨와 마찬가지로 주씨도 가법과 가규를 정립하고 이로써 친족을 단속하고 가르치며 격려하였다. 송명 시대 이후로 주희의 「주자가훈」과 주용순의 「치가격언」이 나온 후에 모든 주씨들이 이리저리 옮겨 적고 외었으며, 관부와 민간에서도 계속 공개적으로 인쇄 발행하였다. 이렇게 해서 주씨의 이 두 가법은 일가一家의 일성一姓에만 영향을 준 것이 아니라 전 중국 가족에게 영향을 주어 가족주의의 전범 저작이 되었고 동아시아에 널리 퍼져 오랜 세월 동안 큰 영향을 끼쳤다.

일본에서도 명치유신 때 시대에 획을 긋는 두 종의 문헌이 나왔는데, 하나는 서양의 의회 제도를 끌어들여 만든 『명치헌법明治憲法』이고, 또 하나는 일본 왕이 주희의 「백록동서원게시」와 「주자가훈」에 의거하여 완성한 『교육칙어敎育勅語』이다. 이로 볼 때 「주자가훈」이 어느 정도 동아시아에 영향을 끼쳤는지 잘 알 수 있다.

「주자가훈」은 『자양주씨종보紫陽朱氏宗普』에 수록되어 있다. 전문을 보자.

| | |
|---|---|
| 君之所貴者는 仁也요<br>군 지 소 귀 자　인 야 | 임금이 귀히 여길 바는 인이요 |
| 臣之所貴者는 忠也며<br>신 지 소 귀 자　충 야 | 신하가 귀히 여길 바는 충이다. |
| 父之所貴者는 慈也요<br>부 지 소 귀 자　자 야 | 아버지가 귀히 여길 바는 자애요 |
| 子之所貴者는 孝也며<br>자 지 소 귀 자　효 야 | 자식이 귀히 여길 바는 효도요 |
| 兄之所貴者는 友也요<br>형 지 소 귀 자　우 야 | 형이 귀히 여길 바는 우애요 |
| 弟之所貴者는 恭也며<br>제 지 소 귀 자　공 야 | 아우가 귀히 여길 바는 공경이요 |
| 夫之所貴者는 和也요<br>부 지 소 귀 자　화 야 | 남편이 귀히 여길 바는 화합이요 |

婦之所貴者는 柔也니라
부 지 소 귀 자　유 야

아내가 귀히 여길 바는 부드러움이다.

事師長엔 貴乎禮也요
사 사 장　귀 호 예 야

스승과 어른을 섬김에는 예를 귀히 여기고

交朋友엔 貴乎信也니라
교 봉 우　귀 호 신 야

벗을 사귐에는 믿음을 귀히 여긴다.

見老者커든 敬之하고
견 노 자　　경 지

노인을 보거든 공경하고

見幼者커든 愛之하라
견 유 자　　애 지

어린이를 보거든 귀여워하라.

有德者는 年雖下於我라도
유 덕 자　연 수 하 어 아

덕이 있는 사람은 비록
나보다 나이가 어리다 해도

我必尊之하고
아 필 존 지

내가 반드시 존경해야 하고

不肖者는 年雖高於我라도
불 초 자　연 수 고 어 아

못된 사람은 비록 나보다 나이가 많다 해도

我必遠之하라
아 필 원 지

내가 반드시 멀리해야 한다.

愼勿談人之短하며
신 물 담 인 지 단

남의 단점을 삼가 말하지 말고

切莫矜己之長하라
절 막 긍 기 지 장

자신의 장점을 절대로 자랑하지 말라.

仇者以義解之하고
구 자 이 의 해 지

원수진 사람은 정의로 해결하고

怨者以直報之하고
원 자 이 직 보 지

자기에게 원한 가진 사람은
정직한 태도로 대하며

隨所遇而安之하라
수 소 우 이 안 지

당한 일에 따라서 처리하되 침착해야 한다.

人有小過어든 含容而忍之하고
인 유 소 과　　함 용 이 인 지

남에게 작은 허물이 있으면
용서하고 참아 주며

人有大過어든 以理而諭之하라
인 유 대 과　　이 리 이 유 지

남에게 큰 허물이 있거든
이치로써 타일러 주어야 한다.

勿以善小而不爲하고
물 이 선 소 이 불 위

선한 일이 작다고 해서 안 하지 말고

勿以惡小而爲之하라
물 이 악 소 이 위 지

악한 일이 작다고 해서 저지르지 말라.

人有惡則掩之하고
인 유 악 즉 엄 지

남이 나쁜 일을 했으면 가려 주고

人有善則揚之하라
인 유 선 즉 양 지

남이 착한 일을 했으면 칭찬해 주어라.

處世無私仇하고
처 세 무 사 구

세상에 살면서 사적인 원한이 없어야 하고

治家無私法하라
치 가 무 사 법

집안을 다스리면서 사적인 법도가 없어야 한다.

勿損人而利己하고
물 손 인 이 이 기

남에게 손해를 끼쳐서 나를 이롭게 하지 말고

勿妒賢而嫉能하라
물 투 현 이 질 능

현명한 사람을 시기하거나 유능한 사람을
질투하지 말라.

勿稱忿而報橫逆하고
물 칭 분 이 보 횡 역

분노를 표명하고 횡포로 갚지 말고

勿非禮而害物命하라
물 비 례 이 해 물 명

정당한 사리가 아니거든 사람과 동물의 목숨을
해치지 말라.

見不義之財어든 勿取하고
견 불 의 지 재      물 취

의롭지 못한 재물을 보면 취하지 말고

遇合理之事어든 則從하라
우 합 리 지 사      즉 종

이치에 합당한 일을 만나면 따르라.

詩書는 不可不讀이요
시 서      불 가 부 독

『시경』과 『서경』은 반드시 읽어야 하고

禮義는 不可不知니라
예 의      불 가 부 지

예의는 반드시 알아야 한다.

子孫不可不敎요
자 손 불 가 불 교

자손은 반드시 가르쳐야 하고

童僕不可不恤이니라
동 복 불 가 불 휼

동복(사내아이 종)은 반드시 불쌍히 여겨야 한다.

斯文不可不敬이요
사 문 불 가 불 경

유학자는 반드시 공경해야 하고

患難不可不扶니라
환 난 불 가 불 부

환란을 당한 사람은 반드시 도와야 한다.

守我之分者는 禮也요
수 아 지 분 자　　예 야

나의 본분을 지키는 것이 예이고

聽我之命者는 天也니라
청 아 지 명 자　　천 야

우리에게 부여된 천명을 따라야 한다.

人能如是면
인 능 여 시

사람이 이와 같을 수 있다면

天必相之니라
천 필 상 지

하늘이 반드시 도울 것이다.

此乃日用常行之道니
차 내 일 용 상 행 지 도

이것은 일상생활에서 항상 행해지는 도리로서

若衣服之於身體와
약 의 복 지 어 신 체

마치 몸에 있어서의 의복과

飲食之於口腹이니
음 식 지 어 구 복

구복에 있어서의 음식과 같이

不可一日無也니
불 가 일 일 무 야

하루라도 없어서는 아니 되니

可不慎哉로다
가 불 신 재

삼가지 않을 수 있겠는가!

# 12 「주자십회훈」은 정말 없는가

우리나라에서 주희와 관련해 유명한 것 중 하나는 바로 '주자십회훈朱子十悔訓'이다. 주자의 후회에 관한 열 가지 가르침이란 뜻인데, 이를 '주자십회', '주자십훈'이라 하기도 하고, 줄여서 '주자훈'이라고도 한다. 인생을 살면서 범하기 쉬운 후회를 열 가지로 압축해서 설명하고 있는데, 구마다 암송하기 쉽게 일곱 자로 구성되어 있다. 무릇 일에는 때가 있는 법이고, 그때를 놓치면 나중에 아무리 뉘우쳐도 소용이 없음을 강조하고 있다.

그런데 사실 이 글이 주희의 어느 문집에 수록되어 있는지 우리나라뿐 아니라 중국에서도 아직 밝혀지지는 않았다. 다만 이 글이 워낙 유명하므로 일단 여기에 소개하고 출처에 대해서는 계속 찾아보도록 하겠다.

不孝父母면 死後悔하고
불효부모　　사후회

부모님께 효도하지 않으면
돌아가신 뒤에 뉘우치고,

不親家族이면 疏後悔하고
불친가족　　소후회

가족끼리 친하게 지내지 않으면
멀어진 뒤에 뉘우치고,

少不勤學이면 老後悔하고
소불근학　　노후회

어려서 부지런히 배우지 않으면
늙은 뒤에 뉘우치고,

安不思難이면 敗後悔하고
안불사난　　패후회

편안할 때 어려움을 생각하지 않으면
실패한 뒤에 뉘우치고,

富不儉用이면 貧後悔하고
부불검용　　빈후회

부유할 때 아껴 쓰지 않으면
가난해진 뒤에 뉘우치고,

春不耕種이면 秋後悔하고
춘불경종　　추후회

봄에 씨를 뿌리지 않으면
가을이 된 뒤에 뉘우치고,

不治垣墙이면 盜後悔하고
불 치 원 장　　도 후 회

담장을 고치지 않으면
도둑맞은 뒤에 뉘우치고,

色不謹慎이면 病後悔하고
색 불 근 신　　병 후 회

색욕을 삼가고 조심하지 않으면
병든 뒤에 뉘우치고,

醉中妄言이면 醒後悔하고
취 중 망 언　　성 후 회

취중에 함부로 말을 하면
술 깬 뒤에 뉘우치고,

不接賓客이면 去後悔하니라
부 접 빈 객　　거 후 회

손님을 대접하지 않으면
떠난 뒤에 뉘우치느니라.

# *13* 천고의 명시 「춘일」과 「관서유감」

**주**희는 평생 적지 않은 시를 썼다. 오늘날까지도 사람들의 입에 오르내리는 천고의 명시 「춘일」과 「관서유감」를 한번 살펴보기로 한다.

이 시들은 리학가의 최고 수준에 도달한 시로 일컬어진다. 형상적인 시구로 추상적인 철리哲理를 고도로 개괄하고, 아울러 시인이 처음에 도를 깨달았을 때의 비할 수 없이 기쁜 마음을 표출한 것이다. 이렇게 심정, 경치, 이치를 하나로 융합시키는 예술 창작 방법은 주희의 시가 바야흐로 성숙을 향해 달려가고 있음을 나타내 준다. 이것은 그의 '격물치지格物致知'와 '즉물궁리卽物窮理'의 철학 연구 방법과 병행해도 서로 어긋나지 않는다.

### 「춘일春日」

勝日尋芳泗水濱하니　　　좋은 날에 사수泗水에서 승경을 찾으니
승 일 심 방 사 수 빈

無邊風物一時新이라　　　끝없는 풍경들이 한때에 새롭구나.
무 변 풍 물 일 시 신

等閒識得春風面하니　　　한가로이 봄바람의 면모를 알아보니
등 한 식 득 춘 풍 면

萬紫千紅摠是春이라　　　천만 가지 붉은 꽃이 모두가 봄이로다.
만 자 천 홍 총 시 춘

일반적으로 「춘일」이라는 이 칠언절구는 봄 소풍을 노래한 유춘시遊春詩로 알고 있으나, 사실은 철학적인 이치를 담고 있는 철리시哲理詩이다. 시에서 '사수泗水'는 공자의 문하를 암시하고, '좋은 경치를 찾다'는 뜻의 '심방尋芳'은 성인의 도를 구하는 것을, 또 '동풍東風'은 교화를, '춘春'은

'인仁'을 암시한다. 이러한 뜻이 만일 철학 강의식의 언어로 쓰인다면 무미 건조하기 이를 데 없을 것이다. 이 시는 철학적인 이치를 생동적인 형상으로 융화시켜 이치를 말한 흔적을 노출시키지 않고 있는 것이다. 이것이 바로 주희 시의 빼어난 점이라 말할 수 있다.

「관서유감觀書有感(1)」

半畝方塘一鑑開하니
반 무 방 당 일 감 개
반 이랑 연못이 거울처럼 열리니

天光雲影共徘徊라
천 광 운 영 공 배 회
하늘 빛과 구름 그림자 그 위에 비친다.

問渠那得淸如許오하니
문 거 나 득 청 여 허
어찌 그리 맑을 수 있을까 물으니

爲有源頭活水來라
위 유 원 두 활 수 래
샘이 있어 깨끗한 물이 흐른다고 하네.

「관서유감觀書有感(2)」

昨夜江邊春水生하니
작 야 강 변 춘 수 생
어젯밤 강가에 봄물이 불어나니

蒙衝巨艦一毛輕이라
몽 충 거 함 일 모 경
거대한 전함이 터럭처럼 떠올랐다.

向來枉費推移力이러니
향 래 왕 비 추 이 력
예전엔 힘을 들여 옮기려고 애썼는데

此日中流自在行이라
차 일 중 류 자 재 행
지금은 강 위에서 저절로 떠다닌다.

칠언절구로 된 두 수의 「관서유감」은 모두 비유의 방식으로 지어졌다. 맑은 물은 샘에서 깨끗한 물이 흘러 들어오기 때문이라는 표현으로 배움을 구하는 것도 매일 새로운 것을 받아들이고 새로운 깨달음이 있어야 함을 비유하고 있다. 그러나 학습에는 방향이 있어야 하기 때문에 본원이 있어야 하며, 만약 사람의 기본 도리조차 이해하지 못한다면 지식이 아무리 많아도 쓸 데가 없음을 강조하고 있다.

둘째 시는 강위에 떠 있는 배에 비유하였는데, 강물이 크게 불어나면 큰 전함도 자유자재로 이동시킬 수 있듯이, 사람의 영감이 용솟음 칠 때에는 곤란한 문제도 하나하나 풀릴 수 있음을 말하고 있다.

觀書有感二首

半畝方塘一鑑開　天光雲影共徘徊　問渠那得清如許
為有源頭活水來

昨夜江邊春水生　蒙衝巨艦一毛輕　向來枉費推移力
此日中流自在行

題西林院壁二首

躬目風光不易裁　此間何似舞雩臺　病軀若得長無事
春眼成時歲一來

誰識乾坤造化心

聞道西園春色深　急穿芒屐去登臨　十把萬莖爭紅紫

春日偶作

萬紫千紅總是春

勝日尋芳泗水濱　無邊光景一時新　等識得東風面

春日

此日那容不盡歡

伐木相將入遠山　共聽幽鳥語關關　殷勤若解當時意

「관서유감觀書有感」. 2수이며, 『주문공문집』 권2에 수록되어 있다.(『흠정사고전서』본)

「춘일春日」. 『주문공문집』 권2에 수록되어 있다.(『흠정사고전서』본)

반무방당半畝方塘. 「관서유감觀書有感」(1)에 등장한다.

# 14 「무이구곡가」는 어떤 시인가

무이산은 복건성 무이산시 남쪽 교외에 있으며, 복건성과 강서성의 경계에 있다. 복건성의 제일 명산이요 유불선 삼교의 명산인 무이산은 중국의 10대 명산의 하나이며[81], 세계에서도 인정을 받아 세계문화유산과 세계자연유산으로 지정되었다. 삼면이 산으로 둘러싸여 있고 일면이 바다에 접해 있는 복건은 천혜의 자연 조건을 갖추고 있으며 예로부터 큰 전란을 겪지 않았고 토지가 비옥하였다. 그래서 남송사명신南宋四名臣[82]의 한 사람인 양계거사梁溪居士 이강李綱(1083-1140)은 복건을 '도화원桃花源'이라 불렀다. 도화원이란 동진東晉 때의 대문학가 도연명陶淵明(365-427)의 「도화원기桃花源記」에서 유래하는데, 이상향이나 별천지를 의미하며, 때로는 피세 은둔을 의미하기도 한다.

'무이武夷'란 말이 역사서에 기록된 것은 꽤 오래되었다. 『사기』의 「효무본기孝武本紀」편과 「봉선서封禪書」편에 보면, 똑같이 무이군武夷君이라는 신에게 건어물乾魚物을 사용해서 제사

이강李綱(1083-1140). 오공사五公祠 안에 모셔진 이강의 조각상이다. 오공사에는 남송사명신과 당나라 때의 명신 이덕유李德裕(787-850)가 모셔져 있다. 오공사는 현재 해남성海南省 해구시海口市 경산구瓊山區 국흥가도國興街道 해부로海府路에 있다.

----------

81 중국의 10대 명산은 산동성의 태산泰山, 안휘성의 황산黃山, 사천성의 아미산峨眉山, 강서성의 여산廬山, 티벳의 주목랑마봉珠穆朗瑪峰, 길림성의 장백산長白山(백두산), 섬서성의 화산華山, 복건성의 무이산武夷山, 대만의 옥산玉山, 산서성의 오대산五臺山을 말한다.

82 조정趙鼎(1085-1147), 이광李光(1078-1159), 호전胡銓(1102-1180)과 이강을 합해 '남송사명신南宋四名臣' 또는 '남송중흥사대명신南宋中興四大名臣'이라고 부른다. 이들은 모두 금과의 전쟁을 굳건히 주장한 주전파로서 진회秦檜를 영수로 하는 주화파와 대립하였다가 모두 해남으로 좌천되었다. 이강은 주전파 중에서 제일 먼저 해남으로 좌천되었다.

지냈다는 기록이 나온다.[83] 일반적으로 무이군은 바로 장수 선인으로 알려진 팽조彭祖의 두 아들인 장남 '무武'와 차남 '이夷'를 가리킨다. 무이산은 도교에서 삼십육동천三十六洞天[84] 중에서 열여섯째 동천으로 받들어지며, 수당 무렵에 불교가 이곳으로 전입되면서 불교의 성지도 되었다.

----------

83 武夷君用乾魚.(『사기史記』「효무본기孝武本紀」, 「봉선서封禪書」)

84 삼십육동천三十六洞天은 도교에서 말하는 신선이 인간 세상에서 사는 서른여섯 곳의 동천을 가리킨다. 동천이란 동굴 속에 별천지가 있다고 해서 붙여진 이름이다. 또 칠십이복지七十二福地가 있다. 곧 신선이 사는 일흔두 곳의 복지를 말하는데, 복지란 행복하고 안락한 곳이란 뜻으로서 신선이 사는 곳을 말한다. 이들을 합해서 '동천복지洞天福地'라 한다. 옛 사람들은 이곳이 도교 지상地上 선경仙境의 주체 부분으로서 하늘로 통하는 경계라 생각하였다. 삼십육동천이란 말은 동진東晋 때 활동한 도교 상청파上淸派의 경전에 처음 등장한다. 남북조시대 양梁 나라의 도홍경陶弘景(456-536)이 지은 『진고眞誥』권11에 수록된 「계신추稽神樞」에 보면, "대천大天 안에 땅 속의 동천 서른여섯 곳이 있다.(大天之內, 有地中之洞天三十六所.)"라는 기록이 있다. 송대 장군방張君房이 편찬한 도교의 유서類書 『운급칠첨雲笈七籤』권27 「동천복지洞天福地」에 기록된 삼십육소동천과 칠십이복지는 다음과 같다. 〈삼십육소동천〉 1. 곽동산동霍桐山洞 2. 동악태산동東嶽太山洞 3. 남악형산동南嶽衡山洞 4. 서악화산동西嶽華山洞 5. 북악상산동北嶽常山洞 6. 중악숭산동中嶽嵩山洞 7. 아미산동峨嵋山洞 8. 여산동廬山洞 9. 사명산동四明山洞 10. 회계산동會稽山洞 11. 태백산동太白山洞 12. 서산동西山洞 13. 소위산동小潙山洞 14. 잠산동潛山洞 15. 귀곡산동鬼谷山洞 16. 무이산동武夷山洞 17. 옥사산동玉笥山洞 18. 화개산동華蓋山洞 19. 개죽산동蓋竹山洞 20. 도교산동都嶠山洞 21. 백석산동白石山洞 22. 구루산동句漏山洞 23. 구의산동九疑山洞 24. 동양산동洞陽山洞 25. 막부산동幕阜山洞 26. 대유산동大酉山洞 27. 금정산동金庭山洞 28. 마고산동麻姑山洞 29. 선도산동仙都山洞 30. 청전산동靑田山洞 31. 종산동鍾山洞 32. 양상산동良常山洞 33. 자개산동紫蓋山洞 34. 천목산동天目山洞 35. 도원산동桃源山洞 36. 금화산동金華山洞 〈칠십이복지七十二福地〉 1. 지폐산地肺山 2. 개죽산蓋竹山 3. 선개산仙磑山 4. 동선원東仙源 5. 서선원西仙源 6. 남전산南田山 7. 옥류산玉溜山 8. 청서산靑嶼山 9. 욱목동郁木洞 10. 단하동丹霞洞 11. 군산君山 12. 대약암大若巖 13. 초원焦源 14. 영허靈墟 15. 옥주沃洲 16. 천모잠天姥岑 17. 약야계若耶溪 18. 금정산金庭山 19. 청원산淸遠山 20. 안산安山 21. 마령산馬嶺山 22. 아양산鵝羊山 23. 동진허洞眞墟 24. 청옥단靑玉壇 25. 광천단光天壇 26. 동령원洞靈源 27. 동궁산洞宮山 28. 도산陶山 29. 황정황정皇井 30. 난가산爛柯山 31. 근계芹溪 32. 용호산龍虎山 33. 영산靈山 34. 천원泉源 35. 금정산金精山 36. 합조산閤皁山 37. 시풍산始豊山 38. 소요산逍遙山 39. 동백원東白源 40. 발지산鉢池山 41. 논산論山 42. 모공단毛公壇 43. 계롱산雞籠山 44. 동백산桐柏山 45. 평도산平都山 46. 녹라산綠蘿山 47. 호계산虎溪山 48. 창룡산彰龍山 49. 포복산抱福山 50. 대면산大面山 51. 원신산元晨山 52. 마제산馬蹄山 53. 덕산德山 54. 고계남수산高溪藍水山 55. 남수藍水 56. 옥봉玉峰 57. 천주산天柱山 58. 상곡산商谷山 59. 장공동張公洞 60. 사마회산司馬悔山 61. 장백산長白山 62. 중조산中條山 63. 교호어징동菱湖魚澄洞 64. 면죽산綿竹山 65. 노수濾水 66. 감산甘山 67. 황산瑰山 68. 금성산金城山 69. 운산雲山 70. 북망산北邙山 71. 여산廬山 72. 동해산東海山

주희가 쉰네 살 때인 1183년 무이 산에 무이정사를 짓고 10여 년 동 안 강학하고 저술을 하며 후진을 양성하여 제자가 2백여 명에 달하 자, 무이산은 '도남리굴道南理窟'이 라는 명예를 얻었다. '도남'은 앞에

도남리굴道南理窟. 중국 복건성 무이산시 경내에 있다. 청나라 때 역재易齋 마부서馬 負書가 썼다.

서 언급한 대로 정호의 깊은 사랑을 받은 양시가 남쪽으로 돌아갈 때 정호 가 떠나는 양시를 바라보면서 "우리 도학이 남쪽으로 갔구나(吾道南矣)"라고 말한 것에서 연유한다. 또 '리굴理窟'이란 '굴窟'이 원래 사람이 사는 곳, 사람 이 많이 모이는 곳을 뜻하니, 곧 리학가가 모인 보배로운 땅을 의미한다.

구곡계九曲溪[85]는 무이산맥의 주봉인 황강산黃崗山의 남쪽 기슭에서 발

---------

85 구곡에는 각 굽이마다 승경이 많은 바, 무이궁에서 성촌까지 순서대로 이를 열거하면 다음과 같다. 대나무 뗏목인 죽벌竹筏을 타고 구곡계를 여행하면 구곡이 상류이므로 구곡 부터 거꾸로 내려온다.

| 굽이 이름 | 지점 | 명승지 |
|---|---|---|
| 일곡一曲 | 무이궁武夷宮<br>-욕향담浴香潭 | 사자봉獅子峰, 만정봉幔亭峰, 대왕봉大王峰, 월암月巖, 수광 석水光石, 유건석儒巾石, 철판장鐵板嶂 등 |
| 이곡二曲 | 욕향담浴香潭<br>-수악탄水樂灘 | 장경대妝鏡臺, 옥녀봉玉女峰, 선방암仙榜巖, 선관암仙館巖 등 |
| 삼곡三曲 | 수악탄水樂灘<br>-뇌개탄雷磕灘 | 선유암仙游巖, 상승봉上昇峰, 승일봉昇日峰, 차전암茶錢巖, 선조대仙釣臺, 연선암宴仙巖, 소장봉小藏峰 등 |
| 사곡四曲 | 뇌개탄雷磕灘<br>-고추탄古錐灘 | 와룡담臥龍潭, 대장봉大藏峰, 제시암題詩巖, 소구곡小九曲, 희진암希眞巖, 금곡암金谷巖, 옥화봉玉華峰 등 |
| 오곡五曲 | 고추탄古錐灘<br>-노아탄老鴉灘 | 다조석茶竈石, 단로암丹爐巖, 선적암仙迹巖, 만대봉晩對峰, 천주봉天柱峰, 갱의대更衣臺, 은병봉隱屏峰 등 |
| 육곡六曲 | 노아탄老鴉灘<br>-달공탄獺控灘 | 천유봉天遊峰, 쇄포암曬布巖, 오암梧巖, 향성암響聲巖 등 |
| 칠곡七曲 | 달공탄獺控灘<br>-부용탄芙蓉灘 | 태모암太姥巖, 성고암城高巖, 후장암猴藏巖, 동화암童華巖, 주전암鑄錢巖, 삼앙봉三仰峰, 천호봉天壺峰, 북랑암北廊巖 등 |
| 팔곡八曲 | 부용탄芙蓉灘<br>-장암嶂巖 | 낙타봉駱駝峰, 상비암象鼻巖, 자지봉紫芝峰, 함취암涵翠巖, 고루암鼓樓巖, 쌍유봉雙乳峰, 연제암烟際巖 등 |
| 구곡九曲 | 장암嶂巖<br>-성촌星村 | 마반석磨磐石, 삼교봉三敎峰, 백운암白雲巖 등 |

원한다. 상류는 깊은 산과 빽빽한 숲을 지나 강우량이 풍부한 무이산 자연보호구를 흐르고, 하류는 성촌星村을 지나 무이산 풍경구로 들어가며, 구곡 18만彎을 돌아서 무이궁武夷宮 앞에 모여 숭양계崇陽溪로 들어가는데 전체 길이는 약 62.8킬로미터에 달한다. 성촌에서 무이궁까지의 구간이 저유명한 구곡계로서 길이는 약 9.5킬로미터이고, 직선거리는 5킬로미터 정도 된다. 무이산 풍경구에서 대부분의 절경은 구곡계의 양 기슭에 분포되어 있다.

역대의 문인들이 무이를 노래한 시 중에서 제일 처음 무이의 풍모를 전면적으로 개괄해서 묘사한 것이 바로 10수의 칠언절구로 구성된 주희의 「무이도가武夷棹歌」이다. '도棹'는 '도櫂'라고도 쓰며 '노'를 가리키니, '도가'란 바로 배를 탄 어부가 부르는 노래 즉 뱃노래이다. 「구곡도가」라고도 하며, 우리나라에서는 주로 「무이구곡가」라 칭한다. 주희가 쉰다섯 살 때인 1184년에 이 민간악가民間樂歌 형식으로 쓴 「무이구곡가」는 무이산 구곡계의 전경에 대한 묘사이자, 구곡계를 그린 한 폭의 긴 명화名畵라고 할 수 있다. 한편 일부 학자들은 이 시를 도학의 관점에서 해석을 하기도 하고, '진학공부進學功夫'의 차례로 이해하기도 하나, 주희의 원뜻이라고 보기는 어렵다. 어쨌든 경치를 묘사하고 정서를 그려낸 이 「무이구곡가」는 지금까지도 인구에 회자되고 있으며 많은 시들에 영향을 주었다. 주희 이후에 유명한 시인인 신기질辛棄疾(1140-1207), 구양광조歐陽光祖, 방악方嶽(1199-1262) 등이 「무이구곡가」를 지었다. 역대로 주희의 「무이구곡가」를 화운和韻하여 「도가화운棹歌和韵」을 지은 시인으로는 방악, 유신劉信, 왕복례王復禮, 동천공董天工 등 10여 명이 있고, 「도가십수棹歌十首」를 지은 시인으로는 백옥섬白玉蟾, 여희빈余熹賓, 구운소邱雲霄 등 수 명이 있다. 또 백옥섬은 「구곡잡영십수九曲雜詠十首」를, 고몽규顧夢圭는 「무이구곡가武夷九曲歌」를 지었다. 우리나라에서도 이 시의 영향을 받아 이황李滉이 「도산십이곡陶山十二曲」을 짓고, 이이李珥(1536-1584)가 「고산구곡가高山九曲歌」를 지었다. 10수의 제목은 필자가 임의로 붙인 것이다.

자, 이제 「무이구곡가」의 속으로 들어가 보자.

### 🌸 1 소인小引

| | |
|---|---|
| 武夷山上有仙靈이요<br>무 이 산 상 유 선 령 | 무이산 위에는 신선이 살고 있고 |
| 山下寒流曲曲淸이라<br>산 하 한 류 곡 곡 청 | 산 아래 찬 물길은 굽이굽이 맑구나. |
| 欲識箇中奇絶處인댄<br>욕 식 개 중 기 절 처 | 그 속의 기묘한 절경을 알고 싶다면 |
| 櫂歌閑聽兩三聲이라<br>도 가 한 청 양 삼 성 | 뱃노래 두세 가락 한가로이 들어 보라. |

첫 수는 「무이구곡가」의 소인小引으로서 실제로는 서시序詩에 해당하는데, 시를 짓게 된 원인을 설명하고 있다.

### 🌸 2 일곡一曲

| | |
|---|---|
| 一曲溪邊上釣船하니<br>일 곡 계 변 상 조 선 | 첫째 굽이라, 시냇가의 낚싯배에 오르니 |
| 幔亭峰影蘸晴川이라<br>만 정 봉 영 잠 청 천 | 만정봉 그림자가 청천晴天에 잠겨 있네. |
| 虹橋一斷無消息하고<br>홍 교 일 단 무 소 식 | 무지개다리 끊어지자 감감하니 소식 없고 |
| 萬壑千巖鎖翠煙이라<br>만 학 천 암 쇄 취 연 | 첩첩한 만학천봉엔 비취 안개 뒤덮였네. |

첫째 굽이의 계곡 북쪽에 고봉이 솟아 있는데, 무이궁의 서쪽 옆에 있는 이곳이 바로 구곡을 들어가면 보이는 첫째 봉우리인 해발 5백30미터의 대왕봉大王峰이다. 홀로 임금의 위의威儀를 갖추었다고 해서 얻어진 이름이다. 또 산의 형세가 환관의 사모처럼 생겼다고 해서 사모암紗帽巖이라고도 한다. 대왕봉의 북쪽이 만정봉幔亭峰이며 깎아지른 듯한 낭떠러지 위에는

'만정嫚亭'이라는 두 글자가 새겨져 있다. 그 기슭이 서로 연결되어 있으며, 대왕봉보다는 높이가 낮다. 평탄한 봉우리 정상에는 솥처럼 생긴 큰 바위가 있는데 이를 연선단宴仙壇이라 한다. 전설에 의하면, 무이군武夷君이 이곳에 휘장을 쳐서 정자를 만들어 마을 사람들에게 큰 잔치를 베풀었기 때문에 만정봉이라는 이름이 붙었다. 이때 수백 칸의 휘장을 만들었고, 2천여 명의 사람들이 올라왔다고 한다. 이른바 '만정초연嫚亭招宴'의 고사이다. 첫째 굽이의 풍경에는 명승지가 대단히 많다. 굽이의 경계에 있는 암석에는 마애석각이 많아 감상할 만하다. 둘째 구의 '청천晴天'이란 맑게 갠 하늘 아래의 수면을 가리킨다.

### 🌿 3 이곡二曲

| 二曲亭亭玉女峯은<br>이 곡 정 정 옥 녀 봉 | 둘째 굽이라, 우뚝 솟은 저 옥녀봉은 |
|---|---|
| 插花臨水爲誰容고<br>삽 화 임 수 위 수 용 | 물가에서 꽃을 꽂고 누굴 위해 치장했나. |
| 道人不復荒臺夢하니<br>도 인 불 부 황 대 몽 | 도인은 양대陽臺의 꿈을 다시 꾸지 않고 |
| 興入前山翠幾重고<br>흥 입 전 산 취 기 중 | 흥겨워 앞산에 들어서니 푸르름이 몇 겹인고. |

  둘째 굽이 계곡 입구에 사람을 맞이해서 빼어난 자태로 우뚝 서 있는 것은 옥녀봉玉女峰이다. 옥녀봉은 무이산 36기봉奇峰 중의 하나로 해발 3백13.3미터이다. 그 정상에는 꽃과 나무가 뒤섞여 피어 있어, 산봉우리 전체가 마치 쪽을 지고 꽃을 꽂은 소녀의 모습을 하고 있으며 암벽의 갈라진 틈은 마치 치마 주름 같다. 청록색 파도가 아름다운 봉우리 아래 '욕향담浴香潭'은 옥녀가 목욕하던 장소로 전해져 온다. 연못 속에는 네모진 거석이 있고 '인석印石'이라는 두 글자가 새겨져 있다. 봉우리 왼쪽 측면에는 '장경대妝鏡臺'라는 바위가 있고, 크기가 두 길 이상 되는 '경

대鏡臺'라는 두 글자가 새겨져 있다. 민간 전설에, 옥녀는 계곡 너머 첫째 굽이의 경계에 있는 대왕(대왕봉大王峰의 상징)과 힘든 사랑을 하고 있다고 하는데, 시는 바로 이를 노래한 것이다. 옥녀봉과 주위의 산수는 한 폭의 선경도仙境圖를 이루고 있다. '불부황대몽不復荒臺夢'은 '부작양대몽不作陽 臺夢'이라고 된 판본도 있다. 그렇다면 여기서 '대臺'는 '양대陽臺'를 가리 킴을 알 수 있다. 양대는 전국시대 초나라의 사부辭賦 작가인 송옥宋玉(서 기전 약 298-서기전 약 222)의 「고당부서高唐賦序」라는 글에서 전고典故가 나 온다. 초楚 나라의 양왕襄王이 고당高唐에서 노닐다가 꿈에서 한 부인을 만났는데, 스스로 무산의 딸(巫山之女)로서 '고대의 아래(高臺之下)'에 산 다고 말하였다. 이로부터 남녀가 만나 즐기는 장소를 '양대'라 부르게 되 었다. 즉 이 구절은 도인이 이제 남녀 간의 만남을 꿈꾸지 않는다는 뜻을 표현한 것이다.

## 🌿 4 삼곡三曲

三曲君看架壑船하라  셋째 굽이라, 그대는 가학선架壑船을 바라보라.
삼 곡 군 간 가 학 선

不知停櫂幾何年이라  노를 젓지 않은 세월 그 몇 해인가!
부 지 정 도 기 하 년

桑田海水今如許하니  상전벽해가 눈앞에 이처럼 펼쳐지니,
상 전 해 수 금 여 허

泡沫風燈敢自憐이라  물거품 풍등 인생 스스로 가련하다.
포 말 풍 등 감 자 련

이 시는 셋째 굽이 남쪽의 소장봉小藏峰에 있는 가학선架壑船을 읊은 것 이다. 소장봉은 선선암仙船巖 또는 선장암船場巖이라고도 불린다. 소장 봉 북쪽 벽에는 '비선대飛仙臺'라는 석혈石穴이 있고, 높고 가파른 암벽 틈 사이에는 배 모양의 목제 유물이 있다. 전설에 따르면 신선이 득도하 여 하늘로 올라가고 남긴 나무배라 하는데, 그 안에는 유골이 보관되어

있어 이를 '유태遺蛻'라 부른다. 실제로 '가학선'은 일종의 관으로 '가학선관架壑船棺'이라 부르는데, 옛날에 무이산 일대에 모여살던 월족越族의 장례 풍습인 현관장懸棺葬의 유물로서 기이한 형태로 만든 목관이다. 이곳 말고도 10여 곳에 가학선관이 남아 있지만 소장봉의 가학선관 풍경이 가장 뛰어나다.

## 5 사곡四曲

| 四曲東西兩石巖에 | 넷째 굽이라, 동서로 마주한 두 바위에 |
|---|---|
| 사 곡 동 서 양 석 암 | |
| 巖花垂露碧氈毿이라 | 이슬 맺힌 꽃잎이 푸르게 널려 있네. |
| 암 화 수 로 벽 남 삼 | |
| 金雞叫罷無人見하고 | 금계 울음 그쳤으나 본 사람은 아직 없고 |
| 금 계 규 파 무 인 견 | |
| 月滿空山水滿潭이라 | 텅 빈 산엔 달빛 가득, 와룡담엔 물이 그득. |
| 월 만 공 산 수 만 담 | |

'양석암兩石巖' 즉 두 석암(바위)은 넷째 굽이에 있는 대장봉大藏峰과 선조대仙釣臺를 가리킨다. 산꽃의 꽃잎에 아직 아침 이슬이 맺혀 있고, 맑고 푸른 잎이 깃털처럼 어지럽게 흩어져 있음을 묘사하였다. 산꽃에 이슬 맺혀 있는 것으로 산속이 여명의 때임을 알려 주고 있다. 둘째 구에 나오는 '남삼氈毿'은 털이 어지럽게 늘어진 모양을 뜻하는데, 여기서는 꽃잎이 깃털처럼 어지러이 퍼져 있는 모양을 비유한 것이다. 셋째 구에 나오는 '금계' 즉 황금 닭에 관해서는 전설이 있다. 대장봉의 벽에는 금계동金鷄洞이라는 동굴이 있는데, 황금 닭이 세상 사람들을 위해 아침을 알려 주지만 그 황금 닭을 본 사람은 없고 단지 달 아래 텅 빈 산과 와룡담만 있을 뿐이다. 넷째 구의 '담'은 대장봉 아래에 있는 '와룡담臥龍潭'을 가리킨다.

## ✤ 6 오곡五曲

五曲山高雲氣深하니　　다섯째 굽이라, 산이 높아 구름 더욱 깊으니
오 곡 산 고 운 기 심

長時煙雨暗平林이라　　오랜 안개비에 평림平林 나루 어둑하다.
장 시 연 우 암 평 림

林間有客無人識하고　　숲속의 나그네를 아는 이 하나 없고
임 간 유 객 무 인 식

欸乃聲中萬古心이라　　어이야! 뱃노래엔 만고수심 담겨 있네.
애 내 성 중 만 고 심

　이것은 주희가 다섯째 굽이의 승경을 빌어 자신을 묘사하고 심경을 밝힌 것이다. 다섯째 굽이는 구곡의 중심으로, 은병봉隱屛峰이 시내 북쪽에 높이 솟아 있고 연이은 산봉우리가 빼어난데, 당시 주희는 이곳에 무이정사를 건립하고 학생을 모아 강학을 하였다. 첫째 구에서 '산이 높다'는 것은 무이정사 뒤에 있는 은병봉을 가리킨다. 산이 높고 구름이 깊기 때문에 안개비가 때도 없이 평림平林 나루를 가로막는다. 셋째 구의 '객客'(손님)은 주희 자신을 가리킨다. 넷째 구에서 '애내欸乃'는 배를 몰 때 부르는 노래 소리이다.

## ✤ 7 육곡六曲

六曲蒼屛遶碧灣하고　　여섯째 굽이라, 푸른 물굽이는 선장봉을 휘감고
육 곡 창 병 요 벽 만

茅茨終日掩柴關이라　　초가집 사립문은 종일토록 닫혀 있다.
모 자 종 일 엄 시 관

客來倚櫂巖花落이라도　　손님 와서 배를 띄워 바위 꽃 떨어져도
객 래 의 도 암 화 락

猿鳥不驚春意閒이라　　새와 원숭이 놀라지 않고 봄의 정취만 한가롭다.
원 조 불 경 춘 의 한

　여섯째 굽이는 물길이 가장 짧다. 시내 북쪽에는 높이 솟은 거봉이 있는

데, 봉우리 면은 오랜 세월 흐르는 물에 깎여 나가 깊이 함몰된 모양이 마치 손바닥 자국 같아서 선장봉仙掌峰이라 하며, 또 쇄포암曬布巖이라고도 부른다. 첫째 구의 '창병' 즉 푸른 병풍이란 바로 이 선장봉을 가리킨다. 무이산에서 가장 큰 암벽으로서 벽면에는 '석벽이 만 길 높이로 솟았다'는 뜻의 '벽립만인壁立萬仞'이라는 네 글자가 새겨져 있다. 앞은 시내요, 뒤는 산이라 맑고 그윽하여 그야말로 주희가 노래한 것과 같고, 바위 꽃이 저절로 떨어져도 원숭이나 새가 놀라지 않으니 맑고 조용함의 극치라 할 만하다.

### 🌿 8 칠곡七曲

| | |
|---|---|
| 七曲移船上碧灘하야<br>칠 곡 이 선 상 벽 탄 | 일곱째 굽이라, 배를 몰아 푸른 여울로 올라가 |
| 隱屛仙掌更回看이라<br>은 병 선 장 갱 회 간 | 은병봉과 선장봉을 다시 한 번 돌아보네. |
| 却憐昨夜峯頭雨여<br>각 련 작 야 봉 두 우 | 가련하다, 지난 밤 산봉우리에 내린 비여. |
| 添得飛泉幾道寒고<br>첨 득 비 천 기 도 한 | 폭포수에 더해져서 몇 줄기나 차졌는가. |

일곱째 굽이에는 달공탄獺控灘이 있는데, 이것이 바로 첫째 구의 '배를 몰아 푸른 여울로 올라가'의 그 '여울' 즉 '탄灘'이다. 그 뒤에 있는 것이 다섯째 굽이의 은병봉과 여섯째 굽이의 선장봉이므로 '다시 한 번 돌아본다'고 말한 것이다. 넷째 구의 '비천飛泉'은 공중으로 솟구쳤다가 흩어져 떨어지는 산 속의 샘물을 가리킨다. 일곱째 굽이의 북쪽에 있는 삼앙봉三仰峰은 삼질봉三迭峰이라고도 하는데, 해발 7백17.7미터 높이에 세 봉우리가 서로 중첩되어 동쪽을 향해 웅장하게 우뚝 솟아 있다. 제일 작은 소앙봉小仰峰의 벽 중간에는 벽소동壁霄洞이라는 동굴이 있는데, 여기에 명나라 만력萬曆(1587-1598) 연간에 임배林培가 쓴 '무이최고처武夷最高處'라는 다섯

글자가 새겨져 있다. 동굴 옆에는 내단內丹 이론가로서 도교 금단파金丹派 남오조南五祖의 한 분인 송나라 백옥섬白玉蟾(1194-?)이 수련할 때 사용했다고 전하는 단정丹井이라는 우물이 있다.

셋째 구와 넷째 구가 "인언차처무가경人言此處無佳景이나, 지유석당공취한只有石堂空翠寒이라"로 되어 있는 판본도 있다. 그렇다면 그 뜻은, "사람들은 이곳에 승경이 없다 하나, 오로지 석당사만 녹엽 속에 고요하네."가 된다. 여기서 석당이란 소도원小桃源의 동천洞天 안에 위치한 석당사石堂寺를 가리킨다. 이 절은 원래 당나라 때인 618년(무덕武德 원년) 다동茶洞에 세웠던 것을 3백여 년이 지난 오대五代의 후당後唐 천성天成(약 926-930) 연간에 이곳으로 옮긴 것이다. 다시 약 1백 년 후인 1024년 즉 송나라 천성天聖 2년에 번개를 맞아 천정이 함몰되었기 때문에 함석당陷石堂이라고도 부른다.

### ☙ 9 팔곡八曲

八曲風烟勢欲開하고　여덟째 굽이라, 운무 속에 산세가 열리려 하고
팔 곡 풍 연 세 욕 개

鼓樓巖下水縈洄라　고루암鼓樓巖 아래로는 물줄기가 휘감는다.
고 루 암 하 수 영 회

莫言此處無佳景하라　이곳에 빼어난 경치 없다고 말하지 말라.
막 언 차 처 무 가 경

自是遊人不上來라　여기부터 유람객이 올라오지 않는구나.
자 시 유 인 불 상 래

여덟째 굽이의 승경은 고루암인데 부근에는 산봉우리가 탁 트여서 시야가 넓다. 일반유람객들은 이곳의 풍경이 평범하여 특별히 볼 만한 것이 없다고 한다. 그러나 시인은 설사 평범한 풍경이라 해도 자세히 살펴보면 흥취가 있기 때문에 "이곳에 빼어난 경치 없다고 말하지 말라"라고 말한 것이다.

여덟째 굽이는 모래톱이 높고 물이 급하게 흐르고, 시냇가 수면에는 '우각담牛角潭'이라는 쇠뿔과 '청와석青蛙石'이라는 돌개구리가 떠 있다. 고루암鼓樓巖 아래에는 이빨을 드러내고 발톱을 휘두르는 모습을 한 돌사자가 있어 '상수사上水師'라 부르고, 타원형의 거북 모양의 암석이 있어 '하수귀下水龜'라 부른다.

### ❧ 10 구곡九曲

| | |
|---|---|
| 九曲將窮眼豁然하니<br>구 곡 장 궁 안 활 연 | 아홉째 굽이 다할 즈음 눈앞이 탁 트이니, |
| 桑麻雨露見平川이라<br>상 마 우 로 견 평 천 | 이슬 맺힌 상마桑麻 밭 평천平川이 보이네. |
| 漁郎更覓桃源路하면<br>어 랑 갱 멱 도 원 로 | 어부가 또다시 무릉도원 길 찾는다면 |
| 除是人間別有天이라<br>제 시 인 간 별 유 천 | 인간 세상 밖에 있는 또 다른 천지로다. |

평천平川은 지명으로 구곡九曲의 끝에 있는 성촌星村 일대를 가리킨다. 이 일대는 광활하고 평탄한 지역으로서 상마桑麻 즉 뽕나무와 삼이 들판을 덮고 있고, 또 비옥한 논밭과 아름다운 연못이 있으며, 집들이 가지런히 늘어서 있고, 닭 울음소리와 개 짓는 소리가 서로 들리는 완전한 무릉도원武陵桃源의 모습으로서 바로 주희가 「무이구곡가」에서 노래한 바와 같다. 이곳을 버리고 다시 무릉도원 가는 길을 찾으려고 한다면 인간 세상 밖에 있는 또 다른 천지이리라.

| | | ❸ | ❹ |
|---|---|---|---|
| ❶ | | ❺ | ❻ |
| ❷ | | ❼ | ❽ |

❶무이산 풍경구武夷山風景區. 복건성 무이산시 남쪽 교외에 있으며, 복건성과 강서성의 경계에 있다. 무이산 아래에 구곡계가 펼쳐져 있다.
❷대왕봉大王峰. 무이산 구곡계의 일곡一曲에 있다. 홀로 임금의 위의威儀를 갖추었다고 해서 얻어진 이름이다. 해발 5백30미터.

❸옥녀봉玉女峰. 무이산 구곡계의 이곡二曲에 있다. 산봉우리 전체가 마치 쪽을 지고 꽃을 꽂은 소녀의 모습을 하고 있다. 해발 3백13.3미터.

❹장경대妝鏡臺. 무이산 구곡계의 이곡二曲에 있는 전설상의 바위이다. 크기가 두 길 이상 되는 '경대鏡臺'라는 두 글자가 새겨져 있다.

❺소장봉小藏峰. 무이산 구곡계의 삼곡三曲에 있다. 선선암仙船巖 또는 선장암船場巖이라고도 불린다. 무이산 36기봉 중의 하나. 가학선관架壑船棺의 남은 목재가 보인다.

❻삼곡三曲 마애석각磨崖石刻.

❼와룡담臥龍潭. 무이산 구곡계의 사곡四曲에 있으며, 대왕봉 아래에 있다.

❽비취유하飛翠流霞. 와룡담 암벽에 새겨져 있다.

| ❶ | ❸ |
|---|---|
| ❷ | |
| ❹ | ❺ |

❶은병봉隱屛峰. 무이산 구곡계의 오곡五曲에 있다. 앞에 무이정사가 있다.

❷선장봉仙掌峰. 무이산 구곡계의 육곡六曲에 있다. 무이산에서 가장 큰 암벽으로서 갈라진 틈이 하나도 없다. '석벽이 만 길 높이로 솟았다'는 뜻의 '벽립만인壁立萬仞'이라는 큰 글자가 새겨져 있다.

❸천유봉天遊峰. 무이산 구곡계의 육곡六曲에 있다. 무이산에서 가장 험한 봉우리로서 이곳에 올라 운해雲海를 바라보면 자신이 봉래 선경에 있으면서 천궁天宮에서 노니는 것 같다고 해서 '천유天遊'라는 이름을 얻었다. 해발 4백8.8미터.

❹삼앙봉三仰峰. 무이산 구곡계의 칠곡七曲에 있다. 순서대로 대앙봉大仰峰, 중앙봉中仰峰(이앙봉二仰峰), 소앙봉小仰峰이 보인다. 봉우리가 동쪽을 향해 우러르고 있다고 해서 '앙仰' 자를 썼다.

❺쌍유봉雙乳峰. 무이산 구곡계의 팔곡八曲에 있다. 여인의 유방을 연상시킨다.

청와석青蛙石. 무이산 구곡계의 팔곡八曲에 있다. 청개구리 모습을 닮은 바위이다.

구곡계의 구곡

六曲蒼屏遶碧灣茅茨終日掩柴關客來倚櫂巖花落
猿鳥不驚春意閒
七曲移船上碧灘隱屏仙掌更回看人言此處無佳景
只有石堂空翠寒（此詩後二句一本作却憐昨夜峰頭雨添得飛泉幾道寒）
八曲風烟勢欲開鼓樓巖下水潆迴莫言此處無佳景
自是遊人不上來
九曲將窮眼豁然桑麻雨露見平川漁郎更覓桃源路
除是人間別有天

川原紅綠一時新暮雨朝晴更可人書冊埋頭無了日
不如抛却去尋春
淳熙甲辰中春精舍閒居戲作武夷櫂歌十首
呈諸同遊相與一笑
武夷山上有仙靈山下寒流曲曲清欲識箇中奇絕處
櫂歌閒聽兩三聲
一曲溪邊上釣船幔亭峰影蘸晴川虹橋一斷無消息
萬壑千巖鎖翠煙

欽定四庫全書

二曲亭亭玉女峰插花臨水爲誰容道人不復荒臺夢
興入前山翠幾重
三曲君看架壑船不知停櫂幾何年桑田海水今如許
泡沫風燈敢自憐
四曲東西兩石巖巖花垂露碧㲯㲯金雞叫罷無人見
月滿空山水滿潭
五曲山高雲氣深長時烟雨暗平林林間有客無人識
欸乃聲中萬古心

「무이구곡가武夷九曲歌」. 원래 제목은 「무이도가武夷櫂歌」이다. 『주문공문집』 권9에 수록되어 있다.(『흠정사고전서』본)

# 15 「경재잠」은 왜 지었는가

「**경** 재잠敬齋箴」은 주희가 인욕人欲을 없애고 천리天理를 밝히는 '지경持敬' 공부를 하기 위해서 지은 것이다. 「소서小序」에 의하면, 주희가 장식의 「주일잠主一箴」을 읽고, 그가 남긴 뜻을 여기저기에서 뽑아 서재의 벽에 붙여 놓고서 자신을 경계하기 위해서 지었다.[86] 또 장수용張壽鏞의 『송원학안보유宋元學案補遺』권49에 의하면, 주희가 무원에 가서 제자 왕청경汪淸卿의 집에 기거하며 마을 사람들에게 강학하였는데, 이를 위해서 「경재잠」을 지었다고 하였다.

주희는 『논어집주』「학이學而」편에 나오는 '경사이신敬事而信'(일을 공경히 하고 미덥게 하라)의 '경敬' 자에 대해 '마음을 오로지 하나로 하여 잡념이 없게 한다'는 뜻의 '주일무적主一無適'으로 해석하였고,[87] 또 정이가 말한 '주일무적'에서 '주일'의 의미를 '전일專一'이라 설명하였다.[88] 그리고 『주자어류』권96의 「정자지서程子之書」를 보면 이에 대해 좀 더 구체적으로 설명하였다.

"마음을 오로지 하나로 하는 것을 '경敬'이라 하고, 마음이 다른 데로 가지 않게 하는 것을 '일一'이라 한다"라고 하였는데, 경은 마음을 하나로 모아 이 일을 하면서 다른 일을 하지 않는 것이다. 마음이 다른 데로 가지 않는다는 것은 마음대로 하지 않는 것이다.[89]

---

86 讀張敬夫「敬齋箴」, 掇其遺意, 作「敬齋箴」書齋壁以自警云.
87 敬者, 主一無適之謂.(『논어집주』「학이學而」)
88 程子所謂主一無適, 主一只是專一.(『주자어류』권120 「주자(17)」)
89 "主一之謂敬, 無適之謂一." 敬主於一, 做這件事更不做別事. 無適, 是不走作.(『주자어류』권96 「정자지서程子之書(2)」)

또 제자가 「경재잠」에 대해 묻자, 경의 세목細目 즉 '세세한 사항'이라고 밝혔다.[90]

「경재잠」은 『주문공문집』권85에 실려 있고, 또 재전제자인 진덕수眞德秀가 1234년에 이종理宗 조윤趙昀에게 헌정한 『심경心經』에도 수록되어 있다. 이황李滉의 『성학십도聖學十圖』 중에 아홉째 그림이 「경재잠도敬齋箴圖」이다. 성균관의 명륜당에도 송준길宋浚吉(1606-1672)이 쓴 「경재잠」이 「심잠心箴」과 함께 걸려 있다.

전문은 4언4구로 구성된 사언절구 10장章으로 이루어져 있어 글자 수가 총 1백60자이고, 문장마다 제2구와 제4구에 압운이 되어 있다.

「경재잠도敬齋箴圖」. 이황의 『성학십도聖學十圖』 중 아홉째 그림.

---

90 又問敬齋箴. 曰: "此是敬之目, 說有許多地頭去處."(『주자어류』권12 「학(6)」)

주희의 경에 대한 실천을 잘 이해할 수 있는 글이므로 전문을 소개한다.

## 경재잠敬齋箴

| 正其衣冠하고<br>정 기 의 관 | 의관을 바르게 하고 |
| 尊其瞻視하야<br>존 기 첨 시 | 시선을 우러르고 |
| 潛心以居하야<br>잠 심 이 거 | 마음을 고요히 집중하고 앉아서 |
| 對越上帝하라<br>대 월 상 제 | 상제님을 대하듯이 하라. |

첫째 장章은 고요히 있을 때 어기지 말아야 것을 말하였다.

| 足容必重하고<br>족 용 필 중 | 발걸음은 반드시 무겁고 |
| 手容必恭이니<br>수 용 필 공 | 손가짐은 반드시 공손해야 하니 |
| 擇地而蹈하야<br>택 지 이 도 | 땅을 가려 밟아서 |
| 折旋蟻封하라<br>절 선 의 봉 | 개밋둑도 돌아가라. |

둘째 장은 움직일 때 어기지 말아야 할 것을 말하였다.

| 出門如賓하고<br>출 문 여 빈 | 문을 나서면 손님을 대하듯 하고 |
| 承事如祭하야<br>승 사 여 제 | 일처리는 제사 지내듯이 하여 |
| 戰戰兢兢하야<br>전 전 긍 긍 | 두려워하고 삼가서 |
| 罔敢或易하라<br>망 감 혹 이 | 감히 혹시라도 경솔히 하지 말라. |

셋째 장은 겉모습을 바르게 하라고 말하였다.

| | |
|---|---|
| 守口如瓶하고<br>수 구 여 병 | 입 막기를 병마개 막듯이 하고 |
| 防意如城하야<br>방 의 여 성 | 사욕 막기를 성 지키듯 하여 |
| 洞洞屬屬하야<br>동 동 촉 촉 | 공경하고 조심하여 |
| 罔敢或輕하라<br>망 감 혹 경 | 감히 혹시라도 가볍게 하지 말라. |

넷째 장은 속마음을 바르게 하라고 말하였다.

| | |
|---|---|
| 不東以西하고<br>부 동 이 서 | 서쪽으로 가다가 동쪽으로 가지 말고 |
| 不南以北하야<br>불 남 이 북 | 북쪽으로 가다가 남쪽으로 가지 말라 |
| 當事而存하야<br>당 사 이 존 | 일에 임해서 마음을 보존하여 |
| 靡他其適하라<br>미 타 기 적 | 다른 데로 가지 말라. |

다섯째 장은 일에 임하여 마음을 보존해야 함을 말하였다.

| | |
|---|---|
| 弗貳以二하고<br>불 이 이 이 | 둘이라고 마음을 둘로 하지 말고 |
| 弗參以三하야<br>불 삼 이 삼 | 셋이라고 마음을 셋으로 하지 말라 |
| 惟心惟一하야<br>유 심 유 일 | 오직 마음을 하나로 하여 |
| 萬變是監하라<br>만 변 시 감 | 만 가지 변화를 살펴보라. |

여섯째 장은 일에 임하여 마음을 하나로 해야 함을 말하였다.

從事於斯를
종 사 어 사
이것에 힘을 다하는 것을

是曰持敬이니
시 왈 지 경
경을 지닌다고 하니

動靜弗違하고
동 정 불 위
움직일 때나 고요히 있을 때에 어기지 말고

表裏交正하라
표 리 교 정
겉과 속을 서로 바르게 하라.

일곱째 장은 앞의 여섯 장을 총괄하여, 움직일 때나 고요히 있을 때에 이를 어기지 말고, 겉과 속을 바르게 하라고 말하였다.

須臾有間이면
수 유 유 간
잠시라도 다른 마음이 생기면

私欲萬端하야
사 욕 만 단
사욕이 만가지로 일어나니

不火而熱이요
불 화 이 열
불이 없어도 뜨거워지고

不氷而寒이리라
불 빙 이 한
얼음이 없어도 차가워지리라.

여덟째 장은 잠시라도 다른 마음이 일어나지 않게 하라고 말하였다.

毫釐有差하면
호 리 유 차
털끝만큼이라도 차이가 있으면

天壤易處하야
천 양 역 처
하늘과 땅이 자리를 바꾸어

三綱旣淪하고
삼 강 기 륜
삼강이 무너지고

九法亦斁리라
구 법 역 두
구법[91]도 부서지리라.

아홉째 장은 아주 작은 차이가 있어도 모든 것을 잃게 됨을 말하였다.

----------
91 구법九法이란 천하를 다스리는 아홉 가지 법도를 말한다.

| 於乎小子아<br>오 호 소 자 | 오호라 소자여! |
|---|---|
| 念哉敬哉어다<br>염 재 경 재 | 유념하고 공경할지어다. |
| 墨卿司戒하야<br>묵 경 사 계 | 묵경(먹)이 경계의 글을 맡게 해서 |
| 敢告靈臺하노라<br>감 고 영 대 | 감히 영대[92]에 고하노라. |

열째 장은 당부의 말을 하였다.

---

92 '영대靈臺'는 '영이 깃들어 있는 집'이란 뜻으로 이해할 수 있다. 즉 마음을 일컫는 말이다. 마음을 '집 부府' 자를 써서 '영부靈府'라고도 하니 '대臺' 자는 '집 부府' 자와 같은 뜻으로 사용되었음을 알 수 있다. 또 '마음이 있는 집'이라는 뜻인 '심부心府'와 같은 뜻이다. 영대가 마음이란 뜻으로 사용된 최초의 문헌으로 『장자莊子』를 들 수 있다. 이 책의 「경상초庚桑楚」편에 보면 다음과 같은 문장이 나온다. "不足以滑成부족이활성, 不可內於靈臺불가내어영대. 靈臺者영대자, 有持而不知其所持유지이부지기소지, 而不可持者也이불가지자야." 그 뜻은 이러하다. "그것으로 이미 완성된 덕성을 어지럽히기에 부족하고 또 영대로 들어갈 수 없다. 영대는 가진 것이 있지만 자기가 가진 것을 자각하지 못하므로 억지로 지키게 할 수 없는 것이다." 이 영대에 대해 서진西晉 때 곽상郭象(252-312)은 주석에서 "靈臺者영대자, 心也심야." 즉 '마음'으로 풀이를 하였다. 이 밖에 영대는 다른 의미로 사용되기도 한다. 도교에서는 머리를 영대라 표현한다. 또 의미상 영대는 높고 큰 건축물을 뜻하는데, 역사상 실제로 영대라는 건축물이 여러 군데 있었다. 『시경』이나 『맹자』, 『한서』 등에 보면, 주나라 문왕이 세운 영대가 있고, 폭군의 대명사인 하夏나라 걸桀(?-서기전 1600)과 상商나라 주紂(?-서기전 1046)가 세운 영대가 있으며, 춘추시대에 위후衛侯가 세운 영대가 있다. 이로 보면 천자 등의 제왕이 사방을 멀리 바라볼 수 있게 지은 건축물을 영대라 칭했음을 알 수 있다. 한편 고대에 천자가 천문기상을 관찰하는 대를 영대라고 불렀다. 『설문해자說文解字』의 저자인 허신許慎(약 58-약 147)의 『오경요의五經要義』라는 책을 보면, 천자에게는 영대靈臺, 시대時臺, 유대囿臺의 삼대三臺가 있다고 하였다. 후한 광무제光武帝 유수劉秀(서기전 5-서기 57)는 명당明堂, 벽옹辟雍, 영대靈臺라는 교육 기관을 설치했는데, 이를 삼옹궁三雍宮이라 부른다. 영대는 당시 최고의 교육 기관이었다. 천문에서는 명당明堂 서쪽에 있는 세 개의 별을 영대라 부른다.

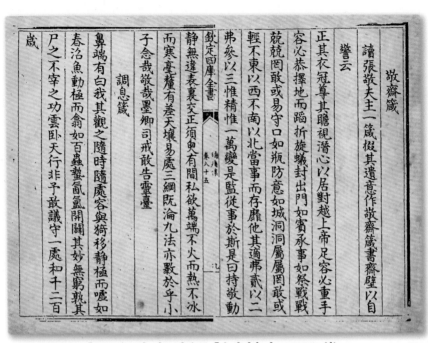

敬齋箴

讀張敬夫主一箴擬其遺意作敬齋箴書齋壁以自
警云

正其衣冠尊其瞻視潛心以居對越上帝足容必重手
容必恭擇地而蹈折旋蟻封出門如賓承事如祭戰戰
兢兢罔敢或易守口如瓶防意如城洞洞屬屬罔敢或
輕不東以西不南以北當事而存靡他其適弗貳以二
弗參以三惟精惟一萬變是監從事於斯是曰持敬動

欽定四庫全書　　　　編唐集　卷八十五

靜無違表裏交正須臾有間私欲萬端不火而熱不冰
而寒毫釐有差天壤易處三綱既淪九法亦斁於乎小
子念哉敬哉墨卿司戒敢告靈臺

調息箴

鼻端有白我其觀之隨時隨處容與猗移靜極而噓如
春沼魚動極而翕如百蟲蟄氤氳開闢其妙無窮孰其
尸之不宰之功雲臥天行非子敢議守一處和十二百
歲

「경재잠敬齋箴」. 『주문공문집』권85에 수록.(『수산각총서守山閣叢書』본)

# 16 「존덕성재명」이 중요한 까닭은

**존**덕성尊德性은 '덕성德性을 높인다'는 뜻으로 도덕 수양과 치지致知의 방법이며, '물음과 배움으로 말미암는다'는 뜻인 '도문학道問學'과 함께 리학에서 매우 중요한 개념이다. 이 말은 원래 『중용』「제이십칠장」에 나온다.

> 이 때문에 군자는 덕성을 높이고 물음과 배움으로 말미암으며, 도체道體의 광대함에 이르고 도체의 정미함을 다하며, 높고 밝은 경지에 이르렀으면서도 중용의 도를 행하며, 이미 배운 지식을 익혀서 새로운 지식을 알며, 이미 잘 하는 것을 돈독히 하고 예를 숭상하는 것이다.[93]

'존덕성'에 대해 주희는 『중용장구』에서 이렇게 설명하였다.

> '존尊'이란 공경하고 받들어 잡는다는 뜻이다. '덕성德性'이란 내가 하늘에게서 받은 정리正理이다.[94]

즉 여기서 말하는 덕성은 '의리지성義理之性'으로서 지고무상至高無上한 덕성을 가리킨다. 리는 모든 사물의 근원이며, 최고의 도덕 준칙인데, 그중에서 가장 주요한 덕성 원칙은 인의예지이다. 존덕성의 목적은 천부적인 선한 본성을 존숭하여 사상과 행위를 정리正理에 부합시키려는 것이다.

---------
93 故君子尊德性而道問學, 致廣大而盡精微, 極高明而道中庸. 溫故而知新, 敦厚以崇禮.(『중용』「제이십칠장」)
94 尊者, 恭敬奉持之意. 德性者, 吾所受於天之正理.(『중용장구』「제이십칠장」)

'재齋'는 '서재'를 말하고, '명銘'은 원래 오래 공개적으로 기록을 남기기 위하여 새기거나 쓴 글을 말한다. 고대에는 대부분 종鐘이나 정鼎에 새겼는데, 진한 시기 이후로는 석비石碑에 새겼다. 대체로 남의 공적을 찬양하는 내용이나 사물의 내력을 새긴다. 여기서는 한문 문체의 한 종류로서 대개 압운押韻을 하고 넉 자가 한 구句를 이룬다. 이 글도 넉 자 24구로서 총 96자로 이루어져 있다.

이 글을 쓴 이유는 자서自序에서 밝힌 바대로, 주희가 마흔일곱 살 때 내제內弟인 정윤부程允夫(이름은 순洵)가 '도문학'으로 서재 이름을 지은 것을 보고 주희가 '존덕성'으로 이름을 바꾸는 것이 마땅하다고 하자, 이에 정윤부가 서재에 대한 명銘을 써줄 것을 부탁하여 지은 것이다.[95] 내제는 내자內子 즉 아내의 아우를 가리키는 말인데, 여기서 정윤부의 할머니가 주희 할머니의 여동생이므로 진이재종 아우가 된다.

「존덕성재명」은 주희가 인격적 존재로서의 상제님을 인정하였음을 밝히는 데도 아주 중요한 글이다. 알려진 대로 아호지회 때 '도문학'에 좀 더 치중했던 주희의 평소 지론은 본래 '존덕성'과 '도문학'의 양쪽 공부를 동시에 중시하였음을 알게 해 준다.

이 글은 『주문공문집』권85 「명銘」에 수록되어 있고, 진덕수의 『심경心經』에도 수록되어 있다. 전문은 다음과 같다.

### 「존덕성재명尊德性齋銘」

維皇上帝
유 황 상 제
위대하신 상제님께서

降此下民하시니
강 차 하 민
이 하민下民을 내리시니

何以予之오
하 이 여 지
무엇을 그들에게 주셨는가?

---

95 朱子「自序」云: "內弟程允夫, 以道問學名齋, 予謂'當以尊德性易之', 允夫請銘, 因爲作此.(『주문공문집』권85 「명銘」)

曰義與仁이라　　　　의義와 인仁이로다.
왈 의 여 인

維義與仁은　　　　의와 인은
유 의 여 인

維帝之則이니　　　　상제님의 법칙이니
유 제 지 칙

欽斯承斯라도　　　　이를 공경하고 받들더라도
흠 사 승 사

猶懼弗克이어늘　　　오히려 제대로 하지 못할까 두렵거늘
유 구 불 극

孰昏且狂하야　　　　누가 어둡고 또한 미쳐서
숙 혼 차 광

苟賤汙卑오　　　　　구차하고 추하고 더럽고 저속하게 행동하겠는가?
구 천 오 비

淫視傾聽하며　　　　흘겨보고 귀 기울여 들으며
음 시 경 청

惰其四肢하야　　　　사지를 게을리하여
타 기 사 지

褻天之明하고　　　　하늘의 밝음을 더럽히고
설 천 지 명

慢人之紀[96]하야　　사람의 강상綱常을 업신여겨서
만 인 지 기

甘此下流하니　　　　이러한 하류下流를 달갑게 여기니
감 차 하 류

衆惡之委라　　　　　온갖 악이 모여드는 것이다.
중 악 지 위

我其監此하야　　　　나는 이를 거울삼아
아 기 감 차

祇栗厥心하야　　　　그 마음을 공경하고 두려워하여
지 율 궐 심

有幽其室에　　　　　어두운 방에 있어도
유 유 기 실

有赫其臨이라　　　　밝게 상제님이 임하신 것처럼 한다.
유 혁 기 림

執玉奉盈하야　　　　옥을 잡은 듯, 가득찬 그릇을 받들 듯이
집 옥 봉 영

----------
96 인기人紀는 강상 즉 삼강오상三綱五常을 가리킨다.

須臾顚沛라
수 유 전 패
잠깐 동안이나 엎어지는 순간에도 그렇게 한다.

任重道遠하니
임 중 도 원
임무는 무겁고 갈 길은 머니

其敢或怠오
기 감 혹 태
어찌 감히 혹시라도 태만히 하겠는가?

「존덕성재명尊德性齋銘」, 『주문공문집』권85에 수록되어 있다.(『흠정사고전서』본)

# 17 천고의 명문「소학제사」

「小학제사小學題辭」는 주희가 유청지劉淸之(자는 자징子澄)와 함께『소학』을 편찬하고 나서 서문 격으로 쓴 글이다.

　주희는 학교 교육을 소학과 대학의 두 단계로 나누었는데, 8세부터는 소학 교육 단계, 15세 이후는 대학 교육 단계이다.『사서장구집주』가 대학의 도덕 교육 교재라고 한다면,『소학』은 소학의 도덕 교육 교재라고 말할 수 있다.『소학』은『사서장구집주』와 함께 남송을 비롯한 원·명·청 시기에 학교 교육의 필독 교과서로서 널리 유행하여 도덕 교육에 중요한 역할을 하였다.

　'소학小學'이란 말은 일반적으로 세 가지 의미로 사용된다. 첫째는 태학太學에 상대되어 주나라 때부터 있어 온 귀족 자제의 교육기관이고, 둘째는 고대의 한문과 한자를 연구하는 학문으로서 문자학, 성운학, 훈고학을 포함하며 경학經學에 들어가기 전에 하는 학문을 말하고, 셋째는『대학大學』에 상대해서 아동이 읽어야 할 책으로 주희와 유청지가 펴낸 책을 말한다.

　'제사題辭'라는 말은 문체의 이름으로, 책 전체의 요지를 밝히고, 작품에 대해 찬동을 표시하며, 평가를 하거나 읽은 후의 감상을 서술한 글이다. 그 성질은 서문, 발문과 유사하다. 대부분 운문체韻文體로 쓰며, 일반적으로 책의 앞에 놓는다. 이「소학제사」도 넉 자 사구로 된 글 14문장, 총 2백24자로 구성되어 있다.

　이 글에서 주희는 천도와 인성에 대해 정의를 내리고, 성인과 범인의 차이를 설명하며, 소학과 대학의 가르침을 언급하고, 후세에 교학이 밝지 못한 폐해를 말하였다. 그리고 끝으로 소학을 모아 편찬해서 후학을 열어주는 뜻을 밝혔다. 어린이가 교육을 통해 성인이 되기를 희망하는 것이 편찬 목적인『소학』의 서문인 이 글은 유학의 강령을 압축해서 서술한 천고의 명문으로 알려져 있다. 전문은 다음과 같다.

「소학제사小學題辭」

元亨利貞은　　　　원형이정은
원 형 이 정

天道之常이요　　　천도의 규율이고,
천 도 지 상

仁義禮智는　　　　인의예지는
인 의 예 지

人性之綱이니라　　인성의 벼리니라.
인 성 지 강

　이 구절은 천도가 유행하여서 즉 널리 퍼져서 사람에게 부여뇌어 성이 되었음을 말하고 있다.

　여기서 원형이정元亨利貞이란 하늘이 갖추고 있는 네 가지 덕을 말한다. 세상의 모든 것이 생겨나서 자라고 이루어지고 거두어짐을 뜻한다. 나아가 사물의 근본이 되는 원리를 말한다. 이 네 가지를 천도라 하는데 천리 자연의 본체로서 만세에까지 바뀌지 않기 때문에 '항상 상常' 자로 표현하였다. 원형이정은 원래『주역』「건괘乾卦」의 괘사卦辭이다. 이에 대해서는 역대로 해석이 다양하다. 글자의 의미로 볼 때, '으뜸 원元' 자는 '처음'이란 뜻으로 만물 생장의 시작을 말하고, '형통할 형亨' 자는 '통하다'는 뜻으로 끝없이 왕래하여 만물이 형통함을 말하고, '이로울 리利' 자는 '완수', '결실', '이익'을 뜻하며, 만물의 완수를 말하고, '곧을 정貞' 자는 '바르다', '이루다'는 뜻으로 만물의 완성을 말한다. 사계절로 보면, 원형이정은 춘하추동을 이른다. 방위로는 동남서북을 뜻하고, 우주 일 년으로 보면, 생장염

장生長斂藏을 말하고, 인성으로 보면, 인예의지를 말한다.

인의예지仁義禮智란 사람이 마땅히 갖추어야 할 네 가지 성품을 말하는데, 곧 어질고, 의롭고, 예의 바르고, 지혜로움을 이른다. 이 네 가지는 인성을 말하는데, 사람 마음에 갖추어진 천리로서 온갖 선을 거느리고 남기지 않으므로 '벼리 강' 자로 표현하였다.

| | |
|---|---|
| **凡此厥初**<br>범 차 궐 초 | 이것들 모두는 처음에는 |
| **無有不善**하야<br>무 유 불 선 | 선하지 않음이 없어서 |
| **藹然四端**이<br>애 연 사 단 | 무성하게 사단이 |
| **隨感而見**이니라<br>수 감 이 현 | 감동함(느낌)에 따라 나타난다. |

이 구절에서는 성이 발현되어 정이 된다는 것을 언급하였다.

여기서 사단四端이란 사람의 본성에서 우러나오는 네 가지 마음을 가리킨다. '끝 단端' 자는 '실마리'라는 뜻인데, 실마리는 감겨 있거나 헝클어진 실의 첫머리를 말하며, 일의 첫머리를 말한다. '사단'에 대해서는 『맹자』「공손추상公孫丑上」에 명확하게 규정되어 있다.

측은지심惻隱之心은 인仁의 단서이고, 수오지심羞惡之心은 의義의 단서이고, 사양지심辭讓之心은 예禮의 단서이고, 시비지심是非之心은 지智의 단서이다. 사람이 이 사단을 가지고 있음은 마치 사지四肢를 가지고 있는 것과 같다. 이 사단을 가지고 있는데도 인의를 행할 수 없다고 스스로 말하는 자는 자신을 해치는 자이고, 임금이 인의를 행할 수 없는 사람이라 말하는 자는 임금을 해치는 자이다. 무릇 나에게 있는 이 사단을 모두 넓혀서 채울 줄 알면 마치 불이 처음 타오르고 샘물이 처음 솟아 나오는 것과 같을 것이다. 만일 이 사단을 채울 수 있으면 천하를 보

호하기에 충분하겠지만, 만일 채울 수 없으면 자기 부모도 섬길 수 없을 것이다.[97]

여기서 측은지심은 불쌍히 여기는 마음을 말하고, 수오지심은 옳지 못함을 부끄러워하고 착하지 못함을 미워하는 마음을 뜻하며, 사양지심은 겸손히 남에게 사양하는 마음을 이르고, 시비지심은 옳고 그름을 가릴 줄 아는 마음을 가리킨다. 이 정의에 앞서 맹자는 먼저 이 사단이 없으면 사람이 아니라고 전제하였다.

측은지심이 없으면 사람이 아니고, 수오지심이 없으면 사람이 아니고, 사양지심이 없으면 사람이 아니고, 시비지심이 없으면 사람이 아니다.[98]

| 愛親敬兄과<br>애 친 경 형 | 어버이를 사랑하고 형을 공경함과 |
|---|---|
| 忠君弟長이<br>충 군 제 장 | 임금에게 충성하고 어른을 공경함, |
| 是曰秉彝라<br>시 왈 병 이 | 이것을 사람이 타고난 천성을 지키는 것이라 하는데 |
| 有順無彊이니라<br>유 순 무 강 | 순리에서 나오는 것이지 거스름은 없다. |

이 구절에서는 본성이 행동에 나타나는 것을 말하였다.

여기서 '잡을 병秉'과 '떳떳할 이彝' 자의 '병이秉彝'는 '타고난 천성을 그대로 지킨다'는 뜻이다. 애친, 경형, 충군, 제장은 사람이 간직하고 있는 영원한 본성으로서 자연에서 나온 것이라 억지로 그렇게 되는 것이 아니다.

----------

97 惻隱之心, 仁之端也; 羞惡之心, 義之端也; 辭讓之心, 禮之端也; 是非之心, 智之端也. 人之有是四端也, 猶其有四體也. 有是四端而自謂不能者, 自賊者也; 謂其君不能者, 賊其君者也. 凡有四端於我者, 知皆擴而充之矣, 若火之始然, 泉之始達. 苟能充之, 足以保四海; 苟不充之, 不足以事父母.(『맹자』「공손추상公孫丑上」)
98 無惻隱之心, 非人也; 無羞惡之心, 非人也; 無辭讓之心, 非人也; 無是非之心, 非人也.(『맹자』「공손추상」)

惟聖은 性者라
유성　성자
오직 성인만이 타고난 성품대로 하는 분이라

浩浩其天이시니
호호기천
그 뜻이 하늘같이 넓고 크니

不加毫末이라도
불가호말
터럭 끝을 더하지 않더라도

萬善足焉이니라
만선족언
온갖 선행이 저절로 충족될 것이다.

이 구절은 성인이 온전히 성품대로 하는 사람임을 말하고 있다.

衆人은 蚩蚩하야
중인　치치
뭇사람은 매우 어리석어서

物欲交蔽하야
물욕교폐
물욕에 서로 가려져

乃頹其綱하야
내퇴기강
곧 기강을 무너뜨려

安此暴棄니라
안차포기
이를 편안히 여기고 자포자기한다.

이 구절은 일반 사람들이 자기의 성품을 어지럽힘을 말하였다.

惟聖이 斯惻하사
유성　사측
오직 성인이 이를 슬퍼하여

建學立師하사
건학입사
학교를 세우고 스승을 모셔서

以培其根하며
이배기근
그 뿌리를 배양하고

以達其支하시니라
이달기지
그 가지를 통달하게 하였다.

이 구절은 성인이 학교를 일으키고 가르침을 베푼 뜻을 말하였다.

小學之方은
소학지방
소학의 방법은

灑掃應對하며
쇄 소 응 대
물 뿌리고 쓸고 응하고 대답하게 하며

入孝出恭하야
입 효 출 공
집에 들어와서는 효도하고 밖에 나가서는 공손하여

動罔或悖니
동 망 혹 패
행동이 조금도 도리에 어긋남이 없도록 하고

行有餘力이어든
행 유 여 력
실천을 하고 남은 힘이 있으면

誦詩讀書하며
송 시 독 서
시를 읊조리고 책을 읽으며

詠歌舞蹈하야
영 가 무 도
노래를 부르고 춤을 추게 하여

思罔或逾니라
사 망 혹 유
생각이 넘어서지 않도록 해야 할 것이다.

이 구절은 소학의 가르침을 말하였다.

여기서 '입효출공入孝出恭'은 집 안에 들어와서는 부모님께 효도하고 사회에 나가서는 어른에게 공손하다는 뜻이다.

窮理修身은
궁 리 수 신
사물의 이치를 궁구하며 몸을 닦는 것은

斯學之大니
사 학 지 대
이 학문의 큰 요체이니

明命赫然하야
명 명 혁 연
천명이 환하게 밝아서

罔有內外하니
망 유 내 외
안팎이 없으니

德崇業廣이라야
덕 숭 업 광
덕망이 높아지고 업이 넓어져야

乃復其初니
내 복 기 초
곧 그 처음으로 돌아갈 것이다.

昔非不足이어니
석 비 부 족
옛날에도 부족함이 없었으니

今豈有餘리오
금 기 유 여
오늘날에 어찌 남음이 있겠는가!

이 구절은 대학의 가르침을 말하였다.

여기서 덕이 안에서 높게 쌓이고, 업이 밖에서 지극히 넓어지면 본성의 본연한 상태가 회복함을 강조하였다.

世遠人亡하야
세 원 인 망
세상은 멀어지고 성인은 죽어

經殘敎弛하야
경 잔 교 이
육경이 잔결되고 가르침이 해이해져서

蒙養弗端하고
몽 양 불 단
어려서는 단정하지 못하게 길러지고

長益浮靡하야
장 익 부 미
자라서는 겉치레만 더해져서

鄕無善俗하며
향 무 선 속
마을에는 착한 풍속이 없고

世乏良材하야
세 핍 양 재
세상에는 훌륭한 인재가 없어서

利欲紛拏하며
이 욕 분 나
이익을 탐내는 욕심이 어지럽게 이끌리며

異言喧豗나라
이 언 훤 회
이단의 학설이 시끄러운 것이다.

**이 구절은 후세에 교학이 밝지 못한 폐해를 말하였다.**

幸玆秉彝
행 자 병 이
다행히 이 타고난 천성을 지키는 떳떳한 마음은

極天罔墜라
극 천 망 추
하늘 끝까지 영원히 떨어지지 않는지라

爰輯舊聞하야
원 집 구 문
이에 예전에 들었던 것을 모아서

庶覺來裔하노니
서 각 내 예
후학을 깨우치기를 바라노니

嗟嗟小子아
차 차 소 자
학생들아

敬受此書하라
경 수 차 서
이 책을 공경히 받으라.

匪我言耄라
비 아 언 모

내 말이 혼몽한 것이 아니라

惟聖之謨시니라
유 성 지 모

오로지 성인의 가르침이시다.

이 구절은 소학을 모아서 후학을 열어주는 뜻을 밝혔다.

「소학제사小學題辭」. 주희가 머리글로 사언四言의 운어韻語를 사용하여 지은 글로서, 『소학』의 핵심 내용을 개괄하였으며, 천고의 명문으로 알려져 있다.(『흠정사고전서』본)

節言聖人之○眾人蠢蠢物欲交蔽乃頹其綱安此暴
棄凡聲色臭味之欲也○饒氏曰蠢無知之貌眾人氣稟昏愚而
無知於物欲交互而遮蔽是以頹墜其仁義禮智之綱
此言眾人氣稟愚昧而○此一節言眾人
惟聖斯惻建學立師以培其根以達其支
斯語辭建亦立也此言聖人見眾人安於暴棄
惻惻傷心惻隱之貌○○此一節言聖人
心氣進德如培木之根本也大學之教所以開其明
聰明進德如發達達木之支葉是故以收其放發於
興學說○小學之方灑掃應對入孝出恭動罔或悖行
教之意○小學之方必使
有餘力誦詩讀書詠歌舞蹈思罔或逾
讀書或詠歌以習炭或舞蹈以習樂之容凡所思
饒氏曰此言小學之方必使
欽定四庫全書
御定小學集註
題辭
窮理修身斯學之大
明命赫然固有內外崇業廣乃復其初昔非不足今
道之得於內者也○明於外者赫然於天之所賦於
本然也此
豈有餘人而此○饒氏曰為學之者明德誠意正心修
治身修而德之積於內者
本身修而德之積於內者極乎崇高由是而推則有以復其性

之本然矣昔日之安於暴棄也此性固非不足今日之
德崇業廣也此性亦非有餘但昔為氣稟物欲之所蔽
今則復其本然耳○此言大學之教所以達其支也○此一節言
養弟端長益浮靡鄉無善俗世乏良材利欲紛拏異言
言乎大學之教所以達其支也○饒氏曰端正
喧豗弛也○此言小學之教廢故聖人既沒六經殘缺而
小學之教既廢故聖人既沒六經殘缺而
學者自稱老且既沒六經殘缺而○饒氏曰端正
昏墊旁輯舊聞庶覺來裔嗟嗟小子敬受此書匪我言
昏墊旁輯舊聞庶覺來裔嗟嗟小子敬受此書匪我言
也○此一節言輯小學
惟聖之謨輯集以制切甍音曷○極終也極天
甍惟聖之謨輯集以
所自稱也饒氏曰此言人心秉彝之理萬古常存也我朱
嗟嗟歎辭甍老而容於此言後學之末來雖謂後學而
聞者云然所以為小學者人之秉彝可以覺悟後來於
學之小子宜敬受此書而學之此非我老甍之妄言是
乃前聖之謨訓也○此一節言輯小學開後學之意

小學題辭

# 주희 친필

　주희의 서법은 매우 높은 경지에 이르러 육유陸游(1125-1210), 범성대范成大(1126-1193), 장즉지張卽之(1186-1263)와 함께 '남송사가南宋四家'로 일컬어진다. 역대의 많은 사람들이 그의 글씨가 당대唐代의 대서법가 안진경顔眞卿(709-784)에 비해 결코 손색이 없다고 평가할 정도이다. 다만 주희의 학문 성취가 워낙 커서 서법가로서의 이름을 가릴 뿐이다. 주희는 어려서부터 아버지 주송과 '무이삼선생'인 유자휘, 유면지, 호헌에게서 서법을 배우고, 조맹덕曹孟德 즉 조조曹操(155-220), 안진경, 왕안석王安石 등의 서첩을 보고 익혔다. 일생 동안 끊임없이 글쓰기를 하고 항상 최고의 경지를 추구하였기 때문에 '한위풍골漢魏風骨', '운도윤일韻度潤逸'의 명성을 갖게 되었다.

　주희의 친필은 크게 묵적墨蹟과 비각碑刻으로 크게 나뉜다. 주희의 묵적은 많이 남아 있는데, 저작의 친필원고, 역대의 시문 및 자신의 시 원고, 척독수찰尺牘手札 등이 전해진다. 비각은 주로 석각石刻이고, 죽각竹刻이나 목각木刻도 더러 있다. 시문을 쓴 석각과 제방題榜, 영련楹聯, 명잠銘箴, 편액匾額 등도 적지 않다.

　주희의 친필 묵적 중에서 공인된 것들을 살펴보면 다음과 같다.

『봉동장경부성남이십영시권奉同張敬夫城南二十詠詩卷』, 북경 고궁박물원 소장.
「봉호수권蓬户手卷」, 외국인 소장.
「서역계사書易繫辭」, 대북 고궁박물원 소장.
「주역계사본의수고잔권周易繫辭本義手稿殘卷」, 일본 소장.
「행초서시찰行草書詩札」, 남경박물원 소장. 行草书诗札

「향왕첩向往帖」, 대북臺北 고궁박물원 소장.

「사서주고四書注稿」, 요령성박물관 소장.

「서한문고書翰文稿」, 요령성박물관 소장.

「논어집주잔고論語集註殘稿」, 일본 소장.

「치언수소부첩致彦脩少府帖」, 대북 고궁박물원 소장.

「치정윤부서致程允夫書」, 요령성박물관 소장.

「사서첩賜書帖」, 북경 고궁박물원 소장.

「추심첩秋深帖」, 대북 고궁박물원 소장.

「복축첩卜筑帖」, 일본 동경국립박물관 소장.

「증문인언충언효동방등제贈門人彦忠彦孝同榜登第」 시책詩册, 개인 소장.

「유운곡시遊雲谷詩」, 개인 소장.


이 중에서 「증문인언충언효동방등제」와 「유운곡시」는 진위眞僞의 논란
이 있다.

북송의 주장문朱長文(1039-1098)이 편찬한 『묵지편墨池編』은 중국의 서법
이론 총집으로서 고대의 서학을 연구하는데 대단히 중요한 자료이다. 이
책의 권6에는 「비각碑刻」에 관한 자료가 수록되어 있는데, 여기에는 놀랍
게도 주희의 비각 등 송대의 비각 92통通과 원대의 비각 44통, 명대의 비
각 1백19통이 실려 있다. 놀란 이유는 저자 사후에 세워진 비각이 수록되
어 있었기 때문인데, 이를 조사해 보니 명 만력萬曆(1587-1598) 연간에 중간
重刊할 때 누군가가 함부로 증가시킨 것으로 밝혀졌다.[1] 어쨌든 이 책에는
주희의 비각 친필을 다음과 같이 수록하였다.

　송, 「한부독서성남시韓符讀書城南詩」, 주희가 썼으며, 입재立齋에 있다.
　(宋, 「韓符讀書城南詩」, 朱熹撰, 在立齋.)
--------
1 此本碑刻門末原載, 宋碑九十二通·元碑四十四通·明碑一百十九通, 皆明萬曆重刊時所妄增. 今
姑存之, 而訂正於此焉.(주장문朱長文, 『묵지편墨池編』)

송, 「독서讀書」 두 대자大字, 주희가 유○에게 써 주었다. 장락長樂 방안리方安里 삼보암三寶巖에 새겨져 있다.
(宋, '讀書'二大字, 朱熹書於劉礪, 刻在長樂方安里三寶巖.)

송, '용슬容膝' 두 자, 주희가 썼으며, 운곡雲谷에 있다.
(宋, '容膝'二字, 朱熹書, 在雲谷.)

송, '명륜당明倫堂' 세 대자, 주희가 썼으며. 길안부학吉安府學에 있다.
(宋, '明倫堂'三大字, 朱熹書, 在吉安府學.)

송 '광풍제월光風霽月' 네 대자, 주희가 썼으며, 남강南康 백록동白鹿洞에 있다.
(宋, '光風霽月'四大字, 朱熹書, 在南康白鹿洞.)

송, '천광운영天光雲影' 넉 자, 주희가 썼으며, 운곡에 있다.
(宋, '天光雲影'四字, 朱熹書. 在雲谷)

송, '탈거범근脫去凡近' 네 대자, 주희가 썼으며, 서주부학瑞州府學에 있다.
(宋, '脫去凡近'四大字, 朱熹書, 在瑞州府學)

송, '경운조월畊雲釣月' 네 대자, 주희가 썼다.
(宋, '畊雲釣月'四大字, 朱熹書.)

송, '상제임여上帝臨汝, 무이이심無貳爾心' 여덟 대자, 주희가 썼으며, 무주부학撫州府學에 있다.
(宋, '上帝臨汝, 無貳爾心'八大字, 朱熹書, 在撫州府學)

송, 「경재잠敬齋箴」, 주희가 짓고, 주힐朱頡이 썼으며 소주부학蘇州府學 병풍에 있다.
(宋, 「敬齋箴」, 朱熹撰, 朱頡書, 在蘇州府學屏風上.)

원, 丹陽公言偃祠堂碑 주희가 짓고 조맹부趙孟頫가 썼으며, 상숙현常熟縣 자유묘전子游廟殿 앞에 있다.
(元, 丹陽公言偃祠堂碑, 朱熹撰, 趙孟頫書, 在常熟縣子游廟殿前.)

# 「이월십일일첩二月十一日帖」

행초서行草書.

二月十一日熹頓首再拜上記
이 월 십 일 일 희 돈 수 재 배 상 기

德脩宮使·直閣左史舍人老兄頃因閣中人還報狀
덕 수 궁 사  직 각 좌 사 사 인 노 형 경 인 각 중 인 환 보 장

不知已達未也不聞
부 지 이 달 미 야 불 문

動靜又許久鄕往
동 정 우 허 구 향 왕

德義未嘗去心比已春和恭惟
덕 의 미 상 거 심 비 이 춘 화 공 유

燕居超勝
연 거 초 승

台候萬福熹自去冬得氣痛足弱之疾涉春
태 후 만 복 희 자 거 동 득 기 통 족 약 지 질 섭 춘

以來益以筋攣不能轉動懸車年及不敢自
이 래 익 이 근 련 불 능 전 동 현 거 년 급 불 감 자

草奏又嬾作群公書只從州府申乞騰上乃
초 주 우 란 작 군 공 서 지 종 주 부 신 걸 등 상 내

無人肯爲作保官者近方得黄仲本投名入社亦
무 인 긍 위 작 보 관 자 근 방 득 황 중 본 투 명 입 사 역

未知州郡意如何萬一未遂卽不免徑自申省矣
미 지 주 군 의 여 하 만 일 미 수 즉 불 면 경 자 신 성 의

機穽冥茫不容顧避姑亦聽之而已去歲數月
기 정 명 망 불 용 고 피 고 역 청 지 이 이 거 세 수 월

之間朋舊凋落類足關於時運氣脈之盛衰
지 간 붕 구 조 락 유 족 관 어 시 운 기 맥 지 성 쇠

下至布衣之士亦不能免令人悵恨無復生意然
하 지 포 의 지 사 역 불 능 면 령 인 창 한 무 부 생 의 연

此豈人力之所能爲也哉偶劉主簿還蜀附此草草
차 기 인 력 지 소 능 위 야 재 우 유 주 부 환 촉 부 차 초 초

邈無會面之期惟冀
막 무 회 면 지 기 유 기

以時自愛爲吾道倚重千萬至懇不宣
이 시 자 애 위 오 도 의 중 천 만 지 간 불 선

熹頓首再拜上記
희 돈 수 재 배 상 기

德脩宮使·直閣左史舍人老兄: 頃因閣中人還報狀, 不知已達未也. 不聞動靜又許久, 鄕往德義, 未嘗去心. 比已春和, 恭惟燕居超勝, 台候萬福. 熹自去冬得氣痛足弱之疾, 涉春以來, 益以筋攣, 不能轉動. 懸車年及, 不敢自草奏, 又嬾作群公書, 只從州府申乞騰上, 乃無人肯爲作保官者. 近方得黃仲本投名入社, 亦未知州郡意如何. 萬一未遂, 卽不免徑自申省矣. 機穽冥茫, 不容顧避, 姑亦聽之而已. 去歲數月之間, 朋舊凋落, 類足關於時運氣脈之盛衰, 下至布衣之士, 亦不能免, 令人悵恨, 無復生意, 然此豈人力之所能爲也哉! 偶劉主簿還蜀, 附此草草. 邈無會面之期, 惟冀以時自愛, 爲吾道倚重, 千萬, 至墾不宣. 熹頓首再拜上記.

# 「윤부첩允夫帖」

「칠월육일첩七月六日帖」, 「치표제정순윤부서한문고致表弟程詢允夫書翰文稿」, 「서한문고書翰文稿」라고도 한다. 수찰手札 2폭. 지본紙本. 세로 33.5센티미터, 가로 45.3센티미터. 행초서行草書. 예순여섯 살 때인 1195년(경원慶元 원년)에 썼다. 원대와 명대의 저명인사 11명의 제발문題跋文이 있다. 요령성박물관 소장.

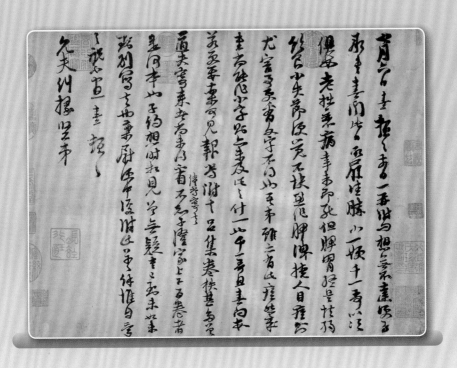

【석문】七月六日熹頓首前日一再附問想無不達便至
칠월육일희돈수전일일재부문상무부달변지

承書喜聞比日所履佳勝小一嫂千一哥以次
승서희문비일소리가승소일수천일가이차

俱安老拙衰病幸未卽死但脾胃終是怯弱,
구안노졸쇠병행미즉사단비위종시겁약

飲食小失節便覺不快兼作脾洩撓人目疾則
음식소실절변각불쾌겸작비설요인목질즉

尤害事更看文字不得也吾弟雖亦有此疾然來
우해사갱간문자부득야오제수역유차질연내

書尙能作小字則亦未及此之什一也千一哥且喜向安
서상능작소자즉역미급차지십일야천일가차희향안

若更要藥含可見報當附去呂集卷秩甚多曾
약갱요약함가견보당부거여집권질심다증

道夫寄來者尙未得看續當寄去不知子澄家上下百卷者
도부기래자상미득간속당기거부지자징가상하백권자

是何本也子約想時相見曾無疑書已到未如未
시하본야자약상시상견증무의서이도미여미

到別寫去也葉尉便中複附此草草餘惟自愛
도별사거야엽위변중복부차초초여유자애

之祝不宣熹頓首
지축불선희돈수

允夫糾掾賢弟
윤부규연현제

【원문】七月六日, 熹頓首. 前日一再附問, 想無不達. 便至承書, 喜聞比日所履佳勝. 小一嫂·千一哥以次俱安. 老拙衰病, 幸未卽死; 但脾胃終是怯弱, 飲食小失節, 便覺不快. 兼作脾洩撓人, 目疾則尤害事, 更看文字不得也. 吾弟雖亦有此疾, 然來書尙能作小字, 則亦未及此之什一也. 千一哥且喜向安. 若更要藥含, 可見報, 當附去. 呂集卷秩甚多, 曾道夫寄來者, 尙未得看, 續當寄去. 不知子澄家上下百卷者是何本也? 子約想時相見. 曾無疑書已到未? 如未到, 別寫去也. 葉尉便中複附此. 草草, 餘惟自愛之祝, 不宣. 熹頓首, 允夫糾掾賢弟.

## 「치교수학사척독致教授學士尺牘」

「향왕첩向往帖」이라고도 한다. 지본紙本. 행초서行草書. 세로 33.1센티미터, 가로 29.3센티미터. 주희 예순다섯 살 때인 1194년(소희 5) 담주潭州(지금의 호남성 장사) 지주知州를 사임할 때 쓴 글이다. 행필이 신속하고 자연스러우며, 교묘하게 쓰려고 의도하지 않았으나 점획이 모두 전통 서법의 법도에 맞는다. 대북臺北 고궁박물원 소장.

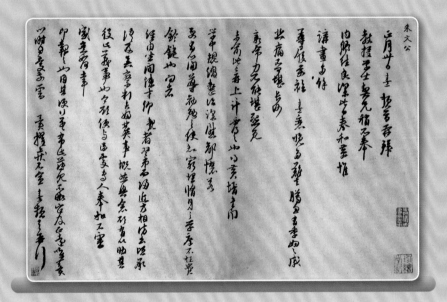

【석문】正月卅日熹頓首再拜
정 월 삽 일 희 돈 수 재 배

教授學士契兄稍不奉
교 수 학 사 계 형 초 불 봉

問鄕往良深比日春和恭惟
문 향 왕 량 심 비 일 춘 화 공 유

講畫多餘
강 화 다 여

尊履萬福熹衰晩多難去臘忽有季婦之戚
존 리 만 복 희 쇠 만 다 난 거 랍 홀 유 계 부 지 척

悲痛不可堪長沙
비통불가감장사

新命力不能堪懇免
신명력불능감간면

未俞比已再上計必得之也得黃壻書聞
미유비이재상계필득지야득황서서문

學中規繩整治深慰鄙懷若
학중규승정치심위비회약

更有心開導勸勉之使知窮理修身之學庶不枉費
경유심개도권면지사지궁리수신지학서불왕비

鈐鍵也向者
검건야향자

經由坐間陳才卿覿者登第而歸近方相訪云頃承
경유좌간진재경적자등제이귀근방상방운경승

語及吳察制夫婦葬事慨然興念欲有以助其
어급오찰제부부장사개연흥념욕유이조기

役此義事也今欲便與區處專人奉扣不審
역차의사야금욕편여구처전인봉구불심

盛意如何
성의여하

幸卽報之也因其便行草草布此薄冗不暇它及正遠唯冀
행즉보지야인기편행초초포차박용불가타급정원유기

以時自愛前需 異擢上狀不宣 熹頓首再拜
이시자애전수 이탁상장불선 희돈수재배

【원문】正月卅日, 熹頓首再拜教授學士契兄: 稍不奉問, 鄕往良深. 比日春和, 恭惟講畫多餘, 尊履萬福. 熹衰晩多難, 去臘忽有季婦之戚, 悲不可堪. 長沙新命, 力不能堪, 懇免未俞, 比已再上, 計必得之也. 得黃壻書, 聞學中規繩整治, 深慰鄙懷. 若更有以開導勸勉之, 使知窮理修身之學, 庶不枉費鈐鍵也. 向者經由, 坐間陳才卿覿者登第而歸, 近方相訪, 云頃承語及吳察制夫婦葬事, 慨然興念, 欲有以助其役, 此義事也. 今欲便與區處, 專人奉扣, 不審盛意如何? 幸卽報之也. 因其便行, 草草布此. 薄冗, 不暇他及. 正遠, 唯冀以時自愛, 前需異擢. 上狀不宣. 熹頓首再拜.

# 「대계역중첩大桂驛中帖」

지본紙本. 세로 33.4센티미터, 가로 57.3센티미터. 총 17행, 2백40자. 주희가 예순다섯 살 때인 1194년(순희 5)에 쓴 것으로 추정된다. 행필은 법도에 구애받지 않고 순수하고 고아하며 자연스럽다. 『송현유한宋賢遺翰』에 수록. 북경 고궁박물원 소장.

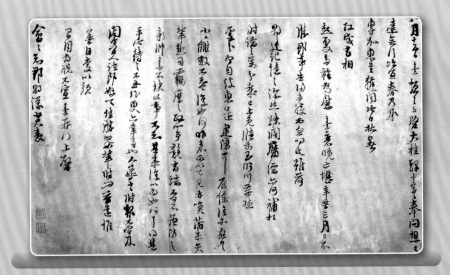

【석문】 八月十五日熹頓首上啓大桂驛中草草奉問想已
팔월 십오일 희 돈수 상 계 대 계 역 중 초 초 봉 문 상 이

達矣行次宜春乃承
달 의 행 차 의 춘 내 승

專介惠書獲聞比日秋暑
전 개 혜 서 획 문 비 일 추 서

政成有相
정 성 유 상

起處多福爲慰熹衰晚亡堪辛苦三月已不
기 처 다 복 위 위 희 쇠 만 망 감 신 고 삼 월 이 불

勝郡事告歸未獲而勿叨此雖荷
승 군 사 고 귀 미 획 이 물 도 차 수 하

朝廷記憶之深然疎闊腐儒亦何補於
조 정 기 억 지 심 연 소 활 부 유 역 하 보 어

時論之萬分哉已上免牘前至臨川恭聽
시 론 지 만 분 재 이 상 면 독 전 지 임 천 공 청

處分卽自彼東還建陽耳辰徭復爾應是
처 분 즉 자 피 동 환 건 양 이 진 요 복 이 응 시

小小儺殺不知今復如何昨來所以不免再喚蒲來矢
소 소 소 수 살 부 지 금 부 여 하 작 래 소 이 불 면 재 환 포 래 시

輩赴司羈縻之政以爭競有端不可不預防之
배 부 사 기 미 지 정 이 쟁 경 유 단 불 가 불 예 방 지

新帥素不快此事不知其來復以爲如何耳得其
신 수 소 불 쾌 차 사 부 지 기 내 복 이 위 여 하 이 득 기

平心待之不至紛更亦幸事也人還草草附報不它及
평 심 대 지 부 지 분 경 역 행 사 야 인 환 초 초 부 보 불 타 급

閤中宜人諸郞姐哥佳勝兒女輩時問益遠惟
각 중 의 인 제 랑 저 가 가 승 아 녀 배 시 문 익 원 유

善自愛以須
선 자 애 이 수

召用爲祝不宣熹再拜上啓
소 용 위 축 불 선 희 재 배 상 계

會之知郡朝議賢表
회 지 지 군 조 의 현 표


【원문】八月十五日熹頓首上啓. 大桂驛中草草奉問想已達矣. 行次宜春
乃承專介惠書. 獲聞比日秋暑, 政成有相起處多福爲慰. 熹衰晩亡堪, 辛
苦三月, 已不勝郡事. 告歸未獲, 而勿叨此. 雖荷朝廷記憶之深, 然疎闊
腐儒亦何補於時論之萬分哉. 已上免牘, 前至臨川, 恭聽處分, 卽自彼東
還建陽耳. 辰徭復爾, 應是小小儺殺, 不知今復如何. 昨來所以不免再
喚蒲來矢輩赴司羈縻之. 政以爭競有端, 不可不預防之. 新帥素不快此
事, 不知其來復以爲如何耳. 得其平心待之, 不至紛更, 亦幸事也. 人還
草草附報, 不它及. 閤中宜人, 諸郞姐哥佳勝, 兒女輩時問. 益遠, 惟善
自愛. 以須召用爲祝. 不宣. 熹再拜上啓會之知郡朝議賢表.

# 「추심첩秋深帖」

이 글은 「추심첩」으로 알려져 있는데, 『전송문全宋文』 제250책 제5617권에는 주희 예순다섯 살 때인 소희紹熙 5년(1194) 8월 7일에 재상을 지낸 왕회汪會에게 주는 편지 「여왕회지서與汪會之書」로 수록되어 있다. 대북臺北 고궁박물원 소장.

八月七日熹頓首啓比兩承書
팔월칠일희돈수계비양승서

冗未卽報比日秋深涼燠未定緬惟
용미즉보비일추심양욱미정면유

宣布之餘
선포지여

起處佳福熹到官三月疾病半之重以
기처가복희도관삼월질병반지중이

國家喪紀
국가상기

慶霈相尋而至憂喜交幷忽忽度日殊無休暇茲又忽叨
경패상심이지우희교병홀홀도일수무휴가자우홀도

收召衰病如此豈堪世用然聞得是
수소쇠병여차기감세용연문득시

親批出不知誰以誤
친비출부지수이오

聽也在官禮不敢詞已一面起發亦已伸之祠祿前路
청야재관례불감사이일면기발역이신지사록전로

未報卽見歸建陽俟
미보즉견귀건양사

命昨日解印出城且脫目前疲冗而後日之慮無涯無由
명작일해인출성차탈목전피용이후일지려무애무유

面言但恨垂老入此闤籃未知作何合殺耳本路事合
면언단한수로입차료람미지작하합살이본로사합

理會者極多頗已略見頭緒而未及下手至如長沙一郡事之
리회자극다파이략견두서이미급하수지여장사일군사지

合經理者尤多皆竊有志而未及究也
합경리자우다개절유지이미급구야

來諭曲折雖有已施行者但今旣去誰復稟承如寨官之
내유곡절수유이시행자단금기거수부품승여채관지

屬若且在此便當爲申明省幷. 而補其要害不可闕處之
속약차재차변당위신명성병  이보기요해불가궐처지

兵乃爲久遠之計未知今日與後來之人能復任此責否耳學官
병내위구원지계미지금일여후래지인능복임차책부이학관

之事可駭惜不早聞當與一按只如李守之無
지사가해석부조문당여일안지여이수지무

狀亦可惡也劉法
상 역 가 악 야 유 법

建人舊亦識之乃能有守亦可嘉也
건 인 구 역 식 지 내 능 유 수 역 가 가 야

李必達者知其不然前
이 필 달 자 지 기 불 연 전

日奉諉乃以遠困之耳[得不追證甚喜]
일 봉 위 내 이 원 곤 지 이 득 불 추 증 심 희

已復再送郴州令不得憑其虛詞
이 복 재 송 침 주 영 부 득 빙 기 허 사

輒有追擾州郡[若]喩此意且羈留之亦一事也[初聽]其詞固無
첩 유 추 요 주 군 약 유 차 의 차 기 류 지 역 일 사 야 초 청 기 사 고 무

根而察其夫婦之色亦無悲戚之意[尋觀獄詞]決[知其]妄也
근 이 찰 기 부 부 지 색 역 무 비 척 지 의 심 관 옥 사 결 지 기 망 야

賢表才力有餘語意明決治一小郡固無足爲諸司亦已
현 표 재 력 유 여 어 의 명 결 치 일 소 군 고 무 족 위 제 사 역 이

略相知但恨熹便去此不得俟政成而預薦者之列耳目痛
략 상 지 단 한 희 변 거 차 부 득 사 정 성 이 예 천 자 지 열 이 목 통

殊甚草草附此奉報不能盡所懷惟冀
수 심 초 초 부 차 봉 보 불 능 진 소 회 유 기

以時自愛前迓
이 시 자 애 전 아

休渥
휴 악

閤中宜人及諸郎各安佳二子及長婦諸女諸孫一一拜問
합 중 의 인 급 제 랑 각 안 가 이 자 급 장 부 제 녀 제 손 일 일 배 문

起居朱桂州至此欲遣人候之未及而去因書幸爲道意有
기 거 주 계 주 지 차 욕 견 인 후 지 미 급 이 거 인 서 행 위 도 의 유

永福令呂大信者居仁舍人之親姪謹愿有守幸其詧
영 복 영 려 대 신 자 거 인 사 인 지 친 질 근 원 유 수 행 기 찰

之也熹再拜啓
지 야 희 재 배 계

會之知郡朝議賢表
회 지 지 군 조 의 현 표

【원문】八月七日, 熹頓首啓: 比兩承書, 冗未卽報. 比日秋深, 涼燠未定, 緬惟宣布之餘, 起處佳福. 熹到官三月, 疾病半之. 重以國家喪紀慶霈, 相尋而至, 憂喜交幷, 匆匆度日, 殊無休暇. 玆又忽叨收召, 衰病如此, 豈堪世用? 然聞得是親批出, 不知誰以誤聽也. 在官禮不敢詞, 已一面起發. 亦已伸之祠祿, 前路未報, 卽見歸建陽俟命. 昨日解印出城, 且脫目前疲冗. 而後日之慮無涯, 無由面言. 但恨垂老入此闠籃, 未知作何合殺耳. 本路事合理會者極多, 頗已略見頭緖, 而未及下手. 至如長沙一郡, 事之合經理者尤多, 皆竊有志而未及究也. 來諭曲折, 雖有已施行者, 但今旣去, 誰復稟承? 如寨官之屬, 若且在此, 便當爲申明省幷, 而補其要害不可闕處之兵, 乃爲久遠之計. 未知今日與後來之人, 能復任此責否耳. 學官之事可駭, 惜不早聞, 當與一按. 只如李守之無狀, 亦可惡也. 劉法建人, 舊亦識之, 乃能有守, 亦可嘉也. 李必達者, 知其不然, 前日奉誘, 乃以遠困之耳. 得不追證, 甚喜. 已復再送郴州, 令不得憑其虛詞, 輒有追擾. 州郡若喻此意, 且羈留之, 亦一事也. 初聽其詞固無根, 而察其夫婦之色, 亦無悲戚之意, 尋觀獄詞, 決知其妄也. 賢表才力有餘, 語意明決, 治一小郡, 固無足爲, 諸司亦已略相知. 但恨熹便去此, 不得俟政成, 而預薦者之列耳. 目痛殊甚, 草草附此奉報, 不能盡所懷. 惟冀以時自愛, 前迓休渥. 閣中宜人及諸郎各安佳! 二子及長婦·諸女·諸孫, 一一拜問起居. 朱桂州至此, 欲遣人候之, 未及而去, 因書幸爲道意. 有永福令呂大信者, 居仁舍人之親姪, 謹愿有守, 幸其譽之也. 熹再拜啓, 會之知郡朝議賢表.

지본紙本. 세로 25.9센티미터 가로 13센티미터. 행서行書. 6행. 전지 내용은
『논어』「안연顏淵」편으로 제자 사마우司馬牛가 공자에게 군자에 대해 묻는
내용이다. 일본 경도 국립박물관 소장.

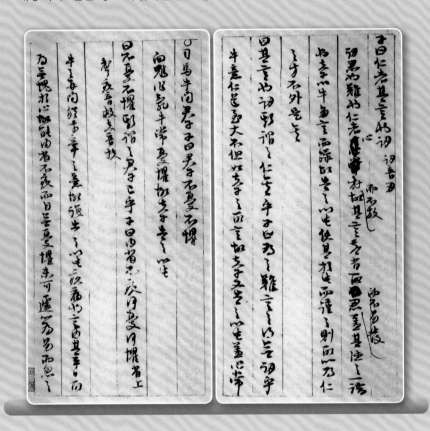

【석문】 子曰仁者其言也訒 訒音刃
　　　　자 왈 인 자 기 언 야 인 　 인 음 인

訒忍也難也仁者心存而不放故其言若有所忍而不易發蓋其德之一端
인 인 야 난 야 인 자 심 존 이 불 방 고 기 언 약 유 소 인 이 불 이 발 개 기 덕 지 일 단

也夫子以牛多言而躁故告之以此使其於此而謹之則所以爲仁
야 부 자 이 우 다 언 이 조 고 고 지 이 차 사 기 우 차 이 근 지 즉 소 이 위 인

之方不外是矣
지방불외시의

曰其言也訒斯謂之仁已乎子曰爲之難言之得無訒乎
왈기언야인사위지인이호자왈위지난언지득무인호

牛意仁道至大不但如夫子之所言故夫子又告之以此蓋心常
우의인도지대부단여부자지소언고부자우고지이차개심상

司馬牛問君子子曰君子不憂不懼
사마우문군자자왈군자불우불구

向魋作亂牛常憂懼故夫子告之以此
향퇴작란우상우구고부자고지이차

曰不憂不懼斯謂之君子已乎子曰內省不疚何憂何懼 省上
왈불우불구사위지군자이호자왈내성불구하우하구 성상

聲疚音故夫音扶
성구음고부음부

牛之再問猶前章之意故復告之以此疚病也言由其平日所
우지재문유전장지의고부고지이차구병야언유기평일소

爲無愧於於心故能內省不疚而自無憂懼未可遽以爲易而忽之
위무괴어어심고능내성불구이자무우구미가거이위이이홀지

【원문】子曰: "仁者其言也訒."[訒, 音刃.]

[訒, 忍也, 難也. 仁者心存而不放, 故其言若有所忍而不易發, 蓋其德之一端也. 夫子以牛多言而躁, 故告之以此. 使其於此而謹之, 則所以爲仁之方, 不外是矣.]

曰: "其言也訒, 斯謂之仁已乎?" 子曰: "爲之難, 言之得無訒乎?"

[牛意仁道至大, 不但如夫子之所言, 故夫子又告之以此. 蓋心常.]

司馬牛問君子. 子曰: "君子不憂不懼."

[向魋作亂, 牛常憂懼. 故夫子告之以此.]

曰: "不憂不懼, 斯謂之君子已乎?" 子曰: "內省不疚, 何憂何懼?"[省, 上聲. 疚, 音故. 夫, 音扶.]

[牛之再問, 猶前章之意, 故復告之以此. 疚, 病也. 言由其平日所爲無愧於心, 故能內省不疚, 而自無憂懼, 未可遽以爲易而忽之.]

「행서수찰일통行書手札一通」

주희가 어떤 친구에게 안부를 묻고 별도로 다구茶具를 증여하며 쓴 짧은 편지이다.

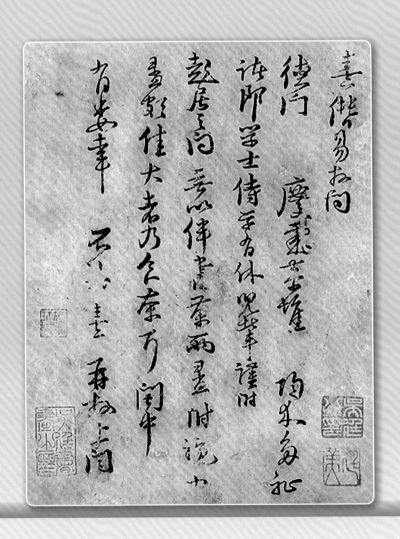

熹僭易拜問
희참이배문

德門 慶聚恭惟 均介多祉
덕문 경취공유 균개다지

諸郎學士侍學有休兒輩謹附
제랑학사시학유휴아배근부

起居之問無以伴書茶兩筆附浼小筆
기거지문무이반서다양필부매소필

頗佳大者乃食茶耳閩中
파가대자내식다이민중

有委幸 不外熹 再拜上問
유위행 불외희 재배상문

【원문】熹僭易拜問, 德門慶聚, 恭惟均介多祉, 諸郎學士侍學有休, 兒
輩謹附起居之問, 無以伴書. 茶兩筆, 附浼小筆頗佳, 大者乃食茶耳, 閩
中有委, 幸不外. 熹再拜上問.

# 「봉수경부奉酬敬夫」

건도 3년인 1167년 9월 8일에 주희가 담주에서 장식張栻(1133-1180, 자는 경부敬夫)과 이별하면서 그의 시에 차운次韻한 것이다.

始知太極蘊 시지태극온
要眇難名 요묘난명
論謂有寧 논위유령
有跡謂無復 유적위무복
何存惟應 하존유응
酢處特達 작처특달
見本根萬化 견본근만화
自此流千聖 자차류천성
同茲源曠然 동자원광연

昔我抱氷炭 석아포빙탄
從君識乾坤 종군식건곤

遠莫禦惕 원막어척
若初不煩云 야초불번운
何學力微未 하학력미미
勝物欲昏涓 승물욕혼연
始欲達已被 시욕달이피
黃流吞豈知 황류탄개지
一寸膠救此千 일촌교구차천
丈渾勉哉共 장혼면재공
無斁此語期 무두차어기
相敦 상돈
乾道三年九月八日一 건도삼년구월팔일일
詩奉酬 시봉수
敬夫贈言并以爲別 경부증언병이위별
新安朱熹書 신안주희서

【원문】昔我抱氷炭, 從君識乾坤. 始知太極蘊, 要眇難名論.
謂有寧有跡, 謂無復何存! 惟應酬酢處. 特達見本根.
萬化自此流, 千聖同茲源. 曠然遠莫禦, 惕若初不煩.
云何學力微? 末勝物欲昏. 涓涓始欲達, 已被黃流吞.
豈知一寸膠, 救此千丈渾? 勉哉共無斁. 此語期相敦.
乾道三年九月八日, 一詩奉酬敬夫贈言, 并以爲別.
新安朱熹書.

## 「복축첩卜築帖」

초서草書. 지본紙本. 세로 33.7센티미터 가로 52.5센티미터. 척독尺牘. 일본
동경국립박물관 소장(고도국차랑高島菊次郎 기증).

【석문】 熹頓首拜覆竊聞
희돈수배복절문

卜築鍾山以便
복축종산이편

親養去囂塵而就淸曠使前日之所暫游而
친양거효진이취청광사전일지소잠유이

寄賞者今遂得以爲耳目朝夕之玩竊計
기상자금수득이위이목조석지완절계

雅懷亦非獨爲避衰計也甚善甚感所恨未
아회역비독위피쇠계야심선심감소한미

獲一登新堂少快心目耳蒙
획일등신당소쾌심목이몽

喩鄙文此深所不忘者但向來不度妄欲編輯
유 비 문 차 심 소 불 망 자 단 향 래 부 도 망 욕 편 집

一二文字至今未就見此整頓秋冬間恐可錄
일 이 문 자 지 금 미 취 견 차 정 돈 추 동 간 공 가 록

淨向後稍間當得具稿求
정 향 후 초 간 당 득 구 고 구

教也所編乃通鑑綱目此年前草例今夏再
교 야 소 편 내 통 감 강 목 차 년 전 초 례 금 하 재

脩義例方定詳略可觀亦恨未得拜呈須異
수 의 례 방 정 상 략 가 관 역 한 미 득 배 정 수 이

時携歸請
시 휴 귀 청

數日之間庶可就
수 일 지 간 서 가 취

得失耳末由承
득 실 이 말 유 승

晤伏紙馳情熹頓首上覆
오 복 지 치 정 희 돈 수 상 복

【원문】熹頓首拜覆: 竊聞卜築鍾山, 以便親養, 去囂塵而就淸曠, 使前日之所暫游而寄賞者, 今遂得以爲耳目朝夕之玩, 竊計雅懷亦非獨爲避衰計也, 甚善甚感! 所恨未獲一登新堂, 少快心目耳. 蒙喩鄙文, 此深所不忘者. 但向來不度, 妄欲編輯一二文字, 至今未就, 見此整頓, 秋冬間恐可錄淨. 向後稍間, 當得具稿求教也. 所編乃通鑑綱目, 此年前草例, 今夏再脩, 義例方定, 詳略可觀. 亦恨未得拜呈, 須異時携歸, 請數日之間, 庶可就得失耳. 末由承晤, 伏紙馳情! 熹頓首上覆.

# 「발구양수집고록발跋歐陽脩集古錄跋」

행서行書. 주희가 1185년 4월 16일에 북송의 대학자 구양수歐陽脩(1007-
1072)가 지은 중국 최초의 금석학 저작『집고록集古錄』의 발미跋尾 즉「집고
록발미集古錄跋尾」에 대해 발문을 쓴 것이다. 대북 고궁박물원 소장.

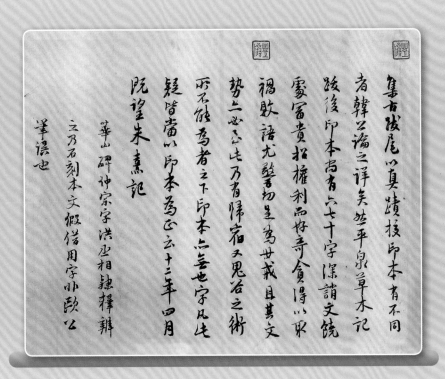

禍敗語尤警切足爲世戒且其文
화 패 어 우 경 절 족 위 세 계 차 기 문

勢亦必至此乃有歸宿又鬼谷之術
세 역 필 지 차 내 유 귀 숙 우 귀 곡 지 술

所不能爲者之下印本亦無也字凡此
소 불 능 위 자 지 하 인 본 역 무 야 자 범 차

疑皆當以印本爲正云十二年四月
의 개 당 이 인 본 위 정 운 십 이 년 사 월

既望朱熹記
기 망 주 희 기

華山碑仲宗字. 洪丞相隷釋辨
화 산 비 중 종 자 홍 승 상 예 석 변

之. 乃石刻本文假借用字. 非歐公
지 내 석 각 본 문 가 차 용 자 비 구 공

筆誤也.
필 오 야

**【원문】** 集古跋尾, 以眞蹟校印本, 有不同者, 韓公論之詳矣. 然平泉草木記跋後, 印本尙有六七十字. 深詶文饒, 處富貴, 招權利, 而好奇貪得, 以取禍敗, 語尤警切, 足爲世戒. 且其文勢亦必至此, 乃有歸宿. 又鬼谷之術, 所不能爲者之下. 印本亦無也字. 凡此疑皆當以印本爲正云. 十二年四月既望. 朱熹記.

華山碑仲宗字, 洪丞相隷釋辨之, 乃石刻本文假借用字, 非歐公筆誤也.

## 「봉호수권蓬户手卷」

행초서行草書. 가로 5백37센티미터, 세로 33.5센티미터. 총 35행 1백2자. 일점일획이 법도에 맞는 주희의 대자大字 친필 대표작으로 알려져 있다. 표제는 진陳 아무개가 쓴 '문공보묵文公寶墨'이라는 예서隸書이고, 말미에 남송의 항원명장 문천상文天祥(1236-1283), 명대의 거유巨儒 방효유方孝孺(1357-1402), '오중사재자吳中四才子'의 한 사람인 축윤명祝允明(1460-1527)과 당인唐寅(1470-1524)과 해서海瑞(1514-1587)의 제발題跋이 있다.

**文公寶墨**
문공보묵

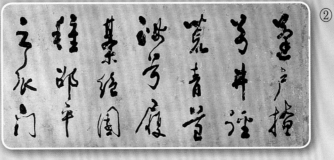

| 봉蓬户揜<br>호户掩<br>엄 | 혜兮井徑<br>정井<br>경徑 | 황荒青苔<br>청青<br>태苔 | 만滿兮履<br>혜兮<br>리履 | 비邶号庭<br>필<br>정庭 | 기慕絕園<br>절絕<br>원園 | 종種邵平<br>소邵<br>평平 | 지之瓜門<br>과瓜<br>문門 |
|---|---|---|---|---|---|---|---|

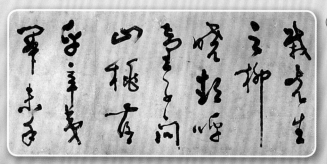

③

栽先生 재선생　之柳 지류　曉起呼 효기호　童子問 동자문　山桃落 산도락　乎辛夷 호신이　開未手 개미수

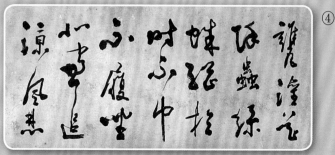

④

甕灌花 옹관화　除蟲絲 제충사　蛛總於 주총어　時不巾 시불건　不履坐 불리좌　水窗追 수창추　涼風焚 양풍분

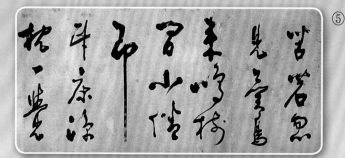

⑤

苦茗忽 고명홀　見異鳥 견이조　來鳴樹 래명수　間小倦 간소권　卽 즉　臥康涼 와강량　枕一覺 침일각

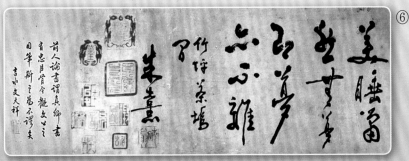

⑥

美睡蕭
然無夢
卽夢
亦不離
竹坪茶塢間
朱熹

前人論書謂眞卿書
有忠臣骨今觀文公之
用筆斯言爲不謬矣
吉水文天祥

미수소 美睡蕭
연무몽 然無夢
즉몽 卽夢
역불리 亦不離
죽평다오간 竹坪茶塢間
주희 朱熹

전인논서위진경서 前人論書謂眞卿書
유충신골금관문공지 有忠臣骨今觀文公之
용필사언위불류의 用筆斯言爲不謬矣
길수문천상 吉水文天祥

⑦

壬子夏六月與靈
亭黃君共遊於涉
趣園得見此卷故
爰筆書以誌之
方孝孺

임자하유월여영 壬子夏六月與靈
정황군공유어섭 亭黃君共遊於涉
취원득견차권고 趣園得見此卷故
원필서이지지 爰筆書以誌之
방효유 方孝孺

⑧

是書風流韻逸雅致
超群實乃天然妙品
海瑞

丁卯六月舟泊吳門
獲觀 唐寅

시서풍류운일아치 是書風流韻逸雅致
초군실내천연묘품 超群實乃天然妙品
해서 海瑞

정묘유월주박오문 丁卯六月舟泊吳門
획관 당인 獲觀 唐寅

【원문】〈표제〉文公寶墨

〈주희친필〉蓬戶掩兮井徑荒, 靑苔滿兮履綦絶, 園種邵平之瓜, 門栽
先生之柳. 曉起呼童子, 問山桃落乎, 辛夷開未. 手甕灌花, 除蟲絲蛛總
於時. 不巾不履, 坐水窓, 追涼風, 焚好香, 烹苦茗. 忽見異鳥來鳴樹間,
小倦卽臥, 康涼枕一覺, 美睡蕭然無夢, 卽夢亦不離竹坪茶塢間. 朱熹.

〈문천상 제발〉前人論書, 謂眞卿書有忠臣骨, 今觀文公之用筆, 斯言
爲不謬矣. 吉水文天祥.

〈방효유 제발〉壬子夏六月與靈亭黃君共遊於涉趣園, 得見此卷, 故爱
筆書以誌之. 方孝孺.

〈축윤명 제발〉(이미지 없음) 晦翁先生, 精忠古節, 博雅明古, 爲世之
賢, 表明千古, 然于書法, 尤爲神妙, 固平生亦書無幾, 故後世見者鮮矣,
此卷爲黃士司馬藏之久矣, 後乃流落於世間, 吾昔在教時, 僅得一見, 然
未及盡觀以爲恨焉, 今幸復見於友人齋中, 足以與公之筆墨有緣也, 用
是書此以序其本. 祝允明.

〈해서 제발〉是書風流韻逸, 雅致超群, 實乃天然妙品. 海瑞.

〈당인 제발〉丁卯六月舟泊吳門獲觀. 唐寅.

# 『봉동장경부성남이십영시권奉同張敬夫城南二十詠詩卷』

행서. 지본紙本. 가로 2백75.5센티미터, 세로 31.5센티미터. 총 64행, 4백64자(연문 다섯 글자 포함)이다. 『성남창화시권城南唱和詩卷』이라고도 한다. 주희가 마흔다섯 살 때인 1174년(순희淳熙 원년) 늦가을에, 장식의 성남城南의 풍경을 읊은 시 20수에 화운和韻해서 지은 시권詩卷이다. 이 시권이 쓰인 연대는 비교적 늦으며, 주희의 서법 풍격이 가장 잘 표현된 작품으로 평가된다. 북경 고궁박물원 소장.

①

奉同
봉동

敬夫兄城南之作
경부형성남지작

納湖
납호

詩筒連畫卷
시통연화권

坐看復行吟
좌간부행음

想像南湖水
상상남호수

秋來幾許深
추래기허심

東渚
동저

小山幽桂藂
소산유괘총

歲莫藹佳色
세막애가색

花落洞庭波
화락동정파

秋風渺何極
추풍묘하극

詠歸橋
영귀교

涼漲平橋水
양창평교수

朱欄跨水橋
주란과수교

舞雩千載事
무우천재사

歷歷在今朝
역력재금조

강 紅齋 재

紅齋
강재

考槃雖在陸 고반수재륙
滉瀁水雲深 황양수운심

止爾滄洲趣 지이창주취
難忘魏闕心 난망위궐심

麗澤堂 여양당

堂後林陰密 당후임음밀
堂前湖水深 당전호수심

感君懷我意 감군회아의
千里夢相尋 천리몽상심

蘭澗 난간

光風浮碧澗 광풍부벽간
蘭杜日猗猗 난두일의의

竟歲無人采 경세무인채
含薰祇自知 함훈지자지

書樓 서루

君家一編書 군가일편서
不自圮上得 부자비상득

石室寄林端 석실기림단
時來玩幽賾 시래완유색

## 山齋 산재

### 蒙軒 몽헌

藏書樓上頭 장서누상두
讀書樓下屋 독서누하옥
懷哉千載心 회재천재심
俯仰數掾足 부앙수연족

先生湖海姿 선생호해자
蒙養今自閟 몽양금자비
銘座仰先賢 명좌앙선현
點畫存象繫 점획존상계

### 石瀨 석뢰

疏此竹下渠 소차죽하거
瀨彼澗中石 뇌피간중석
莫館遠寒聲 막관요한성
秋空動澄碧 추공동징벽

### 卷雲亭 권운정

西山雲氣深 서산운기심
徙倚一舒嘯 사의일서소
浩蕩忽襄開 호탕흘건개
爲君展遲眺 위군전하조

④

柳堤 유제

渚華初出水 저화초출수
堤樹亦成行 제수역성행
吟罷天津句 음파천진구
薰風拂面涼 훈풍불면량

月榭 월사

月色三秋白 월색삼추백
湖光四面平 호광사면평
與君臨倒景 여군림도경
上下極空明 상하극공명

濯清亭 탁청정

涉江采芙蓉 섭강채부용
十反心無斁 십반심무두
不遇無極翁 불우무극옹
深衷竟誰識 심충경수식

西嶼 서서

朝吟東嶼風 조음동서풍
夕弄西嶼月 석롱서서월
人境諒非遙 인경양비요
湖山自幽絕 호산자유절

涼琤谷
양쟁곡

湖光湛不流
호광담불류

嵌竇亦潛注
감두역잠주

倚仗忽淙琤
의장홀종쟁

竹深無覓處
죽심무멱처

梅堤
매제

仙人貞冰雪(이 행은 연문衍文)
선인정빙설

仙人冰雪姿
선인빙설자

貞秀絶倫擬
정수절륜의

驛使詎知聞
역사거지문

尋香問煙水
심향문연수

聽雨舫
청우방

保舟停畫槳
채주정화장

容與得欹眠
용여득의면

夢破蓬窗雨
몽파봉창우

寒聲動一川
한성동일천

⑥

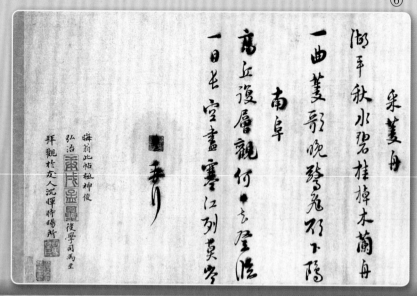

采菱舟
채릉주

湖平秋水碧　桂棹木蘭舟
호평추수벽　계도목란주

一曲菱歌晚　驚飛欲下鷗
일곡능가만　경비욕하구

南阜
남부

高丘復層觀　何日去登臨
고구부층관　하일거등림

一目長空盡　寒江列莫岑
일목장공진　한강열막잠

熹再拜
희재배

# 「여언수소부첩與彦脩少府帖」

지본紙本. 척독尺牘. 행서行書. 세로 27.3센티미터, 가로 55.1센티미터. 총 17행인데 행마다 글자 수가 일정치 않다. 총 1백56자. 전아典雅하며 서가書家의 법도를 넘지 않았다. 대북臺北 고궁박물원 소장.

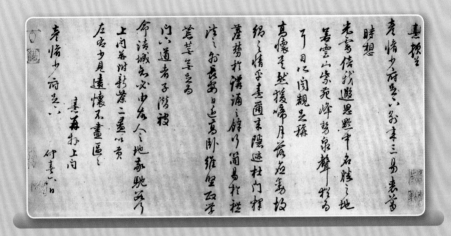

【석문】 熹頓首
희돈수

彦脩少府足下別來三易裘葛
언 수 소 부 족 하 별 래 삼 역 구 갈

時想
시 상

光霽倍我遐思黔中名勝之地
광 제 배 아 하 사 검 중 명 승 지 지

若云山紫苑峰勢泉聲猶爲
약 운 산 자 원 봉 세 천 성 유 위

耳目所聞睹足稱
이 목 소 문 도 족 칭

高懷矣然猿啼月落應動故
고 회 의 연 원 제 월 락 응 동 고

鄕之情乎熹邇來隱迹杜門釋
향 지 정 호 희 이 래 은 적 두 문 석

塵勞於講誦之餘行簡易於禮
진분어강송지여행간이어예

法之外長安日近高臥維艱政學
법지외장안일근고와유간정학

荒蕪無足爲
황무무족위

門下道者子潛被
문하도자자잠피

命涪城知必由故人之地敬馳數行
명부성지필유고인지지경치수행

上問并附新茶二銙以貢
상문병부신다이록이공

左右少見遠懷不盡區區.
좌우소견원회부진구구

熹再拜上問
희재배상문

彥脩少府足下 仲春六日
언수소부족하 중춘육일

【원문】熹頓首

彥脩少府足下: 別來三易裘葛, 時想光霽, 倍我遐思. 黔中名勝之地, 若
云山紫苑, 峰勢泉聲, 猶爲耳目所聞睹, 足稱高懷矣. 然猿啼月落, 應動
故鄕之情乎; 熹邇來隱迹杜門, 釋塵勞於講誦之餘, 行簡易於禮法之外.
長安日近, 高臥維艱, 政學荒蕪, 無足爲門下道者. 子潛被命涪城, 知必
由故人之地, 敬馳數行上問. 并附新茶二銙, 以貢左右. 少見遠懷不盡
區區.

熹再拜上問.

彥脩少府足下. 仲春六日.

「서역계사書易繫辭」.

행서行書. 지본紙本. 세로 36.5센티미터, 가로 61.8센티미터. 글자 수 1백2자. 세상에 전해진 것이 드문 주희의 대자大字 친필이다. 행마다 두 글자씩 썼으며 연이어 중복된 글자는 생략했다. 내용은 『주역』「계사전」과 「설괘전」의 일부 구절이다. 말미에 주희의 낙관과 '정정당定靜堂' 인기印記가 찍혀 있다. 대북臺北 고궁박물원 소장.

②
팔八 상象 생生 양兩
괘卦 생生 사四 의儀

①
시是 태太 역易
생生 극極 유有

④
하下 왕王 씨氏 복伏
야也 천天 지之 희羲

③
고古 대大 흉凶 정定
자者 업業 생生 길吉

⑥

수獸
지之  관觀
　　조鳥  어於
　　　　지地  관觀
　　　　　　법法

⑤

부俯
즉則  어於
　　천天  관觀
　　　　상象  앙仰
　　　　　　즉則

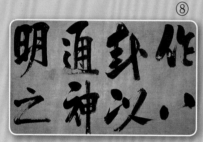

⑧

명明
지之  통通
　　신神  괘卦
　　　　이以  작作
　　　　　　팔八

⑦

시是
시始  의宜
　　어於  지地
　　　　지之  문文
　　　　　　여與

⑩

기氣
뇌雷  택澤
　　통通  위位
　　　　산山  지地
　　　　　　정定

⑨

정情
천天  물物
　　지之  류類
　　　　만萬  덕德
　　　　　　이以

⑪

| 상相 | 화火 | 박薄 | 풍風 |
|------|------|------|------|
| 사射 | 불不 | 수水 | 상相 |

⑫

| 자者 | 착錯 | 수數 | 팔八 |
|------|------|------|------|
| 순順 | 왕往 | 상相 | 괘卦 |

⑭

| 서書 | 주朱 | 수數 |
|------|------|------|
|      | 희熹 | 야也 |

⑬

| 역易 | 시是 | 자者 | 지知 |
|------|------|------|------|
| 역逆 | 고故 | 역逆 | 래來 |

【원문】 易有大極, 是生兩儀, 兩儀生四象, 四象生八卦, 八卦定吉凶, 吉凶生大業.

古者伏羲氏之王天下也, 仰則觀象於天, 俯則觀法於地, 觀鳥獸之文與地之宜. 於是始作八卦, 以通神明之德, 以類萬物之情.

天地定位, 山澤通氣, 雷風相薄, 水火不相射. 八卦數相錯, (數)往者順, 知來者逆, 是故易逆數也. 朱熹書.

# 「융강서원사경시隆岡書院四景詩」

칠언율시七言律詩로 구성된 춘하추동 4수 중 셋째 추경시秋景詩이다. 이 석각은 소주蘇州 서문胥門 수령농壽寧弄 주가원朱家院의 벽에서 발견되었다. 소주박물관 소장.

水繞荒村竹　　繞牆儼然風　　景似柴桑車　　縹白雪絲盈軸　　鈺刈黃雲稻滿　　場幾樹斜暉　　楓葉赤一籬疏　　雨菊花黃東　　鄰畫鼓西鄰笛　　共慶豐年樂　　有常 晦菴憙
수요황촌죽　　요장엄연풍　　경사시상거　　소백설사영축　　질예황운도만　　장기수사휘　　풍엽적일리소　　우국화황동　　린화고서린적　　공경풍년낙　　유상 회암희

【원문】水繞荒村竹繞牆, 儼然風景似柴桑. 車繅白雪絲盈軸, 鈺刈黃雲稻滿場.

幾樹斜暉楓葉赤, 一籬疏雨菊花黃. 東鄰畫鼓西鄰笛, 共慶豐年樂有常.

晦菴憙

# 「정기편正氣匾」

편액. 해서楷書. 항금抗金 전선의 승전보를 전해 듣고 기뻐하여 주희 부자가
총 11수의 시를 지었는데, 그 중에 이 '정기正氣'라는 두 글자가 들어 있다.

# 「연비어약鳶飛魚躍」

해서楷書. 주희가 복건성 천주泉州 영춘현永春縣 봉호진蓬壺鎭 미산촌美山村에 위치한 선동산仙洞山에서 노닐 때 쓴 것으로 전해진다. 이 산에는 오대五代 남진南陳 말년(581-586)에 지은 처음 지어진 진보전眞寶殿이라는 사당이 있다. 리학가 진지유陳知柔(?-1184)가 여기서 강학을 하고 있을 때 주희가 방문하여 이 대련을 남겼다. "鳶飛月窟地연비월굴지, 魚躍海中天어약해중천"의 뜻은 이러하다. 솔개가 달빛 비치는 지역을 날아가고, 물고기가 푸른 하늘 비치는 수면을 뛰어 오른다.

# 「충효시서忠孝詩書」

해서楷書. 자양루 정문에 걸려 있다. "忠孝傳家寶충효전가보, 詩書處世長시
서처세장". 충과 효는 집안에 전하는 보물이요, 『시경』과 『서경』은 세상을
살아가는 우두머리이다.

「독성현서讀聖賢書, 입수제지立修齊志」

판련板聯. 길이 1백96센티미터, 너비 34센티미터.
뜻은 이러하다. "성인의 책을 읽고, 수신제가의 뜻을 세우라."

# 「행인의사行仁義事, 존충호심存忠孝心」

판련板聯. 길이 1백96센티미터, 너비 34센티미터.
'회옹晦翁'이라 쓴 낙관落款이 보인다.
뜻은 이러하다. "인의의 일을 행하고, 충효의 마음을 보존하라."

친필

# VI

## 주희 관련 연보

연보年譜는 편년체編年體로 개인의 생애와 사적事迹을 기록하는데 대개 대상자의 저술과 역사서에 기록된 사실을 가지고 편차를 바로잡아 완성한다. 시간별로 기록되어 있어 일목요연하며 비교적 객관적으로 대상자를 이해할 수 있는 장점이 있다.

역대로 편찬된 주희의 연보 중에 참고로 해야 할 것을 소개하면 다음과 같다.

남송 황간黃榦,『주문공행장朱文公行狀』
명 왕수인王守仁,『주자만년정론朱子晚年定論』
명 대선戴銑,『주자실기朱子實紀』(「연보」가 달려 있음)
명 이묵李默,『주문공연보朱文公年譜』
명 조방趙滂,『회암선생연보晦庵先生年譜』
청 저인량褚寅亮,『중정주자연보重訂朱子年譜』
청 황중黃中,『주자연보朱子年譜』
청 이원록李元錄,『주자연보보유朱子年譜補遺』
청 강영江永,『고정주자세가考訂朱子世家』
청 정사범鄭士範,『주자연보』
청 장대창張大昌,『주자연보』
청 왕무횡王懋竑,『주자연보』

이들 연보는 각기 장점을 가지고 있는데, 통행하는 주희 연보 중에 가장 잘 된 것으로 평가되는 것은 왕무횡의『주자연보』이다. 현대 학자로는 속경남束景南의『주자연보장편朱子年譜長編』이 가장 상세하다. 이 책은 원래 2001년에 출간되었는데, 이를 증보 수정하여 2014년에 증정본을 발간하였다. 분량이 무려 1천6백60쪽에 달한다.

한편 주희 집안의 세보世譜로는 다음과 같은 것이 전해진다.

명 주영朱瑩, 『자양주씨건안보紫陽朱氏建安譜』

명 주종문朱鍾文, 『고정주씨문헌전보考亭朱氏文獻全譜』

명 주지선朱旨銑, 『소무주씨종보邵武朱氏宗譜』

청 가경 복건 숭안, 『성정당주씨종보誠正堂朱氏宗譜』

청 도광 강서 연산, 『석암주씨가보石巖朱氏家譜』

청 광서 복건 건양, 『자양당주씨가승紫陽堂朱氏家乘』

청 광서 절강 남계, 『주씨가보朱氏家譜』

이 중에서 『자양주씨건안보』가 비교적 이른 시기에 편찬되고, 세부적인 사항이 많아 학술적 가치가 높다.

여기서는 가급적 주희와 직접 관련이 있는 사항만 언급하는 것을 원칙으로 하였으나 필요한 경우에는 관련된 사항도 일부 열거하였다.

## 1세 1130년(고종高宗 건염建炎 4년 경술년)

- 9월 15일, 오시에 남검주 우계성尤溪城 밖 청인계青印溪 남쪽 육수봉毓秀峰 아래에 있는 정안도鄭安道의 초당에서 주송을 아버지로, 휘주徽州의 대족大族인 축확祝確의 딸 축오랑을 어머니로 해서 출생하다.

- 17일, 삼조세아회三朝洗兒會를 거행하다.

- 주송이 이름을 우랑沈郞, 아명을 계연季延이라 짓고, 항렬에 따라 오십이랑五十二郞이라고도 부르다.

- 주송이 건주 우계위尤溪尉에 임명되다.

- 정주鼎州 무릉武陵(지금의 호남 상덕常德)의 종상鍾相(?-1130)이 봉기하다. 금나라 군대가 남하하여 항주杭州를 공격하자 고종 조구가 온주溫州로 도망가다.

## 2세 1131년(소흥紹興 원년 신해년)

- 2월, 건주建州에서 범여위范汝爲와 유시거劉時擧가 봉기하다. 병란을 피하기 위해 부친이 솔가하여 고전古田 용파龍爬로 가다.
- 6월, 부친이 솔가하여 장계長溪로 도망가서 영덕寧德의 귀령사龜齡寺에 우거하다.

## 3세 1132년(소흥 2년 임자년)

- 정월 초, 주송이 솔가하여 복주福州로 도망가고, 계서양鷄嶼洋을 건너 동강桐江으로 몸을 피하다.
- 정월 9일, 부친을 따라 다시 우계로 돌아오다.
- 범여위의 군사가 섬멸당하다. 주송은 동강에서 우계로 돌아가는 길에 복주를 거쳐 호세장胡世將을 찾아가 중원에 거점을 두고 신주神州를 탈환하는 계책을 진헌하여 호세장의 추천을 받다.
- 5월, 부친이 천주泉州 석정진石井鎭(지금의 복건성 진강현 안해진)의 감세監稅[1]로 임명되어 가족을 데리고 부임하다.

## 4세 1133년(소흥 3년 계축년)

- 부친을 따라 천주 석정에 있다.
- 말을 막 배울 무렵, 부친이 하늘을 가리키며 '하늘'이라 하자, 하늘 위에는 무엇이 있는지 묻다.
- 장식이 태어나다.

## 5세 1134년(소흥紹興 4년 갑인년)

- 주송이 황제의 명령을 받고 경성으로 가기 전에 솔가하여 우계로 돌아가다.
- 주희가 처음으로 소학小學에 들어가다. 『효경』을 읽고는 책 위에 "만약 이와 같이 하지 않는다면 사람이 될 수 없다"라고 쓰다. 일찍이 해를 가리키

---------

1 감세는 세무를 담당하는 관리를 말한다.

며 부친에게 "해는 어디에 붙어 있어요?"라고 질문하자, 부친이 "하늘에 붙어 있다"라고 대답하니 다시 "하늘은 어디에 붙어 있어요?"라고 질문하여 아버지가 기이하게 여기다. 아이들과 놀 때는 홀로 정안도의 관사 앞 모래톱에 손가락으로 팔괘를 그리다. 처음으로 『사서四書』를 배우다.
- 3월, 부친을 따라 경성에 들어가다. 주송이 소시召試로 관직館職[2)]이 되어, 비서성정자祕書省正字에 제수되고 좌종정랑左從政郞으로 옮기다.
- 조모 정오랑程五娘이 돌아가시자 9월에 부친이 상을 치르러 우계로 돌아가서, 정화현政和縣 동북쪽에 위치한 연화봉蓮花峰 아래의 호국선원護國禪院 서쪽에 조부 주삼朱森과 합장하다.

## 6세 1135년(소흥 5년 을묘년)

- 부친이 솔가하여 정화 성계星溪로 이주해서 여묘廬墓하다. 주희가 늘 운근서원雲根書院과 성계서원星溪書院에서 글을 읽다.
- 4월, 용도각직학사龍圖閣直學士 양시楊時가 세상을 떠나다. 향년 83세.

## 7세 1136년(소흥 6년 병진년)

- 부친을 따라 정화에서 무덤을 지키다.
- 맏형과 둘째형이 요절하다.

## 8세 1137년(소흥 7년 정사년)

- 건녕에서 아이들과 놀면서 모래 위에 팔괘를 그리다.
- 6월, 삼년상을 마친 부친이 조정의 부름에 응해 경성으로 들어가기 전에 주희 모자를 포성浦城에 기거하도록 보내다.
- 8월, 황제의 부름에 응해 조정에 들어가서 중흥 회복에 대한 대계를 상주하다. 좌선교랑左宣敎郞으로 임명되고, 비서성祕書省 교서랑校書郞에 제수되다.
- 이 해에 여조겸, 진부량, 누약樓鑰이 태어나다.

---------

2 당송 때 소문관昭文館(당대에는 홍문관弘文館이라고도 함), 사관史館, 집현원集賢院 등에서 편찬, 편집교정 등의 일을 담당하는 관직을 통칭하여 '관직館職'이라 한다.

## 9세 1138년(소흥 8년 무오년)

- 3월, 주희 모자가 경성 임안으로 들어가다. 양유의楊由義에게 사마광司馬光의『거가잡의居家雜儀』등을 배우다.
- 3월 16일, 주송이 저작좌랑著作佐郞에 제수되다.
- 4월, 주송이 탁지원외랑度支員外郞 겸 사관교감史館校勘이 되다. 송과 금이 '소흥화의紹興和議'를 체결하다.
- 윤돈尹焞을 만나『논어해論語解』를 얻어 베껴서 읽다.
- 9월 11일, 주송이 사훈원외랑司勳員外郞에 제수되다.
- 처음으로 유면지를 만나다.
- 11월, 처음으로 호전胡銓을 만나다.
- 12월, 주송이 동료 관직관館職官들과 연명으로 상주하여 화친을 통렬하게 반대하다. 진회秦檜가 재상에 임명되다.

## 10세 1139년(소흥 9년 기미년)

- 정월 초하루, 고종 조구趙構가 전국에 강화講和가 성공하였음을 선포하다.
- 주송이 사훈司勳, 이부원외랑吏部員外郞 겸 영사관領史館으로 옮기다.
- 이 해에 처음으로 거자업擧子業을 배우기 시작하여『사서』를 읽고 공맹의 '성현의 학문'에 심취하다.
- 이 해에 육구연이 태어나다.

## 11세 1140년(소흥 10년 경신년)

- 3월, 주송은 진회의 화의 방침에 따르지 않았다는 이유로 승의랑承議郞으로 전보되어 상요군上饒郡으로 내쳐지자, 스스로 사록祠祿을 주청해 남쪽으로 돌아가 태주台州 숭도관崇道觀 주관이 되다.
- 4월, 부친을 따라 건양 등고산登高山에 있는 구희丘羲의 집에서 우거하다.
- 5월, 부친이 손수 소식蘇軾의 「곤양부昆陽賦」를 써서 주희에게 주고 아울러 고금의 성패 흥망의 이치를 설명하다.

- 7월, 부친을 따라 숭안으로 가서 유자휘를 방문하다.
- 가을, 건안성 남쪽 자지상방紫芝上坊의 환계정사環溪精舍에 정착하다. 부친에게 학문을 배우고 처음으로 시문을 짓다.
- 이 해에 여동생 주심朱心이 태어나다.

## 12세 1141년(소흥 11년 신유년)

- 환계정사에서 가르침을 받고 유가 성현의 학문에 뜻을 두었으며 시와 문장이 크게 진보하다. 각고의 노력으로『사서』를 읽다.
- 11월, 남송이 금에게 신하로 자처하고 진공進貢하다.
- 12월, 악비岳飛가 대리시大理寺에서 해를 당하다. 향년 39세.

## 13세 1142년(소흥 12년 임술년)

- 각고의 노력으로『오경』을 읽다.
- 9월, 아버지를 모시고 복주, 장락長樂, 연강連江에 가서 친구 정매程邁, 장원간張元干, 부자득傅自得을 방문하고 시와 문장에 대해 토론하는 것을 듣다.
- 호헌이 숭안으로 돌아오다.
- 11월 18일, 윤돈尹焞이 소흥부紹興府에서 세상을 떠나다.
- 이 해에 유광조劉光祖가 태어나다.

## 14세 1143년(소흥 13년 계해년)

- 3월 24일, 부친이 병으로 세상을 떠나다. 임종 전에 숭안현 오부리에서 봉사奉祠를 하며 집에 있는 유자우劉子羽에게 집안일을 부탁하다.
- 부친의 유언에 따라 적계 호헌, 백수 유면지, 병산 유자휘에게 가서 배우다.
- 숭안현 오부리五夫里 담계潭溪로 이사하고 사모산紗帽山 아래에 있는 유씨劉氏 장원의 옛날 건물에서 어머니를 모시고 살며 유씨의 가숙인 육경당六經堂과 무이의 수렴동水簾洞에서 수학하고, 처음으로 이정과 장재의 책을 읽다.
- 진량, 첨체인, 조번趙蕃(1143-1229)이 태어나다.

# 무이산 수렴동水簾洞  주희가 열네 살 때 이곳에서 수학하였다.

| 주희朱熹, 만세의 종사宗師가 되다

## 15세 1144년(소흥 14년 갑자년)

- 숭안현 오부리 서탑산西塔山 영범원靈梵院 옆에 부친을 장사지내다.
- 유씨의 가숙에서 전면적으로 정규의 유가 교육을 받았는데, 『사서』를 열심히 공부하고, 여대림의 『중용해中庸解』를 읽다. 처음으로 『주례』를 읽다. 유공劉珙, 유평劉玶, 위섬지魏掞之, 황수黃銖, 황자형黃子衡, 이종례李從禮, 유무劉懋, 구양광조歐陽光祖와 함께 수학하다.
- 처음 도겸선사道謙禪師를 만나 선禪을 배우다.
- 「부자기문不自棄文」을 짓다.
- 9월 15일, 생일날에 유자우의 의자義子가 되다.

## 16세 1145년(소흥 15년 을축년)

- 오부리에서 삼선생에게 계속 수학하다.
- 9월 15일, 생일날에 스승 유자휘가 그에게 '원회元晦'라는 자를 지어 주었는데, "나무는 뿌리에 감추었다가 봄이 오면 아름답게 잎을 피우고 사람은 몸안에 감추었다가 신령스런 마음 안에서 살을 찌우다(木晦於根, 春容曄敷; 人晦於身, 神明內腴)"라는 뜻을 취하여 주희가 외표에 드러내지 않고 도덕을 내적으로 축적한 사람이 되기를 희망하다. 이정의 리학을 깊이 연구하다. 유, 불, 도에 대해 배우지 않은 바가 없다.
- 여본중呂本中이 세상을 떠나다.

## 17세 1146년(소흥 16년 병인년)

- 오부리에서 삼선생에게 계속 수학하였는데, 주로 유자휘에게 수학하다. 이정의 리학을 깊이 연구하고, 유, 불, 선을 모두 배우다.
- 역학에 정통한 유치서劉致端, 산학算學에 정통한 유자례劉子澧, 죽원산竹源山의 종원선사宗元禪師와 친분을 맺다.
- 가을, 도겸선사가 건주 개선사開善寺로 오고, 주희가 그에게 자주 불법을 배우다.

- 10월 2일, 의부 유자우가 세상을 떠나다.
- 이 해에 유면지의 장녀 유청사劉淸四와 정혼하다.
- 이 해에 호인胡寅을 만나다.

## 18세 1147년(소흥 17년 정묘년)

- 주로 유자휘에게 수학하면서 '불원복不遠復'의 수양방법을 배우고, 동시에 유면지와 호헌의 사서학과 장재의 학문을 배워 훗날 『사서장구집주』를 저술하기 위한 견실한 기초를 세우다.
- 봄, 대혜종고에게 불법을 배우다.
- 8월, 여러 학자들의 제례를 고증하고 수정하여 『제가제례고편諸家祭禮考編』을 완성하다.
- 건주의 향공鄕貢으로 천거되다. 향계香溪로 가는 도중에 리학에 정통한 범준范浚을 방문하였으나 만나지 못하다.
- 11월, 건주에서 실시한 해시解試에 합격하다.
- 12월 6일, 유자휘가 병으로 세상을 떠나다. 임종 전에 주희에게 평생의 학문 차례를 전수하다.

## 19세 1148년(소흥 18년 무진년)

- 정월, 오부리에서 유면지의 장녀 유청사와 혼인하다.
- 「원유遠游」, 「동려주중견산사桐廬舟中見山寺」 등의 시를 짓다.
- 2월, 임안으로 응시하러 가서 예부禮部의 회시會試에 참가하다.
- 천축산天竺山에 올라 승경을 바라보고, 상축사上竺寺의 회암晦庵 혜명법사慧明法師에게 불법을 묻다. 「무림武林」, 「춘일유상축春日游上竺」 등의 시를 짓다.
- 4월, 집영전集英殿 전시殿試에 참가하고 왕좌방王佐榜 제5갑 제90명으로 합격하여 동진사출신同進士出身이 되다. 전시의 제목은 「창업수문지책創業守文之策」.
- 6월, 구주衢州 강산현江山縣에 가서 양시의 재전제자 서존徐存을 방문하다.

- 임안으로 돌아온 후 『증남풍집曾南豐集』을 읽고 증공曾鞏의 리학을 전적으로 배우다.

## 20세 1149년(소흥 19년 기사년)

- 사상에 변화가 있어 암기에서 융회관통으로 독서의 방식이 바뀌고, 몇 가지 책을 읽는 것에서 백가의 책을 읽는 것으로 독서의 방향이 일대 전환하다.
- 2월 10일, 장인 유면지가 세상을 떠나다.
- 사량좌의 『논어해論語解』와 『상채어록上蔡語錄』을 읽고 깊이 연구하다.
- 이욱의 『논맹설論孟說』을 읽다.
- 증공의 산문을 연구하여 그의 문풍文風을 본받고, 도학가와 고문가의 사상 학문을 융합하다.
- 전면적으로 『육경』과 『논어』, 『맹자』를 읽다.
- 12월, 본적인 무원婺源으로 돌아가서 조상들의 선영에 성묘하고, 연동連同, 관갱官坑, 양촌楊村, 왕교王橋, 진하鎭下, 소항小港 등 여섯 곳의 선영에 봉함을 하고, 주씨의 가묘에 고하다.
- 흡현歙縣 무원 일대의 유학 선배와 시인 유정兪靖, 홍준洪撙, 장이張頤, 등수滕洙, 동기董琦, 정정程鼎, 이증李繒 등과 시부 및 학문을 강론하다. 한 연회에서 「이소離騷」를 홀로 노래하여 참석한 모든 사람을 놀라게 하다.
- 고향에서 생애 최초의 제자를 거두다.
- 주씨 고택의 홍정虹井을 추모하고, 주송이 독서했던 성 남쪽의 자양산紫陽山을 유람하다.

## 21세 1150년(소흥 20년 경오년)

- 정월, 흡현의 외가로 가서 외조부 축확祝確을 찾아뵙다. 황돈篁墩으로 가서 주씨 조상들이 살던 집을 찾아가다.
- 귀계貴溪 앙산昂山에서 동진 때의 고승 지도림支道林의 유적을 탐방하고, 흥산사興山寺에서 '앙산승개昂山勝槪'라는 편액 글씨를 쓰다. 시 「방앙산지공

고지訪昴山支公故址」를 짓다.

- 3월, 강서의 고음시인苦吟詩人 동영董穎의『상걸집霜杰集』에 시를 짓다.

- 무원에서 숭안으로 돌아오는 도중에, 선주산仙洲山의 밀암密庵으로 가서 여러 차례 도겸을 방문하고 선을 배우다. 이후에도 계속해서 서신을 주고받다.

- 여름, 숭안으로 화를 피해 온 범중표范仲彪에게서 사마광의『잠허潛虛』와『역설易說』을 얻어서 읽다.

- 처음으로 역사서를 중시하다.

- 이 해에 섭적이 태어나다.

## 22세 1151년(소흥 21년 신미년)

- 3월, 경성 임안으로 들어가 시험을 통해 중등中等으로 선발되어 좌적공랑左迪功郞, 천주泉州 동안현同安縣 주부主簿에 제수되다.

- 임관을 기다리는 중에 여산廬山의 도사인 허곡자虛谷子 유열劉烈과 친분을 맺고, 그와『주역』을 토론하고 금액환단수련법金液還丹修煉法을 묻고, 아울러 그가 쓴『환단백편還丹百篇』을 자세하게 읽다.

- 처음으로 시집『목재정고牧齋淨稿』에 시 16수를 수록하여 펴내다.

- 5월, 임안을 떠나 북쪽의 호주湖州를 유람하고, 잡천雪川에 우거하는 셋째 삼촌 주고朱槹를 방문하다. 오흥吳興 변산弁山으로 가 윤돈尹焞의 문인 서탁徐度을 방문해서 학문을 묻다. 천축관음天竺觀音(상축사上竺寺)을 예배하고 오흥의 서남쪽에 위치한 도장산道場山을 방문하다. 향계로 가서 범준을 다시 방문하였으나 때마침 외출하였기에 그가 지은「심잠心箴」을 읽고 이를 베껴 쓰다. 훗날 범준이 세상을 떠나자, 친히 조문을 가다.

- 7월, 호주에서 돌아왔다가 회계會稽와 천대天臺를 우회해서 무주婺州와 구주衢州로부터 신주信州로 들어갔다가 복건으로 돌아오다. 태주台州를 거쳐 황암黃巖 영석산靈石山으로 가서 약료거사藥寮居士 사급謝伋을 방문하다.

- 집에 돌아온 후 자신의 서재를 '목재牧齋'라 이름 짓고 매일『육경』을 읽다.

- 시「오산고吳山高」, 「제사소경약원이수題謝少卿藥園二首」를 짓다.
- 10월, 소무邵武와 건양建陽 사이를 여행하다.
- 「소무도중邵武道中」, 「봉수구자야표형음주지구奉酬丘子野表兄飲酒之句」, 「구자야표형교원오수丘子野表兄郊園五首」 등의 시를 짓다.
- 겨울, 선禪의 이치를 깊이 생각하다.

## 23세 1152년(소흥 22년 임신년)

- 정월, 무이산의 충우관冲佑觀에 가서 도를 찾다. 불경과 도가 경전을 전심으로 연구하고 배우다.
- 시「객사청우客舍聽雨」, 「숙무이묘당이수宿武夷妙堂二首」를 짓다.
- 『목재정고牧齋淨稿』에 시 44수를 수록하였는데, 그 중 불가와 도가를 영탄한 시가 22수이다.
- 『증자고연보曾子固年譜』를 쓰다.
- 3월, 황간이 출생하다.
- 4월, 밀암密庵의 도겸道謙을 방문하러 길을 떠나, 건양建陽으로부터 순창順昌으로 가서 산사에서 머물고 운제각雲際閣에 올라 황당령黃塘嶺, 백망여白芒畲, 운당포簣簹鋪를 지나 도수갱倒水坑을 거쳐 5월이 되어서야 돌아오다. 곧바로 불경과 도교 경전을 맹렬하게 읽다.
- 「독도서작讀道書作」 6수를 짓고, 도사道士를 모방하여 집을 짓고 향불을 피우고 도를 닦다.
- 처음으로 주돈이의 「태극도설」과 「통서」를 얻어서 읽다.
- 가을, 도교의 장생술長生術과 비선술飛仙術을 배우다.
- 9월, 도겸이 세상을 떠나다. 제문을 짓고 그에게 제사지내다.

## 24세 1153년(소흥 23년 계유년)

- 봄, 동안으로 부임하기 전에 집에서 조석으로 도경을 외우고, 또 「목재기牧齋記」를 써서 3년 동안 도겸을 사사하고 유, 불, 도로 자신을 수양한 심학

수양의 수확을 총결산하다.

- 5월, 천주 동안현 주부로 부임하면서 무이산을 거쳐 충우관의 도사를 방문하다.

- 6월, 건계建溪로부터 건녕建寧, 남검南劍으로 남하하여 동으로 민강閩江을 따라서 복주에 이르고 다시 남하하여 포중蒲中과 천주를 지나 동안으로 부임하였는데, 2개월의 여정이었다. 남검을 지날 때 검포성劍浦城 남쪽의 장림樟林에서 이동을 만나 20일 정도 같이 지내다. 이동이 주희에게 성현의 말을 보고, 일상의 공부처로부터 '도'를 이해하라고 권하여, 이후로 종신토록 불학을 배척하는 사상 기초를 정하다.

- 복주에서 시경학의 명가 우재迂齋 이저李樗, 상서학의 명가 졸재拙齋 임지기林之奇, 예학의 명가 유조劉藻와 임문천任文薦을 방문하다.

- 흥화興化에서 포중의 거유 임광조林光朝, 방저方翥, 진준경陳俊卿을 방문하였는데, 이것이 주희의 상수파象數派 역학에 선구적 역할을 하다.

- 7월, 동안에 가서, 동안현의 주부 일을 맡고, 주부의 관아 서북쪽에 있는 집에서 거주하다. 한거할 때 머무르는 서재西齋 이름을 '고사헌高士軒'으로 바꾸고 불경과 도가의 경전을 읽다. 「고사헌기高士軒記」를 짓다.

- 10일, 맏아들 주숙朱塾이 숭안 오부리에서 출생하다.

- 토지의 경계를 바로잡으려고 힘썼지만 끝내 실행하지 못하고, 경총제전經總制錢을 감면하려던 것도 실행하지 못하자, 관리의 치적을 바로잡으려고 힘쓰다.

- 11월 9일, 우정언右正言 정중웅鄭仲熊이 정학程學을 금지하라고 상주하다.

- 12월, 영춘永春으로 가서 현령 황우黃瑀에게 그의 경험을 배웠는데, "예의를 돈독히 하고, 풍속을 두텁게 하고, 사적인 이익을 쫓는 관리를 단속하고, 백성의 고통을 근심하라(敦禮義, 厚風俗, 戢吏奸, 恤民隱)"라는 현을 다스리는 법을 배우다. '우현당祐賢堂'이라는 현서縣署의 이름을 '목애당牧愛堂'으로 바꾸다. 동안현과 진안현晉安縣의 경계 분쟁을 조정하다. 응성산應城山 동

산묘東山廟 옆의 큰 제방을 수축하다. 현학縣學의 일을 맡다.

- 시 「독역성루督役城樓」를 짓다.

## 25세 1154년(소흥 24년 갑술년)

- 5월, 현학을 정비하고 「유학자諭學者」, 「유제생諭諸生」, 「유제직사諭諸職事」 등을 반포하다. 현학에 강좌를 설치하여 「강좌명講座銘」을 짓고, 『논어』를 가르치다.
- 현학의 사재四齋를 재건하고 지도재志道齋, 거덕재據德齋, 의인재依仁齋, 유예재遊藝齋로 이름을 바꾸다.
- 「사재명四齋銘」, 「고명鼓銘」, 「책문策問」, 「논어과회설論語課會說」, 「강예기서설講禮記敍說」을 짓다.
- 현학의 제자원弟子員[3]을 시험으로 보충하고 책시법策試法[4]을 정하다.
- 7월, 둘째 아들 주야朱埜가 출생하다.
- 「등나한봉登羅漢峰」, 「등면산정登面山亭」, 「쌍계봉雙髻峰」 등의 시를 짓다.

## 26세 1155년(소흥 25년 을해년)

- 명륜당 왼쪽에 교사당敎思堂을 짓고, 대성전 뒤에 경사각經史閣을 건립하고 장서 1천2백12권을 두다. 「경사각상량고선성문經史閣上梁告先聖文」을 짓다.
- 교사당 뒤에 소공사蘇公祠를 지어 북송의 명재상 소송蘇頌을 기리고 「소승상사기蘇丞相祠記」를 짓고, 학궁學宮의 제자들이 해마다 사당을 참배하게 하였다.
- 선현들의 비석을 찾아보고, 선승을 찾고 도사에게 묻기도 하다.
- 여대기呂大器와 여조겸呂祖謙 부자를 처음 만나다.
- 봄, 매양梅陽으로 가서 대혜선사를 만나다.

---------

3 현학의 생원을 '제자원弟子員'이라 불렀다. 한나라 때에는 태학생太學生을 제자원이라 하였다.
4 책문策問으로 선비를 시험하기 때문에 신하 혹은 거자擧子에 대한 시험을 '책시策試'라 한다.

- 여름, 염상鹽商과 어민들이 봉기하여 성을 공격하자 감염세監鹽稅 조후항曹侯沆과 함께 수성守城을 지휘하다.
- 동안현 서북문에 활터를 만들어 활쏘는 법을 익히고 「사포기射圃記」를 짓다.
- 석전釋奠[5] 의례를 상고하여 정하고 「석전의도釋奠儀圖」를 짓다.
- 『예서禮書』를 상고하여 바로잡고, 「신민예의臣民禮議」, 『소흥찬차정화민신예략紹興纂次政和民臣禮略』을 짓다.
- 『목재정고牧齋淨稿』를 편찬 수정하다.
- 「신엄혼례장申嚴婚禮狀」을 올려 혼례를 엄격히 할 것을 신청하다.
- 「천주동안현학궁서후기泉州同安縣學宮書後記」를 짓다.
- 10월 22일, 진회가 죽고, 정학程學이 해금되다.

## 27세 1156년(소흥 26년 병자년)

- 정월, 현학에 조충간사趙忠簡祠를 건립하여, 작고한 재상 조정趙鼎을 제사하다.
- 5월, 집안에 소장된 석각石刻을 정리하고 서문을 지어 펴내다. 시 「오월오일해상우풍우작五月五日海上遇風雨作」, 「차목마후묘次牧馬侯廟」, 「사인송란謝人送蘭」을 짓다.
- 당나라 사람 진암陳黯의 『비정서裨正書』를 얻어 교정을 하고 서문을 짓다.
- 7월, 격문을 받들어 인근의 장주漳州로 달려가다. 돌아오자 동안현의 임기가 이미 만료되다. 주부의 관사가 무너져서 대륜산大輪山에 있는 범천사梵天寺의 겸산각兼山閣에 잠시 머물다.
- 하순, 장주漳州로 가서 진지유陳知柔와 교유하고, 「장주교수청벽기漳州教授廳壁記」를 짓다.
- 8월, 천주에 이르러 비준 증명서를 기다리며 구일산의 구일산방九日山房(남

--- --- --- --- ---

안현南安縣 서쪽)에서 머물다. 내방한 부자득과 함께 구일산을 유람하고 함
께 배를 타고 금계金溪로 가다.

- 9월 9일, 진지유와 함께 부근의 북산北山에 올라 환취정環翠亭에서 놀다.
- 천주에서 반년간 유가경전을 열심히 읽다. 『맹자집해孟子集解』를 집필하기
  시작하다.
- 사량좌의 『상채어록』을 얻어 전심으로 읽다.
- 윤10월, 천주에서 부자득, 여소위呂少衛와 왕래하며 「일경당기一經堂記」,
  「운재기芸齋記」, 「지락재기至樂齋記」를 짓다.
- 12월, 격문을 받들어 인근의 포전蒲田으로 달려가다. 노인과 아이를 보내고
  북쪽의 숭안으로 돌아오다. 복주福州를 지날 때 여조겸을 찾아가 만나다.
- 담주潭州 남악묘南嶽廟의 감監이라는 사직祠職을 얻었으나 절반의 봉급을
  받고 숭안에서 강학하다.

## 28세 1157년(소흥 27년 정축년)

- 봄, 다시 동안으로 돌아가 후임을 기다리다. 진량걸陳良傑의 관사에 임시로
  거처하고 그 집을 '외루암畏壘庵'이라 이름 짓다. 매일 친구, 학생들과 그 안
  에서 독서하고 강학하다.
- 5월, 연평의 이동에게 배움을 구하는 첫 번째 편지를 보내다.
- 6월 26일, 함양하는 곳에 힘을 다하라는 이동의 격려 답장이 오다.
- 「외루재기畏壘齋記」, 「논어필찰論語筆札」 10편(『논어요의論語要義』와 『논어정의論
  語精義』 원고)을 집필하다.
- 10월, 네 번째 임기가 만료되어 사직하고 고향으로 돌아가다.
- 11월, 동안을 떠나 북쪽의 숭안으로 돌아갔는데, 천주에서 12월 중순까지
  머무르며 만여거사萬如居士 이진李繽의 집에서 살다가 현암顯庵에 가서 시승
  詩僧들과 함께 매화를 감상하고 시를 짓다.
- 「서재기恕齋記」를 짓다.

## 29세 1158년(소흥 28년 무인년)

- 정월, 모친 봉양과 강학을 하고, 『집고록集古錄』을 읽다.
- 연평에 가서 이동을 찾아뵙고 한 달 정도 성의 동남쪽에 있는 명찰 서림원 西林院에 머무르면서 함께 '리일분수'를 토론하고 기본적으로 리일분수 사 상을 확립하다. 서재 이름 '목재牧齋'를 '곤학困學'으로 바꾸다.
- 『논어』를 연구하고, 호헌胡憲, 범여규范如圭와 서찰을 주고받으며 '충서忠恕' 를 토론하다. 「충서설忠恕說」을 짓다.
- 가숙家塾을 세우다.
- 시 「화유포일和劉抱一」, 「제서림원벽이수題西林院壁二首」와 『연평답문延平答 問」, 「곤학困學」을 짓다.
- 7월, 『춘추』와 『논어』를 읽고, 이동과 학문을 토론하다.
- 9월, 허승許升을 위해 「존재기存齋記」를 짓다.
- 11월, 『논어』, 『춘추』, 『맹자』를 읽고 책에 대해 이동과 논하다.
- 모친 봉양을 이유로 사록祠祿을 주청하다.
- 12월, 담주 남악묘 감독이 되다.

## 30세 1159년(소흥 29년 기묘년)

- 춘정월, 숭안에서 『시집해詩集解』를 집필하기 시작하다.
- 3월, 『사상채선생어록謝上蔡先生語錄』 3권을 교정校定하고, 「사상채어록후 서謝上蔡語錄後序」를 짓다.
- 6월, 경서를 연구하고 이동에게 서찰로 배움을 구하다.
- 8월, 참지정사參知政事 진강백陳康伯의 추천으로 행재소로 오라는 부름을 받았으나, 좌사간左司諫 하부何溥가 명리를 추구한다는 이유로 그를 막는 바람에 조정의 부름에 응하지 못하다.
- 9월, 「사면소명장辭免召命狀」을 올려 소명召命을 사양하고, 남악묘 감독의 임기 만료 후에 행재소로 가겠다고 주청하다.
- 이 해에 『논어집해論語集解』 초고를 완성하다.

## 31세 1160년(소흥 60년 경진년)

- 5월, 『논어』, 『맹자』 및 주돈이의 『태극도설』과 『통서』를 연구하고, 이동과 서신으로 주정존양主靜存養과 쇄연융석灑然融釋의 문제를 토론하다.
- 6월, 다시 경성으로 오라는 부름을 받았으나 여전히 가지 않다. 성지가 다시 내려 왔으나 가지 않다.
- 10월, 연평으로 가서 정식으로 이동을 스승으로 모시고, 이동의 집 옆에 있는 서림원西林院에 살며 두 달 넘게 가르침을 받다. 이후로 불교와 도가의 '이학異學'을 모두 버리다. 시 「제서림가사달관헌題西林可師達觀軒」을 짓다.
- 12월, 『맹자집해孟子集解』 초고를 완성하다.
- 이 해에 시 「춘일春日」과 「관서유감觀書有感」을 짓다.
- 이 해에 맏딸 주손朱巽이 오부리의 자양루에서 출생하다.

## 32세 1161년(소흥 61년 신사년)

- 2월에서 5월까지 이동과 서신으로 주돈이의 「태극도설」과 『논어』 등을 토론하고, 이동의 '응사쇄락應事灑落' 설을 이해하려고 몰두하다.
- 12월, 금나라 군대의 남침을 물리친 후 조정의 형세를 겨냥하여 재상 황조순黃祖舜에게 「여황추밀서與黃樞密書」를 보내 조정이 화평을 주장하여 일시적인 안일을 꾀했다고 규탄하다.
- 「감사서회십육운感事書懷十六韵」, 「차자유문첩운次子有聞捷韵」, 「문이십팔일지보희이성시칠수聞二十八日之報喜而成詩七首」 등의 시를 짓다.

## 33세 1162년(소흥 62년 임오년)

- 정월, 건주의 건안建安(지금의 건구建甌)에 이르러 이동을 찾아뵙고, 함께 연평으로 돌아가다. 다시 서림원으로 가서 3월까지 가르침을 받다가 돌아오다.
- 시 「재제서림가사달관헌再題西林可師達觀軒」, 「시서림가사이수示西林可師二首」를 짓다.
- 4월 12일, 호헌이 세상을 떠나자, 「제적계호선생문祭籍溪胡先生文」을 짓다.

- 6월 11일, 고종 조구가 양위하고 효종 조신이 즉위하여 천하에 직언을 구하다.
- 남악묘 사록의 임기가 만료되어 다시 사록을 청하다. 6월 19일, 다시 담주 남악묘의 감독이 되다. 이동과 서찰로 인학仁學과 리일분수에 대해 토론하다.
- 8월 7일, 효종 조신의 명령에 응해 「임오응조봉사壬午應詔封事」를 올려 강화를 반대하고 싸워야 하며, 불학을 반대하고 유학을 숭상해야 한다는 주장을 강력하게 펼치다. 또 명리明理를 강학하고, 영토를 회복할 계획을 수립하며, 현인을 임용하고 잘못을 고치라는 의견을 상술하다.
- 9월, 복주福州의 지주로 부임하는 길에 건안을 지나는 왕응진汪應辰과 만나다.
- 10월 18일, 종형從兄 주구희朱丘羲의 『논어훈찬論語纂訓』에 서문을 쓰다.

## 34세 1163년(효종孝宗 융흥隆興 원년 계미년)

- 3월, 왕응진 및 재상 진강백陳康伯, 이부시랑 진준경, 능경하凌景夏의 추천으로 행재소에 오라는 부름을 받다.
- 4월 12일 「사면소명장辭免召命狀」을 올려 사양하다.
- 4월, 왕응진의 요청으로 복주로 가서 북벌 항금抗金 및 염법鹽法 등 복건의 제반 사무에 대해 토론하다. 마침 장준이 파면되어 복주에 기거하던 유보안劉寶顏을 불러 전쟁을 지휘하게 하였는데, 왕응진과 주희가 연회를 베풀어 그를 전송하다.
- 6월, 이동이 건안으로부터 연산鉛山으로 갔는데, 무이를 지나는 길에 주희와 만나다.
- 소흥 연간에 쓴 『논어집해』를 『논어요의論語要義』와 『논어훈몽구의論語訓蒙口義』로 나누어 완성하다.
- 「답위원리答魏元履」를 짓다.
- 『시집해詩集解』 초고를 완성하다.
- 7월 1일, 왕응진이 부문각대제敷文閣待制에 제수되면서, 자신을 대신해 주

희를 천거하다.

- 8월, 조정에서 성지를 내려 경성으로 들어오라고 재촉하다. 경성으로 들어가기 전에 연산에서 연평으로 돌아가던 이동을 다시 무이에서 만나다. 두 차례의 만남에서, 경성으로 들어가서 효종에게 어떤 것들을 말해야 하는지를 이동에게 가르침을 청하다.
- 『연평답문延平答問』을 편성하다.
- 9월 18일, 숭안에서 출발하여 경성 임안으로 들어가다.
- 15일, 이동이 복주에서 세상을 떠나다.
- 19일, 경성 임안에 도착하다.
- 24일, 인견한다는 성지를 내리다.
- 11월 6일, 조정에 들어가 수공전에서 효종의 물음에 대답, 면전에서 「계미수공주차癸未垂拱奏箚」 세 편을 상주하였는데, 첫째는 정심, 성의, 격물, 치지의 학을 논하여 도가와 불가의 이단 학문을 반대하고, 둘째는 밖으로 외적을 물리쳐 원수를 갚는 대의를 논하여 강화 회담을 반대하며, 셋째는 안으로 정사를 개혁하는 도를 논하여 효종 조신이 아첨꾼을 총애하는 것을 반대하다.
- 11월 12일, 국자감의 무학박사武學博士에 제수되었으나 4년 동안 차례를 기다리다. 경성에서 강화 회의를 극력 배척하고 주화파인 참지정사 주규周葵를 통렬히 비난하다.
- 임안에서 장식張栻과 처음으로 만나 전쟁과 용병 문제를 토론하다.
- 12월 9일, 경성으로 들어온 장준을 만나 중원 회복의 계책을 말하다.
- 12일, 임안을 떠나 복건으로 돌아오다. 무주를 지날 때 여조겸을 만나다. 두 사람은 마음을 기울여 학문을 강론하고 함께 금화金華의 명산을 유람하다.
- 『훈몽절구訓蒙絶句』 5권 98수를 펴내다.

## 35세 1164년(융흥 2년 갑신년)
- 정월, 연평에 가서 이동을 위해 곡을 하고 제사지내다. 제문 「제연평이선생

문제연평이선생문文祭延平李先生文」과 행장을 짓다.

- 시 「용서림구운이수用西林舊韵二首」, 「감사재용회향벽간구운이수感事再用回
向壁間舊韵二首」를 짓다.

- 2월, 연평으로부터 복주로 가서 왕응진과 만나다. 한 달 넘게 만나면서 왕
응진이, 주희의 학문이 정진하였음을 칭찬하다.

- 4월, 위섬지魏掞之에게 글을 보내 시사時事와 『맹자집해』에 관해 토론하다.

- 하순, 다시 연평으로 가서 이동에게 제사지내다. 후에 복주에 가서 왕응진
을 만나 계속해서 화전和戰 문제와 유가와 불가의 학문에 대해 토론하다.

- 7월, 왕응진이 사천제치사四川制置使에 제수되어 경성 임안으로 가다가 숭
안에 이르러 주희를 만나 황제의 하문에 대답하는 일에 대해 상의하다. 또
정사政事를 바로잡고 이민족을 물리치는 일에 대해 토론하다.

- 8월 28일, 장준이 여간餘幹에서 병으로 세상을 떠나다.

- 『잡학변雜學辨』 4편을 짓다.

- 9월, 장준이 병사했다는 소식을 듣고, 20일 서둘러 예장豫章으로 갔으며,
배 안에서 장준을 위해 곡을 하다. 후에 예장으로부터 영구를 호송하여 풍
성豊城으로 갔는데, 장식과 사흘 동안 터놓고 얘기하며 호상학湖湘學에 대
해 묻고 중화설中和說에 대해 토론하다. 장식이 호굉胡宏의 『지언』을 주희
에게 주다. 2년 전에 작고한 호굉을 만나서 『지언』의 세목을 청하지 못한
것을 한탄하다. 호굉의 제자 오익吳翌과 교분을 맺다.

- 10월, 유여우劉汝愚와 함께 송촌宋村을 유람하고 매령梅嶺에 올라 국사를 슬
퍼하고 걱정하는 시를 짓다.

- 금나라의 20만 병사가 회수淮水를 건너 남침하다.

- 12월, 송과 금이 '융흥화의隆興和議'를 맺고, 금과 송이 군신관계에서 숙질
관계로 바뀌다.

- 이 해에 『곤학공문困學恐聞』이 완성되다.

## 36세 1165년(효종 건도乾道 원년 을유년)

- 봄, 성차를 내려 무학박사 직을 수행하라고 재촉하다.
- 4월, 행재소에 가다. 주화파인 재상 전단례錢端禮, 홍적洪適과 격렬하게 논쟁하다. 다시 사록을 청하다.
- 수야秀野 유온劉韞과 시운詩韵으로 창화唱和하다.
- 5월, 다시 남악묘 감독으로 차견되다. 경성을 떠나기 전에 진준경에게 「여진시랑서與陳侍郎書」를 보내 전단례 당의 3대 오류를 통렬히 비난하다.
- 6월, 집에서 위섬지의 『무오당의戊午讜議』를 울면서 읽고 「무오당의서戊午讜議序」를 써서 융흥화의를 통렬히 비난하다.
- 9월, 왕응진에게 서신을 보내 사천 지역의 둔전에 대해 논의하다. 「여왕수논둔전사與王帥論屯田事」를 짓다.
- 11월, 「증이요거서贈李堯舉序」를 지어 일자日者 이요거李堯舉에게 주고, 호안국胡安國에게 묘관선시妙觀禪詩의 발문 「발호문정공시跋胡文定公詩」를 지어 보내 호상학湖湘學에서 선禪을 좋아하는 것을 은미하게 풍자하다.
- 이 해에 셋째 딸 주태朱兌가 숭안 오부리에서 출생하다.

## 37세 1166년(건도 2년 병술년)

- 3월, 임용중林用中이 입문해서 가숙에 살며, 한편으로 두 아들 주숙과 주야를 가르치다.
- 주돈이의 『통서』를 편찬 교정하여 장사에서 인각하다.
- 5월, 하호何鎬가 편지로 학문을 묻다.
- 6월, 채원정이 입문하다. 경의經義를 강론하다.
- 범념덕范念德이 입문하다.
- 장식에게 중화中和에 관한 이전의 주장을 논하여 연달아 네 통의 편지를 보내다.
- 7월, 『맹자집해』와 『대학집해大學集解』를 전면적으로 수정하다.
- 『이정어록二程語錄』을 편찬 교정하다.

- 9월, 하호가 방문하여 중화를 토론하다.
- 비로소 '주경主敬' 사상을 깨닫다. 「방당시方塘詩」(즉 「관서유감觀書有感」)를 지어 스스로 자신의 사상이 비약적으로 발전했음을 노래하고 이를 허승許升에게 주다.
- 『장재집張載集』을 편찬 교정하다.
- 소무邵武의 부학府學에서 『논어요의論語要義』를 판각하다.
- 10월, 「변소씨역해辨蘇氏易解」, 「변소황문노자해辨蘇黃門老子解」, 「변장무구중용해辨張無垢中庸解」와 「변여씨대학해辨呂氏大學解」를 모아 『잡학변雜學辨』을 만들어 하호에게 발문을 청하여 문세하다.
- 『이정선생문집二程先生文集』을 교정하다.

## 38세 1167년(건도 3년 정해년)

- 7월, 숭안에 홍수가 나다. 부府의 격문을 받들어 수재 지역을 순시하다.
- 장중륭張仲隆을 위해 「동감실기通鑑室記」를 짓다.
- 8월, 문인 범념덕, 임용중林用中을 데리고 호남 담주에 가서 악록서원의 산장山長 장식을 방문하다. 손수 '충효염절忠孝廉節' 네 글자를 악록서원 강당에 쓰다. 후에 서원에서 이를 받들어 교훈校訓으로 삼다.
- 9월 8일, 담주에 이르러 성남서원城南書院[6]에 머물다. 두 사람은 두 달 동안 성남서원과 악록서원에서 '태극'의 이치에 대해 학문적인 토론을 하고, 남악 형산衡山을 유람하다.
- 11월 10일에 산에 오르고, 16일에 하산하였는데, 이 때 지은 시로 『남악창수집南嶽唱酬集』을 엮었으며 장식이 서문을 쓰다. 19일에 악궁嶽宮에 이르고, 23일에 저주樗州에 이르렀으며, 다음 날 장식과 헤어졌는데, 두 사람이

--------

6 성남서원은 1161년(소흥 31)에 장식과 그의 아버지 장준이 지었다. 장사성長沙城의 남쪽 구석에 있기 때문에 '성남城南'이라 명명하였다. 서원이라 하였지만 처음에는 개인의 원림園林이었다. 서원 안에는 정의재正誼齋, 주경재主敬齋, 진덕재進德齋, 존성재存誠齋, 거업재居業齋, 명도재明道齋의 6재가 있었다. 1165년부터 장식이 강학을 하였다. 지금은 호남제일사범학원湖南第一師範學院이 이곳에 자리하고 있다.

화답한 『병술증답시문집丙戌贈答詩文集』을 완성하고 동쪽의 숭안으로 돌아
오다.

- 12월, 동쪽으로 돌아오는 도중, 저주로부터 의춘宜春을 지나고 청강清江을
  건너고, 예장에 정박하고, 요주饒州와 신주信州의 경계를 건너면서 총 28일
  이 걸렸으며, 그런 후 12월 20일에 숭안으로 돌아왔다. 길을 가는 도중에 2
  백여 수의 시를 지어 『동귀난고東歸亂稿』를 엮다.
- 진준경과 유공의 천거로 추밀원편수관에 제수되어 차례를 기다리다.
- 유자휘의 묘표를 짓다.
- 이 해에 『맹자집해』를 계속 수정하다.
- 이 해에 『장준행장張浚行狀』을 짓다. 상중湘中의 '구군자九君子'에게 '성현의
  책을 읽고, 수신제가의 뜻을 세우고, 인의의 일을 행하고, 충효의 마음을
  보존하라'는 뜻의 '독성현서讀聖賢書, 입수제지立修齊志, 행인의사行仁義事,
  존충효심存忠孝心' 열여섯 글자를 써 주었는데, 문묘文廟의 극문戟門 돌 위에
  이를 새기다.

## 39세 1168년(건도 4년 무자년)

- 4월, 숭안에 대기근이 들다. 지현知縣 제갈후諸葛侯의 요청을 받고 좌조봉랑
  左朝奉郎 유여우劉汝愚와 협력하여 호민豪民들에게 저장 양곡을 내어 기근을
  구휼하자고 권하다. 후에 포성浦城의 굶주린 백성들이 봉기하여 현縣과 부
  府에 글을 올려 원망을 고하자, 부의 관아에서 상평미常平米 6백 석을 빌려
  주어 구휼함으로써 급한 백성을 구제하다.
- 10일, 『사상채선생어록』을 재수정하다.
- 20일, 『정씨유서程氏遺書』 25권을 편성하고 아울러 「정씨유서후서程氏遺書
  後序」 및 「정씨유서부록후서程氏遺書附錄後序」를 짓다.
- 5월 22일, 숭안의 현학에서 건립한 조변趙抃과 호안국의 사당에 기문을 짓
  다.
- 7월, 숭안에 큰 홍수가 나서 부府의 격문을 받들어 수재 지역을 순행 시찰

하다.

- 8월, 장식, 오익吳翌, 채원정, 임용중, 임윤중林允中, 왕근사王近思 등과 『논
  어』「이인」편에 나오는 '관과지인觀過知仁'7)에 대해 토론하고 「관과설觀過
  說」을 짓다.

- 9월 9일, 친구들과 천호天湖를 유람하고 시를 지어 서로 화답하다.

- 11월, 임용중, 축강국祝康國과 함께 유원劉園을 유람하고, 남악南嶽을 여행
  한 감회를 시로 쓰다.

- 이 해에 이정의 저작인 『정씨유서』, 『정씨외서』, 『정씨문집』과 『정씨경설』
  및 『정씨역전程氏易傳』을 교정校正하는 데 정력을 쏟다.

## 40세 1169년(건도 5년 기축년)

- 정월 초하루, 셋째 아들 주재朱在가 숭안 오부리에서 출생하다.

- 봄, 채원정과 강학할 때, 중화中和에 관한 구설이 원래 심성心性의 명명을 부
  당하게 한 것이 아니며, 일상의 공부는 완전히 본령本領이 없음을 홀연히
  깨닫다. 이에 곧 경지쌍수敬知雙修 사상으로 이정의 저작을 다시 읽고서 중
  화에 관한 이전의 생각을 버리고 새로운 학설을 만들어 내다.

- 「이발미발설已發未發說」을 지어 장식에게 보내다.

- 4월, 명도明道 정호程顥의 유문 아홉 편을 얻어 장식에게 보내 장사長沙의 부
  학府學8)에서 새기다.

- 16일, 서문을 지어 명자命者 서사표徐師表에게 주다.

- 5월, 두 차례 성차省箚9)로 주희에게 추밀원편수樞密院編修를 맡으라고 재촉
  하다. 주희는 두 번 다 사직하고 「걸악묘차자乞嶽廟箚子」를 올려 악묘岳廟의
  차견差遣을 주청하다. 황명을 거역하고 가지 않은 기간이 4개월에 달하다.

---------
7 '관과지인'이란 사람의 잘못을 관찰하면 그의 사람됨을 알 수 있다는 뜻이다. 子曰: "人
之過也, 各於其黨. 觀過, 斯知仁矣."(『논어』「이인里仁」)
8 부학府學은 관학官學의 일종이며, 부府 급에서 설치한다.
9 성차省箚는 성찰성찰省札과 같다. 고대에 중추中樞 각 성省의 문서를 말한다. 여기서는 주로
상서성의 차자箚子이다.

- 6월, 『태극도설』과 『통서』를 새로 교정하여 건안에서 간행하고, 『통서』의 이름을 『태극통서太極通書』로 바꾸다. 「태극통서후서太極通書後序」를 짓다.
- 7월, 다시 성차로 취임을 재촉하였으나 「회신최촉공직장回申催促供職狀」을 올려 사양하다.
- 채원정이 와서 함께 선주산仙洲山을 유람하고 시를 지어 화답하다.
- 9월 5일, 어머니 축오랑이 세상을 떠나다. 향년 70세. 조정에서는 그가 여묘廬墓를 해야 하기 때문에 입조하여 직책을 맡으라고 강요하지 못하다.
- 10월, 『정씨역전』의 교정을 완성하고 여조겸이 무주婺州에서 각하다.
- 12월, 건양으로 돌아와, 풍수에 정통한 채원정에게 어머니의 장지를 택해 달라고 부탁하다.
- 정식으로 『제의祭儀』(즉 『상례제의喪禮祭儀』)를 짓다.

## 41세 1170년(건도 6년 경인년)

- 정월, 담계에서 1백여 리 떨어진 건양 숭태리崇泰里 후산後山 천호天湖의 북쪽에 있는 한천오寒泉塢에 어머니를 장사지낸다. 오가며 여묘하기 위해 건양 서북쪽 노산蘆山 꼭대기의 운곡雲谷에 세 칸짜리 초당을 짓고 '회암晦庵'이라는 편액을 달다. 이때부터 '회암'이라 자호하고, 또 '운곡노인雲谷老人' 또는 '회옹晦翁'이라 일컫다. 회암이 완성되기 전에 한천오에서 한천정사寒泉精舍를 건립하고 배우러 오는 학생들을 받아들이다. 장장 6년에 달하는 한천정사의 저술 시기가 시작되다.
- 봄, 『태극도설해太極圖說解』 초고를 완성하여 장식과 여조겸에게 보내 토론하고, 윤5월에 이르러 『태극도설해』를 수정해서 완성하다.
- 5월, 여조겸과 함께 『중용』 「제일장」의 뜻을 강론하고, 「중용수장설中庸首章說」을 짓다.
- 7월, 아버지의 묘를 오부리의 백수白水 아자봉鵝子峰 아래로 이장하다.
- 가을, 『서명해의西銘解義』 초고를 완성하여 장식, 채원정과 여조겸에게 보내 토론하다.

- 9월, 「윤화정수필변尹和靖手筆辨」을 짓다.
- 정백웅鄭伯熊(1124-1181)과 함께 요순의 형벌을 토론하고, 「순전상형설舜典
  象刑說」을 짓다.
- 복건제거다염공사福建提擧茶鹽公事 정백웅이 주희가 교정한 『정씨유서程氏
  遺書』, 『정씨문집程氏文集』, 『정씨경설程氏經說』을 건녕에서 판각하다.
- 12월, 공부시랑 호전胡銓이 주희를 시인詩人으로 추천하여 왕정규王庭珪와
  함께 불렀으나, 행재소에 가서 거상 기간이 아직 끝나지 않았다는 이유로
  사양하다.

## 42세 1171년(건도 7년 신묘년)

- 5월, 숭안현 개요향開耀鄕에서 세 칸짜리 오부리사창五夫里社倉을 창건하다.
- 9월, 동쪽의 정화政和로 내려가서 성묘하고, 돌아오는 길에 이종사李宗思를
  방문하다.
- 「진심설盡心說」을 짓고, 『자치통감강목』의 범례를 정하다.
- 11월, 외삼촌 축교祝嶠의 상을 당해 우계로 가다. 주송의 위재와 자신의 출
  생지인 정안도의 관사를 그리며, 부친을 위해 자신이 쓴 '위재구치韋齋舊治'
  네 글자를 맡기고, 지현 석돈石塾에게 「위재기명발韋齋記銘跋」을 지어 돌에
  새겨 세워 달라고 부탁하다. 현학의 관대각觀大閣을 방문하고 「우계현학관
  대각尤溪縣學觀大閣」, 「석자중형시시유별차운위사삼수石子重兄示詩留別次韵
  爲謝三首」 등의 시를 짓다.
- 12월 26일, 성차가 내려 행재소에 오라고 재촉하였으나 「사면소명장辭免召
  命狀」을 올려 녹봉이 있어도 봉양할 수가 없다(祿不及養)는 이유로 사양하다.
- 『지언의의知言疑義』를 완성하다.

## 43세 1172년(건도 8년 임진년)

- 정월, 『어맹정의語孟精義』가 완성되어 건양에서 판각하다.
- 4월, 조서로 상경을 재촉하였으나 다시 「사면소명장辭免召命狀」을 올려 사

양하다. 5월 3일, 다시 사양하다.

- 26일, 『자치통감강목』 초고를 완성하고, 6월에 다시 수정하다.
- 6월, 성차로 내려 재차 행재소로 나오게 하였으나 다시 사양하다.
- 8월, 「논성답고論性答稿」와 『중화구설中和舊說』을 편성하다.
- 8일, 진량한陳良翰의 행장을 짓다.
- 9월, 성차로 불러 다시 행재소에 갔으나 또 사양하다.
- 『팔조명신언행록八朝名臣言行錄』이 완성되어 건양에서 판각하다.
- 10월, 『서명해의西銘解義』를 수정하여 완성하고, 아울러 「서명후기西銘後記」
  를 짓다.
- 담계의 집 대청에 '자양서당紫陽書堂'이라 새기고, 동편의 방을 '위재韋齋', 한
  거할 때 머무는 방을 '회당晦堂', 동재를 '경재敬齋', 서재를 '의재義齋', 이 다
  섯 칸 집의 이름을 '자양루紫陽樓'라 하고, 아울러 '자양紫陽'이라 자호하다.
- 「명당실기名堂室記」와 「경재잠敬齋箴」을 짓다.
- 장식과 『수사언인록洙泗言仁錄』에 대해 토론하고 「인설仁說」과 「교언영색설
  巧言令色說」을 짓다.
- 12월, 『대학장구』, 『중용장구』의 초고를 완성하고 장식과 여조겸에게 보내
  토론하다.
- 「재거감흥齋居感興」 시 20수를 짓다.
- 석돈을 위해 「극재기克齋記」와 「전심각전傳心閣傳」을 짓다.
- 「관과설觀過說」을 지어 호상학파의 '관과지인觀過知仁'설을 비판하다.
- 방사요方士繇(1148-1199)가 처음 찾아와 배우다. 방사요의 집안에 소장된 호
  안국의 수첩手帖에 발문을 짓다.

## 44세 1173년(건도 9년 계사년)

- 윤정월, 위섬지가 세상을 떠나다. 7월에 그의 장지에 가서 곡을 하고 묘지
  명을 짓다.
- 2월, 하호를 위해 「미도당기味道堂記」를 짓고, 유청지劉淸之를 위해 「유씨묵

장기劉氏墨莊記」를 짓고, 범념덕을 위해 「진심당기盡心堂記」를 짓다.

- 3월, 성차를 내려 재차 행재소에 나오라고 하였으나 거듭 사양하고 아울러 사록을 청하다.

- 4월 16일, 『태극도설해』 1권을 편정하고 아울러 「태극도설해론太極圖說解論」 뒤에 붙였으나 공개 발행하지 않다.

- 『통서해通書解』 2권을 편성하다.

- 5월 28일, 특별히 좌선교랑左宣教郞으로 바꾸고 태주台州의 숭도관崇道觀 주관을 하라는 성지를 내렸으나 「사면개관궁관장辭免改官宮觀狀」을 올려 다시 사양하다.

- 6월, 『정씨외서』 12편을 차례대로 편성하다.

- 맏아들 주숙을 여조겸에게 보내 배우게 하고, 반경헌潘景憲의 여택서원麗澤書院에 거처하게 하다.

- 7월, 『설문해자說文解字』를 교감하고, 공주贛州에서 인각하다.

- 8월 1일, 「건녕부건양현주부청기建寧府建陽縣主簿廳記」를 짓다.

- 9월, 우계현에서 학궁을 재건하고, 친히 「중수우계묘학기重修尤溪廟學記」와 「명륜당명明倫堂銘」을 짓고, '명륜당'이라는 편액을 써서 학궁에 걸다.

- 21일, 「중용집해서中庸集解序」를 짓다.

- 10월, 숙모 정씨丁氏의 상을 치르기 위해 정화로 가서 한 달여 동안 있다가 11월에 집으로 돌아오다.

- 11월, 『이락연원록伊洛淵源錄』 14권을 편성하다.

- 「사조명寫照銘」을 짓다.

- 「육선생화상찬六先生畫像贊」을 짓다.

- 24일, 이미 내린 지휘指揮에 따르고 사관면직辭官免職은 합당하지 않다는 성차가 내리다.

- 12월, 『정씨역전』을 재교하고, 여조겸이 무주에서 판각을 하다.

- 『제의祭儀』와 「인설仁說」을 수정하다.

- 이 해에 『시집해詩集解』를 재차 수정 산삭하다.

- 이 해에 넷째 딸 주사朱巳가 숭안 오부리에서 출생하다.

- 이 해에 유평劉玶의 『병산선생문집屛山先生文集』 편찬을 돕고 발문을 짓다.

## 45세 1174년(효종 순희淳熙 원년 갑오년)

- 2월, 상소를 올려 거듭 사양하다.

- 3월 26일, 사관면직을 윤허하지 않는다는 성지가 내리자, 다시 사양하다.

- 남쪽의 한천으로 내려가 어머니의 무덤을 성묘하고 다시 노봉蘆峰에 올라 운곡을 유람하다.

- 『제자직弟子職』, 『여계女誡』를 편찬 교정하고 건안에서 인각하다.

- 4월, 『대학』, 『중용』의 신본을 편찬 수정하고, 경經과 전傳을 나누고 장章의 순서를 새로 정하여 건양에서 인각하다.

- 5월 1일, 「건녕부숭안현오부사창기建寧府崇安縣五夫社倉記」를 짓다.

- 13일, 『고금가제례古今家祭禮』 16편을 차례대로 편성하다.

- 장재소章才昭와 함께 서암西巖을 유람하다.

- 6월 23일, 비로소 명을 받들다. 관직이 선교랑宣敎郞으로 바뀌고, 봉사奉祠를 하다.

- 백장산을 유람하고, 「백장산기百丈山記」, 「백장산육영百丈山六詠」을 짓다.

- 가을, 건녕에 큰 가뭄이 들자, 건녕부에 가서 부자득을 만나고, 건녕부와 구제에 관한 일을 토론하다.

- 장식, 여조겸, 오익 등과 심설에 관한 논변을 전개하고 「관심설觀心說」을 짓다.

- 이 해에 맏아들 주숙이 금화에서 반경헌의 맏딸과 혼인하다.

## 46세 1175년(순희 2년 을미년)

- 4월, 여조겸이 절강 동양東陽으로부터 한천에 와서 주희와 만나 40여 일 동안 함께 지내며 『근사록』을 수정 편찬하다. 여조겸과 상의하여 『정씨유서』

를 압축하여『정씨격언程氏格言』을 만들기로 결정하다.

- 5월 16일, 여조겸과 함께 강서 신주信州의 연산 아호로 가다. 28일 아호에
  도착하고, 아호사鵝湖寺에 온 육구령, 육구연 형제를 만나 아호의 강회를 하
  다. 분수령分水嶺을 지나 복건으로 들어갔으며 분수포分水鋪를 시로 읊다.
- 7월, 건양현 숭태리 운곡산 노봉 꼭대기에 주희가 두 번째로 세운 '운곡회
  암초당雲谷晦庵草堂'이 완공되자, 이를 위해「운곡기雲谷記」(「회암기晦庵記」)를
  짓다.
- 『제의』를 탈고하다.
- 8월, 원추袁樞의『통감기사본말通鑑紀事本末』을 위해 발문을 짓다.
- 『근사록』 14권을 수정하고「서근사록후書近思錄後」를 짓다.
- 11월, 소무로 가서 하호를 조문하고 묘갈명墓碣銘과 광지壙誌[10]를 짓다.
- 12월, 장식張栻을 위해「정강부우제묘비靜江府虞帝廟碑」,「우제묘영송신악
  가사虞帝廟迎送神樂歌詞」를 짓다.
- 『가례』의 초고를 완성하다.
- 이 해에『음부경고이陰符經考異』 1권을 편성하다.
- 이 해에 다섯째 딸 주소매朱小妹가 오부리에서 출생하다.

## 47세 1176년(순희 3년 병신년)

- 정월, 유규劉珪, 매제 유자상劉子翔과 함께 천호天湖, 장군암將軍巖, 금두金斗
  를 유람하고, 화답하는 시를 짓다.
- 시「입춘대설요유규보제형유천호立春大雪邀劉圭甫諸兄遊天湖」 등을 짓다.
- 봄, 황간이 입문하다.
- 유온劉韞이 오부리 옛집을 주희에게 증여하다.
- 3월 10일,「잡서기의雜書記疑」를 지어 왕빈王蘋의 불설佛說을 비평하다.
- 중순에, 무원으로 가서 선조의 묘에 제사지내고 돌아오다. 포성浦城을 지나
  구주衢州에 이르러서 왕응진을 위해 곡을 하고 제사지내다.

--------
10 '광지壙志'라고도 쓰며, '묘지墓志'를 말한다.

- 28일, 여조겸과 개화현 북쪽의 왕관국汪觀國, 왕기汪杞 형제의 청우헌聽雨軒
  에서 학문을 토론하기로 약속하니 바로 주희와 여조겸의 삼구三衢의 강회
  이다.
- 시 「왕단재청우헌汪端齋聽雨軒」을 짓다.
- 4월 12일, 무원에 이르러 조상의 묘에 성묘하고 조상의 묘를 복원하다.
- 6월, 내제內弟인 정윤부程允夫(이름은 순洵)를 위해 「존덕성재명尊德性齋銘」을
  짓다.
- 21일, 성차를 내려 비서성 비서랑으로 제수하다. 7월초와 8월말에 연달아
  두 차례 관직을 사양하는 서신을 올리다. 윤허하지 않자, 다시 사양하고 아
  울러 사록을 청하다.
- 7월, 구주 강산현江山縣의 신축된 현학의 대성전大成殿을 위해 기기를 짓다.
- 「정성설定性說」을 짓다.
- 「석씨론釋氏論」 상하편을 지어 이지한李之翰과 이종사李宗思의 불교설을 비
  판하다.
- 8월, 소무로 가서 노유老儒 황중黃中을 찾아뵙고, 열흘 동안 강론하고 진퇴
  進退의 절조를 여쭈다.
- 9월, 무이산의 충우관沖佑觀에 차견되다.
- 가을, 원추袁樞, 부백수傅伯壽 등을 맞이하여 무이를 유람하고 구곡九曲 벽
  계碧溪에서 뱃놀이하다.
- 10월 1일, 임천의 수령 조경명趙景明의 졸재를 위해 「졸재기拙齋記」를 짓다.
- 배우러 온 황중본黃仲本을 위해 「복재기復齋記」를 짓다.
- 11월 13일, 아내 유청사가 세상을 떠나다. 향년 44세.
- 『잠허潛虛』를 고정考訂하여 위서로 판정하고 『잠허고이潛虛考異』와 「서장씨
  소각잠허도후書張氏所刻潛虛圖後」를 짓다.
- 12월, 『열자列子』를 보고, 「관열자우서觀列子偶書」를 짓다. 장식과 함께 『사
  가예범四家禮範』을 짓다.

## 48세 1177년(순희 4년 정유년)

- 2월 7일, 염계서당이 중건되자, 「강주중건염계선생서당기江州重建濂溪先生書堂記」를 짓다.
- 4월, 건양현建陽縣 당석리塘石里의 대림곡大林谷에 아내를 장사 지내고 아울러 묘 옆에 '재여정宰如亭'과 '순녕암順寧庵'을 건립하다.
- 육구령, 육구연 형제가 모친상을 당하여 서신으로 부례祔禮(합장 예법)를 묻자, 답서를 보내다.
- 6월, 『논어집주』, 『논어혹문』, 『맹자집주』, 『맹자혹문』, 『대학장구』, 『대학혹문』, 『중용장구』, 『중용혹문』, 『중용집략』을 완성하고 차례를 정하다.
- 8월 3일, 오익이 세상을 떠나자 그를 위해 제문과 행장을 짓다.
- 장식이 「계사논어설癸巳論語說」을 보내옴에 이를 토론하고 「여장경부논계사논어설與張敬夫論癸巳論語說」을 짓다.
- 9월, 원추, 부백수, 양전梁瑑, 오영吳英과 함께 무이를 유람하였는데, 구곡에 배를 띄우고 시를 지어 화답하다.
- 10월 22일, 『시집해詩集解』 8권을 완성하고 차례를 정하다.
- 11월 5일, 「서마의심역후書麻衣心易後」를 지어 『마의심역』이 위서임을 밝히다.
- 24일, 장식을 위해 「정강부학기靜江府學記」를 짓다.
- 이 해에 『역전易傳』 12권을 완성하고 차례를 정하다.

## 49세 1178년(순희 5년 무술년)

- 정월, 시어사侍御史 사확연謝廓然이 글을 올려 정학程學을 금하라고 청하다. 여조겸에게 서신을 보내 우려의 감정을 표하다.
- 여름, 더위를 피해 청단淸湍 밀암密庵으로 가서 저술을 하고, 벗들을 불러 모아 많은 시를 읊다. 이때 『시집전詩集傳』을 저술하기 시작하다.
- 7월, 「호헌행장胡憲行狀」, 「유자우행장劉子羽行狀」을 짓다.
- 유요부劉堯夫, 요덕명廖德明, 방사요方士繇와 함께 천호, 담계, 근계芹溪, 운

곡, 황사黃沙, 무이 등지를 유람하고 시를 지어 읊다. 채원정, 유보, 유자상
이 와서 만나다.

- 8월, 강서 남강군南康軍(지금의 성자星子)의 지군 겸 관내권농사管內勸農事에
  제수되다. 사양하였지만 윤허하지 않다.
- 10월 1일, 장진張构이 원주의 주학에 주돈이와 이정의 하남삼선생사河南三
  先生祠를 건립하자, 「원주주학삼선생사기袁州州學三先生祠記」를 짓다.
- 사관면직을 윤허하지 않는다는 성지가 내리다. 서신을 올려 다시 사양하고
  봉사를 주청하다.
- 12월, 성차를 내려 남강군으로 부임하라고 재촉하다.
- 이 해에 진덕수, 위료옹이 태어나다.
- 「관문전학사유공행장觀文殿學士劉公行狀」과 시 「추일등천호秋日登天湖」를 짓
  다.

## 50세 1179년(순희 6년 기해년)

- 정월 20일, 다시 상소하여 사록을 주청하다. 25일에 길을 떠나 2월 4일에
  신주 연산鉛山의 숭수사崇壽寺에서 칙명을 기다리다.
- 2월 11일, 「건녕부건양현학장서기建寧府建陽縣學藏書記」를 짓다.
- 14일, 다시 사록을 주청하였으나 윤허하지 않다.
- 21일, 건양의 현학에 사현당을 건립함에, 「건양현학사현당기建陽縣學四賢堂
  記」를 짓다.
- 3월, 연산의 관음사觀音寺에서 육구령, 유요부와 사흘간 강론하다.
- 성차를 내려 남강으로 부임하라고 재차 촉구하다. 여조겸과 장식의 권유로
  30일에 남강으로 부임하다.
- 4월, 「지남강방知南康榜」을 선포하다.
- 군학軍學을 정돈하고, 학궁에 주돈이의 사당을 건립하고 이정을 배향하다.
- 도잠陶潛, 유환劉渙, 유서劉恕, 이상李常, 진관陳瓘 등 남강 출신 및 관련 명사
  다섯 분을 모신 오현사五賢祠를 건립하다. 사오일四五日마다 군학軍學에 가

서 강학하다.

- 『태극도설』과 『태극통서』를 다시 교정하다.

- 5월, 당唐나라 때의 효자 웅인섬熊仁瞻의 묘에 사람을 보내 정중하게 예를
  올리고, 「고웅효자묘문告熊孝子墓文」을 짓다.

- 유응지劉凝之의 묘를 다시 정비하고 장절정壯節亭을 건립하다. 「제둔전유거
  사묘문祭屯田劉居士墓文」과 「장절정기壯節亭記」를 짓다.

- 여산廬山의 남쪽, 오로봉五老峰 아래에 와룡암臥龍庵을 건립하고, 제갈량諸葛
  亮을 제사지내다.

- 조웅趙雄, 왕회王淮에게 차자를 올려 사록을 요청하였으나 회답을 받지 못
  하다.

- 6월, 남강군에 기근이 발생하자, 「걸견감성자세전장乞蠲減星子稅錢狀」을 올
  려 성자현의 감세를 주청하다.

- 사록을 청했으나 답을 얻지 못하다.

- 7월, 여러 관료들이 차자를 이용한 것이 합당하지 않다고 문제를 삼자, 자
  신을 탄핵하다.

- 8월, 호적이 다르면 재산을 달리하라는 명을 엄히 하다. 『효경』「서인장庶人
  章」에 주석을 달아 반포하다. 「효유형제쟁재산사曉喩兄弟爭財産事」를 짓다.

- 장재의 『횡거집』을 교정 보완하고 황호黃灝가 융흥에서 각판하다. 주돈이
  의 증손 주직경周直卿이 구강九江에서 찾아와 「애련설愛蓮說」의 문본墨本과
  「졸부拙賦」의 각본을 보여 주었는데, 이 글들에다 발문을 지어 주고 애련관
  과 졸재를 건립하여 보관하였다.

- 10월, 건창현建昌縣에 가을 가뭄이 들었는데 관리를 잘 못해 현민縣民들이
  유랑하자, 자신을 탄핵하다.

- 15일, 피당陂塘(저수지)을 순행시찰하다가 여산의 동쪽 이가산李家山에서 백
  록동서원의 옛터를 발견하고 『백록동첩白鹿洞牒』을 배포하였으며, 서원을
  복원해 달라고 상소하다.

- 27일, 융흥의 부학府學에 염계선생 사당이 건립되자, 「융흥부학염계선생사기隆興府學濂溪先生祠記」를 짓다.
- 11월 15일, 장식이 곡강루를 낙성하자, 「강릉부곡강루기江陵府曲江樓記」를 짓다.
- 12월, 진晉나라 때 태위太尉 도위공陶威公(도간陶侃)의 사당에 편액을 하사해 달라고 신청하다.
- 건창현 문제로 아직 처분을 받지 못했다는 이유로 재차 자신을 탄핵하다.

## 51세 1180년(순희 7년 경자년)

- 정월, 사록을 청하였으나 회답을 듣지 못하다.
- 2월 2일, 장식이 세상을 떠나다. 향년 48세. 부음이 전해지자 연회를 파하고 곡을 하다. 사람을 보내 치제致祭하다. 장식의 장례에도 사람을 보내 치제하다.
- 「걸견감성자세전제이장乞蠲減星子稅錢第二狀」을 올려 성자현의 감세를 다시 주청하다.
- 「권농문勸農文」, 「권유축경안勸諭築埂岸」, 「신유경상방申諭耕桑榜」을 반포하고, 성자현의 지현知縣 왕문림王文林의 뽕나무 심는 법을 널리 보급하다.
- 3월, 육씨 형제의 제자 만인걸萬人傑이 찾아와 학문을 묻다.
- 정이가 방원채方元寀에게 준 서첩을 얻어 백록동서원에서 이를 돌에 새기다.
- 사수沙隨(지금의 하남성 영릉현寧陵縣 북쪽)의 정형程迥, 협주峽州(지금의 호북성 의창宜昌)의 곽옹郭雍(1106-1187)과 역학에 관해 토론하다.
- 18일, 백록동서원이 재건되자, 석채釋菜[11]를 하고 강학을 시작하며 스스로 동주洞主를 맡다. 다시 사록을 청하였으나 윤허하지 않다. 「백록동부白鹿洞賦」, 「백록동성고선성문白鹿洞成告先聖文」을 짓고, 「백록동서원학규白鹿洞書

---

11 '석채釋菜'란 고대에 학교에 들어갈 때 채소만 올려서 선성先聖과 선사先師에게 제사지내는 의식을 말한다.

院學規」를 정하다.

- 「걸이사수후종사선성장乞以泗水侯從祀先聖狀」을 올려 사수후泗水侯 공리孔鯉 (공자의 아들)를 공자의 사당에 종사하도록 주청하다.

- 「걸반강예서장乞頒降禮書狀」, 「걸증수예서장乞增修禮書狀」을 올려 예서와 증보한 예서를 내려주기를 주청하다.

- 4월, 「논목탄전이해차자論木炭錢利害箚子」를 올려 속현屬縣의 목탄전을 감면해 줄 것을 주청하다.

- 16일, 『위재집韋齋集』을 정리하고 융흥隆興에서 각판하였으며, 부자득이 서문을 쓰다.

- 21일, 조서에 응해 「경자응조봉사庚子應詔封事」를 올리다.

- 사록을 청했으나 회답을 얻지 못하다.

- 6월, 남강군 지역에 큰 가뭄이 발생하다.

- 7월, 「재주남강군한상장再奏南康軍旱傷狀」을 올려 남강군의 가뭄 재해를 다시 아뢰다. 황정荒政을 대대적으로 시행하다.

- 8월, 차자를 올려 사록을 청하였으나 회답을 얻지 못하다.

- 9월, 「신주연산현학기信州鉛山縣學記」를 짓다.

- 가뭄을 조정에 고하여 남강군이 공동으로 임대한 묘미苗米 4만7천여 석을 면제해 주고, 재난을 조사해 구호물자 3만8천여 석을 방출해 줄 것을 주청하다.

- 29일, 육구령이 세상을 떠나다. 향년 49세. 그를 위해 제문을 짓다.

- 「걸지전미수축석제차자乞支錢米修築石堤箚子」, 「걸최수석제차자乞催修石堤箚子」를 올려 강을 따라 돌 제방을 수축해 줄 것을 주청하다.

- 11월, 『어맹정의語孟精義』를 보완하고 『어맹요의語孟要義』로 개명하여 융흥에서 각판하다.

- 28일, 와룡암이 낙성되자 「와룡암기臥龍庵記」를 지어 제갈무후諸葛武侯(제갈량)를 기리다.

## 52세 1181년(순희 8년 신축년)

- 정월, 성자현星子縣, 도창현都昌縣, 건창현建昌縣 등 세 현에 구제미를 파는 곳 35마당을 설치하여 21만7천8백80명을 구휼하다. 경총제전과 월장전月椿錢을 면제해 줄 것을 신청하다.
- 2월, 육구연이 남강을 방문하여 그의 형 육구령陸九齡을 위해 묘지명을 지어 줄 것을 부탁하다. 육구연이 백록동서원에서 강학하였는데, 역사에서 이를 남강지회라 하다.
- 3월, 제거강남서로상평다염공사提擧江南西路常平茶鹽公事로 제수되어 차례를 기다리다.
- 윤3월, 우무尤袤가 찾아와 함께 여산을 유람하고, 「여산잡영廬山雜詠」 14편을 짓다.
- 윤3월 27일, 남강군에서 이임한 후 새로운 직책이 없어 숭안의 집으로 돌아와 차례를 기다리다.
- 28일, 「서원암기西原庵記」를 짓다.
- 「북산기행北山紀行」 12장章을 짓다.
- 4월, 강주江州를 지나다가 염계서당에 들러 주돈이에게 모배膜拜하다.
- 『고금가제례』를 보완하여, 건안에서 각판하다.
- 7월 17일, 선교랑직비각宣教郞直祕閣에 제수되자, 7월 18일, 9월 4일, 9월 22일 등 세 차례에 걸쳐 「사면직비각장辭免直祕閣狀」을 올려 사양하다.
- 「심의제도深衣制度」를 짓다.
- 7월 29일, 여조겸이 세상을 떠나다. 향년 45세.
- 8월, 여조겸의 부음이 이르자, 신위를 설치하고 곡을 하다.
- 절동에 기아가 발생하다.
- 9일, 무원현의 지현 주사청周師淸이 현학에 주돈이, 정호, 정이를 모신 사당을 세우자, 「휘주무원현학삼선생사기徽州婺源縣學三先生祠記」를 짓다.
- 9월, 제거양절동로상평다염공사提擧兩浙東路常平茶鹽公事에 제수되어 명을

받고 행재소에 가서 「제절동제거걸주사장除浙東堤擧乞奏事狀」을 올려 사정을 아뢰기를 주청하다.

- 11월, 재해 지역을 향해 출발하다. 원래 하사한 21만 석에다 다시 실사를 통해 30만 석을 하사하고, 아울러 1백70만을 지출하여 쌀을 사서 구제해 줄 것을 주청하다.

- 26일, 임안으로 가서 일곱 편의 차자, 이른바 「신축연화주차辛丑延和奏箚」를 올려 연화전에서 사정을 아뢰다.

- 12월 6일, 절동에 부임하여 서흥西興에서 공무를 보다.

- 「주소흥부도감가우지불초차기민장奏紹興府都監賈祐之不抄箚饑民狀」을 올려 소흥부 병마도감兵馬都監 가우지賈祐之를 탄핵하다.

- 24일, 조칙으로 '사창법社倉法'을 모든 노路의 주州와 군郡에 시행하게 하다.

## 53세 1182년(순희 9년 임인년)

- 정월, 소흥부의 속현과 무주婺州, 구주衢州 등지를 순시하다.

- 순시 중에 승현嵊縣에 이르러, 소흥부 차지사差指使 밀극근密克勤이 진휼미를 가로챘음을 알고 「주소흥부지사밀극근투도관미장奏紹興府指使密克勤偸盜官米狀」을 올려 탄핵하다.

- 순시 중에 무주 금화현金華縣 효순향孝順鄉에 이르러, 부호 주희적朱熙績이 진조賑糶에 불복하므로 「주상호주희적불복진조장奏上戶朱熙績不伏賑糶狀」을 올려 탄핵하다.

- 17일, 여조겸의 묘에서 곡을 하다.

- 구주의 지주知州 이역李嶧이 황정을 시행하지 않아, 「주구주수신이역불유의황정장奏衢州守臣李嶧不留意荒政狀」을 올려 탄핵하다.

- 구주의 원차감주고元差監酒庫 장대성張大聲과 용유현龍遊縣의 현승縣丞 손자孫孜가 재해를 검사하여 진휼한 것이 부실하여, 「주장대성손자검방한상부실장奏張大聲孫孜檢放旱傷不實狀」을 올려 탄핵하다.

- 영강永康 사람 진량陳亮이 내방하다.

- 2월, 소흥으로 돌아와서, 「걸사전삭장乞賜鐫削狀」을 올려 탄핵한 관리들의 관직을 강등하고 삭탈할 것을 청하다.
- 6월, 여조겸이 정한 『고주역古周易』을 무주에서 인각하고, 「기숭산조씨괘효단상설記嵩山晁氏卦爻象象說」을 짓다.
- 『급취편急就篇』을 교정하여 무주에서 인각하다.
- 『대학장구』, 『중용장구』, 『논어집주』, 『맹자집주』를 모아 하나로 엮어 무주에서 간각하다. 이를 훗날 『사서장구집주』라 하다.
- 가뭄이 들어 「수덕정이미천변장修德政以弭天變狀」을 상주하다.
- 여러 주州의 이로움과 병폐를 조목조목 상주하다.
- 26일, 석돈石墪이 세상을 떠남에 묘지명을 짓다.
- 7월, 「주황충상가장奏蝗蟲傷稼狀」을 올려 메뚜기 떼가 농작물에 피해를 주었음을 상주하다.
- 어필御筆을 받들어 회주回奏하다.
- 소흥부의 속현을 차례대로 순시하고 태주台州의 경계에 들어가다.
- 16일, 「신지강산현왕집중부직장申知江山縣王執中不職狀」을 올려 강산현의 지주 왕집중王執中이 직무를 감당치 못함을 아뢰고 파출시킬 것을 주청하다.
- 영해현寧海縣의 지주 왕벽강王辟綱이 직무를 감당치 못함을 아뢰고 파출시킬 것을 주청하다.
- 「신걸허영좌자진악묘장申乞許令佐自陳嶽廟狀」을 올려 영슈, 좌佐가 스스로 악묘嶽廟에 진설할 수 있게 해 달라고 주청하다.
- 무주의 통판通判 조선견趙善堅을 유임시켜 진휼할 수 있도록 해 달라고 상주하다.
- 7월, 「안지태주당중우장按知台州唐仲友狀」을 올려 태주의 전지주前知州 당중우唐仲友의 횡령과 불법을 상주하여 탄핵하다.
- 8월, 태주에 머물러서 당중우를 파출시켜 달라고 상소하다.
- 18일, 강남서로제점형옥공사江南西路提点刑獄公事에 제수되고, 이 날 태주를

- 떠나 순행 시찰하다. 장계를 올려 당중우를 파출시킬 것을 주청하다.
- 22일, 처주處州 진운현縉雲縣의 경계에 들어가서, 처분을 아직 받지 못했다는 이유로 당중우를 재차 파출시켜 달라고 상소하다.
- 영가의 현학에 있는 진회의 사당을 헐어야 한다는 이문移文[12]을 보내다.
- 9월, 직휘유각直徽猷閣에 제수되었으나 사양하고 아울러 당중우를 탄핵하는 여섯 번째 상소를 올리다.
- 「사면강서제형주장辭免江西堤刑奏狀」을 올려 강남서로제점형옥공사를 사양하다. 그 이유는 이 벼슬이 원래 당중우에게 내려졌던 것인데 주희에게 대신 맡으라고 했기 때문이다. 12일, 임지를 떠나 돌아오다.
- 10월, 조서를 내려 강동제형 양총梁總과 함께 두 사람이 그 임무를 바꾸라고 하였으나 「사면강동제형주장辭免江東堤刑奏狀」을 올려 사양하다. 조서를 내려 회피回避[13]를 면하게 하였으나 다시 사양하다.
- 16일, 「초은조招隱操」를 짓다.
- 23일, 경주의 지주 한벽韓璧이 지락정을 건립하자, 「경주지락정기瓊州知樂亭記」, 「경주학기瓊州學記」를 짓다.
- 11월 14일, 직함을 받았으나 여전히 강동제형 임무는 사양하고 아울러 사록을 청하다.
- 셋째 딸 주태朱兌가 제자 황간과 오부리 자양루에서 혼인하고 자양서당紫陽書堂에서 살다.
- 12월, 왕회의 지휘를 받은 이부상서 정병鄭丙이 사람을 시켜 도학을 반대한다는 상소를 올리다.

----------
12 이문移文이란 서로 예속되지 않은 관공서 사이에 주고받는 공문서를 말한다.
13 '회피回避'는 고대에 관리들이 사사로운 정에 얽매이는 것을 방지하는 제도이다. 일반적으로 문관은 본적 혹은 원적의 직무를 맡을 수 없고, 친족이 동일한 지역 혹은 동일한 기관에서 직무를 맡으면 직급이 낮은 관리는 회피해서 근무지를 바꾸어야 한다. 주희는 조상의 고향이 강동이라 분묘墳墓와 종족, 그리고 작은 전답이 강동에 있으니 회피에 해당한다는 이유를 들어 사양하였다. 그러자 효종 조신이 회피를 면해 준다고 조서를 내렸던 것이다.

## 54세 1183년(순희 10년 계묘년)

- 정월, 태주의 숭도관崇道觀 주관으로 임명되다. 2월에 명을 받들다.
- 「감춘부感春賦」를 지어 절동에서 돌아온 후의 심경을 읊다.
- 은병봉隱屛峰 남쪽 기슭의 평림도平林渡 구곡계九曲溪에 무이정사를 짓기 시작하다.
- 2월, 『자치통감강목』을 수정하다.
- 18일, 「장주용암현학기漳州龍巖縣學記」를 짓다.
- 3월 9일, 강남서로전운사江南西路轉運司의 양제원이 건립되자, 「강서운사양제원기江西運司養濟院記」를 짓다.
- 복건 안무사安撫使 조여우趙汝愚에게 서신을 보내 그를 위해 복건의 부적附籍[14]과 염법 등의 제반 사무를 조언하다.
- 4월, 무이정사가 완성되자, 「무이정사잡영십이수武夷精舍雜詠十二首」를 지어 그 뛰어남을 노래하다.
- 은병봉 아래에 정자를 건립하고 '만대정晚對亭'이라 부르다.
- 「자교암기慈教庵記」를 짓다.
- 5월 4일, 「소주주학염계선생사기韶州州學濂溪先生祠記」를 짓다.
- 28일, 무원에 성묘 가서 『무원다원주씨세보婺源茶院朱氏世譜』를 수정하여 완성하다.
- 6월 5일, 감찰어사 진가陳賈가 오로지 주희만을 지목하며 위학僞學을 금지해 줄 것을 청하다.
- 7월, 『소학』을 편찬하기 시작하다.
- 10월, 남쪽의 천주泉州로 내려가서, 8월에 세상을 떠난 시우詩友 부자득을 조문하고, 그 기간에 조여우, 진준경, 진지유陳知柔와 서로 만나 도를 논하다. 하순에 천주에 가서 진지유와 연화봉蓮華峰, 구일산九日山, 양봉凉峰, 봉황산鳳凰山, 운대산雲臺山 등을 유람하며 많은 시를 짓다.

---------
14 '부적附籍'이란 본지 호적에 기록된 외지인을 가리킨다.

- 11월, 북쪽의 포전蒲田으로 올라가고, 중순에 복주에 이르러 조여우와 서호西湖의 준설, 복건의 염법 등 제반 사무를 계획하다.
- 12월 9일, 복주를 떠나 숭안으로 돌아오다.
- 12월, 나원羅願이 주희가 교정校訂한 『급취편急就篇』을 악주鄂州에서 간각하다.
- 이 해에 제갈천능諸葛千能, 포양包揚 등이 찾아와 학문을 묻다.

## 55세 1184년(순희 11년 갑진년)

- 정월 14일, 「악주사직단기鄂州社稷壇記」를 짓다.
- 20일, 「건녕부숭안현학전기建寧府崇安縣學田記」를 짓다.
- 2월, 벗, 학생들과 무이구곡武夷九曲을 유람하고 「무이도가십수武夷棹歌十首」를 짓다.
- 3월, 「독여씨시기상중편讀呂氏詩記桑中篇」을 지어 「모시서毛詩序」를 뛰어넘는 시학 사상을 체계적으로 논술하다.
- 하옥된 진량이 5월 25일에 죄명을 씻고 출옥하였는데, 이는 주희와 도학에 타격을 주기 위한 의도이다.
- 7월, 복건에 지진이 나고 큰 가뭄이 나자, 안무사 조여우와 황정을 상의하다.
- 12월 4일, 천주의 수령 사마급司馬伋이 각한 사마광의 『자치통감거요력資治通鑑擧要歷』에 서문을 짓다.
- 6일, 『장남헌문집張南軒文集』을 편찬 교정하여 완성하고 「장남헌문집서張南軒文集序」를 지어 건양에서 각판하다.
- 장식과 여조겸의 화상찬畵像讚을 각각 짓다.
- 이 해에 황간, 포정包定, 여도일呂道一, 진문울陳文蔚, 여대아余大雅(1138-1189) 등이 무이로 와서 학문을 묻다.

## 56세 1185년(순희 12년 을사년)

- 이 해에 『대학집해』 신본을 고쳐서 확정하다.

- 봄, 서신을 통해 진량과 의리義利와 왕패王霸의 문제를 논변하다.
- 2월, 사록의 임기가 만료되어 다시 사록을 청하다.
- 4월, 화주華州의 운대관雲臺觀 주관으로 파견되다.
- 이 해에 육구연을 영수로 하는 육학陸學과 태극을 논변하다.
- 8월 14일, 강산현의 현학에 경행당을 세우고 「구주강산현학경행당기衢州江山縣學景行堂記」를 짓다.
- 9월, 진량이 서신을 보내 다시 의리와 왕패를 논변하다.
- 10월 1일, 「무주금화현사창기婺州金華縣社倉記」를 짓다.
- 12월, 「왕씨속경설王氏續經說」을 짓다. 의리와 왕패에 관한 진량과의 논변은 이로써 마무리되다.

## 57세 1186년(순희 13년 병오년)

- 3월, 복건에서 이임하여 무이를 거쳐 사천제치사四川制置使로 부임하러 가는 조여우와 함께 복건의 지폐 발행과 염법 개혁 문제를 토론하다.
- 16일, 『역학계몽易學啓蒙』을 완성하고 차례를 확정하다.
- 곽옹郭雍, 정형程迥, 정대창程大昌, 조선예趙善譽, 원추袁樞, 임률林栗 등과 역학에 대해 논변하고, 『시괘고오蓍卦考誤』를 짓다.
- 4월 5일, 단양丹陽의 두종주竇宗周가 아우 두징竇澄과 함께 무이에 와서 학문을 묻다.
- 5월, 『사서장구집주』를 수정하다. 이 책을 광서안무사廣西安撫使 첨의지詹儀之가 계림桂林에서 인각하고, 사천제치사 조여우가 성도에서도 인각하다.
- 7월 16일, 건양의 장탄사창長灘社倉을 위해 기記를 짓다.
- 19일, 대천사창大闡社倉을 위해 기記를 짓다.
- 가을, 복건에 큰 가뭄이 들자, 복건의 통판通判 왕사유王師愈에게 서신을 보내 황정과 재난 구제를 의논하다.
- 8월 12일, 『효경간오孝經刊誤』가 완성되다.
- 10월, 『시집전』이 완성되다. 「시서변설詩序辨說」을 지어 뒤에 붙이고 건안에

서 각판刻版하다.

- 11월 21일, 진준경陳俊卿이 세상을 떠나다.
- 12월 20일, 소무邵武의 군학軍學에 있는 이강의 사당을 위해 「이강사기李綱
  祠記」를 짓다.
- 육구소陸九韶에게 서신을 보내, 무극, 태극과 「서명西銘」의 리일분수설을 다
  시 논하다.
- 『귀산별록龜山別錄』을 위해 발문을 써서 복주에서 각판刻版하다.
- 이 해에 조번趙蕃이 처음으로 수학하다.

## 58세 1187년(순희 14년 정미년)

- 정월 초하루, 채원정의 『율려신서』가 완성되어, 서문을 짓다.
- 포전蒲田에 가서 진준경을 조문하고 「제진복공문祭陳福公文」을 짓다. 천주泉
  州에 가서 옛 친구를 방문하고, 만여거사 이진의 묘갈명을 짓다. 복주를 거
  쳐 돌아오면서 벗과 고산鼓山, 영원동靈源洞을 유람하고, 수운정水雲亭에 올
  랐으며, 석문 길옆에 마애석각摩崖石刻을 남기다.
- 3월, 『소학』이 완성되다.
- 작은 할아버지 주변朱弁을 전당현錢塘縣 적선봉積善峰 아래에 장사지내고
  그의 행장을 지었으며, 우무에게 묘지명을 부탁하다.
- 운대관 사록의 임기가 만료되자, 다시 사록을 청하여 남경南京의 홍경궁鴻
  慶宮 주관으로 파견되다.
- 4월, 부임하다. 「변홍경궁유감辨鴻慶宮有感」을 짓다.
- 호남제형湖南提刑 송약수宋若水가 중수한 석고서원石鼓書院을 위해 「형주석
  고서원기衡州石鼓書院記」를 짓다.
- 5월, 육구소陸九韶에게 서신을 보내 태극에 관한 논변을 그만두다. 다시 육
  구연에게 서신을 보내 육씨의 심학을 비판하다.
- 7월 10일, 소무邵武의 임희이任希夷(1156-?)가 와서 학문을 묻다. 그의 집에
  소장된 소식과 소철의 유적遺跡에 발문을 짓다.

- 강남서로제점형옥공사江南西路提点刑獄公事에 제수되고, 28일에 사록이 면직되어 차례를 기다리며 「사면강서제형장辭免江西堤刑狀」을 올려 병을 이유로 사양하였으나 윤허하지 않다.
- 9월 6일, 『통서해通書解』가 완성되다.
- 장주의 주학에 있는 동계 고등의 사당을 위해 「장주주학동계선생고공사기漳州州學東溪先生高公祠記」를 짓다.
- 18일, 호부시랑 장진張构에게 서신을 올려 정주汀州의 경계經界를 시행해야 함을 간절히 주청하다.
- 반우공潘友恭과 함께 『예서禮書』를 짓다.
- 10월 8일, 고종 조구趙構가 세상을 떠나다.
- 『군신복의君臣服議』를 지어 상복제도의 수정을 논하다.
- 11월 12일, 넷째 딸 주사朱巳가 열다섯 살 나이로 세상을 떠나 크게 상심하다. 「여사지명女巳誌銘」을 짓다.
- 27일, 정단몽程端蒙(1143-1191), 동수董銖가 정순程洵과 약속을 하고 무이에 와서 학문을 묻다. 정단몽과 동수의 공저 『정동이선생학칙程董二先生學則』에 발문을 짓다.
- 12월, 진량陳亮, 신기질辛弃疾과 아호鵝湖, 자계紫溪에서 만나기로 약속하였으나 가지 못하다.

## 59세 1188년(순희 15년 무신년)

- 정월, 입조해서 주사奏事하라는 성지가 내리다.
- 2월, 다시 「사면강서제형차자辭免江西堤刑箚子」를 올려 병을 이유로 사양하고 사록을 주청하였으나 윤허하지 않다.
- 3일, 처음으로 『태극도설해』와 『서명해의西銘解義』를 선보이고, 발문을 짓다.
- 3월 18일, 길을 떠나다.
- 4월 1일, 차자를 올려 다시 사양하고 사록을 청하다. 신기질과 신주信州에서 만나다. 4일 옥산玉山에 이르러 다시 차자를 올려 사양하고 사록을 청하다.

- 육구연의 「논무극태극서論無極太極書」를 얻다.
- 5월, 여조검이 난계蘭溪로 와서 만났다.
- 중순, 옥산을 떠나 북쪽으로 올라가다. 하순, 임안에 이르러 영토를 회복하
  자는 글을 올린 진량과 만나다.
- 6월 1일, 병부시랑 임률林栗이 방문하여 『주역』과 「서명」에 대해 논했으나
  뜻이 맞지 않다.
- 7일, 연화전延和殿에서 「무신연화주차戊申延和奏箚」를 올리다.
- 8일 병부낭관兵部郎官에 제수되었으나 족질로 인해 조정에 요양을 위한 휴
  가를 신청하고 잠시 직무를 맡지 않다.
- 9일, 임률林栗이 주희가 군주를 속이고 경시한다는 이유로 탄핵하다. 그날
  차자를 올려 사록을 청하다.
- 11일, 조서를 내려 옛 직함 강서제형江西提刑에 임명하고 곧바로 시행하게
  하다.
- 12일, 임안을 떠나 돌아오다. 구주衢州에 이르러 차자를 올려 신임을 사양
  하다.
- 26일, 속히 강서제형으로 부임하라는 성차가 내려오다.
- 7월 상순, 임안으로 돌아가서 다시 「사면강서제형장辭免江西堤刑狀」을 올려
  강서제형 임무를 사양하고 아울러 사록을 청하다.
- 중순, 「사면마감전관장辭免磨勘轉官狀」을 올려 마감磨勘[15]으로 조봉랑朝奉郎
  으로 전직되는 것을 사양하다.
- 『주역본의』가 완성되다.

----------

15 '마감磨勘'이란 당송시대에 관원의 근무 성적을 심사하여 승진시키는 제도이다. 당대에
문무 관리는 주州·부府와 백관의 관장이 심사하는데, 아홉 등급으로 나누어 고과 문서에
기입하고 임기가 만료되면 근무 성적의 심사에 의거하여 승진과 강등을 결정하고 아울러
이부와 각도 관찰사 등의 재검을 거치는데, 이를 '마감'이라 부른다. 송대에는 심관원審官
院을 설치하여 이 일을 맡게 하였다. 심관원은 동서의 두 원으로 나누었는데, 동원東院에
서는 문관의 전형을 주관하고, 서원西院은 무관의 전형을 주관하다. 원풍元豐(1078-1085)
연간 이후에는 그 직무가 이부吏部의 관할이 되었다.

- 26일, 직보문각直寶文閣에 제수되고, 서경西京의 숭산崇山에 있는 숭복궁崇福宮 주관이 되다.
- 홍매洪邁(1123-1202)가 「태극도설」 첫 구를 제멋대로 고치자, 「기염계전記濂溪傳」을 지어 배척하다.
- 8월 14일, 「사면직보문각장辭免直寶文閣狀」을 올려 직함을 사양하고, 관직의 승진을 사양하였으나 모두 윤허하지 않아 마침내 명을 받들다.
- 9월 26일, 간의대부 사악謝諤(1121-1194)의 추천으로 다시 불렀으나 사양하다.
- 10월, 상경하여 입대入對[16]하고, '정심성의正心誠意'를 강론하다. 아울러 차자 5편을 상주하다.
- 11월 7일, 1만 자에 달하는 「무신봉사戊申封事」를 상주하여, '마음을 바로 잡고(正心)', '대신을 가려 등용하며(選任大臣)', '법도를 진작시켜야 함(振擧綱維)'을 주장하다.
- 17일, 서태을궁西太乙宮 주관과 숭정전설서崇政殿說書를 겸하게 하다.
- 12월 상순, 「사면숭정전설서주장辭免崇政殿說書奏狀」을 올려 숭정전설서를 사직하다.
- 「진준경행장陳俊卿行狀」을 짓다.

## 60세 1189년(순희 16년 기유년)

- 정월 23일, 비각수찬祕閣修撰에 제수되다. 이전처럼 서경의 숭산에 있는 숭복궁崇福宮의 주관이 되다.
- 2월 2일, 효종 조신이 양위하고, 광종 조돈趙惇이 즉위하다.
- 직명을 사양하였으나 윤허하지 않다.
- 4일, 「대학장구서大學章句序」를 짓고, 정식으로 『대학장구』의 차례를 확정하다.

---

16 '입대入對'란 신하가 궁궐에 들어가 임금이 낸 문제 혹은 질문에 대답하는 일을 말한다.

- 육구연에게 서신을 보내 무극과 태극을 논변하다. 주희와 육구연의 논변이 이때 끝나다.
- 3월, 탄핵으로 파면되어 돌아가는 원추와 대호大湖에서 만나서 「수조가두水調歌頭」를 짓다.
- 18일 정식으로 「중용장구서」를 짓고, 『중용장구』를 집필하다.
- 4월 22일, 다시 직명을 사양하다.
- 5월, 청한 대로 윤허를 받고, 예전처럼 직보문각을 맡다. 표창하는 조서가 내리다.
- 6월, 「황극변皇極辨」을 짓고, 다시 무극과 태극을 논변하다.
- 「양생주설養生主說」을 짓다.
- 7월, 재상 유정留正이 광종 조구의 측근 강특립姜特立을 파면하라고 탄핵하고, 방향을 바꾸어 도학자를 등용하라고 아뢰다.
- 8월 9일, 강남동로전운부사江南東路轉運副使에 제수되고, 사록에서 해임되었는데, 조부가 강동에 살아서 마땅히 회피回避를 해야 한다는 이유로 이를 사양하다.
- 9월, 제도를 바꾸고 널리 은혜를 입어 조산랑朝散郎으로 전직되고 비의緋衣 (조관朝官의 붉은색 관복)와 은어銀魚[17]를 하사받다. 회옹晦翁이라 자호하다.
- 유청지가 세상을 떠나다.[18] 이듬해 「제유자징문祭劉子澄文」을 짓다.
- 10월 5일, 조서를 내려 회피回避를 면하게 하고 조속히 임지로 가게 하였으나, 21일, 「사면강동운사장辭免江東運使狀」을 올려 다시 사양하다.
- 11월, 장주漳州의 지주로 바꾸어 제수함에, 「사면지장주장辭免知漳州狀」을 올려 다시 사양하였으나 윤허하지 않다. 12월이 되어서야 비로소 조명을 받들다.

---

17 '은어'란 은어부銀魚符의 준말로서 은으로 만든 물고기 모양의 부신符信 즉 어부魚符를 말한다. 당나라 때부터 오품 이상의 관원이 차서 신분을 표시하는데 사용하였다. 또한 병사를 출동시키거나 궁문 혹은 성문을 출입할 때도 사용하였다.
18 유청지의 생몰년을 보통 1134-1190으로 보는데, 연보에서는 몰년이 1189년으로 되어 있어 1년의 차이가 있다.

- 자허도인紫虛道人 최가언崔嘉彦이 세상을 떠나자, 만시輓詩를 지어 애도하다.

## 61세 1190년(광종光宗 소희紹熙 원년 경술년)

- 2월, 『초사협운楚辭叶韻』을 완성하여 장주漳州에서 간각刊刻하다.
- 중순에, 길을 떠나 장주로 부임하다.
- 3월 상순, 남검주에 이르러 사현沙縣의 현재縣宰 황동黃東과 장주의 폐정을 개혁하는 일을 토론하다. 복주에 이르러 복건안무 마대동馬大同을 만나서 함께 복건의 정사를 토론하다.
- 4월 13일, 선유仙游에 가서 채양蔡襄, 공무량龔茂良의 집을 방문하다. 24일, 임지인 장주에 가서 주현州縣의 관리 명부를 발표하다.
- 5월, 「장주효유사송방漳州曉諭詞訟牓」을 발표하여 송사를 정리하다.
- 「걸견감장주상공경총제액등전장乞蠲減漳州上供經總制額等錢狀」을 올려 장주의 경제전經制錢과 총제전總制錢을 경감하고 절다전折茶錢을 없애며, 용안여지간전龍眼荔枝干錢 등의 가혹한 부세를 없앨 것을 주청하다.
- 6월, 안무전운제형제거사사安撫轉運提刑提擧使司에게 「경계신제사장經界申諸司狀」을 올려 경계의 이해관계를 조목조목 진술하고, 경계의 시행법을 상세히 진술하다.
- 「효유거상지복준예율사曉諭居喪持服遵禮律事」를 발표하여 예교를 정돈하다.
- 7월, 다시 「재신제사장再申諸司狀」을 올려 여러 관청에서 경계를 시행할 것을 주청하다.
- 8월, 조서를 내려 천주와 장주를 관찰하고 예측해서 먼저 경계를 시행하게 하자, 「조주경계장條奏經界狀」을 올리다.
- 「효시경계차갑두방曉示經界差甲頭榜」을 발표하다.
- 「권여도환속방勸女道還俗榜」, 「게시고령선생권유문揭示古靈先生勸諭文」, 「권유방勸諭榜」을 발표하여 풍속을 정돈하다.
- 9월, 「안황급장按黃岌狀」을 올려 장포현위漳浦縣尉 황급黃岌의 죄상을 탄핵 상주하다.

- 10월 1일, 『초사협운』의 발문을 짓다.
- 10월, 경계가 시행되지 않고, 경내에 지진이 발생하고, 족질로 인해 황제가 베푼 연회에 갈 수 없었던 일 등으로 자신을 탄핵한 「여유승상차자與留丞相箚子」를 올리고 봉사奉祠에서 해임해 줄 것을 주청하였으나 윤허하지 않다.
- 석전예의釋奠禮儀에 관한 여러 일을 「신예부검장申禮部檢狀」으로 올리다.
- 정흥예鄭興裔에게 글을 올려 조정에서 경계를 시행하도록 촉구해 줄 것을 간청하다.
- 11일, 『시집전』, 『서경』, 『주역본의』, 『춘추』의 네 경서를 군郡에서 간각하다.
- 11월, 조여우가 복주안무사 겸 복주 지주로 부임하자, 편지로 거자창擧子倉[19]과 염법 등에 관해 논의하다.
- 11월 26일, 조서를 내려 먼저 장주의 경계를 시행하라고 조치하다.
- 12월 10일, 임장군臨漳郡에서 『사자四子』(『사서』)를 간각하다. 『예기해禮記解』를 펴내 임장군에서 간각하다.
- 『대학장구』, 『근사록』, 『소학』, 『가의家儀』, 『향의鄕儀』, 『헌수의獻壽儀』 등을 임장의 학궁에서 간각하다.
- 이 해에 진순陳淳이 입문하다.

## 62세 1191년(소희 2년 신해년)

- 정월, 전운사轉運司에 「걸후동계타량장乞候冬季打量狀」을 올려 겨울을 기다려 경계를 시행할 것을 주청하다.
- 군郡의 선비들을 초빙해서 군학郡學[20]을 정돈하다.
- 「용암현권유방龍巖縣勸諭榜」을 발표하여, 용암현 관리들의 치적과 풍속을 정돈하다.
- 「걸포록고등장乞襃錄高登狀」을 올려 고등高登의 곧은 절개를 기려줄 것을 청하다.

---------
19 '거자창擧子倉'이란 과거시험 보러 가는 가난한 선비를 도와주는 창고를 말한다.
20 '군학郡學'이란 군국郡國의 최고 학부를 가리킨다.

- 24일, 맏아들 주숙이 무주婺州(금화)에서 세상을 떠나다.
- 2월, 맏아들의 죽음을 이유로 사록을 청하다.
- 「권농문勸農文」을 발표하여 경계를 시행하고, 처벌을 금하는 등의 제반 사무를 설명하다.
- 「천지용계현옹덕광장薦知龍溪縣翁德廣狀」을 올려 용계현의 지현 옹덕광을 추천하다.
- 3월, 주와 현에서 함부로 경총제전을 부과하는 것을 단속하고 경총제의 규정 이외의 액수를 면제해 줄 것을 상소하여 주청하다.
- 다시 비각수찬祕閣修撰에 제수되고, 남경 홍경궁 주관이 되다.
- 섭적에게 편지를 보내 그가 불학을 좋아하는 것을 비판하다.
- 진부량의 제자 조숙원曹叔遠이 내방하여 학문을 묻다.
- 편지를 보내 진부량陳傳良과 학문을 논하다.
- 유정에게 편지를 보내 붕당설과 경계를 폐하는 일을 배척하다.
- 4월 26일, 군의 직무에서 면직되자, 다시 「사면비각수찬장辭免祕閣修撰狀」을 올려 직함을 사양하다.
- 혜안惠安에 이르러서, 학자들과 유학과 불학의 다름을 논하다.
- 29일, 장주를 떠나다. 복주를 지나다가 조여우를 만나고 황간이 시종하여 무이로 돌아오다.
- 5월 24일, 건양으로 돌아와서 동요교同繇橋에서 우거하다. 집을 사서 거처할 곳을 도모하였는데, 점을 쳐서 고정考亭으로 정하다.
- 7월 4일, 다시 비각수찬을 사양하였으나 윤허하지 않다. 8월 23일이 되어서야 명을 받들다.
- 9월, 형호남로전운부사荊湖南路轉運副使에 제수되다.
- 10월 1일, 응성현 현학에서 사량좌의 사당을 건립하자, 「덕안부응성현상채사선생사기德安府應城縣上蔡謝先生祠記」를 짓다.
- 9일, 「사면호남운사장辭免湖南運使狀」을 올려 사양하였으나 윤허하지 않다.

- 조여우가 이부상서에 제수되어 건양을 지나다가 주희와 만나 정사를 논하다.

- 12월, 다시 사양하고, 장주의 경계법이 시행되지 않음을 이유로 자신을 탄핵하다.

- 장락長樂의 유지劉砥와 유려劉礪가 와서 배우다.

## 63세 1192년(소희 3년 임자년)

- 이 해에 『맹자요략孟子要略』을 완성하다.

- 2월, 호남전운부사로 부임을 재촉하는 성지를 내리다.

- 20일, 다시 「호남운사장湖南運使狀」을 올려 사양하고 아울러 사록의 임기를 보충해 줄 것을 청하여 윤허를 받다.

- 신기질이 복건제점형옥福建提點刑獄이 되어 부임하여 건양을 지나다가 주희와 서로 만나 정사를 토론하다.

- 5월, 『사서장구집주』를 수정하고, 남강군 지군 증집曾集이 이를 남강에서 각판하다.

- 6월, 건양의 고정에 집을 짓고, 그 옆에 죽림정사竹林精舍를 세우다.

- 신기질이 주희를 만나러 와서 경계와 초법鈔法, 염법에 관한 일을 토론하다.

- 11월 15일, 맏아들 주숙을 대동산大同山 북쪽 기슭에 장사지내다.

- 12월, 진량陳亮이 복건의 고정으로 주희를 찾아와서 학문과 정사를 토론하다.

- 지정강부知靜江府 겸 광남서로경략안무사廣南西路經略安撫使에 제수되었으나, 「사면지정강부장辭免知靜江府狀」을 올려 사양하다.

- 14일, 육구연이 세상을 떠났다는 부음을 듣고 문인들을 데리고 절에 가서 위패를 설치하고 곡을 하였다.

- 육구연이 세상을 떠나다.

## 64세 1193년(소희 4년 계축년)

- 정월 6일, 정강부 부임을 재촉하는 성지가 내리다. 23일, 다시 사양하다.
- 2월, 남경의 홍경궁 주관이 되다.
- 봄, 신기질과 고정에서 만나다.
- 7월 1일, 건안의 위영魏瑛이 내방하여 『위시랑집魏侍郞集』의 발문을 짓다.
- 16일, 손계중孫稽仲의 『곡교우고谷橋愚稿』에 서문을 짓다.
- 27일, 등공滕珙의 아버지 등수滕洙를 위해 묘지명을 짓다.
- 8월, 신기질이 복주의 지주 및 복건안무사로 건양을 지나다가 주희와 함께 무이산을 유람하다.
- 9월, 악주鄂州의 주학州學에 계고각稽古閣을 건립하자, 이를 위해 기記를 짓다.
- 복건의 조사漕司에 차자를 보내 소금 정책을 논하고 관청의 소금을 폐지할 것을 청하다.
- 10월 27일, 소주의 주학에 주돈이의 사당을 건립하자, 「소주주학염계선생사기邵州州學濂溪先生祠記」를 짓다.
- 12월, 유정과 조여우의 추천으로 담주潭州 지주 겸 형호남로안무사荊湖南路安撫使로 제수되고 자줏빛 장복章服[21]을 하사받다.
- 10일, 「사면지담주장辭免知潭州狀」을 올려 사양하였으나 윤허하지 않다.
- 건양의 여대용余大用이 내방하여, 『여암기집呂嚴起集』의 발문을 짓다.
- 중주中州의 이지한李之翰이 내방하여 유학과 불학의 다름을 토론하다.
- 이 해에 채침蔡沈이 입문하다.

## 65세 1194년(소희 5년 갑인년)

- 정월 초하루, 담주 부임을 재촉하는 성지가 있었으나 다시 사양하다.
- 2월, 부임을 재촉하는 성지가 다시 내리자 마침내 명을 받들다.
- 3월, 『제례祭禮』를 보완 수정하여 완성하다.

---------

21 장복章服은 일월성신 등의 도안이 수놓아져 있는 고대의 관복이다. 한 그림이 1장章인데, 천자는 12장, 군신들은 품급에 따라 9장, 7장, 5장, 3장으로 점점 내려간다.

- 4월 중순, 담주로 길을 떠나다.
- 포성浦城 지현 포공숙鮑恭叔이 성영리창成永利倉을 건립한 것을 기념하기 위해 기기記를 짓다.
- 5월 5일, 담주로 부임하다. 요인猺人 포래시蒲來矢에게 사자를 보내 투항을 권고하자, 귀순하다.
- 「주핵육경임장奏劾陸景任狀」을 올려 장관將官 육경임을 탄핵하다.
- 장식의 사당에서 제사지내다. 「제장경부성남사문祭張敬夫城南祠文」, 「제남헌묘문祭南軒墓文」을 짓다.
- 「걸발비호군예호남안무사차자乞撥飛虎軍隷湖南安撫司箚子」를 올려 비호군飛虎軍을 담주의 지휘에 속하게 해 줄 것을 신청하자 윤허하다. 군비를 엄격하게 하여, 지방 무장군을 편성하여 훈련시키다.
- 6월, 「걸방귀전리장乞放歸田里狀」을 올려 관직에서 물러나 고향으로 돌아갈 것을 간청하였으나 윤허하지 않다.
- 악록서원嶽麓書院을 재건하고 친히 가서 강학하다.
- 「신주주학대성전기信州州學大成殿記」를 짓다.
- 7월, 광종 조돈이 양위하여 영종寧宗 조확趙擴이 계위하다.
- 행재소에 와서 상주하라고 불렀으나, 「사면소명장辭免召命狀」을 올려 사양하다.
- 충절묘忠節廟를 건립하고, 「걸담주초왕등묘액장乞潭州譙王等廟額狀」을 올려 사당의 편액을 내려달라고 청하다.
- 「석전예의釋奠禮儀」를 고찰해서 바로잡아 예속 주현州縣에 반포 시행하다. 『소희주현석전의도紹熙州縣釋奠儀圖』를 완성하다.
- 굴원의 사당인 삼려대부굴원사三閭大夫屈原祠를 수리하다.
- 8월 1일, 장식의 『삼가예범三家禮範』에 발문을 짓다.
- 5일, 환장각대제煥章閣待制 겸 시강侍講에 제수되다. 6일, 「사면환장각대제시강주장辭免煥章閣待制侍講奏狀」을 올려 소명을 사양하고 사록을 청하다.

이 날, 인수印綬를 풀고 담주를 떠나 동쪽으로 돌아가서 17일에 임강臨江에 이르다. 환장각대제 겸 시강에 임명한다는 조서를 받고 관직을 사양하는 상소를 올리다. 27일, 임천臨川에 이르다.

- 9월 초, 신주에 도착해서 명을 기다리다. 앞서 임명한 관직으로 갈 것을 재촉하자, 다시 사직 상소를 올리다.

- 14일, 구주衢州에 체류하는데, 조정에서 성지를 내려 사직을 윤허하지 않다. 「사면환장각대제시강걸차대원관직예궐주장辭免煥章閣待制侍講乞且帶元官職詣闕奏狀」을 올려 원래의 관직을 가지고 일을 아뢸 것을 청하다. 월말에 임안에 도착하여 육화탑六和塔 아래에 우거하면서 명을 기다리다.

- 10월 2일, 경성 임안으로 들어가 다시 원래의 관직을 가지고 일을 아뢸 것을 청하다.

- 4일, 행궁行宮의 편전便殿에서 「갑인행궁편전주차甲寅行宮便殿奏箚」 다섯 편을 올려 일을 아뢰다. 면전에서 「사면대제시강면주차자辭免待制侍講面奏箚子」를 올려 대제와 시강을 사직하였으나 윤허하지 않다. 5일, 상서성尙書省에 「사면대제개작설서장辭免待制改作說書狀」을 올려 대제 직함을 사직하고, 설서說書[22]의 차견差遣으로 바꾸어 줄 것을 청하다. 10일, 윤허하지 않는다는 어필을 받들어 절을 하고, 비로소 계함繫銜[23]으로 직무를 맡다.

- 「효종산릉의장孝宗山陵議狀」을 올렸으나 비답을 받지 못하다.

- 14일, 『대학』을 진강進講하라는 조서를 받다. 겸 실록원동수찬實錄院同修撰으로 파견함에 「사면겸실록원동수찬주장辭免兼實錄院同修撰奏狀」을 두 차례 올려 사양하였으나 윤허하지 않다.

- 17일, 조청랑朝請郞에 제수되어 자줏빛 금어대金魚袋[24]를 하사받다. 「걸차

----------

22 설서說書는 제왕의 옆에서 경서의 강설을 전담하는 관리이다.
23 계함繫銜이란 관리에게 원래의 직책 외에 별도로 부가된 호칭을 말하며, '덧붙인 관함官銜'이라는 뜻이다.
24 금어대金魚袋는 물고기 모양의 부절인 어부魚符를 담는 주머니인 어대의 일종으로서 금으로 장식하며 금어부金魚符를 담는 데 쓴다. 당나라 제도에서 삼품 이상의 관원은 금어대를 허리에 찬다. 송대에는 어부가 없으며, 관원의 공복公服에는 허리에 어대를 매고

관간상봉사사자「乞差官看詳封事箚子」를 올려 후성後省[25]으로 하여금 봉사를 상세하게 살펴보게 하라고 주청하다. 「걸토론상복차자乞討論喪服箚子」를 올려 적손嫡孫의 승중承重[26]의 상복에 대해 토론할 것을 주청하다. 「걸서경 절불수하차자乞瑞慶節不受賀箚子」를 올려 서경절瑞慶節[27]에 축하 표문을 받지 말 것을 주청하다. 저녁에 『대학』을 강의하다.

- 23일, 경연經筵 후 유신留身[28] 때, 「강연유신면진사사차자講筵留身面陳四事箚子」를 올려 면전에서 네 가지 일을 주청하다.

- 「걸령간상봉사관면주차자乞令看詳封事官面奏箚子」를 올려 봉사를 살피는 관원이 황제의 면전에서 상세하게 아뢰도록 하라고 주청하다.

- 윤10월 1일, 저녁에 진강하다. 이튿날, 강장講章[29]을 차례대로 편성하여 바치다. 3일 아침에 진강하고, 4일 저녁에 진강하다.

- 6일, 「논재이차자論災異箚子」를 올리다.

- 7일, 「조묘[30]의장桃廟議狀」을 올리다.

- 8일, 무원현개국남婺源縣開國男에 봉해져 식읍 3백 호를 받다. 셋째 아들 주재朱在가 승무랑承務郞에 보임되다.

- 10일, 영종의 부름으로 입대入對하여 조묘에 관해 아뢰다.

---------

뒤로 늘어뜨려서 귀천을 밝혔는데, 더 이상 당대의 부절과 같지는 않다. 『송사宋史』「여복지輿服志」: "魚袋: 其制自唐始, 蓋以爲符契也. ……宋因之, 其制以金銀飾爲魚形, 公服則繫於帶而垂於後, 以明貴賤, 非復如唐之符契也."
25 송나라 때 후성後省은 원래 입내내시성入內內侍省에 대한 별칭이었는데, 신종神宗 조욱趙頊 원풍元豐 8년인 1085년부터 문하성과 중서외성에 대한 별칭이 되었다.
26 승중이란 종묘와 상례, 제례의 중임을 이어 받는다는 뜻이다. 적장자인 아버지가 먼저 돌아가셨을 경우, 조부모의 상례 때 적손이 이를 주관하며, 이를 승중손承重孫이라 한다. 마찬가지로 할아버지와 아버지가 먼저 돌아가셨을 경우, 증조부모의 상례 때는 승중증손承重曾孫이라 한다. 이러한 상례를 당하는 것을 모두 통칭해서 승중이라 한다.
27 서경절은 남송 영종 조확의 생일을 가리킨다. 원래는 천우절天佑節이라 하였다가 서경절로 이름을 바꾸었다.
28 유신留身이란 조정 신하가 물러나면 홀로 남아 임금 면전에서 주청하는 것을 말한다.
29 강장講章이란 과거科擧의 글을 학습하거나 경연의 진강進講을 위해 집필한 오경과 사서의 강의록을 말한다.
30 조묘桃廟란 먼 조상의 사당을 말한다.

- 11일, 사원史院[31]에 들어가 실록원동수찬에 임명되다.

- 13일, 영종을 면대하고, 18일에 입직하다.

- 19일, 저녁에 진강한 후 남아서 앞서 상주한 네 가지 일을 시행해 줄 것을 주청하자, 어필로 비답을 내리고, 궁관宮觀에 제수하다.

- 21일, 성지가 내려오자, 「사어필여궁관주장謝御筆與宮館奏狀」을 올려 사직하고, 상서성에 「걸방사사장乞放謝辭狀」을 올려 사직을 청하다. 성남城南의 영지사靈芝寺로 나가 명을 기다리다.

- 25일, 보문각대제에 제수되어 주군州郡에 차견되다. 26일, 「사면보문각대제여군장辭免寶文閣待制與郡狀」을 올려 사직하고 마침내 떠나다.

- 29일, 강릉부江陵府 지부, 형호북로안무사荊湖北路安撫使에 제수되었으나 「사면양차제수대제직명급지강릉부주장辭免兩次除授待制職名及知江陵府奏狀」을 올려 사직하고, 아울러 대제待制 직함도 추급해서 거두어 줄 것을 간청하다.

- 11월 11일, 옥산玉山에 이르러 현학에서 강학하다.

- 무이에 이르러 제자들과 무이정사에서 만나다.

- 20일, 건양 고정으로 돌아오다.

- 12월, 조서를 내려 예전대로 환장각대제煥章閣待制, 남경 홍경궁의 제거提擧로 삼았으나, 「걸추환환장각대제주장乞追還煥章閣待制奏狀」을 올려 사직하다.

- 12일, 죽림정사를 확장하고 '창주정사滄洲精舍'로 개명하다. 창주병수滄洲病叟로 자호하다.

- 제자들을 이끌고 석채례를 행하고 「창주정사고선성문滄洲精舍告先聖文」을 지어 선성과 선사에게 낙성을 고하다.

- 「체협의禘祫議」, 「한동당이실묘급원묘의漢同堂異室廟及原廟議」, 「별정묘의도설別定廟議圖說」을 짓다.

---------

31 사원史院은 사관史館으로서 사서史書를 편수하는 관서를 말한다.

## 66세 1195년(영종寧宗 경원慶元 원년 을묘년)

- 정월 5일, 「소희주현석전의도紹熙州縣釋奠儀圖」의 발문을 짓다. 소연邵淵이
  장사에서 간행하다.
- 11일, 봉사직을 받다.
- 14일, 대제待制 직명을 사양하다.
- 28일, 이미손李彌遜의 무이시武夷詩에 발문 「발이시랑무이시跋李侍郞武夷詩」
  를 짓고, 이를 판각해서 묘관당妙觀堂에 두다.
- 진량이 세상을 떠나, 그를 위해 묘비墓碑를 쓰다.
- 「궤좌배설跪坐拜說」, 「주례태축구참변周禮太祝九摻辯」을 짓다.
- 2월 4일, 「상주의흥현학기常州宜興縣學記」를 짓다.
- 한탁주韓侂冑가 주자학을 위학僞學이라 선포하다.
- 3월 3일, 다시 「걸추환대제직명주장乞追還待制職名奏狀」을 올려 환장각대제
  를 사양하고, 아울러 조묘祧廟를 의논하였다는 이유로 자신을 탄핵하다.
- 마감磨勘으로 조봉대부朝奉大夫로 전직되다.
- 재상 조여우가 파직되다.
- 4월 2일, 여조검이 주희와 조여우의 무고를 변론하다가 소주韶州에 안치되다.
- 태학생 양굉중, 주단조 등 여섯 명이 상소하여 진언하다가 5백 리 밖으로
  귀양가다.
- 5월, 「걸추환대제직명급수본관치사주장乞追還待制職名及守本官致仕奏狀」을
  올려 직함을 사양하고 아울러 사직을 청하였으나 윤허하지 않다.
- 곽충회郭沖晦의 『장양의서長陽醫書』를 교정校正하고 발문 「발곽장양의서跋
  郭長陽醫書」를 짓다.
- 6월, 봉사封事 수만 언를 초안해서 간사한 무리들이 황제의 눈과 귀를 가
  리는 화를 강력하게 진언하여 조여우의 억울함을 밝히려 하다가, 채원정의
  권고가 있어 시초점으로 점을 친 결과 둔괘遯卦가 가인괘家人卦로 변하는
  점괘가 나오자, 조용히 물러나서 초안을 불사르고 둔옹遯翁으로 자호하다.

- 「학교공거사의學校貢擧私議」를 짓다.
- 7월 6일, 정순에게 편지를 보내 여조검이 『여조겸문집呂祖謙文集』을 편찬하는 일을 돕게 하다.
- 월말, 다시 「걸추환대제직명병자핵불합망의영부찬릉사주장乞追還待制職名並自劾不合妄議永阜攢陵事奏狀」을 올려 영부릉永阜陵(효종의 능) 찬궁攢宮[32]을 논의했다는 이유로 자신을 탄핵하고, 대제 직명을 거두어달라고 청하다.
- 8월, 충우관 도사 고문거高文擧가 그린 「무이도武夷圖」에 서문을 짓다.
- 30일, 황간, 유회劉淮 등 여러 제자들과 부취정浮翠亭을 유람하다.
- 11월 상순, 다시 대제의 직명을 사양하다.
- 12월, 조서로 예전대로 비각수찬祕閣修撰과 남경 홍경궁의 제거提擧에 제수되고, 시강侍講의 직함은 그만두다.

## 67세 1196년(경원 2년 병진년)

- 정월 3일, 육구연의 제자 팽흥종彭興宗이 내방하다.
- 20일, 조여우가 좌천 도중 형양에서 병사하여 한천에 가서 그를 조문하고 나중에 다시 그의 사위집에 가서 제사를 지내다.
- 24일, 오불吳芾이 내방하여, 그의 『오중승가전吳中丞家傳』에 발문을 짓다.
- 2월, 「신걸개정이수종관은수申乞改正已受從官恩數」를 올려, 이미 내려진 종관은수從官恩數[33]를 고쳐줄 것을 주청하다.
- 채원정의 건의가 있어 『주역참동계고이周易參同契考異』 초고를 집필하다.
- 4일, 견술조甄述祖가 내방하다.
- 21일, 상사백向士伯이 내방하다.
- 봄, 방사요方士繇와 공동으로 『한문고이韓文考異』를 집필하기로 약속하고,

---

32 '찬궁攢宮'이란 황제와 황후의 임시 빈소를 말한다. 남송 때는 황제와 황후의 무덤을 모두 찬궁이라 불렀는데, 잠시 두어 중원을 수복한 후에 하남으로 이장을 준비한다는 뜻을 나타낸다.
33 황제의 수종이나 근신을 '종관從官'이라 하고, 조정에서 내린 봉호封號의 등급을 '은수恩數'라 한다.

「수한문거정례修韓文學正例」를 짓다.

- 신안新安의 오창吳昶이 찾아와 학문을 묻다.

- 지공거知貢擧 섭저葉翥, 예사倪思, 유덕수劉德秀가 상주하여, '위학僞學'의 괴수를 논하고, 어록을 없앨 것을 요구하다.

- 3월, 주자학이 위학으로 무고당하다. 경원당금慶元黨禁이 발생하다.

- 11일, 섭저가 상주하여 태학, 주학州學을 조사하자고 요구하다.

- 27일, 포전현莆田縣의 지현인 제자 요덕명이 인수려를 건립하였는데, 그의 「인수려조약仁壽廬條約」에 발문을 짓다.

- 여름, 황간, 오필대吳必大, 여조검呂祖儉, 이여규李如圭 등에게 분담해서 『예서禮書』를 편찬하게 하다.

- 6월 15일, 국자감에서 주희의 『사서장구집주』를 포함한 리학 관련 서적을 없애자고 상소하다.

- 7월 11일, 조숭준趙崇遵이 내방하다.

- 임천臨川의 증극曾極이 찾아와 학문을 묻다.

- 8월 9일, 태상소경太常少卿 호굉胡紘이 주자학의 이름을 '위학'으로 바꾸고 '위당'을 억제해야 한다고 조정에 상주하다.

- 9월, 정순이 탄핵을 받아 고향 무원으로 돌아가다.

- 8일, 정순이 세상을 떠나자, 제문을 지어 제사지내다.

- 「독소씨기년讀蘇氏紀年」을 짓다.

- 10월, 「고구양문충공사적考歐陽文忠公事迹」, 「독당지讀唐志」, 「기산해경記山海經」, 「기삼묘記三苗」를 짓다.

- 보광, 만인걸이 죽림정사로 찾아와 배우다.

- 12월, 감찰어사監察御史 심계조沈繼祖가 주희의 10대 죄상을 탄핵하다.

- 비각수찬이 삭탈되고 이어서 낙직파사落職罷祠 즉 파직당하고 사록에서 해임당하다.

- 훈계서訓戒書를 지어 자손을 훈계하다.

- 「우독만기偶讀謾記」를 짓다.

## 68세 1197년(경원 3년 정사년)

- 정월, 채원정과 한천에서 만나 머물고, 함께 『참동계』를 수정하다.
- 17일, '낙직파사'한다는 성차가 이르자, 「낙직파궁관사표落職罷宮觀謝表」를 올리다.
- 파직당하고 사록이 해임되고 동시에 채원정이 도주道州의 지휘指揮에 편관編管되어 채원정을 정안사淨安寺에서 전별하다.
- 23일, 대리사직大理司直 소포연邵襃然이 위학僞學의 무리를 내직內職에 차견差遣하지 말 것을 주청하다.
- 3월 1일, 『예서』의 초고가 완성되어 『의례집전집주儀禮集傳集註』(후에 『의례경전통해儀禮經傳通解』로 개명)로 책명을 정하다.
- 「금률설琴律說」, 「성률변聲律辨」, 「천자지례天子之禮」, 「의례석궁儀禮釋宮」 등을 짓다.
- 6월 1일, 종정시宗正寺 주부 양인楊寅이 진언하여, 과거에 급제한 사람들을 철저하게 조사해서 위학僞學의 무리가 더욱 많아지는 것을 막아야 한다고 청하다.
- 조산대부朝散大夫 유삼걸劉三傑이 상주하여, 위당僞黨의 여기에 이르러 변해서 역당逆黨이 된다고 주장하다.
- 7월, 『주역참동계고이』를 수정하여 완성하고, 채연蔡淵이 건양에서 각간하다. 「공동부空同賦」, 「조식잠調息箴」을 짓다.
- 도정度正이 방문하여 학문을 묻다. 그의 집에 소장된 정이의 첩에 「발도정가장이천선생첩후跋度正家藏伊川先生帖後」라는 발문을 짓다.
- 사위 황간이 모친상을 당하여 순창順昌으로 가서 조문하다.
- 8월 7일, 운당포賨簹鋪를 지나는 길에 소무 태령泰寧의 소균小均에 이르러 「소균사경시小均四景詩」를 짓다.
- 9월, 『한문고이』가 수정 완성되어 제자 정문진鄭文振에 의해 조주潮州에서

간각되다.

- 27일, 다시 대신들이 진언하여 위학의 화를 논하면서 조정調停하자는 말을 금지시켜 줄 것을 청하다.
- 「고한문공여대전서考韓文公與大顚書」를 짓다.
- 10월, 옥산의 왕규王逵가 내방하였는데, 그가 소장한 서화에 발문을 짓다.
- 진문울을 고정으로 불러서 손자들을 가르치게 하다.
- 12월, 황간을 위해 고정考亭의 신건물 옆에 집을 짓다.
- 『상서』「무성武成」편의 순서를 고증하여 수정하다.
- 29일, 면주綿州의 지주 왕연王沇이 위학僞學의 당적黨籍을 작성할 것을 청하다.

## 69세 1198년(경원 4년 무오년)

- 이 해에, 조정에서 '위학역당僞學逆黨' 59명의 당적을 확정하고, 그들이 조정에서 관리가 되는 것을 비준하지 않으며 그들의 견해를 바꾸게 하다.
- 정월 초하루, 유면지의 묘표墓表를 짓다.
- 병이 위독하여 황간에게 고별하는 글을 주고, 심의深衣와 평생 저술한 책들을 황간에게 주다.
- 「효종황제만가사孝宗皇帝挽歌詞」를 짓다.
- 봄, 『참동계고이』 두 번째 원고를 완성하여 채원정의 맏아들에게 원추袁樞가 교정한 『참동계』와 비교해 보라고 부탁하고 두 번째 원고를 건양에서 각판刻板하다.
- 3월, 『초사집주楚辭集註』 8권이 완성되다.
- 4월 1일, 아버지 주송이 쓴 소식의 「곤양부」에 발문을 지어 아이들에게 보이다.
- 22일, 우간의대부 요유姚愈가 '위학의 무리가 세상을 속이고 이름을 훔친다'고 하고, 국시國是를 정할 것을 주청하다.
- 5월 13일, 요유의 주청을 윤허하는 조서가 내리다.

- 7월, 여조검이 고안高安에서 세상을 떠나자, 매우 슬퍼하다. 고안현령 서응룡徐應龍에게 편지를 보내 여조검의 장례에 큰 도움을 주었다고 칭찬하다.
- 23일, 정봉丁逢이 위학의 무리를 등용하지 말 것을 강하게 주청하다.
- 8월, 『참동계』의 책수법策數法을 고찰하고, 「참동계설參同契說」을 짓다.
- 9일, 채원정이 도주에서 병사하여, 제문을 지어 그에게 제사지내다.
- 가을, 숭안 오부리로 이사하다.
- 겨울, 이방자李方子, 이상조李相祖, 사승지謝承之, 황간, 임기손林夔孫, 진식陳埴 등의 제자들에게 『상서』 집주의 편찬을 나누어 맡기다. 「이전二典(요전과 순전)」, 「대우모大禹謨」, 「금등金縢」, 「소고召誥」, 「낙고洛誥」, 「무성武成」 편의 여러 학설 및 친필 원고 1백여 단락이 갖추어져 있었고, 다른 것은 모두 친히 채침에게 구전하여 완성하게 하다.
- 11월, 『참동계고이』를 새롭게 보완하다.
- 여릉의 왕현王峴이 내방하여 그의 『왕신신행실王信臣行實』에 발문을 써 주다. 왕현이 주희의 문집을 편집하여 광남廣南에서 간행하려 하자, 편지를 보내 그만두게 하다.
- 유지劉砥가 소장한 정형의 첩帖에 「발정사수첩跋程沙隨帖」을 짓다.
- 12월, 건녕부建寧府에 「신건녕부걸보명치사장申建寧府乞保明致仕狀」을 올려, 노령으로 사직을 주청하다.
- 축병祝丙, 축계祝癸가 찾아와서 가숙家塾에서 학문을 배우다.

## 70세 1199년(경원 5년 기미년)

- 2월 6일, 『초사변증楚辭辨證』이 완성되고, 「초사후어목록楚辭後語目錄」을 펴내다.
- 3월 8일, 건양의 장대부張大夫가 소장한 서화집에 발문을 짓다.
- 4월, 조봉대부朝奉大夫로 사직하는 것을 윤허 받다. 「치사사표致仕謝表」를 올려 성은에 감사하다.
- 『주역참동계고이』 세 번째 원고를 교정하여 건양에서 간각하다.

- 5월 30일, 방사요가 세상을 떠나자, 「제방백모문祭方伯謨文」을 짓다.
- 6월 1일, 가묘에 사직을 고하고, 손자 주감朱鑑에게 집안일을 잇게 하고, 아들 주야朱埜와 주재朱在가 돕게 하다.
- 8월, 장이도張以道가 소장한 소식의 화권畫卷에 발문을 짓다.
- 11월, 처음으로 채침에게 『서집전書集傳』을 지으라고 부탁하다.
- 동지, 『음부경고이陰符經考異』가 완성되다.
- 12월 6일, 주송이 지은 『주삼행장朱森行狀』의 발문을 짓다.
- 양만리楊萬里(1127-1206)에게 『초사집주』를 보내다.
- 조사연에게 『자치통감강목』을 수정 보완하게 하다.
- 『주송행장朱松行狀』을 짓고 주송의 묘를 숭안 무이향武夷鄕 상매리上梅里 적력산寂歷山으로 이장하다.
- 신기질에게 서신을 보내 '극기복례克己復禮'로써 서로 격려하다.

## 71세 1120년(경원 6년 경신년)

- 정월, 고정 진씨陳氏가 취성정聚星亭을 재건하자, 그를 위해 취성정 화병聚星亭畫屛을 설계하고, 「취성정화상찬聚星亭畫象贊」을 짓다.
- 『초사음고楚辭音考』를 완성하여 고전古田에서 간각하다.
- 『한문고이』를 위중거魏仲擧가 건안에서 두 번째로 각하다.
- 포양이 아들 포회包恢와 생도들을 데리고 고정으로 와서 학문을 묻다.
- 2월, 『대학장구』를 수정하여 완성하다.
- 호영胡泳에게 편지를 보내 「상례」를 수정하고 『예서』를 더욱 가다듬으라고 하다.
- 3월 초, 병환이 심해지다.
- 4일, 제자들에게 「태극도」를 설명하다.
- 5일, 「서명」을 아주 자세히 설명하다.
- 6일, 『대학』 「성의誠意」장을 수정하다.
- 8일, 손수 황간에게 결별을 고하는 글을 써서 자신의 도道를 부탁하고, 『예

서『禮書』의 글을 정리하게 하다.

- 범념덕과 주재에게 글을 써 주다.
- 9일, 오시午時 초각初刻에 고정에서 세상을 떠나다.
- 11월 20일, 건양현 당석리唐石里의 대림곡大林谷에 장사지내다.
- 심계조가 주희의 '6대 죄상'을 탄핵하다. 무이산에 가서 장례에 참가하는 것을 조서로 금하다.
- 신기질이 연산鉛山 표천瓢泉으로부터 무이산에 가서 주희에게 제사지내다. 육유도 와서 함께 조문하다.

## 주희 사후의 연보

### 1202년(임술년, 송 영종寧宗 가태嘉泰 2년)

- 10월, 조칙으로 주희가 화문각대제華文閣待制에 오르다.

### 1208년(무진년, 영종 가정嘉定 원년)

- 10월, 조칙으로 '문文'이라는 시호를 내림으로써 '주문공朱文公'으로 불리다.

### 1210년(경오년, 가정 3년)

- 5월, 주희에게 중대부中大夫, 보모각직학사寶謨閣直學士에 추증하고 통의대부通議大夫를 추가하다.

### 1211년(신미년, 가정 4년)

- 4월, 국자사업國子司業 유추劉炊가 '위학僞學'의 금지를 풀어달라고 상주하다.

### 1212년(임신년, 가정 5년)

- 『논어집주論語集註』, 『맹자집주孟子集註』가 관학에 들어가서 법정 교과서가 되다.

### 1227년(정해년, 이종理宗 보경寶慶 3년)

- 정월, 조서로 주희에게 태사太師를 추증하고 신국공信國公으로 추봉하다.

### 1230년(경인년, 이종 소정紹定 3년)

- 9월, 주희를 휘국공徽國公으로 개봉改封하다.

### 1237년(정유년, 이종 가희嘉熙 원년)

- 우계尤溪의 지현知縣 이수李修가 주희의 탄생지에 주자사朱子祠를 건립하고 주희 부자를 제사지내다.

## 1238년(무술년, 이종 가희 2년)

- 어서御書로 쓴 건안서원建安書院의 편액을 하사하다.

## 1241년(신축년, 이종 순우淳祐 원년)

- 정월, 공묘孔廟에 종사하고. 주돈이, 장재, 정호, 정이의 봉작을 추가하고 함께 공묘에 종사하다.

## 1244년(갑진년, 이종 순우 4년)

- 조서로 창주정사滄洲精舍를 고정서원考亭書院으로 바꾸고 아울러 어서 편액을 하사하다.

## 1246년(병오년, 이종 순우 6년)

- 휘주의 자양서원紫陽書院에 어서 편액을 하사하다.

## 1253년(신축년, 이종 보우寶祐 원년)

- 이종理宗 조윤趙昀이 친히 '남계서원南溪書院'의 편액을 쓰다.

## 1265년(을축년, 도종度宗 함순咸淳 원년)

- 9월, 재상이 주희의 후손 중에 유능한 사람을 방문하여 등용하다.

## 1269년(기사년, 도종 함순 5년)

- 조서로 무원주씨婺源朱氏의 고향에 '문공궐리文公闕里'라는 이름을 하사하다.

## 1264년(갑자년, 원元 세조世祖 지원至元 원년)

- 3월, 조서를 받들어 무원婺源에 휘국문공묘徽國文公廟를 건립하다.

## 1335년(을해년, 원元 혜종惠宗 정통正統 3년)

- 11월, 주희의 문묘文廟를 건립하라는 조서를 내리다.

## 1361년(신축년, 원 혜종 지정至正 21년)

- 주희의 부친 주송에게 '헌정공獻靖公'이라는 시호를 추가하다.

## 1362년(임인년, 지정 22년)

- 2월, 주희를 제국공齊國公으로 개봉하다.

## 1370년(경술년, 명明 태조太祖 홍무洪武 3년)

- 5월, 주희가 주注한 흠정欽定 『사서오경』이 과거의 필독서가 되다. 주희를
  휘국공徽國公으로 추봉하다.

## 1415년(을미년, 명明 성조成祖 영락永樂 13년)

- 황제가 『사서오경대전四書五經大全』의 서문을 써서 전국에 반포하다.

## 1705년(을유년, 청淸 강희 44년)

- 어서御書로 '대유세택大儒世澤'이라 쓴 편액과 "성심정의誠意正心, 천추로지
  실학闡鄒魯之實學; 주경궁리主敬窮理, 소염락지진전紹廉洛之眞傳"이라고 쓴 대
  련對聯을 하사하여 각기 사당에 걸다.

## 1712년(임진년, 강희 51년)

- 조서로 주희를 공묘의 측전側殿에서 대성전으로 승격하여 배향함으로써 공
  문십철의 반열로 모시다. 이광지李光地 등에게 『주자전서朱子全書』, 『성리정
  의性理精義』를 편찬하게 하고 아울러 황제가 친히 서문을 써서 주희가 "집
  대성하여 천백년 동안 절전絶傳된 학문을 계승하였고, 우매함을 깨우쳐 주
  어 억만세의 일정한 규범을 세웠다(集大成而緖千百年絶傳之學, 開愚蒙而立億萬
  世一定之規.)"라고 찬사를 하다.

## 1716년(병신년, 강희 55년)

- 3월, 어서御書로 '문산육철文山毓哲'이라는 편액을 우계의 남계서원南溪書院
  에 걸게 하다.

# 송 황제 일람표

## 북송北宋(960-1127): 황제 9인, 역년 167년

· 경성京城 변량汴梁(지금의 하남성 개봉開封)
· 배도陪都 서경西京 하남부河南府(지금의 하남성 낙양洛陽), 남경南京 응천부應天府(지금의 하남성 상구商丘), 북경北京 대명부大名府(지금의 하북성 대명大名), 동경東京 개봉부開封府(지금의 하남성 개봉). 이를 사경四京이라 함.

| 성명<br>(생몰년, 향년) | 묘호<br>廟號 | 시호<br>諡號 | 통치기간<br>(재위년) | 연호<br>年號 |
|---|---|---|---|---|
| 1<br>조광윤<br>趙匡胤<br>(927-976,<br>49세) | 태조<br>太祖 | 계운입극영무예문신덕성공<br>啓運立極英武睿文神德聖功<br>지명대효황제<br>至明大孝皇帝 | 960-976<br>(16년) | 건륭建隆960-963<br>건덕乾德963-968<br>개보開寶968-976 |
| 2<br>조광의<br>趙光義<br>(939-997,<br>59세) | 태종<br>太宗 | 지인응도신공성덕문무예열<br>至仁應道神功聖德文武睿烈<br>대명광효황제<br>大明廣孝皇帝 | 976-997<br>(22년) | 태평흥국太平興國<br>976-984<br>옹희雍熙984-987<br>단공端拱988-989<br>순화淳化990-994<br>지도至道995-997 |
| 3<br>조항<br>趙恒<br>(968-1022,<br>55세) | 진종<br>眞宗 | 응부계고신공양덕문명무정<br>應符稽古神功讓德文明武定<br>장성원효황제<br>章聖元孝皇帝 | 997-1022<br>(25년) | 함평咸平998-1003<br>경덕景德1004-1007<br>대중상부大中祥符<br>1008-1016<br>천희天禧1017-1021<br>건흥乾興1022 |

| 성명<br>(생몰년, 향년) | 묘호<br>廟號 | 시호<br>謚號 | 통치기간<br>(재위년) | 연호<br>年號 |
|---|---|---|---|---|
| ④<br>조정<br>趙禎<br>(1010-1063,<br>54세) | 인종<br>仁宗 | 체천법도극공전덕신문성무예<br>體天法道極功全德神文聖武睿<br>철명효황제<br>哲明孝皇帝 | 1022-<br>1063<br>(42년) | 천성天聖1023-1032<br>명도明道1032-1033<br>경우景祐1034-1038<br>보원寶元1038-1040<br>강정康定1040-1041<br>경력慶歷1041-1048<br>황우皇祐1049-1054<br>지화至和1054-1056<br>가우嘉祐1056-1063 |
| ⑤<br>조서<br>趙曙<br>(1032-1067,<br>36세) | 영종<br>英宗 | 체건응력융공성덕헌문숙무예<br>體乾應歷隆功盛德憲文肅武睿<br>성선효황제<br>聖宣孝皇帝 | 1063-<br>1067<br>(5년) | 치평治平1064-1067 |
| ⑥<br>조욱<br>趙頊<br>(1048-1085,<br>37세) | 신종<br>神宗 | 소천법고운덕건공영문열무흠<br>紹天法古運德建功英文烈武欽<br>인성효황제<br>仁聖孝皇帝 | 1067-<br>1085<br>(18년) | 희령熙寧1068-1077<br>원풍元豊1078-1085 |
| ⑦<br>조후<br>趙煦<br>(1077-1100,<br>24세) | 철종<br>哲宗 | 헌원계도현덕정공흠문예무제<br>憲元繼道顯德定功欽文睿武齊<br>성소효황제<br>聖昭孝皇帝 | 1085-1100<br>(15년) | 원우元祐1086-1094<br>소성紹聖1094-1098<br>원부元符1098-1100 |
| ⑧<br>조길<br>趙佶<br>(1082-1135,<br>54세) | 휘종<br>徽宗 | 체신합도준렬손공성문인덕헌<br>體神合道駿烈遜功聖文仁德憲<br>자현효황제<br>慈顯孝皇帝 | 1100-1125<br>(25년) | 건중정국建中靖國<br>1101<br>숭녕崇寧1102-1106<br>대관大觀1107-1110<br>정화政和1111-1118<br>중화重和1118-1119<br>선화宣和1119-1125 |
| ⑨<br>조환<br>趙桓<br>(1100-1156,<br>57세) | 흠종<br>欽宗 | 공문순덕인효황제<br>恭文順德仁孝皇帝 | 1125-1127<br>(1년2개월) | 정강靖康1126-1127 |

## 남송南宋(1127-1279) : 황제 9인, 역년 152년.

· 경성은 남경南京 응천부應天府(지금의 하남성 상구商丘)였다가, 후에 임안臨安(지금의 절강성 항주杭州)으로 천도.

| 성명<br>(생몰년, 향년) | 묘호<br>廟號 | 시호諡號 | 통치기간<br>(재위년) | 연호年號 |
|---|---|---|---|---|
| 10<br>조구<br>趙構<br>(1107-1187,<br>81세) | 고종<br>高宗 | 수명중흥전공지덕성신무문소<br>受命中興全功至德聖神武文昭<br>인헌효황제<br>仁憲孝皇帝 | 1127-<br>1162<br>(35년) | 건염建炎1127-1130<br>소흥紹興1131-1162 |
| 조부<br>趙旉<br>(1127-1130,<br>3세) | 간종<br>簡宗 | 정문원의상효황제<br>靖文元懿殤孝皇帝 | 1130-<br>1130<br>(26일) | 명수明受1130 |
| 11<br>조신<br>趙昚<br>(1127-1194,<br>68세) | 효종<br>孝宗 | 소통동도관덕소공철문신무명<br>紹統同道冠德昭功哲文神武明<br>성성효황제<br>聖成孝皇帝 | 1162-<br>1189<br>(27년) | 융흥隆興1163-1164<br>건도乾道1165-1173<br>순희淳熙1174-1189 |
| 12<br>조돈<br>趙惇<br>(1168-1224,<br>54세) | 광종<br>光宗 | 순도헌인명공무덕온문순무성<br>循道憲仁明功茂德溫文順武聖<br>철자효황제<br>哲慈孝皇帝 | 1189-<br>1194<br>(5년) | 소희紹熙1190-1194 |
| 13<br>조확<br>趙擴<br>(1168-1224,<br>57세) | 영종<br>寧宗 | 법천비도순덕무공인문철무성<br>法天備道純德茂功仁文哲武聖<br>예공효황제<br>睿恭孝皇帝 | 1194-<br>1224<br>(30년) | 경원慶元1195-1200<br>가태嘉泰1201-1204<br>개희開禧1205-1207<br>가정嘉定1208-1224 |

| 성명<br>(생몰년, 향년) | 묘호<br>廟號 | 시호諡號 | 통치기간<br>(재위년) | 연호年號 |
|---|---|---|---|---|
| 14<br>조윤<br>趙昀<br>(1205-1264,<br>60세) | 이종<br>理宗 | 건도비덕대공부흥열문인무성<br>建道備德大功復興烈文仁武聖<br>명안효황제<br>明安孝皇帝 | 1224-<br>1264<br>(40년) | 보경寶慶1225-1227<br>소정紹定1228-1233<br>단평端平1234-1236<br>가희嘉熙1237-1240<br>순우淳祐1241-1252<br>보우寶祐1253-1258<br>개경開慶1259<br>경정景定1260-1264 |
| 15<br>조기<br>趙禥<br>(1240-1274,<br>35세) | 도종<br>度宗 | 단문명무경효황제<br>端文明武景孝皇帝 | 1264-<br>1274<br>(10년) | 함순咸淳1265-1274 |
| 16<br>조현<br>趙㬎<br>(1271-1323,<br>53세) | 공종<br>恭宗 | 효공의성황제<br>孝恭懿聖皇帝 | 1274-<br>1276<br>(2년) | 덕우德祐1275-1276 |
| 17<br>조하<br>趙昰<br>(1269-1278,<br>9세) | 단종<br>端宗 | 유문소무민효황제<br>裕文昭武愍孝皇帝 | 1276-<br>1278<br>(2년) | 경염景炎1276-1278 |
| 18<br>조병<br>趙昺<br>(1272-1279,<br>8세) | 회종<br>懷宗 | | 1278-<br>1279<br>(313일) | 상흥祥興1278-1279 |

# 송 재상 일람

## 북송北宋(960-1127)

### 제1대 태조太祖 조광윤趙匡胤(960-976)

범질范質, 왕부王溥, 위인포魏仁浦, 조보趙普, 설거정薛居正, 심의륜沈義倫 (6명)

### 제2대 태종太宗 조경趙炅(976-997, 조광의趙匡義, 조광의趙光義)

조보趙普, 설거정薛居正, 심의륜沈義倫, 노다손盧多遜, 송기宋琪, 이방李昉, 여몽정呂蒙正, 장제현張齊賢, 여단呂端(9명)

### 제3대 진종眞宗 조항趙恆(997-1022, 조덕창趙德昌, 조원휴趙元休, 조원간趙元侃)

여몽정呂蒙正, 장제현張齊賢, 여단呂端, 이항李沆, 상민중向敏中, 필사안畢士安, 구준寇準, 왕단王旦, 왕흠약王欽若, 정위丁謂, 이적李迪, 풍증馮拯(12명)

### 제4대 인종仁宗 조정趙禎(1022-1063, 조수익趙受益)

왕흠약王欽若, 정위丁謂, 풍증馮拯, 왕증王曾, 이적李迪, 장지백張知白, 장사손張士遜, 여이간呂夷簡, 왕수王隨, 진요좌陳堯佐, 장득상章得象, 안수晏殊, 두연杜衍, 가창조賈昌朝, 진집중陳執中, 문언박文彦博, 송상宋庠, 방적龐籍, 양적梁適, 유항劉沆, 부필富弼, 한기韓琦, 증공량曾公亮(23명)

### 제5대 영종英宗 조서趙曙(1063-1067, 조종실趙宗實)

한기韓琦, 증공량曾公亮(2명)

### 제6대 신종神宗 조욱趙頊(1067-1085, 조중침趙仲鍼)

부필富弼, 한기韓琦, 증공량曾公亮, 진욱陳旭, 왕안석王安石, 한강韓絳, 오충吳充, 왕규王珪, 채확蔡確(9명)

제7대 철종哲宗 조후趙煦(1085-1100, 조용趙傭)

사마광司馬光, 문언박文彦博, 왕규王珪, 채확蔡確, 한진韓縝, 여공저呂公著, 여대방呂大防, 범순인范純仁, 유지劉摯, 소송蘇頌, 장돈章惇(11명)

제8대 휘종徽宗 조길趙佶(1100-1125)

장돈章惇, 한충언韓忠彦, 증포曾布, 채경蔡京, 조정지趙挺之, 하집중何執中, 장상영張商英, 유정부劉正夫, 여심余深, 왕보王黼, 이방언李邦彦, 백시중白時中(12명)

제9대 흠종欽宗 조환趙桓(1125-1127, 조단趙亶, 조훤趙烜)

이방언李邦彦, 백시중白時中, 장방창張邦昌, 오민吳敏, 서처인徐處仁, 당각唐恪, 하율何栗(7명)

## 남송南宋(1127-1279)

제10대 고종高宗 조구趙構(1127-1162)

이강李綱, 황잠선黃潛善, 왕백언汪伯彦, 주승비朱勝非, 여이호呂頤浩, 두충杜充, 범종윤范宗尹, 조정趙鼎, 장준張浚, 진회秦檜, 만사萬俟, 심해沈該, 탕사퇴湯思退, 진강백陳康伯, 주탁朱倬(15명)

제11대 효종孝宗 조신趙昚(1162-1189, 조백종趙伯琮, 조원趙瑗, 조위趙瑋)

장준張浚, 탕사퇴湯思退, 진강백陳康伯, 주탁朱倬, 사호史浩, 홍괄洪适, 섭옹葉顒, 위기魏杞, 장불蔣芾, 진준경陳俊卿, 우윤문虞允文, 양극가梁克家, 증회曾懷, 섭형葉衡, 조웅趙雄, 왕회王淮, 주필대周必大, 유정留正(18명)

제12대 광종光宗 조돈趙惇(1189-1194)

주필대周必大, 유정留正, 갈필葛邲(3명)

제13대 영종寧宗 조확趙擴(1194-1224)

유정留正, 조여우趙汝愚, 여단례余端禮, 경당京鏜, 사심보謝深甫, 진자강

陳自強, 한탁주韓侂冑, 전상조錢象祖, 사미원史彌遠(9명)

**제14대 이종理宗 조윤趙昀**(1224-1264, 조여거趙與莒, 조귀성趙貴誠)

사미원史彌遠, 정청지鄭淸之, 교행간喬行簡, 최여지崔與之, 이종면李宗勉, 사숭지史嵩之, 범종范鍾, 두범杜範, 유려游侶, 조규趙葵, 사방숙謝方叔, 오잠吳潛, 동괴董槐, 정원봉程元鳳, 정대전丁大全, 가사도賈似道(16명)

**제15대 도종度宗 조기趙禥**(1264-1274, 조맹계趙孟啓, 조자趙孜)

가사도賈似道, 정원봉程元鳳, 섭몽정葉夢鼎, 강만리江萬里, 마정란馬廷鸞 (5명)

**제16대 공제恭帝 조현趙㬎**(1274-1276)

가사도賈似道, 왕약王爚, 장감章鑑, 진의중陳宜中, 유몽염留夢炎, 오견吳堅, 문천상文天祥(7명)

**제17대 단종端宗 조하趙昰**(1276-1278)

진의중陳宜中, 이정지李庭芝, 문천상文天祥(3명)

**제18대 유조幼帝 조병趙昺**(1278-1279)

문천상文天祥, 육수부陸秀夫(2명)

# 송대 중앙관제표

| | | 송대 초기 | 원풍元豊(1078-1085) 연간 이후 | 정화政和(1111-1118) 연간 이후 | | 남송 |
|---|---|---|---|---|---|---|
| 삼사 三師 | | 태사太師 (정일품) | 태사 | 삼공 三公 | 태사 | 삼공 | 태사 |
| | | 태부太傅 (정일품) | 태부 | | 태부 | | 태부 |
| | | 태보太保 (정일품) | 태보 | | 태보 | | 태보 |
| 삼공 三公 | | 태위太尉 | 태위 | 삼고 三孤 | 소사少事 (정일품) | 삼고 | 소사 |
| | | 사도司徒 | 사도 | | 소부少傅 (정일품) | | 소부 |
| | | 사공司空 | 사공 | | 소보少保 (정일품) | | 소보 |
| 재집 宰執 | 재상 宰相 | 동중서문하평장사 同中書門下平章事 (종일품) | 문하시중門下侍中 (인원 미배치) | 좌보우필左輔右弼 (인원 미배치) | | 좌승상 左丞相 (정일품) |
| | | | 중서령상서령 中書令尙書令 (인원 미배치) | 태재太宰 (좌복야로 고침) | | 우승상 右丞相 (정일품) |
| | | 참지정사 參知政事 (부상副相, 정이품) | 상서좌복야 尙書左僕射 | 소재少宰 (우복야로 고침) | | 참지정사 (부상, 정이품) |
| | | | 상서우복야 尙書右僕射 | 문하시랑 | | |
| | | | 문하시랑 門下侍郞 | 중서시랑中書侍郞 | | |
| | | | 중서시랑 中書侍郞 | 상서좌승 | | |
| | | | 상서좌승 尙書左丞 | 상서우승 | | |
| | | | 상서우승 尙書右丞 | | | |

| | | 송대 초기 | 원풍元豊(1078-1085) 연간 이후 | 정화政和(1111-1118) 연간 이후 | 남송 |
|---|---|---|---|---|---|
| 재집宰執 | 추밀원樞密院 | 사使 (일명 지원사知院事, 종일품) | 지원사 知院事 | 지원사 | 사使(종일품) |
| | | 부사副使 (일명 동지원사同知院事, 정이품) | 동지원사 同知院事 | 동지원사 | 부사 |
| | | | 첨서원사 簽書院事 | 첨서원사 | 지원사 (정이품) |
| | | | | 동첨서원사 | 동지원사 (정이품) |
| | | | | | 첨서원사 (종이품) |
| | | | | | 동첨서원사 (종이품) |
| 삼성三省 | 문하성門下省 | 시중侍中 (항상 사람을 주지는 않음) | 시랑 | 시랑 | 시랑 |
| | | | 좌산기상시 左散騎常侍 (인원 미배치, 정삼품) | 좌산기상시 (인원 미배치) | 좌산기상시 (인원 미배치) |
| | | 시랑侍郎 | 좌간의대부 左諫議大夫 1인 (종사품) | 좌간의대부 1인 | 좌간의대부 1인 |
| | | | 좌사간左司諫1인 (정칠품) | 좌사간 1인 | 좌사간 1인 |
| | | | 좌정언左正言1인 (종칠품) | 좌정언 1인 | 좌정언 1인 |
| | 중서성中書省 | 영令(인원 미배치) | 시랑 | 시랑 | |
| | | 시랑侍郎 | 우산기상시 右散騎常侍 (인원 미배치, 정삼품) | 우산기상시 (인원 미배치, 정삼품) | |
| | | | 우간의대부 右諫議大夫 1인 (종사품) | 우간의대부 1인 | |
| | | | 우사간右司諫 1인 (정칠품) | 우사간 1인 | |
| | | | 우정언右正言 1인 (종칠품) | 우정언 1인 | |

| | | 송대 초기 | 원풍元豐(1078-1085) 연간 이후 | 정화政和(1111-1118) 연간 이후 | 남송 |
|---|---|---|---|---|---|
| 삼성三省 | 상서성尙書省 | 영슈<br>(인원 미배치) | 영슈<br>(인원 미배치) | 영슈<br>(인원 미배치) | |
| | | 좌복야 | 좌복야(정상正相) | 태재(정상) | |
| | | 우복야 | 우복야(정상) | 소재(정상) | |
| | | 좌승左丞 | 좌승(부상) | 좌승(부상) | |
| | | 우승右丞 | 우승(부상) | 우승(부상) | |
| 삼사사<br>三司使 | | 사使 1인 | | | |
| | | 부사副使 3인 | | | |
| 학사원<br>學士院 | | 한림학사翰林學士 | 한림학사(정삼품) | | 단명전학사 |
| | | 숭정전설서崇政殿說<br>書(종칠품) | 한림시독학사<br>翰林侍讀學士(정칠품) | | |
| | | | 한림시강학사<br>翰林侍講學士(정칠품) | | |
| 간원<br>諫院 | | 지간원대인<br>知諫院大人 | | | |
| 이부<br>吏部 | | 지심관원<br>知審官院 2인 | 상서尙書 1인<br>(장長, 종이품) | 상서 1인<br>(장長, 종이품) | 상서 1인<br>(장長, 종이품) |
| | | 판부사<br>判府事 2인 | 시랑侍郎 1인<br>(부副, 종삼품) | 시랑 1인<br>(부副, 종삼품) | 시랑 1인<br>(부副, 종삼품) |
| 호부<br>戶部 | | 판부사 2인 | 상서 1인<br>(장長, 종이품) | 상서 1인<br>(장長, 종이품) | 상서 1인<br>(장長, 종이품) |
| | | | 시랑侍郎 1인<br>(부副, 종삼품) | 시랑 2인<br>(부副, 종삼품) | 시랑 2인<br>(부副, 종삼품) |
| 예부<br>禮部 | | 판례의원<br>判禮議院 1인 | 상서 1인<br>(장長, 종이품) | 상서 1인<br>(장長, 종이품) | 상서 1인<br>(미상설, 종이품) |
| | | 판부사 1인 | 시랑侍郎 1인<br>(부副, 종삼품) | 시랑 1인<br>(부副, 종삼품) | 시랑 1인<br>(부副, 종삼품) |
| 병부<br>兵部 | | 판부사 1인 | 상서 1인<br>(장長, 종이품) | 상서 1인<br>(장長, 종이품) | 상서 1인<br>(장長, 종이품) |
| | | | 시랑侍郎 1인<br>(부副, 종삼품) | 시랑 1인<br>(부副, 종삼품) | 시랑 1인<br>(부副, 종삼품) |

| | | 송대 초기 | 원풍元豊(1078-1085) 연간 이후 | 정화政和(1111-1118) 연간 이후 | 남송 |
|---|---|---|---|---|---|
| 형부 刑部 | | 판심형원 判審刑院 1인 | 상서 1인 (장長, 종이품) | 상서 1인 (장長, 종이품) | 상서 1인 (장長, 종이품) |
| | | 판부사 1인 | 시랑侍郎 2인 (부副, 종삼품) | 시랑 2인 (부副, 종삼품) | 시랑 2인 (부副, 종삼품) |
| 공부 工部 | | 판부사 1인 | 상서 1인 (종이품) | 상서 1인 (종이품) | 상서 1인 (종이품) |
| | | | 시랑侍郎 1인 (종삼품) | 시랑 1인 (종삼품) | 시랑 1인 (종삼품) |
| 어사대 御史臺 | | 대부大夫 (정품正品 주지 않음, 종이품) | 대부 (정품 주지 않음, 종이품) | 중승 1인 (종삼품) | 중승 1인 (종삼품) |
| | | 중승中丞 (종삼품) | 중승 1인 (장長, 종삼품) | | |
| | | 전중시어사 殿中侍御史(정칠품) | 전중시어사(정칠품) | 전중시어사(정칠품) | 전중시어사 (정칠품) |
| | | 감찰어사監察御史 (종칠품) | 감찰어사(종칠품) | 감찰어사(종칠품) | 감찰어사 (종칠품) |
| 구시九寺 (경卿, 정사품 혹은 종사품, 소경少卿, 종오품 혹은 정육품) | 태太상常시寺 | 판시사判寺事 | 경卿 1인(장長) | 경卿 1인(장長) | 경 1인(장長) |
| | | 판태상예원 判太常禮院 | 소경少卿 1인 (부副) | 소경 1인(부副) | 소경 1인 (부副) |
| | 종宗정正시寺 | 지대종정사 知大宗正事 1인 | 지대종정사 1인 | 지대종정사 1인 | 지대종정사 1인 |
| | | 판시사 2인 | 경 1인(장長) | 경 1인(장長) | 경 1인 (미상설) |
| | | | 소경 1인(부副) | 소경 1인(부副) | 소경 1인 |
| | 광光록祿시寺 | 판시사 1인 | 경 1인(장長) | 경 1인(장長) | |
| | | | 소경 1인(부副) | 소경 1인(부副) | |
| | 위衛위尉시寺 | 판시사 1인 | 경 1인(장長) | 경 1인(장長) | |
| | | | 소경 1인(부副) | 소경 1인(부副) | |
| | 태太복僕시寺 | 군목사群牧使 1인 | 경 1인(장長) | 경 1인(장長) | |
| | | 판시사 1인 | 소경 1인(부副) | 소경 1인(부副) | |

| | | 송대 초기 | 원풍元豐(1078-1085) 연간 이후 | 정화政和(1111-1118) 연간 이후 | 남송 |
|---|---|---|---|---|---|
| 구시九寺 | 대大리理시寺 | 판시사 1인 | 경 1인(장長) | 경 1인(장長) | 경 1인(장長) |
| | | | 소경 2인(부副) | 소경 2인(부副) | 소경 1인(부副) |
| | 홍鴻려臚시寺 | 판시사 1인 | 경 1인(장長) | 경 1인(장長) | |
| | | | 소경 1인(부副) | 소경 1인(부副) | |
| | 사司농農시寺 | 판시사 1인 | 경 1인(장長) | 경 1인(장長) | 경 1인(장長) |
| | | | 소경 1인(부副) | 소경 1인(부副) | 소경 1인(부副) |
| | 태太부府시寺 | 판시사 1인 | 경 1인(장長) | 경 1인(장長) | 경 1인(장長) |
| | | | 소경 1인(부副) | 소경 1인(부副) | 소경 1인(부副) |
| 오감五監 | 국國자子감監 | 판감사判監事 2인 | 좨주祭酒 1인 (장長, 종사품) | 좨주 1인 (장長, 종사품) | 좨주 1인 (장長, 종사품) |
| | | | 사업司業 1인 (부副, 정육품) | 사업司業 1인 (부副, 정육품) | 사업司業 1인 (부副, 정육품) |
| | 소小부府감監 | 판감사 1인 | 감監 1인(장長) | 감監 1인(장長) | 감監 1인(장長) |
| | | | 소감少監 1인(부副) | 소감 1인(부副) | 소감 1인(부副) |
| | 장將작作감監 | 판감사 1인 | 감監 1인(장長) | 감監 1인(장長) | 감監 1인(장長) |
| | | | 소감少監 1인(부副) | 소감少監 1인(부副) | 소감少監 1인 (부副) |
| | 군軍기器감監 | 삼사三司에서 주관함 | 감監 1인(장長) | 감監 1인(장長) | |
| | | | 소감少監 1인(부副) | 소감少監 1인(부副) | |
| | 도都수水감監 | 판감사 1인 | 사자使者 1인 | 사자 1인 | |

# 송대 지방관제표

| 부문 | | 관명 | 품급 | 비고 |
|---|---|---|---|---|
| 로路 | 전운사轉運司 | 전운사轉運使 | | 송대의 로路는 원래 감찰구였는데, 후에 사실상의 일급 행정구가 되었다. 전운사는 한 로路의 재정과 부세를 관장하였고, 또 관리를 감찰하는 일을 겸했으며, 남송 때에는 '조사漕司'라고 불렀다. |
| | | 부사副使 | | |
| | | 판관判官 | | |
| | 제형사提刑司 | 제점형옥공사提點刑獄公事 | | 제형사는 처음에 전운사에 속해 있다가 진종眞宗 때 갈라져 나와 형옥刑獄의 일을 관장하였으며, 남송 때에는 '헌사憲司'라고 불렀다. |
| | 제거상평사提擧常平司 | 제거상평다염공사提擧常平茶鹽公事 | | 의창義倉, 상평창常平倉, 시장市場, 수리水利 등의 일을 관장하였으며, 남송 때에는 '창사倉司'라고 불렀다. |
| | 제거학사사提擧學事司 | 제거학사提擧學事 | | 휘종 때 설치되어 한 로路, 주, 현의 학정學政을 관장하였다가 오래지 않아 폐지되었다. , |
| | 경략안무사經略按撫司 | 경략안무사經略按撫使 | | 송대 초기에 서하西夏와 전쟁이 있어서 섬서 지방에 설치한 것인데, 후에 광주廣州, 계주桂州에도 설치하였으며, 남송 때에는 '수사帥司'라고 불렀다. |
| | | | | 각 로路의 전운, 제형, 상평, 제거 등의 관원을 '감사監司'로 총칭하였고, 또 각 로路에 제거다염사提擧茶鹽司, 제거다마사提擧茶馬司, 제거광야사提擧礦冶司, 제거시박사提擧市舶司 등을 설치하였다. |

| 부문 | 관명 | 품급 | 비고 |
|---|---|---|---|
| 부府 | 지부사知府事 1인<br>(혹은 부윤府尹,<br>소윤少尹 설치) | 개봉부윤<br>開封府尹<br>정삼품,<br>개봉부소윤<br>開封府少尹<br>종육품 | 수대隋代 이전에는 '부府'가 없었으며, 도성을 '부'라고 부른 것은 당나라 때 부터였다. 송나라는 당나라 제도를 따라서 도성과 배도陪都 및 중요한 지역을 '부'라고 불렀다. 예를 들면 동경개봉부東京開封府, 서경하남부西京河南府(낙양洛陽), 남경응천부南京應天府(상구商丘), 북경대명부北京大名府(대명大名) 등이다. 그 후 황제의 즉위 전 봉읍을 즉위한 후에 부府로 승격하였다. |
| | 판관判官 | | |
| | 추관推官 | | |
| 주州 | 지모주사<br>知某州事<br>(자사刺史) | 종오품 | |
| | 권지모주군주사<br>權知某州軍州事<br>(약칭 지주知州) | | 송대에는 '태수太守'를 두지 않았고, '자사刺史'는 이름뿐인 직함이다. |
| | 통판通判 | 종팔품 | |
| | 첨서판관청공사<br>簽書判官廳公事 | | |
| | 추관, 판관 | | |
| | 제조관諸曹官 | | 제조관으로는 호조참군戶曹參軍, 사법참군司法參軍, 사례참군司禮參軍, 녹사참군綠事參軍이 있다. |
| 군軍 | 지모군사<br>知某軍事 | | 예) 남강군南江軍 |
| 감監 | 지모감사<br>知某監事 | | 예) 이국감利國監 |

| 부문 | 관명 | 품급 | 비고 |
|---|---|---|---|
| 현縣 | 지현知縣<br>(현령縣令) | 적현赤縣<br>정칠품,<br>기현畿縣<br>정팔품,<br>기타 종팔품 | 송대의 현縣은 도성 안의 적현赤縣), 도성 밖의 기현畿縣, 4천 호戶 이상의 망현望縣, 3천 호 이상의 긴현緊, 縣, 2천 호 이상의 상현上縣, 1천 호 이상의 중현中縣, 1천 호 이하의 중하현中下縣, 5백 호 이하의 하현下縣 등 여덟 등급으로 나누어졌다.<br>송대에 처음으로 조관朝官이 '지현知縣'을 되었는데, 다른 관원을 차견差遣하여 현의 일을 맡게 하였고, 진짜 현령으로 제수한 것은 아니다. 후에 '영令'을 없애고, 전적으로 '지현'을 두었으며, 지현이 현령의 고유명칭이 되었다. |
| | 현승縣丞<br>(소읍에는 두지 않음) | 적현 정팔품,<br>기현 정팔품,<br>기타 종팔품 | |
| | 주부主簿<br>(소읍 중에 두지 않은<br>곳은 위尉가 겸함) | 적현 종팔품,<br>기현 정구품,<br>기타 종구품 | |
| | 위尉 | 적현 종팔품,<br>기현 정구품,<br>기타 종구품 | |

# 송대의 행정구역표

| 路路 | | 부府, 주州, 군軍, 감監 |
|---|---|---|
| 경기로<br>京畿路 | 부府 | 개봉부開封府(동경東京) |
| 동경동로<br>東京東路 | 부府 | 제남부濟南府(흥덕군절도興德軍節度) |
| | 주州 | 청주靑州(진해군절도鎭海軍節度), 밀주密州, 기주沂州, 등주登州, 내주萊州, 유주濰州, 치주淄州 |
| | 군軍 | 회양군淮陽軍 |
| 동경서로<br>東京西路 | 부府 | 응천부應天府(귀덕군절도歸德軍節度), 습경부襲慶府(태령군절도泰寧軍節度), 흥인부興仁府(창신군절도彰信軍節度), 동평부東平府(태평군절도太平軍節度) |
| | 주州 | 서주徐州(무덕군절도武德軍節度), 제주濟州, 단주單州, 공주拱州(보경군절도保慶軍節度), 복주徐州 |
| | 군軍 | 광제군廣濟軍 |
| 하북동로<br>河北東路 | 부府 | 대명부大名府(北京), 개덕부開德府(진녕군절도鎭寧軍節度), 하간부河間府(영해군절도瀛海軍節度) |
| | 주州 | 창주滄州(횡해군절도橫海軍節度), 기주冀州(안덕군절도安德軍節度), 박주博州, 체주棣州, 막주莫州, 웅주雄州, 패주霸州, 덕주德州, 빈주濱州, 은주恩州(패주貝州), 청주淸州 |
| | 군軍 | 덕청군德淸軍, 보순군保順軍, 영정군永靜軍, 신안군信安軍, 보정군保定軍 |
| 하북서로<br>河北西路 | 부府 | 진정부眞定府(성덕군절도成德軍節度), 중산부中山府(정무군절도定武軍節度), 신덕부信德府(안국군절도安國軍節度), 경원부慶源府(경원군절도慶源軍節度) |
| | 주州 | 상주相州, 준주濬州(평천군절도平川軍節度), 회주懷州, 위주衛州, 명주洺州, 심주深州, 자주磁州, 기주祁州, 보주保州 |
| | 군軍 | 천위군天威軍, 북평군北平軍, 안숙군安肅軍(정융군靜戎軍), 영녕군永寧軍(영변군寧邊軍), 광신군廣信軍(위융군威虜軍), 순안군順安軍 |
| 경서북로<br>京西北路 | 부府 | 하남부河南府(서경西京), 영창부潁昌府(충무군절도忠武軍節度), 회령부懷寧府(진안군절도鎭安軍節度), 순창부順昌府 |
| | 주州 | 정주鄭州(태령군절도泰寧軍節度), 활주滑州(무성군절도武成軍節度), 맹주孟州(하양삼성절도河陽三城節度, 군호軍號 없음), 채주蔡州(회강군절도淮康軍節度), 여주汝州(육해군절도陸海軍節度) |
| | 군軍 | 신양군信陽軍 |

| 로路 | | 부府, 주州, 군軍, 감監 |
|---|---|---|
| 하동로<br>河東路 | 부府 | 태원부太源府(하동절도河東節度, 군호軍號 없음), 융덕부隆德府(소덕군<br>절도昭德軍節度), 평양부平陽府(건웅군절도建雄軍節度) |
| | 주州 | 강주絳州, 택주澤州, 대주代州, 흔주忻州, 분주汾州, 요주遼州, 헌주憲<br>州, 남주嵐州, 석주石州, 습주隰州, 자주慈州, 인주麟州(진서군절도鎭西<br>軍節度), 부주府州(정강군절도靖康軍節度), 풍주豊州 |
| | 군軍 | 경조군慶祚軍, 위승군威勝軍, 평정군平定軍, 가람군岢嵐軍, 영화군寧<br>化軍, 화산군火山軍, 보덕군保德軍, 진녕군晉寧軍 |
| 영흥군로<br>永興軍路 | 부府 | 경조부京兆府(영흥군절도永興軍節度), 하중부河中府(호국군절도 護國軍<br>節度), 연안부延安府(창무군절도彰武軍節度), 경양부慶陽府(경양군절도<br>慶陽軍節度) |
| | 주州 | 해주解州, 섬주陝州(보평군절도保平軍節度), 상주商州, 동주同州(정국군<br>절도定國軍節度), 예주醴州, 화주華州(진동군절도鎭潼軍節度), 요주耀州<br>(감덕군절도感德軍節度), 빈주邠州(정난군절도靖難軍節度), 방주坊州, 은<br>주銀州, 환주環州, 부주鄜州(보대군절도保大軍節度), 영주寧州, 괵주虢<br>州, 단주丹州 |
| | 군軍 | 청평군淸平軍, 보안군保安軍, 수덕군綏德軍, 경성군慶成軍, 정변군定<br>邊軍 |
| 진봉로<br>秦鳳路 | 부府 | 봉상부鳳翔府(봉상군절도鳳翔軍節度) |
| | 주州 | 진주秦州(웅무군절도雄武軍節度), 농주隴州, 성주成州, 봉주鳳州, 계주<br>階州, 위주渭州(평량군절도平涼軍節度), 경주涇州(창화군절도彰化軍節<br>度), 원주原州, 회주會州, 서안주西安州, 희주熙州(진조군절도鎭洮軍節<br>度), 하주河州, 공주鞏州, 민주岷州, 난주蘭州, 조주洮州, 확주廓州, 악<br>주樂州(향덕군절도向德軍節度), 서령주西寧州(빈덕군절도賓德軍節度) |
| | 군軍 | 덕순군德順軍, 진융군鎭戎軍, 회덕군懷德軍, 진무군震武軍, 적석군積<br>石軍 |
| 양절로<br>兩浙路 | 부府 | 임안부臨安府(영해군절도寧海軍節度), 소흥부紹興府(진동군절도鎭東軍<br>節度), 평강부平江府(평강군절도平江軍節度), 진강부鎭江府(진강군절도<br>鎭江軍節度), 경원부慶元府(봉국군절도奉國軍節度), 서안부瑞安府(응도<br>군절도應道軍節度), 건덕부建德府(수안군절도遂安軍節度), 가흥부嘉興<br>府(가흥군절도嘉興軍節度) |
| | 주州 | 호주湖州(소덕군절도昭德軍節度), 무주婺州(보령군절도保寧軍節度), 상<br>주常州, 태주台州, 처주處州, 구주衢州 |
| | 군軍 | 강음군江陰軍 |

| 로路 | | 부府, 주州, 군軍, 감監 |
|---|---|---|
| 회남동로<br>淮南東路 | 주州 | 양주揚州(회남절도淮南節度, 군호 없음), 박주亳州(집경군절도集慶軍節度), 숙주宿州(보정군절도保靜軍節度), 초주楚州, 해주海州, 태주泰州, 사주泗州, 저주滁州, 진주眞州, 통주通州, 안동주安東州 |
| | 군軍 | 고우군高郵軍, 초신군招信軍, 회안군淮安軍, 청하군淸河軍 |
| 회남서로<br>淮南西路 | 부府 | 수춘부壽春府, 안경부安慶府(덕경군절도德慶軍節度) |
| | 주州 | 여주廬州(보신군절도保信軍節度), 기주蘄州, 화주和州, 호주濠州, 광주光州(광산군절도光山軍節度), 황주黃州 |
| | 군軍 | 육안군六安軍, 무위군無爲軍, 회원군懷遠軍, 안풍군安豐軍, 진소군鎭巢軍 |
| 복건로<br>福建路 | 부府 | 건녕부建寧府(건녕군절도建寧軍節度) |
| | 주州 | 복주福州(위무군절도威武軍節度), 천주泉州, 남검주南劍州, 장주漳州, 정주汀州 |
| | 군軍 | 소무군邵武軍, 흥화군興化軍 |
| 강남동로<br>江南東路 | 부府 | 건강부建康府, 영국부寧國府(영국군절도寧國軍節度) |
| | 주州 | 휘주徽州(흡주歙州), 지주池州, 요주饒州, 신주信州, 태평주太平州 |
| | 군軍 | 남강군南康軍, 광덕군廣德軍 |
| 강남서로<br>江南西路 | 부府 | 융흥부隆興府(진남군절도鎭南軍節度) |
| | 주州 | 강주江州(정강군절도定江軍節度), 공주贛州(소신군절도昭信軍節度), 길주吉州, 원무주袁撫州, 서주瑞州 |
| | 군軍 | 흥국군興國軍, 남안군南安軍, 임강군臨江軍, 건창군建昌軍 |
| 형호북로<br>荊湖北路 | 부府 | 강릉부江陵府(형남절도荊南節度, 군호 없음), 덕안부德安府(안원군절도安遠軍節度), 상덕부常德府(상덕군절도常德軍節度) |
| | 주州 | 악주鄂州(무창군절도武昌軍節度), 복주復州, 예주澧州, 협주峽州, 악주嶽州(악양군절도嶽陽軍節度), 귀주歸州, 신주辰州, 원주沅州, 정주靖州 |
| | 군軍 | 형문군荊門軍, 한양군漢陽軍, 수창군壽昌軍 |
| 형호남로<br>荊湖南路 | 부府 | 보경부寶慶府(보경군절도寶慶軍節度) |
| | 주州 | 담주潭州(무안군절도武安軍節度), 형주衡州, 도주道州, 영주永州, 침주郴州, 전주全州 |
| | 군軍 | 다릉군茶陵軍, 계양군桂陽軍, 무강군武岡軍 |
| 광남동로<br>廣南東路 | 부府 | 조경부肇慶府(조경군절도肇慶軍節度), 덕경부德慶府(영경군절도永慶軍節度), 영덕부英德府 |
| | 주州 | 광주廣州(청해군절도淸海軍節度), 소주韶州, 순주循州, 조주潮州, 연주連州, 매주梅州, 남웅주南雄州, 하주賀州, 봉신주封新州, 남은주南恩州, 혜주惠州 |

| 로路 | | 부府, 주州, 군軍, 감監 |
|------|------|-----------------------|
| 광남서로<br>廣南西路 | 부府 | 정강부靜江府(정강군절도靜江軍節度), 경원부慶遠府(경원군절도慶遠軍節度) |
| | 주州 | 용주容州(영원군절도寧遠軍節度), 옹주邕州(건무군절도建武軍節度), 융주融州(청원군절도淸遠軍節度), 상주象州, 소주昭州, 오주梧州, 등주藤州, 공주龔州, 심주潯州, 유주柳州, 빈주賓州, 횡주橫州, 화주化州, 고주高州, 뇌주雷州, 흠주欽州, 백주白州, 울림주鬱林州, 염주廉州, 경주瓊州 |
| | 군軍 | 남녕군南寧軍, 만안군萬安軍, 길양군吉陽軍 |
| 경서남로<br>京西南路 | 부府 | 양양부襄陽府(산남동도절도山南東道節度, 군호 없음) |
| | 주州 | 등주鄧州(무승군절도武勝軍節度), 수주隨州(숭신군절도崇信軍節度), 금주金州(소화군절도昭化軍節度), 방주房州(보강군절도保康軍節度), 균주均州(무당군절도武當軍節度), 당주唐州 |
| | 군軍 | 광화군光化軍 |
| 이주로<br>利州路 | 부府 | 흥원부興元府(산남서도절도山南西道節度, 군호 없음), 융경부隆慶府(경원군절도慶遠軍節度), 동경부同慶府 |
| | 주州 | 이주利州, 양주洋州, 낭주閬州, 파주巴州, 면주沔州, 봉주蓬州, 정주政州, 금주金州(소화군절도昭化軍節度) |
| | 군軍 | 대안군大安軍, 천수군天水軍 |
| 기주로<br>夔州路 | 부府 | 소경부紹慶府(무태군절도武泰軍節度), 함순부咸淳府, 중경부重慶府 |
| | 주州 | 기주夔州, 시주施州, 만주萬州, 개주開州, 달주達州, 부주涪州, 사주思州, 파주播州, 진주珍州 |
| | 군軍 | 운안군雲安軍, 양산군梁山軍, 남평군南平軍 |
| | 감監 | 대령감大寧監 |
| 재주로<br>梓州路 | 부府 | 동천부 동천부(검남동천절도劍南東川節度, 군호 없음), 수령부遂寧府(무신군절도武信軍節度), 순경부順慶府 |
| | 주州 | 자주資州, 보주普州, 창주昌州, 서주敍州, 노주瀘州, 합주合州, 영주榮州, 거주渠州 |
| | 군軍 | 회안군懷安軍, 영서군寧西軍, 장녕군長寧軍 |
| | 감監 | 부순감富順監 |
| 성도부로<br>成都府路 | 부府 | 성도부成都府(검남서천절도劍南西川節度, 군호 없음), 숭경부崇慶府(숭경군절도崇慶軍節度), 가정부嘉定府(가정군절도嘉定軍節度) |
| | 주州 | 미주眉州, 팽주彭州, 면주綿州, 한주漢州, 공주邛州, 간주簡州, 여주黎州, 아주雅州, 무주茂州, 위주威州 |
| | 군軍 | 영강군永康軍, 석천군石泉軍 |
| | 감監 | 선정감仙井監 |

# 송대 문관표

| 단계 | 품급品級 | 문산관文散官 |
|:---:|:---:|:---:|
| 1 | 종일품從一品 | 개부의동삼사開府儀同三司 |
| 2 | 정이품正二品 | 특진特進 |
| 3 | 종이품從二品 | 광록대부光祿大夫 |
| 4 | 정삼품正三品 | 금자광록대부金紫光祿大夫 |
| 5 | 종삼품從三品 | 은청광록대부銀青光祿大夫 |
| 6 | 정사품상正四品上 | 정봉대부正奉大夫 |
| 7 | 정사품正四品 | 중봉대부中奉大夫 |
| 8 | 종사품상從四品上 | 태중대부太中大夫 |
| 9 | 종사품從四品 | 중대부中大夫 |
| 10 | 정오품상正五品上 | 중산대부中散大夫 |
| 11 | 정오품正五品 | 조봉대부朝奉大夫 |
| 12 | 종오품상從五品上 | 조산대부朝散大夫 |
| 13 | 종오품從五品 | 조청대부朝請大夫 |
| 14 | 정육품상正六品上 | 조봉랑朝奉郎 |
| 15 | 정육품正六品 | 승직랑承直郎 |
| 16 | 종육품상從六品上 | 봉직랑奉直郎 |
| 17 | 종육품從六品 | 통직랑通直郎 |
| 18 | 정칠품상正七品上 | 조청랑朝清郎 |
| 19 | 정칠품正七品 | 선덕랑宣德郎 |
| 20 | 종칠품상從七品上 | 조산랑朝散郎 |
| 21 | 종칠품從七品 | 선봉랑宣奉郎 |
| 22 | 정팔품상正八品上 | 급사랑給事郎 |
| 23 | 정팔품正八品 | 승사랑承事郎 |
| 24 | 종팔품상從八品上 | 승봉랑承奉郎 |
| 25 | 종팔품從八品 | 승무랑承務郎 |
| 26 | 정구품상正九品上 | 유림랑儒林郎 |
| 27 | 정구품正九品 | 등사랑登仕郎 |
| 28 | 종구품상從九品上 | 문림랑文林郎 |
| 29 | 종구품從九品 | 장사랑將仕郎 |

* 산관散官은 관원의 등급을 표시하는 호칭이다.

# 송대 무관표

| 단계 | 품급 | 무산관武散官 |
|:---:|:---:|:---:|
| 1 | 종일품從一品 | 표기대장군驃騎大將軍 |
| 2 | 정이품正二品 | 보국대장군輔國大將軍 |
| 3 | 종이품從二品 | 진국대장군鎭國大將軍 |
| 4 | 정삼품상正三品上 | 관군대장군冠軍大將軍 |
| 5 | 정삼품正三品 | 회화대장군懷化大將軍 |
| 6 | 종삼품상從三品上 | 운휘대장군雲麾大將軍 |
| 7 | 종삼품從三品 | 귀덕장군歸德將軍 |
| 8 | 정사품상正四品上 | 충무장군忠武將軍 |
| 9 | 정사품正四品 | 장무장군將武將軍 |
| 10 | 종사품상從四品上 | 선위장군宣威將軍 |
| 11 | 종사품從四品 | 명위장군明威將軍 |
| 12 | 정오품상正五品上 | 정원장군定遠將軍 |
| 13 | 정오품正五品 | 영원장군寧遠將軍 |
| 14 | 종오품상從五品上 | 유기장군遊騎將軍 |
| 15 | 종오품從五品 | 유격장군遊擊將軍 |
| 16 | 정육품상正六品上 | 소무교위昭武校尉 |
| 17 | 정육품正六品 | 소무부위昭武副尉 |
| 18 | 종육품상從六品上 | 진위교위振威校尉 |
| 19 | 종육품從六品 | 진위부위振威副尉 |
| 20 | 정칠품상正七品上 | 치과교위致果校尉 |
| 21 | 정칠품正七品 | 치과부위致果副尉 |
| 22 | 종칠품상從七品上 | 익휘교위翊麾校尉 |
| 23 | 종칠품從七品 | 익휘부위翊麾副尉 |
| 24 | 정팔품상正八品上 | 선절교위宣節校尉 |
| 25 | 정팔품正八品 | 선절부위宣節副尉 |
| 26 | 종팔품상從八品上 | 어모교위禦侮校尉 |
| 27 | 종팔품從八品 | 어모부위禦侮副尉 |
| 28 | 정구품상正九品上 | 인용교위仁勇校尉 |
| 29 | 정구품正九品 | 인용부위仁勇副尉 |
| 30 | 종구품상從九品上 | 배융교위陪戎校尉 |
| 31 | 종구품從九品 | 배융부위陪戎副尉 |

## 송대 작호표

| 등급 | 작호爵號 | 비고 |
|---|---|---|
| 1 | 왕王 | |
| 2 | 사왕嗣王 | |
| 3 | 군왕郡王 | |
| 4 | 국공國公 | |
| 5 | 군공郡公 | |
| 6 | 개국공開國公 | |
| 7 | 개국군공開國郡公 | 현임 또는 전임 재상 식읍食邑 1만호戶 |
| 8 | 개국현공開國縣公 | 식읍 2천호 이상, 공에 봉함 |
| 9 | 개국후開國侯 | 식읍 1천호 이상, 후에 봉함 |
| 10 | 개국백開國伯 | 식읍 7백호 이상, 백에 봉함 |
| 11 | 개국자開國子 | 식읍 5백호 이상, 자에 봉함 |
| 12 | 개국남開國男 | 식읍 3백호 이상, 남에 봉함 |

## 송대 훈급표

| 등급 | 훈호勳號 |
|---|---|
| 1 | 상주국上柱國 |
| 2 | 주국柱國 |
| 3 | 상호군上護軍 |
| 4 | 호군護軍 |
| 5 | 상경거도위上輕車都尉 |
| 6 | 경거도위輕車都尉 |
| 7 | 상기도위上騎都尉 |
| 8 | 기도위騎都尉 |
| 9 | 효기위驍騎尉 |
| 10 | 비기위飛騎尉 |
| 11 | 운기위雲騎尉 |
| 12 | 무기위武騎尉 |

## 송대 품관장복표品冠章服表

| 품급品級 | 복색服色 | 관冠 | 대帶 | 패어대佩魚袋 | 홀笏 |
|---|---|---|---|---|---|
| 일품一品 | 자색紫色 | 칠량관七梁冠 | 옥대玉帶 | 금어대金魚袋 | 상홀象笏 |
| 이품 | 자색 | 육량관六梁冠 | 옥대 | 금어대 | 상홀 |
| 삼품 | 자색 | 오량관五梁冠 | 옥대 | 금어대 | 상홀 |
| 사품 | 자색 | 오량관五梁冠 | 금대金帶 | 금어대 | 상홀 |
| 오품 | 비색緋色 | 오량관五梁冠 | 금도은대金塗銀帶 | 은어대銀魚袋 | 상홀 |
| 육품 | 비색 | 사량관四梁冠 | 금도은대 | 은어대 | 상홀 |
| 칠품 | 녹색綠色 | 삼량관三梁冠 | 흑은黑銀 및 서각대犀角帶 | 없음 | 목홀木笏 |
| 팔품 | 녹색 | 삼량관三梁冠 | 흑은 및 서각대 | 없음 | 목홀 |
| 구품 | 녹색 | 이량관二梁冠 | 흑은 및 서각대 | 없음 | 목홀 |
| 서인庶人 | 조백皂白 | 모帽 | 철각대鐵角帶 | 없음 | 없음 |

*양관梁冠은 문무백관이 조복朝服을 입을 때에 쓰던 관이다.

# 참고문헌

· 葛榮晉, 『中國哲學範疇導論』, 臺北: 萬卷樓圖書有限公司, 1993.

· 姜法曾, 『中國倫理學史略』, 北京: 中華書局, 1991.

· 高令印, 『朱熹事迹考』, 上海: 上海人民出版社, 1987.

· 高令印·高秀華, 『朱子學通論』, 廈門: 廈門大學出版社, 2007.

· 高令印·陳其芳, 『福建朱子學』, 福州: 福建人民出版社, 1986.

· 高專誠, 『孔子·孔子弟子』, 太原: 山西人民出版社, 1989.

· 高懷民, 「朱熹"易爲卜筮之書"說及其影響述評」, 『金景芳九五誕辰紀念文集』, 長春: 吉林文史出版社, 1996.

· 孔令宏, 『朱熹哲學與道家·道教』, 保定: 河北大學出版社, 2001.

· 郭齊, 『朱熹新考』, 成都: 電子科技大學出版社, 1994.

· 郭齊·尹波 點校, 『朱熹集』, 成都: 四川教育出版社, 1997.

· 기누가와 쓰요시 지음, 박배영 옮김, 『하늘 天 위에는 무엇이 있는가?』, 서울: 시공사, 2003.

· 김덕균, 『공문의 사람들』, 서울: 논형, 2001.

· 김문기, 「퇴계구곡과 퇴계구곡시 연구」, 『퇴계학과 한국문화』(제42호), 대구: 경북대학교 퇴계연구소, 2008.

· 김문식, 『정조의 경학과 주자학』, 서울: 문헌과해석사, 2000.

· 김문식, 『정조의 제왕학』, 서울: 태학사, 2007.

· 김영식, 『주희의 자연철학』, 서울: 예문서원, 2005.

· 노사광 저, 정인재 옮김, 『중국철학사(송명편)』, 서울: 탐구당, 1993.

· 譚承耕, 『論語孟子硏究』, 長沙: 湖南敎育出版社, 1990.

· 牟宗三, 『心體與性體』, 臺北: 正中書局, 1984.

· 몽배원 지음, 홍원식 외 옮김, 『성리학의 개념들』, 서울: 예문서원, 2008.

· 미우라 쿠니오 지음, 김영식·이승연 옮김, 『인간주자』, 서울: 창작과 비평

사, 1996.

·민병삼,『주자의 풍수지리 생명사상 연구』, 서울: 성균관대학교대학원, 2008.

·박성규,『주자철학의 귀신론』, 파주: 한국학술정보, 2005.

·潘富恩·徐洪興 主編,『中國理學』, 上海: 東方出版中心, 2002.

·范壽康,『朱子及其哲學』, 北京: 中華書局, 1983.

·謝祥皓·劉宗賢,『中國儒學』, 成都: 四川人民出版社, 1993.

·성균관대학교교사편찬위원회,『성균관대학교육백년사』, 서울: 성균관대학교출판부, 1998.

·束景南,『朱子大傳』, 濟南: 齊魯書社, 2000.

·束景南,『朱熹年譜長編』(增訂本), 上海: 華東師範大學出版社, 2014.

·束景南,『朱熹佚文輯考』, 南京: 江蘇古籍出版社, 1991.

·송주복,『주자서당은 어떻게 글을 배웠나』, 성남: 청계출판사, 1999.

·신승하,『중국사학사』, 서울: 고려대학교출판부, 2000.

·신식,『가례언해』, 서울: 홍문각, 1983.

·沈善洪·王鳳賢,『中國倫理學說史』, 杭州: 浙江人民出版社, 1985.

·안경전,『이것이 개벽이다』, 서울: 대원출판, 2010.

·안경전,『증산도의 진리』, 대전: 상생출판, 2014.

·楊豈之 等,『中國思想史綱』, 臺北: 五南圖書出版公司, 1993.

·楊天石,『朱熹及其哲學』, 北京: 中華書局. 1982.

·黎靖德,『朱子語類』, 北京: 中華書局, 1999.

·영남문헌연구소,『소수서원지』, 영주: 소수서원, 2007.

·吳乃恭,『儒家思想研究』, 長春: 東北師範大學出版社, 1992.

·오하마 아키라 저, 이형성 옮김,『범주로 보는 주자학』, 서울: 예문서원, 1999.

·王圻·王思義 編集,『三才圖會』, 上海: 上海古籍出版社, 1988.

·王瑞明·張全明,『朱熹集導讀』, 成都: 巴蜀書社, 1992.

· 王懋竑,『朱熹年譜』, 北京: 中華書局, 1998.

· 王育濟,『天理與人欲』, 齊南: 齊魯書社, 1992.

· 王應麟,『小學紺珠』, 北京: 中華書局, 1987.

· 劉建國,『中國哲學史史料學槪論』, 長春: 吉林人民出版社, 1983.

· 劉樹勛 주편,『閩學原流』, 福州: 福建教育出版社, 1993.

· 劉述先,『朱子哲學思想的發展與完成』, 臺北: 學生書局, 1984.

· 이강대,『주자학의 인간학적 이해』, 서울: 예문서원, 2000.

· 이기동,『동양삼국의 주자학』, 서울: 성균관대학교출판부, 2003.

· 이세동,『주자「주역본의」연구』, 서울: 서울대학교박사학위논문, 1996.

· 李紱,『朱子晚年全論』, 北京: 中華書局, 2000.

· 李甦平,『朱熹評傳』, 南寧: 廣西教育出版社, 1994.

· 이용주,『주희의 문화이데올로기』, 서울: 이학사, 2003.

· 이황 저, 이광호 역,『성학십도』, 서울: 홍익출판사, 2012.

· 張岱年,『中國哲學大綱』(『張岱年文集』第2卷), 北京: 淸華大學出版社, 1990.

· 張立文,『朱熹評傳』, 南京: 南京大學出版社, 1998.

· 張立文 主編,『氣』, 臺北: 漢興書局有限公司, 1994.

· 張立文 主編,『理』, 臺北: 漢興書局有限公司, 1994.

· 張立文 主編,『心』, 臺北: 七畧出版社, 1996.

· 張立文 主編,『朱熹大辭典』, 上海: 上海辭書出版社, 2013.

· 張立文 主編,『天』, 臺北: 七畧出版社, 1996.

· 張立文,『朱熹思想硏究』, 北京: 中國社會科學出版社, 1981.

· 錢穆,『朱子新學案』, 成都: 巴蜀書社, 1987.

· 전목 저, 이완재·백도근 역,『주자학의 세계』, 대구: 이문출판사, 1990.

· 田浩,『朱熹的思維世界』, 臺北: 允晨文化, 1996.

· 朱維錚 편,『周予同經學史論著選集』, 上海: 上海人民出版社, 1996.

·朱漢民, 『宋明理學通論』, 長沙: 湖南教育出版社, 2000.

·朱熹, 『四書章句集注』, 北京: 中華書局, 1983.

·朱熹, 『周易本義』, 北京: 中國書店, 1987.

·朱熹, 『昌黎先生集考異』, 上海: 上海古籍出版社, 2001.

·朱熹, 『楚辭集注』, 上海: 上海古籍出版社, 2001.

·池俊鎬, 『黃榦哲學思想研究』, 北京: 北京大學博士學位論文, 2000.

·陳來, 『宋明理學』, 瀋陽: 遼寧教育出版社, 1992.

·陳來, 『朱子書信編年考證』, 上海: 上海人民出版社, 1989.

·陳來, 『朱熹哲學研究』, 北京: 中國社會科學出版社, 1988.

·진순 지음, 박완식 옮김, 『성리자의』, 서울: 여강출판사, 2005.

·陳榮捷, 『朱子新探索』, 臺北: 學生書局, 1988.

·陳榮捷, 『朱子門人』, 臺北: 學生書局, 1982.

·진영첩 지음, 표정훈 옮김, 『진영첩의 주자강의』, 서울: 푸른역사, 2001.

·陳正夫·何植靖, 『朱熹評傳』, 南昌: 江西人民出版社, 1984.

·증산도도전편찬위원회, 『도전』, 서울: 대원출판, 2003.

·蔡仁厚, 『宋明理學(南宋篇)』, 臺北: 學生書局, 1983.

·鄒永賢 主編, 『朱子學研究』, 厦門: 厦門大學出版社, 1988.

·최석기 등, 『주자』, 진주: 술이, 2005.

·최정묵, 『주자의 도덕철학』, 서울: 국학자료원, 2001.

·풍우란 저, 박성규 옮김, 『중국철학사』, 서울: 까치, 1999.

·韓鍾文, 『中國儒學史(宋元卷)』, 廣州: 廣東教育出版社, 1998.

·함현찬, 『장재』, 서울: 성균관대학교출판부, 2003.

·黃坤, 『朱熹詩文選譯』, 成都: 巴蜀書社, 1991.

·黃宗羲, 『宋元學案』, 北京: 中華書局, 1996.

·候外廬 외, 『宋明理學史』, 北京: 人民出版社, 1997.

# 찾아보기